[修订本]

国民党特务活动史

上册

马振犊　著

九州出版社
JIUZHOUPRESS
全国百佳图书出版单位

图书在版编目（CIP）数据

国民党特务活动史 / 马振犊著. —修订本.
—北京：九州出版社，2011.9（2019.11重印）
ISBN 978-7-5108-1181-4

Ⅰ. ①国… Ⅱ. ①马… Ⅲ. ①中国国民党—特务组织
—史料 Ⅳ. ①D693.65

中国版本图书馆CIP数据核字(2011)第202082号

国民党特务活动史

作　　者　马振犊　著
出版发行　九州出版社
地　　址　北京市西城区阜外大街甲35号（100037）
发行电话　（010）68992190/2/3/5/6
网　　址　www.jiuzhoupress.com
电子信箱　jiuzhou@jiuzhoupress.com
印　　刷　三河市东方印刷有限公司
开　　本　720毫米×1020毫米　16开
印　　张　47.5
字　　数　680千字
版　　次　2012年9月第2版
印　　次　2019年11月第2次印刷
书　　号　ISBN 978-7-5108-1181-4
定　　价　88.00元（全二册）

再版说明

本书是一部关于国民党特务组织及其活动历史的研究专著，在全面梳理海内外史料、亲历者回忆资料基础上，系统论述“中统”与“军统”组织的源起、发展及改组的过程，生动描绘国民党特务组织活动的细节，忠实还原隐晦最深的历史真相。

马振犊先生现为中国第二历史档案馆副馆长、研究馆员，长期从事国民党、民国史研究。本书由他精心考证，历时十年著成。2008 年 3 月由我社初版后，受到广大读者青睐，并获南京市第十次（2007–2009）哲学社会科学优秀成果一等奖。2010 年 12 月，台湾灵活文化事业有限公司在岛内出版繁体版。此次再版，作者根据最新史料增补了若干新内容，对部分内容进行了修改；我们订正初版讹误，重排体例，分上、下两册出版。

九州出版社

2012 年 5 月

在20世纪尘封的历史中，他们，是什么样的一群人?

二三十年代，他们对中共地下党和民主人士进行血腥镇压、残酷迫害；

三四十年代，他们曾与日伪拼得你死我活；

他们对“领袖”毕恭毕敬，自诩为“革命先锋”:

——“长官没有听到、看到、想到的事，我们要为长官听到、看到、想到！”

他们对人民凶神恶煞，毫不留情：

——“这样的小孩留着他干什么，等他长大了来为父母报仇吗？”

他们追杀巨奸又残害忠良；

他们逮捕汉奸又包庇日伪大员；

他们组织“忠义救国军”，开办“中美合作所”；

他们破译日军密码，预报“珍珠港事件”；

他们曾与英、美及苏联情报组织通力合作，从事抗日活动；

他们参与研制原子弹；

他们重视团体、提倡精神，却贪污腐化、内斗不息；

他们自立于法律之外，似乎无所不能，无所不干；

他们却在延安无法插足，落荒而逃，

他们发明了几十种酷刑，惨杀妇孺，

他们镇压学运，把“政治犯”丢入镪水池，

最后，他们在反共内战中与“党国”的天下一起灰飞烟灭……

他们就是中统，他们就是军统。

“捣鬼有术，也有效，然而有限，所以以此成大事者，古来无有。”

目 录

上 册

下 册

第十一章　“两统”组织的对苏对英合作

第十二章　军统的对美合作——中美合作所

第十三章　抗战胜利前夕军统组织的活动

第十四章　抗战胜利后国民党特务组织的没落

第十五章　国民党特务组织在大陆活动的结束

本书的特点

民国时期的特务组织与特务活动，是中国近代史上隐晦最深的一页内容，而其中有关国民党特务组织及其活动的历史，构成了它的主体。南京国民政府执政的二十余年，是中国情报特工组织的急速发展时期，在那些复杂纷乱的年代，特务组织因其在政治、军事、政党活动中的特殊地位与作用，在中国内政外交活动中扮演了重要角色，应该成为民国历史研究中的一个重要方面。但从目前来看，有关的国民党特务组织历史的研究在国内外学术界都还没能充分展开。这里面有很多的原因，其中最关键的一点，是有关特工档案的不开放。

现在仍保存在台湾省情特机构的原国民党中统、军统组织的档案，都是不开放的，这给该课题的相关研究工作带来了很大的阻碍。而坊间流行的大量关于民国时期特务活动的“纪实”、“演义”、“揭秘”类书籍，充斥书刊市场，内容混杂，虚实难辨，不仅搞乱了史实，混淆了视听，而且给严肃的史学研究带来了不必要的麻烦。怎样去伪存真，写出信史，对于民国特务史来说更是一个必须直面的问题。另外，国民党特务极右的政治属性，和他们在历史上对中国社会民主化进程的巨大破坏与阻碍作用，也曾在相当长的时期内，使人们对其历史活动的客观如实的分析评价产生了困难。

对于国民党特务史的研究，除了去伪存真探究历史真相外，重要的一点还在于如何看待和评价这些团体和人物在历史上的活动。

国民党特务组织的本质，当然是一种维护反动独裁政权的“党国”的武装工具，对其历史活动及其作用的界定，总体来看必然是应予否定的。但是，需要指出的是，自 1931 年后，日本侵华的严峻形势给国民党政府造成了巨大的威胁，使他们不得不运用包括特工手段在内的各种方式来抵抗日本的侵略。“抗日”与“反共”成为国民党特工的双重任务。“七七”全民族抗战开始后，在举国一致对外的历史大背景下，作为国民党的统治工具，为执行蒋介石抗战决策，中统与军统组织分别直接投入到军事、政治与特工作战中，在上海等地与日伪进行了十分激烈的搏杀。在这些斗争中，许多国民党特工人员被日伪捕杀，其中有很多还是满怀抗日救国愿望参加抗战训练而误入特务组织的青年学生，他们毕业后直接投入抗日战场，并为民族而献身，他们也应当是抗日烈士。当然，历史人物与历史现象是十分复杂的，需要进行有针对性的具体而细致的分析研究。

这部著作是作者对国民党特务组织历史活动一次初步的尝试性研讨。作者历时十年，在广泛而用心地搜集了国内外相关材料的基础上，写出了这部书稿，这在国内史学界而言是对国民党特务组织及其活动历史的一次比较严肃的学术梳理，其学术价值和意义是值得肯定的。在写作过程中，作者经过多年悉心查阅，搜集运用了海峡两岸保藏的散布在开放全宗内的有关档案资料，并远赴英美等国查阅档案，故这是一部运用档案于特务史研究的作品。作者在本书中使用了出自英国国家档案馆的“二战”时期中英特务合作档；保存在美国斯坦福大学胡佛研究所档案馆的宋子文个人档案；藏于台湾的“大溪档案”中的有关史料以及在大陆多家档案机构保藏的有关档案史料，用心钻研，写出了这部专门史，特别是其中有关战时中国与苏英美盟国情报特工机构合作历史的撰述，以及20世纪30年代上海国共在隐蔽战线的斗争内幕等章节，以及许多披露不为人知的历史谜底的细节，都是本书的闪亮点。因此，它可以被视为目前有关国民党特务活动史的一部比较全面而客观的作品，也是在严肃的学术研究领域内填补空白的代表作。

当然，对于国民党特务活动全部历史的研究，这本书只是一个开端，还存在若干的不足，希望作者和有志于本课题研究的中外学者们，能够在此基础上更进一步，加以完善和发展深化，同时我也希望有关的史料能够早日开放，俾利于民国史研究的全面深入发展。鉴于本书的严肃性、资料性、补白性和其写作特色，我向读者们推荐这本著述，同时希望大家加以批评和讨论。

南京大学中华民国史研究中心主任

张宪文

2007年9月9日

国民党特务组织之产生背景 | 第一章

第一节 “特务”的定义辨析及其历史回顾

“特务”一词，乃为“特别任务”、“特殊任务”、“特种勤务”等类词语的概括与缩写，其本身词字并不具有贬义，而是一普通名词。

据考证，在中国的情报特工界，“特务”一词和最早称为“特务”的组织，出自1927年5月成立的中共中央军委“特务工作处”。当时蒋介石在上海发动“四一二”事变。国共分裂后，中国共产党受到了来自国民革命阵营内部的袭击，损失惨重，缺乏自卫意识的共产党人惨遭屠杀，中共中央机关被迫从上海迁往武汉。出于保卫自身安全的需要，中共中央决定在中央军委属下设立一个“特务工作处”，负责政治保卫与特殊的军事行动工作。这种“特务”称谓完全不含贬义，只是对其工作属性的称谓，该称谓自此开始流传。如1937年1月中共西北政治保卫局颁发的《特务须知》文件中就把首长的警卫员称为“特务员”，足以证明其词义的褒义。[1]但到了后来，“特务”一词的含义便发生了根本性的变化。

1979年版的《辞海》将“特务”一词定义为：“参加特务组织或接受特务机关的任务，进行刺探情报、暗害、破坏、造谣煽惑等反革命活动的分子。”这个定义，将特务完全归属于政治敌人类。这是因为在中国近现代史特别是民国历史上，北洋军阀及国民党的特务组织以其服务与服从于专制统治的特征，无限制地扩大与强化了它的超越国家法律约束的权力，而其施虐对象除了政治上的反对者而外，也曾大量和经常性地祸及普通民众，成为集恐怖、凶残为一体的黑暗势力的典型，因而为人们所痛恨与不齿。“特务”一词由此便打上了深深的耻辱印记，其含义也由“指事”扩展到“指人”，被指斥为“特务”者，遂为独裁者统治机构中最为顽固反动而凶残的打手鹰犬，因而必然成为革命派的主要打击对象。

在中国古代，这一含义的特务机构的历史由来已久，经过几千年封建专制统治的沉淀与积累，及至明代中叶，官方特务组织已发展成为如“东厂”、“西厂”式庞大的特务机关，到清代又得以延续。及至民国时期，国民党的特务组织发展达到了空前的水平，已经堂而皇之地列入国家政权机构，成为其重要的统治支柱与工具之一。

特务组织及特务政治的发达，依赖于内外两方面的因素，外因方面正所谓是“乱世出枭雄”，统治者面对纷纭时局与众多对手，急欲借助非正常的组织与手段来搜集各方面资讯，并以“快刀斩乱麻”及“黑、准、狠”的手段来打击政敌，以求高效地维护其统治地位，这是一般正常的民主社会政体下不需要和不可能存在的；在内因方面，则是出于统治集团主要是最高统治者的独裁与暴力统治思想，以及对暴力强权执政手段的笃信。

历史证明，如果一个最高统治者，哪怕他是一个封建皇帝，只要他有一点开明思想，懂得民众能够“载舟覆舟”的道理，都不会感兴趣并乞灵于特务统治，只有行将没落的统治者，才会热衷于使用这种人类社会最黑暗的统治手段并将之奉若神明。

鲁迅先生说过：“捣鬼有术，也有效，然而有限，所以以此成大事者，古来无有。”这句话恰恰点明了特务政治的特征。古往今来，没有一个腐朽的政权是能够依靠特务统治来挽救其败运的。统治者企望于恐怖暴力与屠杀的效用只能是饮鸩止渴，其结果或可使之苟延于一时，但其暴虐行为却从根本上动摇了其赖以生存的民心基础，使之更迅速地走向彻底崩溃。普行特务统治是制造人民与统治当局相对立的最有效而迅速的手段，是把民众推向绝境而使之不得不奋起反抗的“催化剂”，此所谓物极必反。

民国时期是中国近代历史上一个十分特殊的历史阶段，它刚刚从封建专制的时代脱胎出来，成为中国历史上的一个转型时期，因此不可避免地带有严重的封建统治的痕迹，又因为在这二三十年间，中国遭遇了严重的内忧与外患，各种内外矛盾尖锐复杂。因此，历任统治者大多要采取非常的手段来夺取及巩固政权，特务政治因此能在民国时期畅行一时。

民国特务政治及其组织之形成，始于民国北京政府袁世凯统治时期，到了蒋介石的南京国民政府时期，得到了急剧的发展，形成了正式的规模，开展了频繁的活动，在历史上留下了深刻的印迹。

第二节　孙中山对特务工作的态度

1911年发生的辛亥革命，推翻了清王朝的封建统治，南京临时政府的建立标志着中国历史进入了一个新的阶段。然而，好景不长，以孙中山为首的南方革命政权，在内外压力之下，还没来得及施展其执政治国方案，便被迫让出政权给北洋军阀首领袁世凯，而以袁氏为首的民国北京政府，其本身就是一个脱胎于清王朝的带有浓厚封建色彩的军事政治集团，同时，袁世凯又是一个军阀，崇尚武力强权统治。

袁世凯对特务组织与手段怀有浓厚的兴趣。为了达到压制民主、确保独裁及最终恢复帝制的政治目的，袁世凯豢养了大批流氓打手进行特务活动，围攻国会制造暴乱，最后甚至派遣特务刺杀国民党领袖宋教仁，特务手段无所不用。袁世凯多行不义的结果自然是逃脱不了自毙的命运，特务暴行并不能使其起死回生。

以孙中山为首的南方革命党人，在推翻清朝封建统治和北洋军阀的斗争中，历经了无数次艰难困苦与失败挫折，为了寻求支持与帮助，获得进行革命的基本物质条件，孙中山和他的同志们与各种政治、社会力量进行了联络，寻找革命的同盟者。在这当中，他们也曾与国内外一些秘密社会团体组织有过接触与联合。一些革命党人，包括后来成为国民党领袖之一的汪精卫，都曾用暗杀、爆炸等手段来对付清廷高官，但他们当时的这种行动与所谓特务行为有根本之不同。

由于孙中山在生前并没有获得在一个较长时间内治理完整的国家政权的机会，故而他对于国家情报机关及特务工作，也没有提出过自己的系统见解，更谈不上有任何行动指示。相反地，可以明确的是，孙中山先生一向反对以不正当的手段“挟私复怨”，“擅行仇杀”，对其政治对手亦“不得执既往之名称以为罪罚”，[2]认为暗杀等特务手段“不免有缺光明，其结果定不良也”，[3]表明了一位革命领袖光明磊落的政治态度与作风。

孙中山逝世以后的中国国民党，以稳定广东革命根据地与北伐军事行动作为工作中心，其所掌握的广州国民政府则尚是一个处在成长阶段的政权，故在特务工作方面亦无建树与可书之笔。

第三节　蒋介石对特务活动的认识及亲身实践

蒋介石特务观的形成

真正开创了中国国民党特工组织和特务工作历史的，是1927年在南京成立的以蒋介石为首的南京国民党中央及其政权，蒋介石因此而奠定了他作为国民党特务工作的开创者与主导人的地位。在他统治国民党将近半个世纪的时间内，中国国民党的特务工作得到了全面的发展，并且达到了登峰造极的地步。

民国时期的国民党特务组织是赘生于国家统治机器上的毒瘤，它与一般的情报与间谍机关既有相同之处，又有相异之点。特别显著的是在对内施行镇压功能方面，国民党特务组织及机构，以其拥有超乎法律与人伦之上的特权与异常行为，直接展现了统治阶级的黑暗层面，并以普通民众为其施虐的对象，成为集残暴凶恶、恐怖专制于一身的黑暗势力的代表，因而为人民大众所痛恨，受到了广大民众、中国共产党及其他民主党派甚至国民党内部反蒋派系人士的一致反对与痛斥，但它同时却又以高效及直接的服务而深为专制独裁者所宠信与依赖。

蒋介石为何会热衷于实行特务政治呢？这需要从他的个人性格与所受历史环境影响两方面来寻找原因。

蒋介石早年东渡日本，就读于陆军预备高校，毕业后一度进入高田日本陆军第十三师团当兵。从青年时代起，他便深受日本军国主义教育的影响，在旅日期间曾两度准备赴德留学，“在日专习德文，为留学德国预备，并创办《军声》杂志社……盖力思研究外交与军事，为政治上辟一条途径，勇迈前进耳。”[4]他同时还对德国首相俾斯麦的“铁血主义”政策十分崇拜。虽然他加入了反清革命，但他对于这场革命性质的认识是很肤浅的。“蒋先生的两只脚一脚虽踩在革命的大道上，但对革命的认识却是模糊不清的”。对他来说“革命就是狭义的打天下”[5]做皇帝的新名词。基于这种思想，蒋介石对“武装力量的培养向往之至”，他十分佩服德日民族的“尚武”精神。在他的政治思想尚处在萌芽状态之时，“他已从俾斯麦的‘铁血政策’中找到了精神和实践两个方面的秘诀”,并“力主将‘铁血政策’作为中国的指导原则”。[6]这种“尚武”思想与蒋氏倔强固执的性格相结合，造就了他一生的“独裁”与“专制”的作风，在他掌握了国民党大权以后，这种作风随着地位权力的增长而愈演愈烈。而其最突出的表现便是蒋氏对于强权政治的器重与依赖，为了确保并贯彻他的强权统治，蒋介石一是靠军队，二是靠特工，即从公开的和秘密的两个方面依赖枪杆子与暴力镇压手段来“坐天下”。

蒋介石自己对于特务工作及手法不仅一点也不陌生,而且还“身体力行”，这从他早年刺杀陶成章的经历中便可得以验证。

蒋介石的初次特工体验

1906年，蒋介石在日本东京初次遇见上海青帮头目陈其美。当时孙中山领导的同盟会为了借助帮会的力量推动长江流域的革命，任命陈其美为中部同盟会庶务部长。蒋介石对陈的江湖作风及在帮会中的地位十分佩服，两人意气相投，引为知己，后又结为“盟兄弟”。

武昌起义后，蒋介石应陈其美之召，于10月30日从日本回到上海，混迹于上海帮会组织之中。次年1月14日，他奉陈其美之命潜入法租界广慈医院，暗杀了正在这里治病的光复会领袖陶成章。蒋介石与陶成章在历史上并无恩怨，只因为上海光复前后，陈其美与陶为争夺革命领导权产生了矛盾，更因为陶成章在孙中山面前斥责陈嫖赌成性，使陈在愤恨之下动了杀机。最后陈其美又因与陶成章抢做浙江都督发生直接争斗，便派蒋介石率杀手，深夜撬门潜入病房，枪击陶氏，弹入左脑而亡。

陶成章被杀一案在国内引起轰动，上海举行了有四千多人参加的民众追悼大会，杭州市则万人出动迎接陶氏骨灰回杭。孙中山先生闻讯“不胜骇异”，“非常痛悼”，并立即下令：“严速究缉，务令凶徒就获，明正其罪，以泄天下之愤！”

蒋介石刺陶之后，拿着陈其美给他的丰厚报偿，匆匆逃往日本躲避，直至是年冬，该案风声渐渐平息，这才悄悄返国潜回宁波老家。[7]

蒋介石刺陶“一枪成名”，开始了他正式登上中国政治舞台的活动史，从此现代史书上出现了蒋介石的名字。过去曾有评论说：“刺陶事件对蒋氏政治生涯有很大的影响，这是蒋氏登上政治舞台前所从事的第一件反革命的行为。但是由于这行为，更加博得陈其美的青睐与信任。陈是江浙财团的政治代表，透过陈的关系蒋氏逐步靠向江浙财团。上海帮的财经集团及帮会组织，终成为一九二七年政变以后蒋的最大支持实力。”[8]

近一个世纪后，蒋介石的日记资料在美国斯坦福大学胡佛研究所档案馆公之于世，“蒋在日记中提到几件事情显示，蒋早已是孙中山心目中的接班人选。例如 1912 年 1 月 14 日蒋刺杀光复会领袖陶成章，除掉了孙中山最主要的政敌。蒋日后在日记中自白：‘余之诛陶，乃出于为革命为本党之大义，由余一人自任其责。毫无求功、求知之意。然而总理最后信我与重我者，亦未始非由此事而起，但余与总理始终未提及此事也。’刺陶当时没有日记，是多年后蒋在日记中提及的……当时，陶已耳闻有人要对他不利，躲到医院里，想暂避风头。但蒋还是找到了他……十多年后，蒋在日记中曾说，他认为他做了一件总理孙中山想做而不能做的事。他觉得‘总理信任我是有原因的。虽然我从未向总理报告，他也未和我提过，但我相信总理心中是有所感的’。这说明蒋在国民党权力竞逐中胜出是有很多原因的，包括他个人训练、背景、气魄、眼光和政治上的技巧。”[9]至于他推论孙中山对他刺陶的支持，并无实在的史料证据。

由此可见，蒋介石是从充当刺陶杀手而一跃登上中国现代政治舞台的。这便注定了他与特工的渊源关系。

蒋介石的性格特点

有人撰文分析说："蒋介石当年之所以充当杀手，和他的性格、教育环境及其交游有重大的关系。”关于蒋氏的个人性格，据他自己的描述："幼性顽钝，弗受绳尺”，“放嬉跳跃”，常遭“刀棒之伤”，[10]他的老师毛思诚也记述说，蒋在学堂常“以同学为玩物，狂态不可一世，个性粗鲁，动辄拳打脚踢”，“如果有人反抗他，他是不惜以拳力支持其领导权的”。[11]他的这种暴戾性格，直到成年以后并无太大变化，正如蒋介石自己在给胡汉民、汪精卫的一封信中自承的那样："弟本一贪逸恶劳之人，亦一娇养成性之人……至今不惟皮玩难改，而轻浮暴戾，更甚于昔日。”[12]蒋介石的这种性格特征，加上后来他所受到的“粗浅的日本军国主义教育”及对德国“铁血主义”的崇拜、混迹上海滩时受陈其美等人帮会作风之影响，终而形成他的“上海滩”帮会流氓的心态倾向，而这种心态中的狂暴、褊狭、蛮干以及严密组织、注重情报搜集、以效忠个人为中心等成分，是直接导致他后来组织、使用特工机构的思想根源。

蒋介石对特务的要求

蒋介石曾于1935年1月1日在杭州对调查统计局特务人员公开发表过一篇训词，题目是《特务工作人员之基本修养》。在这篇讲话中，他毫不客气地说：“有两点最重要的意思要吩咐你们：第一，必须绝对服从命令：特务工作人员，就是领袖的耳目，你们所到的地方，就是领袖耳目所及的地方。你们如果不实实在在尽心尽力去工作，领袖的耳目，就失去了聪明，革命事业的进行，便会发生障碍。所以你们做耳目的人，务必要遵照首脑的意旨，慎重周密地去进行一切，因此你们工作上最要紧的条件，就是绝对地服从主管的命令，除服从命令之外，没有你们个人意志的自由……你们特务工作就是领袖的耳目，换句话讲，就是领袖所用的革命工具。做工具的人，只有死心塌地的绝对服从主管的命令，随时准备为领袖牺牲自己的一切，主官要你们死就死、要你们活就活，丝毫没有你们抉择的余地。第二，不许自作主张：你们特务工作人员既然是领袖的耳目与工具，只以绝对服从为天职，自己的生命身体，都已经完全贡献于领袖，那么，个人的意志，当然更不待说是没有丝毫的自由了。尤其是对于政治方面，不能在领袖主张之外，自己做一点主张……你们务必要以领袖或团体的主张为主张，以领袖或团体的意志为意志，才是忠实的革命者，唯能如此，才能推动革命事业以底于成功。”[13]

蒋介石的这番讲话充分体现了他对特务组织的定性与认识，即特务组织是其“耳目与工具”，并且是要完全俯首听命的“御用奴才”，其地位是可想而知的。由此看来，蒋介石对特务的评价也不高。慑于内外压力，蒋对特务是既要用之而又要限制，把他们培养成百分之百唯命是从的打手与奴才，这一点是无疑的。

第四节　蒋介石组建特务组织的历史原因

出访苏俄的负面效应

1916年5月，陈其美被袁世凯派人刺杀，蒋介石奉命赴山东，出任居正领导的“中华革命军东北军”参谋长，虽工作负责，但仍因“性倔强躁而易怒，偶不惬意，辄暴跳如雷，处事则往往偏执一见，无他人置喙之地，故同僚……常表恶感……众不能忍，群向孙先生告发。”[14]尽管孙中山对蒋介石的暴躁性格有过严厉批评并曾加以规劝：“兄性刚而嫉俗过甚，故常龃龉难合，然为党员之重大责任，则勉强牺牲所见，降格以求，所以为党，非为个人也。”[15]但蒋的这种性格是不可能骤然改变的。最后仍是“不得已，乃悄然离去”。[16]

蒋介石这一去便到了上海，在交易所从事股票投机生意，同时参与东南党务与军事工作。

1918年3月12日，蒋介石奉孙中山之召离沪赴粤，正式进入革命大本营。其后他又因时常与孙中山等人的意见相左而闹情绪，往返于沪粤之间。1922年6月“陈炯明叛变”事发之时，他受孙中山召唤，登上永丰舰与孙中山共患难，取得了孙的信任与器重。从此孙蒋关系由普通的上下级关系渐渐发展为亲信关系，蒋介石由此取得了进入国民党最高领导阶层的资本。

孙中山与苏俄合作，实行联共政策，于1923年8月派出“孙逸仙博士代表团”赴苏联考察访问，任命蒋介石为代表团团长，并对他表示出很大的信任。代表团团员有中共主要干部张太雷以及沈玄庐、王登云等人，他们在苏联访问了两个月，于11月29日回国。

孙中山派蒋介石访苏的意图，是要他学习苏联建党治国的经验，回国后推进国共合作与北伐大业。但蒋介石在苏联经过与其领导人的会谈及考察，反而对苏联实行的社会主义制度及其对中国革命的方针意图产生了严重的怀疑与反感情绪。他回国后在致廖仲恺的一封信中写道：“以弟观察，俄党对中国之唯一方针乃在造成中国共产党为其主流，决不信吾党可与之始终合作以望我成功者也……党中特派一人赴俄，费时半年，费金万余，不可不为郑重，而于弟之见闻报告，毫无省察之价值，此弟当愧信用全失，人格扫地，亦应引咎自辞也。”[17] 但蒋介石的苏俄之行亦有一大收获，他没有说，却有旁证可引，这就是他对苏联“格别乌”（КГБ 即克格勃）情报特工机构的发达及其作用产生了浓厚的兴趣，对其镇压反对派的效能给予了很高的评价，并决意效仿之。

国民党两大特工组织之一——党中央执行委员会调查统计局（中统）的创始人陈立夫曾在多年后回忆说：“蒋公曾去苏联，知道该国政治之运用甚详，而其调统组织之严密，实为安定内部之主要因素，因此十六年清党之后，蒋公就要我在他所任部长的组织部之下，组织成立调查科。”[18] 这样看来，蒋介石成立特工组织的设想，也是因为受了苏联经验的启发。

对德意法西斯特务政治的欣赏与效仿

孙中山去世后，继之成为国民党领袖的蒋介石，在对外方针上有他自己的一套观点。在20世纪20年代末，蒋介石认为，未来中国之外患，一是苏俄；一是日本。两者相比，苏俄的威胁更是首位。因此，当孙中山逝世以后，蒋介石在逐步掌握国民党统治权力的同时，便有计划地开始疏远苏联，首先是利用“中山舰事件”，打击中共及苏联军事顾问的力量，而后又公然反对坚持国共合作的武汉国民政府，建都南京，发动清党，对俄绝交。1927年12月14日，南京国民政府发表对苏联断绝邦交令，中苏关系降到历史最低点。

对苏绝交之后，蒋介石急于寻找新的国际力量来填补苏联顾问撤退后留下的空缺，在英美对华持观望态度的情况下，德国却因在第一次世界大战中战败而失去了列强的地位，沦为中国的平等伙伴，而其国家工业、科技人才实力基础尚存，因此被蒋介石看中，加上他对德意法西斯强权的崇拜，更坚定了他引进德国力量改造中国的决心，于是他便开始了积极的联德工作。日耳曼民族所具有的“认真、勤俭、遵纪、执著”的民族精神，当时亦正为中国知识界所推崇，认为它是针对旧中国贫穷、散漫、落后的国情，医治社会痼疾的良方。蒋介石曾对其即将赴德留学的次子蒋纬国说：“中国应该向一个稳健扎实而不是充满幻想的国家学习，我们不能凭幻想办事，从日本人那里，我们没有什么可学的，他们的产品制作太低劣了，美国人太爱幻想，英国人太迟钝，德国是唯一可以从中学到一点东西的国家，他们可以给我们打下底子，从而培养发扬我们自己的稳定坚实的作风。”[19]蒋介石还曾进一步明确地号召：“德国民族的伟大精神乃是我们未来的榜样。”[20]

20世纪20年代，出自意大利语的“Fascism”一词传入中国，起初被音译为——“泛牺”或意译为“棒喝”，表示要“持棒喝打，振顽起愚”之意，成为一种武力挽救、强力解决问题的对团体暴力主义的崇拜。后来演化为“法西斯蒂”或“法西斯主义”，其意也不仅是指团体暴力主义，而是扩充为泛指那些进行严厉的政府控制，国家独揽大权，实行计划经济以及对民众实行军事化统治与组织训练的国家形式。在中国，人们对希特勒的德国国家社会主义工人党的“法西斯主义”统治方式研究颇多，并把它与德国历史上俾斯麦的“铁血主义”相联系，以之为“法西斯主义”正宗，相反地淡化了意大利墨索里尼才是“法西斯主义”策源地的概念，似乎意大利的法西斯从来就是德国法西斯的附庸。

在开始阶段，法西斯主义的对外侵略、残暴掠夺、奴役的面目尚未暴露，其名声还没腐臭，相反地，它作为有力增强国家机器统治效能的良方，对于那些具有浓厚封建主义传统、缺少民主习惯的国家还具有极大的诱惑力，当时的中国便是如此。

在20世纪30年代的中国，知识界及军政界不少人士普遍对法西斯主义具有兴趣，大量出版物都在介绍、评论法西斯主义，并具体论述其与中国、与执政的国民党及三民主义的关系。[21]而国民党的军政大员们如胡汉民、汪精卫、戴季陶、宋子文、孔祥熙等人纷纷出访德意，大批中国留学生、军校学员、商界、军界专访团被派往德意，当局曾试图全盘移植法西斯主义模式到中国。

在蒋介石的“联德”计划中，他最感兴趣的莫过于纳粹党怎样在党内“维持最严格的纪律，怎样对可能出现的党的敌人或异己派别采用严厉的制裁措施，从而使那些措施获得完全的成功”。[22]

蒋介石对德国法西斯纳粹党式的“西方国家正在向上的政党”的崇拜几乎到了顶点，他认为，以中国传统的封建文化思想加上法西斯的精神就是今日中国由乱变治的法宝。

1931年5月，蒋介石在南京召开的国民会议上说：“综察现在统治世界各国之政府，虽形式互殊，而其理论之立场，大约可概分为三：第一，法西斯蒂之政治理论，本超象主义之精神，以国家机体学说为依据，工团组织为运用，认为国家为至高无上之实体，国家得要求国民任何之牺牲，为民族生命之绵延，非以目前福利为准则，统治权乃与社会并存，而无后先，操之者即系进化阶段中统治最有效能者。第二，共产主义之政治理论……第三，自由民治主义之政治理论……”在比较了三种主义之后，蒋介石得出结论：“挽救迫不及待之国家危难，领导素无政治经验之民族，是非籍经过有效能的统治权之施行不可。”他把建立这种“有效能的”独裁统治说成是民意，“今日举国所要求者，为有效能的统治权之行施，以达到解除民众痛苦之目的。”[23]

1934 年 9 月 11 日，蒋介石在庐山对军官训练团训话时又说：“无论专制国家、民主国家、乃至于社会主义国家，都必须有一个元首或领袖，在帝制国家里，称为皇帝与天子，民主国家，便称为大总统与主席，名义虽不同，而其为代表国家的元首则一，所以《大学》里的天子，我们可以广义解作国家元首。”[24]这番“古为今用”、“洋为中用”的言辞，暴露了蒋介石的心态。

1935年，蒋介石在对他的准特务组织“蓝衣社”成员的讲话中更直率地说：“今日中国所需要的不是讨论未来中国将实行何种理想的主义，而是需要眼下将能救中国的某种方法……法西斯主义是一种对衰弱社会的刺激。法西斯主义能不能救中国？我们回答：可以。法西斯主义是目前中国所最需要的……在中国现阶段的紧急形势下，法西斯主义是最适合的一种奇妙的药方，而且是能够救中国的唯一思想。”[25]

蒋介石学习法西斯之举，不仅在于言论，而且在于行动。除了实行“权随人移”的独裁统治而外，他在很早便开始着手组建特务组织的工作，想靠恐怖与暴虐的手段来驾驭部下，并镇压人民的反抗。德意法西斯统治的一大明显特征是对内镇压功能的有效加强，而其中最有力的手段之一便是建立庞大、严密、正规的特务网，不仅对外搜集情报，进行破坏与间谍战，而且对内监视民众，镇压反对派，进而或用于内部肃清政权组织，控制部属，使特工组织成为一把“多刃剑”。蒋介石受德意法西斯之启发，片面地吸取了苏联政权的统治经验，面对“一盘散沙”的中国社会政治，决心建立“有效能的统治权”，因此采用特务组织与手段便成为势在必行之举。

第五节　蒋介石系统情报特工组织之产生

戴笠的出现

1923年10月孙中山决定效仿苏联建立党军，创办黄埔陆军军官学校。次年1月蒋介石受命担任黄埔军校校长，自此他开始致力于培养自己的军事力量班底。

1926年9月，在黄埔军校第六期招生应试者中，出现了一位蒋介石在上海交易所时结识的青年，他便是后来成为国民党“特工之王”的戴笠。

关于戴笠的个案研究，坊间大量半文半史类书刊与含有虚构成分的“传记文学”作品鱼龙混杂，使人莫辨真伪，一些国民党的官书，将他描绘成天生的谍报专家、特工天才，而对立者则斥之为魔鬼与毫无人性的刽子手。

戴笠究竟是一个什么样的人？他为什么会选择特工作为自己一生的职业？他如何取得国民党“特工之王”的地位？要回答这些问题，必须从两个方面来寻找答案，一是戴笠本人的性格特长；二是当时国民党蒋介石集团的政治背景与他们活动的历史与社会环境。

史籍中无论是正面或是反面的论述，对戴笠个性的评价都有一些共同点，这就是：善变求新或叫不安守本分；机敏多思或曰狡诈善嗅；勇敢无畏或称心黑胆大，再加上一些与生俱来的乡村无赖性格与对上死心塌地效忠的封建思想，使他在情报搜集与分析方面很快显示出与众不同的特长。同时，也是在当时历史环境下“时势造英雄”的必然，使他能够脱颖而出受到蒋介石的重用。

戴笠，字雨农，原名戴春风，1897年5月28日出生于浙江省江山县硖口镇。1910年春进入江山县文溪小学，三年后考入杭州浙江省立一中，后因违反校纪被开除，投入浙军第一师潘国纲部学兵营当兵，又因战败逃回家。但他不甘寂寞，急于四处寻找成名出路。1915年他与毛秀丛结婚。1922年冬，他到了上海，经同乡戴季陶介绍，结识了蒋介石，并一度为他们在交易所做股票投机生意当跑腿伙计，因头脑灵活，办事尽心，给蒋介石留下了较深的印象。股票生意失败后，戴笠在沪失去生活来源，1924年回乡办自卫团自任团长，两年后又被解散。走投无路之时，他在街头巧遇幼时同学毛人凤，毛人凤当时正在广州黄埔军校当学员，他向戴笠描述了自己在黄埔军校读书的革命生活，引起了生性好动的戴笠的极大兴趣，他认准这是一条出人头地的捷径，立即决定赴粤，并改名“戴笠”以示弃旧图新的决心。经过两次考试，他考上黄埔六期，编入入伍生第一团第十七连，由此开始了他追随蒋介石的政治生涯。[26]

戴笠在黄埔埋头学习，平时言行谨慎，课余时间，留心观察周围师生的举动，记载各种有用的资讯，当时与他交往的有胡靖安和陈超，他们特别注意同学中中共党员的活动，他相信这些东西总有一天会发挥作用。

1927 年 4 月，蒋介石依仗军权另组中央，建立了南京国民政府，并开始反共“清党”。戴笠以他在黄埔军校受蒋介石政治集团反共立场及其理论的影响，对“清党”反共持赞同态度，因此自然附和。他在同学中发表反共演讲，大谈国共两党必然分裂的原因与“清党”的必要，表现得非常积极。不久，蒋介石派他的侍从副官、黄埔二期生胡靖安到黄埔军校开展“清党”工作，戴笠向他提供了有关校内师生的许多情报，使校方轻而易举地逮捕了二十多名共产党员，由此，胡靖安对戴笠十分赏识，并开始有意识地加以栽培。胡出任军校入伍生部政治部主任后，戴笠即被委任为骑兵营党部执行委员。

南京国民政府成立后，黄埔军校骑兵营调往苏州驻防。在党内反对派的强大压力下，蒋介石一度准备下野，黄埔学生中掀起挽留之风，戴笠等三人前往蒋介石的老家浙江奉化，代表骑兵营面见蒋请求他复出。这次见面，使蒋又对戴笠加深了印象。

戴笠回到苏州后，因蒋介石已下野，骑兵营经费困难，学员渐渐散去，他便到了上海，失去踪迹，据他后来自称是“被派到北伐军司令部服务”，其实他是正式投靠了胡靖安，开始以情报工作为业。他利用在上海的旧关系搜集各种情报，渐渐学会了分析研究情报的价值，成为胡靖安的重要助手。

黄埔同学联络小组的活动

从入学到离开苏州骑兵营，戴笠在黄埔就读的时间共计不过一年，实际为黄埔军校肄业，但后来军校保留了他的学籍，承认他是黄埔六期毕业生。

1927年8月，蒋介石因在国民党内部受到汪派及桂系等派系的共同攻击，四面楚歌，急于用非常手段来对付政敌，他授意胡靖安离开黄埔，在上海专事联络黄埔同学搜集各方情报之事，成立了黄埔同学联络小组，负责搜集各方情报，监视部队。戴笠与他的同学东方白、刘艺舟、蔡劲军等在胡靖安的"联络小组"里干了一段时间，由于胡靖安的不得力，戴笠等虽然卖力工作，但并没受到相应的重视。但这一时期是戴笠从蒋介石处领取经费从事专业特务工作的开始。9月，蒋介石被迫东渡日本，下野之前为避免授人口实，他令"联络小组"停止活动。胡靖安在上海把蒋介石给的遣散费独吞后逃走，戴笠在无奈之中靠拜把兄弟杜月笙的救济才渡过了难关。

1928年1月，蒋介石复任国民革命军总司令，将胡靖安支派赴德国留学，临别前，蒋接受了胡的推荐，任命戴笠为总司令部上尉参谋，接替胡主持在上海的"联络小组"的工作，戴笠由此正式开始了他为蒋介石出掌情报特工工作的生涯。[27]

戴笠出掌蒋介石私人系统特务工作后，工作积极性大大发挥。他认准跟着蒋介石有前途，拼命卖力。但在开始阶段，他的工作是比较艰难的。一方面由于联络组是一个非正式的组织，没有什么正当的经费来源，其成员的生活也没有保障，仅靠他们对蒋介石的忠心是不能长久的；另一方面，他的工作既无长久计划又无协助力量，工作不公开，当然不受人重视。在这种逆境中，戴笠养成了注意揣摩蒋介石心理的习惯，他注意分析政治军事形势和蒋的情报需求，不辞劳苦地搜集各种他认为有价值的情报，并不厌其烦地一次次去蒋介石的住地，不理会蒋介石卫士的呵斥与刁难，苦苦守候蒋的到来，送上他的工作成果。有时蒋介石在不经意中丢掉了他的情报，他便再次呈上。这样时间长了，戴笠逐步为蒋所重视，觉得他是一个很细心的人，有搜集情报工作的天资，可堪一用，于是下令准其“随时来见”。

这一年的7月，蒋介石派戴笠随东路北伐军从广东出发，在军前进行情报搜集分析与综合研究工作。出发前，蒋介石手书“坚苦卓绝”条幅一张，赠与戴笠，使他兴奋异常，更加努力工作。不论是在沪宁前线还是在华北五省，戴笠冒着生命危险深入北洋军队后方刺探军情，利用“北洋军阀老粗多……无常识，轻信谣言，贪图小便宜，情报容易做”的特点，运用拉关系和金钱收买等多种方法，一次次成功地搞到了许多军事情报。在徐州前线，他因长期骑马磨破了腿裆而流血不止，还照常四处活动。他的工作成绩使蒋介石逐步相信了他的情报专长与能力，更感到作战离不开这个人物。戴笠终于得到了蒋介石的器重。[28]

戴笠“密查组”的成立

1931年底，蒋介石为进一步加强军事情报工作，又在国民革命军总司令部里任命了多名侍副官与联络参谋，专司军事情报搜集。其中就有戴笠、郑介民等人。这便是后来国民党军统组织的前身。由于戴笠的功劳，蒋介石同意他建立一个“密查组”，作为为他搜集情报的正式组织，隶属于总司令部。这一小组建立后，使戴笠的工作与以前相比，有了固定的经费拨付、人员配额与工作场所，成为蒋政权内戴系情报工作由零散、非正式发展为集中、正规化的一个短期过渡。

戴笠成为这一“密查组”的负责人后，他的好友、陆军第一师师长胡宗南将其在南京城内鸡鹅巷53号的一处住宅赠与戴笠作为工作场所，而周伟龙、王天木、唐纵、方超、张炎元、徐亮、赵世端、张冠夫、胡天秋、马策、郑锡麟、王兆槐等人则成为戴的第一批骨干力量。这些人后来都被统称为是戴笠最早的发家班底“十人团”的成员。[29]这是戴笠领导下的第一个国民党正式特务组织，以至于戴笠发达后便把鸡鹅巷视为他的军统局的起家之所。

1931年9月18日，日本武力强占了中国东三省，蒋介石坚持“攘外必先安内”方针，对日本的侵略采取不抵抗主义，受到全国舆论及各党各界的反对，在国民党内外反对派的压力之下，他不得不第二次“下野”避风。

【注】

[1] 引自新浪网“爱问”栏目，http://iask.sina.com.cn/b/3610258.html？ from=iask2.

[2] 《临时政府公报》第一号，中国第二历史档案馆（以下简称二史馆）藏书。

[3] 田桐《革命闲话》，二史馆藏书。

[4] 二史馆编《蒋介石年谱初稿》，中国档案出版社 1992 年版，第 197 页。

[5] 江南《蒋经国传》，中国友谊出版公司 1993 年版，第 16 页。

[6] [美]陆培涌《蒋介石的思想追求》，载《现代亚洲研究》第 4 卷第 2 期（1970 版），第 232 页。

[7] 毛思诚《民国十五年以前之蒋介石先生》（上），二史馆馆藏蒋介石档案，第 97 页。

[8] 陈鼓应《蒋介石的第一次暗杀事件》，转引自李敖《蒋介石其人》，人民文学出版社 1994 年版，第 17 页。

[9] 蓝慧《55 年日记揭开蒋介石内心隐秘》，载《参考消息》2007 年 10 月 2 日第 6 版。

[10] 蒋介石《先妣王太夫人事略》，二史馆藏书。

[11] （台）董显光《蒋“总统”传》，中华文化出版事业 委员会 1952 年版。

[12] 蒋介石《与展堂、精卫书》，载（台）《蒋主席名著全集》第四集，复兴出版社 1947 年版，第 1205 页。

[13] （台）《蒋“总统”全集》第 12 卷，第 6~7 页，转引自汪荣祖、李敖《蒋介石评传》（上），青海人民出版社 1999 年版，第 228 页。

[14] 秦瘦鸥《蒋介石先生全集——蒋介石先生传》，二史馆藏书，第 34 页。

[15] 毛思诚《民国十五年以前之蒋介石先生》（上），二史馆藏书，第 97 页。

[16] 秦瘦鸥《蒋介石先生全集——蒋介石先生传》，第 34 页。

[17] 《蒋介石致廖仲恺函》，载《民国档案》1993 年第 1 期，第 12~13 页。

[18] 王禹廷专访陈立夫先生《中国调统机构之创始及其经过》（《细说中统军统》代序），载徐恩曾等《细说中统军统》，（台）传记文学出版社 1992 年版。

[19] 柯伟林采访蒋纬国记录（1978 年 1 月 5 日），转引自柯伟林《蒋介石政府与纳粹德国》，中国

青年出版社 1994 年版，第 180 页。

[20] （台）“国防部” 史政局编印《德国驻华顾问团工作纪要》，1969 年版，第 4 页。

[21] 柯伟林《蒋介石政府与纳粹德国》，第 187~189 页。

[22] 德国联邦档案馆《鲍尔遗件 NO．62》，第 229~230 页，转引自《蒋介石政府与纳粹德国》，第 189 页。

[23] 河阳等著《蒋介石揭秘》，中共中央党校出版社 1994 年版，第 322 页。

[24] 同上，第 288 页。

[25] 转引自 [美] 易劳逸《1927—1937 年国民党统治下的中国：流产的革命》，中国青年出版社 1992 年版，第 54 页。

[26] 李继星主编《戴笠传》，敦煌文艺出版社 1993 年版，第 12 页。

[27] 沈美娟《孽海枭雄——戴笠新传》，北京十月文艺出版社 1992 年版，第 139~144 页。

[28] 同上，第 139~144 页。

[29] （台）“国防部” 情报局编印《戴雨农先生全集》（上），1979 年版，第 15~20 页。

国民党特务组织之源起｜第二章

第一节　中统组织的建立及其向特务机构的演变

国民党最早的特工组织形成于1927年南京国民政府开展反共“清党”期间。深谙中国传统政治权谋的蒋介石，对于重要而敏感的情报特工组织机构的组建，采取了双管齐下、分而治之的方针，这便导致了后来国民党中统与军统特务组织的分别出现，以及由此而产生的一系列内外矛盾冲突，演绎了这两个特工组织彼此之间斗争与合作的历史。由于指导方针的原因，国民党内中统与军统两大特务组织即使在其形成初期，他们的组织人事与隶属关系也是泾渭分明的。

最早形成的是国民党中统组织，其全称为“中国国民党中央委员会调查统计局”。起初，这一组织只是一个党务机关而不是一个特务机构，其规模也只是一个科组。

1926年5月，国民党召开二届二中全会，决定由蒋介石出任中央组织部部长，以陈果夫为代理部长。出于工作的需要，在部内设立了一个“党务调查科”，负责对党员情况进行调查登记。这是一个纯党务工作机构，并非特务组织。

早在北伐之前，陈立夫与其兄陈果夫便在国民党内成立了一个名为“中央俱乐部”的小团体，参加者都是陈立夫、陈果夫一系的人。因“中央”与“俱乐部”两个英文单词的起头都是C，而二陈姓名英文拼音字母开头也是C，故外人称之为“CC系”。为了掌握党内动态情报，二陈又秘密搞了一个小组作为“CC”的触角，开始做情报工作。但这只是二陈的“私货”，没有组织编制和正当的经费来源。他们也向蒋介石送些情报，从蒋介石处得到一些经费。这虽然不正规，但却是国民党中统特务组织的起源。

中统组织的历史前后可以分作调查科、调查处、特工总部、中央调查统计局、中央党员通讯局及内政部调查局几个阶段。

1927年“四一二”事变以后，因反共“清党”及党内派系斗争的需要，中央组织部党务调查科开始扩展其工作范围，扩充为“情报”与“编造”两股，人员也由起初的十多人增加了数倍，[1]新增加的人员都是1928年6月由蒋介石从中央党务学校的毕业生中选择出来的，他们到任后具体从事“调查党员思想及派系隶属”之工作。从此后，中组部党务调查科的职责即开始向特务工作转化，与二陈的小组职能合并。

1928年1月，蒋介石重新上台，他在全面重掌党政大权之后，痛定思痛，决定扩大自己的特务组织机构，以应付党内外斗争的需要。2月，国民党二届二中全会召开，蒋介石稳固了他的统治秩序，是月底，他采纳陈果夫的建议，决定让国民党中央组织部下党务调查科专门负责党务情报搜集工作，任命其秘书陈立夫为科长。不久后由张道藩、叶秀峰先后任科长，1929年改由徐恩曾任科长。

调查科成立时，人数不多，其调查任务是针对党内的派系斗争搜集情报。后来由于反共形势的需要，扩张为政党斗争的工具，也搜集中共和其他政治对手的情报。继而又开设了“特工训练班”，广招兵马扩充组织。

对于这一段历史，陈立夫几十年后有过深切的回忆，他在接受采访时曾津津乐道地回顾并论述了他受命组织特务机构的原因与经过：

“凡是一个国家，受了外力的侵凌，为求自保，必须有一健全组织的调统机构。你如果念过《管子》一书，可以知道齐国的调统组织的健全，老百姓的一切一切，政府都调查得清清楚楚，对外更不要说了，故能九合诸侯，一匡天下。

我们的革命是从军政时期开始，经过训政时期而进入宪政时期，亦可以说由霸道进入王道，霸道是手段，王道才是目的，但是我们的处境，非常艰困，外有帝国主义者环伺，内有勾结外力之军阀和政客，如果没有健全的调统组织，其危险太大了。

蒋公曾去苏联，知道该国政治之运用甚详，而其调统组织之严密，实为安定内部之主要因素，因此，民国十六年（1927年）清党之后，蒋公就要我在他所任部长的组织部下，组织成立调查科，其主要任务为对付共产党的活动而制裁之。

我奉到这个命令，感到我的个性对此颇不适宜，并且对这项工作丝毫没有知识和经验，因为我是学采矿工程的，对物而不对人，因此我去请教戴季陶先生，戴先生听完了我的陈述，他说：'你是一位和善而有智慧的人，做调查工作的人，固然三教九流的人都需要，但是要去管这些人的人，需要一位慈祥而公正的人，才能管得住他们而不出乱子，你看寺庙中两边站的十八尊罗汉，个个都是浓眉怒目三头六臂的，但是中间坐的那位如来佛，却是何等的慈祥雍穆，惟其如此，才能管得住，做得好，所以蒋先生要你去做，就是这个道理，我看你还是从命罢！'我听了，才决定去做的。组织部调查科就这样开始的！我所知道的人，多半是美国留学生，学工程与自然科学或社会科学的，所以调查科开始组织，就是请这些人帮忙参加，他们中没有一个懂得美国FBI或苏俄的格别乌类似我们的调统工作的。我们的科分调查与统计两组，一面做，一面学，究竟这些人都是受过高等教育而有科学训练的，而这美国科技对付苏俄科技的初步决斗，比较起来，还是我们比较高了一手。我们的工作进行得非常顺利，我们不久就破获了若干共党秘密机关，而青年共党之来归者每月有数百人（共计为一万六千余人），声势大振，但不到一年半我就由科长被升为中央党部秘书长，科长一职经张秘书道藩等先后兼代，最后由徐恩曾（学电气工程的）接充。由于此一工作是新创的，我虽然离开了科长职位而去担任中央秘书长，许多事情，还是要来请教我的，所以不能完全不管。”[2]

从此，国民党有了真正意义上的特务机构——第一个正式的专职情报机构，即中统组织之开始。

随着蒋介石集团在国民党内的领导地位渐趋稳固，国共斗争成为当时国内的主要矛盾。1930年夏，中组部党务调查科又增设了两个小组，其中特务组主要是针对中国共产党的活动，搜集有关情报资料，进行策划与调查研究，设计指导反共活动；文言组则负责搜集整理各种报纸杂志及其他出版物，制成剪报，择其要者送有关方面参考，以供掌握中共及其他党派的最新动态。与此同时，调查科也开始向上海、武汉、开封等各大城市派驻特派员（上海杨登瀛，后改鲍善甫；武汉蔡孟坚；开封黄凯），配给专用电台以供联络。后来逐步扩展到全国各省与特别市、铁路、电信等行业，普遍设立了各级各单位的“特务室”。[3]到1931年7月，该科人数已达五十余人，成为国民党中央组织部中人员最多的一个部门。[4]

这样，国民党“党统”的特工组织框架便告基本形成。

第二节　复兴社、力行社、蓝衣社及其关系

过去，一提及国民党的特务组织，人们首先很容易想到的便是“蓝衣社”、“力行社”以及“复兴社”等国民党内的秘密团体。无论过去还是现在，大多数人只是对这些名称比较熟悉，对其内幕却不甚了解，对其间的相互关系则更是茫然。这自然可以理解，因为这些秘密组织就是国民党特务组织的孕源母胎，但仔细分析起来，它们又不单纯是一种特工组织，而是一种“党内有派”的政治团体，是国民党内的某个派系，是以“拥蒋”为核心的国民党内的青年帮派。

复兴社、力行社的出现是受20世纪30年代初国内外政治思潮与国难危机影响所形成的产物。正如前文所述，当时欧洲国家流行的法西斯主义思潮对中国政界也产生了很大的影响，甚至于在中国知识界也出现了以法西斯主义救国的偏激主张。在这种情况下，许多青年，特别是青年军人，面对国破民穷的中国社会，对比发愤图强野心勃勃的日本，更感到应该立即奋起，但他们又苦于无出路可寻，其中一些人便转向武力崇拜。德国法西斯的“铁血主义”强调的就是强力、征服，这很符合当时军界部分青年将领的思想。

以胡宗南、戴笠、桂永清、贺衷寒等人为代表的一批黄埔毕业生认为，在当时的情况下，要想救党救国，就必须实行强力政治，效仿德国与日本，

采用法西斯主张，拥立蒋介石的绝对权威。

因为要“拥蒋”，就必须一切服从蒋介石的需要，听从其指挥，无条件地执行其路线方针政策，在“安内攘外”的方针之下，他们便有了“反共”与“抗日”并举的主张，“拥蒋反共抗日”成为他们的政治纲领与工作中心。至于这些主张之间是否有矛盾或是否行得通，那不是他们考虑的事情，他们对蒋介石只有完全的愚忠而已。共同的思想促使他们产生了组织起来的需求，催生了带有法西斯主义及特务活动性质的团体，而蒋介石在政治上的受挫则提供了这一特殊组织产生的需求与时机。

复兴社——中国的法西斯特务团体

1931 年 12 月 15 日，蒋介石在被迫下台前夕，除了调兵遣将控制中枢以及给他离任后的新政府留下一个财政烂摊子而外，又想到直接建立一个法西斯组织，效忠他个人，以进一步确保他能在不久之后卷土重来。

11 月间，蒋介石召集他的十几位得意门生开会，反复暗示 :“现在日本帝国主义压迫我们，共产党又捣乱，我们党的精神完全没有了，弄得各地的省市党部被包围、被打，甚至南京的中央党部和国民政府都被包围，我们的党一点力量也没有，我们的革命一定要失败。我的好学生都死了，你们这些又不中用，看着我们的革命就要失败了！”当与会者终于有人领悟到蒋的意图，表示要团结起来时，蒋介石便顺水推舟说 :“你们怎样能团结起来？今天团结，明天就要闹意见。好吧，你们试试也可以。”于是，会议推举了康泽、戴笠等五人为新组织筹备成员，负责起草纪律条例及章程。[5]

1932 年 2 月，康泽把起草好的条例章程呈报蒋介石，并主张新组织定名为“复兴社”。蒋介石批准了这个全称为“中华民族复兴社”的秘密团体的成立。3 月初，中国的法西斯组织——复兴社正式成立。复职后的蒋介石主持了成立大会，他自兼社长，并指定康泽等九人为复兴社中央干事会干事，以滕杰为书记、康泽为宣传处长、戴笠为特务处长助理，戴笠一周后正式转任处长，以郑介民、唐纵先后佐之任特务处长助理。

郑介民出生于广东文昌（海南岛），毕业于黄埔军校第二期，为校内右翼组织“孙文主义学会”的发起者之一，1925 年被派赴莫斯科中山大学学习，1927 年南京国民政府成立后回国，担任蒋介石侍从室情报工作。1932 年与戴笠等发起组织“三民主义力行社”，由此开始了他与戴笠的长期合作，后来成为戴笠的军统局的第二号人物。抗战期间又担任军令部第二厅副厅长、厅长，负责抗日军事情报和中国共产党及八路军方面的情报，同时一直兼任军统局主任秘书，被视为军统内最具有情报学识的权威，先后编著有《谍报勤务》、《军事情报学》等书，为军统训练班及部队课参人员的必读课本，所撰《抗战期中对共产党之对策》，更是受到蒋介石的青睐。抗战胜利后，郑介民被蒋介石派为军事调处执行部国民党方面代表。

唐纵，字乃健，湖南酃县人，黄埔军校第六期毕业，在力行社特务处成立之前，长期为蒋介石做情报工作，为戴笠“十人团”成员之一，任力行社特务处第一任书记。1933 年下半年因卷入蒋汪矛盾被免去书记职务，不久被派任驻德国大使馆副武官，向纳粹党学习了不少特务活动方法，如将特务渗入警察系统，就是他从德国借鉴而来的。1938 年唐纵再度到蒋介石侍从室担任第一处第六组少将组长，主管情报业务。抗战后期，因戴笠忙于中美合作，蒋介石再次派唐纵兼任军统局帮办，成为戴笠的助手、军统局大将之一。

复兴社是一个完全法西斯化的政治组织，其主要成员贺衷寒、邓文仪、康泽、戴笠等人都是“誓死效忠”蒋介石的铁杆人物。其主要成员有十三人左右，后来被人们套用唐代的历史典故，戏称为蒋介石的“十三太保”。其中成员之一的刘健群曾写过一本名为《意大利黑衫党》的小册子，主张国民党应效仿意大利法西斯的“黑衫党”组织，集中最优秀的党员“穿着国产蓝布服装，以示自力更生，发挥党的传统革命精神，深入农、工、商、学的群众中……以对付内奸之捣乱和外敌之入侵。”[6] 他公然提议把新组织定名为“蓝衣社”，从服装到用具甚至工作环境一律选用“蓝色”，以示“统一意志，效忠领袖”，这一建议曾得到蒋介石的赞赏，后虽因种种原因未被采纳，但因其名称十足体现了该组织之特性而被传扬开来。

复兴社的“太保”们在晋见蒋介石时，曾一度学习德国纳粹党称呼希特勒的方式，把“校长”改称为“领袖”，被蒋阻止。蒋说：“你们仍然称我为校长好了，你们懂得时局的需要，这个计划也很贴切，不过你们年纪轻，经验不够，我怕你们做不好，让我来领导你们吧。”[7] 他再三强调组织的“内部团结统一”和“发挥硬干、快干、实干精神”，要以“力行哲学”为其思想根据。蒋介石亲自确定“复兴社”的宗旨是“内求统一，外抗强权，拥护领袖，收复失地”[8]，要“运用共产党的组织方法”，引入武士道或法西斯精神来“实行三民主义”。[9]

复兴社成立后主要在四个方面展开了工作，一是积极发展组织，扩大影响，拉拢“组训”青年，派人到部队去监视军官，搞党团活动；二是广泛开展法西斯主义理论宣传；三是对国民党内非蒋政治派系进行渗透、扰乱，并对国内各地方实力派军队进行瓦解收买等特务工作，用断然手段扫荡党内“反动分子”，没收其财产；四是厉行反共，在中共苏区进行颠覆、破坏、搜集情报等特务活动以配合国民党军队的围剿。蒋介石对复兴社成员下令：“全体同志必须统一思想与信念，有严格的秘密组织和在一定范围之内的基本党员，必须根据以暴制暴的原则处理所有的事。”在这种指令下，复兴社成员不断发出要实行恐怖暴力行动的声音，他们发表文章与演讲称：“在当今形势下，真理已完全为暴力所玷污，因此，除非有暴力，否则就没有真理……只有用绝对革命的东西，如暴力，才能支持国家至上的原则”；“必须有流血的决心——用空前无比的暴力去消灭一切人民之敌”；“现在我们必须惩罚他们（指政治对手），以极端措施杀死他们，使群众知道畏惧，再也不敢违反法律”。[10] 从这些言论中，我们便可以找到后来国民党特务组织习惯于暗杀酷刑施虐残暴行为的根源。

在近五年的时间内，复兴社已由一个四十余人的组织，发展成将近十万人的团体，因而形成内部派系，如戴笠的特务系、陈诚的军事系、康泽的别动系，以及贺衷寒的政训系等，分别经由党政管道，几乎控制了政府与社会的各个方面，形成了国民党内重要的组成部分。

力行社、蓝衣社与复兴社的关系

在组织方面，复兴社也效仿德意法西斯的组织形式，实行“党中有党”、“核心有圈”，1932年4月1日又在社内成立了秘密核心组织“三民主义力行社”，成员均为蒋介石亲自划定的人物，计三百人，都是忠蒋反共的“少壮派”，形成复兴社的核心内圈。在其外围，又成立了两个预备队性质的组织“革命青年同志会”与“革命军人同志会”，1934年以后又增设了“中国革命同志会”、“忠义救国会”和“中国文化学会”等，由复兴社骨干负责其工作，目的是拉拢青年学生和军人，向他们灌输法西斯主义思想，而后加入复兴社。滕杰、贺衷寒等人还效仿德国法西斯的训练方法，另成立了一个“骑射会”，以“勤骑勤射强健体魄”为号召，充满了十足的纳粹精神。

复兴社创办了指导性机关刊物《中国革命》、机关报《中国日报》，以及其他多种刊物,大力鼓吹“一个主义、一个政党、一个领袖”的法西斯主义思想,公开撰文宣言:“我们无需隐瞒，我们正需要中国的墨索里尼、中国的希特勒、中国的斯大林！”[11]“法西斯主义是国家濒于崩溃时唯一的自救工具……中国不得不效仿意大利和德国的法西斯精神。”[12]“这是一个新时代，独裁是这个时代进步的手段。”[13]复兴社骨干邓文仪还主持创办了一所“拔提”(Party，英文“党”的音译）书店,专门发行蒋介石的言行录、传记以及希特勒的《我的奋斗》、《墨索里尼自传》等书籍，为蒋介石树碑立传。邓文仪在他编写的《领袖言行》一书中写道：“或曰领袖与墨索里尼、希特勒相埒，同为世界之伟大人物，然在希氏统治下之德国……自然易于统治，墨氏统治下的意大利，亦和德国相似……而我领袖丰功伟绩，实非希墨二氏所可比者。”[14]这段谄媚之词自然深得蒋介石的欢心。

1932年9月，国民政府军事委员会政训队举办了一期“政训研究班”，实际上却是复兴社控制下的一个训练组织，班主任就是复兴社“十三太保”

之一的刘健群，在他的主持下，政训班成为地道的法西斯主义理论训练班，全部课程都以“一个主义、一个政党、一个领袖”为中心，以《我的奋斗》、《墨索里尼自传》为教材，号召学员“振作精神”、“干一番事业”，使已经“老化”的国民党“起死回生”。训练结束后，绝大部分学员被组成“华北抗日宣传总队”，派赴驻华北地区的西北军、东北军各部，进行分化与策反工作，宣传只有服从中央、服从蒋介石才能抗日救国的“道理”，成为蒋介石的“别动队”。刘健群自任“总队长”，在华北地区积极发展复兴社组织，他还指令“宣传总队”队员们一齐穿着蓝衣进行活动，一时间“大批蓝衣社分子在华北活动”的消息广泛流传，引起了日本华北驻屯军的恐惧，蓝衣社由此名声大噪。在日方的外交干涉压力之下，刘健群终于在1935年4月被调回南京，所谓的“蓝衣社”也就此烟消云散了。[15]

为了进一步学习欧洲法西斯的思想理论与组织形式，复兴社还多次派遣代表团赴德、意访问。

1933年春，郑介民受命率复兴社代表团访问了德国，这已是复兴社第二次组团访德。他们详细考察了德国纳粹党的组织建设、军队训练、特务培训、思想文化、统治方法等各方面情况，对之推崇备至，赞不绝口。在德国，经过郑介民等人的再三请求，他们终于见到了纳粹党的首领希特勒，尽管希特勒对这些不远千里赶来拜见的信徒态度十分傲慢，但他们却兴奋异常。在意大利，墨索里尼给予他们热情接待，当场加以鼓励，并派人陪同他们参观了许多地方。代表团表示：一定要把法西斯主义移植到中国去。

郑介民等人回国后，向蒋介石上呈了《旅欧考察报告》等文件，并在“复兴社”报刊上发表了一系列介绍推崇德意法西斯主义的文章，大力宣传“法西斯主义是中国救国之道”，主张大力发展军队政工及特务系统，拥戴蒋介石为最高领袖，掀起了一股效法德意的舆论高潮，这些举动受到了蒋氏的高度称赞。

复兴社自成立以后五年之内，分别经由党政管道，控制政府与社会的各个方面，从事迫害、盯梢、恐吓、绑架、监禁，甚至暗杀等行动。这些活动基本上是属于特务活动的范围，但严格地说，复兴社还不是一个纯特务组织。

康泽的“别动队”

复兴社访德代表团成员之一的杨周熙，回国后写了一本名为《三民主义之法西斯化》的书，送给蒋介石。蒋对之十分赞赏，吩咐康泽可以出版，但要稍加掩饰，改名为《三民主义之复兴运动》。杨周熙在书中还建议组建一支模仿希特勒党卫军的武装力量，名为“别动队”，以执行“特殊任务”。而此前蒋介石已经下令康泽组建这样一支部队，名为“特务警察队”，于是康泽趁机请示蒋介石的批准，正式确定使用“别动队”的名称。

1933年10月3日，“军事委员会别动队”在庐山成立，康泽出任总队长，下辖三个大队九个中队，另加一个便衣队，其成员为中央军校的毕业生，任中队长以上干部的都是复兴社分子。这支特务武装，以“政治作战”为主，执行“民众组训”等任务，主要配合蒋军完成“剿共”、推行“保甲制度”与“新生活运动”、收买敌方叛徒等，是具有明显特务性质的团体。康泽公然以“站着进来，躺着出去”为该组织的号召，要队员们为蒋介石尽死效忠。

1935年2月，康泽率领“别动队”两千人利用追剿红军之机进入四川，逐次接管四川省各地党政部门，并在各处发展复兴社组织，一边“剿共”，一边收拾四川军阀，推行保甲、建立情报网、收买叛徒，四处活动，只要是有利于己之事无所不为，为蒋介石的“图川”之举立下了汗马功劳。一时间康泽备受宠信，势力大增。直到1939年，抗战爆发后，康泽的“别动队”才被陆军收编，结束了使命。[16]

复兴社的消亡

“七七”事变爆发后，蒋介石为了显示“团结一致共赴国难”，与国民党内各派达成团结的协议。在汪精卫等人的压力之下，他迫于公认的“党外无党、党内无派”的原则，只好决定解散复兴社，设法另以新组织来代替。

1937年9月中旬，蒋介石召集陈立夫、康泽、刘健群三人，指示说：

“现在抗战已经开始了，过去秘密的小组织形式不合需要了，要来一个大组织，把党部的（指陈立夫的“CC系”）、同学的（指复兴社）和改组派（指汪精卫派）都团结起来，并以此为中心，再求各党各派的团结和全国的团结，你们去研究一下。”[17]在蒋介石的授意下，1938年春，在武汉召开的国民党全国临时代表大会通过决议，成立“三民主义青年团”来作为包罗党内一切小组织的“大组织”。是年秋，复兴社正式解散，其成员并入三青团。这个半特务式的组织从此结束了它的历史使命。

但是，国民党的特务组织并没有完结，相反地，它却以更加专业化、扩大化的中统与“军统”组织的形式开展了工作，国民党的特务工作因此更上一层楼。

第三节 国民党内反对法西斯特务组织的呼声

蒋介石崇尚法西斯化的言行引起了国内外的广泛注意。西方英美等资本主义国家舆论对蒋介石“在中国推行法西斯主义表示忧虑”。[18]国民党内蒋介石的政敌如汪精卫、胡汉民等人出于反蒋政治需要，也对这股“法西斯化”运动进行了抨击。

胡汉民并不是一位民主派人士，他曾鼓吹扩大国民党一党专政，但他特别反对蒋介石个人独裁，尤其对蒋介石的“特务政治”厌恶至极。胡汉民在其主持的《三民主义月刊》上组织发表一系列文章，痛斥蒋介石搞法西斯主义是“画虎不成反类犬”，“心向往之而力不逮”，[19] 并指斥复兴社特务组织是一个“没有经济、社会或历史基础的独裁的军阀集团”，是“无本之木，无源之流”，只借空洞的口号宣传与刺探情报、暴虐与暗杀手段，无发展希望也无前途。[20] 从 1933 年 1 月间胡汉民发表《三民主义与中国革命》一文开始，胡氏自己也写过多篇文章，对蒋介石推崇法西斯主义搞独裁统治大加讨伐，他认为“法西斯主义”是一种反动势力，它的兴起“无疑的是征示着三民主义前途的又一劫运”，[21]他指斥蒋介石继承了北洋军阀的衣钵，蒋介石统治“五年来的一切，只是军阀的行动，而不是党的行动”，[22]胡汉民分析了德意法西斯主义产生的历史背景与原因，断然指出中国没有产生和实行法西斯主义的土壤。他指出德意法西斯主义还有对外扩张国家利益的一面，蒋介石却不顾国家利益而完全为了个人利益，实无前途。他的结论是:“法西斯蒂运动，实在是现代政治上最反动的运动，它的没落，不是理论的问题，而是时间的问题”，[23]“三民主义的革命运动绝对不能与法西斯蒂的反动运动并存，中国产生不出法西斯蒂来”。他认为蒋介石学不到法西斯的真谛，充其量“只能做到流氓式的侦探或暗杀为止”。他号召“一切三民主义的信徒，必须抱着坚定的信念，不与法西斯蒂共存亡”。[24]由于胡汉民的反蒋反法西斯言论，复兴社特务们对之恨之入骨，他们在胡汉民的住处放置炸弹威胁，迫使他避居别处。[25]而作为胡氏依靠力量的广东地方实力派陈济棠，则对在其辖地内活动的复兴社分子实行了严厉的镇压。1933 年，陈济棠下令逮捕了七十四名复兴社在广东的特务成员，并将其中九人判刑。[26]上述事实说明，国民党内反对蒋介石搞法西斯特务政治的呼声与力量，从一开始就明确存在并进行着斗争。

第四节　以中统为中心的表面整合时代

从严格的意义上来说，复兴社、力行社都只不过是具有部分特务组织成分的秘密政治团体，它还不是完全的特务组织。但其中已经包含了特务性质的成分。复兴社成立之后，戴笠被蒋介石选定为“三民主义力行社”内三大处之一的特务处处长，郑介民、唐纵先后任特务处长助理。这样，戴笠正式成为蒋介石亲信的特工组织首领，这在戴笠个人的特务活动史上也是一个重要的新起点。再进一步分析，因为复兴社、力行社主要成员的出身特点，这一组织浓厚的军队色彩决定了它的特务机构的成立即可以被视为是以戴笠为首的国民党军事系统特务组织的建立肇始。

而这时，作为中统局前身的国民党中央组织部党务调查科已经开张有时了。这一组织在主管中组部的陈立夫领导下由徐恩曾负责。

徐恩曾，字可均，浙江吴兴人。早年毕业于上海南洋大学，后留学美国，专业是电机工程。回国后投奔与他有表亲关系的二陈兄弟名下，开始了特务工作生涯。他是从中组部党务调查科科长做起的老牌国民党特工负责人，以后又在他主持下于南京道署街徐王府“瞻园”内成立了“特务工作总部”，徐恩曾为主任、张冲任副主任、濮孟九任秘书，内部设有情报科、训练科、总务科及指导、行动等课。直到1938年特工总部改为中统局乃至以后，徐恩曾一直是国民党中统特务组织的实际领导者。

1930年夏，中组部党务调查科又增设了小组，主要是针对中国共产党及各政治反对派的活动，搜集有关情报资料，进行策划与调查研究，设计指导破坏活动，并在基层普遍设立了各级各单位的“特务室”。[27]在南京，蒋介石又特别调配了二十余名经过政治警察训练的中央军校第六期毕业生，充实了调查科特务组织。这样，国民党“党统”即后来的中统特工组织框架至此便告基本形成。

因国民党中央党部位处南京丁家桥，每天进进出出的各机关人员庞杂，不便于调查科活动的秘密进行。1930年春，徐恩曾经请示陈立夫同意，在紧邻南京中央饭店的中山东路5号，另找了一栋两层的西式小楼，作为党务调查科的秘密办公地点。[28]为了遮人耳目，徐恩曾命手下在门口挂上一块“正元实业社”的招牌，把这里装扮成一个商业机构。后来，他命手下在一楼临街开了一间无线电器材专卖店。这样，一来可将无线电器材的流向加以监控，二来可将赢利所得补充特务的活动经费，可谓一举两得。

当时“正元实业社”的成员有：王思诚、李熙元、张志鹏、马绍武、许少顿、高振雄、林桂庭、齐耀荣、游定一、马啸天、袁更、王正鸿、钱壮飞（中共地下党员）、范圭中等人，他们归同住一起的特务科负责人徐恩曾直接指挥，其中的大部分人后来成为了国民党中统特务组织的骨干力量。

由于党务调查科在开始阶段还没有武装力量，故在具体行动中，他们便与各地的军警部门密切配合，以执行蒋介石的“清共”方针，主要任务是破坏各地共产党组织。

在南京，调查科依靠陈立夫之兄陈果夫的关系，得到了陈果夫过去的保镖、现任首都警察厅督察长陈独真在武力、装备等方面的大力支持；而宪兵司令谷正伦除了为调查科输送“政治警察训练班”的毕业生外，还协助调查科关押被捕者，他还曾聘请徐恩曾及其特务组长顾建中在宪兵司令部兼职，极大地密切了双方的合作关系。这样一来，一旦调查科发现了中共活动的蛛丝马迹，军警便配合行动，实行逮捕与关押。

1930年，徐恩曾以其在南洋大学时的同学范本中为首，在南京中山东路西头开设了一家电讯器材商店为掩护，设立了第一座电台，并在上海、武汉设立了分台，建立了中统组织的秘密通讯体系。蒋桂冯阎“中原大战”开始后，他们又派出袁更、郑伯豪等人在北平、天津设立了分台，为蒋介石搜集情报。中统的电台系统初具规模。

随着蒋介石集团在国民党内的领导地位渐趋稳固，国共斗争成为当时国内的主要矛盾。

国共分裂之后，在国民党的残酷打击下，中国共产党的各级组织转入地下，表面似乎已消失，但各地的起义和城市暴动却此起彼伏连续不断，这说明中国共产党的组织仍在有效地活动，并且有一个强有力的中央机关在进行指挥。共产党无处不在，但又无处可寻。面对中国共产党严密的地下组织，国民党的警察和宪兵不知从何着手对付。尤其是中国共产党首脑机关隐藏在上海租界之内，又有一个强有力的政治保卫机构“中央特科”加以保卫，就更难破坏。而在这个洋人统治的租界内，公开的警宪机关也不便进行侦破和搜捕。因此，要对付中国共产党的地下组织，必须依靠秘密的特务机关。在陈立夫的指导下，徐恩曾率领调查科全力进行对中共地下组织的破坏工作。蒋介石对陈立夫的特务机构，要钱给钱，要人给人，尽力加以扶植。

调查科一般的特务活动由采访股等部门担任，但所有针对中国共产党的重大谍报活动、密谋策划，以及情报搜集、破坏指导等都由特务组负责。特务组的办公室，不但中央党部其他部门的人员禁止入内，即使调查科内部人员也不能随便进入。

在开始阶段，调查科对于被捕的共产党人实行不叛即杀的方针，在蒋介石“宁可错杀三千不可放走一个”的指令下，他们杀人无数，但共产党人却越杀越多，成效甚微。陈立夫与徐恩曾、叶秀峰、张冲等人为此会商，认为单纯地捕杀对付不了中共，应当改弦易辙，设法深入了解中共的内部情况。于是，他们制定了诱降共产党人的“自首自新办法”，决定采用“重用叛徒，扩大自首潮流，以毒攻毒”的政策，在南京和江苏、浙江、湖南、湖北、安徽等省普设“反省院”，对被捕的中共党员与进步人士实行威胁利诱、软硬兼施的诱降手段，目的是最大限度地利用叛徒，扩大对中共的破坏成果。这一政策，得到了蒋介石的肯定，成为中统以后对付中共的重要的手段。[29]

在这一阶段里，国民党当局的情特机关在对付中共及政治反对派方面是靠中组部党务调查科，在获取军事情报方面则主要依靠戴笠的复兴社特务处，而这两者的工作又是互相交杂的。

1932年9月，蒋介石欲把戴笠的小组织和中组部陈立夫的特务系统统一管辖，一度成立了以陈立夫为首的“国民政府军事委员会调查统计局”，但这个“军委会调统局”并不是后来习惯称谓上的“军统”组织。

这里所说的“国民政府军事委员会调查统计局”与后来在抗战爆发后组建的以戴笠为首的“国民政府及国民党中央军事委员会调查统计局”并不是一个组织，虽然名称相同，也有相互间的组织重叠与包含意义，但无论是在两者的人员组成还是工作内容上，都有根本的区分。实际上，1932年以陈立夫为首的所谓“军委会调统局”组织，其基本构成主要是未来的中统班底而不是“军统”的前身。其中组建了三个处室，以徐恩曾为特务一处处长（“CC派”、党统特务、中统前身），戴笠为特务二处处长（蓝衣社特务系统、挂名依靠，实则独立，军统前身），丁默邨为第三处处长，后由金斌继任，掌管通讯、密码、汇报安排事宜。

此时从中统组织的角度来看，“特工总部”所用的行政机关的名义，一个是“中央组织部党务调查处”，这是由调查科扩大而来的；另一个是“国民政府军事委员会调查统计局第一处”。表面上看，一个是党务机关，一个是政府机关，似乎互相独立，实际上不过是“特工总部”一套人马的两张招牌而已。“特工总部”负责人徐恩曾的公开职务就是党务调查处处长兼军事委员会调查统计局第一处处长。而戴笠的特务系统也相类似，被列为第二处。

由于在陈立夫的“军委会调统局”成立后，蒋介石依然独立地掌握着戴笠的系统，使之保持他个人的“御用”特征，以便运用自如，因此实际上仍然是保持了国民党特务组织“两条腿走路”的特征，这就为日后的国民党两大特务组织系统的正式形成奠定了基础。

按照军统方面的历史解释，此时戴笠任处长的复兴社特务处，是一个政治性的秘密组织，不能公开化；而他同时兼任的陈立夫“军委会调统局”第二处处长，则是正式的政府机构，[30]可以堂而皇之地列编支费的。这样分析，此时蒋介石之所以佯将戴笠组织编入陈立夫手下，也是为了解决其经费供给问题，在指挥权上陈立夫对戴笠是有名无实的，到后来时机成熟后就分道扬镳了。蒋介石对其特务系统所运用的“分而治之”的“两条腿走路”方针是贯彻始终的。

对于蒋介石的这种做法，陈立夫一开始是不能接受的。据他自己回忆说：“至于军统之开始，是‘有实无名’的一个组织，由戴笠（雨农）在蒋公侍从室工作的时候，受命担任调查特种事件所开始的，当调查科发现戴笠在做类似工作的时候，科中同仁愤愤不平，谓蒋公是否对我们不信任而另派戴笠去做？我就对科中同仁解释一番如下：‘我们的工作，可称之曰党的耳目，你们看人身上耳与目都是成双的。所以党的耳目，亦不妨有两个，互相查对，是有益无损的。’众皆悦服。所以，戴笠的工作开始时是有实而无名的。

当时我考虑应否以此事问问蒋公，否则蒋公会轻视我们，‘怎么戴笠在做调查工作，你们一点都不知道。’于是我决定向蒋公查问说：‘有一位名叫戴笠者，在外声称是蒋公要他做调查工作，有无此事？’蒋公有点不好意思地说：'有的，我有时候要他去查一两件案子，并无特别组织。'后来，戴笠的工作范围与日俱增,还是有实无名而已。不过蒋公不愿戴笠永久这样下去。"于是就有了后来的军统组织。

"后来约在民国二十四年蒋公要我主持一个'调统会报'，属于军事方面的，由陈空如先生协助我。遂正式派徐恩曾为该会报之第一组主任（注重共党在社会之活动），戴笠为第二组主任（注重共党在军事方面之活动），并派丁默邨为第三组主任（掌理会报方面之总务事宜）。这一个组织，一直到蒋公要我担任教育部长那天（民国二十七年正月），我才辞去会报工作，其理由是教育部的工作与调统工作是两件绝对相反的工作，不能由一个人来兼做，遂以此理由脱离了调统工作，去担任教育部的工作，因此'调统会报'亦取消了。其第一组改称中央党部调查统计局，局长由朱家骅担任，徐恩曾副之；第二组改称军事委员会调查统计局，局长由贺耀组担任，戴笠副之；第三组取消了，后来丁默邨就跟随汪精卫去担任伪政府的调统工作，对于一、二两处在沦陷区的工作，不无受了打击。"[31]

无论如何，在这一阶段，公开正式的特务组织只有中组部陈立夫为首的中统一家，因此这一时期的国民党特务组织可称之为以中统为中心的"合二而一"时代。

【注】

[1] 中国国民党中央执行委员会秘书处印行《中央党务月刊》，1928 年第 4 期。

[2] 王禹廷专访陈立夫先生《中国调统机构之创始及其经过》(《细说中统军统》代序)，载徐恩曾等著《细说中统军统》，第 7~9 页。

[3] 张国栋《中统始末记》载徐恩曾等著《细说中统军统》，第 7 页。

[4] 刘不同《国民党的魔影——"CC 团"》，载全国政协文史委《文史资料选辑》第 45 辑，1964 年版。

[5] 《"得意门生"康泽》，载徐利剑主编《蒋介石的八大金刚与十三太保》(以下简称《十三太保》)，中国旅游出版社 1993 年版，第 217 页。

[6] 干国勋《释“蓝衣社”并怀刘健群》,(台)《传记文学》第21卷第3期，1972年9月。

[7] 马招法《复兴社元老滕杰》，载《十三太保》，第358页。

[8] 同上，第358页。

[9] 引自[美]易劳逸《1927 — 1937年国民党统治下的中国：流产的革命》，第61~62页。

[10] 同上，第61~62页。

[11] 《组织与领袖》，载《社会新闻》1933年第3卷（1933年5月18日），第242~243页。

[12] 《国民党与法西斯蒂运动》，载《社会新闻》1933年4卷（1933年8月24日），第274页。

[13] 伊仁《民主与独裁》，载《前途》第1卷第8期（1933年8月），第1~2页。

[14] 焦述宏《“戈培尔”邓文仪》，载《十三太保》，第174页。

[15] 徐利剑《“螟蛉子”刘健群》，同前出处，第195页。

[16] 《“得意门生”康泽》，同前出处，第221页。

[17] 徐利剑《“螟蛉子”刘健群》，同前出处，第210页。

[18] [英]《密勒氏评论报》第68卷第10期（1934年5月5日),第387页,及[日]《日中战争》,《现代史资料》第8册，东京1964年版，第385~387页。

[19] 《三民主义月刊》第1卷第1期，第4页。

[20] 同上，第4页。

[21] 同上，第6页。

[22] 同上，第6页。

[23] 胡汉民《论所谓法西斯蒂》，中兴学会1935年版，第36页。

[24] 同上，第34页。

[25] 陈红民《胡汉民评传》，广东人民出版社1989年版，第263页。

[26] [美]易劳逸《1927 — 1937年国民党统治下的中国：流产的革命》，第95页。

[27] 张国栋《中统始末记》，载徐恩曾等著《细说中统军统》，第7页。

[28] 这幢建筑一直原状保存到2001年，被中央饭店的后继者拆后改建。

[29] 张文《中统20年》，载《中统内幕》，江苏古籍出版社1987年版，第8页。

[30] 陈恭澍《英雄无名》第一部《北国锄奸》,（台）传记文学出版社1981年版，第2页。

[31] 王禹廷专访陈立夫先生《中国调统机构之创始及其经过》(《细说中统军统》代序），载徐恩曾等著《细说中统军统》，第9页。

抗战前的国民党特务组织及其活动（上）| 第三章

第一节　密战中原，平息反蒋之乱

1927年蒋介石在南京“开府”上台后，他所面临的是一盘散沙的中国政局。

在开始阶段，他的主要精力是用来对付来自党内反对派的政治军事威胁，而不论是政治还是军事的斗争，情报工作都是十分重要的一个方面。古语云：“知己知彼百战不殆”，情报特务工作作为知彼的一个主要手段，其有力的效能是显而易见的，尤其对于蒋介石来说，因为他的目标并不都是光明正大的，因此，使用特务手段就是其必然的选择。

1929年中，二期“北伐”完成后，国民党内“新军阀”争夺权力的新争斗又开始了。阎锡山、唐生智等国民党内地方实力派人物，依仗着在北伐中所占据的地盘与膨胀的军力，坚决反对蒋介石以“编遣裁兵”为名行削除异己之实，因此最终决定举兵反蒋。在对付党内反叛者的作战中，蒋介石派出了他的秘密组织干将戴笠，进行军事情报搜集与策反工作。

1929年6月，戴笠以参谋身份随蒋介石到北平，刺探晋系军阀阎锡山所部的军情，他想从阎军下层人员中打开缺口，但阎部人员防范甚密，戴笠钻研多时，竟无功而返。

这年冬季，国民党第五路军总指挥唐生智，联络晋系阎锡山及石友三等部地方军阀势力，组织“护党救国军”，又发动了反蒋战争。在讨伐唐生智的战役中，蒋介石除调兵遣将应战外，又派戴笠深入唐部进行收买与策反。12月，戴笠到达开封、郑州活动，被唐生智发觉，唐悬赏十万在河南全境搜捕他。唐军宪兵营持着戴笠的相片到处设卡抓人，形势十分危急。戴笠在走投无路之际，铤而走险，化装成记者，从陕西潼关赶赴河南信阳唐部指挥中心，潜入城内。他探知掌管信阳城防的是唐部宪兵营长、黄埔四期毕业生周伟龙，周是戴笠同学东方白的好友。戴笠便以东方白之名独闯宪兵营拜见，鼓动口舌，以同学之情煽动起周伟龙对蒋介石的师生之谊，要周向蒋效忠，劝其投蒋共打天下，竟大获成功，周伟龙不但当即与戴笠结为拜把兄弟，而且还提供了唐生智的军事部署重要情报，并亲自护送戴笠出城脱离险境。一个月后，蒋军获胜，唐生智战败下野，周伟龙如约弃官投蒋，由戴笠引见蒋介石，受到嘉奖。此后，周伟龙便在戴笠手下做了一名军统大特务，成为戴的得力助手之一。此事后来被戴笠引以为荣，频频告人。戴笠的这次出色表现，使蒋的军事行动顺利成功。不久后，他便因功升为中校联络参谋。[1] 由于工作成绩突出，戴笠日益受到蒋的器重，并逐渐奠定了他在蒋集团中的地位。

1930 年 4 月，国民党内最大的一次反蒋势力大联合又一次发动了倒蒋战争。阎锡山、冯玉祥联合桂系军阀及国民党内“改组派”、“西山会议派”等，推出汪精卫为政治领袖，在北平召集国民党中央扩大会议，公开与蒋作对。为了应付挑战，蒋介石不得不倾全力以赴，命令“密查组”组长戴笠派出得力助手王孔安，混入北平“扩大会议”刺探了有关情报，帮助蒋介石制定了拉拢东北军张学良入关相助的正确战略，并成功地派人在各地瓦解、收买了阎、冯军的许多杂牌部队，最终使反蒋阵线腹背受敌陷于内乱。争斗七个月后，中原大战最终以蒋介石的又一次全胜而告结束。随后，戴笠又受命前往北平，代表蒋介石与其新盟友张学良联络，他通过张的警卫旅的一名团长、与张学良有两辈交情的拜把兄弟吴泰勋（戴笠最后竟然又做了张、吴的结拜大哥），成功获得了有关东北军的情报来源。吴泰勋还向戴推荐了多名手下充当特工。戴笠的出色表现，使蒋介石对之更为倚重。

在对付反蒋派系的军事斗争中，蒋介石的特务们还有最有效的一招便是破译对方的通讯密码以获取情报。反蒋派桂系三巨头之一的黄绍竑，在他的《五十回忆》一书中透露，1929 年至 1930 年蒋桂内战时，桂系方面的军事密码就曾被南京方面推译出来，导致蒋军对桂军的动向部署了如指掌，掌握了制胜先机。由于偷译对方密码的成功，使蒋介石得以“料敌如神”、“天纵英明”，而蒋介石的特务之所以如此“神通广大”，则是有其原因的。[2] 据“台湾情报局秘密出版的《戴雨农先生传》载：“民国二十二年三月，胡宗南将军介绍一位擅长无线电通讯的魏大铭给戴先生，乃即着手从人才的吸收训练、电机的研究制造，与内外通讯网的建立各方面，迅谋发展。’其实在魏大铭以前，蒋介石就在这方面坐享其利了。据魏大铭在《评述戴雨农先生的事功》回忆：民国十八年交通部国际电讯局长温毓庆博士，由财政部长宋子文的财务支持，研破了桂系的上海秘密电台 XHFA 的密电，情报为蒋总司令所用，后继续扩展及于冯玉祥、唐生智、石友三等情报而赢得中原大战，石友三、唐生智等叛变诸役，几次解救蒋总司令于危难之中，极有贡献。此种密电情报，当时由林蔚文将军经手，呈转处理，用后即毁，不存档案，了无痕迹，后来侍从室即循此规例，故知者极少而识者几无，人但知蒋委员长之神机妙算，而不知其另有密电情报。”[3]

蔡孟坚也于《八十谈奇》中谈到，中原大战时以时迁手段，偷得鹿钟麟总部新颁的密电本，以陈立夫名义送交总部机要室，大收战果，受到蒋介石的召见，“深予嘉勉”。特务之功大矣哉！蒋介石焉得不重视特务？[4]

第二节　戴笠成立特务处，放手发展特工组织

1931年3月，蒋介石就任国民政府军事委员会委员长，随即召开高级军事会议，决定扩大情报网，着手调查搜集资料，研究国内外情报，用作“攘外安内”之参考。

4 月 1 日起，戴笠所辖联络组扩大成情报处，称之为“特务处”，暂隶属“推展民族复兴运动”的复兴社，开展工作。9 月间，又划归军委会调统局第二处，仍以戴笠为处长。“此一情报组织，在中华民国历史上尚属首创，不但无成规可循，且责任艰巨。”戴笠为该组织确定的目标宗旨是“反对日本的侵略，揭露汉奸组织，镇压内乱及实行反共，维护领袖（蒋介石）安全”。戴笠把 4 月 1 日这个以他个人为首的特务组织诞生的日子作为后来他的军统局的创业纪念日，每年都要举行隆重的庆祝活动。

组织成立前，戴笠得知蒋介石要他正式出面负责，便特地前去见蒋，以学资浅薄请辞，故作姿态以试探蒋介石的真意。蒋回复他说："只要你有决心，其余不必顾虑。"戴回答说："从今天起，学生决以生命为革命而牺牲奋斗，失败则请委员长加罪，成功或竟为敌人所杀，决无后顾。"[5]这一过程，后来成为戴笠表白他从事特工为蒋介石效力决心的例证，到处宣讲。他在自己的回忆中写道：

民国十六年7、8月的时候，我在×部底下做事。民国二十年12月10日以前，我只有一个勤务兵贾金南和一个毛；到了民国二十一年，我也只不过才有一百多人；民国二十一年1月23日我在杭州，突然接到领袖蒋校长的电报，要我马上回南京。1月26日晚上8点钟，蒋校长在中山陵召见我，要我主持成立特务处。先是关系方面一共保举了六个人，蒋校长认为只有我比较合适，能够做好这个工作，要我负这个责任。我因为团体中很多人都是我的老大哥，并且这种事情本身就不容易做好，当时我就向校长报告说："我不能做这个工作。"蒋校长问我："为什么？"我就将上面说的这个意思说了一遍。蒋校长说："这不要紧，一切有我，你不必顾虑，现在就是你有没有决心的问题，只要有决心，事情就一定可以做好。"在这种情况下，我不能再推辞，当时我就说："报告校长，就黄埔的关系讲，你是校长，我是你的学生。就革命的关系讲，你是领袖，我是你的部下。既然如此，我当然只有绝对服从命令，尽我的能力了。"

于是，不到一刻工夫，领袖就下达正式命令。当时我向领袖表示："从今天接受命令之日起，我的这个头就拿下了。这就叫一手接受命令，一手提着头颅。"领袖问我："此话怎讲？"我说："这是我的决心，我这个工作做得好，我的头一定给敌人杀掉，若做不好，当然要给领袖杀掉。再者，积劳成疾，所谓'鞠躬尽瘁，死而后已'，岂不外只有这三种情形？"

领袖当时叫我找帮手，我找了一个郑锡麟，一个××，我选择了两个同志。

次日上午，也就是民国二十一年1月27日，有位同志要打倒我，他说：

"关于特务处的人事、经费，校长叫他负责。我就报告领袖辞职，结果没有获准。以至于后来发展到今天的局面。什么叫光荣历史？什么叫清白家风？这就是我们工作的起源和开端。"[6]

戴笠在特务处内公开提出这样的口号："秉承领袖意旨；体念领袖苦心；做领袖的耳目；做领袖的手足。"[7] 以此为其组织的宗旨和对部下的要求，后来便成为军统组织的宗旨，又加以发挥，演变出"长官没有听到、看到、想到的事，我们要为长官听到、看到、想到"的口号，大书在军统局本部的墙壁上。戴笠此举的意图还是为了拍蒋介石的马屁，让蒋看了后"体念他的苦心"，从而更加宠信他。

特务处成立时设有一室二科，以唐纵任书记室书记，郑介民为侦察科科长，邱开基为执行科科长，其后增加了交通科，由黄埔一期的梁干乔任科长。这时的特务处尚处在比较简单的创业阶段，共有一百四十五人，其中骨干力量都是戴笠"密查组"的人员，又吸收了王孔安、乔家才、简朴等黄埔出身的干员，办公处就设在南京鸡鹅巷53号，处理机要指挥行动，人数增加后又于12月在许府巷成立了处本部。同时在各省地区及大城市成立了区、站、组三级组织网，初步形成特务网络。1933年7月，为保护蒋介石的安全，又成立了"随节警卫组"。1935年，为适应特工通讯的需要，特务处又成立了第四科，魏大铭为科长，专负电台联络与培养通讯人才之责。

特务处是戴笠掌握的第一个冠冕堂皇的机构，他有意将之迅速地"发扬光大"，并着意其独立性之形成，与复兴社拉开距离，这引起了复兴社常务干事贺衷寒的警觉，他向书记滕杰建议改组特务处以防不测。滕杰召集戴、贺商量，戴笠听明来意，当即怒形于色，转身欲走，经滕杰好言调解，最后确定特务处对蒋介石交办的事可直接报告蒋，只有对社里布置的任务才向社干事会汇报。这样，无疑是确认了特务处在社内的特殊地位，戴笠从此更加有恃无恐。

当时戴笠的特务处内部机构及派往各地的特务网骨干统计如下：

复兴社特务处（第二处）

处　长：戴　笠　　　　　副处长：郑介民

第一科（情报）：编审股　华东股　华南股　华中股　华北股　统计股

第二科（行动）：司法股　执行股　特务队

第三科（总务）：会计股　庶务股

书　记　室：人事股　译电股　交通股

设计委员会

南　京：方　超、陈英南、左曙萍、陈逸湘　上　海：翁光辉、张业

京沪路：徐　亮　　徐　州：胡天秋　　海　州：岳烛远

杭　州：胡国振　　安　徽：汪德龙　　南　昌：柯建安

赣　州：喻耀离　　抚　州：谢镇南　　武　汉：周伟龙、刘培初、萧勃

长　沙：蒋肇周　　粤　港：邢森洲　　香　港：吴乃宪、张炎元

厦　门：连　谋　　郑　州：刘艺舟　　开　封：刘暨

山　东：李郁文　　青　岛：姚公凯　　烟　台：刘乙光

胶济路：郑兴周　　津浦路：高振鹏　　天　津：王天木、靳汝民

北　平：陈恭澍、杨英、齐庆斌、王云孙　太　原：靳易夫、乔家才

归　绥：王和众　　西　安：贾文郁[8]

以华北地区的重镇平津地区为例，1932年11月，戴笠从参谋本部特务警员训练班毕业生中选择了陈恭澍、杨英、戚南谱三人到北平建立工作站，由陈恭澍任站长。

陈恭澍原籍河北省，是黄埔五期生。1931年由蒋介石亲自选中到中央军校特别研究班受训。后成为力行社外围组织“革命军人同志会”的成员，与戴笠有了接触，受戴之命，联络了三十余名黄埔同学到参谋本部特务警员训练班学习。因在学习期间监视同学兼做情报有成绩，受到戴笠欣赏，毕业后即去北平当站长，进入戴笠的干部圈。

客观地说，陈恭澍在特务行动方面是有一些天资的，他天生机敏而且有指挥才能，后来为戴笠和军统干了多件轰动全国的事，指挥和参与了诸如

刺杀汪精卫、王克敏、殷汝耕、石友三等汉奸头目及诛杀日本官兵的事件，但他也是个顽固的反共分子，指挥过杀害吉鸿昌等共产党人的行动。他后来在担任军统上海站长期间，指挥部下与日伪激烈拼杀，后失败被捕，随即叛变，投靠汪伪特务头目李士群。抗战胜利后被国民党政府判刑，不久又被放出，投入反共内战，最后跑到台湾。晚年写了五本回忆录性质的关于特务史的书，留下了许多资料。

当陈恭澍等到北平时，戴笠的特务处已在半年前在平津建立了工作站，负责人是戴笠的“十人团”成员之一的“铁哥们”王仁锵。王是东北讲武堂的毕业生，曾去日本明治大学学习法律，任过浙江高等检察厅检察长、中国驻智利代办使事，有一定阅历。跟随戴笠当特务后，改名为王天木，化名还有郑士松等。他也是个较能干的人，一直为戴笠独当一面。陈恭澍按戴笠的要求与王天木取得联系，王带他们熟悉情况，在北长街 18 号开设了一家“军事杂志社北平分社”作为掩护机关，建立了站点。陈恭澍陆续发展了白世维、范行等人，他们常常游走在“八大胡同”等风化场所，称为“工作需要”。

1933 年春，日本占领山海关，进入热河，华北局势紧张。蒋介石派何应钦到华北，取代张学良办理对日交涉。戴笠为掌握东北军动态，除派郑介民以陈立夫的“军事委员会调查统计局特派员”身份来北平领导平津工作外，自己也来平指挥。他拉拢了前黑龙江督军吴俊升的儿子吴泰勋，通过他的关系与东北军上层人物广泛交往，做他们的工作兼搞情报，挖张学良的墙脚，防止东北军的“异动”。如戴笠发现张学良在东北军内有个秘密的政治组织“护东学会”，即报告蒋介石，等张旅欧回国后，蒋就与他共组了一个含有法西斯性质的“四维学会”来取代了“护东学会”，并由力行社分子大量加入，最后因东北军人员消极抵制，“四维学会”名存实亡。

戴笠在北平还对在中共影响下国民党“左派”冯玉祥将军在张家口组建抗日同盟军一事进行了侦察与破坏，为此他派黄埔四期的高荣去张家口组建了特务处张家口站。他在离开北平前召集平津两地全体人员训话，要他们“特别注意共党的阴谋”。[9]

此外,因“另一处情报机构调整案”,特务处人员又“获得大幅度的充实”。

原来，蒋介石为配合“围剿”苏区红军的需要，于1933年在南昌行营秘书处设立了专司情报工作的“调查课”，由蒋的侍从秘书、力行社干事邓文仪兼任课长，这也是蒋介石专设的特务情报机构。该课设有一室三组及两个侦察队；外勤机构在华中及东南各省均设有特别区站和普通站组，并确有行动人员及特派员分布各地。同时，1932年设在武汉的豫鄂皖三省“剿匪”总司令部秘书处第三科及禁烟密查组均受其指挥，其规模和能量已超过了当时戴笠领导的力行社特务处。

1934年夏，邓文仪因在调查航空署一架飞机失火案中涉嫌受贿被迫辞职。7月，戴笠奉派兼任南昌行营秘书处调查课上校课长，将权力伸展到江西反共前线。

1935 年 2 月，蒋介石正式将南昌行营调查课归并于军事委员会调查统计局第二处，成为力行社特务处的组成部分，使特务处的规模空前壮大，总人数由六百七十余人增加到一千七百余人，不仅数量上增加两倍多，其构成亦有很大变化，原南昌行营调查课的特务骨干分子，如李果谌、王新衡、张严佛、谢力公、钱新民、朱若愚、王平一等人，都受到了戴笠的重用，他们中许多出身于留苏学生，有的是中共叛徒，“平均水准，比戴先生以军校同学为骨干的老班底为优秀……所以多获戴先生之重寄。”[10]这些人后来成为戴笠组织的中坚力量。

在吞并南昌行营调查课之前，戴笠已在华东、华中、华北、华南地区的二十六个城市及京沪、津浦、胶济三条铁路沿线区域布置特务七十余人，初步形成了由点到线的网络。调查课归并后，经费亦随之得到增加，戴笠便对全国各地特务组织作了系统的布置与加强，划分各大区域，设立区级单位，在各省设省级站，以次则设直属组，其体系是区辖站，站辖组。此外，还建立了南京国际组、铁道通讯组、财政密查组，加上原来的三省“剿匪”总部禁烟密查组，这些特别单位，都直属特务处直接领导。

除了加紧下属各特务组织布网建设外，戴笠同时还在军、警、宪各部门建立起特务机构。如在宪兵司令部设立政训处，先后派梁干乔、张炎元担任处长。在宪兵团、营设立政治训练员，其成员均由特务处推荐，经政训处考试后任用。各省保安处设立谍报股，股长由该地特务站（组）长兼任。初期兼任谍报股长的特务站（组）长有安徽蔡慎初、江西谢厥成、浙江翁光辉、河南刘艺舟、福建张超、贵州桂运昌、湖北廖树东等人。此外，武汉行营第三科的简朴、四川行营第三科的王孔安、西安行营第四科的张严佛等特务头目，也都在各地谍报机构兼任了职务。在警察系统则是由戴笠派特务人员渗入其中，掌握领导权，他先后派遣马志超、史铭、赵龙文、王固磐、杨蔚等人担任了西安、兰州、杭州、厦门、南京、郑州、福州等十多个省辖市警察局（厅）长，以及京沪、粤汉、平汉、津浦等主要铁路部门的警察署长；还派员担任了许多军警机构中的特务队长、侦缉队长，诸如上海警备司令部侦察大队长、后勤总部警务队长即由戴笠派王兆槐、喻耀离充任。

在各地军警系统设置的特务机构和派遣的人员，其编制和经费属于所在的部门，但其人员配备与活动则由戴笠安排指挥。他说：“我们之所以要掌握许多公开机关，就是要以公开机关来掩护秘密工作的前进”，“我们的工作由于任务的特殊，必须采取秘密的方式，以严密的组织，在公开工作掩护之下进行。因为在公开工作掩护之下而从事特殊的任务，才不致引起别人的注意与防范，甚至于加以危害，才可以达到我们的目的。”

戴笠为把特务活动渗透到各地区各部门，需要大量训练有素的人员，他从一开始就十分注重培养特务人才，并喜欢效仿蒋介石，自兼各训练班的主任，以“师生关系”来笼络部下，培养私人党羽。特务处于1932年6月呈准设立参谋本部特务警员训练班，隶属于参谋总长，以王固磐任主任；戴笠兼事务课长，负实际责任；郑介民为教务课长；李士珍为训育课长兼学员队队长；郑国琛为指导员。班址在南京洪公祠，又称之为洪公祠训练班。受训学员大部分为黄埔军校毕业生，事前都经过戴笠的严格审查，并吸收为革命军人同志会会员。参加者共有黄埔四期的廖宗泽、刘乙光，第五期的陈恭澍、喻耀离，第六期的唐光辉、杨英等三十余人。该班共分两期，共计培训了学员三百六十人。这些人受训期六个月，训练内容着重精神和技术，既培养忠于蒋介石专制独裁统治的思想，又训练一套从事特务工作的技能。[11]

是年6月，戴笠又奉派为杭州浙江警官学校政治特派员。浙江警校是1928年朱家骅任浙江省政府民政厅长时所创办。戴笠担任政治特派员后，即以培训警官为名，将该校作为培养特务的摇篮，这是戴笠特务系统最早的培训基地，开设了甲、乙、丙三种特训班及电训班。戴笠任命王孔安为该校书记长，自兼训练班主任，副主任为余乐醒。由谢力公、柯建安、毛家亮分任校务、训育和事务课课长，汪德龙为学员队长。以政治和情报工作训练为主要课程。

甲训班设在雄镇楼，和警校完全隔开。选派警校优秀正科生及各地特务骨干分子受训，六个月一期，每期三十人，专门培训高级特务人才，共培训六期毕业一百八十人。

乙训班设在警校内，其学员由戴笠派刘乙光等人往江山、嵊县两地招收初中毕业生。由戴笠指定“只要这两个县份的人”。江山为戴笠的故乡，目的在培植自己的亲信；而嵊县则以出强悍的土匪著称。这个班培训行动打手和充当警卫的专门技能，如骑马、射击、驾驶、武术（拳击、摔跤、擒拿等），共培训了二百七十人。

丙训班也设在警校内，招收十五六岁的女青年，训练课目除武术外，还授以女佣方面的技能，如缝纫、烹调、洗涤等，以为今后工作的掩护，训练了十六人。

无线电通讯是从事特务活动的重要工具和手段。戴笠建立特务处时，没有无线电通讯设备，各地的重要情报，均由国民党中央党部调查科和军政部门的电台代发，往往在时间上不够及时，失去情报上的价值。戴笠为建立自己独立的通讯网络，商请胡宗南从第一师调派无线电专家魏大铭到特务处工作，还在浙江警校内增开了电训班，第一期学员十二人，其中十人为杭州警校第二期毕业生。后因警校毕业生专业不同的缘故，学生们缺乏从事无线电通讯工作的兴趣，便又在上海设立了“三极无线电传习所”，招收有志于无线电专业学习的青年学生受训，从中挑选优秀分子入杭州浙江警校电训班。这个班从1933年3月18日开办起，至抗战前止，共办了十一期，为戴笠特务处培养了三百三十四名从事特工的无线电通讯人员。

浙江警校特训班是戴笠特务处培训特务人员之开始，在军统历史上占有重要位置。

电训班开办初期，教官康宝煜觉得当时使用的5瓦特手摇发电机和15瓦特充电发电机均携带不方便，不适宜秘密工作使用，便采取将收发报机真空管的电压提高一倍的办法，研制出一种小型收发报机。这种收发报机除去电池、听筒、电键外，只有两只饼干桶那么大，携带十分方便。这一革新，使戴笠大喜过望，于1933年夏天，让魏大铭携带这种袖珍特工收发报机与他一道上庐山，向蒋介石报功请赏。其时，蒋介石正在庐山开办军官训练团，庐山与南京的通报，虽用15瓦特电机，但因庐山云雾影响，使电力损耗太大，发射十分困难。戴笠即让魏大铭使用袖珍特工机，使通讯畅通。过了几天，戴笠和魏大铭在芦林34号官邸受到蒋介石的召见，戴指着袖珍特工机向蒋报告说：“现在牯岭通报的电台，就是这个电机。”蒋连连点头称好。戴笠受到蒋的赞许后，即让魏大铭编造预算，呈请开办无线电制造所，很快得到蒋介石的批准，便在雄镇楼开始生产2.5瓦特的特工机。同时大量收购收音机，改装为发报机。1933年冬，在南京城南白鹭洲西石坝街29号建成特务处电讯总台，拥有收发报机三台。

1933年间，戴笠在为国民党军的“剿共”战争服务中，对破译中共红军的密码电讯工作开始重视。特二处与南昌行营合作，以上海为中心，分设侦讯总台于南京，由谢松元负责，并在北平、广州、宜昌设立了分台，截获中共红军福建根据地等处拍发的电报情报，年抄报各类情报达二点五万至三万份、密电译件两千七百余件。[12]

随着特务机构的不断扩大和人员的日益增多，戴笠为控制掌管特务人员的思想和行动，建立了督察制度，在特务处增设督察室，以柯建安任主任，在下属单位按区或省设置特务督察。

1935年春，戴笠亲自主持在杭州召开督察会议，由他作出六项规定：(一) 督察室工作报告，除对临时事故必须随时报告外，经常督察工作每旬报告一次（后改为每周一次)。(二）督察工作报告，对人员履行职责情况，要摘要与举出事实。(三）有关特务人员执行纪律，乃至卫生设备等，都应有所报告。(四）督察报告除他本人与督察室外，其他单位之人员不准索阅。(五）遇有须奖励或惩处及改进纠正等事项，秘书室行文应以“据查”或“据报”字样，不得写明系督察室所报告。(六）督察人员到某一单位实施职务时，态度应和蔼，感觉应敏捷，头脑应精细，报告应切实，拟办应公平而适当。

会后，蒋介石接见出席会议的全体人员，除强调督察工作的重要性外，训示与会人员“应特别注意对共匪的侦察与防范”。

这种督察制度的建立，从一开始就遭到各地特务头目的不满。例如，当时派往北平站的督察是王平一，他出身于邓文仪的南昌行营调查科，是被戴笠收编的非嫡系干部。到北平后，他的地位同等于北平站站长，对北平站工作负有监视之责权，这对当时的特务处北平站站长陈恭澍来说自然是一种羁绊，陈说：“我个人基本上就反对这种制度……我反对的理由很简单，我认为这种督察制度徒增内部困扰，于事并无补益，因为既鞭策勇者奋进，又自设绳索加以羁绊，是相当矛盾的一种措施。当然，支持这种制度的人，自有一套美丽动听的说辞。不过，我仍然固执的反对了几十年。”“所以在心理上也连带的不大重视驻在北平的督察，虽不致被认为傲慢无礼，但总会予人以冷漠之感。”[13]

除建立督察制度设置督察外，戴笠还设立了一套用以处置违纪特务的秘密监狱，他对特务中发生的各种案件，是从来不经过司法程序交由法院或政府监察部门处理的。当时在南京，特务处按不同级别和待遇设立了监禁特务分子的秘密监狱三处，称之为“甲地”、“乙地”、“丙地”。“甲地”设在江东门陆军监狱内，自建院落与陆军监狱隔开，是个比较优待囚犯的地方，属于家庭式监禁。禁闭在这里的人，除了没有外出自由外，其他禁制比较少。“乙地”设在羊皮巷一所旧式平房里，关押在这里的人限制较多，彼此不得互通姓名，都以代号相称，警卫管理相当严格。“丙地”设在老虎桥模范监狱内，专门羁押重刑犯。1934 年春，戴笠的把兄弟、军统大员王天木因在天津被牵进了一桩敲诈勒索杀人的“箱尸案”，经蒋介石批捕后，判了无期徒刑，就关在“丙地”。[14]

如同戴笠对特务处及其所属各机构人员实行家长式统治一样，惩治违犯内部法纪的特务分子也全由他一人说了算。凡投入秘密监狱的人，既不经过正式审判，也不明确宣布刑期，监禁时间的长短，全由戴笠一人视情况需要而定，并不依情节轻重和在押期间的表现定夺。如戴笠需要，情节重的可随时起用，反之，即使无足轻重，也可能无限期关押下去。如军统大员陈恭澍在其《北国锄奸》一书中的记载：1934年冬，他在任北平站长，在率部往天津刺杀勾结日本的旧军阀石友三时，因行动不顺，一气之下将相关的一个杂粮店老板刘兆南绑架到了北平关押起来，被告到了南京。陈恭澍于慌乱之中畏罪弃职逃走，数月后到南京见戴笠自首，被关到了特务处的“乙地”羊皮巷“工作同志”囚禁所，在此度过了五个月零七天的囚徒生活后，又被戴笠放出担任天津站站长，“事先一点征兆都没有”。在坐牢期间“没有人召我谈话，也没有人开庭审讯，更没有人叫我写自白书之类，这是此番坐牢的一大特点”。在押的人“刑期都不重，可是谁也不知道那一个人会在什么时候释放出去”，[15]“一切由戴先生决定。”戴笠把这一手作为驭下的工具，让手下的特务们深感“天威难测”，又“感恩戴德”，但实际上却是另一种庇护部下的手段，并非出自法律与正义。如犯了人命案的王天木，后来又被戴笠重用，而那个无辜的老板刘兆南，却不仅未被平反释放，反而被关进了专押重刑犯的“丙地”老虎桥模范监狱。

关于活动经费，戴笠曾对手下赵茂高说：“我对于同志，不使其有余，也不使其不足，假如同志经费过多，容易使其堕落腐化，如果不足，顾虑他贪污不法。”[16]他的政策是将经费钱财当做驾驭笼络部下的手段之一，平时适度控制，在关键时刻对所需者则出手大方毫不吝啬，如部下邱开基母丧，因工作不能回家，戴笠特批增发其一年薪水两千银元，以示慰问抚恤。这种手段很见其效。

戴笠的特务处在内部作业方面，一般遵照以下的程序来办：外勤各处送来的情报，送交第一科，按地区分发各股处理。承办人根据其内容拟出初步意见交科长阅签后，送交戴笠批准，按“制裁（暗杀）”、“密捕（绑架）”、“监视”等分别布置行动人员执行。重要的则由统计股缮写，由交通股转送或由戴笠面呈蒋介石阅示。批准后戴要签字，并制订出具体的行动计划，由情报科把案卷送行动科执行。习惯的办法是行动人员分为一、二、三线，分负打先锋、监视和策应及幕后指挥之责。一旦得手，人员分别撤退，出现意外则互相接应。暗杀史量才、绑架刘芦隐等大案都是这样做的。这一习惯直到军统局成立后仍是延续之如此办理的。

特务们在工作中如同黑帮一样也有些暗语，如称蒋介石为“大老板”，称戴笠为“老板”，给蒋的情报叫“报甲”，给戴笠的叫“报戊”，有关部门也用代号来称谓，外人根本听不懂。[17]

1935年，蒋介石决定公开在其政府机构中设立特务组织，使特务活动“浮上台面”。新成立的军事委员会调查统计局，是国民党已有的党、军两大系统情报机构的汇合，它并非是后来以戴笠为首的“大名鼎鼎”的国民党军统局，而只是它的前身。蒋介石委派陈立夫出任这个新成立的国民政府军事委员会调查统计局局长，主持特工情报汇集的“调统会报”，将戴笠和徐恩曾都挂在他的手下。正如前文所述，陈立夫实际上的权限也只限于管理他手下的中组部调查科这一摊，而戴笠则还是一如既往地只在蒋介石的独掌之下工作。

这一组织下设三处，第一处由徐恩曾任处长，归国民党中央党部管辖，注重中共在社会之活动；第二处由戴笠任处长，由蒋介石直接控制运用，注重中共在军事方面之活动；第三处由丁默邨任处长，负责情报处理、通讯，掌理会报方面之总务事宜。

这一时期，国民党的特务工作是以陈立夫一派为中心来开展的，其重点是对付以中国共产党为重点的政治反对派，并且在20世纪30年代早期与中共进行了秘密战线上的激烈斗争。此时，戴笠一派组织的羽毛尚未丰满，在特工战线上的作用仍是蓄势待发，但其与陈立夫特务系统的竞争之势则已初见端倪。

第三节 国共在上海的特工战

陈立夫系统的特务机构，是国民党内以反共为主要任务的特工组织。20世纪30年代，其活动十分频繁。

中共党员钱壮飞潜入中统高层

1929年冬，在陈立夫的安排下，徐恩曾正式出任南京国民党中央组织部党务调查科主任。就任前，他特意把原在上海无线电管理局工作时的私人秘书钱壮飞也一块儿带了去，并任命钱壮飞为机要秘书。但他万没想到，钱壮飞是一名1925年就参加了中共组织的秘密党员。这一情况使得中统的工作陷于十分被动的局面。

钱壮飞，本名钱北秋，又名钱潮。原籍浙江吴兴，1895年出生。早年曾就读湖州中学。徐恩曾亦是浙江吴兴人，且上过湖州中学，这样，钱与徐恩曾算得上是同乡加同学。钱壮飞后来考入北京医专，毕业后在北京挂牌行医，不久后转到京绥铁路医院附属医院当医生。

1928 年 8 月间，钱壮飞奉党组织指示，考进由徐恩曾幕后主持的上海无线电训练班，有意向国民党的秘密机构靠拢。不久，徐恩曾以国民党中央广播电台台长身份兼任了上海无线电管理局局长，钱壮飞依靠同乡加同学的面子，凭借超人的才华，渐得徐恩曾器重，很快成为他的私人秘书。他才华横溢，不仅懂得医道，还写得一手好字，画得一手好画，尤其是写得一手好文章。

1927年4月，李大钊等著名共产党人被军阀张作霖逮捕杀害，钱壮飞见北京不能容身，只好避到上海。1928年7月，他与党组织取得联系，参加中共法南区法租界街道支部（该支部书记是张沈川，后成为中共首位电讯报务人员）。不久，他出于寻找掩护职业开展革命活动的需要，报考了上海无线电训练班。

1929年春天，陈立夫指派徐恩曾去杭州筹办西湖博览会。徐恩曾携带钱壮飞前往，并为钱壮飞在浙江省教育厅挂了一个秘书的头衔。钱壮飞工作勤恳，把这次博览会办得有声有色，得到了社会各界的好评。孔祥熙闻讯后，亦特地赶到杭州西湖参观，赞不绝口。由此，钱壮飞进一步取得了徐恩曾的赏识和信任。

徐恩曾之所以选中钱壮飞做自己的秘书笔杆，还有一个原因是因为他本人有在人前羞于启齿的“两怕”：一怕写字，二怕写文章。一次，中国工程师学会刊用他的一篇文章，出版时竟将徐恩曾三字错印成了“徐思予”，这是因为徐的书法太蹩脚被人认错字所致，徐恩曾为掩饰此事，索性将错就错，将“徐思予”当做了自己的笔名。徐恩曾既然出掌党务调查科，写字和作文肯定是难免的，有钱壮飞代劳，省了他不少气力，这也是他器重和信任钱壮飞的一个原因。

当时，为便于指挥派驻各地的特务活动，徐恩曾特意委托钱壮飞以其机要秘书的名义，在南京设立了无线电秘密电台。钱壮飞遂借此机会，首先将中共党员胡底安插进来。

胡底，又名胡北风，安徽舒城人。他早年在北京中国大学读书时即与钱壮飞相识，毕业后就住在钱家。胡底于1925年加入中共，翌年进入北京光华影片公司当演员。1927年他与钱壮飞一起由北京避至上海。1928年夏，又一起加入中共法南区法租界支部，后进入上海影片公司当演员。不久，被敌人侦知，遂于1929年夏逃往南京钱壮飞处隐居。

钱壮飞先是在南京丹凤街，以社会人士的名义创办了一家“民智通讯社”，由他本人挂名负责，实际由胡底主持全部工作。不久，他又将胡底调往天津，在日租界秋山街5号创办了“长城通讯社”。1931年秋，胡底又在天津开设了通讯分台。与此同时，钱壮飞又在南京中央饭店四楼设立“长江通讯社”，作为整套无线电情报机构（包括上海无线电管理局）的指挥机关。

为便于通讯，徐恩曾亲自动手研制了一种便于携带的小型发报机，并投入使用。此后，由调查科派到武汉、南昌、广州等地的特派员，都使用这种小型发报机，直接同“长江通讯社”的秘密电台进行联络。当时，在党务调查科，大凡送给徐恩曾的电报、报告和各种情报，都要先经钱壮飞审阅并提出处理意见，徐恩曾只在上面签个字。之后，调查科的特务所搜集到的有关共产党方面的文件，也都汇总到钱壮飞手里，钱壮飞只在上面盖个戳，就列入收藏完毕。这样，钱壮飞既掌握了调查科的许多机密，又避免了党的信息被敌人利用。接着，钱壮飞又要胡底推荐地下党同志相机打入上海无线电管理局。胡底推荐了他的安徽老乡，早在芜湖进行革命斗争时就相识的李克农。李克农时任中共沪东区宣传委员，常进出上海文化机关，与胡底熟悉。

不久，胡底专程到上海找到了李克农，说明了钱壮飞的意思。当时，李克农已进入中共中央特科工作，胡底尚不知道。李克农随即向中共特科负责人陈赓汇报了这一情况。本来，中共中央已极为重视钱壮飞在敌人内部所取得的地位，听取陈赓的报告后，中共中央军委负责人周恩来立即批准李克农打入上海无线电管理局，以加强党在敌人情报系统内的工作。陈赓当即指示李克农前往上海无线电管理局报名应考。

当时应考科目共有三门，分别为三民主义、科学常识、命题作文。大革命失败后，李克农曾到上海找党组织，在喝葱花、酱油兑开水的“三鲜汤”度日的时期，他与进步作家阿英等人从事文艺工作，写过小说和剧本，故其文史知识底子厚，加之才思敏捷，这三门科目，李克农均考得很好。特别是命题作文字迹清秀，颇有文采，得到考官赏识。张榜时，他顺利地被录取了。

李克农进入上海无线电管理局以后，经钱壮飞鼎力推荐，很快就担任了电务股长，同时兼广播新闻编辑。李克农在上海东方旅社常年包了一个房间，名义上是为便于搜集“新闻”材料，实际上却成了钱壮飞从南京送递情报到上海党中央的联络点。此后，南京送来的情报都由李克农及时反映给陈赓，再由陈赓转交中央。在周恩来的提议下，中央决定由李克农、钱壮飞、胡底等三人组成一个特别党小组，李克农任组长。工作中的重大问题，均由党小组讨论决定，分头执行。按照党的组织纪律，他们当时都直接接受陈赓的领导。因此在中共党史上，他们三人被誉为中共早期潜伏在敌营内部的“龙潭三杰”。

1930年4月，中原大战开始后，蒋介石急于搞到东北军张学良立场动态的情报，以防他加入阎锡山、冯玉祥的反蒋阵营。过去蒋介石也曾派人到东北去搜集情报，但都被日本人破获了。钱壮飞经秘密请示陈赓同意后，主动向徐恩曾请缨赴命。

徐恩曾知道这个任务很艰巨，搞不好就会有生命危险。既然钱壮飞主动要求，他立即批准。钱壮飞遂邀上正在天津的胡底，组织一个谍报小组去沈阳活动。陈赓向上级作了汇报后，中共中央对此极为重视，决定派陈赓与他们一同前往。于是，他们利用这个难得的机会，拿国民党特务机关的证照作掩护，花着国民党的钱，顺便巡视了中共地下党在东北和华北的工作，并带回了许多机密情报。为了应付蒋介石，钱壮飞回到上海后，同李克农一起，搜集报纸上的消息，再加上一些听闻情报，写成一份四万余字的调查材料。徐恩曾看后，连声称道。

陈立夫重用徐恩曾掌管中央党部党务调查科。徐恩曾对其内部组织及其活动进行了改革，他依靠采访股张冲与机要秘书钱壮飞，系统地引用了苏联秘密组织“契卡”的一整套训练与工作方法，并参考了日本特工“特高科”的经验，对手下特务们进行了比较专业的训练，在组织系统上则按科组实行科长与总干事负责制，基层人员分为干事与助理干事，分别外派各地区工作。为进一步加强管理，提高工作效率，徐恩曾又批准张冲的建议，在全国范围内建立特工特派员制度，向国内各大城市派出常驻人员，工作重点是要对付中国共产党的活动。

自1927年国共两党分裂以后，国民党在南京、武汉等地先后发动反共清党，并在全国范围内以暴力对付共产党，残杀了数以千计的中共党员，而中共也被迫还击，发动了南昌起义、秋收起义及广州起义。但国共实力的差距，使中共不得不在国民党统治区转入地下，中共中央在上海隐蔽下来，国共两党在隐蔽战线上的地下斗争由此拉开了序幕。

1927年11月9日，中共中央临时政治局会议决定，为保证党中央的安全，在中央军委书记周恩来主持下，建立中共中央军委特务工作科，简称“中央特科”，开展对付国民党的秘密工作。在中央特科内，设立了四科。

一科为总务科，负责总务、财政、交通等工作，科长洪扬生，他从特科成立之初到1931年一直担任这个职务。其职责是：负责为中央布置各个秘密机关和联络点，置办各种必要的家具和办公用品；每当中央在上海举行重要会议，他负责安排会场。此外，总务科还要为中央机关筹集经费，并且利用各种社会关系出面以合法方式营救被捕同志。其工作性质就是中共中央的“总务科”。

二科为情报科，其前后两任科长都是中央特科最有名的人物——陈赓和潘汉年。周恩来曾经把中国共产党最杰出的六位情报人员誉为中国共产党情报的“前三杰”和“后三杰”，“前三杰”是钱壮飞、李克农和胡底，他们都是在陈赓直接领导下工作。而潘汉年则是“后三杰”之一。情报科的任务，是掌握敌人动向，保障中央机关和党的领导人的安全并向苏区通报军事情报。因此，情报科人员必须利用错综复杂的社会关系，采取打进去拉出来的办法，或打入敌特机关内部，或在敌特机关发展内线建立特情关系，主持情报、侦察、反间谍等工作。

三科为行动科，顾顺章任科长，由曾在苏联学习过政治保卫特工技术的专门人才和上海工会的骨干力量，组建了一支强有力的地下行动武装，称为“红队”（俗称“打狗队”），专门从事刺杀敌方要人及惩办中共叛徒的工作，是中共中央的武装利器。

四科为交通科，负责交通电讯联络工作，并培训党中央的报务人员。

在当时严峻的形势下，党中央特别重视中央特科的工作，于1928年4月前后举办了几期训练班，培训从事秘密工作的专门人员。训练班每期二十天，周恩来、项英等中央领导向学员们作了多次政治报告，顾顺章、陈赓等人则把自己在苏联学习到的侦破、审讯、刺杀、爆破、秘密联络等技术向学员们作了仔细讲解。由此，中共中央的保卫组织初具规模。[18]

1930年3月17日，西北军将领鹿钟麟、宋哲元、孙良诚等五十七人联名通电全国公开反蒋，并拥戴阎锡山为陆海空军总司令，冯玉祥、李宗仁、张学良为副总司令。国民党内最大的一次反蒋战争开始。5月间，历时七个月的中原大战打响，作战双方都全力以赴，投入前方作战的兵力共达一百万人以上。南京政府后方顿显空虚。这种形势为中共力量的发展提供了有利时机。中共中央决定于该月下旬在上海召开全国苏维埃区域代表大会，研究新阶段的革命工作。但在会议前夕，此事却被国民党上海当局侦知，淞沪警备司令熊式辉下达了“蒋主席至为关切，奖赏现金五十万元破案”的旨意。中共中央特科陈赓将此事向顾顺章作了通报，并同顾顺章商量了三点应对措施，力保会议顺利召开。5月中旬，中央特科将会场选在英租界赫德路卡尔登戏院后面的一幢四层楼房里，伪装成医院。为防万一，又在英租界爱文义路卡德路口另租了一幢洋房，以备必要时与会代表可以从“医院”楼顶转到该房顶上，再由大门撤走。

各苏区的代表抵达上海以后，先在指定的旅馆住下。经过初步审查，再作为“病人”，逐个住进医院，即与外界隔绝。这次会议，因敌人对各苏区封锁严密，代表未能到齐，遂临时改为苏维埃区域代表会议。会议由中央军委代书记关向应同志主持，着重讨论了建立中华苏维埃政府及军队中党的组织、政治委员制度、士兵委员会和政治工作等问题，并决定在上海建立全国苏维埃大会中央准备委员会。这次会议的召开，对全国苏维埃区域及红军的发展和建设起到了一定的促进作用。由于中央特科的周密布置，会议开得极为顺利，没有发生任何意外。两天后散会的时候，与会代表又被逐个送出了“医院”，分散住进各家旅馆。在与会代表安全撤离后，顾顺章一声令下，整幢大楼的全部人员顿时消失得无影无踪。事后，国民党特务才到这家“医院”肆意搜查一番，当然一无所得。熊式辉知道后，除了慨叹共产党办事“棋高一着”外，也无可奈何。

戴笠系统特务在上海的组织与活动

围捕共产党

根据当时国内的政治布局，戴笠特务处的活动重点区域是南方的上海和北方的平津。

上海是中国共产党的发源地，也是国内各界爱国民主人士荟萃之地。在戴笠为蒋介石单干“联络小组”时期，他就曾派翁光辉、陈志强、王昌裕等特务分子到上海活动，布置特务网线，把上海作为其特务活动的重点地区。特务处成立后，戴笠即令筹建了上海区，派翁光辉任区长。区下设三个组，分别由黄埔毕业生陈志强、王昌裕、徐昭骏担任组长，共有内外勤特务三十多人。其活动是搜集有关中国共产党的情报和破坏中共地下组织，但未见多大成绩。如1933年中共中央秘密从上海迁往江西苏区，特务处上海站竟没有察觉，戴笠后来承认这是他感觉最失败的一件事情。

翁光辉任区长不久，就因和戴笠关系未处理好而被撤职。原因是他在获得一份中共情报后，以为关系重大，便亲自出马送上庐山报告蒋介石，不料为戴笠发觉。戴笠对手下的“越级抢功”行为一向是严密防范的，并深为忌讳。他获信后，立即亲自赶往九江阻拦翁光辉，当场宣布将他撤职查办，并决定将上海区扩大改组为华东区，改派杭州浙江警校特训班教官余乐醒任区长。

余乐醒，又名余纯云、余增生，化名金鸣三，湖南醴陵人，原系留法勤工俭学学生，曾在苏联学习过政治保卫工作，后叛变投戴。戴笠对他的经历十分看重，准备重用他来打击共产党。为此他在特务处内又增设了第四组和行动组。其中第四组人马来自杭州特训班甲班毕业的学员，组长张人佑，组员有程慕颐、倪永潮等十多人。戴笠还收罗了一帮黑社会打手型的人物，成立了行动组，组员有李阿大、过得诚、施芸之等十余人，组长是戴的亲信赵理君，副组长王克全。戴笠决定利用这帮人的“专长”，由他们负责执行各种暗杀、绑架行动。

余乐醒上任后，在上海又发展了三十多个所谓的“直属通讯员”，其中有教授、律师、职员、记者、游民和帮会分子等各色人物，利用他们的身份作掩护，依靠工作之便搜集情报，而戴笠则给他们定期不定期的金钱补助。这成为特务处工作的又一条线索，比戴笠自己豢养特务还要省钱。如在复旦大学任过军事教官的黄埔军校毕业生陈绍宗被发展为“通讯员”后，特务处便安排他在复旦大学后门口开设嘉宾饭馆，给予津贴。他收买了一些常到饭馆进餐的复旦学生，在学校里刺探情报，其后又扩展到江湾区的法政大学、女子体育学校。另外，当年被鲁迅先生痛斥过的上海无聊文人崔万秋，也是在这时被戴笠发展为“直属通讯员”的。崔万秋当时在上海《大晚报》、《火炬》副刊任主编，他除了向戴笠提供上海文化界进步人士的活动情报外，还利用其主编的《火炬》副刊，发表攻击进步文化人士的文章，成为地道的文化特务。

1934年，特务处改派吴乃宪任上海区长，张师任区书记。吴乃宪是黄埔一期科班生，早年参加过国民党内“左派”组织“临时行动委员会”的工作，后因在引诱下出卖其领袖邓演达而得到蒋介石的赏识。张师则是中共叛徒。

戴笠以他二人的历史背景，以为他们的合作能在破坏中共地下组织方面取得突破，但吴、张二人虽经多方努力，对中共破坏工作仍然无明显进展。戴笠又急于换将，于1935年秋改派王新衡任上海区区长，秦承志任书记。

王新衡也是戴笠收买的中共叛徒，他早年加入过中共，曾赴莫斯科中山大学学习，又当过上海“闻人”杜月笙的私人秘书，与上海青帮关系密切，是“道上吃得开”的人物。他运用特长，在上任后吸收了一批曾留学苏联的中共叛徒及上海帮会分子加入组织，增设了虹口区、闸北区、沪南区潜伏组，还增加了十多个战地随军调查组，依靠淞沪警备司令部侦察大队开展活动。戴笠先后派吴乃宪、翁光辉、王兆槐担任大队长；派沈醉、许鹏飞等特务骨干在其中担任要职，使这个名为地方治安机关成为特务处上海区一个外勤行动单位，并扩展到沪杭甬铁路警察署、上海市警察局警士教练所、招商局警卫稽查室等，也都可配合其行动。特务处由此内外行动可以自如。

当时上海区特务们的行动方式有以下几种：

一、伪装进步渗透追踪

特务们为猎取情报和渗入对方组织，常伪装进步来引起进步人士的注意，并进一步对中共地下组织进行渗透。如上海区的特务苏业光经常有意识地在一些报刊上发表对国民党不满的文章，以此来勾引进步人士注意，企图“钓鱼上钩”。另一个名为贾谨伯的特务，在与文化出版界朋友交往中，也自告奋勇主动帮助传递“左派”书刊，循此道进行活动。他曾受戴笠之命，设法介绍特务分子打入戴所关注的上海生活书店和内山书店搞情报，但在对方严防之下，贾谨伯除介绍过一个同行的儿子去当学徒外，始终未能直接派人进入，因此贾谨伯被戴笠多次斥责。

二、政治绑票

进行政治绑票是特务们在他们势力所不及的上海租界内惯用的手法。但外国租界当局一方面为显示霸权，不允许中国警政当局在他们的地盘上捕人，另一方面又想从被捕者身上得到他们所需要的线索，故对于国民党特务的捕人行动，一般都给予默许。条件是共享情报所得。特务处为避免与外方打交道贻误时机，就经常采取秘密绑票的方式来抓人。

据曾参加过行动的沈醉回忆，如采取公开“硬绑”的方式抓人上车，又会因遭到被绑者的反抗，持续时间较长，双方打起来后惊动周边四邻，又会招来租界巡捕，演成涉外案件，结果是特务也被捉去，等到搞清楚再交涉放人，十分麻烦。于是，戴笠便指示负责行动的沈醉等特务头目研究新的绑架方法。他们创造了好几种方式，以快干快走为原则。一是先侦察好绑架对象的行踪，将汽车开到绑架对象身边，突然以拳猛击其小腹，被绑者自然弯腰，恰似一个上车的姿势，车内的特务乘势一拉，就能顺利地达到目的，即便被绑者呼叫，被附近巡捕发觉，也能及时开动汽车逃脱。这套办法经过练习，果然有效，戴笠十分赞赏。二是将汽车开至行动对象附近，由一特务上前从背后用双手将其眼睛蒙住，以大拇指捏其两耳根下的穴位，使之无法挣脱；另一特务乘势上前紧握其双手，装着开玩笑似的说："这下你可猜不到是谁了"，以迷惑路人。被绑者还来不及弄清是怎么回事，已被连拉带推绑进汽车。三是由一特务用装有铁砂的胶皮管，伺机猛击被绑者头部，使其昏倒，便立刻逃跑。另一特务则装着被击者的亲友，上前一面扶持，一面叫喊抓凶手，并叫附近的人力车或汽车将受害者送往医院，中途伪称先送回家，将其绑架到事先安排好的场所。四是以女特务装成行动对象的"情妇"，在大庭广众之下上前扭住被绑者哭闹，趁被绑人争辩之时，由另外的特务假装从旁"劝解"，连推带拉将其弄上汽车。他们曾使用这种办法先后在租界内繁华地区很顺利地作案多起，且未引起任何大的反应。

这些绑架的方法虽多种而阴毒，但也并不能次次得手。如1936年在英租界三马路杨子饭店绑架西南反蒋派人士刘芦隐时，被他夫人事先发觉，大声呼叫。刘芦隐闻讯，机警地从汽车后座一个筋斗翻到前面司机座位上，把住驾驶盘不让特务开车，僵持到租界巡捕赶来，一起被带走。戴笠恼火之余，只能勾通租界当局，将刘公开逮捕，引渡后押往武汉。这样的例子，对特务们来说就算是行动失败。

三、利用叛徒作诱饵

利用叛徒作诱饵，以诱捕中共党员，并破坏中共地下组织，也是特务们经常采用的手段。1935年间，一个中共党员被捕叛变，出卖了几个同志。特务们为利用他进一步破坏上级组织，便将其放出活动。此事为中共地下党组织侦知，决定对这个叛徒实行纪律制裁。一天在法租界徐家汇路孝友里附近，中共地下组织派遣的跟踪人员向这个叛徒连击两枪，可惜未中要害。当时戴笠正在上海，他获知这一情况后，仍想利用这个叛徒作诱饵，立即令华东区和淞沪警备司令部侦察大队，将这个叛徒安置在法租界西区偏僻处一家小医院里，同时在一家小报上发一消息，说徐家汇空地上发生一起情杀案，被害者身中两枪，经某医院施行抢救后已无生命危险，不日即可出院云云，用以引诱中共地下组织人员。戴笠除派沈醉等几个特务在这家医院附近日夜监视外，还派遣一个特务混入医院充当内应。过了几天，果然有两个人提着水果等食品到医院来“探视”，进病房将叛徒处置，然后冲出门来分途逃跑。分布在医院外的十来个特务立即跟踪。戴笠闻讯，也急赶到侦察大队坐镇指挥，但他闻被追者已“脱梢”，气得跳脚大骂，限令沈醉等人一定要侦察到这两人的处所。不久，接到另一跟踪特务的电话，报告说已盯住一人，现在法租界福熙路一家银楼里。戴笠转怒为喜，立即命令侦察大队副大队长杨凤岐，组长许鹏飞、沈醉率领大批人马出发，会同法租界巡捕房华探，直扑这家银楼，在二楼抄出手枪、子弹，将三男一女逮捕，其中一男便是往医院执行任务的人，为专门制裁叛徒的“打狗团”成员，后被解送到南京杀害。

特务分子为了伪装掩护活动，有时会用好几个不同的化名，彼此互不了解，往往花了许多金钱和时间，待准备逮捕对方，呈请区部核准时，始发觉所要逮捕的对象原来是自家人。有一个中共叛徒马某，投敌后担任“直属通讯员”，他故意冒充是中共华东方面的重要领导人，引起几个特务组的盯梢。戴笠获知这一情报，大喜过望，特地向蒋介石作了报告，待他下令将其逮捕后，又发现是自家人。戴笠气急败坏，除大骂华东区的特务头目外，为在蒋介石面前有所交代，只好以假当真，将马某押送南京处死。为避免类似事件再次发生，戴笠特别作出一项规定，凡今后发现新的线索，以及伪装活动时所接触到的人，都要详细报告。[19]

这一时期，戴笠领导的特务处在北平、天津、武汉、厦门、上海、西安、济南、成都等各地号称破获过中共地下组织及“左翼大同盟”等反蒋组织的活动数十起，逮捕了数百名“嫌疑犯”。其中情况复杂，真假难辨，如1934年5月31日晚，他们在南京下关破坏“大风报推销处”时，不仅逮捕了“毛泽东的代表”姚乃勋，而且起获了“红军第一军团司令部”木刻大印及委任状等。[20]虽然当局对此津津乐道，广为宣扬，但细细分析，这一案子的破绽是非常明显的。当时中共中央和毛泽东怎么会派人把“红军第一军团司令部”大印带到南京来呢？难道他们要自投罗网，在国民党的首都招兵买马吗？这真是一大笑料。

"怪西人事件"

1930年，苏联红军情报部以共产国际情报局的名义在中国上海建立了联络站，派来比利时籍立陶宛人、共产国际远东区负责人约瑟夫·华尔敦（原名雅可夫·儒德涅克 Yakov Rudnik）为该站负责人。他周围的工作人员有陆海防、汪墨清、胡克林、黄维佑、俞瑞元等多人。

1935年4月，约瑟夫·华尔敦在上海将一封密函交由陆海防转送给在武昌行营第五处任职的中共地下党员刘遂元（刘思慕），陆海防派陆独步将密函送往武汉，但他刚一到武汉，即被国民党逮捕。刘遂元因在约定时间未收到文件，便致电上海询问，约瑟夫·华尔敦高度警惕，即派黄维佑乘飞机到武汉通知刘撤退，刘当即避往苏州。

戴笠的特务处获得情报后，立即联络上海淞沪警备司令部派员缉拿。他们侦知刘遂元之妻曾兆蓉于5月5日由武汉到达上海，住东亚旅馆内。陆海防也住此旅馆，特务们在其外出时将其逮捕。陆被捕后供出自己的身份并招供一切，并带领特务前往福照路将约瑟夫·华尔敦逮捕。接着又领路将担任联络工作的汪墨清、胡克林及任翻译的黄维佑、俞瑞元等人一一逮捕。

当特务们去东亚旅馆搜查时，曾兆蓉已潜赴苏州。戴笠获知后又立即派员追捕，但刘遂元早已逃往太原，曾兆蓉也去了济南，特务们只得将房东陈文路之弟陈文杰逮捕。

戴笠对于号称共产国际在沪组织的被破坏，非常满意，为扩大战果，他亲自参与审讯人犯，希望由此找出中共在沪的地下组织。但约瑟夫·华尔敦在接受审讯时却一言不发，"坚不吐供，即其姓名国籍，亦多方掩饰，不肯明言"，其他被捕人员也仅仅承认已暴露的身份，其余一概不说。戴笠对此也无可奈何。

此案因涉及外籍人员，引起当时舆论界的广泛关注。报界称之为"怪西人事件"和"神秘西人案件"。

特务处审不出结果，只好将此案移送军委会委员长武昌行营处理。武昌行营又发交湖北高等法院审理，依据被搜出的函件、笔记、账单等，还有几张从报刊上剪下的剪报，都被作为“刺探中国政治及军事上秘密”的依据，于是年8月8日提起公诉。

此案一直拖而未决，约瑟夫·华尔敦被关押了两年多。1937年抗战爆发后，他被保释出狱。[21]

“怪西人案件”是戴笠特务处与苏联情报机构发生的一次直接交手，结果也未见多大成效。

“白皮红心”的中统特派员杨登瀛

“中央特科”成立后不久，中共的地下工作就打开了新的局面。在周恩来的精心策划与陈赓的努力下，情报科通过关系，成功地争取到了国民党中统局上海特派员杨登瀛。

杨登瀛真名鲍君甫，在大革命时期曾是国民党“左派”，与中共人士有密切的关系。南京国民政府成立后，他混迹于上海滩，经同乡密友、国民党中央组织部调查科总干事的杨剑虹介绍，加入中统，专事对付中共与其他反蒋势力。但他并没有真正投蒋，却利用这一机会与中共地下党取得了联系，通过中共中央特科人员陈养山向中共闸北区委表示愿意为中共工作。1928年5月，在获得周恩来的同意后，陈赓与杨登瀛见了面，建立了关系，杨便成为一名“白皮红心”的中统特务，成为中共地下党的重要线人之一。他为中共在中统内部安插了许多人员，并提供了许多重要情报，特别是及时提供的中共被捕人员变节的情况，使中共避免了多次损失。他还在以下几个重大的事件上帮助了中共。

其一，营救被捕的中共中央政治局常委、中央组织局主任罗亦农。

罗亦农，湖南湘潭人，出生于富家，后到上海求学，结识陈独秀，加入中共。1922年被送往莫斯科东方大学学习，任中共旅莫支部负责人，与刘少奇、任弼时是同学。1925年回国后，从事工人运动。1927年任中共江浙区委书记，参与领导了上海工人第三次武装起义，并在随后党的五大上当选为中央委员。大革命失败后，调任湖北省委书记，并在“八七”会议上当选为中央政治局委员。会后组织领导了鄂南暴动。这年11月，在上海召开的政治局扩大会议上，被选为中央政治局常委，与周恩来、李维汉组成中央组织局，出任主任。是月下旬，作为中央巡视员前往武汉指导两湖省委工作。1928年元旦回上海同李文宜结婚，主持中央组织局工作。4月15日，罗亦农因其秘书何家兴、郝稚华夫妇的出卖，被英租界巡捕房抓获。周恩来与陈赓、顾顺章等人策划在巡捕房向上海当局解送他时实行武装劫夺，但由于陈立夫对此案的高度重视，亲自出马指挥与英方交涉，最后提前解送，以致抢救不及。当局审讯无结果，于21日奉蒋介石命令将罗亦农枪杀。中央特科营救不成便派出“红队”，于4月25日将叛徒何家兴、郝稚华处决在住所内。

其二，1928年8月，中共平凉路沪东区工会机关被中统侦悉，淞沪警备司令部函知英巡捕房政治部搜查，结果有七名共产党人被捕。在杨登瀛的侦探之下，中共特科得知是叛徒戴冰石8月初秘密自首投敌所为，遂将其处死。

其三，1929年8月24日，法租界新闸巡捕房在上海沪西新闸路经远里六一三弄12号，将正在开会的中共重要人物彭湃、杨殷、颜昌颐、邢士贞、张际春等五人逮捕，周恩来因事缺席而幸免。杨登瀛立即打听到了这一绝密消息，获悉告密者就是该处房东、中共中央军委秘书白鑫。周恩来遂于当晚召集中央特委紧急会议，布置营救工作。

白鑫原系黄埔军校第四期毕业生，先后参加过东征北伐，大革命失败后，参加南昌起义、广州起义，随军到达海陆丰，一度出任彭湃属下的团长。海陆丰农民起义失败后，他偕妻子王英北上上海，出任中央军委秘书。1928年冬，彭湃到上海担任中央农委书记兼江苏省军委书记后，白又兼任彭的秘书。因此，白鑫夫妇的住所便成为党的一个重要联络地点。因对革命前途失去信心，他们遂通过在南京政府军政部储备司任司长的白鑫之弟白云深，向国民党自首，透露了中共中央军委与江苏省军委于是日下午在他家里召开联席会议事，由上海警察局通报给法租界巡捕房缉捕。

26日，彭湃等五人经租界临时法院审讯后，当即判决。下午便引渡给上海市警察局。陈赓通过杨登瀛获悉上述情况后，指示他利用陪审员的身份，与彭湃等人取得了联系，并决定在把他们解往淞沪警备司令部途中组织营救。8月27日晚，蒋介石亲自抵达上海处理此案。在火车站意外遭到刺客的袭击，险些丧命。蒋介石一怒之下，决定立即处死人犯。次日凌晨，特科营救成员在顾顺章、陈赓等人的指挥下，按计划埋伏到囚车必经之地枫林桥准备救人，但行动时因枪械意外出了问题，致使行动失败。

30日上午，警备司令部军法处对彭湃等五人进行了复审和严刑拷打，午后1时，彭湃、杨殷、颜昌颐、邢士贞等四人被枪杀于警备司令部大院内。周恩来知悉噩耗以后，悲愤难抑，当即起草了《中共中央为反抗国民党屠杀革命领袖告全国劳苦群众书》，愤怒声讨国民党当局勾结帝国主义屠杀彭湃等革命领袖的罪行。不久之后，在杨登瀛的帮助下，中共“红队”在叛徒白鑫逃往国外前夕将其刺杀。[22]

1929年农历新年，淞沪警备司令部接到湖南人黄歧密报，可抓到共产党的重要人物罗迈。在打入淞沪警备司令部的中共情报员宋再生的安排下，黄歧于正月初五在司令部见面宴请之时被毒死，此举有效地保护了中共领导人的安全。不久后，宋再生又将出卖中共中央政治局常委、秘书长，兼任宣传部长李立三的铁路工会秘书顾某解决，并将李的住所古玩店搬迁，杜绝了后患。

杨登瀛还在钱壮飞打入徐恩曾中统组织、成为徐的机要秘书的过程中起到了辅助作用。中共中央由此掌握了国民党中统特务机构所有重要的机密。周恩来称此举具有特别重要的意义。钱壮飞伪装出色，取得了徐恩曾的信任与重用，并在最后的危急关头挽救了党中央和中国革命。

“红队”成立后，在上海滩上与国民党特务与租界巡捕房开展了一系列的殊死搏斗。

第四节　“顾顺章案”的发生与中统的发展

在20世纪30年代初，发生了一件国共秘密斗争中的大事件，这就是有名的“顾顺章叛变案”。这一事件是陈立夫中统特工系统在与中共斗争中取得的一次大收获。但由于周恩来等人的沉着应对，终于使其对中共及其革命事业的危害降到了最低点。

顾顺章，上海宝山县人，产业工人出身，早年在上海英商南洋兄弟烟草公司做小工头。因身怀武功，为人豪爽又颇具小聪明，在上海“五卅”惨案大罢工时，担任工人纠察队队长，表现勇敢出色，加入了中共。他曾一度专任苏俄顾问鲍罗廷的侍卫。1926 年 9 月，党组织派他和陈赓等人到苏联学习政治保卫工作和群众武装暴动经验。在伯力，他受到了“契卡”的系统训练。半年后回国，被任命为中共中央政治保卫局局长，由此进入了党的核心阶层。他在响应北伐战争的上海工人武装起义中担任了领导组织工作，曾经立下过功劳。但是,顾顺章并未经过系统的马克思主义思想教育,政治立场不够坚定,严格地说，他还是一个流氓无产者。因此造成了他被捕后的很快叛变。

1931年3月，中共中央安排张国焘、陈昌浩等领导人去鄂豫皖苏区，顾顺章担负了护送的任务。在圆满完成任务后，顾顺章在返程途中，违反秘密工作纪律，在武汉逗留，并公开进行魔术表演，不料被国民党中统调查科派往武汉的特派员觅得了行踪。

1931年4月25日，中统调查科武汉特派员蔡孟坚控制下的中共叛徒尤崇新，在武汉江汉关轮渡码头，偶然发现了顾顺章，随即将他逮捕。当晚，顾顺章要求见蔡孟坚，供出了自己的身份，并自认为中共要人、特工主管，要求与蒋介石见面，他同时要蔡不向徐恩曾报告，以免泄密，但他又不肯说出钱壮飞的姓名，以为奇货可居。蔡孟坚在中统内部有“铲共专家”的称号，曾组织破坏过中共汉口地下党机关，脾气较大。他在试探性要顾说出在武汉的中共地下党组织人员并加以捕获之后，相信了顾顺章的话，在请示武汉行营主任何成浚后，他们决定从水路将顾顺章押解南京。为抢先报功，他们没有听从顾顺章的劝告，于25日晚连发六封急电向陈立夫和徐恩曾报告了捕获顾顺章及其已经自首的情况，还注明不要让徐身边的人知道此事。

恰逢周末，徐恩曾离开了办公室，并将随身的密码本也交给了机要秘书钱壮飞。当钱译出全部的电稿后，不免大吃一惊，在排除了中统对他实行考验的可能性后，钱壮飞立即作出了终止潜伏向中共中央报警的决定。他迅速采取了三项措施：一是派他的女婿、交通员刘杞夫火速前往上海，向李克农报告事件，请中央立即采取对策。二是给在南京的地下党发出警报，要他们撤离，同时用暗语电报通知天津潜伏于中统的胡底等人应变。三是他决定自己次日一早也撤往上海，再次向党中央报警，临行前留下一封给徐恩曾的信，以揭露其为非作歹行为为要挟，警告徐不准对他的子女家人下毒手。钱壮飞的这一系列行动，有效地遏制了徐恩曾的行动，减低了顾顺章投蒋所造成的危害，在根本上挽救了中国共产党中央领导机构，因此改变了事件的结局。

当上海中共中央收到特急警报后，周恩来在云南路福兴字庄中央军委地下联络点紧急召开了中央特委成员会议，决定中央政治局、中央各部、中共江南省委、共产国际远东局等立即搬家。果断处置之下，市区内外几乎所有的中共重要机关与联络站点，在一夜之间便撤退了。[23]同时也向顾顺章所知的天津及其他城市地下党组织发出了立即撤退的警报。但无可挽回的是，由于顾案的影响，中共地下党在武汉、南京、上海、天津等地系统都遭受到了不同程度的损失，组织网络在一段时间内也陷入了混乱瘫痪的困境。

4 月 27 日，顾顺章被押解到南京，按照陈立夫的指令，解往中山东路中统的秘密机关，但顾顺章立即认出这是中共的“驻京办事处”，并说出了钱壮飞潜伏于此的真情，使得陪押他的蔡孟坚大吃一惊，知道事情不妙，立即报告给陈立夫与徐恩曾。但事已无可挽回。据当时参与此事的中统特务张国栋回忆说：“在顾顺章到达南京前十数小时，徐恩曾的私人秘书钱壮飞突然失踪了，当时我们看得出，开始，徐表现得很紧张……他来到调查科与总干事张冲、干事顾建中悄悄说上几句话，便又匆匆忙忙地离去。在发现钱壮飞失踪后，徐十分紧张，简直到了惊恐的程度。”他立即派出特务四处搜捕，但一无所获，只在钱宅找到了其年迈的母亲，鉴于钱壮飞的警告，徐恩曾也不敢加害其母。

蔡孟坚押解顾顺章到南京后，陈立夫与徐恩曾得知蒋介石要接见二人，便立即布置，派中央组织部秘书长张道藩赶去蒋的官邸，抢在前面警告蔡、顾二人不许向蒋介石透露有关钱壮飞情况，这一举动，使得陈、徐二人开脱了自己的责任，避免了一场灭顶之灾。蒋介石在见蔡、顾时，并未对顾顺章表示出多少热情，只是说其“归顺中央，甚好”，要其“以后一切听蔡同志安排，为国效力”。随后，蒋又单独召见蔡孟坚，询问了此案的有关情况，嘱咐对顾要好好运用。蔡孟坚顾忌到陈立夫与蒋的关系及与他的交情，没敢对蒋说明钱壮飞之事。

当天，徐恩曾趁蔡孟坚见蒋之机，带人将顾顺章从中山东路秘密住处劫走，控制在自己手下。蔡孟坚对此大为恼火，但在张道藩的威胁之下，他只好放弃这桩“肥案”，怏怏地返回武汉。

在对顾顺章进行了初步的审讯后，徐恩曾等人连夜赶到了上海，指挥军警宪特立即进行了大搜捕，结果只捕获了一批来不及撤退的中共地下党员。据当时在沪的中共地下组织领导成员聂荣臻回忆：徐恩曾“搜查了我们几乎所有的机关，只剩下一个汽车行没有被搜查，那是我们军委的一个联络点，顾顺章不知道。”“恩来、富春同志和我，在情况紧急时，都到过这个联络点得到掩护，工作虽然仍在进行，但危险很大，我们这些过去与顾顺章交往很多的人，就经常待在家里，不敢上街。从那以后，组织上就已经在考虑我们这些人撤离上海的问题。”[24] 在顾顺章的积极配合下，中统特务针对中共地下组织的活动特点，“搞了一套对付我们的办法”，使中共地下组织遭受了相当程度的损失，“其结果是八百多共产党人遭逮捕”，[25] 其中有几个中共中央“特科”（即“红队”）的人员也被捕杀，个别的则跟随顾顺章投降了国民党。徐恩曾对这次大搜捕是尽了全力的，他几乎三天三夜未眠，数过沪上的家门而不入，虽然尽了全力，表面成绩斐然，破获了一些来不及撤退的中共地下组织，如红旗报社、中央军委保卫组办公处、北四川路接头处、武定路秘密机关等，但其欲达到的逮捕周恩来等中共领袖，将中共中央机关一网打尽的企图却没有实现。但是，由于顾顺章的出卖，中共在武汉设立的机构，如中央军委武汉交通大站及省、市、区委交通五所，湘鄂边区红二军团驻汉交通处、采购处，湘鄂边特委、湘鄂西红二军团后方医院药品采购处，汉川独立师驻汉交通处、采购处，沔阳驻汉交通站等二十余处中共地下交通联络组织以及数处秘密掩护机关均遭到了严重破坏。加上原已遭破坏的鄂西联县苏维埃政府和红二军团驻武汉办事处，中共在汉地下组织几乎无一幸免，党的工作受到了相当程度的损失。

徐恩曾从顾顺章处得到的第一项大收获，是他发现了隐藏在南京中央军人监狱囚犯中的中共重要领导人恽代英。

按照中共中央的布置，中央常委等党的高级干部，每年都要有一段时间深入基层组织工作。恽代英当时化名王作霖，去上海浦东基层支部发动工运，1929年5月6日，当他化装成工人上街散发传单时，不幸被捕。因国民党警察中无人认识他，便得以自称为不识字的工友，被送往苏州反省院感化，后转押南京中央军人监狱。党组织为了营救他，通过顾顺章，花了几千元的“运通费”，结果获得批准，即将送南京“军法处”宣判无罪释放。在此重要关头，顾顺章的叛变使营救恽代英的工作功亏一篑。

顾顺章投敌后，急于卖友求功，4月27日，他在陪蔡孟坚去见蒋介石的路上，忽然想到了恽代英的事，立即向蔡告发，并说恽代英是中共重要人物，需立即查明是否已开释。

徐恩曾获报，即派干员顾建中、王思诚与李熙元，手执刊有恽代英照片的黄埔四期同学录，火速赶往中央军人监狱，在犯人中将恽指认出来，立即严加看押。两天后的4月29日，奉蒋介石批示，将恽代英就地枪杀于狱中刑场。临行刑时，恽代英毫不畏惧，大义凛然之正气使特务们为之惊恐。多年以后，徐恩曾回忆此事仍心怀恐惧，他说：“共产党的可怕就在于此”。

顾顺章投敌后的另一项“功劳”，是他出卖了中共地下党在中统组织中的又一内线杨登瀛。顾顺章对杨登瀛的身份一清二楚，于是，杨随即被供出逮捕。但杨在受审时拒不吐实，又因为他在国民党内与中统头目陈立夫、张道藩有较深的私交，最后被张以个人名义保释，其结果尚称安全。

如果说杨登瀛是依靠他的私人关系逃脱了被顾顺章出卖的恶果的话，那当时任中共中央总书记的向忠发则没有如此幸运了。

向忠发在当时是一个不大不小的上海工运领袖，本身并无作为中共最高领导人的资本与才干，但在共产国际和王明“左”倾思想的指导下，以为必须推举一个纯工人出身的人担任中共的最高领导，中国革命才有希望，于是，他便被选中，成为中共名义上的中央总书记。顾顺章叛变后，向忠发已随中共中央安全转移，但他在平安两个月后，却又耐不住寂寞，去找他的情妇杨秀贞,结果出了问题。原来顾顺章曾为杨秀贞安排过一个女佣,向忠发转移后，顾顺章便将其女佣严密监视起来，并根据她的口供，知道杨秀贞在一家裁缝店里还有一件衣服未取，于是守株待兔，终于通过跟踪杨秀贞，发现了向忠发的行迹。6 月 21 日，向忠发不听周恩来的警告，私自去中山公园与杨秀贞约会而被捕，被押解到国民党上海警备司令部。是为顾顺章的一大意外收获。向忠发被捕后，在威迫利诱之下，很快自首叛变，但蒋介石也知道他的作用与影响有限，没有什么更大的利用价值，三天后即下令将他枪决。[26]

对于向忠发在被捕后是否叛变的问题，有过疑问。1933 年 12 月，国民党中统机关印发了一本名曰《转变》的小册子，附录中有《前伪共中央书记向忠发的报告》全文。《转变》一书，是中统特务为了劝说被捕的中共党员“转变”而印发的内部册子。内中《前共党中委兼总书记向忠发的自供》写道，在被捕之后，“向初尚抵赖，后以说服，遂自供周恩来之住址，及一切重要机关”。向忠发的自供，包括十部分：一、国际——国际共党（引者注：即共产国际）驻东方部负责人；二、中国共产党中央政治局委员名单；三、特务委员会（即中央特科）名单；四、苏区负责人名单；五、李立三已经送到莫斯科了；六、各地上层负责者；七、各地实际情形；八、军事（开列了红军七个军的负责人名单）；九、共党经济来源；十、附记。[27]这份文件确实证明向忠发业已叛变革命。

在顾顺章被押期间，徐恩曾、张冲、顾建中轮番到狱中与他见面、谈话。但在上海大搜捕后，因未抓住一名够得上档次的中共首脑级人物，徐恩曾遂不得不考虑派顾顺章亲自出马，企图能够抓获一两位中共重要人物。

1931年5月底，徐恩曾将顾顺章安排到南京城南双塘巷居住，并派自己亲信特务王思诚做顾的秘书，由中共叛徒王国栋、李志远、胡洪涛陪伴，实行监控。徐恩曾陪同陈立夫到顾顺章的住处看望。陈立夫对顾说，蒋介石对他指认恽代英一事十分满意，并转达蒋介石的话，说"党国"不会亏待每一个效忠的人。顾顺章不由受宠若惊，他进而主动提出可以设法捉到中共著名的工运领袖蔡和森。

蔡和森曾是中共中央政治局五名常委之一，后受到共产国际的处分，被罢免了政治局常委的职务，当时已被分配到广东省任省委书记。顾顺章认为，虽然周恩来现在应该已通知他转移，但蔡和森脾气倔强，绝扔不下广东的工作，现在肯定还留在香港，估计只是换了住所。据说，原先他一家三口住在香港一家罐头公司的楼上。陈立夫听罢当即拍板：立即安排人手，到香港捉拿蔡和森。

随后，顾顺章在徐恩曾的安排下，由几名调查科特务监视着南下香港。6月10日，徐恩曾得到了香港传来的消息：蔡和森在参加香港海员工会会议时，连同与会五人一同被捕，现关在香港英国监狱。

蔡和森被捕后，不久就被广东军阀陈济棠押解到广州。在狱中，他虽然受尽种种酷刑，但始终没有暴露党的任何情况。8月间，陈济棠下令用铁钉把蔡和森的四肢钉在墙上，然后用刺刀将他的胸脯戳得稀烂。蔡和森英勇就义，年仅三十六岁。

曾与蔡和森在湖南长沙共同创办新民学会的毛泽东闻此噩耗，悲痛地说："一个共产党员应该做到的，和森同志都做到了。"

顾顺章以恽代英及其他许多中共党员的鲜血生命来换取国民党的青睐，

给中共造成了巨大的损失。从此顾成为中共的死敌。中共对其采取了严厉的制裁措施。

“牛兰事件”

顾顺章投敌后，给共产党造成的又一重大损失，是共产国际驻中国的重要负责人希莱雷·努伦斯和他的妻子在上海公共租界被中统特务逮捕事件，即所谓的“牛兰事件”。

希莱雷·努伦斯（Hilaire Nuolens）真名为保罗·鲁埃格，波兰人，他的中文名字叫牛兰，于1927年11月受共产国际派遣来到上海。

1927年“四一二”、“七一五”事变相继发生后，中国的革命阵营分裂，国内局势急剧变化，使共产国际和苏联共产党不知所措，共产国际召开会议，严厉批评了共产国际联络部和负责中国事务的远东局。为了进一步了解中国国内的情况，用更加合适的方法加强中国共产党的联系，决定组建对中共的秘密联络站。经过慎重选择，共产国际决定派遣牛兰前往中国，命令他以私人身份经欧洲绕道哈尔滨、大连，然后到达上海，以开商业公司作掩护建立秘密联络站，并要求牛兰不管在任何情况下，不许与苏联在华的公开机构联系，以保持他的秘密性。

牛兰在接受共产国际的委派后，即刻起程到达上海。其后，他多次来往于上海与欧洲之间，多方联系，疏通贸易和联络渠道。1929年，牛兰开始全面负责中国联络站的工作。1930年，他任泛太平洋产业同盟上海办事处兼共产国际远东局秘书。

牛兰的妻子汪得利曾，为了协助丈夫的工作，于1930年带着年仅两岁的儿子吉米也来到上海。牛兰夫妇在中国积极活动，利用其在上海租界内的各种合法身份，经常与中国共产党和亚洲各国共产党取得联络，工作开展得有声有色，取得了较大的成绩。

远东局的主要工作是扶助中国革命，它转发经费给中国共产党及青年团等组织，征募学生，并安排他们前往莫斯科的列宁学校和东方劳动大学学习，培训共产党未来的干部。另外还要建立并保持与中国红军及华中、华北苏区的联系。与此同时，远东局还在苏联同样执行转发经费和征募学生的任务，并保持与日本、印度支那、菲律宾和朝鲜共产党组织的联系，该组织所转的经费由共产国际西欧局提供。据记载，1930 年 8 月到 1931 年 6 月，远东局援助中国共产党的资金平均每月达二点五万美元，高出其他支部十几倍。[28]

牛兰夫妇在上海工作期间，主要是利用上海租界区内的三家贸易公司作掩护，其中利用时间最长的是资金雄厚的“大都会贸易公司”。

牛兰参与了中共中央在上海秘密召开的六届三中全会与六届四中全会的工作；并与中共中央保卫机构——中央特科合作，多次搜集重要情报，因此与顾顺章熟悉；他还在上海与东南亚各国共产党建立了有效的联系。1931年初，在香港建立了共产国际远东局分支机构——南方局，又称香港分局；在日本、朝鲜的共产党组织内，也进行了卓有成效的联络工作，并定期向他们提供经费。

正当牛兰夫妇及其领导的共产国际远东局积极开展活动时，危险从天而降。

顾顺章供出有关牛兰的情报后，1931年6月15日，国民党当局联络上海公共租界将其逮捕。随后，中统特务对牛兰夫妇的住处进行了搜查，发现了一把南京路某公寓房间的钥匙，租界当局警方在那房间里又查出三个铁箱，箱中存有共产国际远东局和太平洋职工书记处上海支会的档案文件，这是上海外国租界当局第一次获得有关共产国际在远东活动的情况。8月30日，牛兰等人被引渡给南京政府，关押在苏州监狱，他在狱中曾三次绝食抗议。

牛兰夫妇被捕后，共产国际把营救他们的任务交给了正在上海的苏联红军总参谋部情报机关佐尔格小组，同时并准备在国际上发动一个抗议蒋介石政府任意侵犯人权的运动，以呼应营救活动。

佐尔格当时是苏联军方著名的情报人员，后来前往日本潜伏，为苏联取得反法西斯战争的胜利立过大功，并献出了生命。他领受任务后，以其对中国情况的了解，首先把侦察目标集中在国民党中统特务机构上，因为中统头目多系浙江籍，于是他们想方设法利用浙江籍的社会关系去搭上“CC系”的关系，并取得了成果。

佐尔格小组通过内线关系认识了浙江籍的中统高官张冲，从张冲处知道牛兰夫妇确被关押在南京，而且此案正好由张冲主管。佐尔格认为这一情况必须得到证实，他们提出要张冲递出牛兰亲笔写的一个字条来，才能证明牛兰确在南京。有这个证明，共产国际才能发动反蒋的抗议活动。否则蒋介石可能会把牛兰处死，然后对外一赖了之。而张冲既为此案的主管人，要牛兰写一张字条带出并不困难。

为此，佐尔格小组经过努力，终于得到了张冲的回答："手迹可以送出，但代价是三万元。"佐尔格分析出张冲索取这样的高价，不是单纯为了牟利交换的目的，而是有其政治上的意图。因为这是一项可能招来杀身之祸的交易，他为我们帮这样大忙，绝对不是为了金钱，他敢于向我们表示友好，可能有两个原因：一个是万一这件事被泄露，他将用这笔钱作脱身之计；另一个可能是他用索取高价的方法，探询和他进行这笔交易对手的真实身份。共产党的一般下级组织，绝对拿不出这样一笔巨款。只有中共中央或苏联共产国际才能做到这一点。如这笔交易成交，他就能肯定和中共的最高组织搭上了关系，才肯冒险出手相助。根据这样的分析，只要支付了这笔钱，不仅可解救牛兰，而且又建立了与张冲的秘密关系，今后可由他这条线继续得到其他的情报，所以物有所值。

付了钱后，佐尔格拿到了一个用俄文书写的小纸条，经过鉴定是真的，他便立即电告莫斯科营救工作取得了进展。

与此同时，佐尔格还通过在华的美国进步女作家和记者史沫特莱（Smedley Agnes）在上海成立了一个"保护努伦斯委员会"（营救牛兰夫妇的委员会），包括宋庆龄、伊罗生、杨杏佛在内的中外许多知名人士都参加了这个委员会。除此之外，著名的美国记者埃德加·斯诺（Edgar Parks Snow）以及《中国论坛》的出版者依萨克斯、上海《密勒氏评论报》的创办人鲍维尔等外国友人也参加了这次活动。另外，史沫特莱还亲自到鲁迅家商谈关于营救牛兰之事。鲁迅也撰写发表了多篇揭露蒋介石政府迫害中国知识界罪行的文章，由史沫特莱负责译成英文，介绍到美国《新群众》等进步刊物上发表，在国际上扩大了反对蒋介石法西斯统治的声势，对国民党政府施加压力。

7月2日牛兰在狱中第四次绝食抗议。11日由宋庆龄、杨杏佛与蔡元培出面保释未果。与此同时，欧美不少报刊陆续刊登了国民党政府秘密逮捕国际职工运动在上海工作人员牛兰夫妇和他们的三岁幼儿的新闻。随后世界各国著名学者、作家，如苏联的高尔基、法国的罗曼·罗兰等人不断发出抗议函电，要求蒋介石公布牛兰事件真相，并要求他公布被捕人的“犯罪”证据。这时正是蒋介石向各帝国主义国家乞求贷款，用以“围剿”中国红军的时刻。国际范围内出现了普遍的反蒋运动，对他大为不利，这便使他不得不作出让步，把这一运动平息下去。首先允许把犯人的孩子释放，经史沫特莱的安排，由美国人依萨克斯出面领出孩子，交由宋庆龄代为抚养。后又将原对牛兰夫妇男死刑、女无期徒刑的判决取消，于8月19日改判牛兰为无期徒刑。后牛兰夫妇一直到1937年抗日战争爆发后才得以出狱。[29]

牛兰事件结束了，这笔高价的政治交易，虽然经过多方面的努力，取得了预期的成果，但在无形中却留下了佐尔格情报组织的蛛丝马迹，使之暴露在中统特务的视线之内。苏联方面为了确保安全，决定将这条秘密线索割断。不久，佐尔格及其主要助手撤离中国。佐尔格小组主要成员前后在中国工作了三年，在取得了重要成果后，于1932年底返回莫斯科，由此中断了任何可能被中统特务追踪的线索。顾顺章叛变后的又一个恶果，至此慢慢消失。苏联与中共方面为此付出了高昂的代价。

顾顺章的下场

时在江西庐山的蒋介石，获悉顾顺章“立功”的情况后，颇为高兴，指示陈立夫、徐恩曾给予嘉奖。此后，徐恩曾对顾顺章恩宠有加，要他主持党务调查科的训练工作，顾顺章因此更加卖力。为了加快编撰特工教材的速度，徐恩曾特令徐政、章志仁、朱秋白等亲信特务，帮助顾顺章整理编撰各种训练教材，共编成一套“特工丛书”，分为《训练工作》、《情报工作》、《侦察工作》、《行动工作》、《审理工作》与《组织工作》六册，计五十万字，这些教材后来以“特工圣书”作丛书名，成为中统特务组织的第一套成文的专业教材和国民党特务训练工作的范本。

在编纂特工教材的同时，顾顺章又在调查科举办了第一期特务训练班。训练班场址就设在瞻园里的妙静寺，寺北面的一片旷地被作为技能培训场所，训练时间为三个月。徐恩曾开始对他尚不放心，第一次派给训练的人员仅有史济美、李熙元、王剑虹、陈忠悌四人，全为1930年6月中央军校毕业后进入“正元实业社”的中统“创业者”及核心人物。顾顺章拿出了全部的看家本领，他以原在苏俄所受训练为理论基底，以其在中共时期领导特科的工作为实践经验，全部教授给受训者。经过三个月的训练，使他们对付共产党的特务技能有了明显的增强。

史济美受训完毕后，即被委予“中央特派员”兼“上海行动区区长”职务，于1932年6月到上海筹办调查科上海行动区，到1933年6月他被中共中央特科“红队”队长邝惠安刺杀时为止。在一年的时间里，他曾以李克勤、马绍武的化名，指挥破坏活动，两次破坏中共江苏省委，密捕临时中央政治局常委、临时总负责人卢福坦，在租界公开绑架红军师长陈赓，逮捕中共要员廖承志、罗登贤以及余文化、丁玲、潘梓年等人，一时在中统内名声大噪。

这些“成绩”曾使徐恩曾欣喜若狂，从而减弱了他对顾顺章的防备心理。他见第一期训练的效果显著，紧接着又命顾顺章开办第二期特务训练班，地点设于南京中华门内长乐路，这一期人数增加到了二十名。其中之一的黄凯，原为调查科老牌特务，是张道藩手下的红人，曾在杨登瀛出事后，接替其担任调查科驻沪特派员。他自恃资格老，平素根本不将徐恩曾、顾建中等人放在眼里，但对顾顺章却大为赞赏。他说：“顾顺章对特务工作确有自己的独到精明之处，如经他所绘图监制的各种假发、假须、假牙等化装用品，用起来真是惟妙惟肖。他培养特工人员，有一套办法，成效快。”参加过第二期特务训练班的林成荫也赞叹说：“训练内容是顾顺章主讲《特务工作的理论与实践》，都是一些打枪、擒拿、格斗、化装、盯梢、守候等特务技术，顾顺章的文化水平不高，但对此道却经验丰富，不愧为老手。结合他过去在中共‘红队’的经历，侃侃而谈，颇能吸引人。”老牌特务对顾顺章特工技术的交口称赞，令徐恩曾始料不及。但他看到由顾顺章所带来的特务工作之新气象，又不得不器重顾顺章。

不久，徐恩曾命亲信特务林金生去做顾顺章的保镖，又雇用保姆吴月宝去照料顾顺章的生活起居。不久后，他特地指令王思诚出面当“红娘”，为顾顺章介绍了一名南京女子张永琴为妻，而且把顾的婚礼办得极为热闹。顾顺章的婚礼在南京最豪华的中央饭店举行。徐恩曾率大小特务到场庆贺。蒋介石为表安抚，特派专人送了一千元礼金。婚后不久，徐恩曾特地为顾顺章夫妇在南京细柳巷4号安排了一处住所，同住的有秘书王思诚、保镖林金生、徒弟陈连生、童国忠、张文龙等人。

对此，顾顺章自然知恩图报。不久，他又想出了几个点子，供陈立夫、徐恩曾参考：(1) 以组织对组织。准备在上海设立强有力的特工机构，选派有较强工作能力的重要特务去主持工作，企图持续不断地打击中共地下党组织，动摇其根本。(2) 两钳法。主张彻底贯彻“自首政策”，通过自首分子的示范作用，在对中共党组织的破坏上造成多米诺骨牌效应，以此达到瓦解和最后消灭的目的。顾顺章把他的这一套恩威并施、软硬兼用的策略，称为“两钳法”，并无耻地吹嘘这是他“弃暗投明”以后深刻反思的结果。(3) 进一步注重并精心运用“细胞”政策。根据共产党人守气节的特点，注重提高特务的“劝降”水平，从理论上“说服”被捕人员，以期通过釜底抽薪的办法，引诱其背叛，然后再将其放回去，求得破坏范围和效果的扩大。

在他的教唆下，徐恩曾改变了对付中共地下党见人就抓急于求成的战术，采用了放长线钓大鱼的方法，有针对性地在顺藤摸瓜、扩大网线、培植“细胞”上多下工夫，对被捕人员则尽量利用中共的叛徒，注重“理论说服”、动摇意志、“思想劝降”的软方法，改变了过去硬逼的方法。

在中统的威胁破坏下，到1933年春天，中共临时中央无法在上海立足，被迫迁往中央苏区，尔后的中共上海中央局迭遭破坏，以致到了1935年底，上海中共组织除留下一个“文委”外，几乎被破坏殆尽。

1931年12月1日，中华苏维埃共和国临时中央政府主席毛泽东亲自签署了《苏维埃临时中央政府人民委员会通缉令——为通缉革命叛徒顾顺章事》，要求“一体缉拿顾顺章叛徒，在苏维埃区域，要遇到这一叛徒，应将他拿获交革命法庭审判；在白色恐怖区域，要遇到这一叛徒，每一革命战士，每一工农贫民分子有责任将他扑灭”。

在徐恩曾逐步放手后，顾顺章以他的胆量与手腕，开始运用工作便利，在他的周围形成以中共叛徒为主的势力圈。其中有他从“中央特科”带出来的童国忠、蔡飞、陈连生及后来被捕叛变的王国栋、胡洪涛、李志远等人，组成了一支以顾顺章为首的行动力量。这些出身于中共地下党的国特，对中共地下组织的一套工作习惯与做法十分熟悉，因而破坏力巨大，在短期内便取得了不少的成绩，大大地推进了中统组织的活动，使徐恩曾在从1931年4月起到1933年底的一段时间内，进入了他事业的“辉煌期”，这也是国民党中统乃至其整个特务组织，在与中共的斗争中取得成绩较多的时期。顾顺章因此成了徐恩曾的“福星”。

实际上，不论顾顺章如何为徐恩曾效死力，并出谋划策对付共产党，但他在徐恩曾的眼里始终不过是一名地位比较特殊的特务而已，徐决不会真正相信他。

其间，顾顺章又被复兴社特务处长戴笠借用，以培训“军统”特务。顾顺章遂趁这个机会，加紧了他自己的活动，异想天开地要成立一个“新共产党”的组织。

顾顺章是一个有小智慧而无大眼光的人。按照他的本意，他投蒋一是迫于当时性命攸关的求生之需，二来甚至于是为了“代表中共与蒋介石合作”。他以为自己还是可以“代表共产党的领袖”人物，故而在被押解去见蒋介石的路上，甚至还用了准备“与蒋先生当面讨论”解决中共问题的语句，这充分说明了他的无知与狂妄。后来在徐恩曾的压力下，他不得不低头委屈一时，但一旦压力减轻，他看彻底破坏中共无望，便开始了自组新团体的努力，想成立一个顾氏的“新共产党”。而其对象，便是他周围的一群中共叛徒。

1933年初，顾顺章在上海公开对手下宣布了他的这个设想，并起草了新组织的章程、纲领与五年工作计划。最过分的是，顾顺章还不知死活地贸然对他的保镖林金生说，准备要他组织一个特务队，“首先把陈立夫与徐恩曾干掉”。[30]这样，也就意味着他离死期不远了。

顾顺章本来天生就是个有野心的人，而且喜欢蛮干。他的建立“新共产党”的计划被立即报告给了徐恩曾。徐恩曾觉得不能再听之任之袖手旁观了，他当即指示顾顺章的手下、中共叛徒童国忠和张文农，密切监视顾的一举一动。童、张二人为了洗脱自身嫌疑，自然不敢有丝毫懈怠。不久，徐恩曾派人将顾顺章正式逮捕，关押在镇江看守所。1934年送往苏州监狱，在解往苏州途中，因传说顾顺章会魔术和催眠术，怕他在途中施“妖术”，故临行前竟用铁丝穿透了他的肩胛骨防止其逃跑。

在导致顾顺章死因中，还有一个不容忽视的因素就是他与戴笠的秘密交往。起初，因顾在中统的讲课渐有名气，戴笠也请他去训练班讲授特务工作要领，并想挖中统的墙脚，以金钱要职引诱顾顺章弃徐投戴，而顾因自觉得不到徐恩曾的重用，也有此心。此事为徐恩曾发觉，曾有将顾立即处死的冲动，但事后还是忍耐下来。此事虽然不是顾顺章被杀的根本原因，但也算是其因素之一。这是国民党特工组织中统与军统矛盾的早期摩擦热点。

翌年，徐恩曾通过陈立夫向蒋介石报告说顾顺章有“反骨”和种种反叛迹象。蒋介石本来对敌营投靠者就有反感，随即下达手谕：“顾顺章怙恶不悛，着即枪决可也。”于是，这个罪有应得的变节者被枪毙在苏州监狱内，结束了罪恶的生命。

顾顺章对中共地下党组织的破坏力至此告一段落。

顾案的收获，使陈立夫与徐恩曾在蒋介石面前得到了“恩宠”，蒋亲自召见徐恩曾，给予嘉奖，并嘱咐说：“有共无我，有我无共，必须放手大干，只求确有实效，一切不成问题。”[31]从此，徐恩曾及其中统特务组织确立了他们在蒋介石心目中的地位，开始了一个新的发展阶段。

为了掩饰他杀顾顺章的内幕，徐恩曾多年后在其回忆录中写道：“我所遗憾的是，这位具有特殊贡献的朋友，不曾和我合作到底。1935年春，因和敌人重新勾结而被处刑。由于他不安分的本性，我虽然尽量优待他，日子一久，他仍感到不耐，要找政治上的出路。在我们这边找不到，又去和共产党勾结，向共产党提供我们内部人事和业务报告。后又发现他有实行暗杀计划后逃往江西苏区的准备，我只好对他放弃了。我前后经办和他同等重要的共党分子的自新转变案件不下五六十起，顾顺章是唯一转变后又想回到敌人怀里的一个。”[32]我们现在仍不知道徐恩曾的这些说法有何事实根据，从当时顾顺章与共产党已成不共戴天仇人的情况来看，顾想回到中共一边几乎毫无可能，徐的说法大有掩盖真相之意。

顾顺章一案至此完全结束。它给中共方面及其情报系统带来的教训是非常深刻的，在国民党特工历史上，它既是一次空前的成功，也是一次空前的失败，其对国民党中统组织发展的影响是巨大的，成为抗战之前中统乃至国民党特工组织活动史上最大的事件之一。

第五节　厉行反共迫害民主人士

1932年，蒋介石出任军事委员会委员长之后，决定“攘外必先安内”的政策，设立南昌行营，指挥在江西地区的“剿共”事宜。为了军事作战的情报需要，在南昌行营中设立了情报部门，专门从事对江西苏区等中共区域的情报作战任务。南昌行营情报处成为当时国民党特务机构在反共作战中的急先锋。

按照蒋介石与南京国民政府的政治理念，借用孙中山的治国学说，他们认为必须经过“军政时期”，才能达到“训政”与“宪政”阶段。而所谓的

“军政”，直言之就是军事化的统治阶段，在这个阶段中，必然依靠武力来扫平天下，对一切反对派实行镇压与消灭。因此，在“先安内”的战略目标下，南京政府除了平息国民党内的反蒋武力抗争外，就是要对他们的最大的政治对手中共及其武装实行“围剿”，反共成为南京政府的头等大事，同时他们也要对付党内、国内民主力量对蒋介石独裁统治的限制与反抗。

国民党的反共与镇压民主分为公开与隐蔽两条战线。在隐蔽战线上，配合反共政治军事斗争，蒋介石利用其特务机构进行了一系列的活动，其目的主要是刺探搜集有关情报，以供反共与平息反蒋势力之需；外加以特殊手段对付反对派首领，以达成扫除政治对手的目的。

在20世纪30年代早期，国民党特务在上海等政治中心区制造了一系列的暗杀与袭击事件，演成了轰动一时的大案。比较引人瞩目的有：

杨杏佛被刺案

杨杏佛，名铨，早年加入过中国同盟会，1925年留美回国后，投身国民革命，1924年前后，曾任孙中山的秘书随行北上，后参加过上海工人第三次武装起义，是一位老资格的国民党人。1928年起任南京国民政府中央研究院总干事，并在东南大学等校任教。他深受西方民主思想影响，对蒋介石政府的独裁残暴行径极其厌恶，便于1932年底，与宋庆龄、鲁迅等人一起组织了“中国民权保障同盟”，担任执行委员兼总干事，共同致力于反对蒋政府独裁内战的活动，积极争取言论、出版、结社自由，要求停止内战团结抗日，并营救因抗日救国而入狱的中共与民主人士，走在了当时中国民主运动的前列。因是之故，杨杏佛遭到了蒋派的憎恨。

这一时期，是孙中山夫人宋庆龄积极从事反对蒋介石统治活动的高潮期，孙夫人公开指责蒋介石背叛了孙中山的革命事业，并组织“中国民权保障同盟”等民主团体与其开展斗争。因为宋庆龄的身份、地位及其在国内外的巨大影响，使蒋介石不敢对她直接动手，但她的这些活动又使蒋介石不能不问，蒋只有命令戴笠的特务组织对位于上海法租界法国公园附近的宋宅进行严密监视，由军统干员沈醉负责，每天要写“监视日报”上报宋的活动。沈为达到逼迫宋搬家的目的，曾两次向宋家邮寄手枪子弹，并用打电话、写恐吓信等手段进行威胁。为落实戴笠派人打入宋家的指示，上海区法租界小组的特务们还派人接近宋的女仆，意图收买，但被报告给宋庆龄了。沈醉又试图用“美男计”勾引宋家女佣，在有所进展后也被识破了。

戴笠还曾与沈醉一起密谋，企图以制造车祸来加害宋庆龄，准备把她撞成伤残来阻止她进行反蒋活动，甚或置其于死地而后快。他们已经准备好了保险汽车，等待时机下手。但戴笠仍有疑虑，他怕一下害死了孙夫人把事情闹大，追究起来自己跑不掉。他问沈醉如何做到把人撞伤而不死？沈也没有把握。[33]后来，他们的企图被蒋夫人宋美龄知道了，立即下令严厉制止。

蒋介石、戴笠不能对宋下手，就把目标转向宋的得力助手杨杏佛。

1932年底，杨杏佛又在《文汇报》上发表《再论四一二大屠杀与中国之人权》一文，大大激怒了蒋介石。1933年初，杨到华北，设立“民权保障同盟”北平分会，扩大组织，要求南京国民政府停止内战一致抗日。蒋介石对此恨之入骨，下令戴笠对其采取制裁行动，以达到阻止“中国民权保障同盟”活动并恐吓宋庆龄的目的。

戴笠领命后，一方面连续给杨发出恐吓信，一方面侦察到他的每日行踪，决定在其住所附近的上海法租界内下手，由华东区行动组长赵理君负责指挥。此次行动的组长是毕业于黄埔五期的陶士能，他住在法租界霞飞路中段俄国大菜馆楼上，指挥副组长王克全率行动员六人，在法租界迈尔西爱路一幢三层楼内设立了行动部，并进行宣誓，不论行动成功与否，决不暴露组织秘密，如被租界当局捕获，立即自杀，“不成功便成仁”。

1933年6月17日，他们按计划进行部署，因遭遇租界巡捕而放弃了行动。次日，赵理君亲自出马，带领李阿大、过得诚、施芸之等人再次前往。赵坐在车内，停在亚尔培路、马斯南路交界处，行动员则四散在杨的住宅附近。待杨杏佛与其子出门上车后，四名特务将他和司机乱枪打死在亚尔培路32号住所门前，其子杨小佛因其父在生命最后时刻以身掩护而幸免于难。

赵理君在枪响后立即发动车子，特务们狂奔上车，附近警笛大作，但过得诚因紧张过度跑错了方向，再回头已来不及，赵理君为防他被捕后泄密，连续开枪欲毙之，但只是将他击伤。过得诚被巡捕包围自杀未遂，与杨杏佛等人一同送往金神父路文慈医院急救。杨杏佛因伤重不治而亡，过得诚则在供出他在组织内的化名高德臣后，被戴笠派出在巡捕房工作的特务范文珍毒死，对外则宣称“不治而亡”。因此，后来在军统成立后，过得诚便被树为“完成任务后不及逃走杀身成仁”的典型范例，大肆宣扬，还在重庆“中美合作所”内命名了一条“过得诚路”。

刺杀杨杏佛是戴笠帮特务在上海租界内干的第一件案子，轰动一时，后来军统局还以此为“光荣历史”,拿到训练班上当做“行动术”的讲解范例。[34]

杨杏佛死后，戴笠的特务组织还进一步监视了他在万国殡仪馆的葬礼活动，他们把宋庆龄、鲁迅、何香凝、沈钧儒、李四光等著名人士前来悼念时的谈话致词和表现统统汇报给了蒋介石。但宋庆龄等人并不畏惧，指明这是一次政治性的暗杀，并宣布不会被这种卑鄙的手段吓倒。

史量才被刺案

继杨杏佛之后，戴笠的特务组织又刺杀了《申报》负责人史量才，这是蒋介石以暴力对付民主人士的又一典型例证。

史量才所主持的《申报》因经常发表文章言论，攻击蒋政府的黑暗面，被特务盯上，据查又掌握了一些他接济中共地下党组织的情况。于是，史量才便上了特务的黑名单。1934年夏秋之间，戴笠奉蒋介石之命要对付他，亲率人员前往上海布置。他们在报馆及其住宅附近的租界内寻找过房子，但鉴于杨案的教训，害怕留下后遗症，迟迟没有动手。后来，特务们通过帮会关系从史量才的司机处打听到他经常外出，遂决定不在租界内行动。

10月间，史量才去杭州调养胃病。戴笠认定机会来了，他带上行动组长赵理君赶到史量才在杭寓所秋水山庄布置，但又顾忌到在市区动手会给当地警局带来破案的压力，而当时的杭州市警察局局长赵文龙也是戴笠系统的特务，为免自找麻烦，他们选择在市区外行刺。参加行动的有副组长王克全、组员李阿大、许建�等共六人，由司机张秉武驾驶一辆老式别克牌敞篷车配合。当史量才决定于11月14日由杭返沪前几天，特务们从其司机处又得到了消息，赵理君经过一番“踩点”，选定在沪杭公路所经的海宁县第四区博爱镇距翁家埠四里路的地方，以挂有杭市警局临时车牌和“京字第27号”牌照的两部车配合，伪装途中抛锚，堵截道路，迫使史量才停车，然后用穿透力很强的驳壳枪及强力式手枪集中射击，以破坏他的“保险汽车”。14日当天，特务们依计而行。当史量才座车停下后，两名特务跑上前来，分别先对汽车前排的司机和搭车的史量才之子史泳赓的同学邓祖询开枪，因为他们怕司机认出熟识的特务来，又以为邓是史量才的保镖，故而先杀之灭口。

当枪弹横飞时，史量才父子意识到危险，急忙跳车而逃，特务们遂分别追杀。史泳赓仗着年轻，飞快地逃脱了三名特务一连二十余发的射击，从田野逃逸；而史量才则体质不佳，慌乱中躲进了附近的一所茅屋，两个特务追来，他从后门再逃，跳进了房后干枯的一个小水塘中，被站在路上指挥的赵理君发现，他一面大喊：“在这里！”一面开枪射击，一发子弹打中了史量才的头部，当即倒下，李阿大又追上来补了一枪，打死了史量才。凶手们见目的已达，呼啸一声，飞车而去。

这悲惨的一幕过去了半个多小时，史泳赓才战战兢兢地叫上附近的人返回出事地点，向航空学校借了一辆卡车，把三具尸体运回了杭州。

血案发生后，举国震惊，责难纷起。蒋介石被迫装模作样地命令沪杭两市悬赏万元破案，结果当然是不了了之。

杨杏佛与史量才被刺，是戴笠特务系统在蒋介石的指使下镇压民主人士的典型案例。戴笠由此深得蒋介石的赏识。

徐恩曾诱降陈独秀的失败

1932年10月15日，由于托派内部叛徒的出卖，前中共领袖陈独秀在上海被捕，并连夜被押往南京。在老虎桥监狱拘押半年多后，被国民党江苏省地方法院以“危害民国罪”提起公诉。中统特务介入了此案，他们发现陈独秀态度“十分顽固”，因为该案无油水可捞，故迟迟不能开庭处理。

在陈独秀被审判前的关押期内，中统特务对他进行了劝降活动。徐恩曾曾在《我和共产党斗争的回忆》一书中，对他参与劝降陈独秀的活动作了叙述，他写道：

陈独秀“由上海租界引渡到南京，我们给予比对待一般共党分子更尊敬的优待……他精通很多的中国书，他有中国读书人的传统风度，他有坚强的民族自信……他有别于一般的共产党人。同时也使我产生自信，以为可以使他放弃过去的政治主张……可是，接谈之后，我的信心动摇了。我发现他的态度相当倔强……仍不肯放弃他对马克思主义的信仰，他虽已被中共开除党籍，但仍以真正马克思主义者自命”。

起初,国民党当局只是把陈独秀的托派运动看成是“共产党内部的分裂”，其宗旨与活动仍是共产党的道路。所以，国民党当局对托派分子仍以敌视共产党的态度来对待。后来，他们逐渐改变了这种看法，把陈独秀领导的托派运动当做是中共的对立面，于是转变策略，企图利用陈独秀共同对付共产党。因此，他们决定优待陈独秀，希望能收买他。甚至觉得当时就不应该逮捕陈独秀，“为共产党消灭了一个敌人”。徐恩曾在上述的回忆中，明白表达了这种意思：“此事我做得是否算好，现在想来实很怀疑，因为我在无意中替毛泽东立了一个大功，替他剪除了一个不共戴天的仇敌。”[35]当时中共中央对陈独秀的态度是光明磊落是非分明的，徐恩曾的这种观点不免是出自小人之心。

【注】

[1] 沈美娟《孽海枭雄——戴笠新传》，第 139~144 页。

[2] 汪荣祖、李敖著《蒋介石评传》（上），第 236 页。

[3] （台）《传记文学》第 38 卷第 3 期。

[4] 汪荣祖、李敖著《蒋介石评传》（上），第 236 页。

[5] （台）“国防部”情报局编印《戴雨农先生全集》（上），第 21 页。

[6] 《戴笠自述》，参见《四一纪念十二周年讲话》1944 年 4 月 1 日，载申元《戴笠轶事》，香港天马图书有限公司 2003 年版，第 153~154 页。

[7] 载《行健月刊》第 128 期。

[8] 特务处内部机构表载于中国第二历史档案馆所藏日本侵华机构情报档《蓝衣社的概念与其特务工作成绩》;各地网络资料出自（台）“国防部”情报局编印《戴雨农先生全集》（上），第 25 页。

[9] 此节参考陈恭澍《英雄无名》第一部《北国锄奸》的内容。

[10] 同上，第 219 页。

[11] 该培训班的详细情况可参见陈恭澍《英雄无名》第一部《北国锄奸》有关内容。

[12] （台）“国防部”情报局编印《戴雨农先生全集》（上）的统计数字。

[13] 陈恭澍《英雄无名》第一部《北国锄奸》，第 157~158、218 页。

[14] 同上，第 127 页。

[15] 同上，第 287 页。

[16] （台）“国防部”情报局编印《戴雨农先生全集》（上），第 25 页。

[17] 邓葆光《军统领导中心局本部各时期的组织及活动情况》，载全国政协文史委《文史资料选辑》第 86 辑，第 178 页。

[18] 《中央特科的构成》，资料来源：东方网 http://news.tom.com，2006 年 8 月 15 日。

[19] 此节内容参考引用沈醉的回忆录。

[20] （台）“国防部”情报局编印《戴雨农先生全集》（上），第 51 页。

[21] [美]魏斐德《间谍王——戴笠与中国特工》，团结出版社 2004 年版，第 145~146 页。

[22] 《“红队”处决叛徒白鑫》，载岳先、秦少智著《虎穴龙潭》，群众出版社 2003 年版。

[23] 郑义《中共情报首长》，（港）夏菲尔国际出版公司 1999 年版，第 17 页。

[24] 转引自杨者圣《特工老板徐恩曾》，上海人民出版社 1997 年版，第 71 页。

[25] [英]迪克・威尔逊《周恩来传》，中共中央党校出版社 1989 年版。

[26] 转引自曹英《红色档案——中共早期领导人活动纪实》，改革出版社 1999 年版，第 360~361 页。

[27] 吴诗四《昙花一现的向忠发》，载《南京晨报》2004 年 3 月 29 日 B11 版。

[28] 崔永阁等《牛兰案件始末》，载《中国档案报》之《档案大观》2004 年 10 月 8 日第 3 版。

[29] [美]魏斐德《间谍王——戴笠与中国特工》，第 145 页。但在本书中，作者将牛兰案与约瑟夫·华尔敦的“怪西人事件”搞混淆了，这是一个明显的错误。

[30] 转引自杨者圣《特工老板徐恩曾》，第 83 页。

[31] 同上，第 73 页。

[32] 同上，第 85 页。

[33] 沈醉《沈醉多次阴谋暗杀宋庆龄》，载《扬子晚报》2007 年 11 月 24 日 B7 版。

[34] 陈少校《黑网录》，群众出版社 1979 年版（内部发行），第 59 页。

[35] 转引自祝彦《1933 年，陈独秀在国民党法庭上》，载《纵横》2003 年第 2 期，第 46~47 页。

第四章 抗战前的国民党特务组织及其活动（下）

第一节　中统“特工总部”在上海的活动

徐恩曾与中统的历史性发展

1932年前后，在蒋介石的大力扶植下，戴笠的特务组织得到快速的发展，对此，原本掌握国民党特务机关的CC系“二陈”不由眼红，他们授意徐恩曾相机扩大自己的特务组织。徐恩曾受命后，联系蒋介石去年5月对自己的训示，曾要其“放手大干”，于是设计出了一个扩充方案，计划筹建一个“三无”的组织，即一无主管单位、二无公开的名称、三无编制限制的“特工总部”。他将此方案呈送二陈，得到赞赏，转呈蒋介石批准后，立即付诸实施。

徐恩曾将特工总部基址设在南京中华路上的道署街132号，一座有五百年历史的名宅内。这所住宅时称“瞻园”，园名为清乾隆皇帝亲题。这里先后曾做过明代中山王徐达、太平天国东王杨秀清以及民国初年江苏省长的衙门，从此便又成为国民党中统组织的总部。

徐恩曾亲自出任特工总部主任，下设的机构主要有：书记室、情报科、训练科、总务科、总督察、设计委员会、电讯总台等，其中最重要的当推情报科和训练科。情报科是特工总部的主要业务部门，由徐兆麟出任科长，内设指导、编审、译电等三个股，日常工作是编辑《每日情报》二十份，罗列当日搜集到的有关中共、民主党派、国民党内反蒋派系以及日、苏等各方面的重要情报，逐日报送给二陈、陈布雷、何应钦等大员参阅。训练科则主管内部特务人员的政治思想、情报业务、行动技术等训练工作。训练科的特务如王杰夫、阴耀华、姚蓬子都具有一些理论水平，并颇有口才，善于劝降术。此外，训练科在其内部还开设了一所图书室，广泛地收集了各地的特务们查抄到的中共各种秘密文件和书报杂志，日积月累，竟然发展成了中共早期资料的收藏“宝库”。特别是1935年国民党军重占江西后，陈诚在瑞金等地又搜集了不少来不及销毁的中共档案，汇集于此。1949年国民党退台后，这些资料被完整地存放在台北青潭，形成了“荟庐”资料，因其皆为“海内孤本”，故曾招来日、美、英等国家的中共问题专家争相到此查阅资料，以至于陈立夫也常以此事而沾沾自喜。

当时，徐恩曾对特工总部的工作有其独立的见解和做法。

首先，当他看到自顾顺章变节后中共叛徒日见增多，这些中共叛徒虽然早已没有了共产党人的灵魂，但他们早先接受共产党训练的一套革命作风多少还在，比起国民党内的那些恣意妄为的特务来显然要出类拔萃。因此，徐恩曾特别注重把他在美国学习的一些现代管理技能灌输给手下的干将，要他们注意抓住特务们的心理特点，力求从理论的高度，加强对特务们的管理和驾驭技巧。为此，徐恩曾训示手下：“共产党在组织上、宣传上、工作方法上是有很多长处的，我们应当学它，学好了，就用来打它。”因此，徐恩曾不惜借鉴中共对党员加强革命信念和为共产主义事业献身的节操教育方式，要求在特务当中开展小组活动，每周过组织生活，学习他制订的信条，例如强调“自视太高，自私自利，是内部分化的最大原因”，“互相猜忌，内部分化，是亡国灭种的主要原因”等。他还在中统内部大力宣扬集体意识，提倡要过俭朴生活，要帮助别人，要不断求知，要开展批评和自我批评。与此同时，徐恩曾深谙“用人之道，恩威并济，缺一不可”的道理，不时对特务们施以小恩小惠，作为“情感投资”，以笼络人心。

第二，在反共策略上，徐恩曾总结到调查科后工作中的经验和思考，逐步形成了一套独特的方式。他曾说：“我们对付共产党，必须以组织对付组织，以宣传对付宣传。以其人之道还治其人之身。”这就是要改变过去单纯的逮捕、关押、屠杀政策，而辅之以一套比较系统的劝降、诱降、自首的感化政策。因此徐恩曾完整地提出了一套“扩大自首潮流，瓦解中共组织”的方针。徐恩曾十分注重通过特工训练班的方式，把他的这一套自首叛变政策，系统而有条不紊地贯彻到中下层特务的头脑中去，以形成所谓“以组织对组织”的坚实基础，最后达成“扩大自首潮流，瓦解中共组织”的目的。

为此，他命令顾顺章为他开办训练班，同时自己亲自出马为特务学员上课。从1932年开始后的不足一年时间里，他要顾顺章轮流培训了一千多名中统特务。

针对特务的政治训练，徐恩曾提出过一个“三反”纲领，即要以全民革命来反对无产阶级革命，以阶级调和反对阶级斗争，以三民主义反对共产主义。在“扩大自首”的手法上，他强调要以巧妙的政治宣传来代替单纯的谩骂污蔑，以充满人情味的“思想感化”来代替单纯的身心虐待。在“政治宣传”和“思想感化”的过程中，他提出以倡导儒家礼教来攻击社会主义制度的普遍性原理。徐恩曾在给特务们讲话时，故作公正地说：“共产主义理想也许不错，但那是苏俄的东西，惟不适合中国国情，正所谓‘橘生淮南则为橘，生于淮北则为枳’也。”对于“扩大自首潮流，瓦解中共组织”政策执行，徐恩曾以其多年的反共经验，对特务们强调：

一、不能有急功近利的反共心态，要尽量深入工作，不求速效，不急于破坏，只要求尽量扩大破坏面，以期能够对中共地下党组织进行更为彻底的清除。

二、对中共组织内部的运作情况要相当熟悉，针对中共组织不同层次的干部结构与素质情况，采取不同的对策，要软硬兼施，以达实效。

三、要求特务自身必须具备较高的水平，不但要具备反对共产主义革命的理论，而且要对马列主义、社会主义等理论有相当了解，决不能高喊“蒋委员长万岁”、“拥护政府”、“效忠党国”等空洞口号，或者耸人听闻地大谈所谓共产党“共产共妻”、“欺宗灭祖”等陈词滥调。他认为这些宣传太过低级，对共产党员毫无作用，必须从更高层次上开展攻心战术。

在具体办案中，徐恩曾还摸索出了一套所谓的“软着陆”诱降方式，即一旦在基层发现了一名中共嫌疑对象以后，并不马上逮捕，而是将他定为“说服对象”，派出劝降水平较高的特务，采取秘密方式到“说服对象”家，或者将“说服对象”带到较偏僻的茶馆和清静的马路边，与之先谈生活、工作情况，再谈对共产党的看法和态度。在此情况下，“说服对象”自然不会轻易表明自己的政治态度。这时，劝降特务就开始威逼利诱，如以“你有妻儿老小，全家靠你养活，你参加反动组织，扰乱社会治安，万一被捕，你的家庭不也要受到牵连吗？我们为了挽救你，希望你早点向政府自首，这样既可以保证你的前途，又可以保证你的家庭安全。何去何从，你要三思”之类的话来威逼利诱，并说明“今天的谈话请不要和其他人谈起，否则对你有百害而无一利”等。

后经多次的试验，这样做有一定的效果。因为他们的“说服对象”多为中共基层党员，与中上层干部不同，他们有职业、有家庭，害怕失业。这样的谈话，对于那些革命意志不坚定的人来说会有作用，他们一般不会向中共组织汇报，怕受到怀疑，被断绝组织关系，因有家庭拖累更不敢逃跑。所以，一些人在经过数次谈话后，就办理了秘密自首手续，并留照存档，接着又被放回到中共组织，成为特工总部隐藏在中共内部的内线“细胞”。而后，特工们利用这个内线“细胞”，顺藤摸瓜，寻找中共党内的纵深组织关系，一个一个地进行反方向的说服突破。

为了便利内线“细胞”在中共开展活动，徐恩曾还规定，凡发现中共组织内有不利于内线“细胞”发展提升的障碍，各地特务要不惜一切代价予以铲除，以此来为这些内线“细胞”打入更高一级的中共组织扫清障碍。当时，中共上海沪西区委的负责人何阿六、闸北区委的负责人姚长庚等人，都曾是特工总部上海区安插在中共内部的内线“细胞”。由此，在一段时期内，中共沪西区委、沪东区委的几乎整个基层组织的活动，均在特工总部和徐恩曾的掌握之中。当内线“细胞”侦察到一定的程度时，徐恩曾往往便下令开始对中共地下党组织进行彻底破坏，从而取得一网打尽的效果。

上述事实证明，徐恩曾在反共策略上的这些构想，的确给活动在白区的中共地下组织带来了较大的破坏。据徐恩曾自己在报告中不无夸张地吹嘘说，经过努力不懈地推进“扩大自首”政策，在抗战之前，其特工总部在中共的各级组织，甚至在中共中央机关内，都培植有自己的内线“细胞”；直到中共到达延安后，这些内线“细胞”才宣告死亡。这些虽无从考证，但显而易见的是，由于特工总部的“扩大自首潮流，瓦解中共组织”的政策，从1932年到1935年的四年时间里，徐恩曾领导的特工总部对上海的中共地下党组织的破坏达到了猖獗的程度，中共临时中央连续多次遭到破坏，中共江苏省委连续两次遭到破坏，团中央机关也连续两次遭到破坏。虽然这其中也有内部疏于防范等原因，并不全是特务活动的结果，但徐恩曾成了与戴笠并列的最受蒋介石倚重的特务头目，中统的历史基础也由此奠定。

徐恩曾对中统的控制手段

中统局在徐恩曾的统治下，也在实行他的一套笼络人心的做法。

从调查科到中统，这一特务组织始终是一个秘密而又令人恐怖的团体。徐恩曾对内采取的手法并不完全等同于戴笠的高调与表面的严格要求，他对于属下采取的是双管齐下、软硬兼施的控制手段，从人身自由上加以控制，从精神情感上进行笼络，欲使特务们只能为其效力而始终。

硬的一手是对特务们的人身进行禁锢和摧残，他们对待自己人甚至像对待敌人一样残酷无情，因为徐总是担心一旦有特务叛变，或者脱离组织另外投靠，将给他们造成无法挽回的损失。

参加这一组织的人，先得有两个“特工”做引荐人，经过上司的严格审查考核后，再填写一份“特工人员登记表”，写上姓名、年龄、籍贯、性别，以及详细的履历，乃至于亲友的情况、个人的嗜好与特长、爱读什么书和写过什么文章，今后的打算等，另加以前参加过的包括同乡会、同学会在内的政治团体和组织等一切个人资料。表上还得填上几乎卖身的誓词：“绝对服从领导”，“严守组织纪律”，“以特务为终生事业，决不自动求去……如有违背誓言，愿受最严厉的处分”等。这样一来，注定自己一生只能一条道走到黑了。

在特务处及中统局内部，徐恩曾对特务们实行效忠蒋介石的政治灌输教育。他们每个星期要开小组会议一次，会议开始就得全部起立宣读中统局人员八项“信条”，然后每人发言，检讨工作。徐还利用“总理纪念周”集会和不定期的“精神讲话”来灌输他的一套思想。徐恩曾常说：“我们有幸成为领袖的耳目。我们的事业是无名英雄的事业，是崇高而伟大的事业，不为升官，不为发财，只是为着效忠党国，实现三民主义。我们是负责政治工作的核心，谁要是看不起我们这份神圣事业，就是看不起自己……”

徐恩曾等特务头子们总是借各种方法来麻木特务们的思想，想使他们从思想上认为自己干的是一种高尚的职业，就是想背叛也是大逆不道的。徐恩曾为中统人员“联谊会”写了会歌歌词，请中央电台人作了曲，令特工总部全体成员轮流学唱：“同志同事，同心同德，公余联谊胜同胞。为主义，为革命，四维严守，八德兼操。谁不是民间来，民间今如何？生活如悬倒，生活如悬倒，强敌压境，旦夕安保，忧心更加捣！精诚团结，精诚团结，救国救民，责任在吾侪。”

除这些措施之外，徐恩曾还采用禁闭、关押甚至处死等极为阴暗恐怖的手段来对付特务们。他任用亲信，出任号称“特务中的特务”的总督察，秘密安排在组织中从最低层到最高级的特务分子身边，密切监督注视特务们的言行，使得特务们自己也无法安宁，朝不保夕，人人自危。只有老老实实地干活，否则就有生命危险。

软的一手是，与手下的特务们联络感情，收买属下的人心是徐恩曾的领导手腕突出的表现。

可举例说明的是，在中统内部，惯用高级别的方式来为那些在敌后沦陷区或中共占领区“因公牺牲”的特务办后事。中统建立了“死难烈士纪念会”，把死者遗像用大幅照片挂起来，以表追悼，做死人的工作让活人看。1943 年中统曾举行过的一次大规模的“死难烈士追悼会”，徐恩曾请蒋介石亲笔题写了“热血忠魂”的大幅横披，悬挂在纪念会门口。还邀请了国民党政界重要人物白崇禧、沈鸿烈、张道藩，中统的始祖陈果夫、陈立夫等莅临会场．以显示死难者的光荣。徐恩曾亲自陪着这些人逐一阅读死难者生平事迹，亲自讲解，还落下眼泪，让在场的人无不“感动”，用这样的做戏来笼络人心。

在照顾特工生活方面，徐恩曾曾令特务处在南京郊区板桥购买了一大块荒地，盖了一些简易房子分配给特务们居住，他还鼓励所属人员自盖私人住宅，形成了一片住宅区，称为板桥新村。徐恩曾还把特务们的亲属尽量安排工作，给予照顾。如人事室特务万大镛的妻子及其小姨子则分别在会计室和文书股工作；中共叛徒王维理和妻子张丽芬同在第二处工作；郭乾辉夫妻同在第二处工作等。这样的例子很多。也就是因此，虽然特工们待遇较低，工作苦，但也要捧牢这只饭碗不放。在那动荡的年代里，能够夫妻一起有份工作，实属不易。徐恩曾以此来稳住特务们的心。徐恩曾对组织内大部分特工的家庭生活情形都知道一二，他不时与其二房妻费侠一起去特工们家里坐一坐，问一问有什么困难，承诺尽量解决。这种种方式，使得特工们都认为徐恩曾对自己有“恩”，愿为其卖命。另外，他每年还组织特工们旅游一两次，如 1937 年 6 月至 7 月，特工总部人员就被组织分批轮流到无锡太湖边度假。

但是，徐恩曾绝非是真心善待部下，他为了对特工们进行经济上的控制，各人的工资都由他秘密发放，互不知情，由徐最亲信的会计掌握。中统内部还建立了个“联谊会”，强性规定每个人都要参加，支取月薪时，按比例扣发百分之几的工资作为会费，名为“事业基金”由他掌握使用。1937年春，因为此事曾引起特工们特别是一般低薪人员的不满，徐恩曾为安抚人心，被迫在大会上公开宣布基金数目，并把中统灌云农场的土地分在各人名下，才平息了风波。

徐恩曾对特工们一边“施恩”，让他们服从，甚至要他们崇拜自己，为自己卖命。然而他又对每一个特工都有防范之心，特别是对中共叛徒出身的特务更不放心，在他负责特工总部工作的日子里，至少有三四个秘书为他起草工作计划、保管文件、代写信函以及对外联系，以便保密。他对这些人员经过特别严格的考核之后，证明“忠实可靠”才予任用，并且不断轮换，并要求他们互不通消息，以免泄露秘密。

自从1931年顾顺章案发生后，徐恩曾从中共叛徒处得到了好处，收罗了许多的中共叛徒，如陈庆齐、杜衡、陈建中、胡洪涛、陈文昭、周光亚等人都是此类。但由于徐恩曾对其贴身秘书钱壮飞也是中共潜伏人员之事心有余悸，“一朝被蛇咬，十年怕井绳”，他由此再不敢重用中共叛徒，宣称“只用其才，不信其德”。特工总部的科长和副科长之上没一个是中共叛徒，甚至连为徐恩曾的个人升迁有过极大贡献的中共叛徒顾顺章，也是有其钱而无权，只能得到高工资而已。徐恩曾只让他负责一些训练人员、编写教材之类的事。直到1938年中统局成立后，杜衡、陈建中等人才爬上科长的位置。

因此，特工们在徐恩曾的硬软两手钳制下，也是不得不就范。[1]

中统在中共内部培植“内线”

中统的黄凯是出身于党务调查科的老牌特务，他早在张道藩任主任的时候，就加入了党务调查科，并且与采访股总干事张冲的私人关系很好。徐恩曾入主党务科以后，一直对他很倚重。当时，他在河南开封主持特务工作。杨登瀛被捕入狱以后，徐恩曾又改派他出任调查科驻上海特派员。

黄凯自到上海后，由于中共叛徒提供线索，先后逮捕了中共高干杨匏安、第三党领袖邓演达、托派首领陈独秀等人，又因为轰动一时的“牛兰案”以及虹口公园日军白川大将被炸一案，被外界不明真相的人误以为均是他所为，更戴上了“国际侦探家”和“抗日英雄”的桂冠。

事实上，黄凯并非是靠自己的能力去破案的，至于“牛兰案”则更与黄凯无关。本是顾顺章叛变后招供，由中统联系公共租界英国巡捕房干的，但出于国际影响的考虑，抓获牛兰夫妇的英巡捕房一再强调牛兰案系中统黄凯所为。而1932年4月29日发生在上海虹口公园日军白川大将被炸案，后据日本方面查明，纯系朝鲜抗日志士尹奉吉个人所为，与中统绝无干系。

1932年10月，黄凯回南京参加特工总部高干会议。在会上，黄凯与叶秀峰发生了激烈的争吵。叶秀峰指责他在上海一年多，没做什么工作，如再不努力，以后功劳都将由戴笠抢去了。陈立夫、徐恩曾也持同样看法，他们以黄凯“成天抽鸦片、嫖妓女、私生活太坏”为由，要他停职，好好反省。陈立夫建议重新向上海派出特务主持工作。6月，徐恩曾指派史济美前往上海筹备特工总部上海区，11月正式任命他为上海区区长。

史济美是黄埔军校第六期毕业生，1930年6月进入党务调查科，1931年6月接受顾顺章培训三个月，系统地掌握了顾氏的反共技巧。在他主持特工总部上海区活动时，时间虽不足一年，但成果显著。

史济美到任后，设上海区总部于南市沿马路（今职华路）东侧的一座石库门房子里。同时，他指定许祖卿为副区长，朱秋白任文书兼办情报工作，陈蔚如任会计兼管交通工作，陈中柱为行动股长。

当时，特工总部上海区下辖沪东、沪西、沪中、沪南和浦东五区。次年初，京沪、沪杭两路特别党部特务室把上海吴淞段划归上海区，成为上海区的第六个分区闸北分区。

史济美到上海后，为遮人耳目，先是以马绍武的化名取得了国民党中央党部驻上海特派员的公开身份，用以同上海各方面交往。接着，他又以吕克勤的化名在上海公安局取得了督察员一职，用以掩护秘密身份。

史济美在上海的工作中，首先协调了与上海公安局的关系。为了笼络本属戴笠手下的上海公安局侦缉总队副队长兼特务股股长刘槐，史济美请示徐恩曾同意，按月发给他大笔津贴，作为他协助上海区工作的补助。此后，上海区特务逮捕共产党人便可直接押往小东门东方旅社秘密囚禁。愿意自首的，马上放回作为内线“细胞”，否则送往公安局处理。

其次，他与租界捕房也搞好关系。史济美以中央特派员的身份，公开同捕房西探长和翻译官接触，并代他们向中央申领礼金，以示亲善。至于一般巡捕，则经常同他们吃喝玩乐。因此，他在租界办理案件时，捕房总是协助行动；特务在马路上公开抓人，翻译官也善言加以掩饰。有时，捕房捕到人无证据定案，只要上海区特务弄来伪证，捕房便立即定案，引渡给上海区。

当时，史济美及其继任者徐兆麟、韩达等指使特务们采用下述两种方法对付中共组织及中共人士。

一是采用“三打一”盯梢方法跟踪发现目标。

当时中共人士为了对付特务盯梢，行动极为谨慎，他们走路时常回头察看有无尾巴跟踪。一旦发现有可疑人跟踪，便想方设法摆脱。特别是在去机关或回家的路上，总是多转些弯多跑些路，直到肯定安全后，方才进门。对此，史济美想出了一个“三打一”的盯梢绝招，即先由一人跟踪目标，人多的地方靠近一些，以免失去目标，人稀的地方就离远一点，以免被怀疑；一旦目标进入里弄，第一线特务就只到里弄口，注意目标进弄堂后的动向，然后让第二线特务跟上。这样，一线换二线，二线换三线，很容易使中共人员大意，以为甩掉了眼线。

当然，特务在确定了目标的住址以后，再伪装找人或借口送东西上门进行查证，一旦弄清楚，即招呼守候侦察的特务，一拥而上抓捕。1933年4月，中共江苏省委就是这样被特务破坏的。当时，跟踪的特务已弄清了中共江苏省委的地址在北四川路天潼路口，但因此地行人稀少，守候特务无法隐藏，遂由两名特务以踢足球作掩护，故意将足球抛进三楼一个房间，然后，借口上楼找足球，从而摸清了省委机关的门牌号和内部情况。中共省委机关的人员尚来不及反应，就被捕了。不久，特务们又发现了中共机关和联络点设置警号的秘密：中共地下党一般在窗口挂上帽子、雨伞或在阳台上放置花盆作为警号；一旦遇捕，就借故把帽子、雨伞拿走或将花盆移动、打碎来报警。于是，特务们便注意将这些警号恢复原样，并留下特务继续守候。

1934年10月，特务们根据原上海中央局书记李竹声的口供，到继任的上海中央局书记盛忠亮家里将其抓获后，特别注意保留了警号，结果又在他家里抓住了前来汇报工作的程祖怡。程祖怡当时是中共上海秘密电台台长，不仅负责上海中央局与江西苏区的联络，而且兼管国际台的与苏联的联系。他被捕后旋即叛变，供出了其他五名报务员的姓名、住址和全部六部电台的位置，这样一来在上海的中共地下电台全部受损。当缴获这些电台设备时，特务们还对中共人员凭手工制造出这样小巧高效的发报机表示惊奇。此后，上海中央局不仅失去了与江西苏区党中央的联系，更失去了经由上海地下电台中转的中共与共产国际的联系。

二是以绑架、诱捕的方式密捕中共人士。

1933年3月1日，上海区的特务根据内线“细胞”所供情报，秘密绑架了中共江苏省委书记王云程。王云程是王明莫斯科中山大学留学时的同学，1931年初，王明主持临时政治局工作时，他接任了江苏省委书记一职。被捕后，他立即供出了中共要人罗登贤的住址。28日，罗登贤与前来拜访的余文化在住所一同被捕，数小时后如约前来的廖承志也被捕。31日，上海第二特区法庭审讯罗登贤等三人时，叛徒王云程作为证人到庭指认了他们的真实身份。

史济美为积极贯彻徐恩曾“扩大自首潮流，瓦解中共组织”的政策，大力发展“细胞”工作，又将“细胞”分为内线和外线两种。内线“细胞”为混在中共或其他反蒋党派中的耳目。外线“细胞”即指那些活动在一般阶层中，布置在中共或其他党派活动较多的地区组织外围的耳目，其作用在于分裂和瓦解对手，并负有搜集情报、提供线索和密切注意一定范围内的异常情况可疑人物的责任。充当“细胞”的人一般为原中共基层党员，对其中高级党员，则采取抓紧线索、连续侦察的办法，适当时候给予破获。当时，为了调动这些“细胞”的工作积极性，史济美每月还发给他们五到十五元的“生活津贴费”。

1932年12月，即史济美正式就任上海区区长尚不到一个月的时候，由于内线“细胞”提供情报线索，中共中央政治局常委卢福坦被捕。

卢福坦，1891年出生于山东泰安。1926年加入中共，并担任青岛市委书记。“八七”会议后，他因工人出身，在共产国际指示精神下，被推举为中共山东省省委书记，并于次年在党的六大上当选为候补政治局委员。不久调任中共河北省委书记。在1931年党的六届四中全会上，他当选中央政治局委员，并调任中华全国总工会委员长。1931年6月下旬，向忠发被捕后，他一度代理总书记职务。是年11月，以博古为首的临时中央局成立，他成为三名临时常委之一，参加书记处工作。

1932年9月，中共中央根据全国赤色工会的失利情况，决定卢福坦暂停参加中央书记处工作，并责令他在中华全总会议上作检查。

也就在这个时候，卢福坦被内线“细胞”盯上了。这年12月里的一天晚上，他在去往铁路总工会作检查的路上，被中统上海区特务秘密逮捕。

特务们考虑到卢福坦的特殊身份，没有将他立即交给上海公安局，而是带到了东方旅社，秘密进行审讯劝降。

根据史济美的请求，南京特工总部训练科调来特务阴耀华、荆宪生到上海区主持新设的训练股，其任务就是加强特务们对被捕人员进行劝降的技巧和水平。卢福坦被阴耀华劝降成功，表示愿意自首。他很快就供出了全总党团、铁路总工会、江苏省委以及临时中央的秘密。之后，卢福坦成为特工总部的一名特务，先后活动于徐州、南京、南昌等地，带领特务搜捕地下党组织。新中国成立后，隐姓埋名的卢福坦于1951年5月被南京公安机关逮捕，1969年11月被处决。

1934年6月27日，同样由于内线“细胞”的告密，上海中央局书记李竹声在公共租界马立斯新村中央机关开会时，和与会的同志一同被捕。

1933年9月，特工总部情报科长徐兆麟继任特工总部上海区长。他看到史济美利用“细胞”连破大案，遂专门组织了一个“细胞”工作委员会，由中共叛徒周光亚具体负责，继续发展隐藏在中共组织内部的“细胞”，还专门研究如何培植和培训“细胞”等问题，为进一步打入中共高层创造条件。如沪西区的徐阿六、闸北区的姚长庚，就是在徐兆麟的帮助下，逐步掌握了区委的大权，从而有机会得到中共江苏省委的情报，为上海区特务进行破坏提供条件。

徐兆麟还进一步完善了特工总部上海区的组织结构。他在区部下面增设了总务股、情报股。同时，他依照各股内部结构及工作性质，制定了分组负责制度，各组增设一名小组长。情报股内则划分成了采访、编审、研究等小组，通过参与邮电检查来获取情报。

1932年6月，特工总部破坏了中共临时中央印刷机关报《红旗日报》的地下印刷厂，负责人陈蔚如被捕。不久，陈蔚如秘密自首，并受史济美之命继续在中共内部活动。

7月上旬，陈蔚如在四马路遇到了沪东区委书记尹某，遂谎称自己被捕后，被国民党拉去当兵，并在军队中建立了几个组织。他还说有封信要请对方代转临时中央，并与尹某约好了下次见面的时间、地点。过了两星期，两人再次见面时，陈蔚如便将预先拟好的信交给尹某，随后，陈蔚如便把他引到特务黄柏生所开的成衣店，帮他挑了几件新衣，趁机将他交给黄柏生跟踪。不久，尹某被逮捕。

几天后，临时中央派人跟陈蔚如接上了头，并留下联络暗号，还给了他十元钱生活费。第三天，果然有人到陈蔚如家里来联络。陈遂以谎言敷衍，并借口买点水果招待来人，赶到外面报告了守候在外的史济美，要他派人跟踪。

两天后，上海公安局侦缉总队副队长刘槐和上海市党部“肃反专员”黄永华在法租界西门里25号将此人抓获，并搜走一大箱文件。经审讯，此人是临时中央宣传部长李必刚。

陈蔚如知道此事后，向史济美大发牢骚，说不该这么早动手，本来还可顺藤摸瓜、抓到大鱼的。

1932年9月，陈蔚如又参加了侦察破坏小沙渡路中共沪西区委的活动，逮捕区委干部朱秋白夫妇。

1933年9月，行动股特务倪坚，在英租界四马路和广东路交界处，侦察跟踪上了一名海员工会负责人。倪坚见只有自己一人，就狡猾地与之纠扯，一起被四马路捕房抓去。这时已升任行动股副股长的陈蔚如接到了倪坚的求援电话，赶去保释了倪坚，并引渡了海员工会负责人。

陈蔚如的活动对中共造成了极大的损害，地下党决定对他进行制裁。这年10月，他被中共特科“红队”击伤，引起了上海区特务们的恐慌。徐兆麟害怕也被“红队”暗杀，匆匆向徐恩曾要求调离上海。1933年底，韩达接手上海区，并将伤愈的陈蔚如提拔为特工总部上海区副区长。

中共“红队”被“细胞”出卖

中共特科“红队”自成立以后，在保卫中共中央、惩办危害组织的叛徒和国民党特务等行动中，屡建奇功，对国民党两派特务组织都造成了极大的威胁，也被他们视为最大的对手。当特工总部在沪活动连连得手之时，他们自然也急于破坏“红队”，想根除这个最厉害的对头。

1934年6月，韩达派遣在“红队”内的一名“细胞”出卖了组织，“红队”成员被敌人盯梢，中统特务进而一举破获了中共上海中央局、江苏省委以及刚从中央苏区迁回上海的中华全总等重要机关，抓捕了包括上海中央局书记李竹声、江苏省委书记赵立人、中华全总党团书记袁孟超三人在内的多名中共高级干部。

中央特科“红队”据此怀疑内部有了敌人暗探，排查之后，他们采取了严厉的镇压行动，在韩达派人重重看护之下，以大无畏的行动消灭了中统的“细胞”。韩达对此十分恼怒，急电南京，要抓捕“红队”。徐恩曾接到韩达的报告后，经请示陈立夫同意，回电韩达，限令十天内侦破此案。

1934年11月底，韩达派亲信陈叔平接替了原由陈中柱主持的行动股，游定一取代了潘哲的中央特派员职务，他自己则亲兼原由周光亚操持的“细胞”工作委员会的工作。他们派出大量特务，却找不到“红队”的踪迹。

正当特务们一筹莫展之际，沪西分区主任、中共叛徒苏成德向他们报告了一个重大情况，说他在西藏路北泥城桥附近，偶然遇见了已失踪近一个月的“细胞”张阿四。张阿四报告说，10月份后，他被中共调入沪西区委，接着又被区委选拔到“红队”，进入秘密的射击训练班，在北泥城桥东堍的一幢石库门房子的灶披间里，专门学习使用手枪射击。白天训练，晚上就睡在灶披间，绝对禁止外出，所以一直无法跟他们取得联系。这几天，训练班已结束，他被收编进了“红队”做预备队员，故而可以请假外出活动。在此期间，“红队”仅派赵轩一人与他联络，并指导训练。房东只管其食宿，故对“红队”的情况，也不明底细。

于是，苏成德当即决定让张阿四继续潜回“红队”，他则派出特务进行蹲点守候。

韩达听罢苏成德的汇报，当即指示陈蔚如：赶快命令行动股长陈叔平，立即派人到张阿四住处的附近租房住下，昼夜监视。

当天，张阿四住处的附近，突然间多出了一家水果摊。水果摊的对面又增加了一家鞋匠铺。行动股的老牌特务李典伪装成水果摊贩，仇一九伪装成鞋匠铺主，他们与张阿四一起，形成了一条盯梢线。

11月29日，赵轩骑了一辆没有牌照的自行车来找张阿四联络。张阿四借外出到李典的水果摊买水果的机会，用暗语把情况告诉了李典。不久，赵轩骑自行车离开，但他身后已跟了两个骑车的人——李典和仇一九。很快，上海区总部就掌握了赵轩的秘密住所在西藏路大世界娱乐城对面的里弄。又经由赵轩发现了孟华庭的秘密住处，再经由孟华庭又发现了“红队”队长邝惠安的秘密住处，掌握了邝惠安的行踪，得悉新闸路的鸿祥旅馆和北京路的老凤祥银楼是“红队”的秘密联络点。

邝惠安是广东人，1925年“五卅”大罢工时来到上海，并于这年加入共产党。顾顺章叛变后，周恩来决定让他参加中央特别工作委员会，并指名由他接任“红队”队长一职。

在距离徐恩曾的最后限期仅差一天的时候，12月5日，韩达下达了缉捕“红队”的命令。游定一迅速与上海公安局侦缉总队副队长刘槐取得联系，作好行动前的一切准备。

6日早晨，上海区行动股长陈叔平亲自赶往西藏路大世界娱乐城附近，指挥逮捕行动。上午9时，特务姜志豪、杨阿才在邝惠安出门时，在租界巡捕的协助下，将邝捕到戈登路巡捕房。同时，“红队”成员孟华庭、赵轩、陈玉明、陈杰明等人均遭到逮捕，亦被押往戈登路巡捕房关押。到下午，其余三十余名“红队”队员也都陆续被捕，与邝惠安等人关押在一起。

韩达、陈蔚如对此收获弹冠相庆，当即给南京特工总部主任徐恩曾拍去电报邀功。但不久，巡捕房方面就传来消息说被捕人一问三不知，且多在街上被捕，身无凶器，无法定案。既不能定罪，又不能引渡。

韩达情急之下，命陈叔平率行动股特务搜查孟华庭、赵轩及陈杰明的家，同时又命行动股特务倪坚带领英、法租界巡捕搜查邝惠安的家。倪坚等人在搜查老凤祥银楼二楼邝惠安家时，有了收获。在一个大衣箱里搜出大小手枪三十二支、子弹两千多发、手榴弹一枚、刺刀一把、钢马甲一件。他们遂将邝惠安之妻一并押送到戈登路巡捕房。可在对女子进行刑讯后，她始终不肯承认与邝惠安的关系，仅承认这些武器是她苏北的一个财主亲戚，因家乡闹土匪，特意采办了存放到租房的。巡捕转而质询邝惠安，他也说根本就不认识她。

巡捕因为关押邝惠安的期限将至，无法定案，他们遂主动找到韩达，协商下一步对策。经韩达请示徐恩曾，徐恩曾与顾建中、濮孟九、王思诚等人紧急磋商后，决定由韩达出面，将邝惠安等三十七人借渡华界一个礼拜，同时急调训练科科长王杰夫、科员阴耀华赶往上海协助劝降。邝惠安等三十七人被特工总部上海区借渡到一个小型看守所里。这个看守所设在上海公安局特务股楼下，是特工总部上海区借用上海公安局的房子私设的，作为拘留但未作最后处理的中共人士之用。

王杰夫、阴耀华一到上海，即指挥上海区训练股股长阎松平对邝惠安等人实施劝降，并不惜采取“车轮战术”，连续三昼夜马不停蹄地进行审问。

直到无法忍受这种残酷的疲劳折磨后，邝惠安等人才承认历次枪杀事件均系他们所为，但却拒不供出细节，并对其他事情只字不提。

一周后，邝惠安等人被送回戈登路巡捕房。在接受审讯时，同样仅承认历次枪杀事件均系他们所为，但拒绝提供细节。捕房遂以“谋杀罪”的罪名，将他们移送上海第二特区法庭进行审判。法庭经草草审讯，即判决引渡给国民党淞沪警备司令部。

邝惠安等人被引渡后，立即遭到警备司令部军法处的审判，最后判决邝惠安、孟华庭、赵轩、陈杰明四人为死刑，邝惠安之妻有期徒刑六年、赵轩之妻有期徒刑三年，其他“红队”队员均被判处无期徒刑或三年至十五年的有期徒刑。

面对“红队”队员的英勇不屈，徐恩曾似乎也有所动心，他多次在电话里指示上海区派人到警备司令部继续予以劝降，以为特工总部所利用。最后，徐恩曾本人不惜亲自出马，特地从南京赶到上海，进行劝降。徐恩曾许诺，只要邝惠安吐露真言，表示悔过，他可以保证邝惠安的生命安全和光明前途。但遭到了邝惠安等人的坚拒，邝惠安鄙夷地回答：你们自己的前途都不光明，还能保证给别人光明吗？表现了共产党人的大无畏精神。

由于徐恩曾心存幻想，警备司令部没有立即对邝惠安等人执行刑讯。这一拖竟是几个月。英租界巡捕房获悉此事后，即向上海方面提出抗议，并要将全部案犯押回重审，由他们执行判决。

在此情况下，徐恩曾因惧怕引起外交纠纷，才不得不放弃自己的如意算盘，要韩达通知警备司令部按原判决执行。

1935 年 2 月，春节前夕，在漫天的雪花和阵阵的除夕爆竹声中，邝惠安、孟华庭、赵轩、陈杰明四人走上了刑场。临刑前，邝惠安等人拒绝套上黑纱头套，高声宣布：我们生为理想而战，死为理想之魂，堂堂正正，光明磊落，纵然赴死也要带着光明去死！邝惠安握住同志们的手说：“我等四人从加入共产党的那一天起，就随时准备着为理想抛头颅、洒热血！何况，今天天地为我们缟素，世人为我们燃放爆竹送行，如此壮烈地去就义，我等死不足惜，死而无憾！”其大义凛然之气概，使国民党特务们胆战心惊。共产党人的浩然正气在天地间永存！

就在邝惠安等人壮烈牺牲的同时，中共上海地下党组织又遭到了一次空前规模的大破坏，三十六名中共高级人士被捕。其中，包括上海中央局宣传部长朱镜我、宣传部下属文委书记阳翰笙和社联党团书记许涤新等人。不久，原上海中央局军委干部刘仲华于次年3月份宣布成立了“临时中央局”，自任书记，负责全盘工作，并任命贺昌之负责组织工作、蒲化人负责宣传工作、王世英负责军委系统工作、毛齐华负责破坏部工作。在此紧急关头，王世英临危受命，在极其困难的情况下，为党转移疏散了五百多位干部，为中国革命留下了宝贵的火种。

国民党中统系统特工总部，依靠和利用中共叛徒，在上海的破坏工作虽得逞于一时，但归根结底，危机是出自中共内部。这一时期，中共上海地下党由于王明错误路线的影响与“立三路线”的指导，对内部变节者的防范不得力，应变措施不够，这才导致连连失利。地下党由此吸取了足够的教训，在以后的工作中逐步变得成熟起来。

徐恩曾因在上海的工作成绩，得到了蒋介石的青睐，他自己也由此奠定了在中统内部的统治地位。特工总部成为一支与戴笠系统并立的国民党特务势力。

野火烧不尽革命的火种

中国共产党播撒的革命火种，在白色恐怖下依然在燃烧。

1933年春天，中共临时中央批准上海中央局成立，指导全国白区工作。王世英被上海中央局安排到中央特科情报科，协助特科负责人潘汉年工作。

王世英，1905年出生于山西洪洞县。1921年考入太原国民师范，1924年考入国民第二军学员队，次年加入中国共产党，1925年9月考入黄埔军校四期，1926年参加两次“东征”及省港大罢工，1928年组织皖北暴动。暴动失败后，一直在阎锡山部活动。直到1931年10月到上海，才找到党组织。1931年底他被派往南京建立党的情报关系，因身份暴露，次年2月又返回上海。

特工总部上海区逮捕了左翼文化人潘梓年和丁玲后，直接威胁到潘汉年的安全，潘汉年被迫离开上海，转往中央苏区。在此情况下，上海中央局决定暂由王世英同志代理中央特科情报科的工作。同时，由于原情报科工作人员刘鼎、欧阳新（大汉）等骨干亦已相继转往中央苏区，王世英又找了新的助手张庆炎。

张庆炎是湖北秭归县人，大革命时期就加入了中共组织，此时受党组织派遣打入公共租界老闸巡捕房，做了一名华籍探员。不久，王世英又增加地下党员刘秉林做助手。

针对当时特工总部上海区利用“细胞”跟踪侦察，大肆搜捕中共党员和进步人士的情况，王世英细心思考，设计了反“细胞”的方法。他规定手下的人员只能单线垂直联系，彼此之间不发生横的关系，无关系的熟人遇见后也不能打招呼。他甚至取消了中央特科原规定的夫妻每周可以见一面的规定。为了便于开展地下工作，他化名老余进行活动。

中央特别工作委员会委员邝惠安指挥的“红队”大部分队员被捕后，上海中央局命武胡景负责中央特科的工作，又命王世英重组“红队”以延续革命武装斗争力量。

为了党的革命事业，王世英迅速抽调一批身强力壮、具有经验与技能的地下党员，重新组建了“红队”。[2]他们继承了“红队”的光荣传统与作风，曾成功地在被特务们包围的剧场中，击毙带着特务搜查的叛徒，营救了中央特科负责人武胡景；又曾策划过营救方志敏的行动。

1935年7月中旬，上海中央局的交通员突然给王世英转来正被国民党关押在南昌百花洲监狱中的红十军团长方志敏的一封密信，此前方志敏正率领由红十军团组成的北上抗日先遣队北上，转战于浙赣边界。1935年1月，红十军团被七倍于己的国民党军队包围在赣东北的怀玉山，除少部分突出重围外，大部分被击溃，方志敏也在闽浙赣交界处的陇首村被叛徒出卖而被捕，后辗转关押于南昌狱中。方志敏在信中说，经过他的宣传教育，百花洲监狱看守愿意配合他越狱，方志敏建议党组织搞一艘汽艇，带上武装去劫狱。

王世英急忙找到张庆炎共商对策，决定派出四名队员前往南昌营救方志敏。但“红队”尚未来得及组织实施劫狱计划，蒋介石即下令南昌行营于8月6日枪杀了方志敏。9月初，王世英从上海撤离到天津后，他从国民党的报纸上获悉了方志敏遇害的消息，不禁自责“动作太慢，被敌人抢了先”。

7月底，上海临时中央局遭到大破坏，被搜查的机关达四十处，被捕三十九人。在这种情况下，临时中央局在上海已无法存身，只好决定让尚存的领导人离开上海转移到苏联，并决定由王世英负责的“红队”代理上海临时中央局的工作。

这时，上海临时中央局的处境已愈加险恶，不仅同中共中央、共产国际均失去了联系，而且活动经费也极度缺乏。王世英代理临时中央局的工作后，为同党中央、共产国际取得联系，付出了很大努力，但一直未能如愿。临时中央局破坏部部长毛齐华按照负责人刘仲华的指示，于这年夏天重新组装了一部电台，并向中央苏区发出联系讯号，但一直未得到回讯。1936 年初，毛齐华辗转抵达瓦窑堡时，曾当面询问周恩来是否接到过上海发出的电台呼号。周恩来说 ："那时我们正在紧张地长征，顾不得这些了。"

虽然处境日益险恶，王世英抱着对党的坚定信仰，仍一如既往地领导上海临时中央局剩余人员坚持斗争，并设法开展工作。

8 月 26 日，王世英接到王明、康生 5 月 3 日和 5 月 5 日自莫斯科费尽周折转交过来的两封信。其中 5 月 3 日的信中指示 ："上海目前不需要任何中央局的组织。"遵照这个指示，王世英决定结束上海临时中央局的工作，将临时中央局的人员转移到天津。同时，为便于联络，他在上海成立了一个交通站，由邱吉夫（化名小张）负责，继续保持同南京、浙江、福建、香港等地工作点的联系。

9 月起，王世英开始率领上海临时中央局机关向天津转移。月初，他带了一批人去天津，并命张庆炎 10 月 2 日带领第二批人赴天津。为此，他给张庆炎预留了一笔路费，并安排张庆炎乘外国邮轮走，还规定了去天津后住的旅馆和接头的地点暗号。10 月 2 日，张庆炎和其他几人化装成商贩，陆续上了一艘外国邮轮。由于风浪大，他们迟了半天到达天津。等张庆炎赶到接头地点时，已不见接头人。第二天他又去接头，正碰上宪兵检查，也没能联系上。一连十几天，张庆炎跑遍了天津的大街小巷，希望能碰到自己人，但一直未能遂愿。最后带的路费全部花光了，他只好派一位同志返回上海，和邱吉夫联系。

一直等到第十八天，张庆炎从天津劝业场出来，路过一家肉铺时，突然看见王世英和李果毅从那家肉铺店走出来。他不由喜出望外，上前招呼。王世英见到张庆炎，心里也非常高兴。于是，张庆炎跟着王世英夫妇来到一家酒馆。落座以后，他向王世英详细汇报了到达天津以后的情况。到了晚上，王世英来到广达旅社，见到了其他两人，并给他们发了钱。为了防止意外，王世英给三人各自安排了一个住处。

此后，由于从上海转移出来的人员越来越多，经过多方努力，王世英基本上给这些地下党员找到了养家糊口的工作，并让他们利用工作之便发展党的组织。中秋节过后不久，原上海临时中央局破坏部部长毛齐华和聂荣臻的夫人张瑞英也离开上海到了天津。他们住进天津旅馆的翌日，王世英就赶去接待。以后，王世英通过中共华北局的同志，将他们辗转经北平、郑州，安全地送到了西安。此后，毛齐华先后在杨虎城部及张学良的东北军一〇六师驻西安办事处进行抗日活动，直到1936年初，才到达当时的中共中央驻地瓦窑堡。

不久，上海交通站遭到破坏，邱吉夫被捕。此后，上海仅有原属上海临时中央局宣传部管辖的文化工作委员会（简称“文委”）仍在坚持对敌斗争。

抵达天津后，王世英一直想方设法通过各种途径，保持着同白区各省地下党的联系。就在他从上海转移到天津不久，即同中共华北局取得了联系。中共华北局立即安排他担任情报部部长，但此时的华北局也同中共中央中断了联络。

9月后，王世英在极其困难的条件下，和其他地下党员一道，共同克服困难，艰难地同各方面加强联系，想方设法从各方面取得援助，有组织地转移、疏散了滞留在上海的大批地下党员。据统计，在王世英的领导下保存下来的干部约有五百多人，其中著名的有毛齐华、王学文、南汉宸、刘道衡、陈雷、王超北、刘贯一、金城、杨松青、陈克寒、肖明、张友渔等人。

此后，王世英在国民党西北军和一些地方势力中，广泛结交上层爱国人士，瓦解敌军，团结友军，扩大党的影响，对推动全国的团结抗战起到了积极的配合作用。抗日战争爆发后，他担任八路军驻山西办事处处长。解放战争时期，他出任中国人民解放军总部副参谋长兼中央军委敌工部长。全国解放后，他先后担任天津警备区司令员、山西省省长、中央监委专职委员、政协第四届全国委员会常务委员等职。[3]

第二节 “安 内”

中统刺探中共苏区情报失误

在上海中共临时中央局被中统特务破坏造成很大损失之际，中共中央在江西瑞金领导的南方革命根据地斗争正如火如荼地展开，中央红军连续粉碎国民党军的“围剿”，革命形势迅猛发展。

1931年11月，经过第三次反“围剿”斗争，中共领导的中央苏区范围不断扩大，为中国革命奠定了基础。上海党中央决定在江西瑞金苏区中央局驻地召开“第一次全国苏维埃工农兵代表大会”，正式成立“中华苏维埃共和国”革命政府。这次会议计划除各苏区根据地代表外，还有来自白区和外国代表参会，预定11月7日至20日举行。

中央电报到达后，苏区中央局代理书记毛泽东主持会议，制订安排了周密的会议计划和保卫预案。

南京方面在获知这一消息后，蒋介石命令陈立夫派出大量调统局特务潜入江西赣南和闽西苏区刺探会议情报，准备破坏会场，阻止中共建国。

会议的保卫与安全工作由叶剑英负责，除了外线的军事保卫警戒外，他把内线的保卫工作交给了中央政治保卫处，由钱壮飞、欧阳毅起草了大会内线保卫与警戒方案。为迷惑敌人，毛泽东指示保卫处处长邓发：依靠当地党组织，在闽西长汀公开设立一处假会址，选择在长汀一处宽敞林稀的山坡地上，轰轰烈烈地布置了彩旗飘扬的会场，比瑞金叶坪的真会场还要逼真。经过真假两处会场虚实不同的紧张工作，会议筹备工作顺利完成。

在这前后，陈立夫的调查统计局和江西前线何应钦指挥下的国民党军事情报机关向苏区派出了大量的特务，他们化装成商人、农夫、算命先生甚至乞丐，前往苏区，利用各种关系刺探情报，收买人员，极力要搞清楚共产党召开大会的时间与地点。

中央政治保卫处针对苏区游民忽然增多的情况，命令各地加强盘查，对没有苏维埃政府发放合格路条的人，一律集中审查，逮捕了一批国民党特务。对可疑分子一律扣押到大会结束后再处理。苏区各级组织也全面加强了反谍报工作。

11月7日，“第一次全国苏维埃工农兵代表大会”在江西瑞金苏区中央局驻地叶坪顺利召开。十几分钟后，一批国民党军飞机掠过叶坪上空向闽西飞去，长汀假会场随即遭到了狂轰滥炸，会场被夷为平地。

这一回合的国共斗争以国民党特务的全面失败而告结束。[4]

江西前线的国共情报战

1933年9月末，蒋介石开始部署对中央苏区的第五次大规模的军事“围剿”。蒋介石吸取历次军事“围剿”失败的经验，决心采取“竭泽而渔”的方针，动用了六十六个师又二十八个旅约六十万兵力和大量飞机围剿苏区，在战术上改变了过去惯用的轻进、长追、合击等战术，通过“堡垒推进”战术来逐步蚕食中央苏区，并消耗红军的有生力量和物质储备，达到最后与中央红军主力决战一举全歼的目的。次年9月，蒋介石在庐山召开军事会议，研究制定了对中央苏区实行“铁桶式”的围剿方案，名曰“铁桶计划”。

然而这样一个“绝密”计划，在会议结束的当天晚上，全套文件就被送到了共产党人手中，很快转给了周恩来，十万红军由此进行大转移，及时脱离了险境。在这其中，中共的情报人员功不可没，而国民党特务机构的防范保密工作遭到了彻底的失败。

在德国军事顾问的参谋下，蒋介石命令“围剿”部队分成北南东西路，在以江西瑞金为中心的中央苏区周围，建筑碉堡构成封锁线，步步蚕食进逼。

为了配合中央苏区粉碎敌人的“围剿”，在上海的中共特科负责人王世英着重进行了对包围江西中央苏区的国民党军队的情报搜集工作。他布置张庆炎在法租界八仙桥租了一间房子，建立了一个秘密通信联络点，专门接收从各地转来的军事情报。张庆炎每两天去马霍路中德医院传达室，找到化名“王世杰”的小王，取回寄给“王世杰”的信，然后把收到的情报内容抄下来整理好，销毁原件，用药水复写五份交给王世英。为避免各地来的信件同样寄给一人而引起怀疑，张庆炎又利用他在公共租界巡捕房的好朋友和新发展的党员作为收信人。于是，他们又在老闸、四马路、虹口、提篮桥等捕房建立了通信处。为了慎重起见，王世英还同意张庆炎在苏州河边乌镇路派出所、他的拜把子二哥李风林处建立了一个通信处，用于最机密通信。

这一时期，王世英提供给江西中央苏区的情报内容，主要是国民党军队的进攻计划、进攻路线、兵力分布、部队番号、指挥官姓名、武器装备、战斗力、口令、灯号、电台呼号、波长密码等。

在加紧搜集敌人情报的同时，王世英还和国民党的一些高级将领和政府要员建立了联系。

当时，驻扎在武汉的一位国民党高级将领有意和共产党联系。王世英得到这个消息后，立即派夫人李果毅只身去武汉联络。建立联系后，改由打入国民党武汉行营当科长的谢甫生同志负责经常联系。王世英还派张庆炎每星期一去法租界一位南京政府高级要员的家去取情报。

在这场国共大战中，直接获取国民党围剿红军“绝密”文件并送给红军的是时任国民党赣北第四行政区专员兼保安司令的莫雄与中共地下党员项与年。

莫雄，广东英德人，早年毕业于广东陆军讲武堂，追随孙中山革命，是同盟会的中坚干部。北伐战争结束后，已经升为师长的莫雄被蒋介石视为异已而遭冷落。中共特科因此将他列为重点争取对象，常与他秘密接触，使他深受感动，他也多次提出要求加入共产党。周恩来、李立三得知他的要求后，曾指示李克农前去做工作，劝他暂不要加入中国共产党，这样将对革命事业更加有利，他觉得李克农说得有理，也就欣然接受了。

这年1月，莫雄由南昌行营秘书长杨永泰推荐上任赣北第四行政区专员兼保安司令。他立即想到，这是一个让中共派人打进蒋营的良机，随即赴上海和中共组织取得联系，当时周恩来直接领导的中央特科决定，派项与年等十几名地下人员随莫雄去江西。去江西的人由莫雄安排在行署或保安司令部任职，还有几个通过杨永泰安插到南昌行营担任文职人员。

为保证“铁桶计划”的实现，蒋介石亲自部署指挥。在包围圈形成之前，他以十二个师的兵力在苏区四周和红军纠缠，借以迷惑红军。待整个包围圈形成后，他将十二个师撤出，然后断绝交通，封锁红军所有的供给物资渠道和消息来源，欲以围困来削弱红军的力量，而后聚歼之。庐山剿共会议结束时，蒋介石向到会的二百多名高级军政官员吹嘘说：“剿共大业，毕其功于此役！”

莫雄也上庐山参加了此次会议。会议一结束，他就将会议两斤多重的“绝密”文件带下了山，回到了他的司令部。经过反复思考，他决定冒杀身之险，把“铁桶计划”交给时任保安司令部谍报科参谋的中共地下党人项与年。

当晚，项与年挑灯夜战，用从上海带来的特种药水，将各份情报上的要点，敌军兵力的配备，各部队的推进计划，火力网点设置，后勤机构设置等，密写在新买的四本学生字典上，重要的军事标图则描写到薄纱纸上。他一直忙到天亮，才将“铁桶计划”的全套“绝密”写完。

为了不误时机，他们决定直接把情报送到江西瑞金中共中央负责人手中。

项与年选择了一条由德安抵达瑞金的最佳路线，披星戴月，日夜兼程。进入重峦叠嶂的老盘营“赤区”后，他见通往兴国的每条大道小路，都有敌军把守，每一个村庄都驻有敌兵，盘查非常严格，一般青壮年根本无法通过。他决定自残化装，抓起一石块一连敲下了自己四颗门牙，顿时鲜血直流，痛翻在地。瞬间，两腮肿胀起来，面部变形，变得红肿突起，可怕吓人。次日，他下山了，身上的衣服破破烂烂，头发也杂乱不堪，完全像一个蓬头垢面、令人讨厌的乞丐。他将那四本字典的封皮扯掉，藏在肮脏的讨饭的袋里，赤着一双脚，无精打采地朝前走去。他就这样混过了沿途敌军的层层哨卡。经过七天的长途跋涉，10 月 7 日下午抵达瑞金。在沙洲坝，他找到了临时中央机关，见到了周恩来副主席。周恩来听了项与年的报告，望着他那消瘦变形的面容，深受感动，吩咐一定要好好关照这位功臣；同时马上批示红军总部参谋部作战处组织人连夜复原字典上的图表和文字。

当时红军的高层领导博古、李德、周恩来“三人团”传阅“铁桶计划”后，大为震惊，他们意识到中央红军将面临重大威胁，如不断然采取应对措施，再有十天半月就会被敌人完全包围，于是当即决定以中央军委名义发布主力红军进行战略转移的行动命令。此时，距蒋介石制订“铁桶计划”还不到半个月。中央苏区的红军突然实行战略大转移，紧急集结在于都境内的红军主力有八万六千人之多，从10月16日至18日，分别在四处渡口渡过于都河，踏上了突围西去之路。

中央红军主力突围后第十天，即10月26日，按照“铁桶计划”渐渐向苏区腹地推进的国民党军队完全占据了宁都、长汀、会昌等地。七天后敌军前锋推到瑞金城外时，才发现红军主力已转移。当时正在北京协和医院住院的蒋介石得知消息，气得暴跳如雷，大骂一定是有人走漏了风声。他随即出院乘飞机赶至南昌，召集紧急会议，部署如何急调南北大军，对突围而去的中央红军进行围追堵截。

蒋介石精心铸造的“铁桶计划”至此破产。由于莫雄、项与年及时送达的“绝密”情报，使红军及时脱离了被围歼的险境，开始了艰苦卓绝的二万五千里长征，最后胜利地到达陕北根据地。[5]

中央特科及其在国民党中的内线为挽救中国革命又立下了重要的功勋。国民党在“剿共”内战中的情报工作最终以完全失败而告终。

与此同时，在上海的王世英还介绍一些著名人士恢复了党的组织关系，著名爱国将领吉鸿昌就是其中之一。1934年春，王世英介绍西北军吉鸿昌恢复了党的关系，并代表上海中央局给吉鸿昌布置了任务，派他返回天津，组织反帝同盟。后来，吉鸿昌参加了冯玉祥将军组织的察北抗日同盟军，成为其主要将领，猛烈地打击了日本及其伪蒙军，但他最后却被国民党军统特务暗杀。

应付“闽变”为蒋立功

上海《淞沪停战协定》签订后，蒋介石以为外患稍平可以继续“安内”了，于是在1932年3月令调在上海抗战的十九路军入闽，由总指挥蒋光鼐任福建省主席，准备投入“剿共”作战。但十九路军官兵经过抗战的洗礼，决计不再枪口对内，他们在老长官时任参谋总长的李济深以及广东省主席陈铭枢的共谋策划下，于次年11月间联闽发动了反蒋战争，组织“生产人民党”，召开了“中国人民临时代表大会”，成立了“中华共和国人民革命政府”，公开与蒋分庭抗礼，并派人与中共方面联络和吁请苏俄支援，是为“福建事变”。

早在这年10月间，戴笠的在闽组织及上海电台就已侦察到李济深的代表携他及陈铭枢、蒋光鼐、蔡廷锴四人函抵达中共苏区，与中共方面订立了《抗日停战协定》，并急电苏俄运输大批枪弹到厦门以补充红军。11月，福建方面通电与红军“联合抗日”并成立政府。戴笠除报告蒋介石并预先派遣潜回工作的闽籍特务张超、何震等人外，又增派军统女干将姜毅英潜入厦门鼓浪屿建立电台，自己则赴厦门转漳州，策动闽方六十一师师长毛维寿和六十师师长沈光汉暗中投蒋。戴笠的特务周昭琼则奉命做其父、粤军宿将周南煌的工作，进行分化瓦解。

南京政府面对闽变，一方面警告十九路军于一周内解散“政府”、“归队”，另一方面派出三路大军入闽，隔断其与红军的联络。1934年1月，蒋介石亲飞福建延平指挥作战，从海上进攻厦门、福州，毛、沈两部起兵接应。由于当时中共红军在“左”倾路线控制下排斥了毛泽东的领导，认为闽方“中间路线”比蒋介石还要危险，对福建的支援不力，造成他们孤军作战，不久便告失败，陈铭枢逃往香港，事变平息。其后沈、毛及后来投蒋的谭启秀部被改编为第七路军剿共去了。

在平定福建事变的过程中，戴笠的特务组织为蒋介石立下了新功。除了上述的侦探、策反外，其汉口站还破获了“生产人民党”黄天煜、郑藏等人以“武汉农业学会”为掩护，在武汉组织的“武汉行动委员会”、“第三党民主革命同盟”、“第三党武汉支部”的组织活动。戴笠因此而增加了吹牛的资本。[6]

策动空军叛逃，平定“两广事变”

1932年后，两广军阀一直依仗“党国元老”胡汉民的声望与支持和南京政府抗衡。1936年5月，胡汉民病逝，蒋介石趁机分化瓦解两广，取消西南政务委员会，引起激烈反抗。广东陈济棠与广西李宗仁以“抗日救国”为旗号，起兵反蒋，成立军事委员会和“抗日救国联军”，向湖南进兵，发动“两广事变”。戴笠的“特务处”再次投入对两广的作战。

对两广方面的所谓“异动”，戴笠早闻密报。1935 年 6 月，他的部下侦知陈济棠将由青岛调防南海之海军“海琛”、“海圻”、“肇和”三艘军舰扣留，编入广东海军司令部，并更换舰长，减发薪饷，引起士兵愤怒。当时戴笠曾令所属原海军军官的陈涤利用与“海琛”副舰长陈彩文及“海圻”舰长唐静海之旧谊，策动三舰返归中央。6 月 15 日，他们行动时被陈济棠发现，陈济棠立即出动军队从海空两面包围黄埔江面，准备解决之。幸而当时风雨大作，飞机停飞，“海琛”、“海圻”两舰冲出包围，“肇和”舰则因故障未驶出。戴笠向蒋介石报功，蒋介石派海军司令陈策带五万元赴香港慰问。7 月 12 日，两舰北上归入南京海军。

“两广事变”发生后，山东军阀韩复榘联合河北宋哲元于6月21日通电和平，反对中央用兵，云南龙云下令封存在昆明的中行钞票，从经济上支持两广，四川省主席刘湘亦起而响应，形势对蒋介石不利。当时两广共有四十万兵力，海陆空三军兵种齐全，特别是陈济棠为谋反蒋，多年来集中财力向国外购机百架，组成庞大的广东空军，加上广西空军，可以与南京一决雌雄，蒋介石为此日夜不安。

戴笠对蒋介石提出自己的分析意见，主张仍然使用旧伎俩，以暗中策动两广军队造反来化解危机，以收兵不血刃之效。蒋介石即命戴笠率同郑介民、邢森洲等人赴港执行此项使命。为重点对付广东空军，戴笠先后派吴乃宪、梁干乔、邢森洲、龚少侠等干员在香港、广东侦察并策反，实行分化收买瓦解。先以十二万港币买通广东空军飞行员黄志刚，以每架两万元买通七架哥的士霍德驱逐机及三架轰炸机并二十七名飞行员叛逃南京。后来，更派出女特务黄佩贞，以色相勾引上广东空军司令黄光锐，花了四十万港币，换取黄光锐率领全部粤方空军及空地勤人员，在陈济棠就任“抗日救国联军”总司令第三天的7月4日叛陈投蒋，广西空军也同时叛逃，给两广沉重的一击。戴笠为收买两广空军而花的钱，已超过了所得全部飞机的价值，并许诺给队长以上的来降军官配发洋房汽车，蒋介石不惜血本的“银弹战术”取得了政治上的超值实效。

当时广东海军还拥有新购自意大利的鱼雷舰四艘，极有威力。郑介民派袁日华、李英杰二人运用关系，由该舰队长的亲戚从香港到广州游说，最后在7月12日，由鱼雷舰舰长邝文光、邓萃功率一、四两舰投蒋。

在陆军方面，广东第一军长余汉谋对陈济棠早有离心，经策反通电拥护南京中央，广东东区绥靖公署主任李汉魂、驻广东门户韶关一带第四师巫剑雄、第六师黄质文二部，亦被郑介民运用张尹嵩和巫剑雄等的旧关系而出面说服，于7月16日从韶关撤退。总计广东陆军有四十余名将校军官率部离陈投蒋。

陈济棠众叛亲离，大势已去，不得不自认失败，在7月18日黯然出走香港。

戴笠侦知广西李宗仁于7月19日在南宁召开团长以上军官会，决心抵抗到底，以桂柳为死守区。但蒋介石对桂不主张用兵，而是亲往广州，派要员赴广西请李宗仁来广，蒋介石主动先去拜见，并公布二人合影，营造修好气氛。在软攻之下，李宗仁只能顺坡下驴，和南京言归于好。[7]

在事变期间，广西当局曾派南宁军校上校教官段方溪前往湖南，找湘省参议员黄任平、熊国璋，绥靖公署参议何柱帆、李君尧、蔡支华等人，组织“湖南民众抗日救国会”，企图策动湘军响应两广反蒋。戴笠派陈祖康深入调查，破获之。另外，他们还抓获了据称是两广方面派赴宁波鼓动其防守司令起事的陈六安、去上海等地策划学潮的李血泪、哈瓦斯通讯社为两广作宣传的李巧妹等人。[8]

“两广事变”和平解决，戴笠的特务从中又为蒋介石立下汗马功劳。

除了两广的特工战，此时戴笠的特务组织还宣称在北方破坏了中共陕西省委，逮捕了书记姚权、西安“抗救会”负责人陈克敏、“左倾”刊物《生死线》负责人王洪德等二十余人；在湖北抓获了鼓动农运学潮的彭石桥、张荣善；在上海抓了“行动委”骨干杨向；在四川逮捕了中共省委书记周从民、委员李哲生等人。

8月间，蒋介石在广州接见郑介民等人，大加勉励。回宁之后，戴笠举行了大型庆功宴会，并向郑介民等人颁发了蒋介石下发的巨额奖金。[9]

据称，从此以后，戴笠的特务处获得了从中央银行无限制支领行动经费的特权。蒋介石对其宠信由此可见。

刺杀王亚樵

王亚樵，民国历史上的江湖大侠，早年当过同盟会员，他曾是蒋介石的把兄弟，还是戴笠的启蒙老师，与戴有着师生的名分。因为“道不同，不与为谋”而与蒋、戴分手，又因他对这二人1927年以后的所作所为感到厌恶，遂形同仇敌。

王亚樵是个爱打抱不平的汉子，他有能量，有胆识，自己又有帮会组织，藏在暗处,行动莫测,而又喜欢公开与当权者“叫板”,既不怕恐吓又不吃收买，一时竟成为拥有数十万军队和多个特务组织的蒋介石之心腹大患。

王亚樵十几年来主要活动于安徽、上海一带，在社会上颇有影响，蒋介石原计划笼络他，曾内定王为“津浦铁路护路司令”，但王亚樵目睹1927年“四一二”政变之中，蒋介石对中国共产党人和上海工人进行大屠杀，其中也杀害了许多与王亚樵同籍的安徽旅沪工会会员。王亚樵心中非常愤怒，便与蒋介石闹翻。蒋介石和戴笠起初一是碍于“兄弟之情”、“师生之恩”，二是不愿得罪这一群“要钱不要命，专干绑票、暗杀的亡命之徒”，几次想与王亚樵修好，但王以要蒋介石改变政治观点为讲和条件，蒋自然不能接受，于是双方关系变得更紧张了。

1927年4月18日，王亚樵在南京政府的“奠都典礼”上，不顾朋友劝告，大胆发表了反对蒋介石背叛革命的演说，冒言直谏南京政府要以国家民族利益为重，不忘总理遗愿，停止屠杀中共，而将北伐进行到底。蒋介石得知这一消息，异常生气，密令南京警察厅长温剑刚逮捕王亚樵。因王十分机警有所准备，温剑刚的侦缉队反被王亚樵手下的人缴械，王从容而去。从此，王亚樵与蒋介石决裂，势不两立，成为蒋的心腹大患。

王亚樵回到上海，积极活动，结交各反蒋势力，不论何派何系，只要反蒋就与之合作。1929年，方振武、石友三等三路军准备讨蒋，事情败露，方振武在南京被蒋介石扣押。王亚樵即从上海赴皖，联络方振武旧部鲍刚、余亚农等发动兵变；又与常恒芳等人在上海密谋，决定到南京解救方振武，谋杀蒋介石。这次密会是在王乐平家开的，赵铁桥是老同盟会员，经常恒芳介绍参加了会议。但不久，安徽兵变失败，营救方振武也未成功。赵铁桥本来是因不被重用、官场失意而加入反蒋行列的，此时见大势已去，便向蒋介石告密，并自告奋勇充当内线在上海寻捕王亚樵等人。王亚樵、常恒芳隐蔽及时，安然无恙，而王乐平却被蒋特于1930年2月杀害于家中。

1930年前后，蒋介石为集中兵力“剿共”和对付西南反蒋派，需大量军费，因此，欲在全国试行“米照捐”。王亚樵令其弟王述樵联络部分上海大学生，组织“安徽旅沪学会”，出面召开反“米照捐”大会，并邀请杨烈武、许世英等人参加，推五路代表，分赴南京、庐山、安庆等地请愿。还组织米商罢市，米船停运，一时粮价高涨，民怨沸腾。蒋介石无奈，被迫撤销“米照捐”。蒋介石后来获悉这是王亚樵一手策动的，遂命令查封“安徽旅沪学会”，密令戴笠监视王亚樵。王也有所察觉，去函戴笠说：“我对你没有话讲，委员长礼贤下士，你就和颜悦色；委员长疾言厉色，你就嫉恶如仇……”两人从此断绝师生情谊，成为死对头。

1930年年底，中原大战结束后，蒋介石战胜各派新军阀，踌躇满志。但他又遇到了国民党元老胡汉民的挑战。为应对胡，他先让吴稚晖出面，劝其“休养”，遭到痛斥，吴惶惶而归。戴季陶又献上一计。于是，1931年2月28日夜，蒋以宴请议事为名，将胡骗到国民党总部，并递过去一封控告胡汉民的信，欲要挟之。胡当面驳斥了蒋的无端指责，蒋无言以对，拂袖而去。随后胡汉民被大兵押送到汤山俱乐部监禁起来。蒋的卑鄙行径，引起舆论界的公愤，胡的亲信以广州为大本营，掀起了又一次的反蒋浪潮。蒋无法下台，只好将其释放。胡抵达广州后，复仇之心甚切。胡汉民和王亚樵曾共事于孙中山手下，胡听说王在上海有一股势力，便亲去见王，誉王为"江淮大侠"，王亦感恩知己，愿为胡汉民效力，设法谋刺蒋介石。

王亚樵承诺胡汉民之后，先后在南京、庐山、上海等地设立暗杀小组，寻机行动。1931 年 6 月，南京天气炎热，为指挥"剿共"内战，蒋介石去庐山办公。王亚樵得到消息，即派出华克之、刘刚、陈成等人化装成游客尾随上山，准备刺蒋。因行动不慎，被蒋随从察觉，最后失败，陈成牺牲，其余人逃回上海。蒋在庐山遇刺，惊恐万状，即令戴笠从速破案。戴笠怀疑此案为王亚樵所为，但没有证据，只好警告王亚樵："尽管你我有师生之情，但我现在已是领袖的卫士，并有了政治信仰，你如有谋害我领袖意，我必杀你。"同时命令在上海的特务注意王亚樵的行动，伺机动手。

王亚樵刺蒋未成，深感对不起广东方面，他令住南京小组积极活动，准备刺杀蒋的大舅爷宋子文。1931年7月23日，小组侦悉宋子文当晚赴沪与财团商洽借款事宜，即电告王亚樵。王亚樵接电后连夜部署，演出了在上海火车站误杀宋氏秘书的一幕。当时因宋的秘书与宋的服装礼帽颜色款式相同，袭击者因此打错了目标。刺宋案发生后，蒋介石大为震怒，令戴笠不惜一切代价侦破，戴笠虽对王亚樵尤加注意，却难获到实据。

"九一八"日本侵占东北后，又在上海挑起事端，蒋介石政府不想抵抗，却一味依赖列强来"主持公道"。国际联盟派英国人李顿率国际调查团来中国调查。李顿到中国后，发表谈话，偏袒日本，引起国内各阶层的强烈不满，王亚樵力主"世界上有强权无公理，只有诉诸武力，锄杀李顿"。他积极部署暗杀事宜，命令龚春蒲主持。1932年11月10日，龚等人在上海华懋饭店准备暗杀李顿，被巡捕抓获。在狱中，他们经不住酷刑，将车站刺宋、庐山刺蒋的情况全部招供。

蒋介石和戴笠闻讯后，悬赏重金缉拿王亚樵。但蒋特几次行动，均扑空。戴笠抓不到王亚樵，就逮捕了他的弟弟王述樵。当时任全国律师公会会长的沈钧儒先生是王述樵的老师。沈先生在报上发表声明，抗议逮捕王述樵，指出："兄有罪不应罪及其弟。"戴笠在全国舆论面前，自觉理亏，不好收场，又企图通过王述樵收买王亚樵，但遭到王述樵拒绝。王亚樵闻讯，反蒋立场更为坚定。

1933 年秋，国内局势紧张，王亚樵再次离沪去香港。临行前，他致书戴笠，指出："亚樵与当局无归顺与否之存在，愿诸君代达，如执政当局苟能改变国策，从而停内战，释私怨，精诚团结，共赴国难，亚樵当只身抵阙，负荆谢罪。亚樵何去何从在于当局，否则誓与周旋到底。"

王亚樵抵达香港后，与李济深、陈铭枢等各方反蒋人士合作，继续从事反蒋活动。

1935年11月1日，王亚樵主持进行了轰动民国的刺杀汪精卫案。

为了策划在国民党中央四届六中全会上刺杀蒋介石，王亚樵等人先在南京组织了"晨光通讯社"，趁国民党召开全国代表大会之机，派孙凤鸣以记者身份混入会场，把手枪放在照相机内混过了检查。但照相时蒋介石恰巧没有参加，孙凤鸣当即决定刺杀国民党第二号人物汪精卫。因为孙放在照相机内的是一支三号小左轮枪，洞穿力不大，所以只把汪精卫击伤而未毙命。刺客当场被张学良、张继等人抱住摔倒在地，并被汪精卫和蒋介石的卫士开枪打成重伤。汪精卫的妻子陈璧君抓住蒋介石吵闹，她认为一定是蒋介石派人刺汪，所以自己不愿出来照相。蒋介石蒙受冤枉之后，便将戴笠大加训斥，限期要他破案以洗清自己。

戴笠连夜进行排查，他给垂死的孙凤鸣连续注射强心剂亲自审问，孙拒绝回答而亡。戴又通过孙凤鸣领取大会记者入场证的线索，将当时在中央军校工作的一个司书逮捕。戴亲自刑讯后，又在上海四川路新亚酒店将孙凤鸣的妻子崔正瑶捕获。他对这个女子用尽各种酷刑，甚至叫人用藤条抽打阴户，用小针刺乳头等办法逼供，这是戴笠亲自指挥对女犯进行性虐待的有案可寻的例证。崔正瑶受刑后招供与否，说法不一，但特务们随即又在香港将有关人员余立奎、胡大海等人捕获，引渡到南京归案。因这个案子内有一个是改组派的人，陈璧君和汪精卫这才相信不是蒋介石派人干的。

戴笠深知王亚樵是蒋介石的大敌，不杀了王，蒋不会饶他，于是他在全国各地撒下网络，捕捉王亚樵。戴笠亲赴香港，并和英警联系，又派大批特务渗透到香港各个角落。这时，军统里有个叫陈质平的特务向戴笠献计：派人打入王的帮会组织，并毛遂自荐，愿意一试。陈质平费尽心机，投其所好，后来王亚樵对陈质平的过分表演产生了怀疑，他深知香港不可久留。1936年2月，即偕眷属及郑抑真等人秘密潜离香港，来到广西梧州，改名匡云书，在西江岸李圩子的一幢房子居住，其他人也分住梧州市。梧州是李济深的祖籍，他也闲居在此。李济深同主政广西的李宗仁、白崇禧打了招呼，要他们对王亚樵加以保护，并由广西省府每月拨款五百元生活费资助王。王亚樵怎肯悠闲度日，曾三次赴南宁，面见李、白二人，建议兴兵讨蒋，但遭拒绝。

当戴笠得王亚樵已离开香港的消息后，气得痛骂陈质平。陈质平不甘心，继续潜伏寻找线索，终于发现王亚樵的门徒余立奎的小老婆余婉君也住在香港，她经常由香港到梧州去看王亚樵，并给他带些物品，王给她生活费。陈质平探知后，花言巧语，将她拉拢过去，得知王亚樵的踪迹，并说如捉到王，可得一大笔钱，这样余答应为内线。陈质平即刻回到南京，给正在两广前线平息叛乱的戴笠发报，报告这一消息。戴笠马不停蹄地赶回南京，亲自指挥这场蓄谋已久的暗杀。当晚便派出了军统暗杀高手王鲁翘偕同助手和陈质平一起乘专机飞梧州。根据戴笠制订的方案，他们白天潜入余婉君的住宅，由余邀王亚樵前来。因为余婉君平日与王亚樵有私情关系，余约王，王必来。次日晚，余婉君电话邀王到自己的住处，说有要事相告。王亚樵毫无戒备，刚一踏进房门，埋伏在里面的几个特务一拥而上，用乱刀将王刺死，又将王的脸皮用刀划开撕去。一代反蒋英雄，至此命丧黄泉。

陈质平因此立功，得到戴笠的赏识，抗战后被派往军统插足的“西南运输公司”给其总经理宋子良当警卫处长，因给上司“摆平”桃色纠纷有功，胜利后宋子文任行政院长时，派他为中国驻菲律宾首任特命全权大使，开创了特务转任驻外大使的外交记录。[10]

王亚樵死后，戴笠为了掩饰他与王的恩仇过结，做过这样的解释：

“从前有一个王亚樵，专门干杀人的勾当。只要谁能拿钱给他，他就可以替谁杀人。民国十九年[11]谋杀宋子文部长的案件，就是他干的。后来因为他要杀我们的，结果错杀了汪精卫（未遂）。这个人我早年曾经与他拜过把兄弟，有一个时期，我想把他拉进来，但领袖指示说：‘这个人招摇，不能用。’结果就没有用他。什么是招摇？凡是好名，好胜，不实在，不守本分，外表弄得很大，内容却很空虚，侈言标榜，而事实上没有做到，这些都是招摇。假特务工作之名，而以特务工作来掩饰一切，也是招摇。或者说没有恻隐之心（仁爱），没有丑恶之心（自爱），没有是非之心等等。非常时期之工作，切不可用流氓，就是因为流氓行为招摇，不切实际，用之未有不败也。”

“我们决定不用王亚樵，有一次他写了一封信给我，说：‘我对你没有话讲，委员长礼贤下士，你就和颜悦色；委员长疾言厉色，你就嫉恶如仇。’不错，我是忠于委员长，忠于我们的领袖……同志们，王亚樵一个这样的人，他对我的认识如此，我自始至终就对他说：‘不管我们过去私人的关系怎样，如果你有危害领袖的举动，我就要杀你。’我们的一切，完全听命于领袖，这里也可仰见领袖对我们的期望。古人说：‘持其志勿暴其气。’就是这样。后来，王亚樵被我们杀于广西梧州，我这个人做事，就是如此。”[12]

这是他对残忍杀害王亚樵的解释。

捕杀抗日英雄吉鸿昌

戴笠特务组织的性质，决定了他们完全是为蒋介石的政治利益服务的。在刺杀汉奸头面人物的同时，他们也在华北干过违背民族大义的事情。杀害抗日英雄吉鸿昌便是典型例证。

吉鸿昌，1895年生，河南扶沟人。十八岁时投入冯玉祥部当兵。1926年升任国民军第十九师师长，1927年跟随冯参加北伐，后又参加过中原大战，1930年10月出任第二十二路军总指挥，1931年因拒绝执行赴皖“剿共”作战令而被迫流亡国外。1932年“一·二八”事变爆发后，他秘密回国，加入了中国共产党。1933年5月，他与冯玉祥、方振武等人在察哈尔建立了民众抗日同盟军，任前敌总指挥。7月打败日伪军率部收复多伦，名扬全国，同时引起南京政府的忌恨。8月，冯玉祥被迫离开后，由他继任同盟军总司令职务。在日蒋的联合夹击下，抗日同盟军失败，吉鸿昌遭到蒋介石的通缉，潜往平津一带，欲联络任应岐部等地方军队与民间武装东山再起。1934年他参加组织中国人民反法西斯大同盟，任中央委员会主任委员，出版《民族战旗》报，继续宣传抗日。因此被蒋介石视为眼中钉，必欲去之而后快。

1934年，蒋介石一方面责成国民政府发出通缉吉鸿昌的紧急命令；一方面通过戴笠，指派北平站长陈恭澍负责杀害吉鸿昌。

陈恭澍为完成任务，与情报组组长吕一民磋商，找到其侄子吕问友与行动员王文作为助手，以英租界马克斯道（保定道松寿里）一所楼房为据点，开展行动。陈恭澍负责指挥，由吕一民、王文、吕问友、杨华庭执行侦察和刺杀。经过侦探，他们发现了吉鸿昌在天津的落脚点在法租界的中心花园侧面国民饭店红楼45号房间（现和平区花园路4号）。

11月9日，吉鸿昌正在住处与任应岐、刘少南及李干三一边打牌一边谈工作。陈恭澍获悉后，亲自出马来到国民饭店后门，躲在汽车里指挥。首先由王文、二吕及杨华庭在45号对面也开了一个房间。然后，为弄清第一射击目标吉鸿昌的位置，由杨弄来一个小皮球，在二楼楼道里佯做拍球游戏，当饭店茶役走进45号房送水时，他见缝插针，将球扔了进去，借找球为名，闯进室内，看见吉的座位靠近暖气，因屋内较热，他脱去外衣，只穿了一件白褂。

侦察了吉鸿昌等人的位置后，陈恭澍命二吕执行刺杀任务，王、杨把门接应，并下令：“只许成功，不许失败，绝不能让吉鸿昌跑了！”

不一会儿，屋里的牌正好打满四圈，搬庄换门。刘少南换到了吉鸿昌的位置，他也脱掉了棉衣，只穿一件小白褂。突然，房门大开，二吕冲进屋内，对准杨华庭报告的位置开枪便射，刘少南中弹当即死亡。跳弹伤及吉鸿昌的右肩，特务正欲再次开枪，吉急扑上去踢掉其手枪，二吕见势不妙，冲出门外，与李、杨一起通过西餐部大门仓皇逃走。

法租界工部局的巡捕因得到特务的事先联络，早在楼下等候，闻听枪声，冲上楼去抓人，他们将吉鸿昌送进医院稍加治疗，后连同任应岐、李干三一同拘押。

11月13日，南京政府大员孔祥熙、宋美龄由绥远经北平至津，就引渡吉鸿昌一事与法租界当局交涉，除施加压力外，还以行贿手段买通了法工部局。14日，吉、任一行被引渡至天津公安局，后又被押往国民党第五十一军军法处受审，并关押于曹家花园陆军监狱。

此后，国民党军委会北平分会主任何应钦奉蒋介石之命，于22日将吉鸿昌、任应岐及吉的连襟林少文等三人，由武装军警押往北平。在北平，由何应钦主持了军法会审，企图从吉鸿昌口中获得中共北方党地下活动的情报。他们对吉鸿昌施用了酷刑拷问，但吉鸿昌毫不屈服。

1934年12月24日，何应钦接到了蒋介石的“就地枪决”加急密电。何立即在吉、任卷宗上用朱笔批了“立枪决”三字，又批“由林少文陪绑”，交部下执行。

当日，吉鸿昌神情镇定地听完军法官的宣判，他从容写罢给中共党组织和家属亲友的遗书，披上斗篷，昂首步入刑场。他从地下拾起一根木棍，在刑场地上慨然写下了“恨不抗日死，留作今日羞。国破尚如此，我何惜此头！”的不朽诗句。在刽子手枪杀了任应岐后，吉鸿昌熟视良久，然后对监刑者说：“给我搬过椅子来，我为抗日而死，我死得光明正大，不能倒在地上。”监刑者搬来椅子。吉鸿昌又说：“要在我前面开枪，我要亲眼看着你们的子弹打在我的身上！”而后高呼“打倒日本帝国主义！打倒卖国贼蒋介石、何应钦！”光荣就义，时年三十九岁。[13]

捕杀吉鸿昌是戴笠特务组织犯下的一大罪恶，这与他们制裁张敬尧是性质完全相反的两种行为。而在戴笠等特务看来则是执行蒋介石命令，维护其统治的必然，他们认为这一切都是他们的工作。

第三节　“攘 外”

运用特务手段应付日本挑衅

随着日本侵华步伐加急，他们在中国各地制造了各种事端，向中方挑衅。蒋介石为对付日本的发难，运用了包括特务手段在内的各种方法，试图化解矛盾，拖延下去。戴笠及其组织也不得不为此而疲于奔命。

1934年6月8日，日本驻南京领事馆副领事藏本英明外出失踪，引发了中日关系的又一场危机。

6月9日早晨，日本驻南京领事馆总领事须磨弥吉郎打电话给国民政府，要求帮助寻找藏本英明。下午，日本领事馆正式向中方交涉，说藏本失踪是中方所为，要求两天内交人，否则动用武力。11日到12日，日本海军“苇”号及“对马”号军舰开抵南京江面，意在恐吓。当时，蒋介石正在江西指挥“剿共”战事，南京守军仅三四千人，根本无法应付日本的挑衅。行政院长兼外交部长汪精卫失魂落魄，下令动用一切力量，在南京全城进行了大规模的“拉网”式搜查。

6月10日起，日本国内舆论如大阪《每日新闻》等报刊，连篇累牍地发表文章，说中国宪兵警察如何对日本人不友好，暗示藏本失踪与中国军方有关，明确要求日本政府对中方的“太无诚意”兴师问罪。

蒋介石闻讯着急，唯恐小事闹大，影响到他的反共战争，急电召戴笠去南昌，要他迅速查清藏本下落，活要见人，死要见尸；再者搞清日本人的意图何在。

戴笠的“特务处”会同军警查寻，自南京直查到苏州、芜湖，并公开悬赏一万元找人，五千元找情报。他们分析6月8日至9日一天内，藏本不会走太远，于是派首都警察厅侦缉队长方超在紫金山一带重点搜查，结果在13日将下山寻食的藏本寻获。询问之下，他自认为仕途失意想自杀，又缺乏勇气而折返。在紫金山脚下向一对中国老夫妻购买食品，被人发现。汪精卫等如获至宝，严加保护，将藏本由外交部交还日方。南京政府大员还纷纷前往慰问，表现出对日本挑衅的低调妥协。[14]

后来戴笠的特务了解到：这次“藏本失踪”事件是日本特务机关的一次阴谋，目的是通过制造外交纠纷，借机派海军陆战队闯入国民政府交通部，抢走当年沙俄与清政府签订的有关中东铁路的协定档案，以便日本甩开中国与苏联单独交涉中东路权问题，为其霸占中东铁路创造有利条件。这是日本制造“藏本事件”的原因。但藏本的被寻获，使日特的计划一时没有得逞。8个月后，日本武力控制了中东铁路。[15]

经济方面，日本以大连、北戴河为基点，策动浪人大肆对华走私，阻碍我关税人员工作。1935年9月又对南京政府提出“华北经济提携”方案，使蒋介石拒迎两难。戴笠下令潜伏在日使馆的特务搜集有关的材料，周仿吾得到了驻北平日海军武官桑原少佐9月14及19日报告“华北经济提携的要旨”及“华北经济提携实情”两份密件全文，使中方充分了解其所谓的经济提携，最终目标在控制经济以达控制政治的目的。南京政府对日提议冷淡拖延，最终不了了之。

在这一时期，日本对华采取了大规模的特务活动。1933年5月《塘沽协定》签订后，日本关东军成立了以号称“中国通”的土肥原贤二为机关长的特务机关，在冀东非军事区及通州、唐山等地部署了大批的特工。他们大肆刺探中国情报，进行分化策反工作，诱使汉奸殷汝耕出面组织“冀东防共自治政府”，又威逼华北“冀察政务委员会委员长”宋哲元与日本合作。戴笠刺探到土肥原贤二与宋哲元等人交涉经过及宋对日方回应态度的情报，使南京中央采取控制预防措施，日本的“华北自治”计划最终不能得逞。

1936年前后，日本特务的活动遍及上海、镇江、济南、厦门及河南等省市，他们以当地的租界为掩护，大肆活动。戴笠奉命“以特制特”，以弥补当局不能公开缉捕之不足，先后上报破获所谓“先锋队”、“自治会华北分会”、“护清铲民会”、“中华民主同盟河南支部”、“华南国”、“暴力团”等组织，但其实际效果无法一一验证。其中可以查明的有这年底发现的郑州通商东巷9号“文化研究社”一案，由三名日本人志贺秀二、山口勇男和田中敏夫买通汉奸谋划组织破坏机关，被特务处郑州站发现，戴笠亲往布置，于次年1月4日晨，将山口勇男逮捕，接着以郑州专员公署出面，搜查了“文化研究社”，按照所获汉奸名单将其一一归案。

粉碎日本“分离内蒙”阴谋

1933年7月，在日本阴谋煽动下，蒙古各王公在百灵庙集会，向南京中央政府要求“自治”。南京政府于1934年1月17日颁布《蒙古自治办法》，决定成立蒙古地方自治政务委员会，任命云王为委员长，沙王、蒙王为副委员长。又设立蒙古地方自治指导长官公署，派何应钦为指导长官，赵戴文为副长官，试图以中央政府控制下的地方自治来化解日方制造的内蒙分裂危机。

日方见难以达成目的，便于1936年5月12日，扶植德穆楚克栋普鲁（德王）组织伪蒙古自治军政府，由德王任总裁兼第二军军长，李守信为第一军军长。该政府内设有日本顾问部，严格控制其政治军事，关东军则对其给予全力的军事“保障”。在政治上，当时德王除紧密投靠日本与联系伪满外，对南京政府则含糊其地位，为彻底独立作准备。

面对蒙古严峻的形势，戴笠奉命开展工作。他通过郑介民、江雄风、高荣等人的关系，找到与德、李二人左右多有交往的张季春，策动他辨清是非，为中央服务。张季春原为张北世家子弟，1928年后担任察省最高学府张家口第一师范校长，与郑介民、江雄风等人比较熟悉，曾掩护张家口站的工作。是年底，张季春应召到南京与戴笠见面，他答应利用其“蒙旗师范班”毕业的学生分布蒙古各处，且有在地方做官的有利条件，多方为戴收集情报，并对李伪军开展策反活动。

1936年春夏，日关东军参谋长东条英机派参谋田中隆吉指挥李伪军公开叛乱，蒋介石根据戴笠的情报调汤恩伯的第十三军北上，加以遏制。这年11月4日至11日，中日两军又在北平分别举行大演习，互相对峙，17日蒋介石赴太原指挥。为配合军事斗争，戴笠派北平王植甫潜入伪“大汉义军”王英部任参谋主任，陕西站的特务苗秀圃、李贺民也进入王部张万庆师一旅任营长及旅副官，他们对伪旅长安华庭、团长王子修进行策反。11月19日，当伪蒙军发动叛乱向绥远进攻后，王英部旅长石玉山及苗、李等所联系安华庭旅长、王子修团长率部反正，配合了绥远驻军傅作义部对伪蒙军的有力反击。24日，我军克复百灵庙，歼灭敌军两千余人，粉碎了日本策划的内蒙古分离阴谋。

“七七”事变爆发后，全面抗战开始。德王又在日本的扶植下成立伪“蒙疆联合自治政府”，张季春仍在其内部活动，后被汉奸向日方告密，于是张化名李化民，躲入北平中央医院，出院后由北平区长调为绥远站长，去归绥工作。归绥方面，原由绥远站长陈绎如在伪警察局局长刘建华掩护下开展工作，但日方久而生疑，令刘限期捉拿陈绎如，特务处令刘、陈撤退而以张代，继续从事联络德王与李守信的工作。后因察哈尔站长杨金声被捕杀，牵连到绥远站，张季春被捕，直至抗战胜利后才恢复自由。抗战结束后，在刘建华联络之下，伪蒙势力被国民党收编，德王被任命为蒙旗先遣军总司令，李守信则担任了反共的“东北民众自卫军”总司令职务，参加了反共内战。

策反伪冀东保安队

戴笠的特务处在“七七”前的局部抗战时期，除了集中力量“安内”外，也曾进行过多次对付日本挑衅与铲除汉奸的行动，其目的是为了贯彻蒋介石的防日方针，把日伪的渗透与破坏限制在一定的范围内，从而避免影响反共大局。当然，单纯地看待他们的这些“攘外”之举，就其性质来说是符合民族利益的，只不过在其实施过程中，抗日锄奸中又往往夹杂着他们镇压政敌的不光彩之举。总的来看，他们是蒋介石统治的忠实维护者，一切行动都是为了维护蒋介石集团的利益。

1935年前后，日本在华北地区策动“自治独立”。11月24日，河北省蓟密区行政督察专员殷汝耕，在日本的唆使下，在通县宣布“独立”，成立了“冀东防共自治政府”，沦为汉奸。南京政府以他公开投日自立政府，急欲惩办之。戴笠奉命几次派人前往刺杀殷汝耕，因其防范甚严而不能得手，于是便开始从其所属的“冀东保安总队”下手策反。当时“保安总队”第一、二两个纵队计有兵力一万五千人，第一纵队长为张庆余，力量较大，第二纵队为张砚田部。

1936年9月，“特务处”河南站副站长尚振声通过“冀东保安总队”督察方诚泽与二张取得联络，得到了他们的反正许诺，戴笠即呈准军委会给予其第三十一军番号，以张庆余为军长兼第一师长，张砚田为第二师长，方诚泽为军参谋长，准备逮捕殷汝耕献给南京政府。因“西安事变”发生而中止。不久后，因方诚泽被日方怀疑撤职，使此计划失败。

接着，戴笠又派王抚洲与二张的前长官陈贯群、吴安之同赴天津与张庆余商谈，二张在吴保证下亲由通州到北平，与北平区长李果谌见面，派其一纵队副总队长沈恩波去南京见戴，表示愿听命发动起义。

但戴笠为执行蒋介石的“应战而不求战”的方针，以为捉殷过早会给日本人造乱的借口，便一直拖延下去。直到“七七”事变爆发后才下令派人携电台去行动，但因交通阻塞已失去联络。7月29日凌晨，二张发动了“通州起义”，逮捕了殷汝耕，并向日本顾问及宪兵队发起了猛烈的攻击，打死二百余名日本人，烧毁了日军兵营，使日本人“鬼哭啾啾，留有余恨”。[16]次日，日本援军到达，对通州展开反攻，保安队撤出城外，与第二十九军会合，余部由万福麟部收编，后南京发表任命张庆余为新兵督练处处长，张砚田为新编第二师师长，二人曾赴沪与戴笠见面。

协助建立空防情报网

随着日本侵华日亟，1935年9月，中央航空学校与戴笠特务处商谈合作事宜，准备利用其所掌握的无线电技术，合作规划建立防空情报电台网，以协助保卫首都与杭州空军基地。戴笠派王允吉、王惠民等人帮办，在杭州梅东高桥成立防空情报训练班，抽调戴部三十人接受航空、气象、防空情报、监视等知识培训，以适应工作需要。11月，中央航校防空总台建立，王允吉任总台长，在杭州湾外花鸟山等地建立了防空监视分台。1936年改组为航空委员会防空总台，设于南京小营，戴笠派陈一白为总台长，杭州改为支台，增设东南沿海及滁、徐、海、温各州分台。

“八一三”淞沪抗日战役开始后，日本空军狂妄蔑视中国，于8月14日派出十八架轰炸机无掩护来袭，殊不知我方已建有防空情报网，当温州及花鸟山分台发现敌机后，急电杭州报告，我空军升空迎击，结果以0：3获胜，取得“八一四”大捷。15日，日机十六架飞南京轰炸，又被我方击落六架，伤一架。其中我方防空网的警报发挥了重要作用。

武汉战役后，我空军已无实力与敌对抗。日机集中轰炸重庆，而我方只能依靠空防预报来挽此劣势，以期减少损失。戴笠派人携带电台潜伏在汉口敌机场附近侦报敌机起飞情况，又派冉一鹤、钟逢甲破译敌机无线电密码，了解敌机动向，提供预报，收到了一定的效果。后来还应英方的请求，派陈一白以军令部第四处工作人员身份赴港，建立第八工作队，专门负责香港附近地区空防体系建设工作，重点监视广州、三灶岛及海南岛的日军飞机动态。1941年12月8日，日军进攻香港，第八队发现广州敌机来袭，通知港府发出警报，英机升空拦击。其后港空警报均归该队负责。香港总督为此曾电蒋介石致谢。[17]

1942年5月，航空委员会防空总台合并戴笠的空测人员改编为空军监察总队，以陈一白为总队长，下设七队，分布于重庆、成都、洛阳、西安、昆明、桂林及柳州，分别由沈燕生、邱沈钧、王惠民、刘宝岩、冉一鹤、倪耐冰、梁伯仑主持其事。各地空防人员的薪水由空军支出，其余器材训练等开支则由军统负责。

上述种种，是戴笠的特务处在抗战前对付日本侵略的一些例子，但这只是其活动的内容之一方面，并不是其主要的工作方向。

刺杀汉奸张敬尧

张敬尧是中国现代历史上知名的北洋军阀将领，曾任北洋军第七师师长，1918年任湖南省督军，对人民实行残暴统治，1920年被省内的“驱张运动”和湘军所迫退出湖南，先后投靠直系军阀吴佩孚、张宗昌、奉系军阀张作霖。1931年“九一八”事变发生后，日本帝国主义占领我东北三省，成立伪满洲国。张敬尧于1932年2月又投靠伪满，并积极配合日本关东军参谋长板垣征四郎在华北地区招募汉奸组织伪政权的活动。

日本占领东北后又觊觎华北，于1933年初分兵三路进攻热河，占领承德。日军参谋长板垣征四郎坐镇天津，策划在华北寻找汉奸头目组织伪政府，企图推进华北独立进一步分裂中国。他把着眼点集中在原北洋政府的军阀政客们身上，指望在这群被南京国民政府抛弃的失意人群中，寻找有野心而缺实力的人来与日本合作。张敬尧正符合了日本的要求，他为一己之私不惜丧失国格，出卖民族求荣，答应为日方效力。于是，日本关东军司令部任命他为“平津第二集团军总司令”，并给经费三十万银元，要他趁日军进攻长城一线之机，潜入北平拉组织作策应。4月底，张敬尧在日本人的保护下秘密进城开始活动。据说他的目的是拉拢与他“有深厚关系”的冀察政务委员会委员长宋哲元，拟于4月21日发动政变，宣布华北独立，投靠日本。[18]与此同时，日本还出资一千万元刺杀南京军事委员会北平分会主任何应钦。

南京政府对日本的野心与阴谋一直深怀戒心并竭力抵制，在总体妥协的方针下，他们对附日的汉奸采取了一些制裁措施。蒋介石要戴笠杀一儆百，于是决定对张敬尧下手。

5月2日，军委会“调查统计局”驻华北地区特派员郑介民奉命来到北平，执行刺张任务。他找来天津站长王天木和北平站长陈恭澍，要他们在一周内完成。由于陈恭澍与组员白世维刚刚建站三个月，人手经验皆不足，郑介民要老牌特务也是戴笠的儿女亲家的王天木多劳。根据情报，张敬尧隐居在旧使馆区东交民巷的六国饭店，由于历史原因，这里是中国政府难以管理的地区，外国人多，环境复杂。王天木带人住进饭店，经过一番侦察，根据一个熟悉的裁缝提供的线索，摸清了张敬尧居住的房间，决定从天津增调行动人员。但到了7日这一天，王天木、白世维二人在饭店巡视时，意外地发现张敬尧就在一间房门大开的房间中，他们认准目标后决定立即行动，白世维当即拔出手枪向张连开三枪，随后逃逸。张敬尧胸部中了两弹，在被送往德国医院后死去。与张同谋的北洋军阀孙传芳，在张死后就吓得逃去了天津。日本失去“内应”，只能于5月31日暂时与中方停火，签订了《塘沽停战协定》。[19]

刺张行动的成功，虽然不能彻底破坏日本在华北扶植伪政权的计划，但在当时轰动一时，震慑了一些准备投日的民族败类。

行刺准备投日的石友三

在逮捕违抗南京政府妥协令的抗日英雄吉鸿昌后月余，军统北平站的特务又于1934年12月18日对匿居天津租界的西北军另一将领石友三实施了暗杀，但没有成功。这次行动是为了惩罚准备投日的汉奸。

石友三，字汉章，1891年出生于吉林农安县一个贫穷家庭。1908年弃学从军，先后投靠长春陆军第三镇吴佩孚部和北京陆军冯玉祥部，因做事机敏，得到冯玉祥的赏识，被提为贴身护兵。此后，石友三随冯玉祥南征北战，并随着冯部的扩大而不断得到升迁，从模范连连长到营长、团长。1924年10月参与了“北京政变”，升任国民军第八混成旅旅长。1925年春，又升任第六师师长。石友三成为冯部的“五虎将”与“十三太保”之一。

1926年5月，直奉联军与国民军大战南口，国民军败退西北。石不愿去西北受苦，遂与韩复榘共同接受晋军改编，这是他第一次倒戈叛冯。

1928年9月，冯玉祥自苏联回国举行“五原誓师”，参加国民革命军北伐。冯就任国民联军总司令，召石友三和韩复榘归来。石与韩心存疑虑，经冯派人解释，石才回到冯部，参加了援陕战役。1929年蒋桂战争爆发，石友三被蒋介石用巨款收买，又一次与韩复榘通电全国，第二次叛冯，投靠蒋介石。1930年蒋冯阎中原大战中，石友三再一次重演归冯叛冯的闹剧。其后他出任蒋介石委任的第十三路军总指挥，受张学良统率。不料数日后，石友三又叛离张学良。

1931年5月宁粤对立，粤方与石友三秘密联络，许以高官重利，石友三遂于7月18日宣布就任广州方面所委的第五集团军总司令之职，发兵北上，攻占北京。但在东北军于学忠与河南蒋军刘峙的南北夹攻下，石部六万余众在不到半个月的时间内便告全军覆没。9月初，石友三只身逃往济南，寄居在韩复榘的山东省政府内。

同一切军阀头目一样，石友三是不甘长期寄人篱下的。“九一八”事变后，石友三又与日本方面搭上了关系，企图乘国内局面混乱之机东山再起。1932年秋，他在日本特务凑开一的策划与保护下，秘密离开济南，潜赴烟台，乘船到达天津。当时，日本在占领中国东北后正谋扩大侵略，进入华北，向长城各口派兵。日本关东军特务机关长土肥原贤二坐镇天津，纠集中国的失意军人与政客，充当汉奸，建立军事武装，制造事端，配合日军对华北的进攻。张敬尧是他们搜罗的第一个重点对象。张在北平六国饭店被刺身亡后，石友三就接替了张敬尧的位置。

日本人看中石友三，是因为他在军界的影响以及在华北的潜在势力都不在张敬尧之下，因而得到了土肥原的重视。石友三到天津后不久，即与土肥原紧密勾结。根据土肥原的指示，石友三把家安在日租界里，准备召集旧部，联络各方失意政客，其中有曾任吴佩孚秘书长的白坚武、失意军人任应岐、山东巨匪刘桂堂，以及刘锟等人。1932年后，石友三开始组织私人的小股武装，配合日军，骚扰地方。1933年年底，石更派遣旧部团长罗自臣、张国乾，与日本特务凑开一勾结土匪冯寿彭等，在冀东玉田一带组织起“河北战区保安队”，进行叛乱性的军事骚扰活动，支援日军，给华北当局带来很大的威胁。1934年，石友三等又参加了土肥原组织“新华北政权”的计划，并拟定这个伪政权的军队名为“定武军”。石友三投靠日本危害国家，已成为一大祸害。

自1933年长城抗战以来，南京政府就指示戴笠的特务处加强在华北的工作，尤其强调要开展“锄奸运动”，实施对附敌汉奸的刺杀。石友三的叛国活动及其在华北军政界的影响引起了蒋介石的不安与忧虑。蒋介石早就对石友三的反复无常大为恼火，特别是对他1929年在浦口发动兵变，炮击南京抵抗国民党军之过耿耿于怀。现在石友三匿居日租界，不便公开捕捉，蒋就下令戴笠对石进行制裁。

暗杀石友三的任务被交给了军统北平站站长陈恭澍。陈恭澍先派人对石友三在天津日租界的生活起居进行了侦察，觉得石为人处世小心谨慎，诡秘无常，要暗杀他有一定的难度。

石友三自1932年秋到达天津后，仿效狡兔三窟设置了几处住所，对自己的起居与外出异常小心，使外人摸不清他的行动规律。他平时尽量少外出，也不让一般来访的客人到住宅里来。每次出门，他都预先不告诉随从们到什么地方去，待汽车发动后，才指明目的地，连开车的司机事先也不知道他的行车路线，显得神秘莫测。而且他的活动一般不出租界，极少到中国政府管辖的地界活动。

陈恭澍等人了解到这些情况后，觉得要暗杀石友三，必须在石友三公馆内设法找到内线，内外呼应，待机下手，才能获得成功。

陈恭澍先派北平站的老特务王文秘密到天津进行活动。不久后，王文通过天津一家杂粮店老板的侄子刘兆南，结识了石友三的一名亲信侍从副官先鸿霞，并通过工作，将此人争取过来参加了特务组织。先鸿霞早就对石友三的投日叛国活动不满，他答应王文协助完成暗杀石友三的工作，但他有个要求，就是希望在暗杀的具体行动上，由他自己斟酌情况，便宜行事。同时先鸿霞还向王文反映，他一个人在石友三的公馆里，单枪匹马，力量单薄，有必要在同事中物色一个能配合他行动的搭档。陈恭澍听了王文汇报后，大为高兴，因为有了内线，暗杀就容易了。他与王文及主管暗杀行动工作的白式维一起研究对石友三的暗杀计划。陈恭澍主张采用强硬的武装制裁，即用枪杀，因为这样不但清除了一个石友三，而且对当时的那些大小汉奸可以起到杀一儆百的作用。[20]

怎样实施暗杀呢？陈恭澍提出了两个方案，第一方案是在石友三家里行动。但这有许多难以克服的困难。先鸿霞单独见到石友三的机会并不多，人多时可以接近石友三却又不便下手，行刺后难以脱离现场。第二个方案是在外行刺，但石友三处处警惕，难知其行踪，无法事前作出里应外合的规划。

不久后，先鸿霞先争取到了石友三副官史大川的合作，并积极等待时机。为了留一手备用，他又在石公馆里相中了厨师老褚，下了一番工夫去争取，准备在不得已时给石下毒。陈恭澍向他提供了一瓶能在三十秒内杀人的毒药。

戴笠连连来电催促他们动手，陈恭澍情急之下决定使用石友三的厨师老褚，冒险给他下毒。他们答应事成之后给褚一笔开饭馆的钱作为酬谢。但在实施过程中，老褚把毒药下在火锅里端上桌来，因他心中不安，上菜时竟然双手颤抖不已，把菜汤都洒了出来，警惕的石友三见厨师神态反常，一下便识破了玄机。他制伏了老褚，并认定还有其他指使者或同谋，于是命令家中所有部下集中到堂前，厉声迫使老褚指认，一边不断用手枪敲打他的头。老褚是个软弱的人，于是向台下看去，先鸿霞看到时已迫切，不得不作最后的一搏，他拔枪欲刺，被警惕的石友三手下制止。两人随即被捕，军统的行刺行动彻底失败。史大川侥幸逃出报信，而后独自逃亡。陈恭澍及其手下迁怒于居中联系人杂粮店老板刘兆南，把他绑架到北平，结果被人以非法绑架罪告到南京，陈恭澍亦畏罪离职逃跑，后到南京坐了近半年的牢。这件事给特务处北平站以重创，戴笠不得不改组北平站，半年后他又把陈恭澍放出来委任为天津站站长。[21]

至于石友三，直到抗战开始后的1940年12月，在他准备公开降日之前，蒋介石派手下将他诱捕活埋。[22]

第四节　内 斗

庐山刺蒋案

1931年6月14日上午，国民政府主席蒋介石在庐山山道上遭遇刺客袭击。刺客连开三枪，均未打中蒋介石，只打伤了卫兵，而他自己却被蒋的卫队乱枪射中头部，当场毙命。

蒋介石惊魂甫定，在卫兵护卫下，赶抵太乙村中的桂庄别墅，他喊来了卫士长，询问刺客的情况。卫士长报告说，已将刺客全身搜遍，除地下一支手枪外，别无他物。蒋介石镇定下来以后，吩咐卫兵悄悄将刺客尸体就地掩埋，并命令不许声张。

原来这一桩刺杀案的背后起因是国民党内宁粤两派的矛盾斗争激化所致。

1931 年 2 月，蒋介石与国民党元老胡汉民就召开国民会议之事发生激烈争执，理屈词穷之际，蒋介石竟将担任立法院院长的胡汉民诱至官邸赴宴时加以扣押，后又软禁于南京汤山。蒋介石对胡汉民的非法拘禁，导致了国民党的又一次大分裂。在粤系首领孙科的串联下，反蒋的各派人物云集广州，发出“弹劾蒋中正”的通电，另行成立与南京国民政府对立的广州国民政府。

对此，蒋介石威胁欲杀胡汉民以报复粤派的“大联合”。广州方面获悉这个内部消息后，决定刺杀蒋介石，以回应蒋的威胁，欲借此挽救胡汉民。孙科答应出巨款二十万元，并亲自策划了这次刺蒋特别行动。

刺蒋特别行动由号称“江淮大侠”的王亚樵指挥，参与策划的有华克之、郑抱真两人。他们先后在南京、上海打探蒋介石的行踪，6月间，当他们得知蒋介石已上庐山时，遂制订出庐山刺蒋计划：刺蒋行动由华克之带领金陵大学毕业的陈成和军人出身的刘刚共三人组成行动小组，他们化装成游客上了庐山，住进了太乙村外的庐山新旅社；另一路由王亚樵夫人王亚瑛和她的表弟媳刘小莲执行运送武器的任务。她们俩装扮成阔太太模样，带着俩伙计，行囊中有王亚樵专门购买的四只金华火腿。王亚樵预先将火腿掏空，然后将四支德国造左轮手枪拆开，与子弹一起用油纸包好后塞进去，外面再用肉末和盐泥封起来。

不几天，“金华火腿”就运到了庐山脚下的星子县。两位女士雇了两个滑竿，由伙计挑着行李与“金华火腿”随后，一路上闯过盘查，顺顺利利地将武器送到了庐山新旅社。

当天晚上，华克之他们三人乘着夜色，潜入太乙峰别墅附近的一片竹林中，将子弹和枪从火腿中取出组装好，神不知鬼不觉地完成了行动准备。

但是，他们一个小小的疏漏，断送了这次刺蒋行动！

原来那天夜里，当他们三人利落地组装好武器后，顺手就把几只金华火腿扔进附近的一个山坳里了。第二天，蒋介石卫队在太乙峰下巡逻时偶然发现了他们扔弃的火腿，经检验，发现了火腿的奇怪之处，好端端的火腿中间被刀挖空，掏空的地方有清晰可见的铁锈斑，嗅之有黄铜味，因此断定有人利用火腿夹带武器上了山，而且就隐藏在附近。于是，太乙村里蒋介石的住处桂庄别墅四周的警戒立即加强了。

一连数天，蒋介石深居简出，他常常偕宋美龄光顾次数最多的太乙村也不敢去了。表面上一切如常，但有关的调查工作却在暗地里进行。执行暗杀行动的华克之等三人每日在山上转悠，寻觅蒋介石的踪迹，伺机刺杀，一刻也没有懈怠，但蒋介石仿佛消遁一样：既未见蒋介石的身影，也无从打探蒋介石的消息。他们坚信蒋介石仍旧住在山上，但并不知被他们扔弃的火腿，已使天衣无缝的刺杀行动暴露了。

获知可能有谋刺的行动后，蒋介石打电话给戴笠，让特务处迅速在南京、上海调查是谁所为。粤系大员孙科、汪精卫甚至包括正在国外考察的林森，都成了重点怀疑对象。又据戴笠的情报，种种迹象表明，此事当系王亚樵亲自策划指挥。

一方面，蒋介石指挥卫队布置了“引蛇出洞”的计划，分明暗两路，对自己实施了双保险，力争抓住杀手；另一方面，蒋介石命令戴笠暗中缉拿王亚樵，并下了死命令：无须活人，打死就行。

6月14日上午，太乙峰上就上演了那出刺蒋未遂案，陈成出击被杀，担任后援的华克之、刘刚逃脱……

此后，庐山上气氛严峻起来，蒋介石、宋美龄居住的七八处别墅及重要地点的警戒更加严密，对可疑人员的盘查也频繁起来，华克之、刘刚无奈，只有撤退下山。

几天后，华克之、刘刚安全抵达上海，向王亚樵汇报了庐山刺蒋失手的行动经过。王亚樵只能感叹如此周密的计划仅毁于小小的疏忽，死去的陈成也无人知晓被葬在何处。他一面安排给陈成家属优厚的抚恤，一面再订新的刺蒋计划。

再说广东方面，孙科等人正在等着庐山刺蒋成功的捷报，他们盼着蒋介石一死，南京国民政府就群龙无首，而他们在广州的元老们就可以名正言顺地取而代之，中国政坛就要重新洗牌了。胡汉民的家属也盼着蒋介石一死，胡汉民可以获释南下广州，合家团聚。而胡汉民又可重新出山，再展宏图。

但这一切，都因刺蒋的失败而暂时无从实现了，只在历史上留下了一宗庐山谜案。其后，戴笠的组织在保护蒋介石的安全方面还卖了不少的力，仅在1934年一年内，据称就破获了三次“刺蒋案”。[23]

杨永泰被刺案

1936年10月25日，湖北省主席杨永泰在汉口江汉关码头被刺，当场捕凶谭戎轩（化名成夔超），其招供行刺理由是“奉中央党部的命令杀汉奸”，审讯一周无结果。

戴笠派特务处司法股长余铎在廖树东、朱若愚帮助下接手此案。朱以谈话方式骗诱之，得知该凶手是由龚柏舟指使所为，龚现住在铁路饭店。于是警车呼啸而去，但赶到时已是人去一天有余。在得知龚柏舟乘日轮赴沪后，戴笠连夜电告南京，令沿岸各码头通缉。他又派廖树东带熟识龚的妓女老三，飞往南京准备辨认，其后在芜湖港将龚柏舟当场认出逮捕。经官方公布的审讯结果，招供出此案为“新国民党”人刘芦隐主使。

刘芦隐是老同盟会员，20世纪30年代初曾任国民党中央宣传部长、考试院副院长等职。因不满蒋介石统治，1935年后去上海，为“西南政务委员会”反蒋派工作，成为胡汉民的得力干将，是蒋介石的眼中钉之一。次年初，戴笠派人在上海英租界以指使杀人罪名将刘芦隐强行抓获引渡，判了十年徒刑，结束了这次案件。

杨永泰被刺案实际上是国民党蒋介石集团内部“CC系”与“政学系”斗争激烈化的结果，与反蒋的西南派并无关系。戴笠的“特务处”从中得到的是渔人之利。

杨永泰原本与蒋介石并无关系，是由蒋的老友黄郛推荐给蒋的。只因杨在见蒋时分析国内外时政，坚决支持蒋介石“攘外必先安内”的政策，并给予理论上的论证，因此深得蒋的欢心，即聘为高参幕僚长，对他放手任用，引起了陈立夫兄弟“CC系”的嫉妒。1932年夏所发生的南昌机场大火案，原本是“CC派”航空署长徐培根，因贪污过多无法交代而故意纵火销毁账目所致。但大火一起机毁多架，酿成大事。南昌行营调查科长邓文仪奉“CC”指示报为事故，行营秘书长杨永泰对此结论表示怀疑。后事情暴露，徐培根被斩，邓文仪撤职，行营调查科被戴笠吞并，使“CC”对之仇恨加深，必欲除之而后快。1934年，在“CC”大肆攻击之下，杨永泰被迫调任湖北省主席，不久便遭枪击。

戴笠对此间内幕知晓甚清，他绝不敢得罪“CC”，于是想出移花接木之计，栽赃于西南反蒋派，让刘芦隐做了替罪羊，也为蒋介石出了一口气，成为得利的渔翁。

第五节　两统应对“西安事变”

“两广事变”平息后，蒋介石又把注意力转向了陕北，希望集中力量一举消灭中共红军。1936年年底他亲赴陕西，督促驻扎此地的东北军张学良和西北军杨虎城部进剿陕北红军。

当时张、杨二部与中共红军已在团结抗日的前提下达成了西北“三位一体”的合作局面。在周恩来等的指导下，中共与东北军由打到谈，趋于合作。中共领导人秦邦宪曾与东北军第六十七军军长王以哲秘密会见，红军方面送回了在反围剿战斗中俘获东北军的人和枪，对他们宣传“停止内战一致对外抗日救国”，深得东北军官兵的赞同。王以哲认为红军够义气，约定今后再有战事必先告中共方面，避免互伤。张学良同意了王以哲的报告。

对于当时在西北地区业已形成的张、杨二部与中共的秘密抗日合作关系，戴笠的特务处有所察觉，但苦无明确的证据，只是一种“异动”的倾向，一时被蒋介石、戴笠疏忽了。

早在1935年中共工农红军抵达陕北后，戴笠就派特务在西安组建了特务处西北区和西安站，他派马志超任西安站站长，表面职务是西安警察局局长。马是个头脑简单的粗人，他担心对付不了张、杨，有畏难情绪。戴笠鼓励他说：“警察局局长最容易干，只要会坐汽车、会吃大餐，就干得来。”其意是只要用好手下内外两个下属督察长和侦缉队长，自己就可以轻松过日子了。戴笠还说：“杨虎城智慧很差，野心却很大，最靠不住，你要特别留意。”[24]马志超到西安后，除逮捕了几个共产党外，对杨虎城的监视工作却因被杨的秘书宋绮云发现防范而毫无进展。

事变前夕，戴笠潜伏在东北军第六十七军内的副连长张华先，给特务处发来了一份情报，报告了张、杨二部与中共红军的“君子协定”，特务处负责军事情报的刘培先立即报告给戴笠。戴笠综合北平宪兵司令部传来的同样消息，向蒋介石作了报警。蒋虽有所觉察，但没有想到张学良、杨虎城会这么快贸然对自己下手，于是仍按计划来到西安，并照样毫无顾忌地对张学良痛斥一番。12 月 12 日，张、杨发动了“西安事变”，拘捕了蒋介石，逼迫他答应“停止内战一致抗日”的条件。当事变发生时，戴笠正在广州处理缉私问题，他闻之深感事大，立即飞回南京。他得知西安站站长马志超为保命已逃跑，组织全部瓦解，于是立即采取措施补救，派人携带秘密电台去潼关，利用邮车掩护进入西安，搜集情报并准备营救蒋介石及对东北军进行策反。

与此同时，他把被他关押的违纪的大将周伟龙、王天木释放出狱，[25] 应付危机，周献计要戴亲赴西安救蒋。戴笠当时深感自己失去了“保卫领袖”之责，很怕被惩办。而不少国民党蒋系分子、黄埔同学也公开质问他：“你负特种工作的责任，为何使校长受此危险？”“校长如有不测，我们将找你算账！”这给了他巨大的压力。

22 日，宋美龄为救蒋介石决定冒险赴西安找张学良，戴笠深知失察有责，坚持随往，部下劝他要防中共与张学良的报复，戴故作慷慨地说：“委员长蒙难是我们的过失，我决定到西安随侍，此去凶多吉少，如果委员长能安然返京，我也能随侍归来，否则我死而无憾。古人说‘主忧臣辱，主辱臣死’，我只有一死才能上报领袖下救工作的危亡，但无论如何，大家要安心工作，忠心耿耿，继续为革命工作，奋斗到底，将来尽忠救国的责任，全在各位肩上。”[26]

抵西安后，戴笠即被下了枪支，软禁于张学良住宅的地下室内。他要求见蒋，未被理会。他自以为凶多吉少，写下了遗书：“自昨日下午到此，即被监视，默察情形，离死不远。来此殉难，固志所愿也。惟未见领袖，死不甘心！——领袖蒙难后十二日戴笠于西安张寓地下室”。[27]

24日早晨，张学良出面见戴，他出示部下要其“请速杀戴笠以绝后患”的请愿书，告诫戴笠要收敛。戴虽心中不安，但却装模作样地要与张商量善后问题，张学良自然不予理睬。

与此同时，在中统方面，特工总部于 12 月 13 日早接到由西安市特务室主任王思诚发来的寥寥数字的告急电，说：“张、杨叛变，领袖被扣，生死不明。”一时间，局势大乱，徐恩曾惊恐万状，除马上报告陈立夫外，亦无法可想。据说陈立夫闻讯后至为震惊、沮丧，认为：“领袖一身系天下安危，今竟为叛逆所扣押，生命难保，前途堪虑。唯有大张挞伐，聚歼丑类。”同时这一消息也在特工总部内传开了，一时议论纷纷。

次日又接到了西北区区长孙步墀和河南省室发来的比较详细的电报，徐恩曾即于当晚召开科长以上人员会议，商讨应付策略。徐恩曾用哭腔说：“我们失职，未能事先有所察觉，致领袖蒙尘，真是罪该万死。现时唯有尽最大的努力，进行挽救，同时也要把日常工作做好。”会议最后决定了以下几项行动措施：

（1）急电西北区和河南特务室迅速派员潜入西安进行侦察。

（2）指示南京邮件和电报检查所所长张志鹏和叶定，严密检查邮件（特别是电报），即时具报。

（3）责成所属南京区区长钱永健、周光亚加强侦察戒备，并与宪兵司令部配合，防止坏人趁机造谣扰乱治安。

（4）指使所属密电研究室主任马懋文、陈文彬对于各派系（指桂系、阎锡山、龙云、刘湘等）加强侦察，以了解他们对西安事变的态度和行动。

（5）与军事机关密切联系配合行动。

几天后，他们又得知中共的代表到了西安，与张、杨密谈，均认为蒋介石一定是凶多吉少，宋美龄兄妹赴西安，也不过是领回蒋的尸体而已。直到事变解决，蒋介石在张学良陪同下返回南京，中统人员才松了一口气，连称蒋介石“洪福”，“吉人天相”云云。[28]

25日，在中共方面的协调下，蒋介石口头答应了张、杨所提的八项主张，停止内战一致抗日，并在张学良的陪同下返宁。戴笠随之返回南京，并负责处理西北善后工作。他在回京后向蒋提供了在蒋被扣期间，南京政府内何应钦、贺衷寒等人名为挽救实欲置蒋于死地的军事行动计划等情报，蒋介石为之恼怒，从此疏远了这些“异己”。[29]

比较军统参与事变解决的过程，中统则是不明真相的。直到次年初，中统方面才从《大公报》所载范长江写的一篇报道和其他报道中知道了一些有关“西安事变”和平解决的真实经过。但是他们对于共产党以国家民族利益为重的诚意还是不相信的，只有极个别人在私下承认“共产党主张联合抗日是有诚意的”。[30]

张学良陪同蒋介石返京后，即遭蒋的扣押，宋子文与宋美龄鉴于他们对张所作的保证，多方设法营救无效。20多年后，蒋介石日记在美国公之于世，其中所披露出蒋介石扣押张学良半个世纪之久的原因，在于过去对张太过信任，一旦被扣押，心中之愤恨难平，他至死也不肯原谅张学良、杨虎城。

1937年年初，杨虎城针对南京政府分化瓦解之的企图，反对调防西北军，他联络韩复榘等地方实力派呼吁南京释放张，撤退关内中央军，并请立即发动抗日。而此时东北军也不听命令，极力发动救张运动，“张一日不回，一日不听中央令”，矛盾有加剧之势。戴笠奉命看管在押的张学良，他劝张说东北军最近的举动将使他“一身当之请罪”的愿望落空，于是张致函部下及杨，劝他们服从。戴笠派人将此信送达，并加紧策反工作，使东北军缪征流、刘多基、吴克仁等两军一师表示“拥护中央”，杨部警卫第二旅张鸿远部也离杨投蒋，杨虎城部瓦解，本人被迫出洋，东北军则调苏皖，“西安事变”的余波至此告一段落。

1936年12月30日，南京政府组织军事委员会高等军法会审，以暴力胁持上官罪判处张学良十年徒刑。1937年1月4日蒋介石又将他“特赦”。但并不释放，而继续交由军委会实由戴笠派特务“严加管束”，从此张学良开始了长达半个多世纪的被军统特务看押的囚禁生活。

蒋介石把看押张学良的任务交给了军统，1937年1月30日由戴笠亲自监送张到蒋介石的老家浙江奉化雪窦寺囚禁起来。戴派出心腹刘艺光、许建业为正副队长，率兵三十名看押，另有一连兵在外围驻守，真是如临大敌、滴水不漏。从浙江溪口到安徽黄山，抗战爆发后又先后转移到湖南、贵州、重庆，1946年11月解往台湾，张学良一直没有获得自由。直到世纪末年，在蒋氏父子先后死去之后，才得解除监禁移居美国。而这时，张学良已是一垂暮老人矣。

而“西安事变”的另一主角杨虎城，则在1937年3月29日被蒋介石召去南京见面训斥，并命令卸职出洋，赴美“考察”。在杨虎城准备出国之时，蒋介石授意中统特务两次找到杨的私家仇人后代，欲以“报私仇”的名义暗杀他，都被拒绝，但蒋并未善罢甘休。抗战爆发后，杨虎城以报国之心要求回国参战，蒋介石开始拒绝，但他在接到苏联方面有关杨虎城准备转道苏联回国的消息后，深恐杨回到西北给他造成新的麻烦，于是又起杀心。他通过宋子文电复要杨“自动返国”，并派宋专程到香港去接。11月26日杨虎城抵港，宋向他转交了蒋的电报：“派戴笠迎接，到南昌相见。”同时，杨虎城还接到戴笠从长沙的来电，约他至长沙后再赴赣见蒋。

1937年11月30日下午，杨虎城由香港飞抵长沙。可戴笠留下一张便条让杨去武昌找他。当晚杨虎城又上火车从长沙赶赴武昌。12月1日午后，杨虎城乘火车抵达武昌车站，被戴笠率众“迎接”，从此落入军统魔掌。

12月2日，杨虎城由戴笠陪同乘飞机去南昌。据军统大员沈醉后来说：“当杨启程返国消息传来，蒋立刻电召军统首脑戴笠去南昌，当面指示办法。戴笠回到武汉，马上命令军统特务队长李家杰，在特务队中挑选了便衣警卫二十余名，经戴笠一一亲自点名传见后，由李家杰率领先往南昌布置。同时蒋介石还加派宪兵一连，共同负责担任押解和看守杨的工作，以免发生意外。”

杨虎城一到南昌就被这些便衣警卫和宪兵完全管制起来，失去了自由。后多经辗转押到贵州。戴笠怕杨虎城的西北军可能前来劫狱，便下令寻找地方单独囚禁杨。他的部下周养浩发现离息烽县城十多里的高山上有个玄天洞，请戴笠上山去察看。玄天洞是个天然大山洞，有十多丈高，里面有一所道士观，终年不见阳光，阴暗潮湿，只有一个洞口可供出入，此地交通闭塞，一到里面，就如同到了另一个世界。戴笠看了极为满意，于是下令在附近修建特务队和宪兵居住的营房，将杨虎城将军及其家属移禁在此。由特务队负责内部守卫，队长龚国彦由周养浩直辖；宪兵担任中层警卫；军委会特务团第二团担任外围警卫。该团团部驻防在息烽城内，团长是张止戈。

1949年9月17日，在面临全局崩溃的前夕，蒋介石亲自指使保密局特务周养浩，叫他利用杨虎城将军在息烽与他熟悉的关系，把杨将军骗到重庆，令特务杨正兴、熊祥等以利刃将杨虎城将军杀害于重庆松林坡"戴公祠"内，同时被残酷杀害的还有杨虎城将军的家属和随员。

蒋介石曾在1937年3月当面对杨虎城说过："我向来对人宽大，不记旧怨，你们全知道的，不必多说。"但杨一家的遭遇证明，事实绝非如此。[31]

比较在应付"西安事变"中的表现，蒋介石对戴笠的偏爱与信任，和对徐恩曾的冷淡，已经表现明白无疑。在处理张、杨二人的问题上，蒋介石对戴笠及其组织的偏爱和信任也已十分明显。

【注】

[1] 此节内容参考月西《蒋介石和他的特务机构》，海天出版社1996年版，第130~132页。

[2] 段建国、贾岷岫在合著的《王世英传奇》一书中对王世英及其组建的"红队"的英勇机智的斗争历史，有精彩描述。

[3] 本节此三目有关中共上海地下党与中统斗争的内容，均引自岳先、秦少智所著《虎穴龙潭》一书有关内容。

[4] 章芸等《苏维埃共和国成立前的保密工作》，载《南京晨报》2007年4月27日C11版。

[5] 张荣久《他们把蒋介石的"铁桶计划"带给苏区》，载《南京晨报》2004年11月5日D14版。

[6] （台）"国防部"情报局编印《戴雨农先生全集》（上），第31~32页。

[7] 同上，第40页。

[8] 同上，第41页。

[9] 同上，第42页。

[10] 徐家涵《孔祥熙家族与中央信托局》，载《孔祥熙其人其事》，中国文史出版社1987年版。

[11] 一说民国二十年7月23日王亚樵在上海北站派孙凤鸣刺杀宋子文，未遂，逃往香港。详见《人物》1988年第1期，第56~57页。

[12] 《戴笠自述》，参见《我们的态度与决心》，民国三十二年（1943年）8月30日戴笠在孙总理纪念周上的训词，载申元《江山戴笠》，中国文史出版社1991年版，第98页。

[13] 引自周利成《吉鸿昌被刺真相》，载中国档案报社《档案大观》2003 年 1 月 10 日。

[14] 黄美真等《中华民国史事件人物录》，上海人民出版社 1987 年版，第 241 页。

[15] 章鲁生《日本曾费尽心机抢中东铁路》，载《南京晨报》2007 年 11 月 14 日第 C9 版。

[16] 《今井武夫回忆录》，中国文史出版社 1981 年版，第 52 页。

[17] （台）“国防部”情报局编印《戴雨农先生全集》（上），第 67 页。

[18] 古屋奎二《蒋总统秘录》，（台）“中央”日报译印全译本第九册，第 94 页。

[19] （台）“国防部”情报局编印《戴雨农先生全集》（上），第 30 页。

[20] 陈恭澍《英雄无名》第一部《北国锄奸》，第 234 页。

[21] 此节参考陈恭澍《英雄无名》第一部《北国锄奸》，第 210~292 页。

[22] 此处参考经盛鸿《民国暗杀要案》，江苏古籍出版社 1989 年版，第 242~253 页。

[23] （台）“国防部”情报局编印《戴雨农先生全集》（上），第 36 页。

[24] 乔家才《铁血精忠传》，载（台）《中外杂志》总 24 卷第 6 期。

[25] 周伟龙是 1935 年因在武汉任禁烟密查组长时与同事邱开基互相攻击而被告，王天木则是在天津任站长时卷入勒索杀人案而犯事，都经蒋介石批示而被戴笠关进军统的南京老虎桥“甲地”监狱。

[26] 费云文《戴雨农与郑介民》，载（台）《戴笠传记资料》（三）。

[27] 转引自费云文《戴笠的几个战场》，载（台）《中外杂志》总 36 卷第 3 期。

[28] 张文等著《特工总部——中统》，香港中原出版社 1988 年 5 月版，第 43 页。

[29] 王晓光《“黄埔三杰”之一贺衷寒的跌宕人生》，载《南京晨报》2004 年 4 月 30 日 A30 版。

[30] 张文《中统 20 年》，载江苏省政协文史委编《江苏文史资料选辑》第 23 辑，《中统内幕》，江苏古籍出版社 1987 年第 1 版，第 36~37 页。

[31] 杨瀚《蒋介石诱捕杨虎城经过》，载《南京晨报》2007 年 4 月 1 日 B5 版，原载《纵横》杂志。

抗战初期国民党特务组织的急剧发展 | 第五章

1937年7月7日，日本军队在北平卢沟桥发动了“七七”事变，中国军队奋起抵抗侵略，中国人民的全面抗战爆发。中国共产党发表声明，号召全国人民团结一致抵抗侵略；蒋介石在庐山发表谈话，表示在最后关头要不惜民族牺牲，开始抗日。从此，中国进入了全面抗战的历史阶段。

国民党与国民政府为适应抗战军事需要，进行了一系列政治、军事改革，其特务机构也面临重要的变化。

9月6日，戴笠在上海致电蒋介石，对抗战开始后特务系统的分工表明了自己的意见。电文写道：军事委员会于9月1日结束，调查统计局已明确归属大本营第六部，由陈立夫任部长，下设四组。陈立夫与刘健群商定人事安排为：第1组组长张冲，管理民事、党务组织；第2组组长酆悌，管理军事政训与民众政训；第3组组长范汉杰，管理壮丁征集、军事指挥与别动队；第4组组长徐恩曾，管理情报与行动。陈立夫准备采用架空的办法，让戴笠任部秘书，夺其实权。原调统局第三处处长丁默邨仍参与局内机密，但戴笠认为“丁之思想不忠实与其泄漏机密之事实生已迭次报告……立夫先生仍信任如故也”。“八一三”淞沪战役开始后，调统局第二处郑介民派部下五十多人去淞沪前线任军事通信员，违反了戴与郑“前年在牯岭达成的分工，足证立夫先生不愿生在大本营第六部担任一部分责任者，明矣……当此强敌压迫国势危急之时，生不敢向立夫先生多所建议，亦不愿向立夫先生有所请求，唯乞准予直属侍从室，畀以特务组或第几组之名义，俾得行使职权继续工作，誓死以报钧座与国家耳。”戴笠用一贯的“告状诉苦”方法，揭露陈立夫对他的排挤打击，并要求他的组织直属蒋介石领导。

1938年5月6日，蒋介石对特务工作的全盘改进做了如下批示：“特务工作之组织方案，应特加整理与改良，划分性质，如军事、外交、经济、财政、党务、社会团体等；又应划分地区，以及纵横联系方法等。又，人选重要，各部分主持者可作一个整体方案详报。”[1]

6月6日，戴笠又给蒋介石送上报告，具体说明了他对改革特务系统的设想：

案奉钧座五月六日手谕……事关全国特务工作之改进……窃以为自古以来万事成于统一而败于分歧。例如目前，中央各机关在香港之情报机关不下十个，效率之低，言之痛心。即如同一军委会调统局之一、二两处，关于交通器材之配备、调查工作之对象、各方面人员之布置，无不叠床架屋散漫重复，矛盾摩擦之现象，不一而足，业经迭次呈报吁请救济在案。最近又发生抢功窃电之行为，例如，生处天津工作同志，陈一新等，在北平狙击王逆克敏，生方疚其功亏一篑，而徐恩曾同志竟接其在天津工作报告，系彼之所为。（此徐同志面语生者）又生处在长沙梓园三号及通泰街25号通讯处，所有由有线电报局拍发之往来电报，近由第一处所委之电检所长李茂堂，令饬检察员严密检查，抄送第一处，生不敢言其居心叵测，而敢言组织一日不统一，则此种现象一日不能扫除，特工效能一日不能增进……复次，特务工作人员有时固不免使贪使诈，然大多数之工作效能，仍在乎思虑之忠诚……伏查特工不外情报与行动两大部门，抗战已十月，第一处之除奸工作成绩如何，及其每日送呈之情报数量与质量如何，早在钧座洞鉴之中。推其原因，则以第一处工作同志，过去以自新分子及各省县党部委员为基干，在政权范围之内故可收权力制裁之用，迨该区沦陷，权力丧失，组织即涣散崩溃。此领导者缺乏热力鼓荡之必然结果也……总之，中国特务工作一则以组织之不统一，再则以领导者之不得人，因循数年，迄无成就，抗战以还，捉襟见肘，弱点日益暴露，既无以分钧座之忧，无以增抗战之力，每念及此，恨不得立即自杀以谢钧座。值此调查统计局陈立夫先生呈请辞职之际……生愚认为非蒙另派负责人统一组织，而徒求枝枝节节之改造，勉维现状，则断无结果可期，拟请派老成宿望而与工作有密切关系者为局长，负责指挥归并一、二两处之人力财力，通盘支配，生虽不敏，将悉心殚虑，辅弼元老，督率同志，以应付此非常之局。至组织、人事、经济各方面，拟请作如下之处分：

（一）组织。请将全国特务工作集中于军事委员会调查统计局，撤销第

一、二两处之名称，内勤按照工作性质分科股工作，俾成名实一致之统一机构。外勤则在地区之下，分别性质各求深入，至中央党部之调查统计局，应纯为考核党员整顿党纪之机构，庶免再有重复摩擦之流弊发生。

（二）人事。军事委员会调查统计局局长一职，请于林主任蔚、贺主任耀组二人中择一委任，可予生以副局长名义，效死驰驱，中央党部调查统计局局长一职，拟请委徐恩曾同志充任。此外，局本部即第一处人员七百余人(据民国二十六年七月在牯岭晋见时徐恩曾同志面报，直接在统计局支领生活费人员如上数，其余在党部支薪，参加特务工作者不在内)，拟与第二处所属内外勤工作人员四千余人一体分别，查明其性能及社会关系、工作路线等，一秉至公，付以相当之工作位置……生断不敢存门户之见有主客之分。民国二十三年，生奉命接收南昌行营调查课，课中干部为内外勤同志之较有力者，若张毅夫、李果谌、谢力公、刘哲民、曾广勋、王新衡、曾坚等供职至今，悉负重责任……

（三）经费。军事委员会调查统计局每月经费共计十五万两千七百元（用情报局、调查统计局及社会事业费四项名义向军需署具领），除第二处每月领三万一千一百三十七元外，每月由第一处支配之款项，实计十二万一千五百六十三元，连同各省党部特务室之肃反经费，每月不下二十万元。目下沦陷省份经费固无着落，然即剔去肃反经费，专就原有十二万元，妥为支配，以之应付。[2]

如同过去的报告一样，戴笠这份报告的目的主要是想借陈立夫辞去特务机构职务转任教育部部长之机，再次揭露陈立夫对他的压制，控告徐恩曾的无能、冒功，表明他的公正与成绩，并通过蒋介石之手，将特工组织统一到他的属下。但他也明白此时机会尚不成熟，还是要以保住自己的势力为上，故提出了虚设总领，与徐恩曾分而治之的设想。

面对不可调和的矛盾，蒋介石决定原则上采纳戴笠的办法，借抗战爆发之机，将两个特务系统扩大、正规化。

第一节　军统与中统组织的正式成立

抗日战争开始后，为了适应战争的需要，必须对政府内部的组织与机构实行改革。蒋介石在内外压力之下，为团结国内的一切抗日力量，出于笼络人心的考虑，采取了有限开放民主的政策，成立了“国民参政会”，吸纳中共与其他民主党派和社会力量参加议政。但与此同时，在另一方面，他也因战争和政治的因素，大力强化了他的统治机器以增强其统治机能。除了军事上的扩军备战外，对于情报特务机构，也进行了重点发展扩充势力。

1938 年 3 月 29 日至 4 月 6 日，国民党五届四中全会在武汉召开。这次会议除了议决有关抗战政治军事大计，通过《抗战建国纲领》外，还作出了大力扩充特务组织的决定。其原因一方面是在全国一致抗日的政治形势下，随着中国共产党的合法化及各民主党派活动的活跃，蒋介石更需要强有力的耳目来监视和防范政治对手；另一方面，对日战争也需要强化情报系统的工作。于是，抗战成为蒋扩建特务机构最有力的理由。这次大会决议将原挂在陈立夫名下的军事委员会调查统计局第一处扩编为“国民党中央调查统计局”，仍以徐恩曾为首；将原军统局第二处独立出来，扩充升格为“军事委员会调查统计局”，完全以戴笠系统的人马为基础，使其完全公开化、正规化，并将其职能侧重于对外抗战。国民党的两大特务组织中统与“军统”由此组建形成完毕。戴笠从此得以如出笼之虎般放手大干起来，而使“军统”组织在以后的十年内得到了急剧的发展，其规模影响超越了中统成为国民党的特务主体。

1938 年 5 月，“国民党中央调查统计局”（中统局）在汉口市成立，按照蒋介石的安排，国民党中央党部依据其制定的“中统局组织条例”，任命中央党部秘书长朱家骅兼任中统局长，原特工部主任、“CC”干将徐恩曾任副局长，实际负责军统局工作。

当蒋介石组建“军统”之时，深知蒋介石秉性的戴笠，采取了以退为进的手段，主动表示自己不当“军统”的一把手，他在蒋的军统局扩充方案上写道：“雨农不才，学识、资历、名望、功勋均不够局长之资格，望校长另委局长一任，雨农愿竭力辅之。”这一招，深得蒋介石的赏识，对比竭力争夺中统局长的徐恩曾，蒋介石更加器重戴笠，这也为“军统”以后的发展和戴笠在组织内部不计其名而谋其实的地位奠定了雄厚的基础。

戴笠的“军统局”正式挂牌

1938年8月，在陈立夫掌握下的军统局第二处升格为军统局，维持原名“军事委员会调查统计局”不变。局长授中将衔，由蒋介石侍从室第一处主任、军委会办公厅主任贺耀组兼任，以后分别有侍从室第一处主任林蔚、钱大钧担任过局长一职，但他们都知道其中挂名的实际含义，一贯以戴笠为主持工作的副局长，实际掌握军统局全权。所以在军统内部，上下人等从来只知道戴笠是他们的最高负责人，习惯上称之为“戴老板”。

军统局内设秘书主任一人为幕僚长，先为郑介民，1939年10月郑调任军令部第二厅副厅长，该职由毛人凤代理。

军统局下设处（室）、科、组三级，共有四室四处一委员会，即：

秘书室：主任秘书张严佛，下设文书科、译电科、编制科、总务科；

督察室：主任傅胜兰；

会计室：主任徐人骥；

技术室：主任余乐醒；

第一处：处长杨继荣，下设人事科、交通科、训练科、警务科；

第二处：处长何芝园，下设军事科、政治科、国际科；

第三处：处长刘培初，下设行动反间科、司法科、特务队；

第四处：处长魏大铭，下设业务科、工务科、侦收科；

设计委员会：主任委员先后由刘启瑞、余乐醒、谢力公担任。

担任过各处处长的还有何芝园、魏大铭、赵世端、徐业道、王新衡、阮清源、郑修元、郭斌等人，主任有郭寿华、乔家才等。

当时据日本在华特务系统的调查，军统局下辖各区站及人员的情况为：

南京区约一百二十人；上海区一百一十人；川康区（重庆）八十人；浙江站（杭州）七十人；江西站（南昌）九十人；安徽站（安庆）一百二十人；港粤区（香港）七十人；西北区（西安）九十人；平绥区（北京）六十人；天津区五十人；武汉区一百人；福建站（福州）六十人；广东站八十人；贵州站五十人；湖北站（武昌）一百人；湖南站（长沙）七十人；济南站八十人；青岛站七十人；山西站（太原）八十人；甘肃站（兰州）六十人。共计约一千六百一十人左右。[3]

戴笠的特务组织从力行社特务处扩充为军统局，是他特务事业上的一个重大的转折。由此不仅完成了组织的公开化、合法化，势力大为膨胀，而且他们的活动对中国政治与社会造成的影响因此更加重要和显著。

武汉失守后，军统局由长沙迁往重庆，局本部先后设在中山二路罗家湾原重庆市警察局警士教练所及枣子岚垭、漱庐等地，形成了一个庞大的办公住宿区，并将歌乐山原四川军阀白驹的公馆“香山别墅”改建为军统局第一看守所。1940年又在磁器口缫丝场增建了军统局乡下办事处和一处集中营，戴笠还在附近修建了他的别墅。

迁渝后，戴笠将军统局组织进一步扩大为八个处，分工如下：

第一处：军事情报处，下设军事情报科、军运科、策反科、国际科、训练科、谍参科（专管各部队谍报参谋工作）；

第二处：党政情报处，下设党政科、侦防科、航侦科、中共科；

第三处：行动处，下设行动科、警稽科等；

第四处：电讯处，下设通讯科、机务科、工务科、考核科；

第五处：司法处，下设审讯科、狱管科；

第六处：人事处，下设人事行政科、考铨科、福利科、卡片室；

第七处：经理处，下设综计科、审计科、预算科、财务科；

第八处：总务处，下设庶务科、管理科、交通科，并领导汽车大队、电话队、农场、官兵消费合作社。

1942年为适应工作需要，又将第一处训练科改扩为训练处，第三处警稽科改扩为警务处。其内部的处级机构先后还曾设有特种技术研究室（研究军事行动及毒药制造等）、经济研究室、惩戒委员会、考核委员会、汪伪军策反委员会、军事委员会国际问题研究所等组织。军统局外勤单位发展为三十多个区站，三百多个工作组（队）及多个直属工作组。所辖在编人员从抗战前的三千至四千人急速扩增为七千余人，1939年后军统局的势力更伸向国外东南亚地区，在越南、缅甸、菲律宾、印度、马来亚等国建立了组织。1942年后到抗战胜利前，军统局人员发展到五万余人，另有特务武装部队近二十万，戴笠的特务势力一时发展到了顶峰。

军统局开张后，戴笠为新组织规定当前的主要任务是：搜集敌军情报，坚持敌后游击，揭露汉奸及“分歧分子”，检举奸商与走私，监督战时交通运输。

当时在敌后，军统局除在沪、平、津三地设区站外，其余各地组织均改为组。每组三到五人，配给电台，设有爆炸队及游击小组或铁道破坏队。以小组为单位刺探军情，并与各战区当地军事长官密切联络，做好电台掩护工作，以保证电讯畅通。到1943年，军统局共发展有709个单位、569座电台。

军统局成立后，戴笠首先大力抓了为扩充队伍而培训人员的工作。1937年9月，开设湖南临澧“军委会特训班”，成为戴笠组建军统局基层干部人员的先期来源。

1939 年，军委会鉴于军中谍报工作不灵，责成军统开设“谍报人员训练班（参训班）”，由军令部第二厅督导，第一期由黔阳特警班参谋组改编，第二期则迁渝举办，从中央军校学生中选优参加，先后共办十期，培训了一千四百九十九人，毕业生都由军统局秘书主任兼第二厅（军令部）副厅长郑介民主持分配。此外，军统还办有会计人员训练班、译电人员训练班及政工人员训练班，共培训了四千七百九十九人；还在四川巴县等地开办了特别训练班，在重庆开办了空军总部技术人员训练班、气象人员训练班、“技击”（行动）人员训练班，共毕业八百五十八人；在仰光开设海外人员“特别训练班”，在柳州开设越南抗日运动干训班，在重庆开设南洋工作人员训练班，共计毕业五百三十人。

到1943年，军统集各训练班于重庆磁器口，统一为“重庆特训班”，增设经济、特技、特警、管训、特情、外警与泰国人员训练班，计二十二个班次，培训了一千三百一十人。

此外，戴笠还派出专门的特务冒充学生去各学校工作，并在每学期终放假期间，组织他们回来训练一次，给他们看最新查获的左翼宣传品，教给新的名词和动态，并防止特务们“受赤化影响”。这种训练班，每期都有一百余人。他们回校后，形成了军统在学校与教育界的基层组织，且大多互不知底，有利于互相间的暗中配合与监督。这种团体甚至也深入国民党自己的核心单位，如军统在陆军大学的调查小组，组长邹陆夫，经常向蒋介石汇报陆大师生的言行，并在校内发展组织，介绍毕业生进入军统局工作；而在中央训练团，因其为蒋介石培训干部的基地，更加重要，从其成立起，戴笠便以警卫组的名义派人进入，并自兼组长，后来先后换为李家杰、张业，组员更多达三十余人。他们对于学员平时言行的报告，直接成为蒋介石安排每个学员出路的重要依据。

戴笠的军统局成立后，其系统内颇具特色的五大组织应运而生，形成了军统局对外业务的主体。

第一是特务总队。

军统局特务总队是由开局前的特务队扩充改组而来的，经历了由便衣到统一着装、由秘密到正规化的过程。其后又使用过“军委会水陆交通统一检查处第二巡查总队”、“军委会特务第五团”等名称，先后曾由张业、王兆槐、杨清植、张辅邦、王春辉、周伟龙等任总队长与团长。这一组织，下辖三个武装大队和一个便衣中队，其中除一部分担任军统局机关和戴笠、宋子文公馆的警卫外，大部分是担任军统监狱看守所的警戒工作，并充当审讯用刑及处决犯人刽子手的角色。专设有行动组，组长程永铭，负责逮捕关押与刑讯人犯的工作，他们对肉刑工作进行了专门的研究，并配备了各式刑具。由于其残暴性，其迁渝后的所在地林森路望龙门都成了人们谈虎色变的地址。即使在军统局内部，特务们也因其具有处理违纪人员的权力而对之避让三分，称之为“锦衣卫”。

第二是军委会办公厅特检处。

这一组织设于重庆夫子池来龙巷庆德里，从 1941 年到抗战胜利一直由戴笠的亲信、军统人事室主任李肖白担任处长，主要任务是负责海陆空交通邮电的检查工作，为军统侦探情报搜集材料，扣留对当局不利的通讯宣传品。他们虽不参与特工行动，但却是军统组织的耳目与情报来源，地位重要。又因为战时交通运输的紧张，而该处人员平时接触的都是各要害部门与达官富商，其权限与“油水”之大可见。处内设有邮电检查、总务、防谍等科，不仅钟贡勋、周景敦等几个科长，就连一般的检察员也可掌握控制最紧俏的票证、商品甚至物资，因此在当时最时髦的上等手表、金笔、西装，他们也是唾手可得。许多高官也向该处“推荐”亲友，以寻发财的捷径。下属的重庆邮检所，是最大的单位，有二百余人，其侦查的重点是在渝的中共机关人员往来信件、《新华日报》等，进行了大量的扣压、分析、破获及销毁工作，并根据信件来源逮捕靠近中共的人士，直接为军统局的反共服务。特检处的另一项重要工作是“防谍”。所谓“防谍”指的是在国民党政府各机关中防止中共或日伪势力的潜入与发展。做法是在各机构中挑选一批信得过的人，由特检处进行培训，授予监视、跟踪、秘密联络等特务技能，以便在各处布控，同时也为军统在各处遍布了耳目，进一步发展了组织。训练班的名称为“秘密监察人员训练班”，地址设在赣江街 82 号江西会馆万寿宫内，共办了两期，每期两三百人，各部门或迫于压力，或鉴于自派人员总比军统来人强，都送员参加了训练。这项工作的主要目的是为了对付共产党，得到了蒋介石的赞赏。

第三个机构是水陆交通统一检查处。

这个处的前身是军委会运输统制局监察处，运输统制局撤销时蒋介石认为应保留该处，便以军委会水陆交通统一检查处的名义留存下来，他指定戴笠为处长，于是该处也列入了军统局的势力范围。

戴笠接管后，委任他的“军统十人团”成员之一、“西南运输处警卫稽查组组长”张炎元为副处长，代他主持工作；业务组长则由“军统十人团”成员胡天秋担任，其主要工作，便是在水陆交通要道上设卡检查来往车辆船只，兼顾反共、防敌、缉私等工作，也是大权在握的岗位。如在重庆城南一品场的检查所，就是把守从东南、华中、云贵等省来渝陆路交通的枢纽，所长韦贤，因得戴笠的信任，长期在此任职，自定路规，却无人敢管；而在通向西北公路上的青木关检察所，是从渝到中共边区的第一道障碍，军统特务在此严查向西北去的青年及一切行人，只要是证件稍不过硬，便加留难，甚至扣压，即使对路过的中共第十八集团军将领也故意刁难，如强令他们下车在雨中等候检查等，这些举动博得了戴笠等人的欢心。而对他们自己内部的违纪犯规现象，则有许多包庇与纵容。无论查出了什么私货违禁品，只要能找到戴笠的关系，如杜月笙、孔祥熙，或有宋美龄等出面，皆可退货放行。抗战期间轰动一时的所谓中央信托局运输处长林世良走私案，之所以被军统抓住不放，也是因为林自恃有孔祥熙做靠山，根本不把军统放在眼里而造成的，这件事也说明了戴笠与军统势力的膨胀。

第四个机构是兵工署警卫稽查处。

在抗战前，兵工署所辖各兵工厂都有自己的警卫队组织，战争开始后军统借机插手这一领域，特别是厂矿内迁后，从各地迁往重庆的兵工企业特别多，数以万计的工人集中到此，引起了蒋介石的不安。如何管理与维护治安，事关重大。为防止共产党渗入重点产业，蒋要把戴笠的力量运用其中方可放心。他吩咐俞大维为首的兵工署只管生产与技术，把安全与防共交给戴笠的警卫稽查处。戴笠领命后，特地选择了留学苏联对共产党有所了解的特务处书记长张师来担任处长。

警卫稽查处下设有总务、稽查、安全、司法四科，为统一领导各兵工厂的警卫队组织，又成立了以副处长杨蔚为部队长的警卫总队部，统一行动指挥权。在具体工作方式上，他们采纳了张师的意见，决定向各厂派遣警卫稽查组成员，以安全检查的名义深入车间，一方面执行任务，一方面接近工人笼络关系。另外，还坚持将兵工厂工人列入军事编制，按现役军人管理，更不许成立工会，这样便可以以军法来严厉处置罢工与其他反对者的活动。

在军统与兵工署的关系问题上，戴笠知道俞大维与蒋介石有密切的关系，因此采取退让合作的方针，命令警卫稽查处不得干涉业务与财务事宜，就连各厂原有的警卫队负责人，也大都不予更换，而要杨蔚采取拉拢他们加入军统的方法逐步加以控制，以保持与俞大维表面的良好关系，甚至发生过军统局处死误报俞大维亲信通共的稽查员陈昌熙的事件。戴笠的心计由此可见一斑。

第五是交通警察总队。

交通警察总队是抗战中后期戴笠在与美国海军合作成立中美合作所后，准备包办重建警察系统的产物。由戴笠用美援装备与美式训练一手造成。它的基础是抗战初期戴笠在上海收编的帮会组织力量，以戴笠的“十人团”成员周伟龙兼任司令，中层军官都是军统特务。前后总计武装训练了四万余人，配备了当时最好的武器装备，作战机动性强，火力猛，被蒋介石视为“王牌军”。抗战胜利后，改组成二十多个交警支队，担负了守卫重要铁路、公路交通线的工作，后来还直接参加了反共内战。这支部队是军统组织势力发展到顶峰阶段的产物。

以上五个方面的组织是戴笠的军统局掌握的主要力量，他们的活动范围即是军统特务的势力所在,从而在为蒋介石“保天下”方面起到了特殊的作用。

戴笠的特工观及其人格弱点

戴笠是一个行动型的人物，他并不擅长于理论的研述。但在几十年的特务生涯中，由于掌管军统组织的需要，他也发表过许多的谈话或文章，其中涉及特务组织的源起、性质、行动理论，也表达了他对当时形势与各方面关系的看法。这些文章谈话，无论其原稿是否出自他本人之手，都可反映出他的特务观。

关于为何要搞特务组织，戴笠认为：

“世界各国的特务工作，归纳起来，大概不外有两种意义和目的：一种是为着要巩固自己的国防，一种是要巩固本身的政权。前者对外，后者对内。中国亦不例外。我们要拿这个工作来整顿我们这个破败的国家，跟侵略我们的帝国主义者赌输赢。中国的特种工作，就是在这个时代使命任务之下产生的。也可以说是根据领袖‘安内攘外’的政策要求来做的。要攘外尤其要先安内……一般反对党不满意我们，说中国要走向特务政治，走向独裁的道路。但我们看看，英国并不独裁国家，有没有特务？美国是民主先进国家，有没有特务？他们的海军、陆军、空军，各有各的特务，总统有总统的特务，这都是战时的必然现象。”[4]

对于国民党特务组织的性质，戴笠定性说：

“什么叫做特种工作？特种工作就是人之所不能为者我能为，人之所不屑为者我屑为，人之所不愿为者我愿为，人之所不敢为者我敢为。我们要以特殊的工作成绩来表现，这个叫做特种工作。”[5]

“革命团体中的特种工作人员在政治上是没有自己的主张的，一切听命于革命领袖，为了贯彻领袖的政治主张，牺牲一切，不达目的，决不休止。”

“我们所负的特种任务要忍人所不能忍，为人之所不能为、不屑为。所谓‘我不入地狱谁入地狱？’这就是我多年来所尝味道。”[6]

“我们在领袖的直接领导下，从事革命救国的工作，我们有神圣的职责，从事中国革命的特种工作，怕的什么？我们上无愧于天，下无愧于地。”[7]

“有人说‘你在中国就等于希特勒之下的希姆莱’，我说：‘你这是什么话？我为什么要做希姆莱，我是中国人，中国的特种工作自有中国特种工作的精神，为什么要模仿德国？’”[8]

关于对国民党特务组织的要求和标准，戴笠认为：

“中国特工真需要统一，现在系统乱得很，分子非常复杂，因此招致社会上许多不好的批评。”

“我们这个团体绝不是采取俄国‘格别乌’，德国‘吉士塔坡’的特工方式来统制的，因为中国有中国的历史文化，中国人有中国的传统精神。中国人的传统精神是什么？总理讲‘忠孝仁爱，信义和平’，领袖讲‘礼义廉耻’，我们掌握团体，运用组织，就是本着这种精神做出发点，以主义领导，以理智运用，以情感结纳，以纪律维系，唯有如此，所以能使主义与道义的结合凝为一体，愈久愈坚。”

“中国特种工作人员，要以恢复忠孝仁爱信义和平的固有道德，复兴中华民族、建设三民主义的新中国为职志。”“我们不仅是革命的技术人员，而且在精神上要做到是建设三民主义新中国的生力军。”[9]

戴笠还说：“我们的工作看起来好像是包罗万象，五花八门，但归纳起来，我们可以用两句话来说明，就是‘秉承领袖意旨，体念领袖苦心’。我们一切的一切，都以这两句话为出发点，前者是革命的精神，后者是革命的技术。所谓秉承领袖意旨，就是说我们贯彻领袖主张、达成领袖意图，始终如一，至死不变；所谓体念领袖苦心，就是说：我们秉承领袖意旨，不是横冲直撞，一味走直线，我们的宗旨不变，办法可以变；目的不变，手段可以变。委屈所以求全，最后还是要达成不变的目的。我们整个调查统计局的同志一定要能做到这两句话。”“如果我们稍不留心，就要增加领袖的麻烦与忧虑。”[10]

“我提出以‘宁静、忍耐、伟大、坚强’八个字作为我们特工人员修养信条……”

“至于忍耐，更是重要。忍字象征一把刀插在心上，小不忍则乱大谋……我们做人做事，智深沉勇，外圆内方，但却不是泄泄沓沓，随欲浮沉，更不是同流合污，日趋下流。”

“领袖对我们工作训示的要点：一、特种工作人员是革命的灵魂；二、特种工作人员本身在政治上没有主张。”戴笠又加上一点：“三、特种工作人员是领袖的耳目。我们身为‘领袖耳目、革命灵魂’……一切的一切，只有绝对听命于领袖，秉承领袖意志，而本身不能提出任何政治主张。××同志在江西干部会议中与人家竞选，违背团体纪律，所以我这次到东南，把他开除了。”[11]

从这些片断的话语中，我们即可看出戴笠及其特务组织是以完全为蒋介石独裁政权服务为最高宗旨的本质。因此，这一组织的政治与阶级的属性，还有他们的历史地位与评价就完全与蒋政权相同了。确切地说，他们表现了蒋政权最反动最阴暗和最残忍的一面。至于戴笠所说的那些冠冕堂皇的话，表面上很动听，但事实证明，基本上是连他自己在内的特务们都做不到的。戴笠有一个特点，就是要求别人比较严厉，对自己则绝非如此。他对部下恩威并施，虚实莫测，在团体中一切以他为中心和根本，这一套，是他跟蒋介石学来的。

戴笠很善于说一些貌似很正统的大话，平时对部下要求也很严厉，但他对自己却根本不是这样。他很善于捞钱，但他的钱是要花在他的野心和“事业”上的，他自己生活一切需要由团体解决，别墅、汽车、古董他都有许多，他还能运用特务手段随心所欲地做自己想干的事情，如霸占别人的妻室来满足自己的欲望。这是戴笠为人的一个特点。戴笠很好色，自他结发妻子病死后，他未再婚，却不断地用他的女部下和部属人员的妻室来满足自己的需要。与他很熟悉的唐纵曾在日记中写道：戴笠“最大的毛病就是爱色，他不但到处有女人，而且连朋友的女人都不分皂白，这是他私德方面，最容易令人灰心”。[12] 在戴的一生中，这方面闹出过多起风波，比较出名的有：他与女秘书余淑恒的关系，他曾很喜欢余，据说准备与她结婚，自己也一度化名“余龙”，送她赴美深造，希望她成为宋美龄式的女性。1941 年 6 月，他亲自送她到香港，不料却被港英警察扣留，经香港区长王新衡急报蒋介石，求助于英国驻华大使和外交部次长俞鸿钧，俞到达香港与港英当局交涉后才得脱身。戴笠在被拘期间曾四次致电蒋介石，报告说他是因在广东韶关工作无法回渝，绕经香港时被扣留的，并赌气非要港英当局道歉才肯作罢。[13] 后来，著名影星胡蝶因珠宝被盗，托人找戴笠帮忙，一下又被戴看上，他使尽办法为她找珠宝，在寻找不着后便不惜用重金重买以博美人一笑，的确也感动了胡蝶。戴笠把胡的丈夫派为货运管理局驻昆明专员，打发到外地，又给胡蝶盖别墅修花园，终于达到了目的。此后，他对余淑恒也渐渐淡忘了。据沈醉回忆说：戴笠与胡蝶相好时，有一次当她面签署文件写了“余龙”，刚写一半被胡蝶“嗯”了一声，他立即在余字下加了一横，此后戴笠又有了个化名叫“金龙”。这说明戴是很会讨女人欢心的。[14] 至于他对女部下、部属妻女等人的欺辱，就是司空见惯的事，无法一一考据了。其中如女特务邹志英因为被抛弃而与他大吵大闹，最后竟被他关进了息烽集中营。“几年中，像处理这种意外的事件，前后共有七八次之多，都是与戴笠发生关系后要嫁给他，有的赖在床上不起身，有的躺在地毯上要死要活。”[15]

因为长期从事特务职业工作的缘故，戴笠变得敏感，他平时行动莫测，处处设防，不愿别人知道其行踪，甚至于不肯照相，害怕更多的人认识他，所以流传到今天的戴氏照片并不太多。[16]戴笠还很迷信，他找人算命认为他命中缺水，于是他所起的笔名、化名大都与水有关。据统计，戴笠使用过的27个化名如下：

“冬”、“农”、“实”、“侬”、“淼”、“雨”、“灵”、“永年”、“自新”、“裕隆”、“宏伟”、“志成”、“重光”、“素平”、“行素”、“马力行”、“金水”、“泽霖”、“锺灵”、“雷云”、“健进”、“瑞华”、“余龙”、“江汉清”、“涛”、“马健行”、“张叔平”，[17] 直搞得人虚实莫测。

对于蒋介石，戴笠表现出无条件地效忠，因为他知道只有为蒋卖命并让他知道，才会有自己的前程。于是他时时处处把“效忠领袖”挂在嘴边，在他给蒋介石的报告文件中，行文用句到了卑躬屈膝的地步，但实际上他在内心深处却把蒋介石当成他的利用工具。某次，戴笠在好友唐生明家请宋子文吃饭，他特别吩咐厨师“顶好的菜，不要一次都拿出来”。当唐生明问他为何这样做时，戴笠说：“你这个人太老实了，我对校长一直就是这样，任何事情没有准备好第二套办法，第一套绝对不先拿出来……否则你什么都拿了出来，他便不会再用你了。”[18] 这就是戴笠的为人处世之道。对此，大特务周伟龙曾对唐纵总结说：他“对上忖度精到，对下死刑与禁闭，对事是重点主义、兴致主义；对人是无所顾忌（彼谓针不能两头尖）；对己是享受主义（彼认做得好敌人杀，做得不好领袖杀)。人生是短促的，及时行乐，故其整个生命和生活的意义是赌博式的。这是人生另一种作风。”唐纵更直接地说：“雨农的作风，对上绝对服从，不计利害以达成任务，使上信任；对下绝对控制，不顾舆情，以残酷手段，使下知所惧。这是他事成功就的两大法则。”[19]这就是军统局内戴笠的同事对他的评价。

戴笠有一个养女淑子，不为人知，据有关资料称，淑子原为日本在华间谍神田久之与工藤由纪子的女儿。1937 年 7 月 16 日，在戴笠率领军统特务突袭南京汤山日本眼科诊所神田据点时，击毙了顽抗的神田，逮捕了工藤。而后，戴笠对美貌的女间谍工藤有了“好感”，单独“审”了她三天，而后就收养了她一岁的幼女淑子，一直抚养长大，其中秘密，几乎无人知晓。[20]

有关戴笠的个人生活种种情况，坊间流行的出版物介绍太多，这里就不再赘述。总之，戴笠和其部下毛人凤等人与中统的徐恩曾一样，在个人品格上都是有污点的，他们因此而互相攻讦，成为政治斗争的一部分。

戴笠对军统内部的严密控制

戴笠的“建特”思想，贯彻在他的工作实际中。他对属下的组织和人员，采取了比较严格的要求，辅之以恩威并施的手段，想要建成一支理想化的“三民主义生力军”。但是，他的这些要求与规定在实际上是不可能真正贯彻执行的，因为从戴笠自己和他的左右人物开始，就没有执行好这些纪律。戴笠霸道的工作作风和糜烂的生活，他为人处世的准则，都与那些冠冕堂皇的条文背道而驰。在这种情形下，他怎么能带出一支“革命的生力军”？

戴笠为加强内部管理，1940 年 11 月 12 日曾下达手令：“生活要有纪律，工作务求切实。”军统局在戴笠的独裁统治下，先后制定了许多禁令。这些禁令并不是组织讨论后制定的规章制度，而是戴笠口头随意宣布或以手令下达后形成的规定，军统组织内任何人都不能变动这些规定。其中最主要的有“六不准”：

不准擅自脱离组织；

不准在抗战时期结婚；

不准自由向外活动；

不准经营生意；

不准贪污贿赂；

不准随意回家外宿。

这“六不准”规定的实际执行情况怎样呢？曾在军统局本部人事处任职的黄康永揭露了下列情况。

第一，不准擅自脱离组织。军统局的每一个特务，按规定都不能擅自脱离军统的组织，连请长假也不许可。蒋介石把特务规定为终身职业，戴笠就把此当成了限制下属特务的铁规。他曾说：“如果有哪个人要离开我们组织的话，我就请他活的进来死的出去。”当然如果是戴笠要开除的人，则不在此范围之内。偶然也有例外，也有人借口生病等原由离开了军统，如军统子弟学校立人小学教导主任熊家璞，毕业于军统黔阳特训班，她是军统特检处处长李肖白的情人。熊惧怕军统的恐怖与严厉，不想再干，想尽早脱离军统组织。她利用李肖白与军统局人事处处长龚仙舫和行政科长黄康永的私交，共谋以长期病假的形式获得离开。于是，他们便找了一个有肺病的妇女在重庆宽仁医院照了一张 X 光胸片，熊家璞遂冒充肺病病人向军统局人事处请求长期病假休养。军统医务所根据 X 光照片，同意她长期休养，得到了批准。这样，熊家璞在获得军统发给她一年的生活费和医药补助费后，便离开了军统特务组织。当然如果没有这种私人关系的话，要离开军统组织，就不容易了。有一个例子可用来证明。抗战期间军统局上海站有一特务，“不了解他精神上受了什么刺激，因而意志消沉，不想再干下去了，在不准请长假的限制下，就自动离职隐藏起来了……敌后组织中，对于一个工作同志的脱离控制，是一件非常严重的事……非据实呈报不可，上级随即下令予以制裁。”幸而上海站长陈恭澍等人从中转圜，把人找回来再加以说服，让他自请处分，又代向上面疏通，最后以关了几个月的禁闭而发落。[21]

第二，不准在抗战时期结婚。自戴笠的妻子毛氏于 1939 年在重庆因患子宫瘤死去后，戴笠出于一种病态的心理，不愿意看见他的部下与妻儿团聚，遂于1940年下了一道手令，规定抗战时期所有局内同志家属，一律迁回原籍，以免妨害抗战大业。如果在三个月内还没有迁动的，就停发眷粮。这一条手令经军统局人事科下达后，许多中下级特务不得不把家属送走，闹得怨气冲天。有一些特务设法让家属暂时先离开重庆，想等到风声过后，再慢慢地搬回来。戴笠了解到这种情况，感到这条命令不能过于勉强执行，于是就来了一个“治本”的办法，他又下了一道手令，规定军统全体同志在抗战时期内一律不准结婚；如有擅自结婚的，一律禁闭四年，不能特赦；若双方都是军统人员，男女同时禁闭。他说：“我断弦后，即决定不再嫁娶……同志们如有家累，经济负担外，有感情负担，要他们去出生入死，义无反顾，难上加难。”这一道禁令下达之后，在1945年以前，大约有两百余对的男女军统特务，因违犯禁婚令而被禁闭，直到抗战结束之后才陆续释放。

然而，这道禁婚令的效力是有限的，军统内的大特务或者戴笠同乡江山帮的一些特务，则都成了例外。1940年在戴笠下了手令后，局主任秘书毛人凤就率先与向影心结婚；接着还有军统兰州特训班教官兼兰州市警察局分局局长陈宜生与当地军政长官朱绍良的女儿结婚；军统兰州站站长、运输统制局监察处副组长霍立人与徐应年结婚；军统西北区区长文强与葛世明结婚，军统局电讯处处长魏大铭与赵霭兰结婚等。除了局内主要干部敢于不遵此令外，一些有关系的基层特务也可以有恃无恐地结婚。出身江山的军统局情报处处长何芝园的堂弟、时在军统息烽训练班任职的何丹山，就于1941年与息烽曾姓大地主的女儿结婚，戴笠虽接到了息烽秘密督察的小报告，但碍于种种关系，这个小报告就搁在他皮包里没有处理，也就是默许了这桩婚姻。戴笠在表面上不同意他的大将亲信们这样做，但又不阻止，且往往亲自出面向他们贺喜，实际上造成执行纪律因人而异的情况。

当时军统局里的许多年轻男女特务，对于禁止结婚的问题，都是敢怒而不敢言。因而发生了许多两性问题，弄得丑态百出，军统局的大寝室、防空洞，都变成了军统那些旷男怨女的幽会场所。

第三，不准自由向外活动。按照纪律规定，军统的每一个工作人员，在没有得到命令或批准时，都不许擅自在任何方面开展活动。1932 年后，徐恩曾的“党统”特务和戴笠系统的特务都被列入陈立夫挂帅的“军事委员会调查统计局”名下，为第一处与第二处。这两个特务机关，虽然在组织形式上统一了，但戴笠在私下则秘密禁止第二处的人员与第一处的人员擅自交往。他指示参加局务会议的人员说：“我们参加他们的局务会议，只是采取听听的态度就可以了，少说话。”他还在内部订出一条禁令，如果私自同中统人员往来，则以擅自活动惩处，轻则禁闭，重则以泄露秘密论罪。所以军统人员见了中统人员都是尽量回避的，很怕触犯戴笠的禁令遭受惩处。

另外，戴笠要求军统人员全身心地投入工作，特务们每天工作十小时左右，仅有半天休息。因此戴笠不许他们打麻将，以免“浪费时间金钱和精力”，他请准蒋介石，规定对违反者以枪毙论处。这下真吓住了一般的人员，但也有局内要人如主任秘书毛人凤“暗中还摸上八圈”，对此戴笠也只能睁只眼闭只眼了。

第四，不准经营生意。在抗战时期，军统局内部有一条禁令，不准任何人经营生意，宣称与商人争利是不得人心的，做一个特种工作人员就得“安分守己”。

在这条禁令下，军统组织里也有过一般的下级违令者被处禁闭或丢了性命的事，而那些大特务则依然是例外，他们半公开地做走私贸易，囤积居奇。戴笠自己就带头利用他掌握的财政部缉私署和战时货运管理局的权力，勾结上海“闻人”杜月笙，在后方与沦陷区之间进行各项非法的生意买卖，他们把后方的金属矿产原料等偷偷运进沦陷区供应日伪，把沦陷区的日用必需品抢运回来，从中牟利。为此军统曾大量印制汪伪政府的储备券到沦陷区抢购物资，称之为对敌“货币金融战”，在扰乱日伪财政的同时，客观上使沦陷区的人民生活又遭受了额外通货膨胀之苦，而军统局的腰包由此膨胀起来，成为戴笠“事业发达”的经济基础。

军统局副座郑介民，表面上斯文尔雅，不屑于做生意，但他的妻子柯淑芳则是一个做生意的老行家。柯在重庆利用四川商人为她囤积居奇，做收进抛出的买卖。因而，她对这些商人保护有加。1943年间，有几名生意关系户因赌博被重庆稽查处抓去，柯得知此事，马上要郑介民打电话令稽查处放人。而稽查处长何龙庆当时不在处里，柯淑芳就要郑亲自去稽查处处理。郑想第二天再去办理，柯坚决不同意。郑介民一贯惧内，只得冒雨前去，把关押的商人释放了。柯淑芳大小生意都做，她利用与“中苏情报所”总务科科长吴景中的湖北同乡关系，要他套买大量日用品，每月都要进出货一两次，这些买卖的收入，也就成了柯淑芳的私房钱。

局主任秘书毛人凤，表面圆滑内心叵测，平时言谈也很清高，似乎不懂得做买卖，但背地里也由他的妻子向影心出面大肆经营生意，不仅大搞囤积居奇，而且利用毛人凤的关系向国外购买洋货进行套卖。她还借军统局局本部总务处粮食股长吴茂先领取军统局军粮的职权，要吴为她囤积粮食，秘密地做粮食生意。吴茂先之所以得到毛人凤的信任，也就是由于与向影心的这一个秘密关系。1945 年日本投降之后，毛人凤力保吴茂先为重庆航空检查所所长，以便于向影心经营重庆至上海间的各种投机倒把活动。1946 年戴笠死后，毛人凤当了军统局副局长，向影心还介绍她的情夫邹伟成当四川谦泰豫银行上海分行的副经理，与四川商人合伙扩大经营生意，攫取巨额利润。

第五，不准贪污贿赂。贪污在军统内是明令禁止的，如果有人被打了贪污的小报告，就会送掉性命，所以许多特务都不敢以身试法。1940 年间，贵阳邮电检查所有一个女邮检员杨月亭，因为怀孕即将生育，一下子筹不到一笔生产费用,就利用邮检工作的机会,偷窃了五十元的汇票款。她的偷窃行为，被邮政局人员揭发，给军统秘密督察向戴笠打了小报告，戴笠就命令贵阳站把她关押起来，并执行制裁。由于杨月亭怀有身孕，有人要求戴笠等她生育之后再执行枪决，戴笠即电贵阳站马上执行，并且说 :“杨月亭就是为了这个小孩犯了纪律，要留这个小鬼干什么？”戴笠这种杀鸡吓猴的手段，在一般的小特务里面可能是有些作用。但是，从特务组织里来看，采用送礼的方法变相贿赂和贪污，则是普遍的现象。黄康永曾在军统局本部人事处工作，熟知人事处的处长、科长、股长以及一部分科员，都是每一个想调迁工作的特务逢迎送礼的对象，平时人事处各人办公桌抽屉里，都有不少特务们暗送的礼物，从香烟、布料、钢笔、手表到糖果、罐头等应有尽有。这在军统局里是司空见惯的，戴笠自己更不例外。1942 年黄康永陪同戴笠从重庆去东南视察，在福建南平，戴看到一种海味蛏干很肥大，认为是一种滋阴补肾的食品，他马上向福建水上警察局局长余钟民表示，要办一千斤蛏干带回重庆。当时，就由福建的各个站点合伙，采购到一千斤蛏干，由福建站副站长陈达元献给了戴笠。不久后，戴笠亲自决定调升陈达元为军统局闽南站站长。1949 年前后陈达元还爬到了国民政府监察委员的高位。

虽然戴笠在局内也惩办过大贪污犯陕西缉私处长金闽生和缉私署骑兵团筹备主任欧阳斌；在毛人凤时代也枪毙过大贪污犯北平站长马汉三，但主要原因都不是因为他们的贪污，实际上都是因分赃不匀或借机杀人而已。

军统局的所谓不贪污、不贿赂，只不过是一纸空文，上下级都有贪污贿赂现象，基层特务更多的是无污不贪、无物不要，送礼贿赂已经成了军统局的风气。

第六，不准随意回家外宿。在军统里有一个严格的规定，就是每人除在一个星期里指定一天回家住宿之外，其他的时间都不许可离开机关回家或外宿，星期天也不例外。这一制度，从特务处成立后就开始执行，在重庆的八年抗战期间，都是严格执行的。如果有私自偷出外宿的人，让秘密督察打上了小报告，就会受到惩办。1943 年后，由于军统局局本部的组织庞大，也由于军统里的宗派关系活动加剧，相互包庇隐瞒，对于这一纪律，执行得稍为放松。当时军统局总务处处长沈醉为了迎合科级以上人员的需要，制作了一种供科级以上人员出入军统局门岗的珐琅铜牌，可以自由出入门岗而不需任何登记。这就为军统局的高级人员夜不归宿开了方便之门。但是，一般小特务还是要受到这个纪律约束。对这个制度，许多特务及其家属都怨恨不已。[22]

戴笠在其军统组织内部，上下实行着严密的控制。在他的周围和内部机要的岗位上，他都用自己的浙江江山同乡和他看中的新录用的人员。1938年他曾让毛万里在浙江金华主持开办译电人员训练班，召训了江山籍的高中毕业生两百人，毕业后分派在下属各单位担任译电工作并负监视之责。在他的关照下，军统局内的江山籍人员比较多，这些人普遍文化水平较低，却大都占据重要岗位，他们与戴笠经常用江山土话交流谈工作，别人听不懂，但大家都知道这些人兼有监视同事向戴笠汇报的职责。戴笠还通过建立公开的督察制度来造就一批“特务中的特务”，刺探情况和每个人的动向，不定期地在内部发动总检举，严厉惩办违纪者以维护其在内部的有效统治。对军统高层人员，他亦安排同乡、军统局女少将姜毅英作为秘密督察加以监控。1939年夏，戴笠曾呈准蒋介石，以外交部“外事人员训练班”的名义招录了一批大学生，训练结束后由他面试，留用在局本部机要室他的身边工作，其中就有毕业考第一名、出身中央大学英语系的美女余淑恒，后来做了戴的情人。这些学有专长的青年因具有在各种报告上首签意见的权力，被军统局人员不无嫉妒地戏称为“宝贝”。[23]

戴笠宣称：“同志如手足，团体如家庭。”他一方面要求部属绝对服从，努力工作，另一方面还用优遇和严惩来双管齐下，以收掌控之效。当时军统在蒋介石心目中的地位很重要，拨给的经费充足，军统局普通工作人员的薪金足以养家糊口，而且戴笠在局内部还搞了多方面的生活福利，每日供应六菜一汤的免费丰盛伙食，优待部下。[24] 另外在一些重大行动中，还发给特务们较多的奖金。而戴笠自己不时也作出关心下属的种种姿态来收拢人心。如在每年军统局的“四一”大会上，上午要进行局内“烈士”的“公祭”，中午则大摆宴席两百余桌，连军统“阵亡”者家属也请来吃饭，下午开展庆祝活动，并宣布开释一批上年犯错误被囚的特务。当局内有一定地位和影响的人从外面“脱险回局”后，戴笠还为他们开“欢迎忠勇同志归来大会”，加以表彰，如北平站长刘艺舟、上海的刘戈青、孙若愚等逃回重庆后，都享受过这种待遇。[25] 但享受这一切待遇的前提是特务们必须为其卖命工作，如有违抗，则惩处的纪律也是严厉的，且这种惩处受到戴笠的情绪好恶影响，不可揣测，令人恐惧。下面一例就说明了这一事实。

1942 年春，军统江西赣南站所属景德镇情报组组长丁学伦和副组长于安民两人之间，相互矛盾激烈。于安民为了要和丁学伦为难，一时头脑发热，在该组电台报务员王宏德面前调唆说 ："上面的经费到了，丁学伦压着不发，真是岂有此理。他不发你的薪水，你就停止工作好了。"王宏德是位刚从高中毕业的学生，被骗入军统电讯训练班受特务训练后派到景德镇任职，头脑比较简单，他相信了于安民的话，竟停止工作了两天。

丁学伦发现问题后，便向军统局控告，说于安民唆使王宏德停发电报，影响工作，请求严惩。军统局当即指派了江西特务督察陈庆尚进行调查。结果，将确有其事的情况上报了。戴笠本来就不满江西特务常闹人事纠纷，而事态发展到罢工的地步，戴就更加恼火，为了杀一儆百，严肃纪律，便决定签报蒋介石，将于安民、王宏德二人处死。

时值军统江西赣南站长王立生赴金华开会，由副站长陈达代理站长职务。他接到戴笠给赣南站的电令，电文如下：

"查景德镇组副组长于安民与组长丁学伦意见不合，于安民唆使报务员王宏德停发电报，影响工作，业经签奉委座批准，将于安民、王宏德两人处以死刑，希即秘密执行枪决，拍具生前死后照片，各发埋葬费五百元，家属维持费二千元，并将执行时间、地点具报。"

这份电报是用戴笠的真名发的，不同于平时一般的化名电报，以示特别重要的意思。

陈达接到这个电报后，和站本部的特务商量结果，认为这二人已经"委座"批准处死，且后事都作了安排，于、王之死不可能再改变。

陈达即写了一个手令交扣押二人的军统泰和赣南站特务队队长喻杰执行。执行前，喻杰对于、王二人宣读了戴笠的电报原文。当天下午，这两个特务被枪毙在赣南站站本部的后山上，并拍了生前、死后照片，准备报军统局。但就在于、王二人被枪毙的第二天早上，戴笠忽又用化名给军统赣南站发来了电报："××电计达，于安民、王宏德一案，又发现新事实，如未执行处死，希免执行可也。"但事情已无可挽回。

戴笠出尔反尔，拿人命当儿戏，其中可能别有原因，但这件事说明了军统内部当时控制得很严密，戴笠对部下是操有生杀大权的。[26]

对于军统局的纪律，陈恭澍在他的回忆录《英雄无名》中写道："据我所知，执行纪律所引用的法规，除刑法、海陆空军刑法外，还有一套'家法'，也就是军统局的内部单行法，是经由上峰批准施行的……它比陆海空军刑法中的量刑还要重得多……严虽严，但也有比较'开放'的一面，一是在工作上有需要，无论判刑有多重，都可以一笔勾销，去戴罪图功。其手续大概是经军法判决的，要经过一番呈请'调服 × 役'的程序，若是由'家法'判决的，一张条子就可以恢复自由了。笔者于民国二十五年在南京羊皮巷'乙地'(关人的场所）守法时,就是这样放出来的。当时我自己苦于不知道刑期多久，不过，只关了五个月零七天而已，太便宜了。"[27]这一切都说明，军统的纪律，就是戴笠的纪律，处罚的标准和尺度，是戴笠的好恶和他根据各种需要的平衡结果。他通过这种不透明而充满神秘莫测的甚至是涉及性命的处理方式，使部下充分感到自己的前途命运都掌握在戴笠一人手中，只有为他卖命，才能在有过时逢凶化吉，才有前途。

如果说用"家法"处置还是"有法可依"的话，那么，在特殊情况下因犯了戴笠的忌讳而被他暗地"制裁"一下，则是有苦难言了。如军统局贵州息烽训练班副主任徐亮，是戴笠黄埔六期的同学，又当过他的秘书，本来关系很好，所以被外派重用。但徐亮较会笼络学员，以致一些学生亲切地叫他为"妈妈"。这本来是个含有玩笑意义的昵称，被人打小报告到戴笠的耳中，引起了他的强烈反应。本来戴笠与蒋介石一样，对属下的"自立山头"行为一贯保持高度警惕，绝不容忍。他下令停办了第五期的息烽训练班，又指使医务所长用变质的麻药给来开刀医痔疮的徐亮注射，结果造成徐亮下半身瘫痪，并被戴笠"安排"到四川长寿去"养病"，从此不再使用。徐亮吃了大亏还不敢有半点怨言，因为他知道只要有一点不满传到戴笠耳中，他将会有性命之虞。这就是戴笠心狠手辣的一面。[28]

1944年中，军统局昆明站有两个特务开罪了上司，被送往贵州息烽集中营看押，但昆明站方面巧使连环计，分别给两人下达了暗地里押送对方去息烽的任务，互不通气。结果到了息烽集中营，两人就一起被扣押关入一间牢房，互相交谈后，大呼上当不已，后悔早知如此，不如路上一齐跑掉。[29]军统宣扬的“同志如手足，团体如家庭”实际如此。

有一个问题值得注意，那就是在蒋介石国民党“以党治国”的方针下，特务组织内部的国民党的组织和其位置是如何处理的。就起初陈立夫一统之下的“军统局”和后来的徐恩曾中统组织来说，并不存在这个问题，因为中统本身就是党的机构，而抗战后独立的戴笠的军统局，就有了这个问题。在历史上来看，戴笠一直是与把持党务系统的“二陈”格格不入的，戴笠对他军统局内部国民党、三青团的组织建设并不感兴趣，甚至视为异端，生怕因此让二陈插手进来，削弱他的铁腕统治。但到了1943年，在陈果夫的强烈要求下，蒋介石指示戴笠要在军统局内设立党部。对此，戴笠以“关门自产”的包办方法来应付。1944年春，军统局本部设立了国民党区分部，戴笠指派亲信刘启瑞负责军统局党部的工作，局内各处室负责人为党部的当然委员。于是，陈果夫企图落空，也拿他没辙。[30]

军统局的“临澧特别训练班”

1937年9月，军统局在湖南临澧开设的“军委会特训班”，在其历史上具有重要的意义和作用。

这一“特训班”，对外用“中央警校特种警察训练班”名义公开招生，因为戴笠当时兼任了中央警官学校校务委员会主任委员，为了争夺国家警察领导权，他于此为今后埋下伏笔。1938 年 3 月，该班正式更改名称为军统局“临澧特别训练班”（简称“临训班”），并扩至黔阳、息烽、兰州、建瓯、重庆、北平举办，到抗战胜利共办了七期。班内以戴笠为主任，余乐醒、乔家才等为副主任，由军事专家吴玉良负责军训，后增设无线电培训班继续招生。戴笠规定班内“不许派外部人做内部事”以严格管理。这一训练班在军统局的历史上具有重要的作用和特别的意义，它成为戴笠组建军统局基层干部人员的先期来源。

本来，戴笠是想在上海或南京开设训练班的，因战争开始和扩大，上海和南京很快就沦入敌手，因而未能实现。1937年秋，他到达武汉之后，便指派原在上海附近松江、青浦两县主持“苏浙行动委员会武装特务干部训练班”的副主任余乐醒和谢力公两人，到湖南去着手筹备，并命令军统湖南站站长李人士尽力协助。

1938年1月间，余乐醒回到长沙，马上把他在长沙南门外天鹅塘旭鸣里四号融园一座大洋楼全部腾出做筹备处，开展工作。戴笠选派到这个班去工作的大特务有谢力公、王崇五、陆遂初、王班联、贺元、徐永年、吴景中等。这些重要负责人，都是曾经留学苏联的共产党叛徒，还有着在苏联学习克格勃特务工作的经验。

这个班的地点最初打算设在长沙附近，因常遭日机空袭不安全，由湖南站站长李人士选定了常德北面临澧县县立中学校为班址。戴笠派了军统第一处处长杨继荣和余乐醒等前往视察，认为交通便利而又隐蔽，加上房屋宽大等有利条件，便决定把这个班设在那里。筹备处成立后，由军统人事科通令所有外勤各省省站组，让所有特务介绍可靠亲友前往受训。条件是“思想可靠，身家清白”，并规定当时已参加军统工作的内外勤工作人员愿意者亦可调训，以便让这些人在学生中担任考核监督任务。通令中还规定各地选送的学生，应由各省站组负责人先行考核，以防“异党分子”混入。如学生将来出了问题，原选送或保送单位要负责任。

实际上这个班的学生来源，大部分是军统郑州办事处主任梁干乔在山东、江苏、河南等地招收的流亡失学失业青年。梁干乔是托派出身，当时个人野心很大，想趁机抓点实力。戴笠洞察其意，便要他把生源全部送到湖南去受训，不准自己搞训练班。这批学生于1938年2月前后由郑州赴湖南时，不少河南籍的都悄悄溜走了，上车时只剩下八百多人，经武汉到长沙，沿途又跑了不少，于是到常德之后，除了极少数条件很差的外，几乎都留了下来，其中还包括各省送到湖南的学生两百余人。

戴笠当时认为军统局现在最缺少的是干部，因为工作量要比以往增加许多倍，所以要大力招收扩充人员。他指示负责训练工作的沈醉，只要思想无问题，文化程度差点的也可留下来，将来训练出来可以干行动工作。

临澧特训班开学时，学员总数虽有一千一百多人，戴笠尚嫌不够，特别是女生比例太少，不到总数的十分之一。他便和好友胡宗南商量，强行把胡在长沙用中央军校七分校名义招收的六十多名女生全部拨给他。因为不便对外公开宣传招生，特务们想方设法，要求学生介绍学生，以增加人数，结果这个班中出现了夫妻同学，甚至母女同学的怪现象。

临澧特训班总队部下设两个大队和一个直属女生中队。从成立到结束，戴笠对该班都十分重视，他曾两次前往视察，他对班里的一切重要人事和课程都要亲自决定。除了派出专任与兼任的一批教官外，戴笠还经常把军统一些大特务临时派到这个班去开讲座，如湖南站站长李人士、军统第一处处长杨继荣、曾经代理过军统书记长的傅胜兰和李果谌等人，几乎包括了当时军统局的所有“人才”，在临训班中工作过的教员，以后不少都成为军统局主持其他训练班的骨干。当时在军统局内被派往日占区工作的大特务，还有一项专门的待遇，即允许他们在临训班的女生中选择一个相中的“工作太太”随行。例如，派往武汉去任区长的李果谌便选中了一个湖南籍女生成某当他的“工作太太”；派往上海后来投敌当了伪杭州市市长的傅胜兰，也在这个班中带走过一个“工作太太”。这说明临训班的师生在军统局内都是骨干力量。连临训班的班歌，后来也成了军统局的“局歌”。

说起军统局的“局歌”，还有一段插曲。戴笠此人是很重视以他为首的这个团体的，视之为起家的本钱，因此，除实际的控制运用外，他还特别注意形式上的独立与团体精神的培养，不仅把他成立特务处的4月1日定为“四一节”，每年都要举行集会纪念和各种娱乐会餐活动，而且还为军统局谱写了“局歌”，在团体及政治活动时演唱。如军统每年的“四一大会”开会完毕时都要唱，并且在每周举行的“总理纪念周”以及任何集会时都要唱它。原因就是戴笠很喜欢这首歌。

这首歌的诞生，是由刚从德国留学归来的教官蒋镇南，从德国法西斯党徒那里学会他们的党歌后加以改编的。在一次临训班的班务会议上，他第一次提出这个“杰作”时，几乎使所有在场的教官和职员都笑出声来，他还是不顾一切，一边唱一边表演。副主任余乐醒看到他那么认真，只好勉强答应他找几个懂音乐的人帮他去改一下。以后每次班务会上，蒋镇南都要把他修改过的这首歌唱给大家听一下。头几次还有人提点意见，以后大家有点讨厌他，为了免得再麻烦，便勉强说一声“可以了”。这样才让他去教学生唱。谁也没有料到一下给戴笠看中了，马上走运起来。

1938 年秋天，戴笠第一次到临训班时，听到学生唱这首歌，立即叫将这首歌的歌词送给他看。歌词中有：“革命的青年，快准备，智仁勇都健全！”他马上看中了。特别对其中的“维护我们领袖的安全，保卫国家领土和主权”这两句，他更为满意，一念再念，认为写得很好，很符合他心目中对军统特务们的高调要求。因此，他便规定在每个集会上都要唱这首歌。其歌词是：“革命的青年，快准备，智仁勇都健全！掌握着现阶段的动脉，站在大时代的前面！贫贱不能移，威武不能屈，维护我们领袖的安全，保卫国家领土和主权！须应当，刚强沉着，整齐严肃，刻苦耐劳，齐心奋斗！国家长城，民族先锋，是我们！革命的青年，快准备，智仁勇都健全！”以后，戴笠便命令把它作为军统局的“局歌”传扬开来。

临澧特别训练班开学时，首先遇到的一个问题就是学生不愿意参加特务组织。这个班的学生，大部分都是失学失业的流亡青年，无家可归，来到湖南更是人地生疏，举目无亲，当他们搞清这个训练班性质后，虽然有不少想退学，但却不敢表明。特别是戴笠向胡宗南要来的近七十名女生，一到临澧，知道这个班的性质，便有大半要求仍旧回长沙七分校去。她们提出的理由很简单，她们是为了参加抗日才投笔从戎的，不愿当特务。余乐醒看到这种情况，原准备施加压力，但考虑到她们提出的理由很正当，而且其中许多人家都在长沙，弄不好她们都会跑回去，因涉及胡宗南的面子，又不能任意处理，于是决定先进行说服工作。总教官谢力公和政训处长汪祖华两人自告奋勇，先召集她们用谈心的方式进行说服，再由副主任约去个别谈话。经过一番工作，才勉强把这些人的情绪暂时安定下来。戴笠接到报告后，马上指示要研究具体对付办法，防止类似的事件再发生。几天后，班里决定采用填表、写自传、宣誓等集体参加军统组织的办法来套住所有的学生。集体宣誓时，在大礼堂悬挂蒋介石的画像，桌上放一本《三民主义》和一支手枪，“誓词”是：

余誓以至诚，奉行三民主义，服从领袖命令，遵守团体纪律，尽忠职守，严守秘密。如违誓言，甘受最严厉之处分，谨誓。

戴笠规定在其后各届训练班开学时，先得让学生履行这一套手续，以圈住人心。因为不少学生是被骗或被迫去到这种训练班的，当他们听说将来要去干那些杀人放火和逮捕绑票的勾当时，既害怕又悔恨，纷纷要求退学，先在他们脖子上套着锁链，就可予以制裁了。

临训班在开始入伍训练时，着重进行了反共反人民的思想教育。副主任和政训处长、总教官等，每天早上都要集合所有学生举行“朝会”。他们不断对共产党进行老一套的谩骂和污蔑。汪祖华在讲话中，为了要让师生们相信中共领导的军队没有真正抗日，竟歪曲事实对平型关大捷作了一次污蔑宣传，结果适得其反，学生中有人质问说“怎么连共产党的军队打了胜仗都是假的”？大队和中队的政治指导员更是向学生灌输，要其相信共产党不是在抗日而是在和国民党争权夺利。他们还向学生宣传，只有国民党是在真正抗日，而军统是最革命的集团。他们还经常找学生个别谈话，灌输反共思想，并对学生思想进行考察。特别是在发现学生中传阅《新华日报》后，特务们马上重视起来，除了找看报的学生进行个别谈话外，各队指导员还把这些学生的名字汇集起来，暗中考察他们的言行。之后，班里还对学生往来信件进行检查，把所有寄给学生的进步书报一律扣留下来。寄到班里的信都得经过大队、中队指导员拆开看过才交给学生。不少女生因为男朋友写给她们的情书被拆开看过了，常常气得大哭。有些学生便在街上找商店给他们转信，不久也被发觉，除明令禁止外，还通知所有商店和居民不得代学生转信。

临训班虽然用了多种方法来防止学生在对外通讯时泄漏训练班的秘密，但很多人还是陆续知道了临澧县办了一个大规模的特务训练班，甚至连学员们在陕北延安鲁迅艺术学院读书的同学和亲友都来信，劝他们设法摆脱这个班。这些信查出后，当然不会再送到学生们手中。

特务们为了威吓学生，又在班本部修了一个禁闭室，对不遵守规章制度的学生，随时送到这个禁闭室关起来。

军统特务的工作分为两大部门：一是搞情报，二是搞行动。行动工作的范围非常广泛，它是军统一切罪恶活动的总称，举凡逮捕、绑票、刑讯、解送、看守、暗杀、纵火、偷盗以及各种各样的破坏等都属于行动工作的范围。本来爆破也属于行动工作范围内，但由于这项工作在行动中不但占重要地位，而且技术性较强，所以在军统的各类训练班中是单独列为一项专业课程，而不把它包括在行动术课程中。因为学习爆破，不但学生常会因粗心大意造成伤亡事故，甚至教官本身都有被炸死的。有一次，军统局派到第三战区编练处（当时在江西上饶四十八都）的爆破教官蔡某，便是在教课时当场被炸死在讲堂上的。这主要是由于军统在训练特务时总是感到学生不够用而急求速成，所以经常发生事故。临训班第三中队是以训练行动与爆破为主的。这个班的行动技术训练，是以拘捕、暗杀为主，也先讲一些跟踪方法和手枪、匕首、毒刀、利斧等的使用，以及如何追捕与脱逃。在讲暗杀工作时，所举的例子就是军统一向夸耀的暗杀民主人士杨杏佛与史量才等案，以此列为教材。另外，再举出一些秘密惨杀共产党员的情况作为实例。军统所办的特训班中，在讲授特工技术时，要求学生做到“运用之妙，存乎一心”。那就是要不惜选择一切手段，不管什么法律，只求如何能达到目的。这便是每个特务在工作时要奉行的一项工作标准。

临训班在讲审讯这门课程时，恰好有一个临时找来的有贪污和采购假药嫌疑的医官，便将他弄来做“实习品”。这人来头不大，是个小特务的亲友，贪污也有限，只是为了贪图便宜买了点假药，并不是存心破坏，结果却被指为有意谋害教职员和学生，经班务会决定进行公开审讯，作为学生的

"实习品"。教官们先把一套课堂上讲的审讯方法使出来，毫无结果。这个人矢口否认有意谋害该班教员和学生，连续几小时的审讯，学生看得有点厌烦起来，弄得教官们发了急，立刻把他们的一套看家本领搬出来，将讲授的各种刑讯办法，凡是有条件一试的都可以用到这个医生身上。有些女生看得害怕起来，还挨了队长们一顿臭骂。最后这个"实习品"被弄得遍体鳞伤，而口供证据均无，结果只好交由原介绍人具保开除，并保证对此不作任何表示。这种无法无天的做法，对这个班的学生毕业后的确起了很大影响，使他们感到这个机关是具有一切特权，根本不管什么法律。

临训班第五、六两队学习的是游击战术。当时中共将领叶剑英在湖南南岳游击干部班开设了这门课，戴笠很想把中共打游击的一套办法学过来，将来好去对付中共，便设法把临训班两个副大队长陈震东和王百刚介绍到南岳去学习，以熟悉内容。但王百刚不争气，他用特务的"偷盗技术"在南岳偷了游干班一笔不小的现款，被人检举，人赃俱获，使戴笠很丢脸，本来偷窃罪不该死，可戴笠一气之下，便把他要回来枪决了。

戴笠在临训班时，几乎每天都要对学生讲一次话。他除了向学生吹嘘军统这个组织是如何革命如何有前途外，每次总是要对中国共产党进行一番污蔑，叫学生认清今后的最大敌人就是共产党。

1938 年冬，在临训班第一期学生毕业之时，戴笠还请蒋介石发来了训词，内容为："临澧特种警察训练班戴主任笠：O 密。本班第一期学生毕业，特电颁训词如下：特警工作为神圣革命事业之一，尤其现当抗战最严重期中，责任更为繁重。第一应有极高尚之道德，革命革心，必须先从本身做起，养成纯洁人格，乃足以执行其任务，而为社会所敬服；第二应有极勇敢之精神，明死生，履艰险，命令所在，虽赴汤蹈火皆锐利而前，毫无犹豫，以得牺牲报国为光荣，乃足以达成其任务而立伟大之事功。总之，心地必极光明，行动必极秘密，智仁勇三者具备，由此简练揣摩则成己成物，济世报国必可操胜券也已。望诸生共勉之。中正。冬。侍秘。湘。"[31]

当时戴笠第二次来到临澧视察，他恭恭敬敬地把老蒋的训词抄录一遍，悬挂起来，认为这是蒋介石对他及军统局特务们工作的最大鼓励。除了主持临训班的毕业典礼外，戴笠此来还是因战事逼近，湘西已非安全之所，所以决定要把这个班迁往贵州黔阳县继续办学，戴笠又要将班副主任余乐醒撤换。当时第一期学生的训练还没有到一年，而第二期的招生已在开始，军统虽把他们列为第二期黔训毕业生，可是他们自己总喜欢说自己是临训班毕业的，说明该班在军统内有地位。戴笠对这为期一年的训练时间，还感太长，曾一再指示希望将时间缩短一些，而且经常迫不及待地亲自电令挑选成绩较好的学生提前分派工作，不等到毕业便先行使用。1938年夏天，除把原来就是军统特务送来受训的学员先调出不少外，还一次提前选派女生徐寄鸿等三十人，去江西胡某所主持的“战地服务团”工作；是年秋，临训班又先后在第五、第六两队中挑选了一百多名没毕业的学生送去东南，到军统“忠义救国军”去工作，着重加强对中共新四军的防范与摩擦；军统对日占区也派出学生潜入，如在沪待过的学员对上海情况熟悉，便再派去上海工作；在山东沦陷区有关系的几个人也在秋天被派回当地去工作。所以到临训班的学生毕业时，实际上只有七百多人了。这些留下没有提前派工作的学生，总共也不过受了十个月左右的训练，大部分被派到西南后方工作，其中以军统局和四川省最多。

军统人事制度很严格，各单位主管官均不能随便调用亲友到自己的单位工作。戴笠对这一点控制很严，为的是防止手下中上层特务擅用私人，上下一气来欺骗他。他在每个单位都安置学生来暗中监视这些单位的主管特务。这些年轻特务的小报告经常成为戴笠在每次纪念周上骂人的材料，受骂的人不免因此而不舒服。

重庆军统局本部需要的干部，除了原来临澧、黔阳两班的学生已有不少外，重庆也有各种各样的十来个特务班，根本不需要再外调学生入局。但是一些大特务，连毛人凤在内，都有点讨厌临训班学生总给戴笠当耳目，所以他们喜欢不惜远道把兰州等地训练班的学生调局工作。戴笠设立兰州特训班的目的，本是为了西北地区使用干部方便，免得调来调去多花旅费和时间，但事实上大特务们却不买账。果然兰训班等地学生掺入军统各部门后，也相互勾结，慢慢地形成了一股和临训班学生相对抗的力量。以后黔阳班又转往息烽，一连办了三期，毕业的学生也插进来和临黔两班学生争宠，在军统内部无形中形成了三个班毕业学生的势力圈子。当他们彼此暗中勾心斗角时，对一些大特务的注意也就越来越放松了。

在三种特训班形成的势力圈子中，由于临训班（包括一大部分黔阳班）学生资格比较老，先毕业一两年，基础已经打定，所以在各方面始终占优势。原临训班副主任余乐醒每次到重庆，总有上百名学生为他举行公宴，并且照例请他讲一次话。尽管余乐醒每次总是勉励学生们好好工作，尽忠于军统和戴笠，但戴笠还是非常讨厌他，以后甚至借故将他扣押起来，不审不问关了一年多。不过余乐醒总算有了这些学生，最后没有成为军统刀下之鬼。在上海解放前，毛人凤得到密报：余已投靠了共产党，便几次催促余乐醒去台湾，余迟迟不肯走。毛便命令上海稽查处的特务逮捕他。结果是命令刚到，稽查处的学生知道了这一消息，马上打电话通知余乐醒，因而他得以从容逃走了。

1946年戴笠摔死后，临训班出身的特务们顿感前途茫茫。一些大特务更趁机大用其私人，对这批军统中的“骄子”处处进行打击。在军统缩编中，不少人被编为多余，很久不派工作。这使他们感到极大的恐慌。为了争出路，便由留在重庆的二十多人发起，成立一个“滨湖同学会”来加强力量，并一下子扩充到三百余人，于1946年秋天在重庆成立了临训班同学会。在主管局后勤的老教官沈醉帮助下，同学会在经济上得到了资助，使一些没有分配工作的人在生活上能够维持下去。沈醉因此便当上了会长，他还运用分配局内物资的权力，推荐了不少会员到各处去工作。不久，临训班学生势力有所恢复。

1947年，其他几个特训班的学生也仿照临训班学生的办法，纷纷组成了同学会。主管军统工作的毛人凤为避免内部分裂，命令所有各个特训班同学会一律取消，不准再有所活动，另成立了一个军统各特训班的“统一同学会”，以期统一。他对临训班学生也给予重用，破格提升多个临训班学生担任各省站站长，如以钱雾林任贵州站长，吕世琨任重庆站长，董士立任西康站长，张明选任重庆警察局刑警处处长。这样一来，学生们又把毛人凤当成了靠山。

全国解放前夕，军统临训班的许多学生都参与了保密局在西南的大破坏、大屠杀行动，以及在解放地区布置潜伏人员的工作。

临澧训练班毕业的特务学生，虽只有一千人左右，但形成了军统局基层干部的班底，在后来的军统工作中起到了骨干力量的作用，其中许多人死心塌地为蒋介石卖命，在1949年逃往台湾的军统特务中，有不少就是其中的重要骨干分子。[32]

军统内部的中共地下党

随着军统组织的不断扩大，戴笠非常害怕新招进来的学生会“思想左倾”，以致在军统内部生成隐患和威胁。虽然采取了许多措施，但因国民党及其军统的许多倒行逆施，内部的反叛现象在所难免。在1939年11月间，军统内部竟然出现了一个中共地下组织，这是戴笠万万没有想到的事情。

这一组织被称为“七人小组”，它起源于军统局电台的两位军官张蔚林和冯传庆的投向中共。

张蔚林出身于一个江南士绅家庭，学生时代曾受到一位进步教师的深刻影响，但这位教师却被国民党特务杀害。张蔚林由此对国民党失去了信任。后来，他怀着抗日救国的志愿考入杭州无线电训练班，虽然从事的是无线电工作，却误入了军统组织的范围。毕业后他被派到皖南敌后潜伏。在敌后，张蔚林目睹共产党领导的新四军坚决抗战，并曾亲眼见到国民党屠杀迫害共产党人，连其家属也不放过，这激起了他对国民党的反感和敌视，萌发了投奔中共的想法。后来，张蔚林被调到重庆，在卫戍司令部稽查处监察科工作。

冯传庆毕业于上海南洋无线电技术学校，曾先后在交通部所属威海电台、天津电台工作过。由于他专业技术优秀，擅长从纷乱的无线电讯号中排除干扰识别密码，因此被国民党军统局看中，调到重庆任军统电讯总台的报务主任。他对国民党的黑暗统治也有不满情绪。张蔚林和冯传庆因工作而相识，因志趣而相交，两人无话不谈，计划一起投奔延安。于是，两人结伴冒险来到重庆曾家岩八路军办事处联络。

中共南方局军事组组长叶剑英接待了他们。经过了解，决定接纳他们的要求，但劝说他们留在军统内部工作，为中共获取情报。不久后，他们两人成为军统内部的秘密共产党员，组成了中共潜伏在国民党军统中的情报小组，其作用十分重要。为了保证安全，南方局禁止他们再到曾家岩来。

1939年10月，中共中央社会部决定派女党员余家英到重庆，在叶剑英领导下工作。本来，中共党组织调余家英到四川，是想利用她和川军师长余安民的亲戚关系去做川军统战工作。但叶剑英对她的工作做了新的安排，决定派她到国民党军统机关电台去做地下工作，加强军统内部的中共组织。当时给她规定了三项任务：一是领导张蔚林、冯传庆工作；二是直接与南方局联系传递情报；三是相机在军统内部继续发展党员扩大组织。

余家英是位非常年轻的中共女党员。1937年，她刚十六岁，经中共川西特委负责人车耀先保送到延安军政大学受训，1939年结业后在延安文联担任秘书。接受任务后，为了便于工作，组织上决定她以张蔚林“妹妹”的身份作掩护，化名张露萍，并让张蔚林从军统宿舍搬出来，以兄妹的名义和张露萍一起，住在牛角沱的两间平房里。为了避免特务盯梢，张露萍从不直接到曾家岩50号周公馆去，而是通过四德里的一个古老小巷里的联络站和南方局保持联系。

国民党军统电讯总台设在重庆两路口浮图关下的遗爱祠，是个由美国援建的现代化电讯中心，从这里发出的电讯，指挥着其在海内外的数百个秘密情报组织。冯传庆在电讯总台的职位仅次于台长，管辖军统在海内外的数百部电台和上千名报务人员。冯传庆可以掌握军统的核心秘密，而张蔚林任职的重庆卫戍区电讯监察科，则负责监听重庆地区无线电讯号，控制无线电器材，正可以保护重庆地区的共产党秘密电台。他们在张露萍领导下顺利开展了工作，并迅速发展了赵力耕、杨光、陈国柱、王席珍加入组织，组建了军统内部中共地下党“七人小组”支部，张露萍任支部书记。从1939年秋到1940年春的半年中，张露萍他们多次获得了军统重庆电讯总台的密码、波长、呼号、图表和军统在全国各地秘密电台的分布情况。与此同时，延安电台也不断收到冯传庆利用军统电讯总台值班间隙发出的各种情报密电。

1940年7月前后，戴笠通过电台与驻兵陕北围困中共的胡宗南联系，要胡帮忙把一个军统特务三人小组送入陕甘宁边区。这是一次绝密行动，从人员挑选到行动实施只有戴笠和胡宗南两人知晓。但这个密令被张露萍小组截获，经过一夜的努力，冯传庆一遍又一遍地做加密解密试验，凭借过硬的本领，终于破译了戴胡二人间的专用密码，把电文译了出来。张蔚林认真抄写好电文，交给了张露萍。天已拂晓，张露萍立即把这份重要的情报送给了南方局，随即报告给中共中央。结果，军统的“三人小组”刚跨入边区地界，就被全部抓获，中共方面不仅缴获了美制电台，而且增加了一个揭露蒋介石的证据。这件事使戴笠大跌眼镜，但也使他警觉起来，意识到可能在内部出了问题。

1941年4月，设在重庆天官府街14号的中共地下联络站被军统特务发现，他们采取放长线钓大鱼的手段，准备在该站周围设伏，抓捕更多的共产党人。由于情报得到较晚，张露萍只好自己冒险直接去天官府街通知。军统破坏中共地下联络站的计划落空了，戴笠由此坚信内部有人通共，他找来军统局督察室主任刘培初密商，要对全局人员进行一次普审，尤其是电讯、机要处室，决定不论是何人，发现反常或可疑，一律先拘后审。

在此前后，张露萍在大街上巧遇其姐余顾彦，得知母亲中风瘫痪在床，便请假回成都去探望。

不料在此期间，张蔚林在工作中出了意外。由于连续工作，收发报机上一支真空管被烧坏，正在进行全面审查工作的监察科长肖茂如平时和张关系不佳，他借机报复，认为张是有意破坏，遂把张蔚林送到稽查处关了禁闭。张以为事情败露，沉不住气，竟从禁闭室逃出，跑到重庆八路军办事处去躲避。南方局分析后认为，这是工作上的过失，张应该立即回去检讨此事，最多受点处分。于是张蔚林准备回去找电讯处副处长董益三求情。

但张的逃离使戴笠警惕起来，他不仅立刻派人四处追寻，同时搜查他的宿舍，结果搜出一个记有军统局在各地电台的配置和密码的记录本、张露萍的笔记及七人小组的名单，待张蔚林回来时，即刻被捕。在报房值班的冯传庆得信后，翻墙逃出电台大院到八路军驻重庆办事处报信。叶剑英见情况紧急，立即让冯化装成商人，安排他深夜过江去延安，并向成都发电报，通知张露萍就地隐蔽，不能再回重庆。可惜，此电报发晚了，戴笠已借张蔚林名义，给张露萍发了“兄病重望妹速返渝”的电报。张露萍不知是计，接到电报后，一面用暗语写信向南方局报告，一面启程返回，刚到重庆就被特务逮捕。而冯传庆渡江以后，也被埋伏的特务抓获。这样，包括杨光、陈国柱、王席珍、赵力耕在内的“七人小组”全部被逮捕。

在看守所里，看守毛烈与张蔚林等认识，而且毛烈是戴笠的小老乡，他并不清楚张蔚林案情的具体情况，于是张露萍就要张蔚林利用这个机会以50块大洋买通了毛烈，请他送一张纸条到重庆中二路中共南方局的一个秘密机关。毛收下钱后，果然照办。等戴笠派特务去搜捕时，秘密机关已人去楼空。戴笠为此气得暴跳如雷，下令将毛烈枪决。

“军统电台案”发生后，军统方面万分震惊，他们万万没想到共产党已经打入到军统里面来了，他们怀疑张露萍是南方局派来的，便故意释放张露萍，并派人暗中跟踪。但机智的张露萍识破了敌人的阴谋，从曾家岩50号前通过时，从容不迫，碰到自己的同志就假装不认识，迷惑敌人。戴笠更为恼怒，他亲自出马，提审张露萍，想从她身上打开缺口。尽管戴笠用尽各种酷刑，张露萍始终只说自己叫余慧琳，川军师长余安民是她的亲戚，没有向特务吐露半点党的机密。

这一案件也使蒋介石受到极大的惊吓，他痛斥戴笠无能。戴笠再对张露萍进行了多次严刑拷问，但她始终没有招供。最后，戴笠下令判张露萍等七人死刑。为留下一些得到线索的可能，张露萍等七人被由重庆转押到贵州息烽集中营囚禁。

1945年6月下旬，经百般折磨、策反无果，戴笠亲自给息烽集中营主任周养浩发出密电：将张露萍等七人一同杀害。

张露萍等七人小组是中共深入军统组织的一把利刃，并为中国革命作出了贡献，尽管他们最后因处理意外情况经验不足而暴露被捕，但他们宁死不屈，表现了共产党人的本色。这件事同时证明，军统在与中共斗争中，打入苏区的计划连续失败，却被中共成功渗入，戴笠始终是处于失败者的位置。[33]

第二节　投入抗日作战

1937年“七七”事变发生，中国人民抗日战争全面爆发。

随着国民党政府决定走上抗日之路，其特务机构也由单一的对内镇压功能转变为对外对内两线作战，中统与军统也迫于形势开始了对日本及其在华扶植的各个伪政权的情报与特工作战。这是“两统”历史上的一次大改变，也为其在抗日旗号下的大发展与大扩张创造了条件，特别是军统组织，因在抗战军事方面担负更多的责任，极受蒋介石的器重，组织得以急剧膨胀，用他们自己人的话来说就是“国难当头，大交鸿运”。[34]

客观上说，戴笠对于发动抗战的观点是有着比较明确的认识的。他自己曾回忆说：“记得民国二十六年7月7日晚上，我由牯岭到海会寺，7月8日早晨，宋哲元报告卢沟桥发生事变的电报已到，这天正是庐山训练团第一期举行毕业典礼，第二期举行开学典礼，各方面来参加典礼的人很多，会前大家都纷纷讨论这件事。我说，我们这一次一定要打仗了。有几位先生说：‘怎么能够打呢？’我说：‘自从九一八以来我们签订了《淞沪停战协定》、《塘沽协定》。日本帝国主义者没有一天不得寸进尺，步步紧逼，我们忍辱负重，以致到今天。如果这次再不打，试想，一般民众对于领袖会作何感想，我们又有什么方法可以避免亡国的惨祸？’他们又问我用什么去打？我说：‘我们中国有两个不亡的道理，一个是置之死地而后生，一个是哀兵必胜。这在中国五千年历史文化上，可以证明。否则，猪吃饱了等人家过年，是绝对等不到自由平等的。’”“我们不但是求得一次的压服敌人就算胜利，最要紧的是能够持久地奋斗下去……任何事业任何斗争，谁能持久，谁能得到最后的胜利。”[35]有鉴于此，在抗战初期，对于抵抗日本的侵略，戴笠的态度与国民党的态度是一致的。

但在实际的作战中，开始阶段，因两统组织从未准备对日作战所需的军事情报工作基础，对日本的情报特工手法也不熟悉，缺乏基本的训练与应付准备，一时间竟陷于被动应付的地步。在正面战场进入相持阶段后，因为国民党副总裁汪精卫的叛逃和汪伪政权的出场，鉴于汪集团与蒋介石政权脱不开的关系，日汪的合作给戴笠制造了许多施展拳脚的机会，才使其工作有了明显的进展。与此同时，“两统”组织一刻也没有放弃过反共与镇压人民的职能，只不过在对外反侵略战争严峻的形势下，在全国人民团结抗日的大氛围下，他们的对内恶行不得不在开始阶段有所收敛而已。一旦对外战争形势有所缓和，他们的本性立即暴露无遗。

“七七”事变发生后，戴笠正在庐山随蒋侍从，他急忙命令北方平津地区各处特务站点，火速开展侦察与破坏工作，其内容是为蒋介石搜集提供各方面最新的情报信息，并开展局部的小规模军事行动，以刺杀汉奸要人，配合军队作战为主。从以下的几份戴笠给平、津、保各区站长的指挥电文中（北平区长王天木，化名王道成；天津站长陈恭澍，化名陈一新；保定站长化名宗周），我们可以了解其中的大概情况：

（1）1937年7月12日电

“万急，北平△密。道成兄勋鉴：平绥署向委座报告前方情况，均用长途电话直接报告，故委座对前方大概情况，均能迅速得知，因是我北平区对前后方情况之报告，内外勤同志尤应切实而迅速也。盖今日工作成绩之表现，完全系乎侦察详实报告迅速也。弟汉清叩。文巳。牯。”

（2）7月13日电

“万急，北平△密。道成兄勋鉴：各电均已奉悉。此间认日方无和平解决之诚意，自应与之抗战。在庐各院部会之负责人，决定明日回京，弟等日内亦须回京也。何日离庐，当有奉闻。前方情形，盼随时电示。弟汉清叩。元未。”

（3）7月16日电

“限即刻到保定。△密。宗周兄勋鉴：当此华北情势紧张之秋，保定地居冲要，兄处工作，务请加紧督饬，关乎军队之调动，高级指挥官之态度，当地汉奸之活动，中央部队到保定之纪律，均须切实查报，随时径电此间报告，以便转呈委座。一切务请严密办理为要。弟葆贞手启。铣申于牯岭。”

（4）7月30日电

“十万火急，△密。一新兄：艳西电奉悉。兄等不避艰险，继续在津工作，足证救国志坚，万分佩慰！弟顷谒领袖，已报陈矣，领袖甚为嘉慰也。津埠情形万希多方侦查，随时电示。在此种情形之下，弟意应组织便衣队，到处扰乱，藉以发扬特工之威力。需要临时费用，弟已饬会计股先行电汇两千元矣。尤其对重要汉奸之制裁、北宁交通之破坏，务请我兄立即设法进行为盼。弟汉清叩。陷午。”

在戴笠的催促下，军统局天津站站长陈恭澍，1937年8月联络陈维藩和史岳山等部游击队两千多人，筹集枪七百多支，组成了一支便衣队，协助正规军对日作战。陈恭澍上报给戴笠后，戴笠对陈组织军统辖下部队一事高兴异常，而且对其将来的敌后游击工作做了详尽指示，重申此事意义重大，希望看到“真实动作之表现”，并将之归入军统刚组建的重要武装“忠义救国军”，称之为“华北忠义救国军”，以后奉军委会编定称为“滦榆游击总司令部”，[36]委任王天木和陈恭澍为滦榆游击司令和副司令，王抚洲为政治部主任，带领所部在天津附近进行敌后活动，总部设在天津宝坻。数月间，他们拆毁了丰台车站路轨，颠覆日本军列，袭击伪清安军。这支部队“颇有成效”的活动激励了戴笠。他致电陈恭澍表扬，并提出要求：

(5) 8月6日电

"十万火急，天津，△密。一新兄亲译：微十四时二十分电已奉悉。兄在数日内，能号召便衣队及枪支数百，且有战区义勇可以无条件为国效力，足证工作努力，无任佩慰！弟意当此我军退出平津，大战即将开始之时，此刻最要者，是扰乱敌方之工作，如敌兵车之袭击，运兵铁道之破坏，敌兵步哨之袭击，敌军弹药粮秣之烧毁，汉奸之制裁，与夫在敌区民意之表现，如散放抗日救国传单，对敌士兵之宣传等，目前应在平津及附近一带到处发动，使敌不安枕；同时在国际间表现我中华民族断非弱者，决不屈服也。最要者，是希望有真实动作之表现，与所报之人枪，确有把握也。此事系吾人对领袖信用攸关，务请吾兄切实考查，详确电示，如真有把握，而有实力，则每人每月十五元生活费，弟可担保也。如有特殊成绩，尚有另行给奖。至马龙育等之义勇军，如有实力有把握，将来中央定可给予相当名义，一切弟可负责，但望有事实表现，不失信于领袖耳。兄处用款，刻正设法汇兑中，知注并闻。弟汉清手启。鱼子。"

(6) 11月5日电

"限即刻到，天津，△密。道成、一新两兄均鉴：1．沪战日来仍异常激烈，我军虽伤亡甚多，但士气甚盛，无论战况如何推移，我军必死守沪西、南市也。2．此间别动队因成立未久，缺乏训练，至无成绩表现，弟甚为焦急，刻正在积极训练中也。但仍挑选一部分担任扰乱敌军任务。3．委座已明令委任兄等为滦榆游击司令，请即着手组织，切实掌握各部，作种种扰乱敌方、破坏敌方之工作，唯一效忠国家之办法也。4．对华北忠勇有为之分子，务请多方罗致，并须就地加以短期训练，以备下级干部之用。5．闻陈觉生已来沪活动，请立即查明，是否离津，何日离津，何人同行，详行电复。弟涛手上。微巳。"

(7) 1938年1月5日电

"十万火急，天津，△密。道成、一新两兄均鉴：滦榆游击工作，得两兄之锐意经营，多方策动，已著成绩，至佩贤劳，弟意对游击部队，最要紧者，是干部之造就；故望兄等速招集高小以上之学生，并由各部队挑选体力健强略识文字之青年干部，选择地点，办一干部训练班，以道成兄为主任，一新副之；训练课目，除必须学术科外，最重要者，是精神训练。务期其信仰三民主义，拥护革命领袖，而于人格之训练，亦甚关重要。如无坚强之干部，实难掌握部队完成任务也。经费方面，弟当竭力筹措，刻已另电衮甫，即续汇两万元矣。阴历年关已近，对各出力部队，希分别予以接济，干部训练班学员，第一期最少为四百人，两个月毕业，学员之籍贯，须注意冀鲁察绥晋辽吉热黑等省之吸收。务请进行照办，经费弟当力为筹措也。如何，盼复！弟涛叩。微酉。祁门历口镇。”[37]

滦榆游击队后来被并入了“忠义救国军北方支队”，日军曾针对其总部进行一次大举进攻，想一举歼灭之，双方开展了激烈战斗，滦榆游击队损失惨重，元气大伤，被迫分散转移。最后，这支部队在与中共八路军的摩擦中被缴械。

侦破黄浚父子间谍案，捕杀南造云子

继“七七”事变后，1937 年 8 月 9 日，日本驻上海海军陆战队中尉大山勇夫和斋藤要藏二人驾车冲击我虹桥机场，再次挑起冲突。8 月 13 日，战火由此燃及淞沪地区。

战争逼近国民党的统治中心，戴笠的特务处组织也及时投入了淞沪对日作战。[38]

“八一三”淞沪战役打响后，英国驻华大使寇尔乘坐专车从南京到上海，当他在宁沪公路上行驶时，空中突然传来飞机声，紧接着两架日机毫不理睬汽车上的英国国旗标志，向下俯冲射击。寇尔吃惊之余，连忙加速，想找个地方隐蔽起来。谁知那两架日机依旧紧追不舍，连续投弹，终于将这辆专车炸翻，寇尔也身负重伤，被送进了医院。

中立国大使遭袭，顿时震惊了中外。英国政府向日本提出外交抗议，日本方面却称寇尔汽车上的英国国旗太小，飞行员无法辨认以致误伤云云。不过，最感震惊的却是蒋介石，原来他因上海战事吃紧，准备亲赴沪上视察，为沿途安全起见，副总参谋长白崇禧建议他搭乘英国驻华大使的专车去上海，蒋当场表示首肯。这一机密决定，只有在场的高级将领与机要人员数人知晓。第二天，蒋介石因故改变了计划，不料竟侥幸逃脱此劫。分明是日军预先探得情报，专为刺蒋而来。蒋介石因此大为震怒，严令警特机关在一月之内侦破此案。

当时，首都警备司令部内有一“外事组”专门从事对日的反间谍工作。在逐一分析了知情的少数几个人后，外事组不由得联想到不久前发生的江阴要塞泄密案，以及内线从日本大使馆获得的蛛丝马迹，渐渐将疑点集中到了行政院机要秘书黄浚身上。

1937年8月5日，蒋介石在军委会召开了一次最高军事会议，决定为打破我方在中日战争中的被动局面，要调集部队在上海开战，首先就要歼灭日军部署在上海的陆战队，以保护首都的安全。为了歼灭日本在华的海军军舰，要立即封锁长江下游江阴要塞的江面，以便截获当时在长江上游从南京、九江、武汉、宜昌直至重庆各港口的日方军舰与商船。这一重大的国防机密，除与会的蒋介石、汪精卫等军委会最高军事长官及担任记录的机要秘书黄浚外，无人知道。然而，就在这一命令刚刚下达到各部队，在封锁江阴要塞的军事行动即将实施之前，长江中上游的日本军舰、商船共二十多艘，忽然在8月6日至7日极短时间内全部加速下驶，奋力冲过江阴江面；重庆、武汉、南京一带的日本侨民也都中止了一切活动，即时疏散。待中国海军舰艇奉命到江阴江面拦截时，仅阻截了两艘日本商船，中方封锁江阴要塞江面的军事计划就这样失败了。这一切都表明，日方已事先得到了警报。

8月底的一天，蒋介石正在中央军校举行的“总理纪念周”上对师生进行精神训话。突然，总值日官向大会宣布：发现两名嫌疑人员混入军校，军警正在搜查，望大家提高警惕。经过一番搜查，两名嫌疑人员被发现，但他们慌忙中已乘行政院的一辆专车逃走了。经清查校门口的登记车辆表，发现那辆专车的主人竟是黄浚。事后方知，原来那两个嫌疑人是日本特工，他们混进军校的目的是伺机刺杀蒋介石。

透过这两件大案，外事组认定黄浚有重大嫌疑。负责人丁某立即布置人员对黄浚进行严密的跟踪侦察。原来，黄浚早年留学日本，以其文才受到行政院长汪精卫的赏识，被任命为行政院机要秘书。其子黄晟，刚从日本留学回国，也在外交部任职。由于父子二人生活奢侈，工薪入不敷出，被日本特务机关收买。

当时日本著名的女间谍南造云子潜入南京，以女色将黄浚父子拉下水，发展为日本间谍。他们父子不断靠出卖军事情报，换取大量钱财，而且还拉拢了好几个人，其中便有黄浚的汽车司机王某，专门负责递送情报。外事组在监视黄浚公馆时，又做通了黄府丫头莲花的工作，她为外事组提供了许多有价值的消息。原来，王某每次都是在新街口“国际咖啡馆”内与日本使馆的管理员小河接头，双方用交换同样礼帽的方法来交接情报。

外事组决定对这个间谍组采取行动。

某天下午，日本领事馆的小河又骑着自行车去新街口，突然被一骑快车的人重重刮倒在地，那顶灰色礼帽被甩落十多米远。两人正在争吵，交警走上前来将“肇事者”连人带车押往警察局，几个看热闹的“市民”则扶起小河，不由分说将他送往医院。与此同时，一位侦查人员拾起那顶礼帽，骑上自行车往国际咖啡馆飞驰。一查，果然在帽子夹层中发现了密藏的日方给黄浚的指示信。这位侦查人员便将信收好，再将早已准备好的一张假信换进去，其内容是指示黄浚于次日夜晚11点后约齐所有的有功人员在黄家聚会，届时日使馆将前往颁发巨奖，并作重要指示云云。随后，那位侦查员戴上小河这顶礼帽，来到国际咖啡馆，将礼帽挂在老地方，坐下喝咖啡。不久，果然见王某也来了，将他那顶礼帽挂在小河礼帽旁边，侦查员喝完咖啡，戴上了王的礼帽扬长而去。当晚，在礼帽夹层中，果然发现了黄浚提供日方的新情报。

次日下午，外事组接到莲花报告：黄浚昨晚接到司机带回的礼帽后，精神特别兴奋。当晚11点多，黄公馆已被侦查人员严密包围，监视人员发现，莲花所提供的汉奸嫌疑人都已陆续进入黄府，又见莲花在黄公馆楼上卧室中发出灯光信号，他们先以化装成邮差的侦查员用送电报的理由骗开大门，随后蜂拥而入，将汉奸悉数逮捕，但莲花却被黄浚枪杀。

在南京沦陷前夕，黄浚父子由蒋介石下令处以死刑，其他汉奸也被惩办。[39]

说到黄浚父子间谍案，就有必要再谈一下在抗战前后与川岛芳子齐名的日本女间谍南造云子。

南造云子1909年出生于上海的一个日本人家庭，从小就深受其父的军国主义思想浸染，十三岁被送到日本一所特工学校，拜大特务土肥原贤二为师，除学习文化，以及中、英语言等外，还学习了射击、爆破、化装、投毒等专门技术。1926年，南造云子十七岁时，被派到中国大连从事间谍活动。因工作成绩“出色”，在日本特务中有“帝国之花”的美称。

1929年她从大连调到南京，化名廖雅权，以失学学生身份为掩护，打入国民党国防部的招待所——汤山镇温泉招待所做招待员，进行间谍活动。当时汤山温泉招待所是国民党中央国际部所建，许多秘密军政会议常在此举行。日本特务机关早就盯上了这里。

南造云子长得娇俏动人，能歌善舞，很有交际手腕。她利用美色勾引中国军官和政要，据说孙科、孔祥熙等人都与她有过交往，因此窃取了许多中方的重要军事情报，其中就有吴淞口要塞司令部呈国防部扩建炮台军事设施的报告，包括炮位的设置、炮兵分布情况、秘密地道的图纸、七十余座明碉暗堡的分布位置等重要军事机密。

中日战争爆发后，1937年7月中旬，为了配合日军攻打南京，南造云子化装成中国银行的职员，混在难民中秘密潜入南京。她利用各种关系，将国民政府行政院主任秘书黄浚与其子外交部副科长黄晟发展为间谍。8月5日，黄浚利用担任会议记录之便，把最高国防会议决定堵塞长江江阴航道、围歼上中游日海军陆战队及日本舰船的作战计划密告给了南造云子，由日本大使馆武官中村少将密电报告给了东京。结果，日本抢先一步，于8月6日、7日两天把部队和舰船、侨民撤往长江口。

此外，南造云子还与黄浚合谋在中央军校纪念周和京沪公路上的两次谋刺蒋介石行动，但都未成功。蒋介石严令首都警备司令部限期破案，结果黄浚父子以及南造云子等中日特务都被成功抓获。黄浚父子对其罪行供认不讳，经军事法庭审判，以卖国罪判处二人死刑，公开处决；南造云子被判无期徒刑；其他特务皆判有期徒刑。

本来，按照国际惯例，战时抓到敌方间谍，即可处死。国民政府当局为了牵制日方，未判南造云子死罪。黄浚父子被处决后，南造云子被关押在南京老虎桥中央监狱。几个月后，日军进攻南京，南造云子凭借过去的一套手腕，色威并施，征服了看守。在日特的帮助下，南造云子、金马利、井田秀夫等七名日谍先后逃出了监狱。因南造云子身份已经暴露，不能再去中国内地，她便潜往上海继续进行活动。

南造云子担任了上海日军特务机关特一课课长，经常进入英法租界区，抓捕过一批抗日志士，还摧毁了军统留下的多个联络点，诱捕了几十名军统特工人员。她还参与扶植了以丁默邨、李士群为首的汪伪特工总部组织，给中国的抗战制造了很大的麻烦。

国民政府情报部门对她恨之入骨，多次策划暗杀行动，都因她太狡猾而未得手。戴笠不甘心，又着手实施了一个代号“眼镜蛇”的行动。

1942年4月某晚，南造云子单独驾车外出活动，被军统特工发现，迅即秘密跟踪。在法租界霞飞路（今上海淮海中路）的百乐门咖啡厅附近，当身穿中式旗袍的南造云子下车走向店门之际，三名军统特工齐上前去，乱枪齐发。南造云子身中多弹，当即倒在台阶上，行刺者趁机逃走。南造云子在被日本宪兵送往医院途中死去，卒年三十三岁。这朵“帝国之花”终于得到了应得的下场。[40]

在此前后一段时间内，戴笠的特务处奉蒋介石之命，对已侦探清楚的潜伏在南京城内外的日本间谍据点进行了“收网”，其中包括位于城内逸仙桥附近的日本牙医诊所和在城外汤山镇的日本眼科诊所各一，逮捕了日谍井田秀夫（匡周义）、神田久之（陈铭仁），以及神田之妻工藤由纪子（孙舞阳）等人，并搜缴了电台、武器等特务装备，神田被捕时因开枪抵抗被击毙。中方也有三人伤亡。[41]

“八一三”战役前后的情报特务工作

“八一三”淞沪抗日战役打响后，战地上经常出现由日本豢养的汉奸暴露我炮兵阵地及高级司令部地址供敌机轰炸的事件。如何防谍，在当时上海战场混乱状况下已成问题。戴笠奉命以特制谍，多调人员赴沪担任临时情报及防谍工作员。由招商局护航总队长喻耀离领四百人组成巡查大队，在京沪警备司令部指挥下专门侦捕汉奸，保护通讯线路与桥梁，并任防空监视、引导部队、救护伤兵与疏散民众等工作。宪兵司令部政训处长军统干将张炎元亦由宁至沪，任京沪警备司令部联络参谋，负责战地之联络沟通。

在战备物资运输方面，除抢运护送我方军备外，还要破坏敌方的军运。戴笠下令喻耀离、王兆槐和许建业等，将存在浦东仓库内的我方物资及油料尽可能地抢运到沪西。当晚敌舰便封锁了江道，抢运形势十分严峻危险。8月16日，喻、王、许联同沈醉、陈步云等十余人，带领士兵数十人、码头工人五百人，向招商局借船三艘开始了行动，并向我浦东炮兵团争取到掩护，经过努力抢运物资成功，烧毁了来不及运走的汽油，同时还破坏了日本在沪的三井、三菱、太古等公司的仓库。待敌方发现派机追击，我方仅伤四人。

在“八一三”淞沪战役期间，为了配合日军刺探中国战略情报与军事部署，日本华北特务机关长松室孝良派其助手南本实隆少将来到上海，欲刺探我方情报。戴笠奉蒋介石令来到上海密谋对付之策。他招来特务处上海办事处处长文强，交给手枪及爆炸力很强的达姆子弹，准备干掉南本。

南本来沪后，找到其日本士官学校的同学、戴笠手下的苏浙行动委员会别动队参谋长杨振华进行策反。杨出于爱国心，向戴笠作了报告。戴笠决定将计就计，他要杨振华向南本推荐文强，将他伪装成军事委员会高级参谋李文范少将，冒充辛亥元老李烈钧之侄，在约定的静安寺路100弄10号见面。在戴笠的“你要深思初次见面的对话，使之百分之百地相信你”的要求下，文强沉着应付了南本的考察，并带回了日人所给的“见面礼”———大捆盖有中央银行戳记的钞票。戴笠焦急地等到文强回来，却对他带回来的一堆钞票充满怀疑，以为可能是炸弹，他责怪文强无警惕。在经过几次检验后，才放下心来。同时戴笠又萌发了诈取日本人的钱财来补充特务活动经费的想法，他要文强多向南本要钱:“这份见面礼够大方的，这反映了他们正在饥不择食，我们机不可失。”

在以后的见面中南本向文强提出了四个问题，要他提供情报：中国统帅部对抗战的决心如何？对日作战的动员与兵力配备情况？依靠《九国公约》制裁日本是否为宋子文的提议？以及中方对德国大使调停中日战争的态度。日方还增加了宪兵大佐森正一、日军报道部长大川野博等人参加会见，他们又对宋子文的行踪感兴趣，想找机会干掉这个亲英美的抗战派，提出让文强雇人刺宋，日方派人协助。

文强在奉命拟好了情报答案后，经戴笠修改后呈蒋介石批准，在南本面前上演了一出假戏真做，得到了日人的信任，骗得了一大笔资金。关于刺宋，文强建议再演假戏，但戴笠怕日人另有更大的阴谋，影响蒋宋安全，不予批准。戴笠打算多多益善，继续向南本骗钱，补充他的“淞沪行动总队”的军费，未能及时对南本下手。文强先后七次与南本会见，共计骗取了他给的四十六万元现款，其余三百多万元为日本正金银行的支票，无法全部提取。最后，戴笠决定让文强以宴请名义将日特集中，准备在第八次见面商量刺宋计划时干掉南本一伙，并布置了特务处上海行动组的赵理君、王兆槐等行动员准备，但届时他们从上午等到下午，日本人一个也没来，被他们逃脱了。后来戴笠得知是因为此时日军已在杭州湾登陆，上海战场局势已明朗，日本间谍决定不再需要刺宋和这条情报线了。[42]

成立“忠义救国军”

在淞沪抗战期间，戴笠奉蒋介石之令，与“海上闻人”杜月笙及其青帮组织合作，新建了一支武装力量。其源起就从与上海各界人士合组“苏浙行动委员会”为肇始，以成立“别动队”为标志，其任务是担任对敌后方的破坏工作。

“苏浙行动委员会”是一个为广泛发动各界力量投入抗日而成立的组织，委员有宋子文、吴铁城、俞鸿钧、杜月笙、贝祖诒、钱新之、刘志陆、吉章简、蔡劲军、俞作柏等，以戴笠为书记长，下辖有五个支队及一个特务大队。其中一至三支队是由上海军训高中生及青年组成，共一万〇八百人，由刘志陆任指挥，陆京士、张业、陶一珊等为支队长，分布于沪西、浦东与苏州河一带，另外两个支队及特务队则由戴笠的人马和“海上闻人”杜月笙手下的流氓武装组成。他们当时所做的事为协助国民党军作战，突袭敌人。为不断扩大组织，又在青浦、淞江成立了专门的训练班，在佘山成立了教导团，轮流调训新征官兵。这支部队于1937年8月下旬到9月初正式成立，并投入了抗日战斗。

戴笠一向对建立和掌握武装部队备感兴趣，他从自己从政的经验和交往的密友胡宗南等人及复兴社康泽成立“别动队”武装的实践来看，知道搞政治离不开武力。他对人说过：“搞政治必须有武力作后盾，否则是卖狗皮膏药，不为人所重视。”故而他对组建自己的武装一事非常主动积极，对成立“忠义救国军”这支他与杜月笙合作而成的武力十分重视，特调潘其武、王兆槐、周伟龙、俞作柏、余乐醒、文强、张冠夫、陈旭东等分任机要、总务、侦谍、军事、技术、调查、交通通信、宣传各组组长，并将原浙江警校书记长兼省会警察局总政治指导员汪祖华亦调来上海，担任淞江训练班副主任兼政训组长。汪赶往上海时曾到医院探视正在发烧的戴笠，戴对他说：“现在抗战，要同敌人拼命，我们训练干部的目的，就是训练他们不怕死，只有不怕死三个字可以打倒敌人，可以获得胜利。”他写下“不怕死”三字送汪，汪即把它装裱挂出来作为班训。

戴笠为别动队订下的行动原则是：1．向最危险的地方行动。2．国军前进时先行进入以启胜利之机；国军撤退时，别动队掩护破坏，潜伏搜集情报，减少撤退困难与损害。3．只讲战果，不顾牺牲。

但是，由于戴笠的组织在战前只顾埋头反共与内战，根本未想到有朝一日要对日本作战，因此缺乏对日作战的准备。其上海站对日方的情报搜集很少，作为特务处虹口行动组负责人的沈醉，在日本方面仅潜伏了一名小特务，主要还靠几个为日本服务的汉奸作为双料特务，从日本人布置给他们的任务中去揣摩日方的意图,获取情报。开战后,沈醉曾当面请示戴笠,过去以抓“汉奸”名义捕来的十余名共产党嫌疑如何处理？今后还要不要再反共？戴笠回答说，现在的工作不应该仅限于抓共产党分子了，但这项工作也不能全部放弃。[43] 这一回答，表现了他们当时对抗日与反共关系的真实态度。

“八一三”战役打响后，难民们如潮水般涌入租界，戴笠意识到他的对日情报工作是如此的糟糕，他立即派出特务，携带电台向虹口、闸北等地进发，想做亡羊补牢之举，但日本人很快便发现了这些逆人流而动的特殊人员。沈醉的虹口组八名人员在几周内便被日本人陆续发现，不得不逃走。“而且在很长一段时间里，整个虹口区没有一个特务处的特务”。[44]如此，国民党特务们“内战内行，外战外行”的本质暴露无遗。

10月26日，淞沪战役形势逆转，国民党军退往苏州河南岸，沪战进入第二阶段。戴笠的别动队第四支队张业部奉令由沪西至苏州河北岸，掩护军队撤退，在战斗中全部牺牲。

“苏浙行动委员会”为培训人员，先后开设了青浦技术训练班、松江特训班和佘山教导团三个机构，大力培训别动队各种人才，形成了后来“忠义救国军”的基础。11月4日，青浦技术训练班开班，有学员四百〇八人。戴笠特地从南京赶来参加仪式，发表了讲话。

11月9日，国民党军决定弃守上海，戴笠令别动队五支队及二、三支队一部固守南市，以五支队长陶一珊为右翼指挥官，他们原计划在十六铺与法租界间修筑一秘密通道与敌周旋，但法方不同意，别动队只好苦守阵地三日，掩护我军十万人退入法租界。第四日，戴召见陶一珊，发给特别费让他离沪去汉口，五支队则化整为零在京沪区潜伏，一支队在浦东游击，其余特务大队及青浦、淞江训练班，佘山教导团等共一千七百人，由俞作柏率领，退往安徽祁门县历口镇整训。由于战局混乱，学员们在撤退途中损失很大，青浦班撤到历口的人员仅四分之一，淞江班因遭到日军轰炸，全班五百余人幸存者不满五十人。该班设在金山卫的学员大队大队长、黄埔六期生廖曙东，在撤退途中被日军包围逼入一水塘，他开枪击毙十几名敌兵后高呼“中国不亡！抗战必胜！建国必成！”在日军乱枪下牺牲。其后国民政府因其殉国壮烈，追赠其为陆军上校。[45]

沪战进入尾声，戴笠自沪赴港，针对南京无法固守之势，令第二处作妥善安排，部署长期潜伏，掩护政府大员撤退，并派徐人骥、胡子萍、郑修元、刘醒吾、尚曼留、邹履洲六人成立“随节组”，专门负责保护蒋介石的安全。

1937 年 12 月到 1938 年 4 月间，侵华日军占领南京后，在城内外对手无寸铁的市民和放下武器的中国士兵进行了大屠杀，在三个多月时间内残杀了三十万中国人，强奸了数以万计的中国妇女，全城三分之一的建筑被付之一炬，造成了震惊世界的“南京大屠杀”惨案。当时，戴笠特务处南京区本部早迁到了市郊六合县，并不在城内，12 月初，只有副区长尚振声率少数人留在南京。在南京城陷前夕，除两名女报务员周光球、周英杰避入南京国际安全区外，尚振声等也跑出城了，当时中统地方组织也已不见了人影，以至国民党中央对日军制造“南京大屠杀”惨案和城内损失状况不能及时了解。从迄今为止所发现的有关“南京大屠杀”的中外史料来看，我们还没发现有军统报务员的有关报告，但军统大将陈恭澍在其著述中转引李雨生的记载说：“民国二十六年十二月十二日，南京沦陷，‘南京区’留守同志，则避入山西路一带‘难民区’，均目睹日寇入城后之烧杀奸淫，残害我三十万军民之大暴行,震惊寰宇之暴行,亦即我中华儿女永世难忘之‘南京大屠杀’。我‘南京区’留守同志，乃不畏艰险，仍四出搜集可为佐证之资料，汇报上级据以公布于世界。”[46] 李雨生说此事目前尚未得到确实的史料证据。如果正如陈恭澍所言，周光球、周英杰有关于“南京大屠杀”的报告留世，应该现藏台湾情报机构档案中，是为侵华日军“南京大屠杀”罪行的又一铁证。

1938年1月，原浦东别动队第一支队雷安大队，从浙江奉化撤往遂安，戴笠部属又在江山办了一期游击干部训练班，在东阳成立“浙东支队”。戴笠将这些武装统编为“苏浙行动委员会别动队教导团”，以历口为第一团，江山为第二团，戴为总团长，俞作柏为副团长，实际负责工作。

3月13日，戴笠奉蒋介石电令：“收容整编流散浦东及京沪、沪杭沿线之国军，期以加强敌后游击工作。”[47] 戴笠即派阮清源、鲍步超、管容德等人办理，到4月底已编成五个支队、一个直属大队、一个南京行动总队连同教导第一、二两团（后改为第一、二两支队），总人数达一万余人。1938年5月间，呈准撤销“苏浙行动委员会别动队”番号，改称为“忠义救国军”，成立新指挥部于汉口，以戴笠为总指挥（后改俞作柏），徐光英为参谋长（继任者尚翌），总指挥部推进至浙江孝丰。[48]

忠义救国军的主要活动地区是在苏浙皖边一带，他们在浦东、南京市郊高淳及澄锡虞等地区与日军多次作战，牵制了日伪大量兵力。发生在1939年7月20日的无锡璜塘之战就异常激烈，日军四百人带三门小炮，向无锡以北的璜塘忠救军攻击扫荡。忠救军指挥官杨蔚以预备队包围敌军左侧背，第五支队主力包围右翼，日军顿感不支。后来日军援兵到达，激战至夜后忠救军各队即迅速脱离。此役忠救军伤亡八十余人，共毙日军百余名。[49]

1938年9月，因顾及蒋介石的猜忌，戴笠很识相地辞去了忠义救国军总指挥的职务，以俞作柏继任。这样一来，戴笠既避免了被攻击为抓军权的口实，又能继续确保对这支队伍的控制。其后，忠救军经历了一个大发展时期，许多流散在沪宁地区的散兵以及地方武装被收编入队，忠义救国军的成分也随之复杂起来。各支队人员良莠不齐，负责人之间互相猜忌，为争夺控制权而矛盾排挤；部分为薪饷而来的部队与日伪眉来眼去，甚至直接率部投伪。此外，忠义救国军也与三战区有矛盾和摩擦，蒋介石为此曾把戴笠找去训斥，责令他对忠义救国军加以约束。

1939年11月28日，戴笠在金华召集忠义救国军主要干部，开了一个干部会议，对当时的环境与今后的战略措施进行了规划。确定以浙江长兴、安吉、孝丰之三角地带为该军游击根据地，以太湖为中心将江阴、无锡、常熟等县为前进游击区，收容流散国军，策动伪军反正，同时布置情报网，并发动民运，捕杀奸伪。另外要求在不增加"中央负担"的情况下进行整训整编工作。[50]1939年12月间，戴笠又在金华召开了一次有东南五省特务头目参加的"北山会议"（又称东南五省会议），这次会议把汪伪政权和新四军，看成是两大敌人，自称要进行"夹攻中的奋斗"。戴笠提出在上海建立"上海统一委员会"，成为对日汪进行情报收集和策动反正的机构，派忠义救国军政治部主任文强为少将主任委员，主持具体事务，[51]专门负责策反和情报的搜集，而各地的行动队及忠义救国军各支队等武力支持配合其各项活动，对日伪进行打击。这两次会议确定了忠义救国军今后的方向和主要任务。

1940年3月，忠救军全部集中于孝丰，整编为四个纵队加一南京行动总队、一淞沪行动总队（各七百人），另加一个特务大队、一个军官训练队，共计有二十六个大队加两个直属队，总兵力两万九千六百一十一人，分布浦东、上海及京沪、沪杭铁路、京杭国道一带地区。以周伟龙为总指挥，王春晖、李馥、阮清源为大队长，其余官兵交三战区处理。迁总指挥部于安徽广德。

忠救军在经历了孝丰整编、进军敌后等阶段后，由周伟龙、阮清源、马志超先后担任总指挥，这支部队在东南地区敌后与日伪作战，也与中共新四军不断发生摩擦，其活动的特色完全是与戴笠及军统组织的工作特点相一致，成为军统局在敌后的武装力量。但总的来看，其性质是一支以抗日为主的队伍。

北方抗日特工战

这时，在北方战场，天津站长陈恭澍在组织"滦榆游击司令部"时，遵照戴笠的指示，在天津开办了一个小型的"华北忠义救国军干部训练班"，训练曾澈组织的平津学生"抗日杀奸团"成员，挑选了十六人，经两个月的培训后，派往冀鲁交界之德州、南宫，建立基地，以警察支队千人为基干，加上张栋臣部五千余人作为主力，活动于鲁北地区。[52]

4月中旬，戴笠派王抚洲与卢孝侯前往德州检阅张部及李兰亭部游击队，但他们已遭日军重创，最后由中共八路军贺龙部从太行山东侧救援，将警察支队收编。王抚洲等急至武汉报告，诬称他们被中共消灭，戴笠的华北扩军计划由此破产。张残部武装直至1944年仍以忠救军旗号活动于鲁北。直到张病死，该部才最后解体。

1938 年国民党军自山西撤退后，蒋介石认为中条山一带地势险峻，可作为抗日基地，于是提出了一个建立“中条山基地”的计划。戴笠为响应这个计划，曾布置军统人员，准备利用在华北地区基督教“耀汉兄弟会”、“德来姊妹会”数百名成员的随军服务团体，组织发动天主教徒，从事政治宣传和心理作战。戴笠于 9 月 4 日电召华北基督教团体的负责人、比利时华籍神父雷鸣远到汉口商量，并在 10 月 1 日报准军委会后正式成立了“军委会华北战地督导民众服务团”，“以天主教友为基干，以本局同志组织之华北流动组为核心，雷氏任团主任，本局李敦宗同志担任副主任兼政训处长，10 月 14 日西上，经渝、蓉、西安等地，招收有志青年，予以短期训练后，即离西安渡黄河进入中条山一带从事实际工作。”后因该团活动范围扩展到河北邢台一带，与中共武装产生了摩擦，雷鸣远也一度被扣留，后释放回重庆。到 1944 年秋，“全团解散，共历六载。”[53]

协助惩办韩复榘

1937年年底，日军占领南京后，分兵三路与北方南下的日军夹击山东，准备打通津浦线。山东省主席韩复榘，在国难当头之际，为保自己的实力而弃责逃跑，使北方日军长驱直入，引发了台儿庄战役前的危局。

蒋介石为整肃军纪，决定对韩实行制裁，1938年1月召他到郑州开会以逮捕之。戴笠担负了捕韩任务。他先派杨蔚为郑州警察局局长，布妥会议防务，保护蒋的安全，又派梁干乔、毛人凤、王兆槐到陇海线做好准备工作，他本人则在郑州发表了替韩辩护的谈话，使韩不疑。1月10日，韩复榘带大量卫队乘专列来到后，戴已与郑州警备司令罗奇布下网，首先以住所正在清扫为由，将韩的手枪旅及卫队大部留在他的专车上，随后驶入汤恩伯部队的包围圈内。韩复榘只带了数十人前往会场，在戴笠安排下由王兆槐负责指挥，施放了假的空袭警报，将韩的随身卫士集中后缴械。韩则在步出防空洞时被特务胁持逮捕，押上火车直送汉口，禁闭在一处秘密地方。当月19日由何应钦、徐源泉、秦德纯等组成军事法庭，根据审判结果于1月24日由王兆槐等执行，将韩复榘处死。[54]

开辟“孤岛”战场

1937年11月，淞沪抗日战役结束，国民党军队撤出上海，日本军队占领了除租界以外的上海市区，随着日军在华占领区的不断扩大，上海租界在沦陷区内成为“孤岛”，长达四年。直至1941年12月8日太平洋战争爆发，日军全面驱逐英美势力占领上海租界。

在这四年内，上海租界成为各种政治势力的角斗场，他们中有尽力维护秩序的租界当局，有民众自发抗日和租界内固有的社会势力争斗，也有中国共产党领导的抗日救亡运动和国民党潜伏特工的抗日锄奸活动。

开战以后，在上海租界内，富裕阶层纷至沓来以避战祸，贫苦难民大量涌入以求生存，日伪力量也趁机渗入，以争夺警权削弱抗日力量为目的，而退往重庆的国民政府，则命令中统与军统，在上海租界内遗留潜伏了大批的特工人员，并不断派遣人员发出指令，要他们在敌后侦探情报刺杀汉奸，树立“国府”依然在沪的威信和形象。各种力量在租界内展开激烈的角逐，民族矛盾与阶级矛盾、社会矛盾交织在一起，不断发生各种摩擦与残酷斗争，甚至是血雨腥风的恐怖事件。“孤岛”陷于内外交困之中。它既受到日伪警特的包围和不断地骚扰、攻击，也被国共的抗日活动搞得不得安宁。日本利用外部军事优势，在上海嚣张跋扈，竭力排挤打击英美在租界和工部局内的传统主导地位。而国民政府方面也决心利用租界的特殊环境，作为在沦陷区内的一块对日斗争的前哨阵地。

战时“孤岛”的抗日活动以暗杀敌伪头目事件为主，也有日伪方面对抗日阵营的攻击，因此造成了双方多次的报复与反报复，使得流血恐怖事件不断发生。

日军占领上海后，于1937年底搜罗了一批“绅商闻人”，准备在租界成立所谓“上海市民协会”，作为建立伪政权的一个步骤。[55]同时在上海筹设伪“大道市政府”，实行“以华制华”。重庆当局决心阻止日本的阴谋，命令军统特务开展行动。

1937 年 12 月 30 日，参加“市民协会”的南市水电公司经理陆伯鸿被军统特务开枪打死；另一参加“市民协会”的上海“米大王”顾馨一住宅则被投了手榴弹，顾被炸死；1938 年 6 月 10 日，“市民协会”骨干尤菊荪又遇刺重伤。这些事件极大地震慑了准备与日本合作的汉奸，“市民协会”始终未能成立。

在这一阶段，日本人利用上海滩大流氓常玉清的组织“黄道会”，来对付重庆国民党军统的暗杀活动。但流氓组织的作用毕竟有限，日本人于无奈之中认为只有“以华制华”才能解决问题，急于扶植伪政权来与重庆对抗。

第三节　李士群叛逃与中统组织的分裂

1938 年年初，日本卵翼下的南京“维新政府”成立，接收了上海海关和税局后，“维新政府”派俞模为“盐务署督办”。5 月 29 日，俞即被自己的保镖开枪打死。以后无人敢接此职，以至虚悬甚久。“维新政府”另一位“绥靖部长”周凤岐，上任不久就在出门送客时被枪杀于上海亚尔培路寓所门口；附伪的《晶报》三日刊主人余大雄被斩在“维新政府”在上海的大本营——虹口北四川路新亚酒店的浴缸中；《申报》记者钱华，乘人力车经跑马厅一侧的龙门路时挨三枪被打死；《时报》经理王季鲁也遇刺杀，后被救。[56] 重庆特工的屡屡出击使“维新政府”汉奸胆寒，日本人恼火至极。

这时，李士群出现了。

李士群，浙江遂昌人，生于1905年4月24日。他早年丧父，家境贫寒。后来，考入上海美术专科学校，不久又转至上海大学读书。大革命兴起后，李士群也在激情驱使下投入了革命，并加入了中国共产党。大革命失败后，他被派到苏联留学，肄业于东方大学。

1928年，李士群回国后，以“蜀闻通讯社”记者的身份从事地下工作。不久，他被公共租界工部局巡捕房逮捕。为了避免被引渡给国民党政府，他托人走通了上海青帮“通”字辈大流氓季云卿的门路，将其保释出来。李士群向季云卿投了“门生”帖子，从此与上海流氓帮会挂上了钩。

1932年年初，李士群被国民党中央组织部调查科逮捕，在威胁利诱下，他丧失革命气节，成为中共的叛徒。由于他系一名普通党员，投敌后并未受到重用，最初只是被委派为调查科上海区直属情报员，后来又奉陈立夫之命，与丁默邨、唐惠民等主办《社会新闻》杂志，专司诬蔑、诋毁共产党和进步人士之责。因发表过一篇讥讽日本天皇的文章，被日本使馆告上租界法庭，是大律师余祥琴为他辩护才得以无罪开释，李士群给余报酬，余也不要，李便欠了他一个人情。

1932年，中共中央特科“红队”在上海制裁了特工总部上海区区长史济美（化名马绍武），丁默邨、李士群等被中统组织怀疑与史济美之死有关，均被再次逮捕。

丁默邨叛共较早，在国民党“CC派”里有靠山，很快便被保释出去。而李士群却被押解回南京的特工总部，饱尝了酷刑之苦，最后由其妻叶吉卿用尽手段买通了徐恩曾，甚至以身相献，总算是把李士群保了出来。从此，李士群恨透了这帮蒋介石的特务头目。

1937年11月，国民党中统系统特工总部撤离以前，在南京设了个“留守处”，由徐兆麟负责，李士群是留守处的成员之一，奉命在日军进入南京之后潜伏下来。可是未及日军攻城，他便仓皇从南京逃到了汉口。这时，特工总部已正式扩大为中统局，李士群被安置在中统局临时办事处工作。由于在中统一直得不到重用，李士群“怀才不遇”又另有二心，他看到国民党在正面战场上连战皆败，更对抗战前途失去了信心，遂萌生了改换门庭的念头，也好早点离开他所厌恶的“那帮混蛋”。

1938年，李士群调任国民党浙赣铁路特别党部特务室主任，他认为这是千载难逢的机会，于是在领取了特务经费后，携款绕道广西、云南，避开中统布置在广州一带的耳目，取道河内逃到香港。抵港后，他很快就搭上日本驻港总领事中村丰一的关系，表示要向日方投降。

中村写信把他介绍给日本驻上海大使馆书记官清水董三。清水董三就让李士群帮着为日本大使馆搜集情报，李士群满口应允。于是，由中共叛徒变为中统特务的李士群，再变为叛国投敌的汉奸。[57]

李士群的背叛中统，是国民党特务组织历史上影响深远的大事件，他投日后拉出了一批中统老同事，又逮捕诱降了不少军统人员，最后形成了与蒋系国民党对抗的日汪特工组织，给重庆政府及中统军统带来了大麻烦和大损失。这是中统用人机制的大失败，也是国民党特务组织内部矛盾的必然产物。

李士群投日后，首先找到在沪的原国民党内朋友唐惠民、章正范、刘坦公等人，又把留在租界内的国民党上海特别市党部委员汪曼云拉下水。汪曼云原本与中统军统都有复杂关系，李士群得到他们的帮助，形成了上海滩上投日的情报小集团。

由于李的活动对国民党在上海的潜伏人员构成了很大的威胁，军统决定动手除掉李士群。1939年元旦前，军统上海区行动股股长于松乔秘密来到杜美路（今东湖路）11号汪曼云的家，要他协助行动，但汪不仅没有帮忙，反而向李透露了消息，使得军统的第一次刺李行动失败。

1938年年底，李士群在日本特务机关授意下，由专搞情报工作转向特工活动。他派人去昆明，请过去在中统内的顶头上司丁默邨来上海投敌，共同组建特务组织。

丁默邨，湖南常德人，早年也参加过中国共产党，后来投靠国民党“CC系”，在上海从事文化特务工作，1934年曾出任陈立夫为首的国民政府军委会调查统计局第三处处长，与徐恩曾、戴笠为同级，是老牌的国民党特务头目。抗战开始后，中统、军统分家，徐恩曾、戴笠分灶吃饭，各成一体，丁默邨却被闲置为军委会少将参议，心中不免不平。迫于与李士群一样的处境,他为“再干一番事业”，于是答应下水。

丁默邨潜来上海，与李士群会合，共同向日本“对华特别委员会”成员、军部代表、大特务土肥原贤二提交了在沪的抗日组织及人员情报，并递上准备好的《上海特工计划书》，要求得到日方的资助。

土肥原贤二与其特工助手晴气庆胤及日军大本营陆军部军务课长影佐祯昭商量，决定扶持丁默邨和李士群组织特务机构，由丁默邨、李士群、唐惠民、章正范等组成“七人委员会”来指挥，同意每月拨给活动经费三十万元，并一次性配发手枪五百支，子弹五千发及炸药五百公斤，并指定该特务组织直接由晴气庆胤负责领导，总部设在上海忆定盘路10号。

1939年3月，李士群在上海极司非尔路76号正式成立了“中国国民党中央执行委员会特工总部”，即“76号”特务组织，由日军大本营直接指挥。8月，划归影佐祯昭主持的日特机构“梅机关”。9月后，汪伪政权登场，“76号”才成为汪伪的特务组织。

“76 号”前后的主要人物都是来自中统与军统的叛徒和上海帮会分子。除丁默邨、李士群之外，还有苏成德、马啸天、吴四宝、林之江、万里浪、胡均鹤、夏仲鸣、潘达、戴昌龄以及后来投汪的军统干将王天木、陈恭澍等人。在丁默邨左右的人员有顾维武、黄香谷、凌宪文、李子云等，跟随李士群的则有傅也文、黄敬斋、唐惠民、叶耀先、孙时霖等。“76 号”后来成立了两个行动大队，吴四宝率一队守备本部，张鲁率一队守卫愚园路 1136 弄汪精卫与周佛海的住地。另外还执行其他行动。

这样，一个被晴气庆胤称为“以恐怖对恐怖、以枪对枪的野蛮计划”便开始实行了。

第四节　血战上海滩

汉奸特务的屠刀首先指向了上海的新闻出版界，其原因也就在于“抗日报纸通过租界把东洋鬼子日本这个坏名声传遍了整个上海，只要这些报社的印刷机在租界里，日本无论使用什么力量都不能迫使它停机一秒钟”。[58]1938年2月初，日本唆使黄道会暗杀抗日的《社会晚报》经理蔡钓徒，并残忍地将蔡的头颅悬挂在法租界巡捕房对面的电线杆上；2月9日，《大美晚报》、《文汇报》、《华美晚报》、《时代报》和《上海报》均收到所谓“正义团”的恐吓信，称如有反日情绪，将与蔡钓徒同命运；2月10日，《文汇报》被手榴弹袭击，两名职员受伤，《华美晚报》也遭手榴弹袭击；13日，数报馆又接到恐吓信；2月12日，《华美晚报》经理、《大美晚报》经理各接到方盒一只，内有一只血淋淋的手臂，并附有恐吓信；24日，《华美晚报》报馆被袭击，十人受伤：3月22日，日本特务与汉奸指使暴徒向《文汇报》报馆投弹，炸伤路上行人；3月27日，日本特务将注有毒液的橘子、苹果、柚子分放在三个花篮送到《文汇报》报馆，并附有三封英文恐吓信。

对于日伪特务的疯狂活动，重庆中统与军统被迫进行了反击。尤其在国民党副总裁汪精卫等人出走投日到达上海后，他们接奉制裁指令，活动更趋活跃，戴笠命令军统上海区刺杀在沪汉奸头面人物。上海区随即成立了两个行动组，由赵理君和林之江两人分别担任组长，专门进行暗杀活动。[59]地下特工的锄奸活动因此频繁开展，参加伪政权的大小汉奸们惶惶不可终日。

1938年6月18日，伪上海市督办公署土地局长任保安遇刺毙命；

6月29日，伪市督办公署船舶检查处处长尚德明被刺死；

7月4日，黄道会副会长周柳五在沪遇刺毙命；

8月30日，伪南市维持会会长陈云被刺死：

9月30日，被日本人看重的唐绍仪在法租界寓所遭国民党特工暗杀；

1939年2月19日，伪维新政府外交部长陈箓在家中被暗杀；

此年2月间就发生了暗杀日伪人员案十八起，死二十一人，伤十人。

军统特务对汉奸的暗杀制裁行动在一定程度上阻碍了动摇者的投敌，营造了抵抗日本的气氛，并鼓舞了沦陷区的人心。但由此招来日伪的疯狂报复，使民众饱受了惊恐与伤亡。

【注】

[1] （台）“国史馆”馆藏“大溪档案”：特交档—分类资料：军事种情报，第034卷。

[2] 同上。

[3] [日]关东宪兵队司令部“思对资料”第82号《蓝衣社的概念与其特务工作成绩》，中国第二历史档案馆馆藏日本侵华机构档案。

[4] 《戴笠自述》，载申元《戴笠轶事》，第155、156页。

[5] 戴笠《改进工作，适应大时代》民国三十年12月10日出席总理纪念周的演讲。转引自（台）“国防部”情报局编印《戴雨农先生全集》（下），第472页。

[6] （台）“国防部”情报局编印《戴雨农先生全集》（上），第263、276页。

[7] 《戴笠自述》，参见《我们的态度与决心》民国三十二年8月30日在孙总理纪念周上的训词，载申元《戴笠轶事》，第153、155页。

[8] （台）“国防部”情报局编印《戴雨农先生全集》（下），第364页。

[9] （台）“国防部”情报局编印《戴雨农先生全集》（上），第270、264、263页。

[10] 同上，第262页。

[11] 《革命精神与革命技术》1944年8月14日戴笠“训示”，载（台）《戴雨农先生全集》（下）。

[12] 《在蒋介石身边八年——侍从室高级幕僚唐纵日记》，1932年11月12日，群众出版社1991年版，第33页。

[13] 这4封电报现藏于台湾“国史馆”特交档案—分类资料：外交—对英外交第057卷内。

[14] 沈醉《我所知道的戴笠》，载全国政协文史委《文史资料选辑》第22辑，第179页。

[15] 同上，第179页。

[16] 本书所附戴笠的照片是经留意收集的。

[17] （台）“国防部”情报局编印《戴雨农先生全集》（下），第613页；另还可参考（台）“国史馆”

与“军情局”编印《戴笠先生与抗战史料汇编》。

[18] 李炎錩《民国官场笑林》，江苏古籍出版社 1997 年版，第 185~186 页。

[19]《在蒋介石身边八年——侍从室高级幕僚唐纵日记》，第 376、620 页。

[20] 王炳毅《戴笠的神秘养女淑子身世之谜》，载《金陵晚报》2008 年 1 月 11 日 A18 版。

[21] 陈恭澍《英雄无名》第三部《上海抗日敌后行动》，第 117~118 页。

[22] 本文根据黄康永 1965 年所写材料整理。黄康永曾任军统局人事处行政科科长、军统局湖南站少将站长。1949 年随程潜长沙起义后去了香港，回大陆后于 1951 年被关押，定为战犯. 1975 年特赦，后恢复了起义人员名义，任浙江省政协委员。此节载于潘家钊等编撰《蒋介石特工密档及其他》，群众出版社 1993 年 8 月版，第 213~219 页。

[23] 邓葆光《军统领导中心局本部各时期的组织及活动情况》，载全国政协文史委《文史资料选辑》第 86 辑，第 183 页。

[24] 同上，第 175 页。

[25]（台）“国防部”情报局编印《戴雨农先生全集》（上），第 265 页。

[26] 本节根据军统江西赣南站副站长、国民党第九编练司令部二处上校科长陈达 1962 年所写材料整理。此节载于潘家钊等编撰《蒋介石特工密档及其他》，第 210~212 页。

[27] 陈恭澍《英雄无名》第三部《上海抗日敌后行动》，第 116~117 页。

[28] 李炎錩《民国官场笑林》，第 186~187 页。

[29] 同上，第 188~189 页。

[30] 邓葆光《军统领导中心局本部各时期的组织及活动情况》，全国政协文史委《文史资料选辑》第 86 辑，第 178~179 页。

[31] 戴笠《恭录校长对本班第一期毕业学生训词》，中国第二历史档案馆馆藏国民党中央军事委员会档案。

[32] 此节参考资料和引文来自沈醉所著《军统临澧特训班》，载网页：中国黄埔军校网：民国军校文史馆：军统临澧特训班。www.hoplite.cn.

[33] 时锋《张露萍：打入军统的女情报英雄》，资料出处：http://www.globalview.cn/ReadNews.asp？ NewsID=11698，又见《潜伏在军统特务头子戴笠身边的我党七人小组》，资料出处：http: //cul.news.tom.com/2006-01-18/074A/07279505.html，并参考：沈醉自述、沈美娟整理《我的特务生涯》，北京十月文艺出版社 1997 年版，第 143~145 页。

[34] 沈醉《我所知道的戴笠》，载全国政协文史委《文史资料选辑》第 22 辑，第 20 页。

[35]《戴笠自述》，载申元《江山戴笠》，第 93 页。

[36] 陈恭澍《英雄无名》第二部《河内汪案始末》，第 17 页。

[37] 同上，第 12~18 页。

[38] 根据陈恭澍《英雄无名》第二部《河内汪案始末》及乔家才《抗日情报战》(五),根据(台)《中外杂志》等资料综合而成。

[39] 转引赵子云《南京日谍案》,载《文史月刊》2003 年 10 期。

[40] 资料来源:http://blog.sina.com.cn/u/1241547503,又见建军、方杰著《大殉国—国民党海军抗日纪实》,沈阳出版社 1994 年版。

[41] 王炳毅《戴笠的神秘养女淑子身世之谜》,载《金陵晚报》2008 年 1 月 11 日 A18 版。

[42] 文强《中日高级特工八一三大较量》,载《日本特务在中国》,团结出版社 1995 年版,第 264~284 页。

[43] 沈醉《军统内幕》,中国文史出版社 2001 年版,第 82 页。

[44] [美]魏斐德《间谍王——戴笠与中国特工》,第 236 页。

[45] 文强《戴笠领导的抗日别动队和反间谍斗争》,载《八一三淞沪抗战——原国民党将领抗日战争亲历记》,中国文史出版社 1987 年版,第 78 页。

[46] 陈恭澍《英雄无名》第四部《抗战后期反间活动》,第 95 页。

[47] (台)"国防部"情报局编印《忠义救国军志》,1962 年版,又见费云文《戴雨农与忠义救国军》,载《中外杂志》第 13 卷第 6 期。

[48] (台)"国防部"情报局编印《戴雨农先生全集》(上),第 73 页。

[49] 张霈芝《戴笠与抗战》(台),"国史馆"1999 年版,第 183~184 页。

[50] (台)"国防部"情报局编印《忠义救国军志》,第 15~16 页。

[51] 文强、沈忠毅《军统与汪特在上海的一场争斗》,载《文史资料存稿选编精选(3):蒋记特工揭秘》,中国文史出版社 2006 年版,第 160~161 页。

[52] 陈恭澍《英雄无名》第二部《河内汪案始末》,第 18 页。

[53] (台)"国防部"情报局编印《国防部情报局史要汇编》第一辑(上册),1962 年版(内部发行),第 71~72 页。

[54] (台)"国防部"情报局编印《戴雨农先生全集》(上),第 74 页。

[55] 费正等《抗战时期的伪政权》,河南人民出版社 1993 年版,第 120 页。

[56] 朱子家(金雄白)《汪政权的开场与收场》第一册,(港)春秋杂志社 1959 年版,第 62、139 页。

[57] 张光勤主编、徐飞编著《狼与狈——中统军统行动档案》,河北人民出版社 1998 版,第 223~224 页。

[58] [日]晴气庆胤《沪西"七十六号"特工内幕》,上海译文出版社 1985 年版,第 80 页。

[59] 王方南《我在军统十四年的亲历和见闻》,全国政协文史委《文史资料选辑》第 71 辑。

[35] [illegible]

[illegible]

[36] [illegible] 200[illegible]年 10 期。

[37] [illegible]

[illegible] 1997 年版。

[38] [illegible] 2008 年[illegible]

[39] [illegible] 1985 年版，第 [illegible]

[illegible]

[40] [illegible]

[41] [illegible]

[42] [illegible]

[illegible]

[43] [illegible]

[44] [illegible]

[illegible]

[45] [illegible]

[46] [illegible]

[47] [illegible]

[48] [illegible]

[illegible]

[49] [illegible]

[50] [illegible]

[illegible]

[51] [illegible]

[52] [illegible]

[53] [illegible]

[54] [illegible] 1998 年版，第 [illegible]

213-224 页。

[55] [illegible] 1985 年版，第 40 页。

[56] [illegible]

抗日杀奸 | 第六章

第一节　军统的对日情报、破坏与反谍活动

军统制定相持阶段的情报与民众工作指导方针

1938 年 3 月，在武汉会战展开之际，戴笠提出了军统局有关“情报及民众工作”的“正面抗战十项对策”：

1．各地督察专员、县长在未沦陷前，应切实而有效地动员民众，协助军事，发动抗敌工作。

2．各地督察专员、县长守土有责，在未沦陷前，应普遍组织地方武力，切实训练掌握，保卫地方。

3．各地督察专员、县长于县城沦陷后，仍应留在县城以内，领导地方武力，扩大民众，与敌周旋或从事地下活动，不得擅离职守。

4．各级地方首长，应于平时就境内险要或边远地区，预置根据地，构筑工事，储备战时物资，沦陷后应进入根据地，领导地方，号召民众，对敌抗伪，争取民心。

5．各级行政首长，已因地方沦陷而离开该管区者，应即重新进入管区重建行政组织，展开活动。违则重惩，并就地遴选他人接替。

6．各级警察组织，于沦陷后应改编为战时警察体制，随同各级政府，负责情报、侦查、间谍、警卫等工作。

7．对敌后游击武力有建树的，应予纳入正式建制，给予番号和奖励接济，派员指导，藉以造成风起云涌的抗日力量。

8．应在沦陷区发动破坏敌伪交通的行动，着重与军事有关的道路、桥梁、车站、仓储、电线等，迟滞敌伪活动，以收牵制之效。

9．应发动沦陷区武力，暗杀敌伪首领，破坏敌伪行政，以对抗其“以华制华”的策略。

10．应在沦陷区，展开争取青年运动，以对抗敌伪的麻醉与利用。[1]

表面上看，这十项对策都是积极的抗日措施，但实际上，国民党各级政府及组织人员基本上是无法做到这些的，否则也不用作为“专门对策”来要求。

武汉会战前后的军统对日特工情报战

1938年3月3日，为配合即将展开的武汉会战，蒋介石手令戴笠速在浦口—信阳、郑州—信阳、南阳—许昌等地的沿铁路重点市乡及机场附近，建设情报网与电台。戴笠随即在武汉成立了“随节办事处”，由唐纵主持，迅速办理各项情报工作。又派李叶到豫，接替梁干乔任华北办事处主任。戴笠则自掌芜湖以上长江两岸的特工网，进行军事情报工作。

李叶与电讯督察张我佛，在河南站配合下，两个月内在豫建立了十六个情报组与秘密电台，组长分别由原“蓝衣社”成员魏毅生、于荣岑、秦午基、阎俊士、金少吾等人担任。

戴笠以安庆、屯溪为中心布置了江防情报网。在1938年6月12日安庆沦陷前，戴笠曾伪装成小贩与安徽站长蔡慎初见面布置安徽站的工作，并根据各方情况，判断敌攻武汉之态势，依情况调整情报网，以九江、信阳、岳阳、沙市为中心，武汉为核心，搜集报告敌方死伤、补给等各种情报。

在上海，戴笠特务处的五个潜沪行动组及“忠义救国军”一个大队于1938年“七七”、“八一三”两次在沪进行暴动，分五路袭扰了敌军需仓储及虹口军用机场，并散发抗日宣传单。

在南京，7月25日，特务处瓜埠组派出八个行动小队同时袭击伪“维新政府”机关，向伪“立法院”、“教育部”、“内政部”等处投掷手榴弹，并与敌伪警开展巷战，一度冲入伪市政督办公署，击毙伪职员七人，炸毁其“秘书处”、“工务科”、“卫生科”，伪绥靖部长任援道负伤逃往苏州。

在北平，为严惩伪“临时政府”头目王克敏，由北平区与天津站商量，调王文行动组去北平实施刺杀行动。1938年3月28日下午，他们在煤渣胡同内设伏袭击王克敏，但王因其日本顾问山本荣治掩护而免一死。当时此事在北平引起轰动，打击了日伪汉奸的气焰。1939年9月，王文再赴北平工作时被捕，几个月后被敌伪处死，年仅三十岁。1940年1月，北平区行动员刺杀了伪建设总署局长俞大纯。

在天津，1939 年 2 月间，军统局天津站将伪天津商会会长王竹林在法租界北丰花园杀死;4 月，又将伪准备银行总经理兼伪天津海关监督程锡庚刺伤。

在广州，军统广州站于1939年8月11日在白云山日海军陆战队第一一五联队近田部队驻地，动员厨师李昌德在饭菜中下毒，毒死了十九名日军。在“九一八”事变十周年之际的1941年9月17日，广州站又策划了在广州城内普炸日伪组织目标的行动，一时全城内爆炸声此起彼伏。广州站第三行动组长江志强最后撤离现场时，在海珠中路与日本宪兵队遭遇，他引爆了身上的炸弹，与五名日军同归于尽，显示了中国人不屈的抗战精神。

在河南，军统局在郑州设立了华北办事处与河南站，统一指挥省内安阳、新乡等二十一个工作组。1938年年初，由日本女间谍中岛成子策划，汉奸李福和被送往日本接受训练，回国后任河南伪“皇协军”第一军军长，于4月15日开赴彰德驻扎。戴笠下令军统局安阳组组长谢梅村与新五军高参严家诰密切合作，派师振东利用与“皇协军”副军长徐靖远的关系渗入其部，由伪第一师参议李本中介绍，担任秘书，后师振东又由伪一师师长黄宇宙介绍，与二师师长吴朝翰取得联络，增加介绍七人潜入伪军。当时李福和向日军要求增加重装备，并加强彰德一带防务，因此日华北派遣军决定8月对该部举行“校阅点检”。潜伏人员决定届时起事。8月7日，伪“皇协军”在彰德西曲沟村进行校阅点检，副军长徐靖远一声令下，反正官兵立即击毙李福和及日军官十多人，同时宣布起义，将队伍开进了太行山。此役沉重打击了日本扩充“皇协军”的计划。后经戴笠呈准，国民政府任命吴朝翰为河北游击司令，徐靖远、黄宇宙为副司令，下辖第一、二支队。拨归一战区鹿钟麟指挥。这是军统局策反伪军比较成功的一例。

在河南对付日伪的特工战中,还有一国共人员合作刺杀日本“华北五省特务机关长”吉川贞佐的成功范例。

开封失陷后，日本在城内山货店街成立了以“华北五省特务机关长”吉川贞佐为首的间谍机关，名为“西山公馆”。1940年2月间，军统局河南站行动队组长、中共地下党员牛子龙，在开封刺死了伪开封警备司令刘兴周。日军欲加以报复，计划派人打入军统河南站捣乱。牛子龙闻讯后，决定再次出击，打击“西山公馆”。他找来了抗战前被国民党捕入监狱，后逃脱出去的中共党员吴凤翔，要他利用自己的经历，前往日伪诈降。吴凤翔托关系找到吉川贞佐的亲信、汉奸特务组长权沈斋，说明自己被国民党迫害，无法生活，愿投靠之意。几个来回，骗取了吉川和权沈斋的信任。5月17日晚，吴凤翔带人手持通行证直闯吉川贞佐的住所，将他和在场的多田部队司令部参谋长山本大佐、视察团团长瑞田中佐等五名日本军官击毙。开封城为之轰动一时。[2]其后，日本人又在开封设立“仁义社”特机构，由多田部队参谋长兼开封伪河南绥署总顾问皆川雅雄大佐主持。河南站经过侦察，于12月19日派行动组冲入其社下基79号住所，将皆川雅雄击毙。

在华中，为配合武汉会战，戴笠指导军统局成立了武汉站，以唐新为站长，未几即扩为武汉区，以李果谌为区长，唐新为副区长兼书记。下辖特一、特二、汉一、汉二、汉预、武一、武预、汉阳、反间等九个组，汉口、武昌两个行动大队、电台等组织，总人员数达两百余人，外加区直属工作人员四十一人，待命人员四十三人，开设各掩护机关、商店三十四处，区本部设于法租界首善里4号，后迁往立兴大楼四楼。

李果谌早年也曾加入中共，还在莫斯科中山大学学习过。后又去日本就读士官学校，毕业后回国。他曾参加过中共组织的广州起义，失败后即叛党，被留苏同学邓文仪召去参加了国民党南昌行营调查科，当了国民党特务。其后入戴笠的特务处，任书记长、北平区长及晋绥察区长。他是军统骨干人员之一。

1938年年底，武汉会战在达成了迟滞敌军前进战略任务后结束。10月下旬撤守时，戴笠的军统局依照当局“焦土抗战”方针，配合武汉警备司令郭忏对武汉市区进行了“反资敌大破坏”。戴笠率王鲁翘、郭斌赴汉，派军统湖北站站长朱若愚联合武汉警备司令部缉查处长赵世端（军统人员），欲将武汉三镇的军事、矿厂、物资炸毁。由朱若愚、陆钟俊为正副行动大队长，从“临澧训练班”抽调学生六十人及工兵三连，计划炸毁各类目标三十八处，纵火六十七处，共一百〇五处。但武汉卫戍总司令部对大破坏之事表示冷淡，不予配合，朱若愚向戴笠表明难于完成任务，戴笠气愤之下决定自任行动指挥，他招来李果谌、赵世端等开会，派出行动小组，限22日前完成任务。

10月25日，时敌军距市区已不足三十里，戴笠被迫取消了对第二、三区部分目标的破坏以及在城内部分纵火点的行动。到当晚7时，他们采取行动破坏了汉阳兵工厂、汉口码头等六十九处目标。26日晨，行动人员撤往宜昌。戴笠被困在法租界，在敌军已进市区时才被救出。[3]

日军占领武汉后，军统武汉区人员转入地下活动。但到12月17日，发生了事端。区长李果谌因平时为人不善，被他的司机和勤务兵向日本人出卖而被捕，接着行动大队长杜砜及一批重要成员也被捕，区内储存的大量军火物资、电台均被抄。

日本驻汉口宪兵队长伍岛茂是李果谌的留日同学，他利用这层关系劝诱李果谌投降，据说李是虚意答应出任伪军司令官，并在伪政权内部进行了分化瓦解工作。戴笠后来却根据唐新、朱若愚怀有私心的片面报告，“不详细调查，依据个别人别有用心的陷害，认定李果谌为叛徒”，于 1941 年 7 月派第九战区混成队将他刺杀。[4]

李果谌出事后，唐新继任武汉区长，他将组织进行了整编。吸收学生加以训练扩充队伍，将区本部活动地迁往了市郊。其后，武汉区策划了一个“锄奸计划”，派人打入伪湖北省政府警卫部队，准备在汉奸头目开会时一网打尽。后来因在1940年5月3日刺杀伪财政厅长张若柏和16日刺死伪高等法院院长唐炳炎时，行动人员被捕，可能牵连到潜伏人员的安全，遂撤退出来。但此期武汉区还是继续采取行动，杀掉了伪中国银行总裁戴秉清、伪汉口市社会局长杨辉庭等汉奸。

1940年，按照戴笠的指示，武汉区效仿上海区，开展了对日本官兵的刺杀和对敌设施的破坏活动。行动统计如下：

1940年12月16日，武汉行动二队袭击了驻莱甸日军警备队，打死十一人；

同日晚，行动一队袭击了武昌八铺街日军宪兵队，毙敌八人；

1941年1月21日，行动二队在汉口花楼街砍死田梅次郎少佐；

2月18日，行动二队在汉口得胜街袭击日军“慰安所”——“鹤鸣庄”，杀死三名日军官；

2月25日晚，行动一队突袭汉口三星街日军宪兵队，毙敌七人；

3月2日，行动二队在汉口中山路新市场向日军巡逻队投弹，炸死炸伤十七名日军；

4月16日，行动一队在汉阳显正街杀死日特务主任植树岩藏中佐；

4月19日，行动一队经预先潜伏后行动，烧毁汉口王家墩机场油库，炸毁敌轰炸机两架。

武汉区的这些行动伸张了正义，但也引起日军的报复，如日军莱甸警备队被袭后抓去平民四十余人；八铺街日军宪兵队被袭后搜捕去数十名中国人拷问。[5]而军统武汉区人员也付出了重大的损失，到1942年6月，共有一百七十余人被捕，被杀害的有五十余人之多。自1941年4月后，他们就没有什么活动了。

在此期间，军统局对日本特务针对其地下组织的破坏活动也进行了一些反击，如：

1．汉口日本宪兵队队长美座，专门负责刺探华中军统情报，成为军统的对头。1942年7月22日，军统粤北段破坏队在碧铁公路刘石村埋设地雷，炸翻了其乘坐的卡车，美座及木青石松、熊雄二大佐及二十四名日军毙命。

2．日本女特务小岛喜代治，奉陆军省派为“皇军慰问使”，奉东条首相之命来华进行“和平活动”，1942年4月，她由台湾绕经天津到达上海。7月，她会晤了汪伪外交部长诸民谊，然后到达汉口沙市，准备潜往重庆。消息被军统侦知，令所属江防部队将她抓捕。

3．日谍小田正盛于1939年来华，辗转宁沪汉皖等地，进行特务活动。1944年3月，他在武汉当日本宪兵队特工，先后组织破坏军统地下组织十余次，残害三百人。戴笠下令将其生擒法办。3月间，经策动伪鄂南保安司令成渠率领七千人反正，逮捕小田，押送重庆判处死刑。[6]

这些行动，是对侵略者应有的惩罚。

第二节 刺杀汉奸头目，打击日本扶植的伪政权

1938 年夏，为了摆脱侵华战争所陷入的困境，日本决定进一步推行“以华制华”的方针，在中国“建立一个新的中国中央政府”。1938 年 7 月 12 日，日本内阁五大臣会议议决，立即着手“起用中国第一流人物”，“酝酿建立巩固的新生政权”，并要求“利用、操纵反蒋系统的实力派，使在敌人中间建立反蒋、反共、反战的政府”。

为了实现上述战略目标，日本内阁五大臣会议在1938年7月26日决定设立一个“对华特别委员会”，作为“专门负责有关重大对华谋略及建立中国新中央政府的执行机关”。该委员会主要由陆军部土肥原贤二中将、海军部津田静枝中将和外务省派出陆军退伍将官坂西利八郎中将组成，以旅华二十余年充当特工、号称“中国通”的土肥原贤二为负责人。因此，外间又称该委员会为“土肥原机关”（又称“竹机关”）。

土肥原贤二，1891年8月出生于日本冈山县一个陆军少佐的家庭。1912年11月从陆军大学毕业后，被参谋本部派驻北京日本驻华公使馆。由此开始了他的特务生涯。在华期间，他曾和中国北洋军阀历届政府官员打过交道，通晓中国南北各方面情况，窃取了大量情报，在日本军政界博得了“中国通”之名。1931年8月，他就任奉天（沈阳）特务机关长，参与策划并制造了震惊中外的“九一八”事变，使日军占领了中国东北。1932年，他又一手策划诱骗清朝末代皇帝溥仪逃往长春，建立了伪满洲国。此后，土肥原又策

划制造了在华北的一系列事变。1937年卢沟桥事变发生后，他出任日军第十四师团师团长，亲自指挥侵略军作战。1938年6月，他被日军大本营调回参谋本部供职，担任了“对华特别委员会”的负责人。

土肥原上任后，首先着手在中国物色几个既有声望又有一定势力的政治人物，准备用来充当汉奸中央政府头面人物。经过一番挑选与研究，最后确定了三人作为他争取的重点对象：原北洋直系军阀统帅吴佩孚、原北洋政府的国务总理靳云鹏，以及在清末民初历任要职的政客唐绍仪。其中，又对吴、唐二人极抱希望。土肥原想在中国建立一个“北吴南唐”的中央政府，以吴佩孚管军，唐绍仪管政。因此，拉拢唐绍仪便成为土肥原的首选。

日本扶植“南唐北吴”计划破产

“土肥原工作”开始后，中统局侦察到这一计划，密报给蒋介石，当即拟定对策，决定等待时机，对吴、靳、唐三人进行观察，只要谁与日本合作，就对其采取制裁手段，以阻止伪政权的成立。当时在天津的靳云鹏“不但不答应，反而秘密派人与蒋联系”，[7]而吴佩孚、唐绍仪对日本的诱骗态度暧昧，甚至叛向明显，“重庆方面以为，上海、北平的唐绍仪、吴佩孚先后答应了，就把唐、吴先后干掉”。[8]于是便上演了重庆特工刺杀“南唐北吴”的一幕。

唐绍仪，字少川，广东香山县唐家湾人。生于1862年。其父唐巨川是上海的茶叶出口商。唐绍仪幼时在沪学习外语与洋务知识。1874年他十二岁时，由清政府选派加入了容闳带领的幼童赴美国留学团，经中学升入到哥伦比亚大学文科。1881年学成回国。1885年后，唐绍仪长期跟随李鸿章与袁世凯，曾历任清外务部右侍郎、沪宁、京汉铁路督办、奉天巡抚、邮传部尚书等职，以善办洋务著称。

武昌起义后，唐绍仪充当袁世凯内阁的全权代表，在上海与起义各省代表谈判。袁世凯就任中华民国临时大总统后，唐绍仪出任第一任内阁总理。唐为了标榜政党内阁，加入了中国同盟会。1912年6月，他因不满袁世凯的专横，辞职赴沪从事工商活动。1917年9月，孙中山在广州建立护法军政府，唐绍仪南去，担任军政府财政部长，后又被推为护法军政府“七总裁”之一。1919年年初，他又任南方的总代表，进行了“南北和谈”。1927年南京国民政府建立后，蒋介石聘他为高级顾问，他没有就职。唐绍仪参加了西南军阀的反蒋活动。“九一八”事变后，宁粤合作，唐挂名历任国民党中央监察委员、国民政府委员以及西南政务委员会委员等职。他因对蒋介石不满，而长期寓居上海。抗战全面爆发前，蒋介石曾欲任唐为驻美大使，想利用他借美国的力量来调解中日事件。但唐绍仪向蒋介石要数百万美金为交际费，蒋介石没有同意，转而请他直接与日本人谋和。唐绍仪答应了蒋介石的要求，从事于与日本当局有关人士接洽谋和的工作，后因德国驻华大使陶德曼出面调停中日战争而作罢。上海沦陷后，唐绍仪继续留居上海法租界，没有随国民政府西撤，并继续与日本方面保持秘密联系。

鉴于唐绍仪在当时中国的政治地位与社会影响，重庆政府密切关注他的动向。1938年年初，蒋介石托人捎带亲笔信给唐，要他赶快离开上海赴武汉，并以国民政府外交委员会主席一职相许，但被唐拒绝。1938年3月中旬，外面盛传唐将落水当汉奸，唐绍仪对此不置可否，并拒绝了广州抗日团体要他南返的呼吁和汇去的旅费。

1938年7月，土肥原的“对华特别委员会”在上海虹口东体育场路7号一幢西式洋房内设立了名为“重光堂”的办事处，通过各种途径与唐绍仪联系。1938年9月，土肥原亲自到上海，秘密访问了唐绍仪，进行了两次会谈。唐则在上海静安寺路（今南京西路）的华安合群保险公司大厦里开了一间办公室，外面的消息称是为了草拟关于建立汉奸中央政府的计划草案。

在会谈中，唐绍仪的女婿岑德广与日方具体商讨了“合作”问题。日方提出让唐绍仪“出任新政府首脑”，“由吴佩孚在旁予以协助，成为新中央政府骨干”，并要求“新中央政府于十月底成立”。而岑德广在会谈中就唐绍仪出山“收拾局面”、组织汉奸中央政府等问题，向日方提出了方案，包括对日方的种种保证与要求。其中最重要的一点是在其《解决东亚危机及谋求永久和平之方案》中，岑德广向日方提出，以“唐绍仪为中心”，组织统一的中央政府。还对未来的汉奸中央政府作了如下设想：拟定政府名称为“中华民国国民政府”，首都设于南京，国旗用青天白日旗，“以北京为陪都，由国民政府特派一政务高级大员常驻，以便就近处置一般事务”。关于基本国策，提出“以防共睦邻为保持东亚永久和平，并以民主政体彻底保障主权独立及领土完整，对于友邦之一切条约均继续实行”。关于军事，提出为“维持国内治安及剿灭共产党之必要’，须建立国防常备军八十万人。除此而外，此次会谈中还对其汉奸政府的组织系统、“干部人才”的网罗、“中心机关”的活动经费、工作事项、反蒋倒蒋计划、对日关系，以及正式登台前准备发表的《和平救国宣言》提纲，都作了详细的规划。

岑德广在上海与日方的来往与秘密谈判，不久即为国民党军统上海区人员侦察到了。

军统在国民政府撤退时，布置了大量特务潜伏在上海各地，由军统上海特区管辖。特区区长兼忠义救国军司令周伟龙是军统著名的“四大金刚”之一。副区长兼行动总队长赵理君是在上海滩活动多年的老特务与暗杀能手，曾一手指挥暗杀杨杏佛与史量才的行动。上海沦陷后，戴笠指示他们严密监视那些留沪的军政名人，严防他们与日本勾结，建立伪政权，唐绍仪自然成为特务们重点监视的对象。军统特务除对唐绍仪在上海法租界福开森路（今武康路40号）的住宅及其起居活动进行日夜监视外，还派情报员谢志磐到唐宅内进行侦察。

谢志磐在20世纪30年代初曾参加过上海托派的组织，做过陈独秀的秘书，1932年他出卖陈独秀后进入军统组织任情报员。谢家与唐家有些亲戚关系，所以谢志磐得以有机会常到唐家走动。1938年年初，他从唐家人员口中得知日本曾派一个叫拙井的专使拜访过唐绍仪，邀请唐出山维持沦陷区的行政事务，唐虽未立即答应，但此后往来不断。谢就向上海特区作了报告，周伟龙加上他自己的推测，向戴笠反映，引起了军统的高度重视。周伟龙要谢志磐继续经常到唐家搜集情报。谢就不断将唐与日方日益加紧的勾结与秘密会谈的消息向军统报告。

蒋介石对唐绍仪继续背着自己与日方交往十分不满，他担心一旦唐决定下水，翻脸揭出他对日和谈内幕对自己大为不利，命令戴笠转告在香港的杜月笙致函劝唐绍仪离沪，但唐回信说他宁可当亡国奴也绝不会当汉奸，并说不要怀疑他和逼他太甚，加以拒绝。杜月笙对唐如此“不给面子”也很恼火，转告戴笠说唐决不肯离沪。于是，戴笠向蒋介石汇报要求动手。

1938年7月至8月间，根据蒋介石的指令，戴笠命令上海特区对唐绍仪实行“制裁”。

1938年8月，军统开始部署暗杀唐绍仪的行动。但唐的住宅防卫森严，大门常关，有租界巡捕日夜守卫，盘查来客，还雇有多名白俄保镖警卫庭院。唐绍仪独居一室，深居简出，不易下手。军统曾拟订了两套刺杀方案，一是让谢志磐买通唐的司机，在唐外出时在马路上狙击，但因考虑马路上难民过多，狙击后暗杀者很难逃脱，方案难行；二是以谢志磐作内线，组织一批人武装冲入唐宅刺杀。又因唐家警卫多，附近的巡捕闻讯会迅速赶来，一时难保成功，如事情张扬出去，将对重庆政府不利。但他们无意中了解的一个情况却帮了大忙。原来唐绍仪有收集古董的嗜好，常向上海的一些古董商收购一些精美的古董，军统决定利用之，定下一计。

不久，谢志磐带着特务王兴国赴唐公馆，向唐绍仪报告有一古董商带有不少名贵古物，愿意廉价出售。唐绍仪闻之大喜，双方约好古董商9月30日将文物送到唐公馆，以便鉴定与收购。赵理君设法搞到一件假宋瓷花瓶，放在一只精致的楠木盒内，权当古董。

1938年9月30日上午9点钟，赵理君亲自出马，打扮成古董商模样，带着谢志磐与王兴国、李阿大做帮手，乘坐一辆借来的小汽车前往唐公馆。他准备了一把利斧放在瓶盒的夹层中，准备杀唐。

来到唐公馆，他们在客厅入座。仆人上楼去请唐绍仪，赵理君立即按预定计划，迅速搜藏了客厅各处的火柴，李阿大则将小利斧从盒中取出藏在身上。一会儿，唐绍仪由其仆人搀扶着从楼上走下来。唐先招呼仆人给来客敬烟倒茶，但仆人在客厅里四处都找不到火柴。唐绍仪便命仆人到后面储藏室里去拿。仆人走出客厅后，赵理君便请唐绍仪鉴赏文物。年迈的唐绍仪带着老花镜，低下头去细看花瓶。就在这时，李阿大转到其身后，举起利斧，对准其脑部用力劈去。唐绍仪未出一声，便一头栽倒在地。赵理君见刺杀成功，便指挥李阿大等出门上车，他自己走在最后。到客厅门口时，还一面抓着门把手，一面假装与里面打招呼告别。他的这一举动果然迷惑了守卫在院中的几个保镖门卫，不仅没有阻拦他们上车，还与他们招呼告别。赵理君一行上车后，迅速地开出铁栅门，向马路上飞驶而去。

唐府那个仆人回到客厅，见主人唐绍仪已倒在血泊中。保镖听到呼喊，急忙拔出手枪去追，但汽车很快就不见了。唐绍仪被家人急送附近的广慈医院，但抬上手术台时，人已断气。

法租界巡捕房接到报告后，立即赶到现场勘察。他们根据唐公馆门卫提供的小汽车号码线索，出动几辆装甲汽车去马路上巡查搜捕，结果在一个僻静的路口找到这辆车，但车内已空无一人。他们又去拉都路谢宅抓捕谢志磐，可早已是人去楼空。几名行动人员已在军统上海区安排下，离沪赴渝。

日方对于唐绍仪的被刺，十分恼怒，却又不敢过分张扬。而重庆蒋介石政府为了遮人耳目，也装模作样地颁布了一个《国府委员唐绍仪褒扬令》，并以蒋介石个人的名义，给唐绍仪家属发去一份唁电，国民政府并发给治丧费五千元。渝方还故意散布说，唐绍仪是因不肯出山当汉奸而被日伪特务暗杀。这样一来，搞得社会上关于唐绍仪死因的传说莫衷一是，真相难辨。[9]日本方面也是哑巴吃黄连有苦说不出。

在“关照”唐绍仪的同时，军统局对日帝想拉拢的另一位名人吴佩孚也倍加关注起来。

在中国现代历史上，吴佩孚也算是一位著名人物，这不仅是因为他曾发动军阀内战、镇压“二七”工人运动以及抵抗广东革命军北伐，还因为他在生命的最后阶段，在沦陷后的北平与日伪头目周旋，最终又忽因区区牙疾竟不治而亡，死得蹊跷。于是乎，人们由吴氏之暴死，联系到他生前在与日伪周旋过程中所表明的种种姿态，可得出这样一个结论：日伪逼吴佩孚“出山”充当华北汉奸头目，吴不肯，反向他们提出了不能答应的条件，结果惹恼了日方，惨遭谋杀。如此，吴佩孚便成为一个晚节坚贞的爱国者，同样受到了重庆国民政府的“褒奖”，甚至被称为“民族英雄”。

然而，对于吴佩孚之死，一直又存在着若干种不同的说法。原国民党军统“国际密电室”主任李直峰在《上海文史》1995年第2期上曾发表过一篇短文，说明吴之暴死，并非死于日人，而是因为重庆方面已截获“日吴会谈”文件，确认吴佩孚已答应降日，即将出任伪“华中绥靖委员会”委员长，于是为粉碎敌人阴谋，就像前次刺杀准备降日的唐绍仪一样，按预定计划，让吴的副官、一位军统特工利用吴氏“牙疾”，当机立断地把他“解决”了。这篇短文当然只是一篇回忆资料，并未提供第一手的档案史料作根据，但它却不能不算是一个新说法，从而引起了史学界的注意。台湾《传记文学》杂志除全文转载外，还连载配发重新公布了一组有关吴日会谈的档案文件，意在反驳李直峰的观点，为这场关于吴佩孚死因及晚节的争论又增添了新的内容。

李直峰写的这篇短文全部内容如下：

“我曾任国民政府军事委员会调查统计局‘国际密电室’主任、国民政府军事委员会日帝陆军‘密电研究组’副主任等职。1939年国民政府军事委员会日帝陆军‘密电研究组’改组为国民政府军事委员会‘技术研究室’时，将我调为军令部西安译电人员训练班主任教官和‘技术研究室’西安第十工作队队长兼第十支台台长，专门秘密侦译日帝陆军无线日文密码电报，可是无意中先后侦译出重庆中统北平情报站（设在东交民巷）站长后大椿为吴佩孚在北平出山事，曾多次与重庆中统局本部往返的无线中文一字一代的单重密码电报。主要内容大都是劝阻吴佩孚出任北平伪政府傀儡事，还有重庆中统局本部专员罗浔两次给北平情报站站长后大椿转致吴佩孚的无线中文一字一代的密码电报，主要内容也都是婉言劝勉吴佩孚保持晚节。但是，后来有几份却是重庆程功（中统代名）与北平情报站站长后大椿往返的无线中文一字一代的单重密码电报，去电大意是奉命要吴佩孚保持晚节，如吴真要就任华中伪绥靖委员长职时，就秘密处死他。回电大意是：吴佩孚已发出和平救国通电，并就任了华中伪绥靖委员长职，当即遵命使其随从副官趁吴牙病时毒死。事后有一次，我回重庆到川东师范中统局本部机要科闲谈时，他们曾提到过当蒋介石侦知日帝特务机关长土肥原贤二选中上海的唐绍仪、天津的靳云鹏、北平的吴佩孚三人充当伪中央政府首脑最合适后，则决定谁答应出山，就把谁搞掉。结果，天津靳云鹏不但不答应，反而秘密派人与蒋联系。重庆方面以为，上海、北平的唐绍仪、吴佩孚先后答应了，就把唐、吴先后干掉。蒋介石还故弄玄虚地给吴佩孚在重庆开了一个隆重的追悼会，籍作对人和事的玄虚。”[10]

根据笔者的研究考证，自 1938 年 8 月“土肥原机关”派出大迫通贞少将来到北平正式对吴开展“劝降”工作起，到 1939 年 12 月 4 日吴佩孚被害而亡的一年多时间里，围绕吴的“落水”问题，蒋、日、汪、吴四方之间开展了多次复杂的往返交道，但其结果不明显。吴佩孚在各方之间大放烟幕：对日汪的诱降并不明确拒绝，反而与日伪谈条件开价码；与汪精卫信函往返，自称两人“敢谓道同”，[11] 但最后又因在汉奸政权中的地位争权等问题而闹翻；他对日本人提出了苛刻的要求，使其难以答应；对于重庆蒋政权大员孔祥熙等人的专使来函劝告，他采取虚与委蛇的应付态度；对中共和爱国力量的警告，他不予理睬。最后，在他的条件不能满足时，他对日本人采取了拖时间的战术，而日本特务并无耐心和他玩猫和老鼠的游戏，在限定时间到来后，吴佩孚最终突然死在了日本医生为其治疗牙疾之时，究竟是日本人杀了他，还是蒋氏特工“牵了牛”、日本人来“拔桩”，其中谜底尚未考证明白，但从李直峰提供的上述材料来看，军统奉命杀吴的可能性还是有的。

除了上面的刺杀“南唐北吴”外，国民党特工为了阻止各地伪政权的成立，还对准备落水和已经投日的汉奸头目进行了一系列的刺杀与狙击活动，这些行动虽只能“治标”而不能“治本”，但在当时客观上却也有震慑汉奸鼓舞抗战民心士气的作用。

行刺王克敏

1938年3月28日，在北平城煤渣胡同20号门前，发生了一件轰动一时的枪击事件。20号大院战前是著名的平汉铁路俱乐部。北平沦陷后，这里成为日伪高级头目的休闲场所。这一天下午2时，华北伪“中华民国临时政府”行政委员会的委员长、大汉奸王克敏，乘汽车来此与日本华北派遣军联络部长喜多诚一举行定期的会议。下午1时57分，王克敏的座车及其警卫车前后驶来，正待向胡同里转弯之际，突然枪声大作，四周射来密集的子弹打向王克敏的座车。顿时，街上秩序大乱，相距不远的日本宪兵队紧急出动，行人四处奔逃……

这是国民党军统局天津站奉令策划的一次华北锄奸大行动。

王克敏，字叔鲁，原籍浙江杭县。1873年出生在广东一个中小官僚家庭。1903年中举，但因家境败落，靠友人帮助才捐了一个候补道，由清政府派到日本任留日学生副监督、驻日公使馆参赞，专司监视中国留学生之责，成为反清革命党人的死敌。1907年冬，王克敏回国，先后在清廷度支部与外交部任职。辛亥革命后，王克敏远游法国，结识法国金融界人士，回国任中法实业银行中方总经理，从此进入中国银行界。1917年间，王克敏担任了北洋政府最大的中国银行的总裁。1917年11月，王又出任北洋政府的财政总长兼盐务署督办，成为北洋系的大官僚。在北洋内部直皖两系的斗争中，王克敏投靠直系首领冯国璋与曹锟，成为直系的心腹干将。1929年直皖战争后，直系掌握北京政权。1923年曹锟当上贿选总统，王克敏再任财政总长。1924年10月，冯玉祥发动北京政变后，王克敏被通缉，逃往日本，从此与日本军政要人拉上了关系。北伐胜利后，1928年5月，南京国民政府以“把持财政，植党营私，接济逆军，延长祸乱”的罪名，通缉王克敏。王克敏逃往日本人控制下的大连，不久，王转投东北张学良门下。1931年12月，张学良筹组北平财政整理委员会，自任委员长，委王克敏为副委员长，授全权处理该会事务。1933年5月，日军侵犯长城各线，南京国民政府设立行政院驻平政务整理委员会，以黄郛为委员长，王克敏为委员兼财务主任。

1935年年初，王克敏曾一度代理委员长。1935年12月，冀察政务委员会成立，宋哲元为委员长，王克敏任委员兼经济委员会主席。

1937年卢沟桥事变后，日本侵略军策动成立华北伪政府。日本华北派遣军联络部长喜多诚一最初相中原北洋政府中在华北军政界势力与影响较大的曹锟、靳云鹏、吴佩孚、曹汝霖，准备从四人中挑一人出来担任汉奸政府首脑。但这四人或以种种理由推托，或明示不愿出山。日本人只得退而求其次，找到了王克敏，要他出来“挂帅”。1937年12月14日，伪“中华民国临时政府”在北京中南海怀仁堂成立，王克敏出任伪行政委员会委员长兼行政部总长，彻底沦为汉奸。

因王克敏的卖国求荣，1938 年 2 月，军统局戴笠给天津站站长陈恭澍下达了对王克敏及华北“联合准备银行”总裁汪时璟“相机予以制裁”的命令。

当时军统局下属的北平区，管辖有几个情报站，在北平市有两个站。在张家口还有一个察绥站，机构庞大，下设许多组与直属员。但军统在北平市区却无行动单位，因此制裁王克敏的任务就由天津站行动组来执行。天津站站长陈恭澍接到戴笠的电示后，立即化装成富有的钱庄老板，从天津赶到北平部署行动。

陈恭澍找到军统北平区书记毛万里、复兴社华北分社助理书记齐庆斌，秘密协商暗杀王克敏的计划。齐庆斌告诉陈恭澍：王克敏老奸巨猾，行动诡秘，防范措施极严。要暗杀他，必须选择合适地点，确实掌握王行动的时间与规律。这就非有内线策应不可，否则很难达到目的。

正在他们为难之际，陈恭澍的一个老友、曾任鸡泽县警察局长的张作兴向他们提供了一条极为重要的线索。张有一个邻居，姓武，五十多岁，是东北军的退职军官，当过旅长，颇有爱国思想，当时闲居北平，家中只有位年轻的太太，无子女。有时这武姓军官会约张到家中喝两盅。三杯酒下肚，武最爱说的，就是回顾他以前的从军历史，声称这个人跟他当过营长，那个人跟他当过团长。武说到有一个曾在他手下当过连长的人，现在在给王克敏当警卫队长。

陈恭澍听到这话，十分高兴，觉得这是一条十分重要的线索。陈恭澍要张作兴再作进一步了解，搞清了那个武旅长与王克敏的警卫队长关系很好。此人虽在王克敏身边任警卫队长，但却有名无实，手下只有几个人，吃粮当差，为王克敏看家护院而已，并不能常跟随王克敏本人活动。王另有贴身警卫二人，跟进跟出。为此，这位警卫队长曾对王克敏表示过不满。

陈恭澍决定亲自出马。他到皇城根武旅长家中拜访，单刀直入地说明来意，要武旅长去策动那位警卫队长刺杀王克敏，武旅长欣然同意。他找到那位警卫队长谈后，警卫队长却表示不敢下手，但向他们讲述了王克敏的日常行动规律，特别是透露了每逢星期二下午两点钟，王一定会去煤渣胡同20号与日军联络部长喜多诚一见面商谈的机密。这正是陈恭澍所需要的情报。

在戴笠连连来电催促之下，陈恭澍决定冒险尽快暗杀王克敏，他决定派武装特务采取“硬拼”的办法，强行狙击行刺。为此设想了几种方案，都因王处处警卫森严而特务们又缺乏快速的交通工具，“迎击”或“追击”都办不到而感行不通。最后，陈恭澍觉得，只有趁星期二下午王克敏去煤渣胡同时，进行狙击较有把握。陈恭澍与部下密商后，制订了行动计划。

陈恭澍详细侦察了王克敏汽车开近煤渣胡同时的地形道路等情况。王来时总是两辆汽车，王坐在前车，上面除了司机，另有两名警卫，都带有手枪。王克敏总是坐在后排座位上。还有一部警卫车随后，车上有武装警卫三四人。车进煤渣胡同时，王克敏座车就减速慢行，后头那辆警卫车加速超前，警卫们先下来布岗，侍候王克敏下车进门。于是陈恭澍决定，在王克敏座车转进煤渣胡同减速慢行时，采取狙击行动。他招来天津站负责暗杀的行动组长王文，要他挑选七至十名年轻力壮的特务，携带枪支，秘密来到北平，成立了暗杀王克敏的行动队，并组织队员按照行动计划进行了几次演习。

3月28日下午1时，陈恭澍亲自率领部下出发，于1时40分到达东四牌楼南大街金鱼胡同东口的光陆电影院门口集合。然后，王文率第一组蓝子春等三人先到煤渣胡同口，准备集中火力射击王克敏座车，另以王文璧的第二组三人，负责猛烈压制警卫车，阻止对方反击。掩护第一组袭击王的座车。整个暗杀行动由陈恭澍统一指挥。陈则在大街对面人行道的一个吃食摊上，综观全局，以暗号作指示。王文站在煤渣胡同旁边一家裱糊店门口，在接到陈恭澍指示信号后，开展具体行动。

下午1时57分，王克敏的汽车从南驶来。发现目标后，陈恭澍“陡然立起”，王文一见这信号立即指挥全部行动人员做好准备。当警卫车转弯加速驶入煤渣胡同东口，王克敏座车正打转方向盘驶入胡同之际，陈恭澍“戴上帽子”，暗示射击。一时间，特务们同时开火，子弹密集地射向王克敏座车和警卫车，火力尤其射向王车后座。枪击二三十秒钟后，军统特务们按原计划撤退。

这时街上已因枪声而大乱了。

出乎陈恭澍等人意料的是，在枪击中，王克敏仅受了轻伤，在汽车后座上被打死的那个五十岁上下、留八字胡的人，是与王克敏同车的日本顾问山本荣治。原来，陈恭澍得到的情报是：平时王克敏汽车到煤渣胡同时，总是王一人坐在后排座位上。因此，陈恭澍布置特务们到时一齐向汽车后座射击。但碰巧在这一天，日本浪人出身的山本荣治应邀陪王一起到煤渣胡同去，他也坐在后排位置上。枪声响时，山本首先跃起，中弹倒在王克敏身上，当了他的护身。军统特务猛射一气，结果山本荣治当了替死鬼，身中多弹，立时毙命。王克敏却因此逃了一劫。

在乱枪之中，第一组组长蓝子春腿部亦中一弹。后来他在骑自行车逃离现场时，一路上的点滴血迹，留下了线索。当晚，日本宪兵追循血迹，来到蓝子春藏身的山货店，他们逮捕了蓝子春与另一名特务徐自富，后来此二人被日军杀害。

王克敏虽然死里逃生，但经此一吓，魂飞魄散。抗战胜利之后，他终究未逃脱法网。

枪杀张啸林

20世纪20年代，张啸林是与黄金荣、杜月笙齐名的上海青红帮大亨之一。南京政府建立后，这三人为了维护自己在上海滩的势力与地位，投靠国民党政权，还同国民党的政客军阀王柏龄、陈希曾、杨虎、陈群等人结为把兄弟，势力进一步膨胀。他们用搜刮诈骗来的巨资投资银行及工商企业，由大流氓一变而为企业家与银行家。上海法租界当局还任命张啸林为法租界纳税华人会会长。国民党政府的大员孔祥熙、宋子文等人来沪时，也常常来拜会他。这时的张啸林进入了他一生的鼎盛时期。

但在青红帮内部也有争斗与矛盾。张啸林出身社会底层，粗野无文，为人鄙吝，而比他年轻、资历浅的杜月笙，由于手腕灵活，善于笼络人心，因而在圈内威望与权势日增，甚至使得张啸林的一些门徒也纷纷改换门庭，弃张投杜，这使张啸林十分难堪与恼火。杜月笙还得到了蒋介石更多的重视与支持，势力与地位日升，渐渐地超过黄金荣与张啸林，使张啸林更是忌妒。20世纪30年代以后，张啸林的势力与地位逐渐下降，这造成他与杜月笙及蒋介石政权间的矛盾与嫌隙日益加深。

1937年抗战爆发，上海沦陷前，蒋介石曾指示杜月笙邀黄金荣与张啸林一同西撤。黄金荣以年老多病、不问外事为由，决定不走。而张啸林早就与蒋介石政权关系疏远，这时更以为日本人来后，黄金荣年老，杜月笙离开，正是他独霸上海滩的好机会。因此他拒绝了杜月笙的邀请，仍留在上海，并伺机与日本人联系。

日本特务机关早看上了张啸林。还在淞沪会战开始时，张啸林正在浙江莫干山避暑，日本特务机关就派人潜往莫干山与张密谈，邀张出山当汉奸。

上海沦陷后，张即返上海，开始了他的汉奸活动。根据日本特务机关的指示，他率领众徒组织“新亚和平促进会”，让其亲家俞叶封主持，自己做后台老板，分派徒子徒孙到四乡为日军收购与供应急需的大米、棉花与煤炭等军用物资，为日本侵略者效劳。在日方的支持下，张啸林的生意越做越大，他大发国难财，给中国的抗日事业带来了巨大的危害。日本人很满意张啸林的效忠行动，1939年年底日伪策划建立伪浙江省政府时，准备让张啸林出任伪省政府主席。

张啸林的投日引起了重庆国民政府与在香港的杜月笙的极大不安。他的活动与其能量会给重庆在上海英法租界内的最后据点造成致命的打击，同时杜月笙也害怕张啸林在上海的再度崛起会使他有朝一日重返上海时，无立足之地。因此蒋介石下令戴笠的军统组织尽快设法暗杀张啸林。

杜月笙与张啸林是拜把兄弟，表面上江湖义气，明说不愿插手杀张之事，但实际上他对张啸林也十分忌恨与担忧。因此，杜月笙顾不得与张啸林有结拜之谊，暗中指使其徒弟与军统合作，潜赴上海伺机刺杀张啸林。

1938年年底，军统布置实施了一次在马路上暗杀张啸林的行动。军统人员侦察到张啸林的活动规律，由军统上海特区行动股长、杜月笙的徒弟于松乔率领几个行动员，预先埋伏在上海福煦路（今延安路）同孚路口。等到张啸林的私人小汽车开来遭遇红灯时，特务们一拥而上，于松乔举枪向车内射击。张的汽车有保险功能，不但车身有钢板护着，而且车窗也是防弹玻璃。张啸林的汽车司机十分机警，见有人行刺，立即猛踩油门，闯过红灯，疾驶而去。张啸林在车中已看清刺客乃是杜月笙的徒弟于松乔，认为这次暗杀必为杜月笙所指使，回到家中大骂杜一通，从此视为仇敌。同时张的防范更加严密，增雇保镖多人日夜在屋内外守卫，他本人则不再轻易出门。

1939年8月，戴笠指派军统著名的暗杀行动专家陈恭澍接任上海特区区长。陈恭澍曾参与和主持过暗杀张敬尧、吉鸿昌、石友三、王克敏与河内刺杀汪精卫等重大事件，为军统局的“四大金刚”之一。戴笠给他布置的任务就是迅速暗杀张啸林。

1940年1月，张啸林的亲家、主持“新亚和平促进会”工作的俞叶封，邀请张啸林到更新舞台楼上包厢，观看京剧名角新艳秋的演出。军统上海特区得此情报，就派人潜入剧场包厢执行暗杀。谁知张啸林本允诺当日去看戏，因临时有事未去，又一次躲过了暗杀。特务开枪击中俞叶封，送医院后不治身亡。这件事使张啸林又恨又怕，整日躲在家中，并在住宅周围布置了大批武装警卫与保镖，还出高价招聘神枪手作为护卫。

张啸林的严密防范给军统的暗杀行动带来了极大的困难。陈恭澍等人多日苦思也拿不出一个可行的办法来。正当他们一筹莫展之时，突然接到上海特区第二行动大队长赵圣的报告，说已在张啸林的家里布置了一条内线，准备伺机下手。这内线就是张啸林的保镖林怀部。

林怀部原来也是杜月笙的门徒，后秘密加入军统。抗战初期曾退往安徽，后被军统局调到上海从事敌后秘密工作。林武艺高强，枪法极准。当张啸林因屡遭暗杀，设法寻觅神枪手担任自己保镖时，军统人员见有机可乘，就通过杜月笙留在上海的管家万墨林，说动张啸林的汽车司机，介绍林怀部进入张家当上了保镖。

林怀部到张家后，几次想下手刺杀，都未有机会。到了1940年8月13日夜，张啸林到上海“六三花园”参加日伪的一次重要会议，林怀部很想随张同去，乘机诛杀。但张啸林仅带一二亲信前往，将林怀部留在家中看守。第二天，即1940年8月14日，林怀部托病请假，准备出去与军统人员商议下手之策，但张啸林当时脾气不好，非但不准假，反将林大骂一顿，要收回林的手枪赶他走。正在这时，张啸林的朋友、杭州锡箔局局长吴鸿来访，张就请吴同去三楼议事。林怀部见自己将被赶出张门，今后将难有机会下手，就当机立断，他故意与张啸林的汽车司机大吵大闹，声音传到楼上，张啸林闻之大怒，从楼上把头伸到窗外，厉声责骂林怀部。林怀部早就做好准备，见张啸林探头在窗外，随手挥枪射去两发子弹，均击中张啸林的头部，张立即倒地毙命。但林怀部犹恐张未死，又持枪冲上楼，对倒在血泊中的张啸林又补上一枪，还随手一枪打死了在一旁吓得呆若木鸡的吴鸿。

枪声惊动了四周，张家的保镖与赶来的巡捕将张宅团团包围。林怀部见不能脱身，即用枪对准自己的太阳穴准备自杀，因弹尽未成，遂被捕。后被法租界判刑十五年，直到抗战胜利后才释放。[12]

重庆军统局本部为表彰上海特区制裁张啸林之功，特发给奖金一万元。但林怀部身在狱中，未得分文。

杜月笙在香港听到张啸林被刺死之讯，尽管内心十分高兴，但表面上却说：“张先生要当汉奸，他之死当然是罪有应得的。不过，我心里明白，这一定是军统派林怀部干的。由我的徒弟杀了我老拜兄，论江湖义气，我实在站不住道理。”

自责也罢，开脱也罢，张啸林死了，对重庆和杜月笙都是好消息，在国家大义上来说也是件好事，它又一次震慑了上海滩的投日卖国分子。

刀劈傅筱庵

日军占领上海后，为了维持该市的秩序，急于寻找代理人来“以华治华”。日本军部准备在上海物色一名“有名望，有能力，在上海高层人士中有关系与影响”的人物来充当伪市长。

汉奸周文瑞通过关系向日本军部推荐了他的密友傅筱庵。

傅筱庵是浙江镇海人，工头出身，善于经营。早年被盛宣怀夫人收为义子，靠盛发迹于金融、矿业与交通行业，成为大资本家。20世纪20年代，他投靠军阀孙传芳，当上上海总商会会长，曾参与镇压上海工人武装起义，对抗北伐军，先后被武汉和南京国民政府通缉，曾逃避大连。1931年返沪出任中国通商银行总经理、美国钞票公司买办。这时他虽已年过花甲，但精力充沛，政治欲望很强。他对国民党有成见，受气太多，因此急欲登上政坛，一见日方派人来洽谈，马上就答应落水。但他也向日方提出了一些要求，如取消伪“大道市”称号仍称为上海市政府；市府要从浦东迁回市中心原市府所在地；市政府各局人事全部由他安排等。日方以大局已操于手，便全部答应之。

1938年10月16日，傅筱庵正式就任伪上海市长，成为叛国投敌的大汉奸。

傅筱庵就任伪上海市长后，卖力地为日本侵华政策服务。他每日奔忙于上海各地，建立伪政权组织，镇压抗日爱国人士，宣扬汉奸理论。他亲自出马与英法租界当局交涉，并亲访英国大使寇尔、美国大使詹森、法国大使戈斯麦等，要求在上海租界上不得悬挂国民政府的青天白日旗，改挂伪维新政府的五色旗。当抗日爱国分子在上海开展锄奸活动时，傅筱庵又奉日方指示，向租界当局施加压力，要求严厉打击“抗日恐怖分子”，他还开出黑名单，要租界工部局照单捕人。

1939年5月汪精卫一行投日叛逃到上海后，傅筱庵以上海伪市长的身份，忙于迎接招待，并投靠了汪伪政权。

起先，重庆军统局对傅筱庵还存有一些幻想，没计划立即制裁他。特别是当汪精卫叛逃上海后，吸引了重庆特务的目光，傅筱庵成为次要角色。1939年8月至9月间，戴笠亲自指派两名少将高级特务戴静园与吴赓恕到上海筹划暗杀汪精卫。当时汪精卫住上海愚园路1136弄，戒备极其森严，戴、吴无法下手，就企图通过开滦煤矿公司驻上海办事处经理许天民，利用他与傅筱庵多年的私人友情，说服与策动傅筱庵参加暗杀汪精卫的工作。戴、吴的计划是，由傅筱庵设宴款待汪精卫，预伏军统人员席间对汪行刺。许天民是个有爱国心的人，接受戴、吴交代的任务后，就寻机对傅筱庵进行说服动员，说之以民族大义，晓之以个人得失，得到傅筱庵的佯允。傅彼庵不仅不参与刺汪，反而将军统密谋向汪精卫报告。1940年2月至3月间，汪精卫指示李士群的“76号”特工总部，分别将许天民、戴静园与吴赓恕逮捕，其后，戴、吴被枪杀。

由于傅筱庵的叛卖，不仅刺杀汪精卫的计划遭到惨败，而且丧失了两名少将级的高级特务，戴笠十分恼怒，决定迅速刺杀傅筱庵。重庆军统局本部将暗杀傅筱庵的任务下达给了上海特区。

军统上海特区区长陈恭澍于 1939 年 8 月被派来接替周伟龙与赵理君的职务。刚到上海接任后不久，就受令暗杀傅筱庵。但傅老奸巨猾，防范极严。自从他当上伪市长后，就将府邸从法租界霞飞路搬到虹口日占区的祥德路，层层防卫，外人根本无法接近。傅每天从府邸去市政府大楼时，乘装甲轿车，前后有护卫车四辆，到办公楼后，四周又有大量警卫队保护，刺客难以下手。陈恭澍曾几次派特务对傅筱庵狙击，都未成功。一次傅筱庵刚走出市政府大楼，忽然有人在暗处向他开了两枪，非但没有打中傅筱庵，刺客却被傅的警卫击伤。这位刺客在举枪自尽前高呼 :“打死傅筱庵！”傅被吓得胆战心惊，从此进出更加小心，军统的暗杀行动困难更大了。

正当陈恭澍苦恼时，忽然接到属下第二行动大队报告：他们已在傅筱庵的府邸中找到了一条内线。原来傅筱庵家有位老仆人，名叫朱升，原籍安徽，世代务农。十岁时父病故，投奔在上海日商纱厂做工的叔父，由叔父介绍到该厂做童工，备受日本厂主与工头的虐待，后因患病被厂方开除。经人介绍，他来到傅家做工。那时傅筱庵刚开始发迹，其父也健在。朱升为人朴实，做事勤快，深得傅父信任。傅父临终时，托朱升日后好好照应傅筱庵的生活，朱升当场发誓不负所托。朱升遂成为傅家两代的“义仆”。二十多年来，他忠心耿耿地执行老主人的嘱托，常年跟随傅筱庵，照应傅的饮食起居。1927年傅筱庵被南京国民政府通缉时，逃往大连避居，朱升也随往侍候三年，越发得到傅筱庵的信任，其受信任的程度在傅宅中超过任何人。

但朱升却是个有民族正义感的人。他多次劝说傅辞去伪市长职务，退而经商以免遭国人唾骂，但傅总是不听。朱升进退两难，心情郁闷，又性嗜酒，故常到傅家附近的一家酒店饮酒。没想到该酒店乃是军统上海特区的人员为监视傅宅而开设，酒店店主与跑堂的军统人员，每见朱升来店，就分外热情招待，美酒佳肴，天南海北地畅谈。在酒酣耳热中，朱升流露出了对主人投日的愤慨，特务就因势利导，趁机进言，他们叫朱升再次劝傅筱庵迅速改邪归正，若傅仍不听从，则应大义灭亲，伺机杀傅，为中国除一巨奸，做一个民族英雄留名青史，否则同流合污，千夫所指，悔之何及。朱升听了大为触动，答应回去再次劝说傅筱庵速辞伪市长职，傅仍是不听，朱遂起了杀机。他与军统人员密商暗杀傅筱庵的行动计划。因朱升不会使用手枪，且枪声会惊动府内警卫保镖，不能逃脱，遂决定用菜刀趁傅睡熟时将其砍死。届时军统人员将在傅府外接应朱升逃走。朱升向军统提出，事成后给其五万元奖金，让其养老，特务立即答应了。

1940年10月10日深夜3点，傅筱庵回到府中，朱升特地端了一碗银耳汤给傅，见傅未吃，就侍候傅睡下。等到夜深人静时，朱升携一把锋利菜刀悄悄进入傅筱庵卧室，借着外面透进来的灯光，举起菜刀，对准傅的喉管、脑壳、面部连砍数刀。傅筱庵被砍得血肉模糊，头部几乎脱落，未哼一声就死去了。朱升将菜刀留在傅的头上，迅速地走出傅卧室，关上房门，然后拎了一只菜篮，推上一辆自行车，从容地从傅家后门走出，疾驰而去。他在军统人员的安排下，先藏匿于法租界，后又逃往重庆，开了一爿小型手工卷烟工场营生。

傅筱庵被杀后，日军在傅府四周街道戒严搜查了一整天，却一无所获。傅筱庵被砍下的脑袋由日本军医用针缝到尸体上，再缠以白布，放到棺木中安葬。傅筱庵的儿子被此事惊吓得精神失常。11日凌晨5点，即傅筱庵被暗杀后两小时，上海汪伪76号特工总部李士群就将这惊人消息用电话报告给南京伪府，汪伪行政院副院长周佛海在当天日记中这样记载道："五时为电话惊醒，士群报告上海市长傅筱庵为其跟随十余年之仆从用刀刺死。人心难测。为之寒心……"[13]

第三节 河内连续刺汪行动的失败

1938年年底，国民党副总裁汪精卫，因对抗战失去信心以及他与蒋介石的权力相争，经与日方的秘密商谈后，带领其亲信数人，潜离重庆，途经昆明抵达越南河内，叛国投日，遭到蒋介石重庆政府明令通缉。军统局奉命介入对汪精卫的监视与制裁行动。

汪精卫被通缉后，于1939年3月间致电云南省主席龙云，煽动其赞同"和平"主张，与他合作。此信为戴笠部下截获。

蒋介石见劝告不成，为制止汪精卫分裂抗战阵营，对汪起了杀心。调戴笠经香港到河内，主持刺汪行动。戴笠命陈恭澍、余乐醒、岑家焯、唐英杰、陈步云、余鉴声、张逢义、陈邦国、王鲁翘九人组成刺汪小组。布置完毕后，戴先返渝。

行动小组开始时曾设计了用毒药及毒剂杀掉汪精卫的方案，但苦于汪宅无内应不好办。3月19日，戴笠发来电令："着即对汪逆精卫予以严厉制裁。”于是，他们只有对汪精卫采取武力解决方式了。

3月20日，汪精卫去河内九十公里之丹边镇法国旅馆休养，汪本人乘坐39号黑色轿车。行动组闻讯后分成三组急追而去，但中途发现汪停车，陈恭澍决定超车过去观察汪的位置而后折返时动手。但他们的观察被发现，汪精卫座车立即返回，特务们猛追过去，车队已近红河达莫大桥，因修路单边通行。汪的车在桥头为红灯所阻，陈恭澍等欲下车狙击，在步越数车奔向汪车时，汪的警卫发现了，立即加速冲过红灯，使汪逃脱了这一劫。行动小组经此失败知道汪已觉察，决定采取连续行动。

21日晨，行动组孤注一掷冲入汪宅，击杀内院警卫，直奔汪精卫的卧室，砍开房门乱枪齐射，杀死床上主人。但这天适逢汪精卫的秘书曾仲鸣抵达河内，汪把卧室让给了他，于是曾做了替死鬼，而汪安然无恙。行动组在撤退途中与赶来的警察遭遇，余、张、陈三人被捕，后被法国殖民当局判刑七年。

对河内刺汪失手的一幕，戴笠有过分析与描述:“民国二十八年3月20日，在越南河内，我们因制裁汪精卫，被当局捕去的两位同志，至今还关在河内。我们检讨当时的得失，是计划不周密，以致汪逆漏网，只打死汪的副手曾仲鸣。汪精卫后来在南京组织伪政府，危害国家民族，这实在是我们的遗憾。当时，应该在达莫桥上把他打死，不在桥上打，而在晚上行动，已经失策。但当天晚上，我们的同志还勇气甚足，敢于去打，而在法国人统治下的河内，我们能够造成有声有色、轰轰烈烈的一幕，也总算难能可贵的了。”[14]

汪精卫经此恐吓，决定与蒋介石翻脸，他在香港发表了《举一个例》的文章，揭露蒋介石与日本“和谈”的内幕，以示决裂，并加快了组建伪政权的步伐。而他自己在日本特务的保护下，乘日本船只前往上海、南京，从此与日本人联手，成为最大的汉奸傀儡。

第四节　蒋汪上海特工战

1939年5月，汪精卫由香港秘密到达上海，在日本侵略者的扶植下，积极筹划建立伪政权的活动。

为配合汪精卫组建伪政府，日本方面指示丁默邨、李士群与汪接触，酝酿合流。

5月6日，丁、李同汪精卫会面，并提出了双方联合的条件：一、承认他们的特工组织是汪集团的秘密警察，成立特务工作总司令部（简称“特工总部”），并负责提供经费。二、如成立新中央政府，要把内政部长、上海市长、江苏省长等几个职位留给他们。

在日本特务机关的同意下，双方达成了协议。

同年9月，汪伪集团召开伪“国民党六届一中全会”，在决定“还都”建立伪府的同时，决定成立“中国国民党中央执行委员会特务委员会”，由周佛海任主任委员、丁默邨任副主任委员、李士群为秘书长。

“特务委员会”下设早已开张了的“特工总部”，以丁默邨为主任，李士群、唐惠民为副主任，实权掌握在李的手中，并迅速发展成为一个庞大的特务行动机关，成为汪伪集团生存和发展的重要支柱。李士群的“76号特工总部”，全面开展对抗日力量的血腥镇压，并竭力破坏渝方在沪特务机构，搜捕、招降特工人员，暗杀、囚禁、勒索、酷刑拷打，为非作歹危害人民，一时间，“76号”成为上海滩上极其恐怖的代名词，也是抗战时期在上海最大的一个血腥恐怖组织。

1939 年 6 月中旬，丁默邨、李士群以“中国国民党铲共救国特工指挥部”名义，向上海各抗日报刊投寄恐吓信，称如再发现反汪拥共反和平之刊载，绝不再作警告，即派员执行死刑，并将八十三名报人列为公开通缉对象，其中半数是上海租界的新闻记者。7 月 22 日，汪伪特工吴四宝等夜袭《中美日报》

报社未得逞，冲至附近《大晚报》报社，打砸排字房，工人死伤各一，旋与公共租界巡捕在马路上展开枪战，特工数人受伤被捕；8 月 30 日，《大美晚报》副刊《夜光》编辑朱惺公遭汪伪特务暗杀；1940 年 7 月 1 日，上海大光通讯社社长邵虚白被汪伪特务暗杀；7 月 16 日，因《申报》反汪言论激烈，汪精卫批示："佛海兄：申报言论荒谬，请兄严厉制裁。兆铭。"[15] 结果报馆即遭特务袭击，死一人，伤十八人；7 月 19 日，上海英文《大美晚报》发行人张似旭因拿了汪集团的钱而不改变立场，被汪伪特务暗杀；1941 年 2 月 2 日，《申报》记者金华亭被枪杀；4 月 30 日，《华美晚报》总经理朱作同因在报上刊文痛斥汪精卫："老子一定要骂，有本领就来打我"，结果在下班途中被汪伪特务暗杀；6 月 23 日，《大美晚报》经理李骏英被汪伪特工杀害……

汪伪特工的种种暴行，数不胜数，但在"孤岛"继续坚持抗日言论的上海新闻界，始终未曾屈服于其淫威之下，他们冒着生命危险坚持正义斗争，在中国新闻史上写下了光辉的一页。

面对汪伪特务组织的嚣张活动，重庆方面也不甘示弱，决定展开反击。

1939年10月，军统特务詹深击毙与汪伪"76号"关系密切的青帮头目季云卿，季是李士群在帮会中的"老头子"、上海青帮"通"字辈的"大人物"；他的死对汪伪特务刺激很大。"76号"为季云卿，以及前后被重庆杀掉的计十二名投伪人员开了"追悼会"，会上群情激奋，数百名家属跑到汪伪"特务委员会"主任周佛海的办公室跪求他"报仇"，并质问周他们的丈夫和父亲是不是"该死"？"我们有力量为什么不还手？"周佛海被问得恼羞成怒，立即下令枪毙一名在押犯，[16]蒋汪的特工战又掀高潮。

1939年12月21日，汪伪中执会特务委员会副主任委员丁默邨在静安寺遇军统特工刺杀侥幸躲过。

1940 年 10 月 10 日，伪上海市长傅筱庵被军统策反其佣人朱升用菜刀杀死。

1941年2月17日，伪海员工会主任彭伯威在法租界遭暗杀。

3月14日，连续发生三起血案，青帮"大"字辈陈锡恩伤重毙命，伪沪西警卫队人事股长潘树冬、伪苏浙皖统税署第一科科长成绶臣均负重伤。

4月17日，伪市府工运整理委员会委员胡兆麟被暗杀。

其他被刺杀的还有：公共租界总探长陆连奎、“大舞台”老板阿富郎、被丁默邨派出接管《文汇报》的两任伪社长刘呐鸥和穆时英、法租界政治部的 X 更生等人。这都是些低级的基层小汉奸。

军统对汉奸的捕杀，在一定程度上发泄了民愤，使伪员们人人自危。虽然这些行动在当时符合国家民族的根本利益，但这种治标不治本的方法并不能根绝汉奸的出现。

在这种状态下，同时因为各种汉奸的内讧和其他各种矛盾加剧，意外的暴力事件也时有发生。仅自1939年7月至1941年10月的两年多时间内，在上海市区及各租界内发生的暗杀案件就有以下的统计：[17]

时间	暗杀地点			死伤者国籍		
	公共租界	法租界	市区	中国	日本	其他
1939年	43	17	22	72	5	5
1940年	62	36	25	111	6	6
1941年	50	19	6	59	12	4
总计	155	72	53	242	23	15

与此同时，在汉奸内讧暗杀事件的背后，也有军统组织在活动。他们往往利用日伪和伪政权汉奸之间的矛盾，挑拨离间，加剧冲突，直至酿成血案，以达成制造混乱铲除对手的目的。

如上海市伪市长傅筱庵上任后，1938 年 11 月 27 日晨，傅在伪市府门口被警察周文山枪击，保镖谷德被当场打死，周文山被赶来的宪警包围后自尽。日伪当局非常紧张，以为是抗日志士所为，逮捕了伪警卫大队长陈锦涛及事发时在场的伪警士一共三十余人，最后查明与前任伪市长苏锡文有关。其中不免也有渝方特务的收买策划，而事后重庆的报刊则一口咬定：“这次行凶是有计划、有背景的……完全是傀儡内讧的把戏”。[18]

到了抗战后期，军统局在戴笠的亲自部署下，针对汪伪特务组织中危害最大、作恶最多的吴四宝、李士群二人，利用他们在伪政权内飞扬跋扈引起同类和日本主子的不满，借助于汪伪内部派系斗争和日本人的手，最终将其除掉。

对于蒋、汪在上海的这场特工互杀战，有人评论说："所以在民国二十八、九年中，上海虽然表面上杀来杀去，而背地里则声气互通，汪方特工，既要祛除日人的疑心，又要获得重庆的谅解，（而其）被杀者并非一定是卖国贼或是顽敌，而只是（重庆）行动人员的工作表演而已。"[19] 这话点明了其中的一些内幕，也并不能涵盖全部，因为纵然是表演，也是可以有不去冒生命危险"表演"的理由，这时在上海滩杀汉奸到底是代表了中国反抗侵略的立场。

第五节　军统上海区的活动与崩溃

抗战开始后，上海因其地理位置紧要，被戴笠的军统局始终确定为工作重点区域。汪伪政权成立后，此地又成为日伪与军统厮杀的主要战场。

戴笠对上海十分重视，一贯派其得力干将来沪主持工作，确保人员装备充分供应。军统局上海区是其地方区站中最大的一个，区本部有三处办公场所，下设联络站二十二处，秘密电台三座，预备台一个，所属人员达千人，有五个外勤工作组，七个行动大队，力量壮观。但就是如此庞大的特务组织，因内外的不利因素，在风光一时后很快被汪伪特工全部击溃，成为戴笠的难言之耻。而其中最主要的一点就是上海区人员复杂，多数人在被捕后经不起威逼利诱，被汪伪特务头目李士群顺藤摸瓜各个击破，如多米诺骨牌般倒下，崩溃之势一时竟不可遏制。说到底，这是军统组织政治上的反动和他们与汪伪理不清的关系所致，双方虽杀来杀去，一旦时机需要，从上到下都是可立即握手合作的。

抗战伊始，戴笠任命其亲信周伟龙为上海区长，1938年11月，周伟龙被法租界警务处逮捕，由赵理君继任代理区长。不足一月，戴笠便派来了他的“十人团兄弟”王天木正式接任，而以赵理君为副区长兼行动队长。赵不服气，自恃与戴关系不错又熟悉情况，处处与王为难，王天木一贯骄横，不吃这一套，他重组区内人事布局，拉拢重用助理书记陈弟容和行动队的刘戈青等亲近戴笠的人，排挤赵理君。一时上海区内部闹得不可开交。

戴笠闻之不悦，在1939年去香港时，电召王天木赴港谈话。王天木自忖此去定为赵理君告状所致，对刘戈青发牢骚。刘戈青听罢，表示要干一两件大事，为王在戴面前撑个台面，使王“见了戴先生也好有所交代。”[20]他们商量结果，准备刺杀伪“华中维新政府外交部长”陈箓。

2月18日，是农历除夕，他们得到情报，陈箓已回沪过春节。按照事先侦察结果，当天下午，刘戈青带了几个行动队员冒雨突袭了位于上海法租界愚园路愚园新村25号陈住所，他们趁雨天行人少而警卫松懈，解决了卫兵，顺利进入客厅，将陈箓击毙。一时舆论轰动。戴笠对此也表肯定，通知参加行动的一行人随王天木一起来港受奖。

但刘戈青的好意并不能化解王、戴的矛盾，在谈话中，戴笠果然对赵理君一味偏袒，批评王天木。王天木一气之下与戴笠发生激烈争吵，戴笠不能容忍，当即宣布撤销王的区长职务，让赵理君担任。他要王回天津去做“直属通讯员”。

王天木遭此重击，想不通，他决不甘心败在赵理君手下。愤恨之下，他连戴笠也不买账了，动了与戴分手的念头。在往来津沪之间时，他开始寻找与汪伪特务方面联系的渠道。

1939 年 7 月 14 日，军统在上海法租界的十四处秘密地点受到日本军警联合租界当局的大搜捕，虽因内线告警，敌方想抓的军统上海区长赵理君、书记郑修元及总督察毛万里等人逃脱，但曾参加河内刺汪的王鲁翘等行动人员被捕。王鲁翘是王天木女儿的男友，与王天木关系密切。戴笠闻报后认为，日本人如此精确地掌握军统活动地点，一定是有全面熟悉上海区情况的人提供了情报。而“王天木的情形近来不太稳当”，[21]成为重点怀疑对象。戴笠本一贯“宁可我负人，不可人负我”的方针，下令赵理君立即干掉王天木。8月15日，王在赵理君的枪口下侥幸逃生，这样一来他便与戴笠彻底翻脸了。

第二天，王天木带领陈弟容、马河图、岳清江、丁宝龄以及原“忠救军”支队长何行健等随员叛变投向汪伪“76号”，李士群为之大喜，任命王天木为汪伪“特工总部”高等顾问，陈弟容为第一处处长，何行健为“反共救国军”第二路司令。

王鲁翘被捕后，因曾参加河内刺汪行动，于1939年除夕被法方押送回越南，判处无期徒刑，直至胜利后才与同案被法方关押的余鉴声、陈步云、张逢义等人一起，被戴笠以专机迎返回国。

王天木、陈弟容投伪后，交出了更多的军统潜伏特务在沪名单地址，还向日伪供出了军统在南京及安徽等地站点的情况，军统局南京、青岛、北平、天津、安庆等地组织因此均被破坏。8月17日，安庆站长蔡慎初被捕，后在押运南京途中被救出。另有军统局香港电台通讯员袁良刍由港赴沪，他因不知王、陈投汪事，故自投罗网被捕，虽年逾六旬仍被严刑拷打，被救后几成残废。王、陈的出卖，给军统的敌后网络造成了极大的损失。

王天木还去信对留在香港待命的刘戈青进行策反，他说：“兄于15日被赵理君暗杀未中，查系老板命令，此乃太无天理是非，遂于翌日开始自由行动，弟见信速返。”刘戈青以事关重大，将此信交由军统局香港区区长王新衡报告戴笠。戴笠虽然对王天木的行为十分恼怒，但碍于他的影响，为避免恶果扩大化，他转而采取妥协方法，派吴安之携带他的亲笔函件去上海找王，想劝他回头。但王再次拒绝。

刘戈青于1939年8月10日赴渝向戴报告，他向戴请命说他可运用与王天木的关系回沪宁去再执行刺杀汪精卫的任务。戴笠批复说：“吾弟忠勇为国，思虑周详，至为感佩。沪上环境险恶，我固不愿弟赴沪工作，但为打开目前之僵局，与挽回工作之劫运，以期得到最后胜利，亦不得不派弟一行。兹以另电冠夫同志，拨弟国币5000元，希即妥为部署，秘密赴沪，万希胆大心细，严密进行。事之成败，系于弟身。”[22] 戴笠又另附一信交刘戈青带给王天木，信中再次劝说“余遇君素厚，弟念数年来患难相从，凡事曲予优容，人或为之不平，余则未尝改易颜色，似此无负于汝，而汝何竟至背余事逆耶……惟念汝现居逆方高位，有机与汪逆接近，正可乘间为我而图之。故特准戈青重履险地，即为我达此意与汝也。若果能出此，则不惟往者不咎，且必能以汝之此项功绩，而邀逾格之重奖也。戴罪图功，此其时矣。望毋负余意，余由戈青代达。”[23]

刘戈青10月4日抵沪，6日见王，出示戴函，要其杀汪，王天木阅后紧张得汗流浃背，瘫于沙发上，思考再三后允诺之。但王天木对戴笠其人已完全看透，决计分手，他对刘戈青说戴的为人是“违仁背义，男盗女娼”。

王刘表面上议定刺汪计划在双十节阅兵时下手，将刘化装为汪卫士，伺机行动。但后来因伪政权未能如期成立，阅兵式取消，刘戈青甚为焦急，认为在汪伪“开府”前下手意义最大，更怕日久暴露。

戴笠送王天木四万元以为活动费，但王收钱后拖之不办，借口力量单薄，要拉陈弟容加入。刘戈青与陈见面，陈提出要让戴释放其被扣家属作为条件，戴笠听从了刘的意见，放其妹陈弟燕，并派刘旧属朱三元送其到沪，面交其父劝说他回头的信函，陈弟燕跪求其兄不要再做汉奸，陈佯允之。

不久，有与刘戈青同住的军统人员被捕，巡捕房到处抓刘，王天木闻讯胆战心惊，害怕刘被捕供出刺汪计划牵涉他自己，便指使陈弟容杀了刘。陈不忍下手，又不懂王的真实意图，结果自作主张地把刘戈青带到了“76号”，这下王天木吓得躲了起来，后听说刘没有将他供出才又露面。

刘戈青被捕次日，李士群亲见他并宴请，套问其来沪任务，并许以高职劝降。刘戈青对李士群称：军统在沪力量强大，只要一个电话，会有人敢来“76号”看他。李不信，让他打，说如敢来，可让他们自由交谈。刘立即电召朱三元在商人包天擎陪同下来到“76号”，李一面恭维其有胆量义气，一面道“少陪”。刘写条给朱，附上手表转交戴笠，朱即离去。其后包天擎三天一去探视，李士群也没干涉。后来刘戈青曾被严刑虐待，最后在军统人员活动下历经艰苦于1941年5月逃回重庆，戴笠为他还开过欢迎会。[24]

戴笠又下令南京区长钱新民、范之并立即制裁王天木、陈弟容。但因南京区6月10日在伪维新政府宴会时，派人在厨内下毒，毒死了华中日军司令部高参三浦大佐、日领馆书记船山、宫下吉玉三人，其余日军官严村中将以及“维新政府”汉奸头目梁鸿志、温宗尧、高冠五等皆中毒未死。日伪在全城大捕疑犯，钱新民等避往江北浦口，因此暂时不敢行动。此前8月19日，陈弟容曾会同日伪捕获留在南京城内的军统组长谭质文，威胁其叛变，再于9月11日破获军统南京电台。南京区派出书记兼行动组长尚振声，在和平门、挹江门一带化装活动，试图在南京恢复工作。

王天木在北方从事军统工作多年，熟悉情况。投汪后，他便派斐吉珊与张奉馨二人北上，抓捕军统人员，为日伪效力。9月27日，在天津捕获“抗日杀奸团”团长曾澈；28日凌晨，又会同英法租界捕房捕去天津站长陈资一、军事组长郑恩普等人。次年5月13日，陈资一在天津被害。

军统局青岛行动组长赵刚义，原本与王天木关系较好，他在赴沪领经费时被王诱降。11月15日，赵刚义领日本宪兵回青，胁迫青岛代站长傅胜兰召集电台人员，结果傅胜兰允降而通讯员王志超不降，反而斥责赵等投敌，最后被判刑十年，抗战胜利后方出狱。

11月24日，王天木投敌风波波及北平，北平区副区长周世光、电台台长张树德等多人被捕，于1941年9月8日被杀于南苑。

戴笠听说王天木又出卖了刘戈青，遂彻底绝望，命令仍在上海的吴安之不惜一切杀掉王天木一伙。吴安之运用他与王的保镖马河图的私交，以同乡之谊及国家大义，劝马及岳清江、丁宝龄等人“归队”军统成功，他传达了戴的指示，并令在“76号”中的内线丁宝龄与岳清江配合之，立即刺杀王天木、陈弟容。

12月25日圣诞节之夜，王天木、陈弟容、何行健带马、岳、丁等十多人去各舞厅游玩。深夜时分，人渐散去，当他们走出沪西愚园惠尔登舞厅大门时，马河图三人突然拔枪射击，陈弟容、何行健当场倒地死去，但王天木却无恙。是他们有意放了王，还是传说的王躲进了女厕而侥幸逃脱？说法不一。后来王虽因搞不清的原因未被刺死，却被“76号”抓去，李士群要他对陈弟容、何行健之死负责，关关放放前后审查两年多，直到1942年冬才由李士群派任为伪华北特务工作团的副团长，这“等于废掉了全身的武功，再也施展不开了”。[25]行动之后，吴安之偕马河图离沪去了河南。

军统上海区的工作，因王天木等的投敌破坏而面临崩溃。为挽救局面，戴笠派其亲信同学姜绍谟秘密去沪组织第二区，以图另起炉灶。

姜绍谟毕业于北京大学，曾任国民党军东路指挥部少将参议、浙江省党部委员、教育部司长等职。抗战后加入军统局。他去沪后，除书记陈祖康及随身带的电台人员外，皆不用军统网络，让人以为他是来加入汪伪“和平运动”的，从而较好地隐蔽了身份。他利用与汪伪财政部钱币司长梅哲之及伪政府文官长徐天琛的关系来搜集情报，利用汪伪军事委员会常委、绥靖军总司令任援道之弟任西平的关系来策反他，最后使得任援道上书蒋介石，表示“身在曹营心在汉”，要戴罪立功。姜绍谟还利用旅日华侨王某的关系，买通了驻南京日军“登部队”的译电员与打字员，及时报告了日本飞机计划轰炸重庆罗家湾军统局的情报，使之得以避免损失。但姜绍谟的活动对于军统上海区恢复工作局面并无多大作用。

与此同时，戴笠还派“忠义救国军总政治部主任”文强前往上海租界，任军统“策反委员会”主任兼“忠救军”驻沪办事处处长，直接受戴笠的领导，专事对汉奸的策反工作。他还代表戴笠参与“上海统一委员会”的活动。这一机构是国民党运用上海帮会等力量来协调中统、军统、外交部驻沪办事处、国民党江苏省党部等进行地下活动的。文强在沪的活动不受军统上海区管辖，但有横向联络关系。

戴笠放出姜绍谟、文强来沪活动，是他狡兔三窟之举。鉴于上海区人员的不争气，他不得不为在上海的组织和工作做万全之“备份”。但他绝没有放弃重建上海区的努力。

1939 年 8 月初，戴笠派出了他的得力干将、擅长行动的陈恭澍从香港转赴上海，出任上海区区长，试图在与汪伪特务的斗法中全面扭转被动的局面。

当时，陈恭澍刚从中央训练团党政训练班第三期受训毕业，戴笠召见他说："我们在上海的组织，已经遭受敌伪破坏，到目前为止，还没有掌握到全部情况，而且仍在恶化中。我决定你去处理这问题，要排除障碍，维护工作的继续执行。"[26]

陈恭澍到达上海后，首先对区本部进行了调整，为短期内见成效，他计划将行动与情报一元化，并加强行动力量，拟订了一份《人事组织调整方案》呈递戴笠，得到批准。戴笠复电说："兄处所拟扩展沪区行动组织之计划，弟已批准，请兄物色忠勇人员，迅行成立，所需武器，请兄设法收买。"[27]

戴笠连连催促陈恭澍行动，甚至打电报来斥责他："兄乎！河内一击未成，竟胆小如鼠乃耳！"[28]于是，陈不能不硬着头皮加快行动，组建了上海站直属新编第一组、第八行动大队各组织。戴笠电文指示："今后行动应具必死之决心，集中全力，孤注一掷，非大流血不足以寒敌胆，而发扬我民族抗战精神也。"[29]他们遵照干了不少事。据陈恭澍自己称，在上海站主持工作的两年内，"制裁大小汉奸走狗一百余名，破坏日寇军事设施及焚毁军需物资等五十余次。另外，最使敌军丧胆的是格杀了日本现役武装官兵约四十名。于此，我方牺牲之惨重亦可想见。"[30]他们刺杀的对象中包括了与军统为敌的法捕房督察长程海涛、"76号"伪特工第三行动队队长赵刚义、机要处副处长钱人龙、叛变投靠"76号"的原军统人员邵炙九（国民党元老邵力子的堂侄）等一批对头分子。影响比较大的则是刺杀了伪上海市长傅筱庵和投日的黑帮大亨张啸林。

在制裁汉奸的同时，有军统人员提出不能只杀汉奸而对他们的侵略者主子不加打击。于是，上海区提出了一个歼灭日本军人的计划，要求军统局本部授权他们相机行事，在上海日占区范围内刺杀日本军人，不论其军阶高低，无须事前报备，有机会就立即格杀，以达震慑之效果。隔了四五个月后，戴笠回电批准执行，但没有具体说明要求事项。

据当时的报刊所载，军统上海站和"抗日杀奸团"由此在上海地区开展了针对日本军人的武装行动。其中自1940年9月到1941年10月共行动五十余次，毙伤日军六十人以上。其战果据陈恭澍自己统计如下：

“民国三十年（1941 年）10 月底，‘上海区’发生重大事故，抄去大批文件，敌方于同年 11 月 28 日（星期五）在《中华日报》及《新申报》上发表了一份经他们记录再加整理后的‘蓝衣社在沪所犯案件统计表’。表中的内容，分为两大部分，第一部分是对汉奸的制裁，第二部分是‘破坏’、‘扰乱’及格杀日本军人……”概括如下：

原表分栏，按其序列为：

日本军人姓名	时间	地点	死伤	行动者
矶部芳卫	1929.9.29	北四川路武昌路	死	第三队蒋安华
佐藤精一	1929.9.30	沪西镇宁路	死	第三队蒋安华
中村尚雄	1929.11.6	北江西路老靶子路	重伤	第二队赵圣
石桥信	1929.11.14	虹口嘉兴路附近	死	第三队蒋安华
富永贡	1929.11.17	蓬莱路海××	死	第三队蒋安华
久保田	1929.11.30	虹口施高塔路	无恙	第三队林焕
佐佐木	1929.12.1	沪西汪家弄	重伤	第三队蒋安华
野村正雄	1929.12.17	韬朋路华××	死	直属一组毕高奎
宫崎敏	1929.12.22	南市文庙路	死	第三队蒋安华
高桥胜村	1930.1.1	江湾附近	伤	第三队蒋安华
西岩×	1930.1.13	南京路山西路	死	第六队潘绍岳
出光正三	1930.1.19	沪西日华纱厂	伤	第三队蒋安华
户田正一	1930.2.22	平凉路齐齐哈尔路	重伤	第三队蒋安华
石中巽	1930.2.26	平凉路齐齐哈尔路	死	第三队蒋安华
五十岚翠	1930.4.10	公共租界狄思威路口	无恙	第三队蒋安华
本田等数人	1930.4.15	沪西劳勃生路	伤2人	第三队蒋安华
××××等	1930.4.26	虹口乍浦路 海宁路口东和剧场	22人轻重伤	抗团孙大成

村山秋常	1930.4.28	闸北海军哨所	重伤	第六队潘绍岳
渡边实	1930.5.5	光复路三兴面粉工场	轻伤	直属第一组晨美
宪兵分遣队	1930.6.11	法租界金神父路	无恙	抗团孙大成
井等三人	1930.6.15	地址不详	1死2伤	第三队蒋安华、赤木
赤木亲之	1930.6.17	愚园路地丰路	死	第三队蒋安华、李亮
蒸德贤藏	1930.7.26	虹口爱而琴路	死	第三队蒋安华
式部清一郎	1930.7.27	徐家汇天主堂附近	死	第三队蒋安华
板井一	1930.7.31	南市宪兵分遣队前	死	第四队封企曾
青木武重	1930.8.16	杨树浦平凉路	死	第五队
日下都信吉	1930.8.25	杨树浦西华德路	死	第三队蒋安华
须藤茂吉	1930.8.25	杨树浦西华德路	伤	第三队蒋安华
官重孙吉	1930.9.16	东汉壁路元芳路	伤	第三队蒋安华
矶谷	1930.9.8	?	无恙	第三队蒋安华
楠元国雄	1930.9.13	虹口周家嘴路	伤	第三队蒋安华
池田寅治郎	1930.10.7	虹口	死	直属第一组毕高奎
石出时重	1930.10.10	南市王家弄	死	第五队
村濑胜次郎	1930.10.12	浦东曹家楼店	死	直属第一组毕高奎
冈本义雄	1930.10.22	南市电气公司前	重伤	直属第一组毕高奎

以上全系该“统计表”内所列，大致接近事实，但不一定百分之百的正确。[31]其中被惩罚日人官阶最高的是赤木亲之，他是公共租界警务处警务副总监。1941年6月17日，在愚园路地丰路交界处，由军统上海区第三行动大队第四组李亮组长布置，副组长叶东山率四名行动员“踩点”埋伏后刺杀。

陈恭澍自己在书中说，“上海区”的上述“奸敌专案”“的确震撼了上海地区的日本驻军。最明显的事实，就是有很长一段时间，穿制服的日本军人除了结伴成伙，互相戒备之外，绝不敢单独一个人在路上行走，横眉怒目擅闯民宅的事很少发生了……我们认为这就是打出来的效果。至于陷区人心大快，那就更不用说了。”[32]

军统局上海站对日军官兵的刺杀，在一定程度上打击了侵略者，但其作用并不大，也不能对中日战局发生多大的影响；而且每次行动的结果，都会引起日军的疯狂报复，使行动地区的人民蒙受了损失。当时的报刊都有报道，如重庆《大公报》1941 年 5 月 10 日载中央社香港电称："敌方戒备之伪中央市场,有日籍稽查员一名,被人枪杀毙命,事后敌将无辜菜贩捕去数十名。""日军在闸北大举搜查，逮捕居民五百余人……以照片一一对认，结果并无一人相似。"陈恭澍也在其书中承认说："至于说到波及当地居民，也就是因为杀日本兵而害了我们无辜同胞的事，过去已屡见不鲜。每逢一次行动破坏后，日军总是封锁现场，任意逮捕附近居民，除严刑拷问外，且乘机肆意掳掠奸淫，无恶不作。其接近大都市的地方，因耳目众多，或许还稍有顾忌，到了穷乡僻壤，那就更为所欲为了。举个实例来说，民国二十七年（1938 年）春，笔者在北平亲率王文诸同志制裁第一号伪头目王克敏一案，事后日本军方立刻封闭九城，切断了一切的交通出入，在一夜之间，全面大搜查，总共逮捕了三千多人，其中与我们有关系的也只有武汉卿夫妻二人而已。其余的都遭到池鱼之殃。"[33]"每发生一起枪击日军的案子，事后最倒霉的还是当地的居民。"[34]

1940年年初，戴笠一时兴起，两次致电上海站陈恭澍，要他们在沪发动开展"工人运动"。电文说："在目前情况下，吾人对上海各业工友，应加紧运动，密切联系，以制敌伪之死命。弟意，应即秘密组织一'上海职工运动委员会'，请兄等联络在沪同志从速进行，所需经费当由中央负责也。""对工人之运用，至关重要，因今日之特工，需要多数深入之路线与社会普遍职业之掩护也。弟意应组织一职工运动委员会,即请虞洽老、赵子刚、刘绍奎、刘俊卿、蒋福田诸先生为委员，吾沪区亦可选派人员参加其工作，月需经费若干，决由中央负责。事机急迫，请兄即洽商进行。"[35]但当时上海站长陈恭澍认为工运组织非内部产生很难插手，而且他们又没有工运的经验，为了应付戴笠的催促，只好在区内成立了一个由戚南谱负责的"工运办公室"，下面在"新一组"内设了一个"工运小组"，"我的原意是，一切要看南谱兄的开拓情况再做决定。”“最不可解的是戴先生嗣后再也没有询问过这件事。”[36]这件事说明了当时戴笠对军统局工作指导的随意性和他个人的做事风格。

1939年10月，上海区第四行动大队副队长万里浪投靠“76号”，并设计抓捕上海区书记郑修元，差一点得手。陈恭澍急忙安排郑撤退。这年年底，随王天木投敌的陈弟容被军统击毙后，所遗“76号”第一处处长职务由万里浪继任。万里浪是个穷凶极恶的人，他上任后拼命给李士群卖力，到处搜捕军统人员，并残酷地对待被捕者。他利用过去当忠救军指导员时结下的关系，把原忠救军分队长、现任上海区第一行动大队第三分队长的周西垣拉了过去。当陈恭澍请命制裁万、周时，戴笠却对这份报告拖延不批，有消息说，这是因为万里浪投伪是戴笠的安排，但从他对上海区的破坏情况来看，即使是戴的计划，那么这时戴也是哑巴吃了黄连，有苦难说了。1941年6月28日，新任上海区第一行动大队队长刘原深又被万里浪绑架，接着区内人员连连被捕，特别是刺杀日本官兵最多的第三行动大队，到10月，大队长蒋安华以下六十余人只有一人幸免。上海区人员大批被捕，陈恭澍无法阻止这“多米诺骨牌”效应，就提出了大规模换人的计划，欲将上海区人员撤走五百余，再从忠救军调入千余，让万里浪无人可捕。正在此时，区长陈恭澍也出事了。

1941年10月29日，上海区有十余人被日伪搜捕，其中包括区会计和大量的记录有关行动与关系单位人员的账单，立即成为日伪的追查线索和依据。陈恭澍得到内线报告，马上向戴笠发报告急，接着去找区书记齐庆斌商量对策。但齐已被捕，陈恭澍也被留守的汪伪特务抓获，送往“76号”。万里浪在李士群安排下得意洋洋地对陈进行了审问和劝降。

随着陈恭澍、齐庆斌的被捕，军统局上海区被汪伪特务组织“76号”全部破坏。11月28日，汪伪《中华日报》公布《渝方蓝衣社上海区组织系统及其名单》，将军统局上海区十个部门、八个行动大队、五个情报组组织人员全部公布，其中相当部分被捕人员被吸收参加了“76号”伪组织。[37]李士群甚至利用被缴获的电台给重庆军统局发报，欢迎戴笠来南京投汪，气得他几天闷闷不乐食不甘味。[38]这是抗战开始后，蒋、汪特务在上海滩较量，军统方面的又一次大失败。奇怪的是，汪伪特务头目李士群出于内部斗争、对外寻后路等多方面的原因，他们对被俘的陈恭澍、齐庆斌等人并未为难，只是要求他们投降，与日伪合作，以“绝对不能再走回头路”（指再与军统联系）为唯一的条件，[39]而先期被捕的军统局上海站长钱新民、副站长尚振声就是因被捕后又“走回头路”而被汪伪特务杀害的。

在得到陈恭澍的允诺后，李士群竟然冒着得罪汪精卫夫妇的危险，为河内刺汪的主将之一陈恭澍打了掩护，也不知他怎样说服了曾在审讯时对陈恭澍破口大骂暴跳如雷的汪妻陈璧君，使汪精卫夫妇破例答应不再追究往事。这不仅使陈恭澍保留了性命，而且得到了任用，被派往杭州伪“政治保卫学校”任教育长。李士群死后，陈恭澍又得到了日本特务“梅机关”中岛信一、晴气庆胤等人庇护，组织了一个为日本人搞情报的“第一委员会”，由日军方直接供应经费物资，以至连伪政府要人周佛海也要向他讨好，得以渡过重重危机。其间，他暗中又与重庆军统恢复了联系。抗战胜利后，陈恭澍立即被军统委任为上海区第三站站长，半年后的1946年春节前夕，他忽然被国民政府以汉奸罪逮捕，并判刑十二年。一年半后又被释放，转任“中央训练团励志训练班”第一大队上校大队长，后又任“国防部绥靖总队”第一大队上校大队长，开赴华北参加反共内战。[40]

关于陈恭澍在被捕后的经历，仅凭他在回忆录中所说的他只向日伪交代了一些“他们所知的情报”和不会对重庆方面造成直接危害的情况而言，就是在一般的推理上是说不通的。李士群和日本“梅机关”不是傻瓜，而汪精卫夫妇更是对试图暗杀他们的人痛恨至极，他们一定不肯轻易放过历次追杀汪的行动主持人之一的陈恭澍，而陈自己解释的日伪认为他“有用”、李士群和“梅机关”各有矛盾及有所图等理由，其前提是陈要答应“合作”才行。所以，有情报说陈已供出了先期打入汪伪政权的唐生明真实身份等重要情报，才得以被“76号”放生和收编，是有一定道理的。

无论如何，从汪伪政权调查统计部发言人在陈恭澍被捕后发表的谈话来看："陈君为汪主席的伟大精神所感召，深悟过去盲从抗战之非是，在沪受人利用主持卑劣的暗杀工作，尤觉痛心，愿率所属干部百余人，脱离残酷罪恶的组合，要求自新，参加和运，拥护汪主席和平救国之主张，重新为党国效力，以赎前愆。并将秘密电台九座，枪支数十，弹药数千全部缴呈调查统计部驻沪办事处，表示其投效之忠诚。"陈恭澍也公开发表声明表示："本来中日事变，在日本为求友人，而非打敌人，可惜中国初即受共党的挑拨利用，复受英美的操纵怂恿，致有抗战到底的谬论，而高唱迄今……"现在要"决然自新，跃出残酷罪恶的组合，迈进于和平建设之营垒，深愿追随先进，拥护汪主席和平救国之主张，以达成共存共荣之领域。"[41]这些公开发表的文件足以说明，陈恭澍已完成了叛国投敌的手续，沦为抗日的叛徒。难怪国民党在战后要把他关进监狱。

从军统在沪特务被汪伪逮捕后的一般情况来看，大多数人是与汪伪采取了合作的态度，才得以保命并"落水"；而后，他们中一部分人又"走回头路"，与军统重新建立了联系。戴笠当时对这些人基本采取羁縻政策，先准其反正，用起来再说，胜利后再算账，但对其中有用者，处罚判刑也只是个走过场而已，陈恭澍的经历就是明证。

陈恭澍作为军统局的得力干将，在抗战前后参加和组织了多次重大的刺杀行动，后来又投靠了日伪，再得以复出，他的个人经历跌宕起伏，充满危机与变数。退台之后，他撰写了回忆录《英雄无名》丛书五册，虽然立场反共，且行文啰嗦，但文中记载了不少军统活动的事实，作为一家之言，也可供研究者参考。

军统局上海区几次被日本及汪伪特工端了老窝，陈恭澍的叛变是终结性的一幕。其关键在于蒋汪之间在反共政治立场上有共同点，唯一的对立就是对日"战"与"和"的不同，所以他们虽然杀来杀去，但一旦军统特务们被捕，在生死抉择面前，往往立即选择投汪，并出卖抗战事业，而后再寻机向重庆忏悔，以求两面讨好求生，这些特务是没有什么民族气节可言的。事实也证明，蒋介石、戴笠对他们的这种叛变最终是采取了原谅与包庇态度的。

戴笠在上海区活动的组织领导上也有重大失误，他在军统内部强调个人信仰而忽视对国家民族的忠诚，使得其部下认为只要最终能得到他的宽恕，什么事都可以做。陈恭澍、钱新民等重要的中层骨干们被捕后的经历都证明，他们认为先投汪以保命，而后再向戴笠请罪立功，就可以免于杀身之祸，至于民族气节立场，都没坚守得住。而戴笠将各大区人员频繁调动，互相之间都有千丝万缕的联系，一旦破阵，引起的连环崩溃效应无法阻止。王天木投敌事件，最后几乎使军统局在华东、华北沦陷区的组织丧失殆尽；陈恭澍叛变后，戴笠被迫下令撤走了文强的"策反委员会"最后一支在沪力量。此后，军统局完全丢掉了上海。

第六节 "抗日杀奸团"活跃于南北敌后

平津沦陷后，战前在天津的青年救亡联合会中一部分学生，基于强烈的爱国精神，自动组织了一个敌后武装团体——"抗日杀奸团"，专门进行刺杀敌伪头目和准备与日合作的动摇分子，并进行抗战宣传。这是一个比较松散的组织，他们起先与戴笠的军统组织并无关系，但戴笠看上了他们，派天津站书记曾澈加入进去。

曾澈，浙江瑞安人，1932年秋毕业于上海法学院，由林蔚介绍给戴笠，加入军统。

1938 年年底，曾澈被派往天津，他潜入南开，与耀华中学孙若愚、孙惠书接触，加入"抗日杀奸团"。由于该团处于松散状态，曾澈及时利用其经验与社会关系，在团内占据了主导地位，他在内部组织了由他任总负责人的干事会，李如鹏为组织干事，孙若愚、袁汉俊为行动干事，祝宗梁为技术干事。1939 年 3 月，曾澈升为军统局天津站站长，他把"抗日杀奸团"当做军统的一个外围机构，但内部团员们并不明了这层关系。[42]

当时在天津，伪“天津市商会会长”王竹林附逆后成立了“中日经济提携会”，自任会长，还主持召开“反蒋大会”卖国求荣。“抗日杀奸团”派孙若愚、祝宗梁、孙湘德三人前往制裁，在法租界兆丰花园内将王击毙。伪华北准备银行总经理兼天津海关监督程锡庚，发行伪币套取法币、银元，他还为日方出主意，要他们与英租界交涉，令租界内的中方银行交出全部白银与银元，对抗战经济破坏极大。程锡庚知道他罪恶过大，害怕被杀，平时住在英租界，闭门不出，防范甚严。但“抗日杀奸团”经过仔细侦察，最后仍在4月12日，趁其看电影《庚戈丁》时，由祝宗梁、袁汉俊、刘友琛、冯健美、孙惠书多人配合，将其击毙于电影院内。另外还有伪河北省教育厅长陶尚铭也受到了抗团的制裁。

1939年4月间，“抗日杀奸团”在三天内，曾炸毁伪天津市府军用库、万国桥旁三井洋行、特一区棉花堆栈等待运日本的物资。“一时之间，把一个包括日本租界在内的天津市区，搞得热闹非凡，连巡捕都抓不胜抓，充分地表现出民族反侵略的热情。”[43]

1938年12月底，“抗日杀奸团”派李如鹏到达北京大学。他对抗团“燕京小组”[44]范旭说：“我从上峰那里带来一个命令，你们学院有一位教授，是中国教育界的领袖人物之一，对民众有深刻的影响，他已经同意去日本傀儡政府那里任教育督办，这种举动影响深远，因为人们对他很尊敬，相信他的判断力，像他这样的人决定同敌人合作，是比不管多少日本的宣传危害更大的，必须在他公开宣布他的意图之前就把他除掉。”这就是针对准备落水的作家周作人的刺杀行动。

周作人是鲁迅先生的弟弟，著名作家，北大教授。曾在“五四”新文化运动中有建树。战争开始后，北大内迁，他因个人和家庭原因留在北平，又因生计的需要和他的家庭与日本的密切关系，他模糊了抗战立场与是非观念，认为与日本合作也是爱国救民之道，思想上与华北伪政权的汉奸们开始接近。1938年2月，他结束“隐居”生活，出席了日本《每日新闻》社召开的“更生中国文化建设座谈会”，向日伪送去“秋波”，一时间在社会上造成了较大的影响。后来又风传其将出任华北伪政府教育督办，引起了重庆方面的高度注意。天津抗团因此接受了制裁周作人的任务。

这次行动，本来一切顺利，抗团人员李如鹏、赵尔仁与范旭在北平抗团成员郑统万（伪满“总理”郑孝胥之侄）家里拿到运来的手枪，于1939年元旦上午到北平西城八道湾周作人家，声称是天津中日中学的学生，为留日事前来求见，顺利进屋。赵尔仁留在门外望风。当时周作人正在与来客北大教授沈启无谈话，站起来接过介绍信，范旭对李如鹏说：“这就是周先生。”李随即掏出手枪对周的腹部开了一枪，周“哎呀”一声倒地，沈启无吓得站起来不知所措，李如鹏怕他反击，又对沈他开了一枪，打中肩部。两人逃出。但周家仆人涌来抓住了李如鹏按在地上，范旭急呼“九哥快来！”赵尔仁赶来连开数枪驱散了仆人，三人才得以逃回。[45]

但周作人确实命大，他中的那一枪打在了肚脐旁的毛衣纽扣上，因手枪太小，子弹力不大，竟打飞了，而沈启无肩上中的一枪也无大碍，居然没有当即去医院，还在周家待了一会儿。[46]抗团的这个失误使这次行动功败垂成，不仅如此，周作人受此一吓，反而认为他对重庆方面已无退路，生命时刻受威胁，索性投靠了日本，以求得庇护。

后来抗团在天津国民饭店对此次行动进行了检讨，曾澈在会上“念了上面的一封电报，批评李如鹏，其中有一句‘不够沉着未能杀敌致果’，从上面的措辞不难想见抗团与国民党的关系”。[47]

“抗日杀奸团”的活动引起日伪的极大仇恨，敌方四处探询曾澈的行踪。正在津视察的军统局干部乔家才劝曾暂离，曾不肯，准备完成任务后再去重庆。1939年9月27日，曾澈因投敌的军统上海区长王天木出卖，在天津河北大经路被捕。在狱中曾绝食求死，敌人给他强行注射补针，劝降无效，送往北平宪兵队感化院，戴笠曾传信叫他假降，但他未听，于1940年9月9日被杀于北平，年仅二十七岁。与他一同被捕遇难的还有李如鹏，他们都遭到过日警的酷刑拷打，但没有屈服。

曾澈死后，“抗日杀奸团”的工作由孙大成负责，并扩展至北平，成立了“北平分团”，刺杀了伪建设总署总务局局长俞大纯等多名敌特，而团员冯运修等也在行动中被捕或牺牲。[48]

1940年3月至4月间，抗团因欲行刺华北大汉奸汪时璟，被日本宪兵队追踪，不能在天津立足，孙大成等只得经海路撤往内地。他在重庆见过了戴笠，商定由渝去沪。1941年4月8日，他们在上海成立了分团，又名“抗战建国特种工作服务团”，继续进行类似的抗敌活动。在上海，他们仍然保持了独立的抗日组织的性质，并不是军统局上海站的下属单位。上海站除每月支持他们法币三百七十元外，别无更多关系。军统要抗团多做宣传、扰乱工作，也不给他们装备和武器，但抗团自己制作筹备，组织扩大到三四十人。

1940年年底圣诞节前平安夜，抗团在上海南京路等繁华街道大量张贴抗日标语，并在多处舞厅设置引爆了小型炸弹，轰动全城。

1941年4月16日，抗团罗长光、刘世华、黄克忠三人装扮成送水工人，在日本军人经常出没的虹口区乍浦路、海宁路两家电影院——“东光”和“融和”剧场安放了定时炸弹，炸死炸伤了二十二名日本人，其中包括多名日本宪兵。此次事件被日本人称为“东和剧场惨案”。

6月2日及7月26日，抗团在上海法租界马斯南路两次爆炸日商“合同百货公司”。

6月11日，抗团派出李鑫、孙克敏、刘世华趁夜袭击上海法租界金神父路日本宪兵队法租界宪兵分遣队，炸毁房屋，重伤日本宪兵，这次冒险的行动获得成功。

6月间，抗团负责人孙大成侦察发现虹口公园为日本人经常集会之地，常有日方高级军官出席，遂决定利用公园内售烟亭储存炸药施行袭击，但在布置时，炸药突然自爆，抗团黄克忠、缪维两人当场牺牲，“数名敌军同时伤亡”。据分析，有可能是他们在情急之下自行做了“人弹”而与敌人同归于尽。

8月1日，上海日伪当局为庆祝汪伪政权与德意等法西斯国家“建交”而举行“提灯游行庆祝大会”，抗团人员对此义愤填膺，决定派出李鑫、黄昆、张仲华三人前往沪西兆丰花园大会会场袭击。因环境险恶，他们三人抱定必死决心，“大会上敌伪首要毕集，纵然自身不免，亦不过三人，如能趁此机会得以聚歼群寇，岂肯失之交臂！”结果，他们用怀揣的自制炸弹向日伪宣示了中国人民的正义力量，会场一片混乱，敌伪作鸟兽散，但李鑫不幸当场炸伤，“腹破肠流”，牺牲前还高呼“中华民国万岁！”张仲华被捕，黄昆亦在混乱中失踪。事后，日伪当局宣布庆祝会被炸，袭击者“自毙”。

两次牺牲并未阻挡抗团的行动，8月29日，他们又在公共租界福州路321号及虹口同时将专售敌伪书刊的“三通书局”本部与分店炸毁。

10月14日，抗团负责人孙大成因前几次行动中炸弹先爆出事，决心试制保险炸弹，但不幸又遇上意外，除自损一只手臂外，还暴露了目标，导致他与钱致伦、叶以昌两人被法租界巡捕房逮捕。及至12月8日，太平洋战争爆发，日军占领租界，他们三人被解到虹口日本宪兵队看押，幸而并未暴露身份。虽受到折磨，但最后竟被抗团和上海站利用关系花钱把他们“运动”出狱了。[49]

孙大成出事后，抗团继而由祝宗梁、袁汉俊等负责工作，继续与日伪斗争。

戴笠与军统时刻想吞并了“抗团”，并把他们的抗日成绩记在自己“功劳簿”上。1941年，军统局在贵州息烽设立了“抗团暑期训练班”，祝宗梁、沈栋等二十六名团员被调去参加了培训；1943年，他们又在重庆赣江街82号江西会馆万寿宫内军统训练处办公楼下成立了“抗日杀奸团”总部，有六七人长期住会工作，其任务一是从事情报与破坏工作，二是集中培训北方抗日青年，按制定的规划派往平津等地工作，最多时全团达一千余人。到1944年，他们先后在广德、西安、界首等地成立了“抗团”联络站，并在敌后设立多处联络组，渗入伪警、宪、军内部，开展活动。

当时在军统局内是由局本部主任毛人凤主管“抗团”之事。20世纪40年代初，戴笠曾要“抗日杀奸团”改名为“抗日锄奸团”，他说：过去锄的“奸”是汉奸的“奸”，现在要锄的“奸”却是“内奸”（特指共产党），因此责任更大，更不易完成任务。但“抗团”负责人祝宗梁不同意戴笠的主张，更不想改变组织的性质而卷入内战，改名之事也就未办成。[50]

1945年抗战胜利前夕，军统局曾要求“抗团”成员一律加入国民党，但未成功。随着形势的发展，“抗团”中许多人对国民党的统治认识有了变化，他们自觉想与军统拉开距离。

抗战胜利后，“抗团”于1946年宣告解散。除孙若愚等少数几个人加入了军统改编后的保密局外，祝宗梁等多数团员都拒绝了军统局拟给他们的军衔待遇，自谋生活去了。[51]

“抗日杀奸团”虽是军统的外围组织，但参加者多为抗日青年，他们本着爱国热情，在敌后出生入死与敌伪斗争，进行了多次制裁汉奸与爆破行动，打击了日伪。在行动中曾失手十九次，被捕八十三人，李如鹏、冯运修等十数人为国牺牲。他们的死是为国家民族而牺牲的。虽然他们或是军统组织的在编武装，但当时也是抗日队伍的组成部分，从事的也是抗战军事斗争。只要纯粹是为抗日为民族而死，他们对国家民族所做出的贡献是应当受到表彰和纪念的。

【注】

[1] （台）“国防部”情报局编印《戴雨农先生全集》（上），第80页。

[2] 刘英照等《日军华北五省特务机关长被刺记》，载《日本特务在中国》，第285~288页。

[3] （台）“国防部”情报局编印《戴雨农先生全集》（上），第92页。

[4] 邓葆光《军统领导中心局本部各时期的组织及活动情况》，全国政协文史委《文史资料选辑》第86辑，第184页。

[5] 本节参考江绍贞《戴笠与军统》，团结出版社2006年版，第159~161页。

[6] （台）“国防部”情报局编印《戴雨农先生全集》（下），第820、862页。

[7] 李直峰《吴佩孚死因新说》，上海市文史研究馆编《上海文史》，1995年第2期。

[8] 同上。

[9] 此节参考经盛鸿《民国暗杀要案》，第312~325页。

[10] 转引自马芳踪《吴佩孚死因又一说》，载（台）《传记文学》1995年第11期。

[11] 有关吴佩孚通敌内幕及其死因考证的具体内容,请参见马振犊《吴佩孚盖棺不能论定》,载《史学月刊》1997 年第 3 期，第 68 页。

[12] 以上两节参考陈恭澍《英雄无名》第一部《北国锄奸》第六节、第三部《上海抗日敌后行动》第八章有关内容等多方资料综合而成。

[13] 蔡德金编注《周佛海日记》(上)，中国社会科学出版社 1986 年版，第 389 页。

[14] 《戴笠自述》，载申元《江山戴笠》，第 95 页。

[15] 朱子家(金雄白)《汪政权的开场与收场》第一册，第 69 页。

[16] 同上，第 64 页。

[17] 周化人《上海的改造》，中华日报社 1943 年，第 104 页。

[18] 重庆《大公报》，1938 年 12 月 15 日。

[19] 朱子家(金雄白)《汪政权的开场与收场》，第 64 页。

[20] 乔家才《抗日情报战》(一)，载(台)《中外杂志》第 20 卷第 5 期。

[21] 同上。

[22] 同上。

[23] 费云文《戴笠的几个战场》，载(台)《中外杂志》第 36 卷第 4 期。

[24] (台)"国防部"情报局编印《戴雨农先生全集》(上)，第 116 页。

[25] 陈恭澍《英雄无名》第三部《上海抗日敌后行动》，第 59、139、239 页。

[26] 陈恭澍《河内汪案始末》，载(台)《传记文学》第 40 卷第 2~6 期。

[27] 陈恭澍《英雄无名》第三部《上海抗日敌后行动》，第 103 页。

[28] 同上，第 54 页。

[29] 陈恭澍《英雄无名》第二部《河内汪案始末》，第 8 页。

[30] 陈恭澍《英雄无名》第三部《上海抗日敌后行动》，第 6 页。

[31] 同上，第 282~285 页。

[32] 同上，第 286 页。

[33] 同上，第 278 页。

[34] 同上，第 274 页。

[35] 同上，第 232 页。

[36] 同上，第 234~235 页。

[37] 上海《中华日报》1941 年 11 月 28 日。

[38] 邓葆光《军统领导中心局本部各时期的组织及活动情况》，全国政协文史委《文史资料选辑》第 86 辑，第 189 页。

[39] 陈恭澍《英雄无名》第四部《抗战后期反间活动》，第 82 页。

[40] 同上出处资料综合而成。

[41] 上海《中华日报》1941 年 11 月 28 日。

[42] 黄开发《周作人遇刺事件始末》，载孙郁、黄乔生主编《国难声中》，河南大学出版社 2004 年 4 月版，第 92 页。

[43] 陈恭澍《英雄无名》第三部《上海抗日敌后行动》，第 300 页。

[44] 当时抗团在北平有“北平抗团”和“燕京小组”两个平行的分部组织。

[45] 黄开发《周作人遇刺事件始末》，载孙郁、黄乔生主编《国难声中》，第 90~91 页。

[46] 鲍文蔚《周作人遇刺》，同前出处，第 56 页。

[47] 黄开发《周作人遇刺事件始末》，同前出处，第 86~88 页。

[48] 陈恭澍《英雄无名》第三部《上海抗日敌后行动》，第 301 页。

[49] 同上，第 304~309 页。

[50] 祝宗梁《“抗日杀奸团”回忆录》，转引自黄开发《周作人遇刺事件始末》，载孙郁、黄乔生主编《国难声中》，第93页。

[51] 同上，第 93 页。

对日伪的斗争和利用｜第七章

第一节 “两统”在宁沪地区重建地下组织及其活动

中统重建国民党南京地下市党部的活动

“七七”事变爆发，特别是淞沪“八一三”抗战开始后，南京连续受到日军飞机的轰炸。在对外战争急剧开展之际，一向以反共内战为主业的国民党“特工总部”暨中统组织，在此刻却乱了阵脚。他们既没有如军统组织那样的军事情报工作职责，继续公开反共又不相适宜，对日本的情报作战更没有列入议事日程，抗战准备严重缺乏，全局上下的工作一度陷入混乱状态。

1937年9月初，以陈立夫为首的“大本营第六部”设立，主管抗日“民众动员”事宜。徐恩曾担任了第四组组长，成立了十个“战地工作团”，他把中统特务王思诚等人分别派往苏北、赣北、河南及晋绥等地工作，但不久就因第六部裁撤而停止了活动。

10月，因战事紧急，特工总部部分人员在书记濮孟九的带领下，随国民党中央党部先行乘车离京，转去湖南衡山。11月20日，上海国民党军全线溃退，特工总部主要人员乘“建国”轮撤退武汉，徐恩曾本人则另包了一只小火轮，带着他的亲信费侠等人秘密逃出南京，27日抵达武汉。他们在黄陂路平汉铁路特别党部楼上设立了新的总部，但只留下少数人组建“机要室”，大部分人已撤往湖南长沙、衡山等地。而徐恩曾则忙于搜罗各地来汉的“战地工作团”人员，组建“中统局”的工作。[1]

1937年12月，日军兵临南京城下。南京城内的国民党政府中央及市县级机关大小官僚职员匆忙逃走，丢下了满城的百姓无人保护。

侵华日军攻占南京后，对中国人民进行了惨绝人寰的“南京大屠杀”。其后，又在南京先后扶植了伪“中华民国临时政府”和汪伪政权，并以南京为其在华中的统治中心，进行了恐怖严密的占领军统治。日本法西斯的残酷统治，在南京城内外造成了高压的氛围，这种客观环境，使得国民党的势力在南京的秘密恢复遇到了较大的困难。

当局势稍为稳定之后，国民党中央当局便开始了在南京重建地下秘密组织的努力。这项工作是以国民党中央执行委员会指挥其下属新组建的调查统计局来完成的。当时的国民党中执会秘书长朱家骅主持了选派人员潜回南京恢复国民党地下市党部的工作。

重建南京市党部的工作，首先是从挑选潜伏回京的特工人员开始的。鉴于南京当时的恶劣环境，中统在武汉的多数人，包括那些已躲在上海租界里的中统局特工都不愿前去冒险，因此这项工作一开始就遇到了不小的困难。经过反复的研究与协商，1939年6月7日，朱家骅终于向蒋介石作了一个报告，决定派原南京市党部党务整理委员、第一区区长章兆直（化名赵祺）和陆玄南（化名钟平）二人回南京重建组织。22日，蒋介石批复，给章、陆两人予赈济委员会属下的“国际救济会”工作人员的名义，派回南京工作。[2]

此时，7月8日，又有一名中统人员夏恩临（李光辉）上书朱家骅，主动申请回南京办理党务及三青团的工作。在慷慨陈词之后，夏恩临又不无忧虑地写了一大段话，请求朱家骅在他如遭不测时要照顾他的家属。这在当时的背景下，虽然是可以理解的，但也暴露出夏对自己前景的悲观。[3]

到了9月2日，陆玄南向朱家骅回电报告：“公司营业，大致布置已定。”[4]

章兆直（赵祺）、陆玄南（钟平）两人与夏恩临（化名李光辉）通过国民党在上海的地下组织负责人吴开先和吴绍澍，在沪打入汪伪中央通讯社工作，由赵祺任中统工作组长，组员有钟平和李光辉。

在这个中统工作小组内部，存在着较大的矛盾。组长赵祺对工作并不热心，整天混迹于灯红酒绿场所，吃喝嫖赌，钱不够花则虚报冒领公款，为钟、李二人所不满。钟平当时在汪伪中央通讯社已混职为伪京分社的部门主管，他不服赵祺的领导，曾以辞职向朱家骅要挟，要求掌握活动经费。11月间，钟、李联名上书朱家骅，控告赵祺贪污腐化。朱家骅阅之不快。12月18日，他曾下令给吴开先称：钟等三人“互相攻讦，经贵处去电一律召回”。[5]

钟、李二人虽然也不干净，但他们在南京还是做了一些工作，尽管其中也许会有一些“水分”。12 月 9 日，他们电告朱家骅，“略作收束”由沪至京，在南京城内璇子巷开设了掩护机关“宝源号”商行，并在汪伪市党部内发展了中统组织，起初参加者有陈觉悟、丁柏长二人，以后逐渐发展了十多人，其中还有颇受伪方重用的副处长。于是这一方面便成为中统在南京的第二条线。[6]

不久之后，钟、李二人又以快邮代电的方式汇报了他们获取的情报与工作成果：

1．有关南北汉奸青岛会议及汪伪组阁的情报。

2．重庆中央通讯社密码已被汪伪破获，汪伪汉奸由此可截获渝方消息，需立即更换密码。

3．香港《民族论坛》主编汤良礼已投汪，更名李子良，出任伪“中华通讯社”英文部主任。

4．曾组织人员在伪大民会内部散发揭露汪伪汉奸面目的传单。

5．派人监视并准备刺杀在“南京大屠杀”中诱骗中国士兵万余人放下武器遭日军大屠杀的伪市政府参议詹荣兆。[7]

但真实情况及上述计划实行与否，不得而知。

1940年1月31日，钟平、李光辉给朱家骅发来了极密件，汇报1月份南京地下市党部的工作。

1940年2月18日，吴开先在上海致电朱家骅说：钟在伪政权内“渐失信用之力，已与澍兄（吴绍澍）商决，拟使之公开反正，以动摇其内部，钟对工作报告尚称完备，唯内容正确性如何，亦不易考查，因京市环境更劣，不易进展亦属实情也。并据钟昨日报告云，兆直（章兆直，即赵祺）在对方（指汪伪）有领津贴情形，确否未知，因兆直自去年领旅费之后，闻尚在沪，而人则未晤见也”。[8]

1940年4月1日，吴绍澍电朱家骅报告：因南京工作不得力，他们提供的情报大都为过时的消息，所称行动情报也不知转给上海何处，拟给赵祺记大过一次，并劝其以市党部主委身份回渝戴罪图功，李光辉与钟平二人今后能否合作还有待谈话了解情况。[9]

随章兆直潜回南京的张绍揆、陶仲和两人，同时还在为国民党军统组织工作，联系人为军统分子庆深庵。1940年2月5日，张绍揆在策反汉奸何世桢时被捕，随即签署了降书。他自知无法在南京再待下去，便通过陶仲和向军统方面要钱，想离宁赴渝。钟平、李光辉为此向朱家骅电报说：张的要求“倘不成或确有别情，则京市工作基础将全部牺牲”，“职等处此环境，深愧难能应付。”[10]

朱家骅在来电上批示：“查张绍揆因与章兆直（即赵祺）失去联系，乃参加庆深庵工作，业已四月，庆因沪地环境恶劣，上月离沪，由张代其联络一部关系，张之叔父张公达与何世桢[11]有旧，张乃进行说何反正，并挑拨汪何内讧，不幸于本月 5 日在寓所被伪特连其夫人绑去。越日，由何世桢将其保释。沪地领导张工作之胡璋亦几被绑。此刻张仍在沪地，最近来电要求发给 1500 元旅费，以便来渝。此间因不清楚其被绑及释放之详细经过，已电庆深庵同查报备核。”[12]

4月12日，吴绍澍又电朱家骅报告，为张绍揆掩饰变节行为，他写道：张绍揆被捕后“始终不屈，对我方任何机密丝毫未泄，尚不愧为本党同志临难不苟之革命精神，核准旅费千元，已由伯诚先生处代垫转交，已在返渝途中。此人有骨气，有奋斗精神……”[13]

4 月 17 日，吴绍澍再电朱家骅，对在南京的地下工作全盘否定，提出改进建议：“职以为京市党部成立迄今，未能有所建树，钟、李二人不尽不实之报告，于工作毫无影响，似以彻底改组为宜。”29 日，赵祺电告朱家骅：已找钟、李二人谈过话，李光辉“无成见，已憬悟改图，拟请从宽免于置议”，“至钟撤职令已下，乃考虑环境情况，暂仍请留用，徐观后效。钟在我伪双方支薪，每月计八百元以上，工作却无成绩，应规定：1．钟为留任察看；2．凡参加伪方工作人员不得领支双薪，仅发一部分临时活动费；3．该党部要上报今后三个月的工作计划。”

5月3日，赵祺再电朱家骅，汇报了他对过去工作缺点的检讨，提出了四个方面的问题：1．纪律废弛；2．缺乏经验；3．领导人无决心；4．言行不符。他提出今后工作改革方针是："1．整饬纪律；2．严密组织；3．以身作则；4．进行淘汰训练。"并具体安排了以后三个月内包括说服大汉奸反正在内的七点工作计划，要求增加经常费与临时费拨给。朱家骅对赵的敷衍塞责式的表态心中有数，他看透了赵祺的检讨后面就是要钱，于是回批：1．说服大汉奸不是件容易的事；2．鉴于赵某过去虚报冒领挥霍无度的事例，申请增加经费一事绝不可能。朱家骅斥责赵祺"尤不知自反甫，准复职竟又分外请费，不知是何居心，应予申斥"。[14]

1940年5月7日，赵祺向朱家骅提议任命陶仲和为市党部委员，次日又电请增加经费拨款。朱对南京党部的贪得无厌十分恼火，他批道："国难当头，党费支绌，该部客夏以来，耗费公帑甚巨，迄今毫无成绩。中央甫宽其既往，再准一是，即定增费，实属非是。应并参考前批再复，严予申斥。"但赵并不死心，9日，他再电报告说南京市党部决定成立"行动队"，开展刺杀汉奸等行动。这一点却正中朱家骅的下怀，于是最后终于得批："电令照准，增加经费。"[15]

拿到钱后，赵祺为了应付差事，策划了一些小规模的行动。如为庆贺国民党军所谓"粤豫会战"成功，向蒋介石报告策动"南京全市商店拒用日本军用票"运动，据报告取得一定实效，"敌伪令止，无大效果"。又如，1940年8月4日，在南京永和园茶馆突袭伪《南京新报》社长、汉奸秦默哂，因当时手边无利器，情急之中操以柜台上铁算盘将其头部击伤，秦落荒而逃。虽然这次出手并不是什么大的行动，但在中统南京地下组织方面，已经是一次破天荒之举，朱家骅闻之非常高兴，急忙去电嘉奖，并允增加经费。[16]另外，7月间李光辉在汪伪特务黄凯家中发现有寄自重庆磁器口董家桥25号邹钟林通讯处的信件一纸，提醒渝方注意。朱家骅批交由中统局进行调查。8月20日，赵祺保荐秦杰、张绍揆二人加入组织工作；22日，又派大学生两人进入汪伪中大建立组织，派三人进入日伪合办的"新华无线电学校"工作。[17]

不久后，刚刚起步的南京国民党地下组织活动就遭受到了日伪的重创。

8月26日，赵祺报告：南京市党部在京机关8日夜遭到日伪破坏，陈觉悟、石超等七人被捕，李光辉幸免逃沪，敌四处张贴赵祺照片进行通缉，环境险恶。12月12日，受此案牵连，汪伪警察厅督察处长邓铭竖被认定与重庆方面有联系而被捕。[18]

12月13日，又报：8月底，重组之南京市地下党部以夏恩临（李光辉）暂代书记长，委员有以下数人：

赵祺（化名王志观）、夏恩临（化名李光辉）、张绍揆（化名朱熙民）、陶仲和（化名姚君义）、秦杰（化名陈予明）、俞采丞、陆玄南（化名钟平）。

1941年1月9日，朱家骅接报，南京市地下党部委员陆玄南“在职殉难”。为此他发出专函表示哀悼，并对陆给予了较高的评价。11日，朱家骅又致函国民党中央秘书长叶楚伧，提议拨款两千元抚恤金慰问陆父。

经过这次挫折，南京的地下工作陷入暂时的停顿状态。工作人员滞留上海，不敢回南京。1941年初，李光辉以国民党南京地下市党部的名义向重庆发来报告称：“因机关留沪尚未赴京，但京市工作并未停顿。本自因常留京，又因电台设备及其他接洽关系，须常在京沪间往返。”朱家骅在电报上批道：“据报彼等仅到京二次，实属痛心。着即申复以后必须常川留京，工作努力，不得赴沪，否则只有立即撤回。”3月11日，吴开先与吴绍澍致电报告朱家骅：李光辉等人曾去南京两次，但其工作成绩无法核查。建议批准他们的“行动与组织分离”的计划，以防今后再遭大的破坏。“但京市目前尚无行动”，要准备一笔用于营救被捕者的“营救准备金”，但拒绝其领用中央或中组部“工作证”的要求，另请派熟悉京市情况的中央大员来京沪主持工作，“就近指挥”。

8月20日，朱家骅致电吴绍澍，指示应南京市党部的要求，对于刚获释的被捕人员李瑞芝、徐广仁、张至仁、韩慕周、刘文彬及戚忠六等六人，各发抚慰金八百元。

1941年11月11日，吴绍澍电告朱家骅，因掩护措施及经费问题未解决，新委任的南京市地下党部主任委员李文斋尚未到达南京。[19]

总括上述诸端史实，可以看出，据朱家骅档案所载，国民党中统机构在恢复与重建南京地下市党部工作方面做了不少的努力，但结果工作成效并不显著。究其原因，大概有以下几个方面：

一、国民党内部核心组织人员的政治思想素质与工作水平普遍较低，缺乏为国家民族献身的政治信念，加之客观上有关当局的用人不当。朱家骅依靠驻沪二吴（吴开先、吴绍澍）重用的赵祺是一个不尽职守的人，专于享乐而疏于工作，还有虚报冒领贪污腐化等丑行。而其他干部的基本状况也普遍不佳，李光辉等人在南京也没有什么大的作为。除了当时外部环境恶劣的因素之外，中统局内部多数人缺乏政治信念、思想品格素质不高和工作不努力是其中显而易见的原因。除了在选派人员时就表现出的普遍的怕险畏难情绪及上任后的追求享乐消极怠工外，张绍揆之类被捕后很快叛变保命，不讲政治气节等更是其例证。

二、组织内部缺少理解合作，矛盾太多，指挥失灵。中统组织上下级与各系统之间不仅不配合，反而互相攻讦，抢夺财权与领导权，造成内力抵消，难以一致对外。如赵祺及其组员之间不断的相互摩擦，互相攻击等。这从朱家骅一次又一次的电文命令和斥责处理决定中可见一斑。

三、工作作风欠佳。敌后工作人员没有高尚的政治目标，缺乏坚实的群众工作基础，因此造成其工作缺少扎实的作风，只求做些表面文章，浮夸虚构，以至于定计划洋洋大观、要经费多多益善、干实事乏善可陈。如在南京的地下工作报成绩罗列一串，情报不实，欺上瞒下，只为要钱。突袭汉奸要员只为扬名一时，实际意义不大。这不仅让重庆方面恼火，就连在上海直接指挥的二吴也无法回避隐瞒，总是要求改派“中央得力干员”前来指导工作，希望南京工作局面因此而有所改观，但直到最后，其新派大员也总是改变不了怕苦畏难的作风，其根源就在于派出干部的基本素质欠佳与国民党的组织机体缺乏生命力。

当然，对于国民党当局在沦陷后的南京重建地下组织的努力，从抗日的立场出发，我们今天也应当看到其中的积极一面；至少他们在与日伪的斗争中做了一些工作，牵制了敌人的力量，并在某种程度上打击了敌伪的气焰。但总的来看，从这段历史中我们同时也看到了国民党内部的政治腐败、组织涣散与党员干部精神世界普遍颓废的状况，从中我们可以明白国民党为什么会从抗战胜利的顶峰落入崩溃的深渊，最后归于全面的失败。

军统策动南京日本领事馆投毒案

詹长麟，祖籍安徽徽州，1913年出生于南京。其先人在明洪武年间曾被朱元璋征调到南京修城墙，从此子孙后代就留在南京定居，成为地道的南京人了。

十五岁时，詹长麟当上了国民政府警卫旅旅长俞济时的勤务兵，他家住在二条巷，每天早出晚归服役。在充满战斗气氛的军营中，詹长麟得到了锻炼。“一二·八”上海抗战时，他曾随军到上海征战，培养出过人的胆魄。

1934年詹长麟二十一岁，退伍后在家靠织绸缎谋生。后经其父亲詹士良之友介绍，到日本领事馆当仆役。当时日本领事馆招用中国人有四个条件：1. 不会日语；2. 要有家人在南京做人质；3. 外貌要俊秀；4. 做事要勤快，手脚要麻利。詹长麟经过日本总领事亲自面试，成为日本领事馆勤杂工，每天为日本领事打扫房间。他在日本领事馆工作勤快，能吃苦，得到了日本人的信任。此时，他也被国民党特工看中了，想利用其工作之便搞日本的情报。

某晚，詹长麟被秘密叫到鼓楼旅社 4 号房间，由军统特务赵世端出面与他谈话。赵世端说：“我是首都警察厅外事组组长。你知道为什么要介绍你去日本领事馆工作吗？”詹长麟说：“不知道。”赵世端说：“目的就是要你刺探日本人的情报。”詹长麟吓了一跳。赵世端说着拔出一支手枪放在桌上，声色俱厉地对他说：“现在有两条道路由你选：一条是继续在日本领事馆工作，当一名卧底，每月可得十块钱工资；另一条道路是，你既不肯当一名抗日的中国人,就马上用这把手枪在我面前自杀。”詹长麟这才知道真相,当即回答:“我愿意留在日本领事馆。”

从此，詹长麟成了一个国民党特工人员，他从特务机关和日本领事馆两面拿工资，每月共得十八元。当时一百斤一袋的洋面粉价格只三块钱，所以他家里的生活很宽裕，但工作却十分危险，时时刻刻提心吊胆，神经紧绷。

他是日本总领事的仆从，每天可以在总领事的办公室内偷偷看到来往的信件文件，甚至可以监视总领事的一举一动，侦察领事馆里的各种动向。每天回到家后，他就用明矾水在白纸上写情报，待水干后字迹就隐去了。他家的大门旁有尊关公像，詹长麟的母亲每天把情报插在关公像后面，等人来取走。她也常常在关公像后面拿到特务组织的指示交给儿子。詹长麟的哥哥詹长炳也进了日本领事馆当仆役，成了特务人员。

有时，詹长麟窃到从日本寄来的重要信件，就带回家中。在密室里把信件拆开，把信的内容抄录下来，再把信重新封好，第二天放回日本总领事的桌上。信封上当日的邮戳则是詹长麟用牙骨做的假戳现盖上去的，足可乱真，从未露出过破绽。有一次，领事馆的日本人都在屋外工间休息，房间里无人。詹长麟见机悄悄地走进总领事的房间，先是在废纸篓里翻了一下，见没有什么有价值的东西，接着又拉开办公桌的抽屉，看看有没有新的文件。这时，楼梯上有脚步声传来，詹长麟一惊，急忙把抽屉关好，然后手拿抹布在办公桌上擦起来。走进门来的是领事馆的副领事，他见只有詹长麟一人在房里，顿时眼露凶光，“咚咚咚”走到詹长麟面前。詹长麟忙停下手上的活，直挺站立着。那个副领事满脸怒容，挥手“啪”的一声，在詹长麟的脸上重重地抽了一个耳光。詹长麟动都没动，心中十分紧张。那副领事虽有怀疑，却并没有抓到詹长麟什么把柄，转身从墙上取下羽毛球拍走了。詹长麟为此却一连多少天心中都不安宁。

詹长麟当时代号65，化名袁露，受戴笠的特务处领导，属南京特别区管辖。特务处内部结构极为严密，凡加入者即为终身职业，不许改变。他们对詹长麟要求很高，经常训斥，如送交的情报少了一点，马上就会受到质问，要他从三个方面反省：一、忠诚。是不是忠于组织，有没有背叛。二、破立。有没有突破自己的成绩，有新的开拓。三、廉耻。有没有贪生怕死。所以詹长麟在打入日本领事馆后，搜集了许多的情报，都通过南京区外事组黄泗清、杨立民等人传递上去。

全面抗战爆发后，1937年12月，日军占领了南京。事前，詹长麟就接到了要他继续潜伏在日本领事馆的命令。他亲眼看到了日军在南京的大屠杀暴行，怒火中烧，但又不得不忍辱负重，继续工作。日本人给他一辆自行车，又发给他一个“日本领事馆使用人”的袖标，因此他戴着袖标可以出入城内任何地方。

1938年军统局成立后，詹长麟成为军统人员。

1939年6月初，詹长麟从日本外务省的一封来信中获悉，日本外务省次长清水要在6月9日到南京领事馆视察，他当晚将这一情报传送出去，立即得到了军统局的高度关注。军统局南京区区长钱新民，立即主持召开骨干会议研究对策，他要詹良麟密切注意事态的发展。

日本领事馆发出了不少请柬，詹长麟看到这些请柬后，得知6月10日晚，总领事堀公一将要在领事馆举行一场大型酒会，欢迎清水次长。在詹长麟送出的情报中，连参加酒会人员的名单都开列出来了，他们是：

日本华中派遣军司令官山田乙三中将、参谋长吉本少将、副参谋长铃木宗外少将、军报道部长谷获那华雄大佐、伪“维新政府”顾问原田吉雄少将、谷田大佐、高桥大佐、公平中佐、岩松中将、三国大佐、岛本少将、三浦大佐、海军大佐泽田、中佐田中、大佐秋山、总领事堀公一、领事内田、副领事有久乾以及日本在南京扶植的伪“维新政府”行政院长梁鸿志、立法院长温宗尧、绥靖部长任援道、内政部长陈群、交通部长江洪杰、司法部长胡礽泰、教育部长顾澄、外交部长廉隅、财政部次长严家炽、实业部长王子惠、南京市市长高冠吾等日伪要人。

这份名单囊括了当时驻南京的日本华中派遣军的首脑以及伪维新政府的骨干分子。军统局在得到这一重要消息后，决定发动一次投毒行动，出其不意地给日伪一击，欲将日伪核心分子一举暗杀。此次行动若能获得成功，对正在抗战中的中国人民是一个鼓舞，同时也是给日本侵略者及其汉奸走狗一个沉重的打击。投毒行动小组由军统局南京区副区长尚振武领导，政治助理书记卜玉林负责联系，情报助理书记李再生、刘玉卿负责撤退事宜，交通组长赵希贤负责撤退工具，会计主任安少如负责挑选毒药。为了保证行动的成功，军统局下令由詹长麟为任务执行人，并做好准备可能要与日伪同归于尽。

詹长麟接受了任务，但他又提出了自己的想法。他说："把毒药投入酒杯，是整个行动最重要的一步，决定成败。我完全能做到。但问题的关键在于这毒药有没有效果，能不能毒死人。如果毒药根本毒不死人，就是把我赔进去也无用。"行动小组派人给詹长麟送来一支毒药，玻璃壳外面有英文标志，里面是白色粉末。他交给詹长麟时说："这是美国货，剧毒，沾到就死。"詹长麟说："我有个心愿，就是在完成任务后能够安全地撤离。我还年轻，还要继续杀敌。这不会影响我完成任务。"詹长麟的要求得到了批准。

在开宴的前一天，领事馆在三山街的老万全酒家，买了一批绍兴黄酒，由詹长麟负责把黄酒从酒坛分灌进酒瓶中。

第二天早晨，詹家所有的人都集中在鱼市街中华菜馆吃了一顿团圆饭，大家心里明白，生死考验就在眼前了。吃完饭后，家属们都从下关渡江去江北了。

6月10日晚5点，酒会准时在领事馆内举行。

詹长麟为了能脱险，事先就对人表示"我肚子疼，等宴会开了后，要去一下医院"。为了投毒万无一失，在开宴前詹长麟才把毒粉倒入酒瓶，并使劲摇动，让毒粉均匀地溶解在酒里。开宴时，他见酒席桌上的酒杯都已经摆好，便沉着镇定地捧着毒酒瓶，走到桌边，按顺序把毒酒倒入酒杯。然后退到一边，紧张地观察着事态的发展。

总领事堀公一首先致辞，欢迎清水的到来，然后高呼"天皇万岁！干杯"。顿时宴席上群魔乱舞，人人都站起身，拿起酒杯，高呼"干杯！干杯"，举杯一饮而尽。詹长麟躲在暗处，见毒酒已被敌人喝下去，知道任务已经完成，便急忙脱掉领事馆的工作服，跳上自行车，出了领事馆，向长江边飞驰而去。他在傅厚岗与哥哥会合后，赶到了长江边上的燕子矶。军统局特工刘玉卿、王高科早在江边等候，马上把詹氏兄弟送到江北，脱离了险境。

就在詹长麟离开十多分钟后，酒宴上突然有人高喊:“不好！酒里有毒！”众人还没反应过来，领事馆书记官宫下一头栽倒在地上，不省人事；另一名官员船山也口吐白沫从椅子上跌下来。酒宴上顿时大乱，人人都舌头麻木，表情痴呆，不同程度地中了毒。只可惜日本几个主要官员饮酒不多没有毙命，三浦大佐、宫下、船山都一命呜呼，而汉奸头目们因在日本领事馆不敢放肆吃喝，逃避了惩罚，汉奸梁鸿志、温宗尧、高冠吾等皆中毒后获救未死。

随后日军开始疯狂报复，前后抓了近千名中国人，严刑拷打，连老万全酒家的掌柜都遭逼供，结果他们发现从领事馆内跑了两个中国仆从。日军急忙张贴布告，四下捉拿。

为了不牵连无辜，也为了保护军统在南京的地下组织和詹氏一家，军统局特工以詹氏兄弟的名义从上海给南京日本领事馆发了一封信，内容如下：

“总领事先生：

我们兄弟两人在日本领事馆几年的服务期间，非常忠于职守，没有一次做过违背你们的事。这你们也是相信的吧。说实话，不幸的是，发生了中日战争，我们目睹了日本对中国的无理侵略，对日本人确实感到失望。然而我们只是从新闻报道中看到你们日本人的凶残，但还不是亲眼看到，因此还没有改变我们在领事馆内服务的忠心。后来南京被你们日本兵占领，我们亲眼看见日本兵在南京的烧杀奸淫的一切兽行，甚至连我们的家也被你们烧了，我们的妻子也被日本兵强奸了，家里的东西也被日本兵抢劫一空。我们兄弟虽如此忠实地在领事馆内服务，而我们的家被烧，妻子被奸污，财产被掠夺。可怜劳苦半生的血汗，全被你们破坏尽净。既然如此，我们还有什么希望！我们决为国报仇，为家雪耻，我们已经和日本人势不两立。只是我们既无兵，又无力量，加之总领事对我们很好，因此至今我们都下不了手。10日总领事招待客人，我们知道总领事不能出席，才决定下手，谁死难料定，这就要看你们的运气了。

我们不管成功的可能性大小，只是为了满足报仇雪恨的心愿。我们事先对谁也没有讲，事后更不愿意给别人添麻烦，好汉做事好汉当，我们不想再说假话。我们已经来到上海，明天就要去香港，你们有本事就请来捉我们吧！但不要怀疑其他的人。我们既然做了此事，就不怕死，如果被你们捉住，愿为多数被你们蹂躏的人报仇雪耻，死而无憾。像我们这样的劳动者，除以这样的死作为代价外，没有比这更光荣的。我们在领事馆进行这次行动，唯恐牵连总领事，但想不出其他报仇雪耻的方法，所以就在公馆宴会的时间下手了，这样做对不起总领事，感到遗憾。”[20]

堀公一看了信暴跳如雷，日本在上海和香港布下暗哨，制定了抓捕詹氏兄弟行动方案，但一无所获，连詹氏兄弟的影子也没看见。这烟幕弹果然起了作用，詹氏兄弟躲在江北的农村，十分安全。当时重庆《中央日报》曾对毒酒案作了连续五次报道，但都没有说出真相。这就对日军起到了有效的迷惑作用。

两年后，军统在南京的组织被日伪破坏，大部分成员都遭日军杀害。卜玉林在南京被日军逮捕。日军对他说：“只要你说出毒酒案中投毒人的姓名，就可以放了你。”但是他宁死也不肯供出投毒人，最后被日军杀害。詹长麟后来过着流亡的生活，最后到达浙江农村，定居在那里，一直到日本投降。

抗战胜利后，詹长麟回到南京。国民政府奖励詹长麟五万元，颁给他一枚“忠勇杀敌”的银盾。詹长麟用这笔钱在中央门外开了一家旅馆。解放前夕，已任军统局外事组组长的少将赵世端来到旅社，他劝詹长麟一同去台湾，被詹长麟拒绝了。[21]

南京沦陷后军统组织的重建与活动

南京沦陷前夕，国民党军统局为掌握敌伪情况，经周密策划，决定潜伏一支人马，留在南京地区从事地下活动，组成了军统局南京特区。该区组织庞大，人员众多，情况复杂，为保密工作起见，决定采用单线联系方法，平时成员们各找关系，伪装身份，混迹于普通市民中间。

军统南京特区区长钱新民，黄埔四期毕业，当时以少将级授区长之职。副区长为尚振声，秘书谭某，大队长张某，组长李云声，会计安少如，译电员杨国栋、杜雪帆等。另外留下一部电台，由两个女报务员负责，一个名叫周光球，一个叫周英杰。

在南京尚未被日军攻占前，区长钱新民已率领部分人员撤出南京城区，到江北六合县瓜埠镇附近设立区本部，对外以开办一家五洋杂货商店为掩护，表面上生意来往，暗地里干的是地下特工。当时城内组织由副区长尚振声负责领导，后来因日伪铁钳统治，形势不利，工作难以开展，便留下秘书谭某为留守负责人，自己撤退出城去了。

12月5日，钱新民只身秘密来到南京鼓楼碑亭巷，找到日本特务机关“大东亚同盟总会”总裁铃木少将，进行了商谈，然后又回到六合。其谈话内容不详。

12月13日南京沦陷后，报务员周光球、周英杰二人在亲戚掩护下进入国际安全区，暂时潜伏下来，躲过了侵华日军“南京大屠杀”的浩劫。这是在“南京大屠杀”期间军统留在南京城内的唯一线索，她们没有也不可能有任何行动，自保不被日军残害已经是不易的了。

12月16日，就在六合沦陷后的第二天，钱新民携带全部“南京区”人员名单在日军护送下进入腥风血雨的南京城，向日军第六师团长谷寿夫投降。戴笠在汉口为此大发雷霆，但也无奈，只好硬着头皮向蒋介石自请处分。他电令“忠义救国军”总指挥俞作柏重新派遣人员到南京工作，要他们“有声有色，做出成绩”。[22]但不知何故，钱新民后来仍留任军统南京区区长并继续指挥南京区的工作。前次是否属于“诈降”亦不得而知。

1938年1月，出身浙江省警官学校的管容德被任命为忠救军南京情报组上校组长，携其妻孟芳在浦口设立了站点。由于日军大屠杀还在继续，他只能利用几个持有通行证的码头工人，为他搜集一些表面情况。2月初，管容德联络上前首都警察厅下关侦缉队副队长、拥有四五百人队伍的青帮头目王锡三，迁南京情报组到瓜埠，奉准成立了“忠义救国军南京行动总队”，办公处设在瓜埠老鹰窝。下设秘书、情报、政训、督察等室，行动、爆破、交通等组和上海、南京、六合三个联络组。在情报室内设立了南京城中、城南、下关、浦口各情报组。忠救军总指挥部又派来督察袁灿协助。他们拥有第十一、十三、十六三个游击支队和两个直属游击大队，共计人三千、枪两千。

这支部队在开始时，按照军统局的指令，在抗日方面做了一些零星的活动。他们先后派人到南京下关火车站、白下路小火车站进行爆炸日军军运活动；并于汪伪政权成立后，谋划刺杀落水的大汉奸。如在南京大戏院刺杀伪宣传部长林伯生，在明星大戏院刺杀伪外交部长褚民谊，在夫子庙贡院街狙击伪南京市长高冠吾，以及爆炸日军俱乐部东和剧场等。但这些行动都没成功，只炸伤了一名日军少尉，给日伪造成了恐慌。1938年9月，他们在六合灵岩山伏击了从县城往瓜埠扫荡的日军，毙伤十多人。[23]

管容德把更多的心思用在发展自己的武装上，他建立了自己掌握的四个特务队，有三百人和枪，并配有轻重机关枪。他还不断派亲信去忠救军总部接受训练，回来后担任军官。由于重庆方面不能供给经费，要他们就地解决，于是这支队伍就在各驻地横征暴敛，用“爱国捐”、“鞋袜费”、“制服费”乃至“灯油费”等各种名目来盘剥民众，闹得民不聊生。[24]管容德积极执行国民党的反共方针，经常四处搜捕共产党新四军，并密切注意侦察新四军在江南活动的情报，向重庆报告。1939 年初夏，新四军第四支队到六合八百桥、东王庙一带活动，管容德奉忠救军总部命令，与国民党“地方友军”配合，对他们进行了排斥袭扰。1940 年 2 月，管部在奔袭新四军民运工作队途中被新四军伏击，伤亡惨重。恼怒之下，他竟杀害了十三个被拉夫的农民泄愤。3 月间，管部又全力投入了国民党江苏省主席韩德勤发动的企图消灭新四军江北主力的作战行动，但遭失败反被新四军歼灭大半。忠救军总部撤销了“南京行动总队”番号，管容德逃离六合，转任国民党政府句容县县长，但他没有到任，躲到了上海。他后来被军统抛弃，生活潦倒，患病几乎失明。手下余部投日或溃散。[25]

1938年4月，滞留南京城内的军统报务员周光球、周英杰二人得到军统南京区部指示，尽快将城内的留守电台装架就绪，以便与重庆军统总局取得联系。但由于技术问题，两位女报务员未能完成任务。区长钱新民于是命令在江北的国民党航空气象情报第二十六分台台长张云飞潜返南京城，完成了安装任务，这样才恢复了与重庆军统电台的联系。钱新民又命令张云飞和周光球以夫妻名义在一起，掩护工作，负责收发各项情报电讯。同时把周英杰调出南京城，派到六合县瓜埠镇附近与刚从汉口航空气象总台调来的第八十八分台台长潘俊滔（潘光祥）在一起工作。该台除向航空气象情报总台报告气象情况及日军飞机动向外，还为南京区收发各项情报电讯，同时又与城里张云飞电台保持联络，收发区部与城里组织间的来往电讯。后来为了加强南京城内组织电讯工作的力量，又将航空气象情报第八十五分台台长温酿调往城里工作，加派报务员刘正凡随同前往，搜集日伪活动情报，即时向区部和重庆军统总部汇报。

1939年汪精卫在南京筹建伪国民政府后，李士群、丁默邨主持的汪伪特工总部决定，把伪总部三处（电讯处）迁到南京北平路38号，同时宣布成立“南京无线电通信总台”。另在上海、广州、汉口、苏州、无锡、镇江设立支台，各县设立分台，及时将各地情报电汇南京总台，形成一个较大的无线电报通讯网。该处（电讯处）处长为晋辉，副处长余介，总台长阮行舟。其他重要成员有秘书沈锡宝，译电室主任沈寿桐，科长周鼎、谢乃光、严经为等。报务长先是谢熙、张民权，后是潘俊滔（渝方人员）。机务长黄国璋，股长有朱笑萍、陈凯等。在总台设有专门听抄重庆中央社与延安新华社新闻电讯稿的部门，经总台整理后分送汪精卫、陈公博、周佛海、李士群等人参考。另外在张府园70号设立研究室，在长乐路某处设立侦察总台，专事窃取对方电台的密电电频，进行技术性的研究破译。其中主要成员为杨家英、万德浩、马成、黄焦、汤友梅、林植等人。

与此同时，在汪伪军事委员会下也设立了无线电总台，由张和卿（张亦璞）担任少将总台长。在各地伪军部队中军、师两级设立支台或分台，由总台委派负责人与驻军筹办，形成军事系统电讯网。

此外，周佛海控制的伪中央储备银行也单独设立银行总台和各省、市支台，另成体系，与军事、特工成鼎足之势，各自为政，互不相关。该台人员是由伪特工总部三处处长晋辉所派总台台长谢熙挑选，其主要任务是收发银行业务往来电讯和经济金融动态、市场行情变化、外币金银涨跌等消息。但后来周佛海把总台作为他与重庆军统秘密往来的渠道，也成了变相的特务电台。伪中央储备银行内藏有重庆派来的特务陈克祥等人，周佛海待之如上宾，均安插在财政部、伪中储行中委以重要职位。

这时汪伪政府内已有特工、军事、银行三个无线电台系统，技术人员需求量大。为了培养电讯工作人员，汪伪当局在南京办了两个无线电学校，一个是南洋无线电学校，地址在韩家巷，校长由伪军委总台长张和卿兼任；一个是新华无线电学校，在王府园，校长是余介（特工总部三处副处长）。后来余介被重庆军统暗杀，乃由温酿担任校长。

1939年8月，军统南京区城内组织遭到汪伪特工破坏，两部电台及工作人员均为汪伪特工所获。其主要人员秘书谭某、杨国栋、张云飞、温酿等人悉数被捕。由于汪伪政权正急需特工电讯人才，经过软硬兼施，被捕人员摇身一变，就成了汪伪特工的上宾。如后来张云飞担任了特工三处侦察总台研究室主任，温酿担任科长、新华无线电学校校长。自从南京城区军统组织遭到破坏，江北区总部也立足不安，旋即从六合瓜埠镇转移到八百桥镇附近。原由潘俊滔负责的电台亦随区部一齐转移到八百桥。

为了惩办南京城内的投敌叛变者，重庆军统局命该区对主要投敌分子进行暗杀。乃由区长钱新民亲手布置，由李云声指挥，派出一名女特务混入城内，化装为女学生，假装与译电员杨国栋谈恋爱，以便待机行事。终于在“新婚之夜”把杨国栋、谭秘书暗杀了。该女在完成任务后，顺利返回江北区部。

1940年6月，该区武装特务大队去六合北部山区活动，与新四军某部发生摩擦，全部被歼，大队长张某被打死。南京区军统人员因此立足更加困难，区长钱新民、副区长尚振声等人先后撤离八百桥，潜逃上海。电台人员潘俊滔、周英杰，副区长尚振声，译电员杜雪帆住上海法租界高恩路255号三楼。区长钱新民另住他处，地址保密，只有他本人单独常来电台，指示工作。因南京城里尚未能重新立足，潘俊滔的电台只是与重庆军统总台恢复了通讯，专事收发该区上海办事处与重庆军统局之间的一切往来电报。

后来军统在南京城里又重建起地下组织，由邵某以伪首都警察厅督察长公开身份为掩护，负责城里的组织领导工作。电台就设在明瓦廊86号督察长的家里，由范星照任台长，该台除与上海办事处潘俊滔电台联络外，还直接发电与重庆军统局总台联系，专门收发城里敌伪活动情况等情报。

同年12月，区长钱新民被汪伪特工捕获，随后副区长尚振声、译电员杜雪帆、电台长潘俊滔、组长李云声等人同时被捕。当天晚上，潘俊滔与钱新民暂被关押在汪伪特工总部第一处处长万里浪的住所，并拍发了由汪伪特工总部拟稿的电报给重庆军统局，内容不详。不过，钱新民对潘表示：我们可打入汪伪，伺机做些反间工作。看来，他得到了戴笠的“落水”许可。

与此同时，南京城内的军统组织和电台也被汪伪特工破获，督察长邵某被处决，电台人员范星照等人也同时被捕，后因汪伪特工总部正需要电台技术人员，范星照不久获释，到汪伪特工三处工作去了。1941年以后，军统南京区的被捕人员均先后获释，并投汪担任了伪职。区长钱新民被任命为汪伪特工总部机要处副处长，其他人员均被委以专员、科长等职。潘俊滔回到南京，担任汪伪特工三处南京总台报务领班。

1941年7月，汪伪政府为配合日军扫荡占领区内新四军等抗日武装的行动，在苏州成立了“清乡委员会”，汪精卫亲兼该会委员长，李士群兼任秘书长。当时李士群除担任特工总部主任外，还担任伪军委会调查统计部部长、江苏省省长等职，掌握军、政、特大权。李士群决定在苏州的住所设立“联合办公室”，专门处理军、政、特三方重要机密事宜。该办公室设有无线电台一部，台长就是潘俊滔。

1941年8月，汪伪特工总部第三处内部形成两派对立之势。一派以处长晋辉为代表，另一派以副处长余介为代表。晋辉主管总部无线电通讯工作，余介主管总部侦察电台工作。同年，余介被重庆军统局派来的人暗杀。侦察总台改由杨家英负责。

1942年2月，前军统局南京区区长钱新民在汪伪内部进行反间工作被发觉，刚刚建立的军统上海地下站也被破坏。原军统局南京区会计、后任军统上海站站长的安少如，以及电台全部人员均遭逮捕。钱新民、尚振声因犯了李士群绝不允许他们“走回头路”（指重新为重庆工作）的大忌而被处决。其他在汪伪内部的原军统人员也受到牵累。潘俊滔因参与钱新民的反间工作，被从苏州调回南京总台，降职为总台报务领班。

1943年9月，李士群在苏州被重庆军统局使用反间计借日本人之手毒死，汪伪特工总部因此进行了大改组，成立了伪军事委员会政治部，以黄自强为部长，下设政治保卫局。一局在上海，由万里浪任局长；二局在南京，由胡均鹤任局长。原特工第三处撤销，改组为伪军事委员会政治部南京无线电总台，任命晋辉为少将总台长。

1945年3月，汪伪军事委员会又决定改组政治部，设立政治保卫部，由陈公博亲兼该部总监，副总监为周学昌、万里浪，秘书长胡均鹤。电台改属政治保卫部，称“南京总台”。总台长周鼎，副总台长阮行舟，所担任的任务不变，负责与各局支分台保持情报电讯联系工作。潘俊滔则担任该部总务处电讯科中校代理科长，主管各电台业务人事调迁考核工作。

到抗日战争胜利前夕，重庆国民党军统方面派来了大批特工人员，与汪伪政府的军、政、特等各级人员频频接触。重庆军统局曾写信给潘俊滔，要求他们听从重庆来人的话，不要接触中共人员。同时渝方又派人与温酿取得联系，利用新华无线电学校的有利条件，进行活动。在新华无线电学校的掩护下，设立电台与重庆直接联络。其时伪中央储备银行的无线电台也成了周佛海与重庆国民政府及军统局联络的渠道。

日本宣告无条件投降后，军统局电讯处派来了以魏大铭为首的电台接收大员。他们马上把汪伪军委会总台、特工总台及所属各地支、分台全部接收，并趁机掠夺财产，占为己有。汪伪电台上层人物如晋辉、张和卿、周鼎、黄国璋等对接收人员大肆贿赂，企图逃脱追究，但后来仍未能逃脱，落得个以汉奸罪论处的下场。[26]

第二节 “两统”与日汪的特工战

“派进唐生明”与“拉出周佛海”

在对付汪伪政权的特工战方面，戴笠的军统局采取了“派进去”与“拉出来”的两手方针。一方面通过各种管道，尽量派人打入汪伪内部，以参加“和平运动”取得汪精卫的信任，出任伪政权官员，而后开展搜集情报和破坏工作；另一方面，利用投汪者的灰暗心理，以既往不咎戴罪立功为诱饵，将汪伪政权内的有价值人员拉出来，进行策反工作。经过多年的努力，这两种工作都取得了实效，其中比较突出的代表事例就是唐生明的“投汪”与周佛海的暗中“投渝输诚”。

唐生明，湖南人，民国著名将领唐生智的胞弟，抗战前官至军事委员会中将参谋，抗战爆发后曾任长沙警备副司令等职。1938年改任湖南常（德）桃（源）警备司令、第二区行政督察专员兼保安司令。因其为人圆滑，善于交际，被戴笠看中。1940年3月，汪伪政权刚刚在南京开场，蒋介石便与戴笠策划，选定唐生明往京沪活动。因为他既是戴笠的好友，也与汪伪方面许多头面人物都很有交情。

戴笠召唐生明去重庆，赋予他“投汪”做内线的重要使命。唐始料不及，当时未敢答应，经戴一番动员后，意识到此行无法推托，便表示愿站在朋友的立场前去为之效力，但不愿加入军统组织。戴笠表示认可，说：“只要你肯去，我们之间可以一直保持和过去一样的朋友关系。我在上海和南京的两个区，你也可以指挥，但不一定要你直接领导。”[27]戴笠对唐交代，军统上海区给他一部电台供联络用，投汪理由就是受不了大后方的艰苦生活，钱可尽量花，由他供给，生活要腐化，“你的腐化是校长特许的，是奉命腐化，只要别人认为你只知道玩，什么也不行，这样就有办法了”。[28] 戴笠还特地让人先在上海放出风声，说唐生明在后方过不惯，马上要搬家到上海来了。

稍事隐居后，唐生明于1940年9月携家眷绕道香港抵达南京“投靠”汪精卫，“参加和运”。因其兄曾与汪合作反蒋，加上他本人在黄埔军校时与汪精卫有师生之谊，很快便通过了李士群、陈璧君的审查，取得汪精卫的信任，得到了重用。10月，汪精卫在伪国民党中央政治会议上提议任命唐生明为伪军事委员会委员。戴笠为假戏真做，特别让其兄唐生智在重庆报上发表声明，大骂其弟落水为奸，声明脱离关系，请政府通缉。

蒋介石和戴笠交给唐生明的任务有三：一是在上海运用与汪伪要员们的旧关系，掩护军统地下组织的活动，“不使再遭到破坏，已被捕的要设法营救”。二是在汪伪内部进行分化瓦解，以蒋介石的“宽大”政策拉拢策反汉奸，告诉他们“领袖是很关怀他们的，这种德意，应当让他们都知道”。三是帮助戴笠的“忠义救国军”抵抗中共新四军在江南的活动。[29]

唐生明的任务在于深藏待机，他是戴笠埋在汪伪政权内的一颗重磅炸弹。他平时决不活动，表面上为汪伪工作，先后被任为汪伪军事委员会委员、中将高参、保安副司令、清乡委员会副秘书长等职务。他利用自己的旧关系和作为上海电影明星的妻子徐来，以打麻将等手段，与汪伪内部从周佛海起的上下级老熟人们打得火热，并与汪精卫、周佛海的老婆甚至日本特务头目影佐祯昭等人打牌交往。[30]他曾于太平洋战争爆发前，在与日本军官喝酒时，刺探到了日本将要南进开战的重要情报，报告给重庆，为中方判断太平洋战争的爆发并提醒美国，提供了佐证。当然，唐生明也曾将军统得到的新四军情报供给日伪“清乡”时用来对付中共武装。[31]

1941年冬，军统局驻上海沪一区区长陈恭澍被捕，向汪伪特务头目李士群交代了唐生明的底细。当时李士群已经从他们截获的关于劝告戴笠令上海站不必刺杀日本兵以免祸害当地民众的电报中，推断出可能就是出自唐之手，对他已有怀疑。得到证实后，鉴于汪精卫与唐的关系，李并未敢擅动，只对唐生明加以监视，并把他送到南京交汪精卫处理，但唐生明一到南京就被日本人接走了。接下来的事却令唐生明大感意外。日本中国派遣军总司令部参谋长河边正三宴请了他，总司令部都甲大佐说："我们一直找不到与蒋介石阁下有关系的人商谈，今天找到了你，我们非常高兴。所以特别请你来谈谈。"明确说明他们知道唐的身份，但绝不会找他麻烦，相反却要保护他，支持他的工作，要他把与重庆的联络电台保留下来，由他们负责保护，使之作为日本与重庆暗中沟通的一条线，并说汪伪绝不敢为难他。河边正三也对唐说："我们因为找不到办法，才拉汪精卫出来，希望通过你能和蒋介石阁下直接商谈中日合作方式，请你从中协助我们早点完成这个任务……大家都是一致反共的，都是为了大东亚共存共荣，日本对中国没有野心，并没有打算长期占领，我们应当很好地合作起来一致反共。"[32]随后中国派遣军总司令俊六也会见了唐生明。

以后，唐生明便在日本人与李士群的保护下做了一个公开的特务，[33]对他所提的要求，日伪方面总是尽量满足。其后被日伪捕获的几十名军统特务，如上海站的毛森等，陆续都由唐生明保释逃走了。

蒋介石与戴笠在得知唐生明已与日伪公开接洽后，也比较满意。戴笠电复唐生明，称赞他不负校长重望，能超出蒋对他的希望。要他先以个人名义与日方往来，多与之周旋，对日方所提一切问题，不要先作具体答复，随时向重庆报告。还特别嘱咐不要先承认是代表什么人，一定要好好保持这一关系。他们从日本对唐的态度中，悟出了日方仍对重庆留有后路，也就顺水推舟，让唐做了在南京的联络人。

与此同时，戴笠还派陈旭东、从西平等人通过亲友关系"投靠"到南京，与汪伪政权军政部长鲍文樾、海军部长任援道取得了联系，为蒋介石做策反工作。另派周镐、濮齐伟、毕高奎等多人去与汪伪社会部部长丁默邨、考试院院长缪斌、伪浙江省省长傅式说、伪南京宪兵司令陈皋、伪华北政务委员会教育总署督办周作人、伪山东省省长杨毓冶等人拉拢关系，全方位地挖汪精卫的墙脚，而这些汉奸也想借机给自己留一后路。蒋汪集团的关系真是复杂化了，这种勾结真真假假，重在互相利用。其中值得一提的就是周佛海了。

唐生明在南京伪政权中所做的最大的一件事情，就是成功地拉拢了汪伪政权的第三号人物周佛海，使之暗中投靠了渝方，为蒋介石准备战后反共出力。

周佛海，早年参加过中国共产党，曾出席中共“一大”，后来投靠国民党，成为“CC 派”主要干部。他因和汪精卫亲密的历史关系，加上对抗战前途的失望，成了最早随汪精卫投敌的国民党大员，其后他一直在汪伪政权担任财政部长、行政院副院长、军委会常委等党政军要职，掌握伪政权的财政、行政、军事大权，是第三号大汉奸。当唐生明抵宁后不久，周佛海就向他打听路线，准备接其母亲等人从湖南来南京。唐生明报告戴笠后，戴笠就抢先一步，把周母等人带到贵州息烽监狱看押起来，作为人质。于是，自命为“孝子”的周佛海先软了下去。他把被捕的军统南京直属组特务程克祥放回重庆，并要他向戴笠转达对“保护和照顾”其家人的“感谢”，并表示自己“离开重庆，最大的错误就是没有事先报告委员长”，“今后仍当奉命行事”，向蒋介石表示输诚。

早在 1940 年，周佛海就派人到重庆，准备说服蒋介石与汪合作，共谋对日“和平”，这样他也可以得到解脱。但蒋介石不肯与汪精卫合作，反要周相机杀了汪，周加以拒绝。蒋介石于是要戴笠牵制住周佛海。于是便有了上述一幕。

程克祥回渝报告后，得到了戴笠的嘉奖，接着又被派回南京，任军统京沪区区长。戴笠还要他向周佛海转告，“他的母亲就是我的母亲，叫他不必挂念”，“不必悔怅过去，只要把握未来，好好干一番”。[34] 戴笠的确对周的母亲不错，在其母去世时，他还代替周披麻戴孝跪在灵前，照相送到南京，周佛海看了着实感动。更重要的是太平洋战争爆发后，周佛海估计日本最后将战败，于是死心投靠了重庆。

程克祥带着电台与密码本，在戴笠的“忠义救国军”护送和周佛海的伪军接应下，安全返回南京。而周佛海从此便成为戴笠从汪伪“拉出来”的最大的汉奸。

周佛海在家中架设了两部对渝联络的电台，直通戴笠。他早年曾任黄埔军校的教官，与戴笠有名义上的师生关系，后来又在蓝衣社混过，与戴笠比较熟悉，每日彼此电讯不断；另一电台通第三战区长官顾祝同，战前在顾任江苏省政府主席时，周曾为省教育厅长，彼此也熟悉，这时顾祝同的岳父家居上海，得到了周佛海的关照，“公谊私交，两均契洽”。当时戴笠给他的电令多以蒋介石的名义，周对此时常怀疑，他就电顾请其帮忙“再探中枢虚实”。[35] 这些汉奸政客都是这样善弄权术，处心积虑地为自己“留条后路”。

其后，周佛海向重庆供给各种情报，掩护军统特务，释放了多名被捕人员，并在暗杀李士群等重要事件中为戴笠帮忙，特别是抗战结束前夕，又为蒋介石抢占地盘阻止共产党军队进入立下“汗马功劳”。最后得到了蒋介石的特赦。

在南京继续部署刺汪行动

河内刺汪失手后，军统局在蒋的要求下追往南京，继续部署刺杀汪精卫的行动，大有不杀汪誓不罢休之势。而汪精卫也明知军统的利害，除发展特工作针锋相对的斗争外，平时自己闭门不出，小心翼翼，尽量减少敌方的可乘之机。因此除了亲近者外，一般人难以有机会下手。戴笠为此绞尽脑汁，想借投汪的王天木、陈弟容之手除汪，但复杂的情况使戴笠借刀杀人之计亦告破产。

1939年8月至9月间，军统局衡阳办主任吴赓恕少将与军委会少将参议戴静园，向戴笠表示自愿赴南京刺汪。他们想利用戴静园与汪精卫亲信陈石生的旧关系搭线，当时陈石生曾致函戴静园，拉拢他加入汪伪，遂计划以投靠为由，由陈介绍戴见汪，吴从旁准备协助。戴笠批准了他们的计划。

吴、戴二人去南京后，戴被汪精卫委任为伪社会部委员。但因二人急于见汪，要求过于急切，引起了陈石生的怀疑，加上戴妻在他面前失言，使陈石生断定他二人欲对汪图谋不轨，再加上伪上海市长傅筱庵的告密，致戴、吴二人被捕。他们明知汪精卫对行刺者绝不宽恕，故只求一死，并托人致戴笠一函，以未能完成任务为憾。1941年3月31日，二人被杀，当时吴三十六岁，戴四十九岁。

江苏吴县人陈三才，留美回国后创办北极电冰箱公司，发起组织“中国工程师学会”，是一个爱国知识分子。“一·二八”淞沪抗战期间，就曾协助军队抗日。上海沦陷后，他结识了戴笠，并以朋友身份协助军统局在沪的工作。出于爱国激愤，他决心投入除汪行动，因无法接近汪精卫，故在暗中寻人找关系，想以重金买通汪的左右行动。不幸遇见了一个自称能杀汪的白俄人，被骗了钱后又被出卖给“76号”，于是被捕入狱，受到汪精卫的亲自提审，陈三才拒绝反悔。囚禁三个月后，于1941年10月2日被杀。陈三才被捕后，戴笠曾令上海区尽一切可能营救，未成。后军统局呈请蒋介石为他题字，并以清华大学同学会的名义，为陈三才举行了隆重追悼会。[36]戴笠还有意把他列入了军统局上海区行动员的名单。[37]

邵明贤，毕业于浙江警官学校，抗战前曾任南京江宁县警察局长，被时任县长梅思平器重。抗战开始后，邵明贤在贵阳办理警官训练班，接到已投汪的梅思平来函邀他去宁。他于是向戴笠报告，愿借此机会去南京除汪。1939年邵明贤携眷赴沪，出任伪浙江省党部书记长，次年调南京为伪警厅督察处长，后不慎失密被捕，1941年12月17日被杀。

黄逸光为墨西哥归国华侨，1935年因发起徒步环球旅行，在到法国时与避此修养的汪精卫结识，受到他的赏识。抗战爆发后，黄终止行程回国，在武汉时曾在汪精卫家留住，并由他亲函介绍到昆明航校受训，后以身体不适飞行改做地勤。汪投日后，其妻弟陈耀祖劝黄在空军中响应“和运”，黄即向处长王叔铭报告此事，并由汪介绍给军统。黄逸光在接受短期特训后赴宁，在汪伪潜伏，出任伪“中宣部编审”兼“教育部专员”，与褚民谊、林伯生等巨奸往来频繁。他积极准备刺汪，后因受军统被捕人员的出卖，于1940年

11月19日被逮。在伪法庭上，法官问他："汪主席待你恩德高厚，你为何恩将仇报要暗杀他？"黄逸光回答到："私谊岂可有害公理？"1941年12月12日，黄逸光与邵明贤一同就义。临死前，他大书"可爱的中华，我要为你歌唱，我要为你而死！"其爱国之浩气令人感动。像陈三才、黄逸光这样的爱国青年，原非军统，他们谋刺敌酋，舍生取义，将永垂民族史册。[38]

除此而外，还有军统局南京副区长尚振声，于1939年被捕，奉戴笠令投汪，出任伪独七旅参谋长。他曾集合手下，准备攻入汪宅而杀之，事发被捕，关在上海，于1942年1月8日被杀。

1940年1月，军统局青岛站趁汪精卫赴青开会之机谋刺，又一次失败，青岛站也随之覆没。

军统刺汪连连失败，戴笠从中总结经验，觉得欲速则不达，因此行动暂告停顿。其后，据军统局自称，他们于1943年4月，经多方设法，派人进入汪宅为佣，于1944年1月汪病入院之机，由戴笠所派医师以慢性药剂为汪误服，使之发生骨髓炎，客死日本。[39]1944年11月12日，戴笠在军统局"纪念总理诞辰暨庆祝本党成立五十周年大会"训词中说："最后，我要告诉大家同志……我宣布一个消息，就是汪逆精卫已经于11月10日下午4时在日本名古屋死了，致死的原因，当然与我们有关系。"[40]只此一说，尚无旁证。

汪精卫死后，其妻陈璧君到广州长住，并幕后操纵广东伪政权。蒋介石下令军统执行暗杀陈璧君的任务。根据情报，陈璧君时常秘密到澳门，住在澳门南环香炉灰4号她母亲卫月朗的旧宅。那时卫宅只有陈的一个远亲和一名老管家看屋，而军统粤海站的罗刚与卫宅的老管家相识，是条可利用的线索。于是，军统局本部派出女行动员徐燕霜来到澳门，名为投亲罗刚，实则准备设法结识那位老管家，伺机进入卫宅行刺。当时军统局备下两瓶烈性毒药，交人带给了粤海站站长何崇校，并命其主持行动。这两种毒药都是无色无味的细粉末，其中一种用薄胶片包囊，仅有半粒瓜子仁大小，可以贴藏在指甲内，在上茶时，只要将指甲在茶内浸一下，毒药即可溶化，人中毒死后也无痕迹。何崇校令徐燕霜在罗刚家中待命，只要陈璧君一到卫宅，她即可借奉茶之机下毒。但可惜的是陈璧君此后始终没去澳门，军统谋刺她的行动也就没有实行。直到抗战胜利后，陈璧君才被押上审判台，受到应有的惩罚。[41]

狙击群奸“青岛会议”行动胎死腹中

随着抗战的持续，日本“三月亡华”的迷梦破产，他们不得不转而乞怜于“以华制华”的新战略。在北平扶植了以王克敏为首的伪“中华民国临时政府”，在南京扶植了以梁鸿志为首的“中华民国维新政府”。但这些伪组织内的大小汉奸头目多是北洋时期的“前朝老臣”，且臭名昭著，还有的是国民政府的通缉犯，日本人也知道依靠他们是达不成目的的。因此日本人又将目标瞄准了国民党副总裁汪精卫，全力以赴做他的工作，拉其下水当汉奸。

汪精卫因为对抗战前途的悲观和与蒋介石的政治矛盾，关键时刻私欲占了上风，他决定逃出大后方重庆，另树一帜，但却遭到了蒋派来的军统特务的追杀，他只好投入日本人的怀抱。1939年4月底，日本派“北光丸”货船密送汪精卫等潜入日军占领下的上海。5月，汪精卫赴日本拜会新首相平沼骐一郎，乞求援助建立伪中央政府，得到“慨然”允诺后，汪精卫便踌躇满志地返回国内，指使亲信周佛海、高宗武等与日本在上海设立的“梅机关”秘密谈判议和条件及组织伪中央政府的事宜，最后签订了丧权辱国的《日华新关系调整纲要》。双方议定：中国承认“满洲国”，与日缔结反共协定，承认日本在中国享有资源开发优先权，承认日本在内蒙古、华北、长江下游等的驻兵权等。同时，汪伪也提出取消日军在华扶植的南北两个傀儡小政府，统一在他的伪中央政府之下。这一要求虽然得到日本政府同意，但却受到伪“临时”与“维新”政府和他们的靠山日本“华北派遣军”及“华东派遣军”的抵制。

为了与各汉奸政权讨价还价，最后在权力分赃的基础上达成一致，1940 年 1 月 19 日，汪精卫电邀王克敏、梁鸿志等到青岛，举行会谈，得到了日本人的批准。这样，以汪精卫为主角的“三巨头”会谈丑剧，在青岛开演了。

当时的青岛已经处于日军占领之下。青岛的日伪当局为了迎接汉奸头目会谈，从1月中旬开始，就进行了严密的筹备工作。他们选定便于警卫的龙山路迎宾馆一楼为会谈地点，二楼为汪精卫一行住处，三楼为梁鸿志一行住处，不远处的太平路青岛大饭店（今栈桥宾馆）为王克敏一行和伪蒙疆政权军事头目李守信（内蒙古德王的代表）一行的住处。伪青岛警察局局长傅鑫坐镇指挥，调动伪警察倾巢而出，配合日本军警宪特，严密布防。在汉奸头目到来时，实行全面戒严，以确保安全。

汪精卫与各汉奸头目会面，筹组统一的伪政权，势必对重庆国民政府造成更大的危害，当局决定出手制裁。任务交给了戴笠的军统局。

戴笠领命后，急令潜伏在青岛的军统华北区青岛站站长傅胜兰，不计代价制裁汪精卫一行。傅胜兰侦知汪精卫一伙会谈地点是迎宾馆，便选择有利地形，布置火力，准备狙击群奸。不料，就在汪精卫抵青前夕，军统华北区督察员王天木叛变投敌，泄露了这次行动的天机。一时间，汪伪特务组织头目李士群闻讯大惊失色，急令已叛变的王天木先行赶到青岛，在青岛的日伪军警帮助下，先抓捕到了傅胜兰及其情人——军统出纳丁美珍，后又将宋贞薪、褚亚鹏等十几名军统人员捕获，并起获电台、武器数件。整个军统青岛站都被王天木作为“礼物”献给了主子。在严刑拷打面前，丁美珍提出，只要能使傅胜兰恢复自由，马上与她结婚，她可以动员傅胜兰率部倒戈。李士群当即表示接受。

就这样，军统布置的狙击群奸“青岛会议”计划还没正式开始就胎死腹中了。戴笠的结拜“兄弟”王天木又一次耍了他一把。

1 月 21 日，伪“中华民国临时政府”行政委员长王克敏偕齐燮元、王揖唐、朱深等人乘飞机抵达青岛。随即汪精卫和梁鸿志、李守信几方代表陆续抵达，“青岛会议”按时开场。军统任务失败，青岛站覆没，吃了一次大亏。[42]

中统刺杀汪伪特务头目丁默邨

丁默邨早年曾参加中国共产党，后叛投国民党“CC系”，从事特务活动。1934年升任国民政府军事委员会调查统计局第三处（邮电检查处）处长，成为与戴笠、徐恩曾并列的国民党特务大员，但他缺少戴、徐的根底和权势。抗战爆发后，他到武汉，被调任军委会少将参议兼武汉特别市政府参事、秘书长，因地位下降而对当道者心怀不满。

1938年底，他受原部下李士群的策动，从昆明逃往上海日占区，与李士群等汉奸组成“七人委员会”，叛国投敌，并奉日本之命，组建了伪“76号”特工总部，丁任主任，李士群任副主任。1939年8月汪精卫在上海召开伪国民党“六全大会”，丁默邨被指任为伪国民党中央常务委员、中央社会部长、中央特务委员会副主任兼特工总部主任，成为汪伪巨奸之一。

因为丁默邨是国民党中统特务出身，对国民党的特务机构及其活动规律十分熟悉，因而在指挥76号特工总部与重庆两统斗法时，心狠手辣，屡屡给予对方沉重打击。重庆国民党当局决定尽快除掉丁默邨。因丁默邨曾在“CC”中统里干了很长时间，重庆当局便将暗杀丁的任务下达给了中统潜伏在上海的特务。

中统上海潜伏组织负责人当时为陈宝骅，他是陈果夫与陈立夫的侄子。在接受了暗杀丁默邨的任务后，他就思考用什么方法来执行。因丁是老牌特务出身，对暗杀这一套行当十分熟悉与警惕，自当上汉奸后，更是警卫森严诡秘异常，整天蹲在特工总部闭门不出，就是接近他也非易事。

陈宝骅经过反复考虑，最后决定根据丁默邨的特点施用美人计，选派一个漂亮的女特务为诱饵，诱他上钩，然后选择适当场合将其暗杀。经过物色，最后选中了二十余岁的女情报员郑苹如。

郑苹如是一个中日混血儿。其父郑钺，又名郑英伯，浙江人，早年留学日本法政大学时，加入同盟会，从事民主革命活动。在日期间，结识了日人木村花子。木村花子出身于日本名门望族，对中国抱有友好的感情。当孙中山、黄兴等革命党人在日本从事革命活动时，花子女士常聆听革命演说，深受影响，自愿为革命党人传递信息与文件。在活动中，她与郑英伯多有交往，最后缔结良缘。此后，花子女士改名郑华君，随夫到中国定居，追随孙中山从事革命活动。后来郑英伯弃政从教，在上海复旦大学任教授，以后还担任过上海公共租界的江苏高等法院第二分院的首席检察官等职。他们夫妇生有二子三女，郑苹如是次女。

1931年“九一八”事变发生，华君夫人虽为日本人，却对日军侵华行径十分不满，多有愤言，子女受其影响很深。1932年“一·二八”上海抗战开始后，郑家全体投入抗日救亡运动，郑苹如与姐姐一起跑到浦东乡间进行抗日宣传。1937年中日战争爆发时，郑苹如的大哥郑海澄正在日本名古屋留学，学习飞行；二哥也留日学医，日本当局不允许他们回中国。华君夫人回到日本，毅然带着两个儿子偷渡回国参加抗战。上海沦陷后，郑英伯一家因华君夫人是日本人的关系，继续留居上海，并参加抗日工作。

1937年，因郑苹如的年青美貌，她的照片被风行上海的《良友》杂志选为第130期封面。陈宝骅看到后，在一次舞会上结识了她，又通过其父的关系把她与其二哥郑南阳都拉入中统，成为上海区的情报员。而郑海澄则被其父母送到国民党空军服役，撤退到大后方参加抗战。

郑苹如生于1918年，在中国长大，聪慧过人，又跟着母亲学会了一口流利的日语。她在上海读中学时，丁默邨曾兼任他们的校长。抗战爆发那一年，她中学毕业，准备入上海法政学院夜校读书，继承父业。上海沦陷后，她参加抗日地下工作，凭着青春妙龄通悉日语的交际才能，混迹于十里洋场，广为交接日伪人员，甚至于1939年还参加接待过到上海“访问”的日本首相近卫文的儿子近卫文隆，猎获了许多重要情报。当时传闻近卫文隆曾在上海失踪了几天，日本当局大为紧张，怀疑他被人绑架，后虽无恙，但郑苹如已被日方怀疑。实际上，中统特工嵇希宗确实通过郑苹如接近过近卫文隆，但他们对他做了什么工作却无人知晓。

中统上海组织认为郑苹如有暴露的危险，本准备让她撤退，但此时接受了刺杀丁默邨的任务，因郑年轻漂亮，还与丁默邨有师生之谊，便决定派她去执行。

郑苹如伪装成一个涉世不深的贪财少女，借机结识了丁默邨，并以校长相称。果然，经过几个月的交往，郑苹如不仅取得了丁的信任，而且引得他神魂颠倒，事事依从，形影难分。中统见火候已到，就下令布置对丁的暗杀行动。1939年12月2日，丁默邨赴沪西朋友家宴，临时打电话给郑苹如邀她一道参加。

郑苹如接到丁默邨的电话后，即与中统商定，她以购买皮大衣为由，将丁默邨诱至戈登路与静安寺路交叉路口的西伯利亚皮货店，让预伏的中统特务将其击毙。商定后，郑苹如便到沪西赴约。饭后当郑向丁提出购买皮大衣时，丁立即答应，即与郑乘上轿车，驶向西伯利亚皮货店。

到达目的地后，丁默邨让司机留在汽车里，将车停在马路对面靠边地方，就与郑苹如进了皮货店。他让郑在柜台前选货，自己则站在一边抽烟，并随意从店堂内看到店堂外。突然，他透过公司的大玻璃窗见到人行道上有几个形迹可疑的人正朝他打量。丁默邨立即警觉起来，马上意识到处境极端危险，必须迅速离开。他迅速地想好对策，突然从自己西装口袋里，掏出一大沓钞票，向玻璃柜台上一抛，随即对郑苹如说："你自己拣吧，我先走了。"不待郑苹如答复，转身就往外跑。郑苹如被丁默邨这个出乎意料的举动惊呆了，见丁默邨拉开店门冲出去，也想跟出来。可是她刚走了两步，猛然想起屋外的预伏人员就要开枪，便停下了。而丁默邨冲出店门后，飞一般冲过马路，向自己的汽车狂奔。门外预伏的中统人员，没想到丁默邨突然跑出，迟疑之间让他冲过马路，钻进了自己的汽车。那司机见丁奔来时，知事情有变，早就推开车门，让丁进来，同时发动马达。刺客醒悟过来后，立即掏出手枪向汽车射击。可丁默邨已关上保险车门，子弹打不进去。汽车迅速开走，丁默邨因此逃避一死。

中统精心布置暗杀汪伪特务头目丁默邨的行动，就这样失败了。

后来，郑苹如在日本宪兵分队长的陪同下来到了"76号"特工总部，要求进去看望丁默邨，准备再行刺。但李士群令特务们扣押了郑苹如。丁默邨虽然恼恨郑苹如参与对自己的暗杀，但他又确实迷恋她，因此只想关她一段时间，杀杀她的气焰，然后收为己用。上海日伪当局也派人去威胁郑苹如的母亲郑华君夫人，要她劝说其丈夫郑英伯出任伪职，即可释放郑苹如，但郑英伯夫妇断然拒绝。而一批大汉奸的夫人们，如汪精卫的老婆陈璧君、周佛海的老婆杨淑慧、丁默邨的老婆赵慧敏、李士群的老婆叶吉卿等人，出于对来自重庆的不择手段暗杀的恐惧与丈夫们外遇的憎恨，一致主张非杀郑不可。李士群对其妻一向唯命是从，又要讨好陈璧君并借机打击丁默邨，于是在1940年1月，李士群在护卫汪精卫去参加“青岛会议”之前，下令瞒过丁默邨，将郑苹如杀害。

郑苹如被害时，年仅二十三岁。其父郑英伯闻爱女噩耗，一病不起，于1941年初抱恨而终。1944年1月19日，他们的长子郑海澄亦在对日空战中壮烈捐躯。郑华君夫人于1966年以八十高龄在台湾病逝。[43]

郑苹如刺杀丁默邨一案，后来被汪伪宣传部次长胡兰成告诉著名作家张爱玲，张因此写成了小说《色·戒》，并于2007年被台湾导演李安搬上银幕，同名电影在威尼斯电影节上获得大奖，风靡一时。郑苹如的事迹才又被后人提及。[44]

郑苹如作为一个救国动机单纯的青年，投身抗日救国，并献出了生命，她虽是中统人员，但她所做的一切都是为了国家与民族，她是值得人们怀念的。

军统策反周佛海，掌握伪军，暗杀李士群

抗战时的伪军，基本上是国民党军队动摇者抱着“有奶便是娘”的动机，投靠汪伪而形成的，也有一部分是由日本人利用旧军阀队伍组建的。他们的共同特征就是缺乏民族国家的政治理念与立场，为求一时生存而投靠日伪，并且除少数顽固派外，多数人因投敌害怕受国人谴责而产生消极与恐慌心理，随时准备另寻出路。所以，一旦受到重庆军统的策反，几乎都自愿反正，给自己留条后路。但他们也不是坚定的爱国者，在利益诱惑下很容易产

生反复，于是，军统便不断“策反”他们，其总数量自然可观。

上海公共租界巡捕房包探钱人龙，外号“钱麻皮子”，是军统的暗线。他手下有三个随从彭盛木、彭寿与程克祥，也都加入了军统局。钱人龙后来与汪伪“76号”又搭上了关系，于1940年2月25日被军统特务击毙在静安寺路的仙乐斯舞厅门口。但二彭与程却继续在军统服务。程克祥时任军统局南京情报组长，彭盛木为副组长。彭原籍台湾，时在上海专门教授日本特务学习中文的“同文书院”当教授。经红帮大佬徐朗西介绍，彭盛木当上了周佛海的秘书，曾随周访日参加卖国谈判。彭寿寄住在程的家中，外人戏称其住所为“寿祥庐”，程妻是舞女出身，外人称此女为“彭太”或“程太”，三人关系密切。他们曾将周代表汪伪的全部对日谈判记录偷出公布于报端，这一举动打压了汪伪的气焰。

1939年秋，戴笠令南京情报组长程克祥参加“和运”。程克祥与周佛海妻弟杨惺华结识，得以追随在周的左右。1941年12月，因陈恭澍一案，军统局京沪线交通员安少如被捕，交代出程、彭二人，但他们被审查后都拒认身份。戴笠请徐朗西出面救护，而周佛海此时已被戴笠囚禁家属捏住了把柄，便同意由徐朗西担保，将程、彭释放。彭盛木不久暴死，疑为日本人下毒。程克祥返渝报告周佛海有反正之意，得到戴笠的认可。当时因陈恭澍叛变，军统上海工作全面失败，戴笠把宝全都押在了周佛海身上，他破例召见了程克祥，许以官位，发给密码，要他彻底搞定周佛海，并掌握杨惺华、罗君强的动态。[45]

1943年底，程克祥返沪，在周佛海处建立了直通戴笠的电台。次年他出任周佛海所辖的伪军委会作战科长，负责部署伪军接应国民党军反攻，如伪孙良诚部部署在豫东——苏北及扬州一带，控制长江交通；吴化文部在鲁南——蚌埠一线，控制津浦路，截断南北交通，以策应反攻南京；并安排军统局张恒任伪十二军军长，分布于沪杭沿线，策应反攻上海及杭州等。1945年初，大体部署完成。

军统局通过策反汪伪第三号人物周佛海，利用其所掌握的军权控制了伪军。

此外，戴笠为不使伪军被中共方面争取，还专门成立了一个“策反委员会”，自1942年后就布置了多条线索去各地争取伪军，如1942年10月派姚虎臣、李夏荣负责策反汪伪广州要港司令招桂章；1943年在澳门设立军统粤海站，派姚虎臣、何崇校负责策反华南伪军；1945年初派张子奇往河南、江苏，运用他过去与西北军的关系，策反孙殿英、张岚峰、任援道等部伪军等。

戴笠给他们的明确任务就是掌握伪军用以反共，并对新四军、八路军作战。

据军统自己的统计，到1944年底他们共策反伪军七十三起，官兵五十六万一千〇三十人，枪四十一万九千二百四十六支。这些数字，确实与否不能考证，但可以认定的是其中当然包括了相当部分的反复情况。

军统策反周佛海在此期间做的另一件大事，就是干掉汪伪特务头目李士群。

李士群是伪特务组织的实际创始人和实权派人物，曾为汪伪政府的成立与发展起了重要作用。此刻他在汪伪内部正是权势遮天，是个人人惧怕的魔王，且头脑灵活，狡兔三窟。

本来，戴笠在派唐生明“投汪”时，曾给他一个任务是要拉拢李士群。因李士群一度曾是唐生明兄唐生智的部下，但李士群以时过人非，并不多搭理唐生明，使他无隙可乘。1941年8月，戴笠又通过杜月笙找到过去对李士群有恩的上海律师余祥琴，发展他加入军统局，指示他去见李士群，要李杀了汪精卫或劫持他来重庆立功。9月，余祥琴返回上海，密见李士群，转达了戴笠的意思，说若如此做了，“不但既往不咎，且代蒋委员长保证给你更好的地位和优厚的奖励”。李士群对此当即否决，他表示“愿诚意与戴先生合作”，但唯有害汪一事不能办，并要“请戴先生给我一封亲笔信”才能相信。[46]虽然后来余祥琴乃至唐生明都在继续做李的工作，但因李士群根本上是靠日本人才发迹的，且因个人历史上曾吃过中统大亏等原因，他的“合作”表态，基本上是敷衍重庆的。对此，戴笠对李只有表态没有行动的情况已经分析得心中有数。但他对李除了继续以权利相诱外，也没别的办法。

李士群是个争强好胜的人，他急于立功和显示本领，想与戴笠、徐恩曾之流斗一斗，表现出他的能耐。在与重庆的特工战中，特别是在上海与军统上海区的斗争中，李士群心狠手辣穷追不放多次得手，逮捕并杀害了许多“重庆分子”，大大地得罪了两统，特别是戴笠和军统。因潜伏在上海的军统力量基本上被他肃清，戴笠渐变得对他恨之入骨，列入重点打击目标，双方想转圜关系已不可能。当周佛海表示归顺后，戴笠对他的第一个要求就是干掉李士群。

李士群的暴虐性格使其在汪伪内部树敌过多，特别是他只买汪精卫的账，对顶头上司周佛海也不恭敬，弄得周佛海大为不满，也想除掉他。而最关键的是李士群权高气盛，居然发展到不听日本人的话，为壮大自己的武装敢与日军抢夺军粮，这就注定了他最后被杀的命运。

周佛海设计了除掉李士群的上中下三策，以日本人出面杀他为上策，汪伪内讧为中策，军统派人动手为下策，经过再三考虑，决定采用上策。

1943年秋，李士群为争夺伪税警团团长一职又与周佛海、罗君强、熊剑东等人发生激烈的争斗。他曾派人在上海北站暗杀税警团副团长熊剑东未成，杀手反被日军捕获。军统得知这一动态后，密令已在掌握中的周佛海，制造日、李矛盾除掉李。周佛海于是使反间计，利用李士群在“清乡”中发展私人势力引起日军猜忌的机会，向日本人明确传达了“李士群立场不稳”的信息，说他有“通共”嫌疑，加上李在日本军方的靠山特务“梅机关”首脑晴气庆胤与影佐祯昭相继调往他处，继任的柴山兼四郎不喜欢李，于是李的厄运开始了。

柴山特地飞去北平与晴气商量处置李士群的问题，他说：“李士群的横暴与跋扈，越来越厉害，他搅乱了整个的南京政府，使政情陷于极度的不安……不能再让李士群干下去了。”他要将李士群立即撤职，晴气当然反对，但柴山官阶比他高，他也没办法阻止，只能写信要李注意收敛。李士群却不以为然，连信也未回。他对手下傲气地说："不交就是不交，他们又能把我怎样？"[47]这种狗咬主子的行为，注定了他的难堪下场。

周佛海通过熊剑东，在华中日军宪兵司令部特高科科长冈村面前挑拨离间，说李士群要夺宪兵队的权，激起了性格暴躁的冈村的愤怒，他同意出手干掉李士群。

9月10日，李士群被岗村中佐邀请去他家赴宴，名义为调解他与熊剑东的矛盾。李虽有所防范，但他不敢不去，在席中，李被迫吃了冈村夫人送上的肉饼，回来后即中毒发作，次日在苏州家中死去。隔日，汪伪宣布他为暴病而死。这个出卖祖国的汉奸凶手就这样被其主子杀掉了。[48]

军统操纵周佛海杀掉李士群的目的实现，渝方于此总算是出了一口恶气。

至于周佛海与重庆的秘密关系，日本方面也有所察觉，他家中与军统戴笠直通的秘密电台，就曾被日本方面监视。但周知晓后，竟然在1943年初上演了一出自烧山西路西流湾8号周公馆的"苦肉计"，销毁了一切证据，使日本人亦无可奈何。[49]

在广东、江浙刺杀伪政权头目

在宁沪等地频繁开展刺杀日伪分子的同时，军统人员还在汪伪势力比较集中的广东、浙江等地开展了一系列的行动，刺杀伪政权人员以震慑敌伪的气焰。

1944年4月4日下午5点，伪广东省长陈耀祖（汪精卫妻陈璧君之弟，广东人亦称之为汪之内侄）到广州文德路古玩店看古董，军统广州行动队得知情报后，在店周围进行了埋伏准备。当陈耀祖从国际俱乐部出门向古玩店走来时，一个大汉走上前来一把抓住他喝道："你是陈耀祖吗？"陈当即一愣，随口答道："是。"那人举手一招，街上立即拥来十二名特务人员举枪就打，陈身旁的几个卫士尚没反应过来。一时间枪声已响成一片，并有人投掷了手榴弹轰然爆炸。陈耀祖及卫士当场倒地。行刺者在撤退前还在附近鸣枪示威，并无一人被捕。

到附近敌伪闻讯赶来时，陈耀祖已奄奄一息，卫士一死一重伤。经急送博爱医院，医生认为伤势过重无法抢救，再转送日军野战重伤医院多方施救无效，次日中午毙命。而十多名军统行动人员在完成任务后，竟然又齐聚在文德路口城隍庙内福来居酒家痛饮一顿，方才从容而去。

事后，伪广州当局宣布戒严三天，到处搜查。一时间市面上金融混乱，物价飙升三四倍，伪币价大跌，“伪币原定比率为国币二百元，现仅值八十元。伪府职员益感困苦，而匪盗乘机活动，晚上10时路上电灯电线均被割去，敌亦不准行人外出，形同死市。”[50]

在此前后的1943年到1944年间，在广东被重庆特工刺死的伪政权高官还有：伪海军部虎门要港中将司令何瀚澜，伪军委会委员兼中央监察委员、“潮汕军总司令”黄大伟等。

1941年到1942年间，在江苏、浙江日伪统治的中心区域，军统浙西分站、苏州站、“忠义救国军”调查室人员也采取行动，刺杀了伪杭州市长谭书奎、汪伪清乡委员会署长谢叔锐等汉奸头目。[51]

李香兰其人其事

在抗战时期军统与日伪的特务战中，还有一人需要提及和加以分析，她就是当年在沦陷区乃至全中国都有名气的伪满电影明星李香兰。

李香兰原名山口淑子，祖籍日本佐贺县杵岛郡北方村，是旅华日本人的后代。她的青春时代正是日本侵华高潮时期，由于她的美丽和才华，必然被卷入中日战争，“在祖国日本和故国中国之间的夹缝中受到命运捉弄，度过了非常苦恼的青春岁月”。[52]

山口淑子的祖父山口博，自幼酷爱汉学，仰慕古老的中国文化，1906年举家从日本来到中国。

山口淑子，1920年2月12日出生于中国辽宁省奉天（今沈阳）东郊的北烟台。当时她的父亲山口文雄在“满铁”所属的抚顺煤矿任职。在1932年发生的“平顶山事件”中，由于父亲因“通敌”受到拘留，事后山口淑子一家迁居沈阳。十三岁时，山口淑子认父亲的中国同学、当时的亲日分子沈阳银行总裁李际春为养父，她因此起了一个中国名字—李香兰。

1934年山口文雄在北平结识了华北亲日派人物潘毓桂，李香兰又认其为义父，改名潘淑华。1937年李香兰毕业于北京翊教女子学院。

自 1931 年日本占领东北成立伪满洲国后，为了粉饰宣扬“大东亚共荣圈”的太平，开设了“满洲电影制片厂”。李香兰成为伪满洲电影制片厂的第一批女演员，而且还是当家花旦，拍些风花雪月的娱乐电影，宣传日军占领下沦陷区的“太平”，麻痹民众。她还在日本奉天广播电台《满洲新歌曲》节目中演唱了《渔家女》、《昭君怨》、《孟姜女》等中国歌曲，更以一曲《夜来香》而声名大噪。于是，李香兰在歌坛和影坛迅速走红，成为与周璇等齐名的五大歌后之一，家喻户晓的“超级明星”。这一时期，李香兰还陆续演了一些粉饰日本侵略战争的电影。

1937 年，由“满铁”公司出资的电影公司“满映”成立，李香兰被聘为专职演员。次年 6 月，李香兰被聘为“满映”特邀演员。她主演的第一部电影《蜜月快车》奠定了她“懂日语的中国少女影星”的地位，后又演出了《支那之夜》、《热砂的誓言》和《白兰之歌》等电影，多为“满映”为日本侵略者拍摄的“国策片”，宣传日伪的“五族协和”，侮辱中国人。由于李香兰天资聪慧，形象出众，这几部影片很快使她在沦陷区“走红”。到 1942 年前后，李香兰已经名声享誉“大东亚共荣圈”。李香兰后来回忆说：“在那个战争年代，为了生存，我的确是拼足了力气学唱歌。”她称，对曾出演那些为军国主义服务、歧视中国人的电影而感到内疚。因受不了“李香兰”身份的重压，1944 年她从“满映”辞职，客居上海。

1945年日本战败，伪满洲国灭亡，中国开始逮捕审判汉奸。因国人不明真相，以为李香兰是中国人，于是她被中国军事法庭以“汉奸罪”嫌疑逮捕，受到社会舆论的关注。后她公布了自己的日本户籍，证明自己是日本人才得以免罪。1946年2月，她被遣送回日。但是，李香兰的名字及她的音乐、电影，却在历史上留下了深刻的痕迹。1947年，她恢复本名山口淑子，重回日本演艺界，并一度活跃在好莱坞。李香兰在美国时同一雕刻家结婚，又闪电离婚。1959年与日本外交官大鹰弘再婚，改名大鹰淑子，随后息影，告别了她的演艺生涯。

20世纪60年代她曾被香港邵氏影业公司邀请访问拍片。

1974年到1992年期间，李香兰开始涉足日本政坛，她获选出任日本参议院议员，连任三届，并曾任参议院外务委员会委员长，为日本的外交事业奔波世界各地。在此期间，她致力于中日友好，同时还写了自传《在中国的日子——李香兰：我的前半生》。通过这本自传，她勇敢地揭露了日本军国主义侵华战争给中国人民带来的巨大灾难，表达了“日中不再战，我们同是黑发黑眼睛”的和平挚愿。作为政治的牺牲者和历史的见证人，她还教育日本青少年牢记日本侵华的历史，她说因为“这全都是事实”！

李香兰在其自传《在中国的日子——李香兰：我的前半生》中记载：1937年，她曾有一次以中国人身份无意中参加了一次抗日集会，当时没有人知道她是日本人。当每个人都对“假如日本军侵入北平，诸位怎么办”的问题表态时，李香兰不知怎样说好，只能说“我要站在北京的城墙上！”接着，她写道：“我只能这样说，双方的子弹都能打中我，我可能第一个死去。我本能地想，这是我最好的出路。”[53]

1978年，李香兰以友好人士的身份来华访问，她到了上海、大庆、长春及哈尔滨，见到了故友，他们的热情接待使她打消了顾虑。她称自己是“有罪的人”，对自己在中国曾经出演的伪满电影十分懊悔，表示反省。她对中国十分友好并为日中友好事业而努力。她说：“当我们注视过去的时候我们不可以逃避。无论怎样痛苦，那里面一定有值得将来借鉴的东西”，“中国人不知道我是日本人，我欺骗了中国人。一种罪恶感缠绕着我的心，仿佛走进了一条死胡同，陷入了绝境。”[54]

长期以来，许多书刊都有记载，误认李香兰是日本或军统的间谍，现在戴笠江山故居的展览中，甚至还把她的照片与军统大员照片挂在一起，注明她是军统女特务。但从上述她的简历和立场态度来看，她的间谍身份尚无证据可考。这就是本书要专门提及她的原因。

第三节　军统特务“宋子良”与“港澳会谈”

在中日战争初期，蒋介石集团一方面对日抗战，另一方面也时刻准备与日本商量停战的可能。开始时通过德国驻华大使陶德曼来居中调停斡旋，失败后又派外交部亚洲司司长高崇武在上海、香港与日方保持联系，寻找妥协可能。当时这是蒋介石与汪精卫的共同安排。但后来，因日本的强硬态度，熄灭了蒋介石“谋和”的希望，他停止了对高崇武工作的关注，而高却得到汪精卫的支持，背着蒋介石前往日本暗中活动，成为汪的政治代表，蒋闻之震怒。

汪精卫投敌后，日本方面眼见汪伪政权对瓦解中国抗战阵营的作用不明显，没有达到预期的目的，于是便又想与重庆蒋介石直接沟通，策划启动了“桐工作”计划。而蒋介石出于政治目的，也愿意与日本“接洽”一下，留条“后路”。

军统局作为蒋所信任的秘密机构，奉命参加了这次地下活动。

1939年11月，日本中国派遣军总司令部派出参谋本部铃木卓尔中佐以日本驻香港武官的身份来港“策划建立与重庆政府间的联络路线”。铃木到港后经过仔细分析，盯上了重庆方面驻港的“西南运输公司主任”、宋子文的弟弟宋子良。经托香港大学教授张治平居中介绍，铃木要求与宋子良见面。宋子良是个在野人士，且不谙政治活动，他当即以要请示宋子文同意为由加以拒绝。但蒋介石知道后，却很感兴趣，他找来戴笠，命令军统局选一长像与宋子良相似的特务冒充他去与日方谈判，一说这位冒牌“宋子良”就是军统局香港站站长王新衡，而另一说则是在谈判过程中一直与张治平密切合作的军统特务曾政忠（化名曾广）。[55]

12月下旬，经过精心准备，军统局的“宋子良”在张治平牵线下与铃木卓尔见了面。他向铃木表示：日方如能尊重中国的名誉与主权，则可以和谈，希望日本在承认汪伪政权之前，要与重庆政府协商。[56]几经会商，铃木卓尔提出举行双边正式代表会谈，“宋子良”返渝请示。

1940 年 2 月 9 日，“宋子良”回港答复日方同意正式会谈。3 月 7 日至 10 日，蒋、日双方在香港东肥洋行二楼举行预备会议，日方代表为今井武夫、参谋本部臼井茂树大佐和铃木卓尔，他们煞有介事地带来了陆军大臣俊六开具的身份证明书，中方代表为“重庆行营参谋处副处长陈超霖”、“最高国防会议秘书主任章友三”和“宋子良”，“陈”和“章”也带有“最高国防会议秘书长张群写的证明书”。[57] 经过多次谈判，双方在 3 月 9 日达成的《备忘录》中写明“以善邻友好、共同防共、经济提携，作为缔结和平条约的基础”。《备忘录》的具体条款则包括以下几方面：

中国已承认“满洲国”，立即放弃抗日容共政策，在停战的同时发表此项声明。

中日两国缔结防共协定，日本在一定期间内可在内蒙与华北若干地区驻军；华北重要资源由中日共同开发；中国对日提供便利。

停战协定成立后，重庆国民政府与汪兆铭派进行合作。

日在恢复和平的同时，尽速撤回派遣到中国的兵力，等等。

当时“渝方代表”对这些条款基本表示同意。据称重庆最高当局得到会谈结果的报告后，对“中国放弃抗日联共政策”、“缔结防共协定”、“经济提携”等都表示同意或原则上同意，只是担心如此露骨地公开承认伪满，势必引起全国人民的强烈反对。于是，要在此问题的表态上退一步，对承认伪满问题改为“原则上同意考虑”；而与汪合作问题，“在和平恢复后……适当处置，无庸提为和平条件之一”，与此同时，再对日方提出“应于和平妥协时，将在华军队从速全部撤退”，[58] 增加了价码。

5月17日，“宋子良”结束在重庆活动再次来港，约铃木卓尔在一艘小游艇上秘密会晤，洽谈举行第二次秘密预备会议问题。他对铃木透露说：“蒋介石委员长表面如何暂且不谈，他内心希望和平确属事实。”又说，

"在重庆政府内部，反对达成和平的是共产党和冯玉祥。对共产党，如果秘密会谈达成协议，当然要进行讨伐，而且讨共计划业已制订，如可能的话，希望7月以前就实行。胡宗南、蒋鼎文、朱绍良、卫立煌、薛岳等将领已纷集重庆，并已协商完毕。因此恢复和平后，恐怕要向日本请求武器补充等等的援助。""看来，中国方面在中日停战的同时，就要发表反共宣言，所以在第二次秘密会谈中，涉及时机内容等项问题，希望与日方协商。"[59]他们就在澳门召开第二次秘密预备会议达成了协议。

6月4日下午，双方代表开始在澳门会谈，场所选定在市郊海岸僻静的一处空房里。这次渝方代表出示的证件上直接盖有"军事委员会"大印和"蒋中正"的印章，以示货真价实。会谈开始时，"陈超霖"首先表示，虽然渝方对首次香港会谈中中国承认"满洲国"问题及日军在中国驻兵问题有保留意见，但上次会谈也收到了巨大的成果。他说：香港会谈"使两国的隔阂距离显著缩小，从而中国相信有与日本接近的可能性"；中国的青年将领通过这次会谈，"逐渐得以了解日本的诚意"，"对积极推进日华和平表示赞同"；香港会谈后，双方"恢复了信任"，"现在我们这次的路线最为确实可靠，堪称捷径"；国民党高层现在"对于进一步加紧防共方针的意见，愈趋一致。蒋委员长也派了有魄力的军政要员数人到西北地区，命其担当防止共产党反抗的任务。中国的防共对策已开始转入逐步实行的阶段"。[60]这番话自然有勾引日方在答应条件的基础上继续会谈的意味。

在当晚及次日的会谈中，双方就承认伪满及日军在华驻兵问题再次进行了商讨。"宋子良"则于6月5日凌晨3时返香港，"与重庆来的要人会见，接受训令后即行返回"。6日下午，他向今井武夫等人表示，关于承认"满洲国"及日军在华驻兵问题已将日方的意见向重庆汇报请示了，预料双方难求一致，无须等候回示，希望下一步升级进行会谈。他提出先由蒋介石的代表（预定为张群）在上海或其他地方与汪精卫先行会谈，等解决汪的问题后，再由蒋介石与日军参谋总长板垣征四郎在重庆举行会谈。日方提出先由蒋与板垣会谈的提案。最后达成了由蒋介石、板垣、汪精卫三头目进行会谈的协议。6日晚，双方又就“三人会谈”的地点、时间、方式等问题进行了商讨，澳门会谈便告结束。此后，“宋子良”与铃木还在继续联络中，直到9月底止。因日本与德、意缔结三国同盟条约，世界两大阵营的对立分野明确，新任日本陆相的东条英机、参谋总长杉山元等主战派不赞成对蒋谋和，策划中的所谓高级会谈遂告中止，中日又一次的“谋和”至此失败。

对这次蒋日秘密会谈事件，过去史学界基本的观点一直是持否定态度的，认为“港澳会谈”在政治上来看是蒋介石集团对敌妥协的明证，背叛了民族立场。但从现在新刊布的史料来分析，这次所谓“港澳会谈”完全是一次军统特务哄骗日方的闹剧，是他们针对日方邀功心切的铃木卓尔不惜卑词谦态诱引蒋介石或重庆要人坐到谈判桌前来，反映出日方“求和”的急迫性，从而摸清对方底牌的一次特务活动。

至于那个“宋子良”，日方在香港会谈开始时，因唯独他没拿出身份证明书，而在会上的地位比较重要，就开始对他进行了多方面的调查。甚至于从房门锁洞孔中偷拍了“宋子良”的照片，拿到南京伪府让陈公博、周佛海等人认识宋的人辨认，但因照片上人像太小，未能得出一个肯定的结论。但他们从截获的情报中，认为他可能是军统香港区负责人王新衡，因其年龄、身材、容貌比起宋子良来要“更与实际会谈的对手相像”。[61]后据当时在军统局本部第二处国际科任敌伪股股长的邓葆光证实，戴笠“指令香港区长王新衡，通过日本驻港铃木特务机关成员张治平（留英学生，为香港区的通讯员）关系，冒充宋子良，与日方代表谈判。开始布置时，由国际科敌伪股承办。邓葆光是第一手承办人。此事约一个月突然中断，译电科说，这种电报全送曾家岩公馆”。[62]然又有材料说：1945年夏，那个曾在香港假扮“宋子良”参加谈判的人成了日本上海监狱中的囚犯，被原日本中国派遣军特派员、曾在香港会谈中担任翻译的坂田诚盛认出。在与今井武夫见面时，此人承认自己是蓝衣社的“曾广”，到1955年时，这个“曾广”还曾致函今井武夫，对当年“冒充宋子良的错误深表歉意”。[63]

或王或曾，孰对孰错，因时过境迁，于真正宋子良及此次会谈历史而言，已无太大考究必要了。

【注】

[1]　张文《中统 20 年》，载《江苏文史资料选辑》第 23 辑，《中统内幕》，第 42~43 页。

[2]　（台）“中研院”近代史所档案馆藏档《朱家骅档案》62–1、2、3（以下简称“朱档”）。62–1《南京敌后工作报告 1–3》。

[3]　《夏恩临致朱家骅报告》（1939 年 7 月 8 日），朱档 62–1。

[4]　同上，朱档 62–1。

[5]　同上，朱档 62–1。

[6]　同上，朱档 62–1。

[7]　同上，朱档 62–1。

[8]　同上，朱档 62–1。

[9]　同上，朱档 62–2。

[10]　《钟平、李光辉致朱家骅申电》（1940 年 2 月 20 日），朱档 62–1。

[11]　何世桢，时任汪伪国民党中执会常委。

[12]　《朱家骅复批》，朱档 62–1。

[13]　《吴开先、吴绍澍致朱家骅电》（1941 年 3 月 11 日），朱档 62–2。

[14]　《夏恩临致朱家骅报告》（1939 年 7 月 8 日），朱档 62–2。

[15]　同上，朱档 62–2。

[16]　同上，朱档 62–3。

[17]　同上，朱档 62–3。

[18]　同上，朱档 62–3。

[19]　同上，朱档 62–3。

[20]　中国第二历史档案馆馆藏伪“维新政府”档案。

[21]　此节参考王永泉《当事人首披“日本领事馆毒酒案”真相》，载《南京晨报》2005 年 5 月 12 日 D12 版。

[22]　杨正明《军统特务在六合活动始末》（上），载南京市六合县政协文史资料研究委员会 1984 年编印《六合文史资料》第 1 辑。

[23]　同上。

[24] 同上。

[25] 同上。

[26] 转引自潘光祥等《汪伪特工电台与军统电台勾结争斗的内幕》，载江苏省政协《钟山风雨》2004年第3期，第44页。

[27] 唐生明《我奉蒋介石命参加汪伪政权的经过》，载全国政协文史委《文史资料选辑》第40辑，第7页。

[28] 同上，第12页。

[29] 同上，第10页。

[30] 金萍《纵横牌桌唐生明夫妇巧取汪伪情报》，载《南京晨报》2007年4月13日C5版。

[31] 唐生明《我奉蒋介石命参加汪伪政权的经过》，第25页。

[32] 同上，第43页。

[33] 沈美娟《孽海枭雄——戴笠新传》，第471~480页。

[34] 同上，第482页。

[35] 朱子家（金雄白）《汪政权的开场与收场》第二册，第65页。

[36] 陆宜泰等著《陈三才》，华夏出版社2002年版，第107页。

[37] （台）"国防部"情报局编印《"国防部"情报局史》（三），1962年版（内部发行），第1页。

[38] 徐福生主编《目击20世纪丛书——无形战线》，上海古籍出版社2004年版，第115~126页。

[39] （台）"国防部"情报局编印《戴雨农先生年谱》，1979年版，第92页。

[40] 戴笠《清白家风与无名英雄》，载《戴雨农先生全集》（下），第406页。

[41] 李炎锠《民国官场笑林》，第221~222页。

[42] 陆安《1940年：汉奸青岛大聚会》，载《南京晨报》2006年1月6日C15版。

[43] 此节参考经盛鸿《民国暗杀要案》，第353~363页。

[44] 资料来源：香港凤凰卫视《潍柴动力大视野》特别节目：《〈色·戒〉原型——郑苹如》，2007年11月。

[45] 朱子家（金雄白）《汪政权的开场与收场》，第71页。

[46] 余祥琴《上海沦陷期间四年地下工作追忆》，载（台）《传记文学》第195期。

[47] 陈恭澍《英雄无名》第四部《抗战后期反间活动》，第374页。

[48] 同上，第375~384页。

[49] 林德《1943年，西流湾8号周佛海公馆失火之谜》，载《南京晨报》2007年12月31日B11版。

[50] 《广州战区教育督导员许金真致中央训练团温子瑞主任报告：广州区近况》（1944年5月13日），中国第二历史档案馆馆藏教育部档案。

[51] （台）《"国防部"情报局史要汇编》（一）第二编，1962年3月版（内部发行），第238页。

[52] 日文版《李香兰》一书的作者之一藤原作弥所语。

[53] 资料来源：http://b.zhongsou.com/l.dll？ DoRequest-r&cid=2522&id=698423&word.

[54] 资料来源：http://bbs.xconline.com.cn/dispbbs.asp？ ID=113108&boardID=37.

[55] 据军统局本部第二处国际科敌伪股股长邓葆光回忆，从当时他看到的香港方面关于中日会谈情况来电报告中，确认宋子良由王新衡冒充，而杨天石先生在其《找寻真实的蒋介石——蒋介石日记解读》一书中根据“蒋介石日记”及日方资料等综合解读结果，认为冒充宋子良的是军统特务曾政忠。

[56] 《今井武夫回忆录》，第128页。

[57] 据杨天石先生考证，“陈超霖”、“章友三”及其所携证明文件等都是军统特务冒充伪造的，连蒋介石也不知情。

[58] 《今井武夫回忆录》，第137~140页。

[59] 同上，第144页。

[60] 同上，第150页。

[61] 同上，第146页。

[62] 邓葆光《军统领导中心局本部各时期的组织及活动情况》，载全国政协文史委编《文史资料选辑》第86辑，第185页。

[63] 《今井武夫回忆录》，第162~163页。

[修订本]

国民党特务活动史

下册

马振犊 著

九州出版社
JIUZHOUPRESS
全国百佳图书出版单位

目 录

下 册

第十一章　“两统”组织的对苏对英合作

第十二章　军统的对美合作——中美合作所

第十三章　抗战胜利前夕军统组织的活动

第十四章　抗战胜利后国民党特务组织的没落

第十五章　国民党特务组织在大陆活动的结束

第八章 抗战中期的国民党特务工作（上）

第一节 “特种工作会报”始末

抗日战争爆发后，国民政府迁都重庆。为了加强政治军事等情报搜集与汇总工作，于1940年起设立了甲、乙、丙三级“特种会报”制度。

“特种会报”是国民党党、政、军三方面统一协调、联合反共和对付日伪的一个组织指挥和决策机构，也可以说是国民党统筹特务活动的最高机构。它的全名是“党政军联席会报”。抗战胜利后改名为“党政军干部联席会报”。“特种会报”分甲、乙、丙三种（三级），因召集人和参加人各不相同而区分。各级“会报”定期举行或临时召集，会后的日常事务由“联合秘书处”（简称联秘处）或秘书来处理。联秘处设正副秘书长和联络秘书，先后担任正副秘书长的有萧毅肃、萧赞育、谷正鼎、潘公展、徐复观等。中统派驻联秘处的少将联络秘书先后为徐兆麟、万大法、杜衡等。

甲、乙两种会报机构，因每次会报都在蒋介石的住处（重庆中四路）进行，故又称“官邸会报”。甲种会报一直持续到1948年，乙种会报到日本投降后方才停止。

甲种会报由蒋介石亲自主持，出席者有总参谋长、行政院长、中央党部秘书长、中央组织部部长、教育部部长、社会部部长、军委会政治部部长、军令部部长，并指定中统、军统特务头子列席。张群、王世杰、吴铁城、何应钦、陈果夫等，以及中统徐恩曾、军统戴笠、宪兵司令张镇都参加过会议。会无定期，每年约开两三次，会报内容主要是针对中共的活动，商讨反共重大行动以及如何全面应付共产党活动，会报程序一般先由徐恩曾、戴笠作全面的工作汇报，然后出席人发表意见，最后由蒋介石作出决定，指示如何进行。所以甲种会报实际上是蒋介石政权的反共最高决策机构。

中统局徐恩曾每次得到开会通知后，总要先忙碌一阵，首先叫主管的第二组（处）收集有关材料，然后召集高级骨干王思诚、张炎茂、万大鋐、梁辅丞、张国栋、谢永存等进行计议，设计会报的内容。

乙种会报又称“中央党政军联席会报”，由国民党中央组织部、军事委员会军令部以及中统局、军统局、宪兵司令部等单位组成，也在蒋介石“官邸”举行，先由军委参谋总长何应钦主持，后改由中央党部秘书长或由主管情报的侍从室第六组组长唐纵主持。1944年后，乙种会报移交给国民党中央组织部出面召集，负责人是该部部长谷正鼎。

乙种会报参加者先有军政部部长、中央党部秘书长、中央组织部部长、教育部部长、社会部部长及中统、军统特务头子，后改为各参加单位处一级的情报官员，如军统局第一处处长鲍志鸿、国际问题研究所王芃生、外交部秘书顾毓华（杜月笙的女婿）、军令部第二厅第一处处长李立柏、中统局本部科长张国栋等。

乙种会报的主要内容是研究日汪方面的军事动态与活动，实际上也包括商议对在敌后活动的中共八路军、新四军活动的对策。乙种会报开会亦无定期，在成立之初，会期较密，约每两个月一次，后期则较少，平均约每年一次。开会通知是以蒋介石侍从室名义发出的，会报内容是由各出席单位代表汇报所得到的有关日伪军的动态，八路军、新四军在敌前敌后活动的情报等。[1]

该会报设有常设机构秘书处（简称联秘处），内设主任秘书一人，在何应钦的直接领导下处理日常工作。参加会报的单位亦各指派一人为秘书，参加联秘处工作，并担任本单位与联秘处间的联络。该处设在何应钦办公室旁，长期担任联席会报主任秘书的是何应钦的亲信徐复观。中统局派任该处秘书为专门委员徐兆麟。

丙种会报为省市一级的联席会报，也称“××省党政军联席会报”，由各地区最高军事机关负责人主持，如抗日战争时期的各战区司令长官，抗战胜利后的各“委员长行辕”主任、各地区司令长官公署的司令长官、各绥靖公署主任。没有设立以上机关的省市，由省主席主持，省党部主任委员协助。参加者为各省市党部书记长、宣传处处长，军统、中统各地区负责人，各省市市备司令、保安副司令、宪兵团团长，各省市政府秘书长、民政厅厅长、教育厅厅长、警察局局长、三青团干事长。同时亦设有一个秘书处，组织形式与中央级会报相同，一般由该省省主席主持，秘书处的主任秘书一般也是由省主席指派其亲信担任。因丙种会报的实权多操在主任秘书手中，中统、军统为争夺各省、区联席会报主任秘书一职，曾争斗甚烈，他们都想利用这一席位取得情报，在蒋介石面前邀功请赏。中统人员曾长期垄断了部分省市的会报主任秘书一职，如贵州省前后主任秘书冉龙沧、向贤书，江西省前后主任秘书庄尚之、周德清，甘肃省主任秘书王全章等，都是中统特务。[2]

1943年春，中统局为徐恩曾被控告事件，受到蒋介石的申斥，蒋介石下令“党务机关不得捕人”，其后，中统只好利用“联席会报”的名义进行各种特务活动。如1945年发生的“一二·一”血案、成都的“抢米风潮”、重庆的“反苏大游行”，都是由中统经由当地的“党政军联席会报”密谋计议制造的。[3]

这一时期，中统的重大活动大都是通过上述“会报”来组织进行的，其中突出的是策划和参与中央会报所决定的三次全国统一行动，即大规模地逮捕共产党人和进步人士。第一次是1947年发生在中统改组之前的“六二”大逮捕，由四川中统负责人邵平出席“会报”共同策划，根据中统提供的黑名单，逮捕了进步人士田一平、孙蕴实、柳慕宇等十一人。第二次是1948年的“八二〇”大逮捕。在天津，由中统天津区长郭乾辉出席“会报”参与决策，会后指示情报行动科科长崔佑汝、学运组组长李宗岳、督察刘耀宗提供黑名单，崔佑汝并与行动员杨子杰、石墨林等参加行动，在南开大学等处逮捕进步学生十余人。在四川，由中统四川负责人先大启参加省主席王陵基的私宅会议，提供黑名单，共逮捕进步人士三十余人，其中四川大学学生方志炯、田中奚等于解放前夕在成都十二桥被杀害。第三次是1949年的“四二〇”大逮捕，由四川中统负责人先大启向“会报”提供十余人的黑名单，并派行动员陈国荣参与行动，在成都逮捕石室中学教师刘骏达及其妻马力可等多人，刘骏达后在成都十二桥遇害。在这些行动中，中统在全国各地都犯下了大小不同的罪行。此外，中统为了纯洁特务队伍，对内部亦大加清理。在局本部设督察室，派王保身为主任，霍志征为副主任，专门秘密监视内外特务的言行活动，制裁不忠于特务组织和违反纪律行为者，被称为“特务中的特务”。在这期间，沈阳区区长朱瀚在沈阳破坏了一处中共地下组织，逮捕了不少中共党员，其中有人供出局本部党派调查处的调查员朱良明为中共派入中统内部的地下工作人员。朱瀚密报特务头子叶秀峰，叶当即指派督察室主任王保身秘密将朱良明逮捕，羁押在宪兵司令部看守所内。1949年2月，局本部撤逃衡阳时，亦将朱良明押解一同撤逃，中途至浙江杭州，将其秘密杀害。

中统的“外延单位”特种经济调查处的各个经济调查站，都在各地进行破坏中共经济的各种活动。如在上海就曾截获中共准备运往解放区的大批药品和医疗器材。“特经处”还编印了一些小册子，进行反共宣传。[4]

1938年中统局、军统局成立时，以王芃生为所长的军事委员会国际问题研究所也宣告成立。这是一个有英国特务机构资助背景的对日情报搜集组织，他们用其外语特长，为抗战服务，也向英方提供情报。王芃生当时在社会上有“日本问题专家”之称，他曾向蒋介石建议，由中统、军统、军令部、外交部和国际问题研究所五个单位负责人组织一个“最高调查委员会”，统筹安排对日情报工作。此建议曾得到蒋介石采纳，并在汉口开过一两次会，每次会议均由蒋介石亲自主持。这期间，王芃生来往于暗斗激烈、邀功争宠的“两统”之间，以情报会议的“秘书长”自居，欲凌驾于“两统”之上。他曾起草了一份“最高调查委员会组织规程”，要在蒋介石“会长”的统一指挥下，通盘领导中国的情报特工工作，并给戴笠、徐恩曾双方明确划分工作范围、对象，同时尽量提高自己的地位与权力。他曾多次找徐恩曾会谈，欲交换情报，征求意见，徐对此反应冷淡。王退而求其次，又在会上提出“国际问题研究所”改归属军统局的建议，与戴笠交涉。戴于1938年7月10日报告蒋介石，说王的组织管理松散，人事混乱，不宜列为军统一处，即使归入也要独立成所，以后改处时也不想要王当处长等等，加以条件，实为婉拒。于是，王芃生只好知难而退，不再过问两统的事了。同年10月，国民党驻武汉各机关撤往重庆，这一会议便无疾而终了。[5]值得一提的是，当时在军事委员会国际问题研究所的工作人员中，其第二组的组长连震东，是一位曾留学日本的研究日本和苏联问题的专家，他的父亲是台湾著名的爱国人士、历史学家与文学家连横，而他的儿子就是时隔五十六年后访问大陆、开启国共两党关系新历史的台湾中国国民党主席连战。[6]

第二节　军统组织的进一步发展

军统局的组织扩充

1940年前后，军统局组织得到有规模的扩充，据曾任经济科长的邓葆光的回忆，当时局本部的组织与人员构成如下：

局　长：林蔚（侍从室处长挂名）

副局长：戴笠（主持工作）

秘书室主任秘书：郑介民

副主任秘书：毛人凤

机要室（甲室）：

助理秘书：余淑恒、汪暄、俞实、陈康

第二处：处长何芝园，副处长曾庆集

军事科长汪政，主管军事情报、谍报参谋、与军令部的合作事宜

党政科长李叶（后为沈介人）

国际科长谢贻征（后为汪暄），主管敌伪及国际情报

经济科长费同泽，兼经济研究室主任，副科长邓葆光

第三处：处长徐业道

司法科长余锋（后为李希成）

行动科长赵理君（后为周品瑛）

第四处：处长魏大铭，副处长董益三

通讯科

工务科

电监科

人事科长李肖白，股长龚仙舫、吴诚文、黄康永

其他还有总务科：科长杨隆祜，副科长侯祯祥

训练科：科长郑锡麟，副科长李修凯

会计科：科长徐人骥，副科长叶震、林尧民

译电科：科长夏天放，股长刘杰、赵国英

交通科：科长涵××

密函室：主任胡××

特务队：队长王兆槐

1941年12月太平洋战争爆发后，军统局本部从磁器口迁回罗家湾办公。[7]

军统的工作检讨与部署

1939年到1940年间，戴笠曾对军统局各方面的工作陆续作过一番指示，这在军统局的工作指导上具有一定意义，并含有总结检讨的性质。有关这些指令的情况，因台湾现有特务档案的封闭，我们不得其详，但军统干员陈恭澍所著的回忆录中，记载了其中部分文件和有关工作落实的情况，兹特转录如下，供留记载。以下是八年抗战初期“军统局”工作检讨：

特务工作不适举行工作检讨会，也不能聚集一堂，大家发言作公开的讨论，有关工作上的检讨，完全是由上级对下级的指示中反映出来。二十八九年，戴先生曾有过多项工作指示，兹分为情报、破坏、行动等数项，不失原意地摘录其要点如次，俾可对抗战期间我方工作有更多的了解。

情报部分：

“本局情报之最重要者，在于各沦陷地区对敌军行动之查报，我第二处应随时检讨，多方策进，以期对敌之军事情报数量与质量，均有所改进也。查我对敌军事情报之低落，影响本局工作之进展甚大，吾人应设法改进，故

对沦陷地区各‘区、站、组’，应嘱其多指派担任敌军行动专事调查之人员。自×月份起，对敌军行动报告有成绩者，无论单位或个人，均将分别予以奖赏，等于行动案件成功之给奖也。我第二处之考核部分，务须加强工作，并立即通令各‘区、站、组’一律知照。”

以上这一则工作指导，是戴先生手命主管情报业务第二处的原文，其主旨在于加强沦陷地区军事情报的搜集。从内容着眼，此项军事情报，属于战术性的一般军事活动，唯在传递上则颇多困难，很不容易保持时效，一旦失去时效，则运用价值亦将随之降低。这也就是不能做到好处的基本原因……

另有一则工作指导，其文如下：

“本局当前情报工作之重心，对沦陷地区：

1．应确实侦察敌军之行动与其军实之存储。

2．应详查敌方对政治经济之设施与伪组织及伪军之情形。

对战区：

1．应调查我正规军在战地之纪律与官兵之生活并作战之情形。

2．各游击队之活动及其实力与其饷糈并其主管之思想与生活之调查。

3．共党之活动与其武器之来源，并共党对敌伪对友军情况之侦查。

4．应注意军队走私之情形。

对后方：

1．应注意兵役办理之侦察。

2．军粮与民食之分配状况及各种运输之调查。

3．共党之组织与活动，尤其须注意居该党领导地位者之言行。

4．公务人员贪污检举，尤其须注意与本局有关工作人员之生活情形。

5．各补充兵训练处官兵之生活及其训练新兵之情形。

6．各级机关对领袖命令之实施，须密切注意其奉行之程度。

以上所举，系为本局工作必须策进与做到之事项，希我第二处各科，各就其主管之范围加紧考核，加强指导，而对现有情报人员之性能，与其工作之路线，并其生活之情形等，应实行考察与登记，以便调整，以期将来各情报员之工作日趋专门化也。此伟大而有意义之事业，望我第二处各科同志安心工作，力求进步，则吾人不朽矣。”

以上一则，也是戴先生手谕局本部第二处的原文，其主旨在于提出工作需求，兼有检讨改进之含意。手谕中，依当时情况，将全国分为三种不同的地区，因而在情报需求上，亦各有差别……

在上项情报需求中，不难发现有三大特点。其一，对战区的正规军，不论是官兵纪律，乃至作战情形，均纳入调查范围。这么一来，固然树立了“军统局”的作业权威，同时也招来了责难与怨怼。其二，不管共产党采取什么姿态，“军统局”始终是把它列为工作主要对象的……其三，不能等闲视之的检举贪污、走私，这表示“军统局”已获得高度的信任，而且一直继续到抗战结束。

破坏部分：

“时值今日，对敌后之破坏工作，甚关重要，本局负有此种责任，不容放弃，且本局奉总长之命，办理爆破人员训练班，即系肩负是项任务之指示也。故应根据已成之事实与当前之需要，及本局过去对铁道与公路破坏之成绩，再呈何（应钦）总长请求照发经费，准予继续行动，并函请贺（耀组）主任向总长说明委座前批之旨趣。”

照上项原文语气判断，该件像是戴先生对主管单位的一个“批示”或“指示”。按“破坏工作”，行之于敌后，也就是沦陷地区，其主要目的，则在于切断敌人运输路线，并予以重创，而降低其攻击能力。

有关“破坏工作”的编组与执行……原件详细内容如下：

“1．先成立津浦中段破坏大队，担任徐州、济南间铁路破坏工作，以秦启荣同志（山东人，黄埔六期）兼任大队长，并由秦同志保举一有能力有经验之同学（笔者——指陈恭澍，下同——注：指的是黄埔军校同学）为大队副，大队下分三中队，一直属特务区队，全大队官兵夫约五百人。

2．该大队经费每月暂定两万元，如有成绩表现，当酌量发给奖金。

3．该大队应设政训指导员一人，助理一人，每中队应设一政训指导员，负指导与考核官兵生活之责。

4．该大队各级干部均须以曾受军事训练者任之。

5．准派电台两部，报务员至少二人，前往工作。

6．准发驳壳枪二十支，子弹一万发，左轮二十支，子弹四千发，交该队使用，并发爆破器材一部分。

7．发该大队临时费两万元作为开办费等，并发经费两个月，呈报成立日起饷。

8．准派爆破训练班学生四人，前往加入工作。

9．由本局选派一懂军事有政治头脑之人员，随秦启荣同志赴鲁，商助其工作。

10．青岛行动组之组织，由秦启荣同志与贺元同志协商办理，准成立三个小组，每小组设组长一人，行动员五人至六人，每月经费暂定两千四百元，并发开办费三千元。是项行动布置，小组间不准发生横的联系；各行动员均须有职业之掩护，以便活动。该行动组之工作对象，以制裁重要汉奸与破坏敌营工厂与烧毁敌军仓库及胶济铁路修理厂为主。

准发驳壳枪十二支，左轮十支，每枪附弹两百发，并预发经费两个月，交秦同志带往。

11．密本照发。”

笔者谨就个人所了解者，再加以说明如次。

上文，可能是戴先生颁给秦启荣同志的手令，因为那个时代还不考究用“副本”，而秦同志就得凭这份手令的“正本”，向各主管单位洽领经费、枪弹、电台、密本、爆破器材等，以及和主管人事的部门洽商人事问题。

就生活待遇言，该即将成立之“津浦中段破坏大队”，全体官兵照规定有五百余人，而每月经费只有法币两万元，除去公杂费用及必要之活动，平均每人每月不到四十元，甚至可少到三十元以下。此外，并无其他补给，也就是需要自备伙食。说起来虽然比一般士兵优厚，若按工作性质之难，实在相当艰苦。

……

第9点中“选派一懂军事有政治头脑之人，随秦同志赴鲁，商助其工作”。我看此人一定兼负“秘密督察”的任务。

在一般情况下，“破坏工作”只是“行动工作”的一部分，也就是说，无论“行动组”或“行动队”，除执行制裁汉奸外，同时也进行对敌军的破坏，我们“上海区”便一向如此。“破坏大队”之建立，主要的还是为了配合及支援我正规军对日军作战，其目标，侧重于交通路线之切断与运输工具之摧毁。至于“青岛行动组”之任务，则以敌军之军需物资及生产设备为主要目标。

下面一则重要指示，内容更为具体，有明确的自我检讨，其原文如下：

“查各沦陷地区破坏工作，去年即奉何总长命，交由本局办理，并由兵工署供给吾人以破坏之器材，而训练亦由吾人负责。兹因训练之迟缓，与各铁道各公路线破坏力量之薄弱，破坏材料之不易运入沦陷地区，及本局设计、指导、督察之不周，致毫无成绩表现，本人受良心与责任之督责，惶愧万分！现除饬忠义救国军加强京沪、沪杭、苏嘉各铁路，与京沪、京杭、沪杭各公路破坏外，对湘鄂线应运用方步舟、津浦路应运用谢冰、平汉南段应电岳烛远，速选派豫南籍之人员，于信阳以南、广水以北地区，收编一部分（约一营）武力，专负铁路破坏之责，至广九路则电谢镇南与邹适相商，于石龙附近组织一铁道破坏队（官兵约一连），积极动作，其经费可在何总长前发策动东北工作十五万经费中移用，至其他各铁路各公路沿线有破坏队或行动组之组织者，亦应即作有计划之策动为要。至爆破训练班之人事，应即予加强，刘总教官个人无法推动也。”

上项指示中，明白指出，没有成绩表现的原因：人为方面，在于设计、指导、督察之不周；实际上的，是器材运输困难和组织力量薄弱。所以才决定加强部署，其范围，包括了许多条铁路线及公路线，遍及八个省份之广。

关于破坏工作，戴先生对遥远的平绥铁路，亦有部署，其指示“绥远站”站长高荣兄者，如下：

“平绥路破坏队工作，应电高荣，速于第八战区‘便衣混成队’中，挑选精干官兵一百二十人，在张家口、归绥之间，实施破坏，如枪支不敷，由本局酌量供给，其经费亦由本局发给。至平绥路破坏队原有人员，一并归入高荣编组指挥。”

高荣兄和笔者两度同窗，在《北国锄奸》第四节中，曾提到过，那是二十四年的事。至二十九年，他仍任“绥远站”长，在第八战区另有兼职……

检讨破坏工作之余，有一事，必须附此一提，那就是：在沦陷区，每逢一次破坏工作执行后，紧接着，总有或多或少的中国老百姓遭殃，不是被敌人严刑逼供受到伤害，就是被敌人焚烧报复弄得家破人亡，像这种情形，在得失之间，殊难加以衡量。

行动部分：

“各地行动工作，干部缺乏，组织亦未普遍；对重要汉奸之制裁，内线缺乏，亦无充分之标准也。”

这是戴先生对行动工作的一个扼要的检讨。当二十八年至二十九年间，“军统局”在沦陷区所布置的外勤单位，不下百余个，其中设有“行动组”或“行动队”的，不到三分之一，主要的是受环境限制，其次是基本干部难求。因为敌后活动，毕竟与正规部队的冲锋陷阵有所不同也。

“汪逆登台，吾人于京沪两地及京沪线上，必须扩大行动，以发扬吾人之权威；请即电知恭澍、新民、公劭，道三诸同志，策动所属，积极行动，借以寒奸贼之胆，作釜底抽薪之计也。”

这一则电文是戴先生下的手令，由局本部毛人凤先生（代理书记长）分致“上海区”笔者本人，“南京区”长钱新民，“杭州站”长廖公劭，“忠义救国军”总司令周道三（伟龙）四人……

“兄处所拟扩展沪行动组织之计划，弟已批准，请兄物色忠勇人员，迅行成立，所需武器，请兄设法就地收买。”

这是戴先生打给“上海区”的电报中之一小段，“扩展行动组织”，就是充实“上海区”原有的七个行动大队，并另行扩编更多的行动大队，所以才有“第八行动大队”的成立。唯以受到人员之不易罗致、枪械弹药之难于索求，虽在编组上不受数量之限制，其后始终没有扩充下去。

以上是“军统局”在抗战初期检讨沦陷地区关于情报、破坏、行动三项工作概略。而“军统局”所肩负的任务，项目繁多，此处不及备述，其大要可参阅以下的“检讨总结”。

检讨总结：

“本局工作当前之缺点：

1．虽有全盘之计划，但不能按步实施。

2．工作虽能把握中心，但不能有计划之推进。

3．人事虽有注记，但不能明鉴个别分子之性能，与其过去之历史，当前之实际生活情形，因之处置失当。

4．训练人才缺乏，材料平凡，尤其是各班之副主任与政训组长人选不当，且训练与工作不能合一。

5．督察人数既少，且负责督察者缺乏锐利眼光，精细之头脑，热烈之情绪，严正之态度，而又不明当前之情势，当地之情形，与夫工作人员之性能生活等，因之督饬不严，视察不周，致各地工作形成今日散漫迟滞之现象。

6．秘书室秘书人数既少，不敷分配，而人选又不健强，致对工作之检讨与指导及策划等均差。

7．各单位中下级工作人员，政治水准低，能力差，致各单位负责人忙于日常工作，无暇检讨与设计及指导。

8．全体工作人员待遇过薄，生活困难，影响工作情绪。

9．电务人员技术生疏，且人数不敷分配，加以总台力量，尚属薄弱，致呼应不灵，迟误殊多，而电讯人员缺乏政治训练，亦为原因之一。

10．第二处对情报之指导与考核及编审统计等工作，不能作经常普遍切实精细之实施，致对某一问题，无具体正确之认识，对领袖无良好之贡献，而本身训练之材料，亦无可采取。

11．各地行动工作，干部缺乏，组织亦未普遍，对重要汉奸之制裁，缺乏深入之内线，对各地交通之破坏，实力未备，致全般行动，多有未能配合军事行动之需要，而予敌方经济资源与敌军飞机仓库之破坏，亦无显著成绩之表现，因缺乏健全之组织与充分之准备也。

12．伪军反正运动，缺乏良好之媒介，而中央对反正之伪军，亦乏较优之待遇，且我各地工作人员，未能混入伪军，作有力之策动，此皆对伪军反正运动工作无显著成绩表现之重大原因也。

13．以现有一万一千人之工作，每月仅有经费五十一万余元，致每月经费相差甚巨，东借西移，常在困难拮据之中，加以沦陷地区汇兑之困难，各地工作亦难免受其影响。

14．所有握掌之公开机关，各主官对本局多抱疑忌之心理，故对本局所派遣之人员，一面尽量拉拢敷衍，一面则竭力防止进展，致本局所派遣之人员，忘记本身之使命，离开本局之立场，即形成隔阂，发生矛盾现象。

15．属于本人（戴雨农先生自称）者，因助理乏人，无论处理文件，接见宾客，与应付日常事务，均须躬亲，致时间不足，许多迟误；对日常工作之实施，时间支配不得当；对干部之运用与组织之掌握，未能尽善；与各方接触太少，联系不够；对中下级工作人员个别接见之机会太少，致情感不能密切沟通；个性强，主观重，因以同志间对整个工作之意见建议甚少；日常穷于应付，致检讨策划督导，未能尽善。”

在全部工作检讨中，强调了以下各点：那就是“待遇微薄”、“政治水准低”、“缺乏师资”、“经费困难”、“科技程度不高”、“器材教材两缺”、“处境受排斥”、“各项工作不如理想”以及戴先生本人的“个性强、主观重、上下意见不能完全沟通，策划督导未能尽善”。

以上各节，是“军统局”在民国二十九年时的内部总检讨，完全是实情，并不浮夸。不过因每个同志工作地位之不同，在观点上容许略有不尽一致之处。

此后，“军统局”组织日益扩张，工作项目越来越多，戴先生真是日理万机而穷于应付，像这类工作检讨的资料，就见不到了。[8]

上述有关说明资料，内容比较深入，引用了一些未刊的军统局工作文件，在原档封存不能查阅的情况下,其史料价值是明显的。但因无从核对以确认其真实性，故只能聊以充数,作为一方面的旁证，供研究工作之参考。

从这些资料来看，此时军统局的工作正处在全面发展的上升阶段。他们的触角已经伸向包括国民党内部、国民政府各机关、国民党军队、中共以及敌伪方面等多面，并得到了蒋介石的高度信任，被赋予插手检察、缉私等关键领域的权力。随之而来的，军统局自身也意识到将会有新的麻烦出现，如与党政部门的结怨和受到排斥等，在内部组织指导上也存在许多未能克服的毛病，另加经费、人才两缺，器材不足，他们在沦陷区的行动也会给民众带来祸害等。当然这类检讨中所述的问题在以后的军统文件中还有出现，逐渐沦为官样套话。但某些方面的问题也得到了解决。如戴笠以他个人的地位与关系，在给军统局“捞钱”方面取得了不少实效，特别是在掌握交通、缉私等肥缺行业后，通过独占与沦陷区的明暗贸易，军统已经快速致富，经费不成问题。而所谓因结怨而受“排斥”一说，后来的事实证明，在国民党内是没有多少人敢与横行的军统“叫板”的，戴笠几次吃亏，都是在与蒋介石的“四大家族”裙带人物摩擦中败北，这从一方面证明了蒋介石对军统戴笠是非常重视的，只要不触犯蒋宋家族的核心利益，戴笠军统总是能得到蒋介石的庇护。

军统的经费来源

在戴笠及其军统局的报告与检讨中，每每都说他们“待遇微薄”、“经费困难”、“器材教材两缺”等等，关键的一点就是钱少，不够用，而这和戴笠急剧扩张军统队伍有直接的关系。

有关军统局的经费问题，因相关档案的不开放，无从进行全面的研究，但从军统局的历史活动和其人员规模的发展情况来看，其经费开支的庞大，不言而喻。那么戴笠的钱从何而来呢?

戴笠的特务组织在起初阶段，靠蒋介石的特别费赏赐过活，为其所养，为其所用，甚至于不得不一度屈居陈立夫的“军事委员会调查局”名下以求供给。从陈恭澍等相关人员所写的一系列回忆录书籍来看，他们当时受活动经费不足之限，在武器装备、行动经费方面都是不富裕的。许多工作还要靠戴笠从蒋介石处拿到特别补助金来支撑。到抗战爆发后军统局正式开张，名正言顺地列入党政机构，才有了正式预算与经费来源。但戴笠的野心使军统局的规模与人数急速增加，并拥有多支部队和众多的训练班，最多时内外人员达五万以上。为养活手下保证工作运转，戴笠不断地向财政部门催款并向各大银行借款。如 1940 年底到 1941 年初，他就数次向财政部、农民银行等送去亲笔函件，叙述“苦衷”，商借款项，“保证”偿还。这是在海峡两岸档案系统中能够看到的部分有关军统与戴笠档案中常见的内容。

1940 年 11 月 9 日戴致函中国农民银行董事会负责人顾翊群（字季高）道：“季高吾兄赐鉴：兹有恳者：弟处于息烽、汉中、兰州三地均设有训练班，共有学生一千余人。现因各该地米面价格日形上涨，若不设法购储，不仅将来价益高贵，官兵伙食无力担负，且恐青黄不接，有断炊之虞。为此函商台端，拟向贵行暂借国币五拾万元，以为购备各该班粮食之需。该款订定下月中本利如数奉还。兹特派敝会计林尧民同志奉函前来，请祈赐洽。敬顷大祉。弟戴笠手上。十一月九日。”1941 年 1 月 19 日又函道：“季高吾兄：弟处因农历年关已届，各地纷纷请求借支，故拟向贵行暂借国币伍拾万元，订定二月底本利如数奉还。如蒙惠允，一切手续由林尧民同志代表办理。专此，奉恳，敬顷大祉。于青兄均此。弟戴笠手上。一月十九日。”同年 10 月 11 日他再函已担任财政部常务次长的顾翊群，索要他兼管的财政部缉私处经费。蒙批：“函复：（一）当提农行董事会照借；（二）当查明催有关署处速拨款。”10 月 13 日农行总管理处以“最速件”提交常董会：“查戴处长所述一节确系实情，缉私处经费不日可由部拨发，所请拟准照借，期限两个月，以部拨经费尽先偿还，月息八厘。可否之处，理合提请核议示遵。”最后农行董事会自然同意借款。[9]这也说明了当时戴笠在国民党政府内的能量。

财政上的窘迫状况也促使戴笠决心去自行“捞钱”，到抗战后期，随着军统局伸手交通运输、海关缉私和其他“肥水”部门行业，特别是他搭上美国海军情报部门后，有了大笔的额外收入、美金支持，但抗战时期军统组织无限膨胀，每年都要耗费巨额的款项，如1943年每月平均经费为一千四百八十七点六万余元。财政拨款远远不敷支出，其巨大的预算外开支，除由蒋介石以特别费名义按月下手令贴补外，主要靠戴笠用制造伪币与沦陷区的投机贸易以及水陆交通检查等方面的非法所得来弥补。所以戴笠为了经费问题，一直与“财神”宋子文之间保持着友好关系，直到1945年抗战胜利前夕，他还在向宋要钱，如以下电文所示：“因本局东南各工作单位及忠义救国军薪饷等迄未能如数汇出，拟请钧座令行中央、中国两银行于南平、屯溪、上饶、浦城四地，即行划拨现钞壹万万元，以应急需。此款由渝照数拨还。谨呈代院长宋。戴笠。三月二十日。”[10]

抗战胜利后，经蒋介石特准，军统将在各地接收的敌伪资财，连同中美合作所的剩余物资统一规划，开办了不少企业来赢利，他们以所谓“自力更生”为名，开办起由军统经营的企业。设在上海圆明园路的三有公司，为军统所属企业中规模最大的一家，包括南京的裕丰纱厂、亭亭照相馆、鸿业印刷文具公司；上海的东方渔业公司、启明运输公司和一家大型锯木厂、一家三合板厂；北平、天津方面的一些仓库、冷库和无线电器材制造厂等。但对于军统局庞大的经费支出来说，这些收入也只是杯水车薪。

无论如何，戴笠依靠蒋介石的支持和他的手腕，为军统局庞大的经费支出寻找到了来源。他一方面教育部下要“艰苦奋斗”，一方面却在他的野心和事业上需用时挥金如土，而他自己的生活在后来也变得极度奢侈。在负责军统局总务、知悉内情的沈醉的回忆文章中，对戴笠个人腐化生活的揭露比比皆是。有一个例子说，抗战结束时，戴笠为准备军统局还都南京后的气派，还曾计划用劫收来的财产，在洪公祠附近修建一座规模宏伟的军统局大楼，要可容纳两三千人办公住宿。戴笠亲自把自己的办公室设计在大厅二楼正中，豪华而保险，四周墙壁及天花板、地板都装置五分厚度的钢板，窗户嵌用两层保险玻璃。只是在这座大楼刚修建起两层时他便死去了，其继任者郑介民、毛人凤怕过分炫眼，将工程量削减了近半。这些作为与戴笠平时的宣传口号是大相径庭了。

军统组织“忠救军”、“奋勇队”及其对日作战情况

1939 年 3 月 1 日，在戴笠的领导下，军统于上海成立“忠义救国军”淞沪指挥部，调派河南保安处副处长杨蔚担任指挥官兼忠救军副总指挥，赋予全权，另调原任宪兵团长的军事参谋徐志道任淞沪指挥部参谋长。到 1940 年初，已扩大为总兵力两万九千余人的一支庞大武装，分布在京沪杭铁路一带地区。

在此前后，“忠义救国军”对日伪军开展过一些战斗。在浦东之战中，第八支队队长马柏生负重伤，全军几灭；高淳之役，区队长向勇阵亡，立尸不倒，震慑敌军；璜塘之役毙敌百余，战果最大；安镇之役伤亡二百五十人，日伪伤亡三十余人。但忠救军作为军统局的武装，反共态度也较顽固，经常与新四军及中共敌后武装发生摩擦冲突，成为中共的对手之一。

1939年11月，戴笠在金华召集忠救军全体干部会议，要求整编汰弱留强。1940年3月，全军集中于孝丰，缩整为三个支队（教导团）加一南京行动总队、一淞沪行动总队（各七百人），另加一个特务大队、一个军官训练队。以周伟龙为总指挥，王春晖、李穰、阮清源为支队长，其余官兵交三战区处理。迁总指挥部于安徽广德。

日伪军于1940年11月间偷袭忠救军指挥部所在地安徽广德，被忠救军一支队王春晖率部反攻击退。王春晖因此受到戴笠赏识，随后被送到中央军校高级班进修，以郭墨涛接任支队长。

1941 年 1 月，忠救军整训完毕，分路进军。一路“苏嘉沪区挺进纵队”，以三支队阮清源部及淞沪行动总队为骨干，由孝丰向太湖以东苏州、嘉兴、上海进发；二路“澄锡虞挺进纵队”，以一支队郭墨涛（9 月后由汪浩然接任）部为主，由孝丰向阳澄湖、常熟、昆山进兵；三路“锡武宜挺进纵队”，以二支队李穰部为主，由广德向太湖西岸、宜兴、无锡、常州、江阴进军；四路“京丹溧区挺进队”，以南京行动总队为骨干，进出宁、丹、江浦等地。四路皆遭

日伪军的阻拦。

一路军与日伪作战二十九天，伤亡较重，基地全毁，退入太湖休整，余部在沪杭铁路以南；二、三路被夹击，北渡长江，入靖江、泰兴，1942年又南渡长江，游击于丹阳、金坛地区。

1940年3月，军统局为抢地盘的需要，拟订了组织“便衣混成队”（奋勇队）计划，准备从各战区挑选精壮士兵，受军统指挥，加强对沦陷区各地的行动，配合军事反攻作战。戴笠派赵理君、徐光英、郭履洲、杨继荣、徐志道、朱金华、汤毅生、高荣、罗国熙、贺元等十人为编练专员，分负各战区之责，分别于洛阳、宜川、上饶、柳州、襄阳、恩施、韶关、五原、长沙、临沂等地成立督练处，开班编训特工技术，到1940年底共培训六千余人。1941年后扩充规模，重点转移到铁道沿线，组织交通仓库破坏队。

1941年12月8日，香港沦陷，英方与我方商谈开展情报合作特工事宜。经蒋介石批准，军统局将各混成便衣队改编为军委会别动军，受军统局指挥，扩大游击，以牵制日军进一步南下，配合英军抗日作战。次年组成七个纵队，与英国谈定，原则上由英派人来华，加强对这些军统武装的训练与重新装备，调忠救军总指挥周伟龙为别动队总司令（后改为徐志道），尚望为参谋长，翟荣基、盛瑜（后改杨遇春）、徐光英、何际元、杨蔚、徐志道、郭履洲为纵队指挥官，统一指挥敌后游击工作，忠救军划归别动军指挥。后因日军南下速度快，新马沦陷，英方已无利可图，中英特工合作计划遂告停止。

为联络台湾志士投身抗日，1941年起，军统局内便有筹建台湾工作之议，次年在福州成立沿海工作区，下设台湾组，并于香港、汕头、厦门、上海、启东各设一组，分头策进对台工作。以台湾革命党翁俊明为中心，成立了军统台湾直属组，在江西泰和训练台籍青年，布置其从粤入台工作，后又成立过“台湾工作团”。[11]

在福建，军统泉州组以八十军情报处名义召集了四十名青年组成行动队，在王明来、陈大元统率下，于1939年3月20日夜3时，乘四艘船进袭金门岛上日本驻军，打死佐世保第二特别陆战队大西部第二中队士兵多名；1940

年2月间，他们再袭金门两次，毙敌数百，活捉了伪警察署长郎寿成，押到泉州当众正法。此事轰动南洋一带，打击了日人的气焰。[12]

日本扶植的汪伪政权成立后，日汪签订《基本关系》条约。1940年11月30日，阿部信行被任命为驻汪大使兼签约使，军统局侦知日伪大员乘“天马号”快车由沪至宁，遂下令于苏州发动袭击。29日，苏州站派出行动组，在李王庙附近埋雷，炸垮了“天马号”专车。这次行动炸死日军官多名，其中有日本陆军省驻沪专员山田次郎大佐、外务省情报局驻宁专员草岛信夫中佐、上海日特机关玉置义广中佐、驻上海特别陆战队参谋卜部善代志大佐等人；炸伤日驻华派遣军总司令部专员岱琦市三、日本内阁驻上海专员方绪进等人。而军统方面执行任务之行动组副组长詹宗像及队员薛尧二人，为察看袭击效果，从距现场三百公尺北方隐蔽处走出暴露，随即被杀。

韩人崔博学，原在日本海军武官处任翻译。1941年被军统局吸收加入组织。后来崔博学设法调入汪伪调统局。1941年5月16日下午9时，汪伪特务机构头目李士群到上海极思威尔路日海军武官办事处与滕田武官会晤，日军官川崎等在座，崔博学为翻译。崔入座后立即拔枪射击六次，均未中李，只将滕田击伤，而他自己也被川崎枪伤腰部，被捕后死于江湾日海军医院，年三十一岁。

崔博学之同乡黄永哲，也是军统成员，在上海日本海军陆战队当参谋，闻崔失败，决心继之。他探知李士群于某晚8时将去福民医院探视为他挨枪的滕田，决定再刺。在医院门口，黄永哲等候到李登车时再次射击，又未中，被其卫兵当场打死，时年三十九岁。

军统局内部的韩籍人员，除上述二人外，还有尹氏兄弟。尹氏二人经人介绍加入军统，尹光国在日上海陆战队参谋室任大尉，尹光复为南京日军戒备司令部参谋处从事情报工作。

尹光国通过虹口公园日租界某妓院妓女贞子，探知不少日本高级军官的行踪。1941年7月7日，日本海军军事院校校长任一中将与清水少将由华中视察后返沪，海陆战队司令武田少将在妓院设酒宴为他们洗尘。尹光国在茶中下了毒药，先自吃再劝饮，次日早晨，他与清水并死，任一及北川少佐受伤，而武田因接电话离席而幸免。尹光复赶到后，以为是武田下的药，决心当街狙击之。他与上海区商定，在北四川路下手。8月27日晨尹光复将武田击成重伤，被捕死去。

太平洋开战后，英国希望中方向九龙一带日军加大压力。而敌为牵我军南下，在湖南开展了行动。戴得到情报，满载士兵军火的日军列将于12月某日过岳阳，急令湖北破坏队埋设炸弹，毙敌军官兵一百三十余人，伤一百八十人，同时毁汽艇六十余艘，皮筏三百只，大炮五门，重机枪十五挺。

1942年12月6日，军统安徽站副站长焦金堂，率二十一人连同预伏的八人，袭击了敌伪所占领的淮南煤矿，将矿区破坏，杀死日本人及职员四十余人，伪军十余人，使其损失超出两亿元以上。[13]

据军统局的统计，抗战期间，军统局人员共计阵亡一千七百〇四人。[14]其中相当一部分是死在对日伪的斗争中的。

第三节　军统势力的大扩张

随着军统组织的不断扩张，戴笠的权欲也不断扩大，军统局再也不满足和局限于特务情报工作本身，而是要实现对外权力扩张。戴笠已把军统作为他起家的政治集团，想由此而登堂入室，进入政治领域的角逐。他首先关注的便是能够给他提供资金和帮助他扩充武装力量的行业部门。

掌握交通检查权

1939年冬，日军进犯广西，西南抗战运输陷入混乱状态，在军事、政治诸方面造成了不良的影响。戴笠将各处搜集的有关情报汇总呈给蒋介石，引起了他的重视。

翌年春，蒋介石召见戴笠，在谈及交通阻隔与经济危机对抗战的影响时，戴笠因早有意图把势力渗入利益颇为肥硕的交通运输系统，于是便以加强反贪污机构为由，建议由军统介入其中。蒋介石同意他在军委会下设立一个“西南进出口物资运输总经理处”（简称西南运输处），对外则称中国西南运输公司（后改中缅运输总局）。总处设广州，主任先后由宋子文系的曾养甫、宋子良来担任。戴笠应宋子良之“约请”，派军统局张炎元担任该处警卫稽查组长、汪祖华任特别党部书记长兼政训处长、陈质平任仰光分处处长、潘其武任腊戍支处副处长，使该处关键岗位尽入自己掌握之中。

广州沦陷后，西南运输总处迁往昆明，以经营滇缅、滇越公路交通为主业，开办卡车司机训练所，由宋子良兼所长，张炎元为教育长，先后培训司机三千人，用海外军援汽车组成了庞大的运输队。从此，抗战后方唯一的陆路海外通道被军统组织所把持，军队必需的军火装备以及后方一切的舶来品都成了戴笠雁过拔毛的对象，一段时间内，军统局的财源滚滚而来。

1940年5月，西南运输处改为“运输统制局”，统一运输管制与运输检查工作，以参谋总长何应钦兼主任，以曾养甫为监察处长，1941年7月后便由戴笠直接兼任。戴笠保举张炎元为副处长主持其事，拨交警五个中队十一个团归其指挥，司令为军统派遣的陈绍平，任务是保护公路运输及机场安全并任“剿匪”工作。为扩充队伍，戴笠还收罗了各地的路警，经半年培训后，编成九个团的武装交警，奏准何应钦成立了交通警备司令部，向各地重要城市派驻检查站和检查所共六十余处，全由军统人员掌握。

为保护唯一的进出口通道滇缅路，1940年春，戴笠带毛宗亮、娄剑如等人前往缅甸，建设全缅情报网，准备长期工作。他们通过腊戍孔雀公司经理张嘉顺向缅甸海关路局申领到大卡车牌照一千张，由军统支付了一大笔费用。此后，缅甸境内的运输又成了军统赚钱的机器。戴笠派娄剑如侦探在缅的日谍活动，娄派两人渗入佛界，打听到两名日籍和尚行动诡秘，并查出他们所拍的情报照片，报告寺庙长老，开除后送缅警局处理，并驱逐出境。

7月16日，日英订立查封滇缅公路协定，英方在腊戍海关用一营兵力设卡，于18日正式封锁之，战争物资一概不许交中方车辆运华。15日，戴笠令潘其武去找张嘉顺，取回保存三个月的一千张牌照，交给卡车队，以孔雀公司行商车的名义，顺利过关，进入云南再换国内车牌，送回缅甸牌照，利用外人不明内情之便，循环往复，保证了抗战军运。

戴笠掌握交通大权，并不影响达官权贵们的资本财富聚集，反而相应地可提供许多的便利，促成关系方面的货物流通与贸易发展。如1942年3月，戴的老友杜月笙在重庆成立中华实业信托公司，便沾了他的不少光。戴笠运用职权在华中各地抢购物资内运销售，大发其财。他甚至帮杜月笙贩运走私毒品，对杜在港渝分别成立的专事毒品生意的“港济公司”通力支持，动辄数千万地进出货。为了贩毒运货，戴、杜甚至于向主管财政部的孔祥熙行贿五百万元买来一张烟土护照，派兵押运几十卡车的烟土到广西镇南关出手，大发不义之财。[15]但另一方面，戴笠对于非蒋嫡系的云南地方实力派龙云之子贩运鸦片却多方监视，加以扣押。他的种种做法与军统特务的滥用检查职权到处作恶，必然要引起相关方面的反感。戴笠自己都说：“自己有不好的地方，引起人家反感。”

1943年初，国民政府监察院院长于右任以“运输统制局监察处”的名义与监察院相似，易被人误解，要求改名或裁撤。这实际上是对戴笠的发难。2月18日，蒋介石下令将“运输统制局监察处”改名为“水陆交通统一检查处”，任命戴笠为中将处长，张炎元为副处长，直属军事委员会。这样一来，包括过去地方机关和宪兵都归戴笠管辖了，他反而又扩大了权力。那些贪污受贿中饱私囊的现象更加严重。直到1945年4月，这一检查处与交通警备司令部与部分缉私税警合并而成为“交通巡察处”，由戴笠保举吉章简为处长，仍能加以控制。

控制对沦陷区的贸易

进入1941年后，沿海发达地区沦陷，内地运输中断，抗战后方物资日渐紧张。戴笠又借机向蒋介石提出设立专门机构从沦陷区抢购物资的计划。

5月间，蒋介石指令戴笠与财政部长孔祥熙合作进行。孔祥熙原认为已有中央信托局、贸易委员会、工矿调整处等机构与沦陷区做生意，不必另设机关，但他抵挡不住戴笠的攻势，勉强接受由戴笠协助办理。戴笠却不满足于协助的地位，他对杜月笙说："如何抢购物资事，弟受责任心与良心之驱使，非尽各种可能去推动不可。"[16]表现出强硬的态度。

1942 年 4 月，戴笠提出对沦陷区贸易的"进出连锁"原则，即在价值相等的原则下，限出奖入。10 月，蒋介石批准设专局办理此事，由孔祥熙定名为"财政部战时货运管理局"，直属财政部。实际上是由军统派出的王抚洲负责。

1943年4月5日货运管理局成立，戴笠任局长，王抚洲为专任副局长。在粤、闽、赣、浙、皖设立分支机关，其任务号称为：

1．管制对沦陷区的物资输出入贸易，增加后方必需。

2．发动和奖励商民抢购运输物资，配合推行政府的决策。

3．自设业务及运输机构，办理商民无力办理之事。

4．破坏敌人的金融与经济。

货运管理局下设五处三室，外勤分管制机构（××货运管理处）及自行经营机构（××庄号）。其中管理处有：

1．豫皖区管理处，处长王兆槐，设于界首。

2．苏浙皖边区管理处，处长张性白，设于淳安。

3．湘鄂管理处，处长朱若愚，设于三斗坪。

4．浙东管理处，处长赵世端，设于龙泉。

5．福建管理处，处长江秀清，设于南平。

6．广东管理处，处长李崇诗，设于韶关。

7．广西管理处，处长杨继荣，设于柳州。

各管理处均归军统人员掌握，并能代行海关进出口检查权。而其自行经营的机构则有较大的活动自由，如豫、皖交界处的庄号便称为"兴豫庄"，柳州则称"桂泰庄"等。单从名称来看，就知其性质所在了。戴笠通过这种方式，依靠他所掌握的"忠义救国军"、别动军等武装在苏浙皖豫边区的地域优势，完全垄断了与沦陷区的贸易，不仅发财的渠道又多一条，而且更方便与汪伪大员的暗中联络与交易。

但孔祥熙辖下的财政部各专业管理机构却对戴笠的人加以抵制，如在经费拨款方面，额定年经费三点五亿，实际上只拨发了一千万元，使其工作无法进一步开展。6月底，戴笠向蒋提出辞呈，称“在其位而不能谋其政”，蒋介石批交孔祥熙解决，不许戴辞职。戴笠又采取“以退为进”手段，决定向孔让利，又令王抚洲提出一份《各物资机关权责配合调整改进办法》，对双方矛盾进行协调：

1．加强各有关部门的配合，货运管理局只管查验登记，通知主管部门后，对输入物资加以管制收购。

2．直接抢购抢运物资一律交各该主管机构洽购，而不自行处理。

3．货运管理局对所办物资“不加利润”。

此后，财政部方面因有利可图，态度开始好转，拨款八千万元，并允许其借款用于周转，戴笠取得了孔祥熙的合作。

各货运管理站成立后，统一事权，有了“一纸通行”之便，军统便开始在商业领域大展拳脚，财政部更拨出黄金向沦陷区抛售，以加强对其物资的吸收力。而戴更对孔网开一面，同意他在上海设立秘密专用电台，与重庆保持生意和情报上的密切沟通。

当时在后方，最紧缺的便是燃料，有“一滴汽油一滴血”之说，其次为五金、西药。后因玉门油田出油，加上美国加强空运，油料危机才得稍缓。而纱布衣装等因1942年后方棉花的歉收，供应逐渐吃紧，以至1942年后阴丹士林布成为囤积敛财的对象，甚至于布匹有了货币的功能。1943年1月重庆实行“限价”政策后，纱布价格大幅度地上涨，戴笠向杜月笙提出合作，以私人资本名义出面，官方提供资金、运输保障，收购沦陷区棉纱原料到后方，既赢得支援抗战美名，又有实利可图。杜月笙即派其留沪代表、国民党地下的“党政统一委员会”总干事徐采丞与驻沪日军“登部队”及日特“松”机关达成协议，以八百万美金自上海购运纱布六千件，每件四百磅，计一千二百吨。为此还在重庆设立了一家“通济公司”，由杜月笙自任公司董事长，杨管北任总经理，徐采丞之子为副总经理，专门来经营此事。徐采丞则在上海成立“民华公司”相对应。因战时交通困难，每次货物贸易仅押运费就达总成本的30%，后直升为50%。其中有一批棉纱三千件是由上海海运到浙江淳安，直接交三战区接收的。后来，戴笠又通过徐采丞之手向日方购得的八百万美元的棉纱，是用火车运至陇海线十字河小站交货，历途一百五十五华里，在杜月笙直接安排下，通过当地洪门派出保镖，再雇人以架子车运至界首，每辆只能运一件。1944年正月半，戴笠亲往界首布置，凭借已策反的十字河伪驻军郝鹏举部的保护，一路无事。这笔大生意，直到1945年3月才交运完毕，戴、杜等人从中获利无数。

除此而外，戴笠手下的各地区的货物管理处则更是如此经营着沦陷区与后方的物资贸易，如苏浙管理处的“兴隆庄”垄断了浙南地区的木材、大米、大豆、猪鬃、桐油生意；上海和浙东的忠救军则行武装走私，进行卷烟、五金、轮胎、棉纺品、西药、百货生意；重庆的“进出口商联合会”则与日特机关合组“杏记庄”、“岭南公司”等交换物资。这些贸易使日、蒋之间有了经济上的合作关系。

1944年豫湘桂战役后，国民党重组河南省政府，以刘茂恩为主席，调军统王抚洲为财政厅长，戴笠以物资局副局长张果为接任王职，军统势力在取得财源之后又向政界步步渗透。

抗战时期，敌我双方除了炮火硝烟中的军事斗争外，还在金融、贸易与交通等领域开展了尖锐、复杂而特殊的无声战斗，其中最激烈的要算是“货币战”，而这种“货币战”也与戴笠的地下贸易密切相关。

这场国共与日伪四方的“货币战”是由日本侵略者挑起的。

日本对华的经济侵略自“九一八”后即开始，他们在我国华北利用不法商人、汉奸抢购国币，换取铜元、银元，私运出境，购买中国原料物资及制造军火。中日战争爆发后，日本陆军参谋本部密令特务机关，研究对中国开展货币战的方法。

1938年年底，日军占领了中国的东部大片地区，随着占领区的扩大，战线延长，其自身的能源、兵力有限，战略进攻被迫中止，转而实行稳固占领区的方针。为了取得在占领区的金融垄断，日本特务机关受命大量伪造法币，输往抗战后方，在扰乱中国金融、打击法币信誉的同时，抢购后方物资，支持侵华战争的需要。日本参谋本部陆军少佐山本宪藏具体负责伪造法币的行动，他网罗造币专家、日本凸版印刷株式会杜社长兼巴川造纸株式会社社长井上源之承等人，开展伪造中国法币的试验，开始时用于在国际市场购买军用物资，后来发展到利用他们在华的特务机构“松”、“梅”、“兰”、“竹”各机关和开设的各种贸易公司将真假法币混合使用，鱼目混珠，悄悄进入中国金融流通领域，抢购军用民用物资。因此对中国造成了又一种新的威胁。太平洋战争爆发后，日军占领香港。日本特务机关在占据中国制币厂后，获得了印钞机器及材料。中方在九龙中华书局内存放的中国农民银行发行的一批法币新钞及印钞机也入敌手。东京的“陆军第九科学研究所”派专人研究了从香港获得的法币半成品及印制标准，改进了他们的伪造技术。1942年，日本还购得了德国海军在太平洋一艘美国商船上截获的美国造币公司为中国交通银行印制的法币半成品十亿多元，加速了他们伪造中国货币的步伐。据统计，抗战期间，日伪共伪造法币总额达四十亿元，品种有数十余。这些伪币的混入市场使用，扰乱了中国的金融，加剧了中国抗战经济的压力，起到了特殊的破坏作用。

面对日伪在经济领域内的新式进攻，抗战阵营中国共两党在其所辖地区都开展了针锋相对的斗争，发布了多种文告，采取各种措施加以防御和抵抗。

在中国共产党方面，1942年2月，中共华中根据地总结并推广了“用落后的办法防止敌人伪造抗币”的办法，就是用自造土纸来印刷“抗币”，并在土纸中掺入带颜色的纤维或土水印，并在印好的钞票上加盖登记号码。这样一来，敌伪在制造假“抗币”时，首先就需要花费较长时间来研究仿造土纸，增加了困难。同时又因为土纸币不能长期使用，一般的流通使用期只有半年，一旦破损，民众就自动要求兑换新票，旧票很快被收回。再印新币时，只要将旧币版颜色变换一下，新上市的“抗币”就变成另一种样式了。

敌伪伪造“抗币”的流程时间从开工到上市起码要半年余，半年以后新“抗币”又变了颜色，假币一进入市场，就被人识破，立马变成废币。所以日伪用此一套来破坏中共抗战根据地的财政，其收效是不大的。

国民政府连续在浙江、安徽、桂林、全州等地破获了贩卖假法币案件多起，引起了最高当局对反假币问题的关注。蒋介石命令戴笠军统局寻找解决问题的办法。

戴笠当时结合他对沦陷区贸易的需要，采取了“以假对假”的办法，以敌人之道，还治敌人之身。他与英、美两国造币公司合作，在重庆秘密地大量制造日伪钞票，为此还从美国购进特殊纸张和先进的印钞设备，又从中国银行造币厂请来经验丰富的技术人员，悉心研制，使所印制的日本军用票和汪伪“中储券”可以以假乱真。

除了研制仿真外，戴笠还通过汪伪财政部长周佛海的秘密关系，取得了日伪银行的最新钞票版样，直接送到重庆付诸印刷。据统计，军统局所伪造的日伪货币成品总数超过一万五千箱。这些伪钞被悄悄运往江西上饶，再从这里辗转运往沦陷区各地，进入市场流通。这些假钞，极大地扰乱了日占区的金融市场，并给戴笠军统局对沦陷区的贸易提供了买卖之资，让其坐收“无本万利”。戴笠甚至还在所印的汪伪“中储券”五角纸币背面花纹中嵌入了“中央快回来”的五个极小字体，被人传出后，在汪伪“首都”南京引发民众骚动，人们奔走相告，喜形于色，当局则惊恐万状。

1943年，汪伪政府中央储备银行宣布：“近日发现大量10元假票的储备券在市场上流通，本行不予承认，现金交易中也予拒收。”他们宣布假币正面纹样、颜色及质地与中储券基本相同，只是“中央储备银行”的“储”字稍有一点偏斜。这些制作精良的假币，投入沦陷区市场，扰乱了敌方的金融，令敌伪大伤脑筋。军统局的此举打击了日伪货币的信用，同时，又用假币抢购沦陷区物资，通过地下贸易的渠道运回后方，补充抗战的财力物力。而戴笠与军统局也因这些“无本生意”而发了大财。

总的来看，日伪挑起的这场“货币战”最后结果是互有胜负，比较之下重庆军统局的反击因得到汪伪内部“内线”的配合而更显成绩。至于后来，国民党特务组织又把这一套“货币战”的手段用来对付中共，结果就因物是人非的原因而不灵了。[17]

争得航邮检查权

邮电检查是国民党特务获取情报的重要手段。在陈立夫一统的“军事委员会调查统计局”时期，除了徐恩曾与戴笠的第一、二处外，还设有以丁默邨为首的第三处，专事邮电检查与通讯。可见国民党特务对此的重视程度。而戴笠因在南昌“剿共”中发现通讯业务在特务工作中的重要性，对此事也十分重视。1935年第三处开设通讯人员训练班时，戴笠手下人员在报考的八十人中占五十六人，说明他急于掌握此技术的程度。

1938年中统、军统分家，第三处改为军委会特检处，仍司邮电检查之职。由两统派人共同办理。戴笠为抢邮电检查权，不惜与陈立夫妥协，将图书与新闻检查让给中统，自己独占了邮检。先后派军统刘璠、李肖白出任特检处处长。

因航空检查所可以掌握机票的黑市，油水多，1942年戴笠又将航空检查所吞并，改名为军事委员会办公厅邮航检查处，内设邮检、化学检验、总务三科，统由军统局掌握。当时仅重庆邮检所就是一支有二百余人的庞大队伍，他们每天对日以万计的邮件、电报进行检查，按收信对象的不同加以处理。对给中共代表团和中共领袖的邮件多数扣留，对知名民主人士和蒋介石政敌的邮件电报详细检查，搜集情报上报，从中得出特务单位的工作对象。对寄给蒋介石、宋美龄及国民党要人的邮件，他们也要检查，如遇攻击和指责的匿名信，就扣压并从中发现不满者加以追查。如1941年7月有人匿名寄信宋美龄，指责她贪污“航空救国”捐款，宋美龄大怒，要求限期找到寄信人，结果为一封信抓了四人并判刑。蒋介石命令这些信以后不许送达收信人。但邮检所也有麻烦，有时拆了权贵的正常信件也会被骂，如陈立夫一次发现他的信有被拆复封的痕迹便大发雷霆，戴笠只好亲自去赔罪并把检查员关了禁闭。

军统特务一方面侦探别人的秘密，另一方面却严防被人窃密。1940年后，戴笠为防止中共派人打入政府机关，请蒋介石命令各部门派人参加防谍训练，由军统局在重庆赣江街江西会馆举办了秘密监察人员训练班，在加强防共的同时也为军统培养了一批在国民政府各部门设置的耳目。

插手缉私

抗战期间，走私猖獗，缉私成为肥缺行业。戴笠早在战前就插手缉私，成立了禁烟缉私组织，分布两广与长江流域各地。1939年3月，军统在各重要地区卫戍司令部以下普设了稽查处，归戴笠指挥，负责搜集情报与检查工作。到1940年底，他们在重庆卫戍司令赵世端、川康绥署何龙庆、常德警备司令部唐伯岳、万梁警备司令部等处都设立了机构。1941年后，在军政部兵工署所辖各厂内设立稽查处共二十五个，均由戴笠派人执掌，共组建了二十二个大队九个直属中队的警卫部队。

抗战进入相持阶段后，由于进出口贸易的日渐困难，走私活动益发猖獗，严重影响了大后方的经济。1940年6月20日，蒋介石根据军统局的走私情况报告，召见戴笠谈论加强缉私和税收改革计划，意在通过军统的强力监控，阻止走私活动的上升势头，并针对日伪利用走私破坏后方经济的手段进行还击。戴笠对此肥缺极感兴趣，急于在此行业扩大势力。他提出在军委会之下成立统一的缉私组织，将中央与地方的缉私武装统一指挥，借机再收权归已。

11月间，蒋介石批准在财政部下设立缉私署，他否决了孔祥熙提出的处长人选，决定由戴笠兼任署长，以忠救军副总指挥杨蔚为副署长，在重庆海关巷觅址开张。在成立前，杨蔚因对报界发表谈话时“违背了军统（只干不讲，工作成果也不讲）的作风”，被戴笠训斥，后被调往兵工署任警卫总队长。戴笠亲自拟订了各省区缉私处设立方案及其主管名单，各省区缉私处长均由军统人员出任，又将缉私部队整顿扩充，成立四个总团、二十个分团和一个补充团，计有一支庞大的缉私武装六万余人。1941年还在重庆、西安和湖南衡山又分别开设了多期查缉人员训练班，共毕业三千余人分派各地工作。总计在十七个省成立了一百二十九个查缉所，四百四十九个查缉分所。从此各地缉私富源皆入军统之手。

当时戴笠任命的各省缉私处负责人如下：

浙江省缉私处处长：郭履洲、赵世端

江西省缉私处处长：娄兆鑫、杨遇春

广东省缉私处处长：徐光英、李崇诗、张辅邦、谢镇南

广西省缉私处处长：杨继荣

湖北省缉私处处长：朱若愚

湖南省缉私处处长：李人士

河南省缉私处处长：杨蔚、刘艺舟

四川省缉私处处长：何龙庆、廖公劭、廖宗泽

陕西省缉私处处长：金润生、王鸿骏

甘肃省缉私处处长：刘宏烈

宁夏省缉私处处长：王孔安

山西省缉私处处长：乔家才

贵州省缉私处处长：郭墨涛、黄加持

昆明市缉私处处长：李毓桢、严家浩

绥远缉私办事处处长：马汉三

川康缉私办事处处长：罗国熙[18]

以广东为例，戴笠派广州站长谢镇南兼任粤省缉私处长后，查缉点增至七十六个，扩充缉私部队两个总队四千人，缉私收入倍增；山西省由乔家才兼任缉私处长后，税收竟增加了九倍，这一方面虽说明了过去漏卮之重，但另一方面却也证明了军统凭借超常权力搜刮的程度。其中还不包括有相当数量的被军统中饱其组织及个人私囊的部分。在生产并未有效增加的情况下，税收的大增，对国民党政府固然有利，而对工商业者及民众是何种的负担，这也可以想见。

对于蒋介石派他兼任缉私处长一事，戴笠曾说："美国罗斯福总统的代表居里，这次来华考察，说中国战时经济走私是一个严重问题，如果这个问题能够得到解决，中国在经济方面并不需要外国的多少帮助。领袖预见这个问题关系抗战财政的重要，下手令说：'缉私署长一职，决派戴笠兼任可也。'这'决派'二字，不是随便加的。讲到这里，我附带报告最近与缉私有关的一件事。就是我身边的一个警卫和一个司机，前者假借名义，骗取金钱，后者擅带私货，违抗检查，二位同志都是因走私罪于民国三十年3月和11月，分别被判处枪决……我们知道，今天全国总预算支出是七十万万元，事实上国民政府只有十万万元税收，其余的数目，发钞票吗？借外债吗？都不是办法。如果缉私工作做得好，便可以增加几倍税收，关于抗战建国前途重大。"[19]在这里，戴笠除了炫耀自己被蒋介石器重外，还忘不了要为自己的所谓"正直"自我吹嘘一番，但同时也说明了军统局内部自戴笠亲信起都不干净的事实。

戴笠的"财政部缉私处"，当然查获了不少走私案件，但更多的是在同时，获得了无数的利益。军统人员从中敲诈勒索捞取不义之财已司空见惯。福建缉私处处长江秀清，军统局闽北站两任站长严灵峰、张子白，军统西北区区长程一鸣等许多"缉私官员"，都有包办走私、敲诈商人等劣行。甚至在军统与中统的斗争中，也凭借机会攻击对手。1943 年 5 月，浙江缉私处查获一起中统人员参加的走私案件，在私货中还夹带一百九十三万元伪钞。戴笠立即抓住机会，用专机把案犯押到重庆，审出中统上海地下组织与日方的勾结内幕，在蒋介石面前狠狠告了中统一状。当主犯高子文被判死刑时，中统徐恩曾出面保护，说是为了解决"上海兑汇困难，不得不由高子文办理易货，以图接济上海工作人员"等，结果高仍被判处八年徒刑，坐牢三年才被放出。[20]对于非蒋的地方派系走私活动，戴笠也毫不留情，甚至"黑吃黑"，他的手下曾在处理青海"河西王"马步青私运烟土案件中，将案犯杀掉投尸黄河，然后吞掉私货发财。

戴笠总是这样，善于捕捉各种机会，投蒋所好，从蒋介石手中不断得到利益，最后达成扩张自己势力的目的。

实际上，蒋介石使用军统特工的力量来加强其在各方面的统治，虽然有效，但这无异于饮鸩止渴。军统在缉私、运输等所获厚利的滋润下，野心随口袋一起膨胀起来，戴笠开始向警察、海军等实力部门伸手，不久后，蒋介石就感到了来自他这位“忠实学生”势力与野心的威胁。

但戴笠此刻正为自己能建立军统这样一支自以为“过硬”的队伍而自豪。他引用晋陕监察使王陆一对乔家才吹捧军统的话说：“本党的革命精神一天比一天消失，许多同志都不革命了，像你们军统局这样年轻肯干的同志实在太少了。”[21]当时，至少在军统局内部，他们还都是这样自诩的。但军统局人员实际上绝不是这样干净，如军统局派往财政部战时货运管理局浙东管理处的处长赵世端，利用他的职权，勾结浦东“忠救军”武装走私，并在与沦陷区的贸易中大肆贪污中饱私囊，被人称为“赵万万”，连他同行的侄子赵子清，也有“赵千万”之称。他在龙泉等地仓库中，囤积了大量紧俏物资，后来因与手下寿廷分赃产生矛盾，被告到戴笠处。1945年8月，戴笠将赵世端扣押，关在福建建阳回龙寺美军招待所。戴笠派连谋到南田岛、龙泉等处仓库中，查获赵世端私货达十四卡车之多，价值达四千万元。经特别军事法庭审判，处以有期徒刑五年。戴笠死后，赵世端被毛人凤批准释放，进入陆军大学将官班学习。[22]

在军统“缉私”过程中，有一件曾轰动一时的“林世良包庇走私贪污案”，军统对其处理不当，直接导致了戴笠在蒋介石处吃瘪并退出缉私界。

1942年3月，运输统制局监察处查明昆明大成企业公司经理章德成在仰光私自购价值三千万的货物，以一百五十万元贿赂了时任中信局运输处经理、孔祥熙宠信的“爱将”林世良，用公车公货名义内运，军统局人员于3月4日扣押了货车三十五辆。林世良倚仗孔的后台，为其出证明以放行，又去渝谋取购料处经理许性初的配合，补办押汇手续，称货虽是大成的，但因其无力运回，已向中信局押汇一千万元。3月12日，许向监察处说明，但他却无法解释一百万以上的押汇须经孔祥熙批准的规定为何未执行。军统经多方调查，向蒋介石报告此案内幕，蒋介石一怒之下12月29日判处林世良死刑，许性初有期徒刑五年。孔祥熙对戴笠这一手十分恼火，让其女孔令俊在宋美龄面前告状，蒋介石闻讯又责备戴笠“擅权嗜杀，隐报情由”，撤销了他的财政部缉私署长职务，由宣铁吾接任。戴笠吃了大亏，只能保住他掌握的“税警总团”不被接管，改为了“别动军总队”。为保面子，他对外宣称“实因兼职太多，不得不缩短战线”。这件事，使戴笠深感宋氏家族是开罪不起的。[23]

渗入军队及军运系统

1942年后，军统加强了对各部队的“防谍”调查，在各路军司令长官部、集团军总司令部、省政府机关都成立了调查室。

军统之手由此伸向各军队、兵工厂。

当时军统局派往各战区司令长官部设立调查室并行使监督大权的负责人如下：

第一战区司令长官部调查室（驻洛阳），主任先后为岳烛远、张毅夫、文强、徐远举；

第一战区副司令长官部调查室（驻西安），主任王鸿俊；

第二战区司令长官部调查室（驻太原），主任李果谌；

第三战区司令长官部调查室（驻江西铅山、五都），主任毛万里；

第四战区司令长官部调查室，主任谢力公；

第五战区司令长官部调查室（驻湖北老河口），主任徐业道；

第六战区司令长官部调查室（驻桑园，后驻衡阳），主任朱若愚；

第七战区司令长官部调查室（驻四川），主任李人士；

第八战区司令长官部调查室（驻兰州），主任先后为吴景仲、程一鸣；

第九战区司令长官部调查室（驻长沙），主任金远询；

第十一战区司令长官部调查室（驻北平），主任张家铨；

第十二战区司令长官部调查室，主任史泓；

冀察战区司令长官部调查室，主任史泓。

此外军统局还掌握各战区长官部及各方面军统司令部的外事处，监控各方武夫的内外交往。

另外，军统局还派出干员掌握着各省市警察局，其中先后担任局长的有：

重庆市：徐中齐、唐　毅

贵州省会：陈世贤、夏　松

云南省会：王　巍

兰州：马志超、史　铭、包际春

西安：史　铭、马志超、刘汉东、李九韶

郑州：杨　蔚

青岛：黄　佑

长沙：吴利君

厦门：王固磐、沈觐康

福州：林　超、谢桂成

衡阳：吴建树

广州：黎铁汉

南昌：詹黎青[24]

军统局在军队与警察中势力膨胀，成为蒋介石的耳目与控制器，这不仅在于上层领导，而且还通过通讯联络单位深入了基层。

有一个事例可从侧面说明军统在军队中的渗透程度。

中印缅战区成立后，中国远征军入缅作战，军统随即派出人员随同远征军出发，其中就有一批毕业于星子训练班的女学员，到远征军中担任译电员。因为英军配合不力，苦战后远征军最终失利。孙立人部新三十八师退往印度，在孙部的七名军统女译电员随同撤退。远征军撤退中不断遭到日军的袭击，伤亡惨重。当他们退到印缅边境的当坡时，电台突遭日军伏击。当时中国士兵已经弹尽力竭，转眼周围的掩护人员全部牺牲，剩下这七名女译电员被敌人追到一个山坡上。看到突围无望，她们砸毁电台，高呼“中华民国万岁！”即拉响手雷，跳下山崖，没有一个被日军俘虏。七人中只有最年轻的姚某因手雷没有爆炸而未死，但坠崖后四肢骨折，无力移动。坚持四天后被亲中国的克钦族游击队发现，终因伤势过重，留下最后的叙述后牺牲。军统为殉国的七名女译电员举行了追悼会。[25]

像这样牺牲在抗日战场上的青年，他们虽然有军统人员的身份，但更主要的是他们也是抗日战士，他们是为抗日而献身的。

这同时也说明了当时中央军系统被军统派入译电员而渗入是司空见惯的事情。

对于军统局的“利用抗战的坐大”，戴笠自己也有明白的认可，他曾说：“当然，就我们的政治环境来讲，有的人是很讨厌我们的。但抗战好几年过去了，人家都不能排斥我们，并且不能离开我们，为什么？这就是今天的基础和力量。这就是今天时代的需要，所以今天我们的问题，不在于我们的工作是否重要，而在于我们的房子很大，柱头很小。我们本身的声望超过了我们的力量，我们怕的是自己实不足以副名。就我们现在所掌握的公开机关的业务性质来说，在交通方面有运输监察；在经济方面有缉私；在治安方面有警卫、稽查和特检；在内政方面有全国警政；在军事方面，各位知道，我们简直关系更大。总之，财政、经济、治安、交通、内政、军事，今天都已掌握在我们的手里。”[26]这番话，充满了自信与俯视一切的得意，正是军统局势力达到巅峰状态的写照。

第四节　对日情报密码破译工作

密码破译工作的“四国五方”

抗战期间的国民党对日密码破译工作，是其获取日本政治、外交、军事情报的一个主要来源，并且取得了相当的成绩。而这一工作，是在抗战爆发之后才白手起家的。其中，因为中统与军统在战前工作的重心全放在内战方面，对抗日缺乏必要的准备，事到临头才匆忙布置。而因对敌情了解的急需，蒋介石在对日密码破译工作方面，一开始采取了多头并进的方法。

1937年8月淞沪战役开始后，对军事情报的需要，使国民党中央匆忙开始着手组建对日密码破译工作机关。当时“两统”也在急招有关人才，组织密码破译队伍。

当时因业务工作需要而涉足这一领域的，除了中统局、军统局外，还有交通部电政司、军委会机要室以及后来加入的军政部无线电总台，真可称之为“四国五方”。正因如此，当时从事密码破译工作的人才便成为这“四国五方”都要争抢的对象，对日的密码破译工作，也在这“四国五方”的竞争中得到了可喜的进展，但各部门职能的重叠却使其中的人事与工作矛盾变得日趋激烈和错综复杂。当时五个相关部门及其密电情报工作的负责人是：

一、军统局：副局长戴笠，电讯处（第四处，对外称军令部第二厅第四处）魏大铭，重庆总台负责收听日本陆军；军统系空军监察总队收听日海空军电讯；

二、中统局：副局长徐恩曾，总务组机密二股（国际密电室）李直峰（中共地下党员）；

三、交通部电政司：司长温毓庆，密电检译所霍实子、杨肆；

四、军委会机要室：主任毛庆祥；

五、军政部无线电总台：部长何应钦，无线电总台长王景禄。

为扬长避短解决矛盾，以收集中统一管理之效，1940年4月，按照蒋介石的命令，开始抽调五部门相关人员，新建了统一的对日密码破译工作机构，在重庆成立了国民党中央军事委员会技术研究室。蒋介石亲定由交通部电政司司长温毓庆任技术研究室中将主任，他的内侄、原军委会密电研究组毛庆祥任少将副主任兼主任秘书，军统局魏大铭任少将副主任。蒋介石选择温出面，而让毛以副主任兼主任秘书掌握实权，魏大铭则因业务实力不够，暂为陪衬。

在这个新的对日密码破译工作机构里，集中了以池步洲、霍实子、杨肆等为代表的一批精干的业务人员，因此工作屡建奇功。

池步洲与日本密电破译工作

池步洲，1908年出生在福建农家，因家贫无力上学，童年便开始务农。但是他最喜欢读书写字，十二岁那年，他二哥从保定军官学校毕业，全家迁到福州，他才有机会去上学。凭着他的过人才智，数次跳级，以优异的成绩高中毕业。家人卖掉田产，送他到日本东京大学深造，学习机电专业。毕业后，他在中国驻日大使馆武官署任职，并娶日籍姑娘白滨英子为妻。

1937 年“七七”事变爆发后，池步洲从日本回国投身抗战，住在南京华侨招待所寻找工作，一日与留日老友、陕西省政府社会处处长陈固亭不期而遇，陈听说他的情况，即介绍他参加国民党新筹办的对日密码情报破译机关的工作。陈说 :“中央要找留日同学研译日本密电码，你意如何？”“委员长说过，谁能译出日本密电码，等于前方增加几十万大军。你回国不是为了抗日吗? 你不懂密码学，但日语好，即是有利条件，还是试试吧。”于是，池步洲随他到了“中央调查统计局”会见徐恩曾，据池说，“当时我根本不知道它是特务机关”，(他们)“把我安排到总务组机密二股，等待侦收日寇密电码，以便进行研译。这是我在国家民族存亡绝续的重要关头和在国共合作抗日的大好形势下，受命于危难之际，从事于素非所习的艰巨任务……中统局之所以找我，事后才知道当时蒋介石下令各机关（不限定特务机关）物色留日人才，以便送往军委会，从事日本密码破译工作，我就是由该局所奉命物色的唯一留日学生”。[27]

10月间，池步洲被派到中统局总务组机密二股李直峰处工作。

李直峰是山西人，原为阎锡山晋系电务处电报员，后成为西北军领袖杨虎城的机要秘书、侍卫第一组长，负责破译中文密电的技术研究。1936年西安事变期间，李直峰译出过蒋方许多密电报，并呈送中共代表周恩来参考，获得赞赏，不久他秘密参加了中共，成为地下党员。1937年初，他奉命打入中统局，担任机密二股股长。

李直峰以池步洲是一个单纯的爱国青年，投身抗日，特意未让他填写加入中统特务组织表和宣誓书，于是池步洲始终没有加入过中统，其身份只是中统局的一个临时雇员而已。

当时总务组机密二股除股长李直峰外，还有研究人员卫杰民、周叔良、武子明等，他们每天忙于研译各方中文密电报，刺探收集各类情报。电台方面有台长郎世杰、报务员柳彭龄、邓华封、舒源，机务员冯鼎新等。全部约十多人，都住在局本部的一栋大房子里。

李直峰向池步洲介绍说二股是专门侦译晋系阎锡山方面中文密电报的组织，但池的任务则是研译日本密电报。因他们还从来没有侦收过日本无线电报，经验不足，只好由该股电台今后从容设法侦收，再让他进行试译。

10月下旬，中统局机密二股奉命搭乘英国泰古公司的货轮撤离南京退往湖南益阳县，到1938年3月至4月又迁往长沙，改组为中统第一处国际密电室，以全力研译日本密电。因中统电台还侦收不到日本的密电，池步洲只能从事同盟社播发的明码无线新闻电报的翻译工作。

1938年6月，池步洲奉命调到汉口，加入刚组建的军委会“日帝陆军密电研究组”，结束了他与中统局八个月的雇佣关系。

1938年夏天，德国驻华大使陶德曼出面调停中日关系，日本通过他向中国提出了六项苛刻的停战条件，“蒋介石根据以往经验，认为日帝说话素来不算数，难以轻易相信。况且席卷华北，侵占京沪，正在调兵遣将，企图西上武汉。全国民众抗战情绪空前高涨，断无中途妥协之可能”。据池步洲回忆：“于是，他特令军委会机要室主任毛庆祥，紧急召集蒋所属各领导侦译中外无线密码电报而取得成绩的如交通部电政司的温毓庆和霍实子、中统局的徐恩曾和李直峰，以及没有成绩的军统局的郑介民、魏大铭、陈祖舜等，借汉口银行公会会议厅开会，讨论蒋介石交下的任务，即要从侦译日帝侵华陆军无线日文密码电报中探知日军是否要攻武汉，继续西进侵华，以及是否北进侵苏或南进侵略英法属地，包围困死中国等，以供蒋介石选择决策。会议决定先从各个侦译单位抽调一部分懂日文、日电讯符号侦译人员，集中汉口，组织日帝陆军密电研究组（简称密电研究组），以毛庆祥为组长，总负其责。霍实子为主任，李直峰为副主任，负研究破译技术。温毓庆、徐恩曾、郑介民、魏大铭为顾问，负侦译设计。这就是所谓一九三八年夏汉口紧急会议的内容，也就是我奉调汉口的原因。”[28]

“会议后，关于抽调各单位人员问题，以中统局徐恩曾态度最为爽快明朗。他命李直峰向毛庆祥表示，愿将中统局国际密电室带经费和收报机完全合并到军委会密电研究组。经毛庆祥同意后，李直峰经过一番选择部署，将国际密电室的武子明调任中统局译电室主任，卫杰民、周叔良调到军委会机要室，陈恭调到陇海铁路局特别党部，余则全部合并到汉口军委会密电研究组，共二十余人，军统局只抽派三四人。温毓庆的密电检译所抽派研究员张汉炎、招有泉、阮文英、台长钟德华及报务员数人。机要室密电股抽派研究员丁于正、黄绵民、吴兴民，秘书张廷启。密电研究组综合起来共有四五十人，其中留日学生包括我在内，不过五人。李直峰和黄绵民则有丰富的中文研译经验。事实上这四个单位派人合组成立的军委会密电研究组，实力并不雄厚，但具有一个特点，即既不属于中统特务机关，又不属于军统特务机关，而是属于国民党军委会的一般机关，时人称之为蒋介石抗日的秘密机关。

密电研究组大约在一九三八年七月份才人马到齐，开始工作。首先电台方面侦收到不少日军无线密电报，提供大家研究。但当时还谈不上真正的开始研究工作。一是研究人员来自四个不同的机关，彼此陌生，谁也摸不清谁的底，只是相互客客气气，和平共处；而且事属草创，有待摸索，谁也没有把握，谈不出什么见解来，只好在观望中混着日子。二是当时前方战事吃紧，敌机不时来袭，看来武汉未必保得住，人心浮动，也难以安定下来从事研究工作。总之，在密电研究组正式成立后的几个月里，我们是在松松垮垮甚至乱哄哄的状态中度过来的。

果然，一到十月份，我们又奉命撤退了。由于逃难人多，难以搭上直达重庆的船只，只好先到宜昌暂避。在宜昌住了一个多月，大约是十一月下旬才乘船到了重庆。”[29]但是，因为各方面的条件制约，破译工作还是没有大的进展。池步洲便另行应聘到中央广播电台国际台担任了对日广播宣传的撰稿播音工作。

1939年2月，何应钦辖下的国民政府军政部也想开展日本密电的破译工作。军政部无线电总台长王景禄派科长周驾山突然前来访池，表示："久仰池先生对于日本密电码颇有研究，军政部也想组织从事研究，何部长叫我来请池先生帮忙，主持其事。"他甚至提出"晚上去指导二小时，并不妨碍池先生的白天正式工作"，并月送车马费二百元……"研究人员全凭先生去物色聘用，名额不加限制"。于是，在池步洲主持下，从1939年3月1日开始，在重庆两路口附近的几间民房内，由军政部两名报务员架起天线和电台，日夜侦收日方密电报，多则一二百份，少亦几十份，开展了破译工作。

虽然日本的军事和外交密电是日、英文皆有，代码复杂多变，但池步洲等人发挥出精通中外文的聪明才智，经过通宵达旦的努力工作，取得了重要的突破。其中过程，复杂而又有趣，简单说来就是：

首先，池步洲发现在日本密电长串英文字母中，有许多"双字母组合"经常出现，可以判定不是用两个字母表示一个汉字，就是表示一个日文字母。于是就按这个思路把一份份密电按"双字母组合"进行划分统计，发现使用频率最高的一共是十组。再假设这十组就是从一到十或从一到○的十个数目字。如果能够找出哪一个是"一"，哪一个是"二"，就不难继续找出其组合规律，从而达到逐个破译的目的。

于是他开始作数字的使用频率统计，经过大量的书报杂志统计，发现十个数字中使用频率最高的是"一"字，而频率最低的是"九"字。根据这一发现，他把这十组数字代码使用频率最高的假设为"一"，把频率最低的假设为"九"，再根据"○"一般很少出现在数码开头这一特点，从这十组数字的组合中又找出一组基本上不出现在开头的，假定它为数字"○"。这样，算是初步破译了三个数目字：一、九、○。

再进一步设想：日军密电中的数字，很可能是我军的部队番号、兵员数目、枪支弹药的数量等。于是又从军政部要来部队建制资料进行核对，从

“一〇二师”的番号，不但假设了“二”字的代码，也推知了“师”字的代码。经过多次摸索，终于从“师长”、“师部”等联想字推知了“长”、“部”等字和师长姓名的代码等。

如此零打碎敲，破译了一些字，再根据日语的汉字读音，顺藤摸瓜，又破译出一部分相关字。而最主要的，还是根据日语有十个“格助词”的特点（固定跟在名词的后面以确定其格，例如，ガ是主格助词，ヲ是宾格助词等），因其使用频率极高，很快就一一找出，并由此推测相关的词语。如电文的末尾，一般都有“返电ヲ乞ウ”（请回电）一语，根据格助词的地位，很容易就推知“返”、“电”、“乞”这些字的代码了。

但其实是说时容易做时难，无论如何，依靠上述原则和方法，池步洲用晚上的业余时间，在1938年3月初到3月尾，从建台到破译初成，不到一个月时间，就把日本外务省发到世界各地的几百封密电一一破译出来了。

3月下旬起，他们开始能够翻译出日方的密电，并积累了数百份的破译经验，成绩不断上升。

军政部为此给池步洲颁发了奖章，并扩充组织，成立了军用无线电总台第四十三台，任池为译述主任。不久，第四十三台改称军政部研译室，直属何应钦领导，总计有四五十名人员，以池步洲等五人专事破译工作。[30]

池回忆道：“日本外交密电码本每隔一段时间，就加以变换，我们随之一切从头做起。好在我们驾轻就熟，根据积累的经验，它的经常改头换面甚至脱胎换骨，也难不住我们。不过，一旦变码，那几天真是废寝忘餐，全力以赴，不分昼夜，期以必成，真够辛苦，也真够快乐。”[31]

1940年4月1日，军政部研译室奉命合并于军委会技术研究室。

神秘又神奇的译电专家杨肆

杨肆，江苏淮安人，毕业于上海光华大学数学系。1933年在南宁广西大学任数学助教。他勤奋好学，爱动脑筋。后经他的表弟王维钧从中介绍，遂辞去教职，千里迢迢来到南京。1935年秋，进入国民政府交通部电政司工作。当时王维钧是电政司司长温毓庆博士的秘书，温毓庆讲究务实，杨肆首次与他见面时回答问题干净利落，令温很满意，遂指定杨肆参加密电研究。

温毓庆是宋子文的姨表兄弟，广东台山县人。早年留学回国后，曾任清华大学教授，后改任宋子文的财政部税务专门学校校长和财政部参事等职。在蒋介石进行的内战中，精通无线电技术的温毓庆施展身手，曾破译过冯玉祥、阎锡山及唐生智、李宗仁等方面的不少重要密电，提供了及时的情报，对蒋的胜利大有助益。后因国民党高层人事倾轧，温毓庆改任交通部上海国际电讯局局长，在上海真如忙于兴建我国第一座国际电台，留下的中文密电研究工作便交给其妹夫黄季弼负责，改归蒋介石内侄、军委会机要室主任毛庆祥领导。

“九一八”事变后，日军侵占东北三省，气焰嚣张。温毓庆坚决主张抗日。他痛感我国奇缺研究日本密电码的专业人才，便提拔毕业于光华大学化学系的王维钧，作为自己的助手。王维钧1932年大学毕业后找不到工作，经他的老师颐任光介绍，始得进入上海国际电讯局工作。他思想进步，学生时代就参加过抗日游行示威和抵制日货运动，是个热血青年。温毓庆对他另眼相看，着意培养。

关于对日无线电侦察工作，宋子文曾专门找蒋介石谈过，准备派人研究破译日本外文密电。温毓庆对此提出过几点建议，内容大意是从研究日本驻华使馆人员拍发的密码电报入手，并连续收集日本使馆与我国内地各领馆的来往密电。有了这些密码做底，开展分析研究工作。在解决了它的密码组织之后，才有可能将日文翻译为中文，建议先行聘请少数人试办。因他的日文不太行，遂叫王维钧译成中文并用毛笔抄出一份，而后呈送蒋介石。温毓庆关照王维钧必须严加保密，对家人也不可以说。三个多月后，蒋介石批示照办，批下每月经费一千八百元，增编人员由温选定。为此，电政司于1934年底加设了密码检译所，因对外保密，连牌子也没挂。

王维钧因交通部电政司的工作极为繁忙，在表兄杨肆已能独立工作后，即向温毓庆辞去了密码研究工作，完全交由杨肆负责，他则专任温的秘书．兼做有关密码检译所的管理工作。

密码所的办公地点距日本使馆比较近，而且很秘密，附近居民都不知道有此机构。杨肆主要在这儿工作。他运用聪明才智，不久就能破译日本外交使、领馆人员的比较复杂的和重要的密码，日本东京外务省在对华外交上的一些指示以及他们在华使领馆人员的行动，可以从破译的密电码中获悉一二，由此可以获悉日本对华政策的一些动态。杨肆还了解到日本在南京大使馆（鼓楼西坡上）设有秘密的大功率无线电台和东京外务省直接通讯联系。

当时，日本的侵华野心已昭然若揭，中日两国外交关系有随时断绝的可能。万一使馆人员下旗归国，所有研究日本外交密电码的来源也就将随之断绝。温毓庆接受了杨肆的建议，一面在鼓楼青云巷设立电台以侦察监视日本大使馆的秘密电台，从而取得日本外务省的对外通讯联系的情报，一面加紧训练报务人员，准备设台直接侦收日本外交密电，以取得今后密电报底的来源。他们同时也预见到中日战争在所难免，一旦战争打起来，进一步研究日帝侵华战争中的陆、海、空军的密电，也是极为重要的。

随着工作的进展，年轻的杨肆已能独当一面，因为成绩卓著，他几次受到温毓庆的表彰和奖励。1936年，密码检译所已初具规模，在研究工作上已能够跟上日本密电码的变换而及时破译，在报务侦收工作上，自己已设台侦收以东京外务省为中心的日本外交国际无线电台密电，令蒋介石、孔祥熙、宋子文等人很满意。当时进行了工作分工，成立了一个研译组、一个研究组和一个侦察电台。研译组由霍实子负责，研究组由杨肆负责，侦察电台台长为梁伯仑。

杨肆的才干也受到中统与军统的重视，中统想将他挖过去，许以官阶和高薪、花园洋房等，他不为所动。戴笠的军特处对他也很感兴趣，特密派黄逸公和张严佛两人去找杨肆，也许以高官厚禄，杨肆仍不为所动。他早听说军特处特务无法无天，干过暗杀知名爱国人士史量才、杨杏佛等伤天害理之事，因此拒绝与他们合作。结果军统从电政司挖走了译电员魏大铭，此人后来当上军统的少将衔电讯处长。

杨肆的堂弟杨述原系清华大学历史系毕业生，读书期间做抗日救亡工作，与中共党员蒋南翔、黄敬等是战友。“一二·九”运动中，他负责宣传工作，并秘密加入了共产党。他每次放假回家，以及在“一二·九”运动之后南下宣传抗日救亡时，路过南京都和杨肆、王维钧见面。杨肆主动地将自己从事的秘密工作告诉了杨述。

1937年“七七”抗战全面爆发，接着“八一三”淞沪大战又打响，战火在我国大地上燃烧蔓延。南京沦陷之前，交通部电政司连同下属的密码检译所已撤退至汉口，继续进行工作。

因业务工作的必然联系，密码所与戴笠的军统组织有经常性的交往。其侦察电台和军统电讯处魏大铭的联系以往都是由温毓庆亲自掌握的，由长沙到汉口后，改由王维钧负责与军统方面的联系。而这时的戴笠更是野心勃勃，到处伸手，扩充其势力，他对密码所急欲吞并之而后快，几次找温毓庆提出将密码所与军统电讯处合并，可由温兼职负责，但温毓庆不肯。

不久后，国民政府改组，俞飞鹏的交通部长一职，改由政学系的张嘉璈接任。但温毓庆有宋子文做后台，仍得以留任电政司司长。杨肆已成为密码所主要的电讯专家，国恨家仇促使他日以继夜地破译日本军政、外交密电码。从所破译的情报中，有时有一些蒋政权下的大员与日方暗中秘密来往的消息。

有一天杨肆和助手们侦收到一份外交密电，内容为蒋介石手下与日本人暗中来往的一些官员的名字，其中有一个名为霍实，这令杨肆惊出了一身冷汗。因为与此名最接近的就是霍实子，而他是最初参加密码所的五个人之一，其后为孔祥熙之子孔令侃主持的行政院第六情报组效力。当时日本的谍报机关无孔不入，许多特工已打入国民党党政军部门内部。杨肆联想到一年前自己在南京差点死于日谍策划的一次谋杀，那次幸好军警迅速赶到现场，迫使杀手借夜色掩护逃走。杨肆将情况告诉了王维钧，他也很震惊，立即将此事通报给军统，请求严密调查，但许久却不见有什么动静。这些事令杨肆、王维钧对国民党当局感到失望。其实霍实子是交通部电政司温毓庆司长手下的一名干将，从后来他的经历和工作成绩来看，他不可能是什么日本间谍，而且为抗战立下过功劳。解放后，他曾因这段经历遭到误会，但人民政府后来为他平反，并给予了相应的待遇和照顾。[32]

在汉口时，密码所对外已改称军委会特训班交通队，不再实行严格保密的制度，已对外界公开，租赁靠近市郊区的两幢小洋楼，分别办公兼住宿。杨述这时来到汉口，也常寄宿在研究组，大家不以为意。在他介绍下，杨肆去见了在武汉的中共长江局书记王明（陈绍禹），两人作过长谈。杨肆与王维钧相约准备一起去会晤当时武汉八路军办事处处长李克农。

有一天晚上，杨述、杨肆、王维钧三人过江前往汉阳一家茶馆的楼上，秘密与李克农见面。杨述将杨肆和王维钧介绍给李克农。寒暄后，杨肆将日本密码组织的情况相告，王维钧则将密码所侦察电台呈送给温毓庆的一本最新侦察情况总结报告交给了李克农。这本总结内绘有日本外务省国际无线电台通讯联络网以及在华日军前线军用电台相互联络通讯的联络网，并有电台呼号、波长和通报时间及文字说明。这种报告，按月呈送一本，温毓庆阅后即交王维钧保存，封面注明台长梁伯仑和他的名章。李克农翻阅后，对三人说："这个对我们是很有用的，我们也要研究日本密电，知己知彼，百战不殆嘛。"他还提醒杨肆和王维钧表兄弟，务必注意保密。因为戴笠的军统在武汉三镇很活跃，到处都有军统的特务和线人，他们打着"抗日锄奸"的旗号，尽干排除异己暗中反共的勾当。当时已有几位刚在武昌加入中共组织的东北流亡青年惨遭特务绑架杀害，弃尸东湖边。

这次特殊的会面是杨肆和王维钧正式和共产党方面建立秘密联系的开始。以后他俩又曾数次向李克农递送有关情报。

1938年10月，在武汉沦陷前，密码所准备迁至广西桂林。王维钧因奉命在卫戍总司令罗卓英的情报处协助电讯工作，在武汉沦陷前一星期才离开汉口。此时，电政司的一小部分人马迁到湘南重镇衡阳，王维钧也就到了衡阳。在长沙大火之后，电政司又从衡阳撤退到桂林。这条撤退路线是随着当时蒋介石行营的移动而行动的，足见抗战初期，电政司所起的作用远比军统电讯处还要大。

在衡阳时，有一次温毓庆和杨肆发生了激烈争吵。当日晚杨肆约王维钧到湘江边一家小酒楼喝酒，表示他不打算回去做事，想脱离电政司密码所，投奔延安，为抗战贡献自己的专长。王维钧表示不妨再等等，待和共产党那边恢复了联系，听取他们的意见再决定去向为妥，杨肆考虑再三，同意了。

1939年9月底，抗战进入最艰苦的阶段。电政司密码所几经辗转迁往陪都重庆，与军统局做了邻居。戴笠更想吞掉人才济济卓有成绩的密码所，他对温毓庆软硬兼施，但温仍不赞同军统电讯处、中统电讯处及密码所三方的“合并”，令戴笠无奈却又心有不甘，遂授意魏大铭向温毓庆提出要求，请他派出两名熟练的密码研究干部到军统做技术指导。温因杨肆经常顶撞他，遂将杨肆派往军统局。

起初，杨肆根本不愿去，中共组织知道这事后，特派其堂弟杨述登门，反复做其思想工作，劝他打入军统。杨肆仍想不通。李克农听取杨述汇报后，特地在重庆上清寺秘密约见了杨肆，说得他心服，终于同意打入军统，并接受了秘密任务。此后，杨肆开始去郊区磁器口军统局本部上班。为免以后暴露各自的身份，他和王维钧中断了横向联系。在军统内，他主要从事日本军事、外交密电破译研究工作，还带了几个助手。每隔一个星期，杨肆即将破译的日本密电交给中共地下党一份，为防被军统特务觉察，他们的接头地点不定期地变更。

1940年夏，杨肆秘密加入了中国共产党，接受八路军驻重庆办事处处长周怡的单线领导。杨肆在平时工作中认真负责，令不知就里的戴笠很满意，几次表彰他。到了1943年，杨肆已由中校衔被破格提升为特种技术研究室少将主任，赶上了旧日同事电讯处长魏大铭。在以后几年里，杨肆成功地破译了日本太平洋海军舰队的十二种密电码及日本关东军的十七种密电码，又掌握了日本海军航空兵、特种兵、陆军乃至中国派遣军总司令部、第十一军、十三军等若干种频加变换的密电码。这些重要的抗战情报，他都设法为中共方面复制一份，及时提供，可谓功不可没。戴笠则以军统已弄到的上述情报夸示于人，向蒋介石邀功请赏，并将情报与驻重庆的美国战略情报局官员及美国海军梅乐斯等分享。当然，在重庆国民党官场上，只有温毓庆对此心知肚明，是他当年的“让才”之举，才成全了他一向厌恶的戴笠。

杨肆也曾遇到过危险。1944年10月，他去成都探望其生病的婶母时，曾被扮作夫妇的两名军统刑侦处特工跟踪。他察觉后很紧张，曾想就此逃走，不再回重庆，但考虑再三，还是提心吊胆地返回了军统局。不料，后来竟平安无事。原来是魏大铭出于同行间的妒忌，唆使亲信向戴笠密告杨肆突去成都，有“通共嫌疑”，但戴笠在事后查明并无此事，也就作罢。

解放后，杨肆曾去北京见过中央调查部长李克农。李克农当然了解杨肆是党的情报人员，同意安排杨在调查部技研司工作。遗憾的是由于杨肆确实担任过国民党军统少将，在当年“左”倾色彩很浓的时代里，他不可避免地也受到了不公正的待遇。直到20世纪80年代中期，杨肆才获得平反结论。[33]

从杨肆的有关经历中，我们可以明白国民党特工组织的电讯工作的许多内幕，特别是他们破译日本军事、外交密码的情况，也可以明了为什么中共情报人员也能够及时获得许多有关日本的重要军事情报。其中的奥妙真是常人难以想象的。真所谓特务情报工作“你中有我”、“我中有你”，“知己知彼”才能“百战不殆”。

国共合作破译日密

军委会密电研究组于1938年11月迁驻重庆之后，在霍实子、李直峰的具体领导下一直在进行破译日电技术研究，但进展不大。在李的建议下，蒋介石委任的军委会技术研究室主任毛庆祥同意，令李直峰为军委会少将参议、李裕为上校参议，持蒋介石的命令赴各战区搜集所缴获的日军电报和作战命令，进行对比研究，以尽快发现其中的密码规律。

李直峰以其与中共的特殊关系，希望共产党八路军能够提供这一方面的资料。所以到西安后，李直峰就把李裕留下，自己单身奔赴延安求援，并经中央同意，将八路军所缴获的三种日本陆军日文双重密码电报本交给了重庆国民党军委会。为掩护李直峰的秘密身份，三种密码电报本是由曾希圣送交重庆的，密电研究组负责人霍实子曾公开签请蒋介石比照打下日本飞机之功给八路军颁奖。[34]

当得知搞到日本密码后，国民党内从事破译工作的几方面都在设法弄到手以尽快抢功。军统密电负责人魏大铭以申请方式誊抄了一份，密电检译所温毓庆则花重金收买人偷抄了一份。军委会密电研究组、军统密电组、密电检译所三家争先恐后地开展了一场背靠背的竞赛。

军委会技术研究室的成立与工作

蒋介石的内侄毛庆祥是一个本领不大权威大的人，在他领导下，军委会密电研究组初期工作也没见大的成效。1938年底汪精卫叛国前后，交通部电政司密电检译所监听破译了汪的代表高崇武、曾仲鸣等与日本秘密往来情况，上报给了蒋介石。这样一来，军委会的“密电研究组”面子上很不好看，于是，蒋介石又起心事，要把几个密电研译机构来一个彻底大合并，组成一个直属于军委会的新机构取代研究组，希望在极其重要的密电破译方面再开创一个新的局面。

在军统局方面，本来其内部并没有设立破译日本密码的机构，但以戴笠的胃口和野心，此刻他正是积极扩张势力之机，因此当然要插上一手。而“魏大铭本来野心就大，既派军统人员到军委会机要室密电股学习破译中文密码电报，又派军统人员到密电检译室学习破译日帝外交密码电报，这就预示着魏大铭后来一再企图以军统吞并蒋介石所有侦译中外密码电报机构”。[35] 在听说要统一合组破译日密的机构后，魏大铭害怕军统局没有这一类组织，将来会吃亏，所以“另在军统局秘密组织起密电组，魏大铭兼组长，陈祖舜兼任第一科长，邱沈钧任第二科长，王震寰任第三科长，借以牵制军委会密电研究组毛庆祥组长的垄断”。“一九三九年底，军统魏大铭从军委会蒋介石侍从室侦知大合并组织军委会技术研究室的权力蒋介石已决定交给毛庆祥办理，因此魏大铭就不甘心，遂在军统抢先将其密电组扩大改组成特种技术研究室，魏大铭自封为主任，陈祖舜兼任副主任，准备到组织军委会技术研究室时与毛庆祥争夺权力和地位。”于是，“开始造成毛庆祥、温毓庆、魏大铭在大合并前夕三大权力的斗争”。[36]

1940年4月，“蒋介石正式明令：一军委会密电研究组，二军委会机要室密电股，三军委会密电检译所，四军统特种技术研究室，五军政部研译室，在重庆江南岸黄桷桠开始大合并，扩大组织成立国民党军委会技术研究室。由交通部电政司司长温毓庆任中将主任，毛庆祥任少将副主任兼主任秘书，魏大铭任少将副主任。蒋介石之所以选择温毓庆为技术研究室主任，是因为原来他所掌握的交通部电政司密电检译所在破译日密方面曾有进展，他曾侦获破译了汪精卫委任的代表和亲信与日本方面洽谈合作的来往电文，报告给蒋介石，立了功，也使得毛庆祥的军委会密电研究组难堪，而蒋介石既要扶持他的内侄，又不想让军统很快得到新的权力，只有选择温出面，而让毛以副主任兼主任秘书掌握实权这一途。

新成立的军技室下设有六组，温毓庆对各组正副组长均安排其密电检译所的亲信以及与温有密切关系的人员。例如霍实子是协助温破译外交日密的得力亲信，被任为第一组少将组长。密电检译所整理部主任杨贻清是温的亲信，则被温任为军技室第二组少将组长。密电检译所研究部主任杨肆是温的亲信，则被温任为军技室第三组少将组长。密电检译所总务部主任施家干是温的内弟，则被温任为第五组少将组长。军委会机要室密电股长黄季弼是温的妹夫，则被温任为军技室第六组少将组长。丁于正是留法亲温，则被温任为军技室第六组上校副组长。”[37]只有第四组组长由军统的方砚农担任，因其一百多个收报人员中，有三分之二是魏大铭从军统局带来的，因此组长的人选只能由魏大铭来安排。

军技室内部分工，第一、二、三组负责破译日本密电码，第四组负责收报，人数最多，第五组负责总务，第六组负责破译中文密电码。全室职工约四五百人，地址是重庆南岸黄桷桠刘家花园内，只是第四组为求侦收便利起见，设于刘家花园对面的一座高山（名叫南山？）上，每天派人将收到的密电报送下山来，以供研译。

合并之前，温毓庆虽然早就知道池步洲的名字，也知道他所取得的成就，但是从来没有见过。该室成立之后，温毓庆特地安排了一次约见。当池步洲走进办公室后，他立刻起立握手，操一口带广东乡音的“国语”寒暄，矜持客气而有风度。温毓庆首先称赞池步洲上交的关于日本外务省外交密电密码本的编排方法，他说：“你们有科学头脑，编排得简单合理，检索、翻译都很方便，比我们的强多了。”接着又问关于破译日本外交密电的经过，池步洲作了详细的解答。他连连点头赞叹：“你们破译的密电码，层次高，速度快，真是难得，真是难得！”

当池步洲忍不住反问：“听说密电检译所的同仁也破译了日本外务省的外交密电，不知道是在什么时间？破译的是哪一类密电？”这时，温毓庆却避而不答，微笑着“顾左右而言他”。池步洲见他不肯明说，知道他对自己还有保留，也就不便多问。再随便交谈了几句，就告辞了。

在新组成的军技室中，李直峰因有亲共嫌疑被温贬为军技室第六组第一科上校科长，仍做中文密电码研译工作。从1940年4月1日军技室成立起，直至抗日战争胜利止，他再也没有参与研译日密工作，而是一直在从事中文密电码的破译，后来升为第六组副组长。

军技室的经费“每月由蒋介石特别费二千万元项下开支四万元，向财政部孔祥熙支取，无需办理正式报销手续。而这四万元除办公费及近百名职员薪金杂费外，每月结余一万多元，均可塞进温毓庆自己私囊。所以温恐丢失密电检译所独家技术垄断。如要失去就等于把他的腰包倒掉”。[38]

面对温毓庆的得势，戴笠及其军统局是绝不肯善罢甘休的。

军统局抢夺军技室的努力与失败

戴笠早就想把研究破译日本密电码的工作抓在自己的手里。有了这个特殊的工具，他就可以壮大自己的力量，甚至可以伪造敌方密电，任意中伤他在国民党内的对手。因此处心积虑，必欲得之而后快。

戴笠首先授意魏大铭成立军统密电研究组织，接着开展了拉拢利用温毓庆的工作。

温毓庆以前经香港中国银行总经理贝祖贻的介绍结识了戴笠，撤退到重庆以后，仍与戴过从甚密，重庆大轰炸期间他就住在曾家岩戴公馆。戴笠在闲谈中向温毓庆提出建议，以抗战需要为由，主张将中统、军统及温的密电检译所合并组成一个新机构，统一交温毓庆领导，其实则是由军统局控制。温毓庆对于特务系统的明争暗斗，一向深恶痛绝，他明白只要一点头，就等于接受了戴笠的控制，失去了密电检译所的独立自主。他依仗有宋子文、宋美龄的关系做“坚强后盾”，也不怕戴笠，所以当即明确表示不同意。

戴笠当然不肯放过，他后退一步，要求温毓庆派出两名对破译密电有研究的人到军统局进行技术指导。温毓庆一推二拖，到了实在无法再推的情况下，只得派出杨肆等二人去应付，但不传“真经”。魏大铭见杨肆等人并不卖力，又要求派人到密电检译所研究组“见习”，温毓庆表面上虽同意，但密嘱研究组“注意保密”，因此来见习的人只学到了一般的破译技术，而一直无法掌握千变万化的破译技巧。[39]

戴笠见温毓庆如此狡猾不上圈套，于是只能公开挑战了。他拿出来对付温的“棋子”就是军统电讯负责人魏大铭。

关于魏大铭其人，军统老特务沈醉曾在其所著回忆录中有如下的记载：

“论搞电讯工作，魏大铭的确是一把好手。抗战前，他在上海国际无线电台任报务员。当时中国电讯技术之落后于欧美等国，实在惊人，偌大中国的国际电台中，仅仅有三个半人能与欧美先进国的最佳报务人员媲美。魏便是三个半人中的一个。

戴笠主持特务处工作后，以重金礼聘魏为其工作。从几个电讯人员发展到军统有四千多人搞电报，从几台收发报机发展到几百部，还自己制造特工专用机。军统电讯工作有了长足的发展。到1945年抗战胜利时的军统发展巅峰期，军统局第四处在魏大铭主持下，由重庆总台和江西赣州、西安、重庆三处工作队以及军统兼管的空军监察总队，总共侦收日本陆海空军电讯共计七十三万七千〇二十七份，破译敌军密码共八百三十九种，另培训了无线电人员两千七百八十八人，制造2－1千瓦特的电机两千〇一十五架，有无线电台六百八十五座，遍及大后方、沦陷区和海外南洋等地。”[40]这是军统赖以生存的本钱。

抗战期间，蒋介石命令戴笠要在福建沿海多布置一些潜伏电台。福州沦陷后，蒋介石急于要了解日军的情况，戴笠无法应命，便把魏大铭叫去问：为什么不能通报？魏认为一定可以联络上，可是经过几次呼叫，总是没有回答，便把魏大铭叫到重庆电讯总台，要他亲自上机与福建潜伏台联系，联系不上就要枪毙他。戴笠掏出手枪向台上一拍，指着魏的鼻子说："叫不通福建的潜伏台，它就对你不客气了。"魏亲自上机呼叫，居然叫通了，而且收到福建站发来的重要情报。

魏大铭有过硬的技术、过硬的后台，于是野心勃勃，也想把破译日密的工作"军统化"，成为他手中的法宝。

蒋介石对军委会技术研究室的人事安排，表面上既尊重温毓庆，也不排斥军统，但日常工作实权，都落在副主任兼主任秘书毛庆祥的手里。温毓庆徒有主任的虚名，却无真正权力，而原有的密电检译所却让人家"吃"掉了。对于这样的安排，温毓庆心中自然不满；而魏大铭空挂一个副主任的虚衔，也很不甘心。

温毓庆决心通过夫人外交走上层路线来改变局面。他从香港叫回夫人施惠珍，利用她和宋家的特殊关系，到宋美龄、宋子文、孔祥熙那里去活动，终于迫使蒋介石改变了毛庆祥的职务，任命温的亲信王维钧为主任秘书。这样一来，温毓庆掌握了军技室的实权。

王维钧是温毓庆的亲信，但他暗中却与共产党有秘密联系。

在军技室初始阶段，温为权力之争，迟迟不到岗上任。后来他挤掉毛庆祥，各组人事按他的意见委任之后，他也只来办公室坐了几天，就再也不来了，其中有什么"内情"，连接近他的人也不知，只是说"主任因患绦虫病去港医治"。其实，内部原因还是军统与温之间又一轮的斗争较量。

毛庆祥退出内斗后，军统魏大铭把矛头指向了温毓庆，他使出军统特务最拿手的一招，四处放出谣言，说温毓庆将密电检译所破译的日本外务省外交密电以高价卖给了英国特务机构，军统局正报请蒋介石将他逮捕法办。

正因为温毓庆以前从来没把他宣称破译的日本外务省密电码拿出来给人看过，形迹上确实有点儿可疑，也怕蒋介石追问起来说不清楚，于是借口到香港治病，转去美国，从此就如泥牛入海，再也没回来。

从他与戴笠斗争的经历来看，似乎还不至于为魏大铭的一个谣言所吓倒。至于他逃跑的真正内幕，看来只有他自己明白了。

1940年6月，蒋介石命令魏大铭以军技室副主任代理主任。军技室的大权，落到了军统特务的手中。

魏大铭上台后，立即在军技室内实行军统的一套统治方法，加强管理，严格控制，他要每个人交六张照片进行登记造册，传说是为了在有人逃跑时便于缉拿。这下引起了室内一班科技人员的强烈反感，他们当即给予抵制。

在室内人事问题上，魏大铭首先要排除共产党嫌疑。他凭直觉认为：李直峰不是共产党就是亲共分子，但因无证据不能逮捕，于是采取调虎离山手段，把他派往军令部西安译电人员训练班任上校主任教官兼军技室第十工作队队长，赶得远远的。这个译电人员训练班，专门培养破译共产党和非蒋系部队密电的特工，由军统局控制。这样即可以把李直峰置于军统特务的严密监视之下，至少掐断了他和共产党的联系，以免泄密。

接着就是在室内发展军统势力。

军技室的六个组长中，除第四组长方砚农外都不是军统的人，但魏大铭上任伊始，又不便立即全部撤换，于是他就在内部秘密发展特务组织，把军统特务安插到各组掌实权。首先拉拢第六组组长黄季弼参加军统；任命军统特务刘泌为军技室秘书；任命军统特务竺烈民为第六组专门侦译八路军和汪伪军的中文密码电报的第三科科长，不受第六组管辖，直接听从军统局的指挥。其他各组也都被派进或秘密发展军统特务负责监视，其他军统译电人员如张顺理、张铭勋、杨仕伦、关振铎、方坦怀、姚敦文、刘康、吴鹏等也早已并入军技室的六个组，魏大铭把军统局的特种技术研究室（简称特技室）组织融入军技室内互相混合。这样，魏大铭虽然没有撤换组长，但各组的动态已被其掌控。

对于霍实子、池步洲等原室内的技术实力派人员，魏大铭采取敬而远之的孤立政策。他知道池步洲等人业务能力强，已取得了成就，可供继续利用，但却不能信任，如池步洲曾经在中统工作过，想必是中统分子，而军统与中统关系对立形同水火，因此各不相扰已经算是相当客气的了。他曾把池步洲叫去见面，但两人话不投机，不欢而散。[41]

对魏大铭的行为，军技室组长们都愤愤不平，他们集在霍实子家开会，发泄不满。但魏不久便知道了，他找到霍实子质问为什么要带头反对他，并加威胁。霍明确地对他说："你已经在第一组里安插了特务，在监视我们了。你也要放明白些，休想把你的特务作风带到军技室里来，我们是要坚决抵制的！"魏大铭没想到霍实子会如此强硬，愣了一会才愤愤地说："你这个人真跋扈，真跋扈！"[42]这件事使霍实子警觉起来，他开始在身边人中排查军统特务。

第一组缮写员戴继武年轻能干，曾任霍的副官，撤退途中助霍照料家庭孩子。他见霍追查军统潜伏在第一组的特务，异常恐慌，向霍承认自己秘密参加了军统，负责监视第一组情况并报告魏大铭。霍当即报告了军技室副主任毛庆祥，请毛干涉。毛庆祥本来也被魏大铭排挤甩在一边，正待报复，于是就做了反魏派的后台。

魏大铭见势不妙，报告给戴笠，他们商定由戴出面邀请军技室各单位负责人到重庆张家花园云庐公馆吃饭，准备平息风波。霍实子等再行商议，认为不能不去，如戴发难，由霍出面应付。

据池步洲回忆："赴宴那天，王维钧、杨贻清、杨肆、施家干、方砚农、黄季弼、霍实子等由魏大铭带到戴公馆。入席时魏大铭回避了。戴笠开口就说：'霍组长是攻破日本外交密码的鼻祖，在座各位都是研究密码专家，我戴笠非常钦佩，希望各位和我们合作，把军技室搞好。魏大铭是我的部下，如果他有不对的地方，请大家提出来，我叫他改正。'霍实子回答说：'戴先生为党为国，劳苦功高，我们是十分景仰的。可是你们军统所干的事情与我们所干的不同，我们都是白面书生，只会在办公室里做研究工作，不能和你们共事的。’霍一边对戴说话，一边扫看在座的同事。只见方砚农、黄季弼面孔紧张，呆若木鸡。而王维钧、杨贻清、杨肆、施家干等则频频点头，欢欣之情形于颜色。对魏大铭事，霍一字不提，这是霍等早就作好准备的。

戴感到事情已成僵局，以软的一套不成，竟要出他特务头子的凶相来，拍拍胸膛，大声说：‘最近上海汪伪市长傅筱庵被暗杀，外间传说不是我杀的。这种传说错了，傅筱庵是我戴笠杀的。’戴想用这一套来吓唬霍等，霍等绝不会为他所吓倒。因为霍等早就知道蒋介石曾有过命令，凡是军统要逮捕一个将官级的官员，必须事先得到蒋的批准才行。而霍等不只是少将级的官员，还是蒋介石每天赖以提供日帝情报，作抗日战争依据的负责人。况且这次敢于反对军统戴笠、魏大铭，是以蒋介石内侄毛庆祥作为斗争的后盾。表面上是毛庆祥与魏大铭的权力斗争，实际上是军技室与军统局的机关性质的斗争，以致这个‘鸿门宴’就吃得不欢而散。

霍等回到军技室后，就马上团结起各组非军统人员，当然包括我在内的军政部研译室合并过来的主要骨干，而由霍等为代表向军技室副主任毛庆祥当面报告。既反对军统戴笠、魏大铭秘密向军技室派入潜伏特务，又反对军统戴笠、魏大铭公开抢夺军技室。更反对军统戴笠、魏大铭想硬把军技室改变成为军统的特技室。

毛庆祥即据以呈请蒋介石于一九四〇年十二月批准，明令把军统魏大铭等大小特务从军技室完全彻底干净地赶回军统。毛庆祥则奉蒋命以军技室少将副主任代理主任。从此军技室在重庆成为内无特务潜伏危险、外无特务机关干扰，保卫了军技室不变成为军统特务机关性质，而以一般抗日的秘密机关性质，屹立于重庆南岸的宝塔山下。”[43]

蒋介石之所以批准毛庆祥的报告，是因为他绝对信赖他的内侄，再加上军技室内实力派人员采取了短期的“罢工”行动，他看不到日本的动态情报，十分焦急，认为军技室太重要，一日不可乱。而军统魏大铭帮在军技室里一事无成，还又无孔不入，甚至对自已眼皮底下“绝对可靠”的人实行监视，手伸得太长，因此蒋一气之下下令军统全部撤出，以确保军技室的工作正常进行。[44]

军统局控制吞并军技室的计划就这样因魏大铭的急躁行为而失败了。

军技室内的中共情报线

军技室虽经历了军统的短期控制，但中共地下党还是成功地保持了在其内部的线索，并不断获得他们取得的各种情报，其线索就是温毓庆的亲信王维钧。

王维钧担任军技室主任秘书后，表弟杨德基介绍他与中共地下党接上了关系，因中共的要求，他同意把军技室每天破译的多达上百份日本密电同时送给地下党。当时所破译的密电由缮写员复写三份，一份加火漆封固后每日由专人送到军委会机要室毛庆祥处转蒋介石阅览，一份研译组存档，一份用火漆封固后由王维钧转交温毓庆看后退还王归档。这归档的一份可以由王维钧掌握。于是，他就把这份“归档文件”交给其一位“老同学”，送到八路军重庆办事处，由办事处的人连夜抄录，第二天再拿回来存档并取走新的情报。交货地点一般在王维钧家中，由于人员身份都是公开的，没有“秘密联络”的迹象，因此情报的交换十分顺利，没有被特务发现。

为躲避空袭，王维钧把家安置在重庆市郊三圣宫赖家桥一个农民的家里，地点偏僻隐蔽，以至八路军驻重庆办事处处长周怡还曾经由杨德基陪同到王维钧家中去住过。王维钧每月都要与周怡见一次面，由于办事小心，没有被特务注意，也没出过问题。魏大铭赶走了李直峰，但王维钧的渠道他从未发现。

军技室的工作改革

1940年12月，魏大铭及其他军统人员被赶走以后，军技室全体员工欢欣鼓舞，破译密电工作热情高涨。

当时军技室的工作程序与分工为：六个组中第一、二、三组负责日文密电，第四组管收报，第五组管总务，第六组管中文密电，其中一、二、三组是全室的核心，人数也最多。这三个组的分工为：第一组专搞研译和翻译，组长为霍实子，由从军政部合并过来的池步洲等五人组成；第二组专门研究日本外务省及海空军的密电，组长为杨贻清；第三组专门研究日本陆军的密电，组长为杨肆。工作方法是：第四组抄收到日文密电，送到第二、三两组研究，也就是恢复电文的文字次序，但仍是密码。研究成功后，用英文打字机打出，送到第一组来翻译与研译，把日文密码翻译成日文再翻译成中文，就算破译成功了。

毛庆祥代理主任后，室内人事及业务安排依旧是温毓庆的老底子，不但各组组长仍是温派人物，工作方法也承袭了密电检译所的老一套方式。但以前军政部研译室的工作却未分工，研究、研译、翻译工作均由池步洲等五人一气呵成。环节少，速度快，五人完成了军技室十余人的工作量。为提高工作效率，池步洲建议霍实子改革工作方式，他没接受，池又直接向毛庆祥提出了建议。毛庆祥接纳了池步洲的意见，改为第四组在抄收到密电以后，用打字机打成一式两份，分送第一、二、三组，展开工作竞赛，收到了良好的效果。大家都全力以赴，埋头研译。特别是当日方更换密码本子的时候，每个组都夜以继日地奋战，唯恐落后。因第二、三组内当时只有一个化名王良诚的朝鲜人闵石麟（战后他曾出任南朝鲜驻华大使）日文水平比较高，其他人工作效率大都赶不上进度，在几轮比赛中，都是第一组领先。

毛庆祥上任后，还干了一件事情，就是为李直峰“平反”，免除他在西安的职务，调回重庆，任为军技室技术研究员、第六组副组长。此外，他也安插了一批自己的留法同学亲信：由他的留法同学王兴智接替被赶走的军统方砚农任第四组组长，新设了一个第七组，专门从事法文密电破译，由毛的同学王俊杰和丁于正任正副组长。第五组则也由毛的同学余惠笃取代温派的施家干为组长。秘书室内则加了毛的一个亲信当秘书。这样一来，温派的势力逐渐缩小，与毛派之间的摩擦和矛盾也逐步开始了。

温派人物自以为反魏有功，不把毛庆祥看在眼里。毛庆祥就杀鸡吓猴，撤了施家干，温派人物敢怒而不敢言，便重演当年反魏的一幕，制造“小罢工”，一连几天不把译出的密电送出，欲迫使毛庆祥屈服。不料毛庆祥并不买账，他找到池步洲，令他带领原军政部的人马成立了一个“专员室”，任命池为主任专员，其余四人为专员，并将第四组收到的密电，送到专员室交由池步洲等人破译。这一招果然见效，温派“罢工”罢不出什么名堂来，无可奈何，只好鸣金收兵。

毛庆祥稳定局势后，为笼络人心，除了每周一次的各组联席会议，召集各组组长、科长、专员研究工作之外，还新出一计，即遴选室内对密电破译有突出贡献者十人去晋见蒋介石。最后选中一、二、三组正副组长加上池步洲等四个研究员。1941年初的一天，他们由毛庆祥带领，到委员长侍从室见蒋介石。蒋说：“你们很辛苦，每天要译出许多日本密电报，我天天都要看，很有价值……”毛庆祥随后报告了军技室的现况和奋斗目标。最后由霍实子代表大家感谢蒋在百忙之中抽出时间来接见，表示一定竭智尽力完成破译任务，以报“党国重托”等。蒋介石听了频频点头，又说了几句话，就和大家一一握手告别，还说“你们以后随时都可以来见面”云云。[45]这次“领袖接见”使整个军技室内的温派人物被震慑住了，此后都听毛庆祥的号令，不敢再横生是非。

池步洲破译日本偷袭珍珠港密电

发生在1941年12月8日的日本偷袭珍珠港事件，点燃了太平洋战争的导火索，在“二战”史上具有特别重要的意义。这次事件表面上看似突如其来，实际上却是酝酿相当时日，其预兆脉络，隐约可寻。当时国民党政府军政各方，从几条秘密渠道得到了征兆情报，现在已知的就有军统派唐生明打入汪伪从日本军官处听说，军技室杨肆破译日本军用密码直接获悉，以及军统局机要室经济秘书邓葆光破译日本外交密电分析推断所出几种说法，在本书中都有记载。而池步洲在其回忆录中也有他的破译说第三种记载。实情如何，还要综合分析。看来由几路情报汇总而得出结论比较符合实际。

关于此事，池步洲在其回忆录中写道：

日本偷袭珍珠港情报的预知，与我们军技室的破译外交日密成就，密不可分。在事件爆发前大半年里，我们从破译的日密中即已发现其中异兆；在前五天里，我们又作了准确的判断；惜未为美国所重视。关于此事件的来龙去脉……以下所写，主要一靠记忆，二则参考战后日本一些文献，拼凑而成。

当时形势下，我们军技室所侦收破译的日帝外交电文出现二方面非常奇特的内容：其一，大约在一九四一年十月份，日本外务省突然电令西南太平洋各地，包括菲律宾、安南（即现在的越南）、暹罗（泰国）、仰光、马莱西亚、印尼、新加坡以及其他群岛上所有日本使领馆，除留下最简单的LA密码本外，其余各级密码本全部予以烧毁；并颁布了许多隐语代号，例如："西风紧"表示"与美国关系紧张"，"北方晴"表示"与苏联关系缓和"，"东南有雨"表示"与中国战场吃紧"（以上各隐语，只凭记忆，与原文或有出入），尚有其他几十个隐语代号，实在无法追忆。惟有"女儿回娘家"表示"撤侨"和"东风，雨"表示"已与美国进入交战状态"等二者，因印象特别深，至今仍记得清晰无误。外务省电令中还明白规定这些隐语代号在必要时都将由无线电广播电台播放，要求各使领馆随时注意收听。

当时我们破译出这些密电报时，有两种理解。日本海陆军南进，迫在眉睫，这完全可以肯定。这样一来，日本必须抽调部分侵华兵力用于进攻南洋，中国战场可以缓和一些，此其一。"已与美国进入交战状态"一语，将信将疑，以为日本南进，占领南洋各地，美国可能由对日禁运转而宣布断绝国交，但直接交战还未敢必。此其二。殊不知据《太平洋战争》记载，日本统帅部与内阁曾于一九四一年九月六日召开御前会议，决定"如在十月上旬之前，日美交涉不成功便决意开战"。这些内幕，我们当时自然无从了解。战后从日本有关文献中获悉，当一九四一年十二月八日偷袭珍珠港时，炮声一响，便同时由日本无线电广播电台播出"东风，雨"这一隐语，重复多次，旨在通知全世界各地日本使领馆日美已经开战。

其二，从一九四一年五月份起，日本外务省与驻夏威夷州首府檀香山

（亦称火奴鲁鲁）总领事馆之间往来密电报突然比以前增多，而且内容也起了很大变化。过去系以日本侨民、商权、贸易等情况为主，作为一个总领事馆的职能，本应如此。对于这一类密电报，我们虽亦照译，但并不重视。五月份后竟有军事情报杂于其间，特别是完全关于珍珠港美国舰队的情报，立即引起我们的注意和兴趣。

一九四一年五月份，我们从许多日帝外交密电报中破译出两份由檀香山日本总领事馆发给外务省的密电报，内容完全属于珍珠港在泊的美舰情报。初次破译，印象特别深，至今仍记得主要内容，列之如下：

㈠发　　檀香山　　喜多总领事

收　　东京　　外务大臣

一九四一、五、十三（注：日期记不确切）

十一日停泊在珍珠港的舰艇如下：

一、战舰十一艘（……）

括弧内列记该十一艘战舰名称，但现已忘记，特此附注。

重巡洋舰五艘（……），同上注。

轻巡洋舰十艘，驱逐舰三十五艘（或三十七艘，记不清楚）

驱逐母舰二艘，潜水母舰二艘，潜水艇十二艘，另有输送船十余只（注：数字自有较大出入）。

二、航空母舰（附有舰名，忘记）由两艘驱逐舰护航，在×××（忘记）航行中。

㈡发　　檀香山　　收　　东京

一九四一、五、二十六（注：日期记不确切）

二十四、五日在珍珠港停泊的舰艇

战舰六艘（均有舰名，忘记）

轻巡洋舰六艘，驱逐母一艘，驱逐舰××艘，

潜水艇……（以下忘记）

航空母舰××（忘记）

当时我仍在军技室第一组当专员，组长霍实子先生对这两份密电报很重视，命我今后作记录，每月写出一份资料交给他，用意何在，我不清楚。我每月写出资料后，也择要记在一个小本子上……

一九四一年九月份我们破译出一份由东京发给檀香山的绝密电报，据我幸存的那几页所载，大致与日本文献相似，特别是与吉川猛夫所著《珍珠港间谍的回忆》（以下简称《回忆》）比较一致。但仍按我自己的笔记原文，录之如下：

发 东京

收 檀香山

一九四一、九、二十四

绝密

今后你必须尽量按下列所示，报告舰只活动情况。

一、珍珠港分为五个水域

甲水域（佛德岛与武器库之间）

乙水域（佛德岛之南及西）

丙水域（东流之江面）

丁水域（中央流之江面）

戊水域（西流之江面及其通路）

二、军舰与航空母舰只须报告其在港停泊者。

三、扼要说明舰型、舰种。

四、凡有二艘以上的军舰靠港时，盼照实登记。

类似上举几份来往密电报，从一九四一年五月至十二月八月偷袭珍珠港事件止，约有六七十份。惜我珍藏的资料早被抄没，几页笔记断片只不过一鳞半爪……我只能就自己记忆所及，概括其主要内容若干项，列记如下：

第一，停泊于珍珠港的美国舰艇的总数，同类舰种的舰数及舰名，要求详细列报。檀香山总领事馆先后多次电告日本外务省。

第二，关于战舰及航空母舰在珍珠港内停泊的位置及出港的时间等来往电报的重点内容，反复查询及汇报。

第三，日本外务省多次电询每周中是星期几有最多的美国舰艇停泊于珍珠港。檀香山总领事馆经过多次观察调查，回电答称：“是星期日。”这一点很重要，成为后来日本选择十二月八日（星期日）偷袭珍珠港的依据。

第四，官兵上岸下海规律，特别是星期天官兵休假起讫时间，也是来往密电报的主要内容之一。

第五，夏威夷天气气象如何问题，竟亦出现于来往密电报。当时日本和美国都还没有今天所日日常见的天气预报措施，据说气象还是作为军事机密来对待，这就难住了檀香山总领事馆。后来经过向日本侨民中一个业余天文学家请教，他三十年来一直观测天空流星。他说三十年来夏威夷地区未曾一度发生过暴风雨，东西横断奥阿夫岛的山脉，其北面多阴，南面则常晴。亦即说，任何时候飞机都可航行。事后才恍然大悟，这是为着空袭珍珠港所做的气象调查。

以上五项只是我今天对当年所破译出的密电报内容的粗略概括，至于详情，自无法引用原文作证。日本外务省与檀香山总领事馆之间何以有上述各种涉及军事方面的电讯往来，当时我们不无怀疑。日本总领事馆内是谁担任此项谍报工作？战后国际上报刊有一些零星记载，风传系日本海军尉官伪装该总领事馆馆员所干的勾当，但在我们所破密的密电报中没有看到此人的形迹。因为密电文的抬头，多是檀香山与东京（偶尔出现外务大臣字样）两个地名，没有其他。这个谜直至《回忆》问世，才真相大白。

此人本名叫吉川猛夫，一九一二年生于日本爱媛县松山市，一九三三年毕业于日本海军兵学校。一九三四年分配到巡洋舰由良号任海军少尉，旋因病疗养二年而退役。一九三七年起以“嘱托”名义（所谓嘱托并非正式职员，类似我国之临时雇员或特约人员）在军令部第三部工作。一九四〇年五月，他奉军令部命令，上半天以“森村正”的假名在日本外务省工作，下半天仍以“吉川猛夫”的真名在军令部工作。目的在于日后派遣他到檀香山日本总领事馆，挂个“书记生”名义，实际上负责刺探夏威夷珍珠港美国海军基地的情报。

原来一九四〇年九月日、德、意三国同盟签订后，日本军令部为加强太平洋岸的情报网，于同年底分别在美国的西雅图和洛杉矶两地派驻海军军人，前者为某少校，后者为某中校，以现役军人负责情报搜集。但到第二年（一九四一年）春，他们均被美国情报当局监视并以种种借口驱逐回国。于是就派吉川猛夫（森村正）到檀香山总领事馆去接替该项工作。他当然表面上是由日本外务省派去的，主管总领事馆内有关日本侨民申请脱籍工作。据说日本外务省内知道他的使命的，不过一二人；而总领事馆内知道的，只有总领事喜多长雄一人。他是于一九四一年三月二十日从横滨乘新田丸出发，二十七日到达檀香山的。

他到任后，即经常乘出租汽车（驾驶员当然是日侨第二代会讲日语的）四处兜风，旨在观察珍珠港周围军事设施与海军舰只。《回忆》上说："珍珠港前门警戒森严，而后门却是敞开的。"因为他发现后门有一家小茶馆，是一对日本老夫妻开的，出售可口可乐、糖果等，顾客多是舰艇上的水手。这里虽亦属于禁区，但外人前来小茶馆吃茶，却不加禁止。这是驾驶员无意中带他到这里来的，他喜出望外，如获至宝，后来也确实从这里获得许多有价值的军事情报。

另外一次，喜多总领事为森村正到任设宴接风，特地在一家日本菜饭馆定下筵席。席间他从宴会厅西南方向望见灯光点点，"噫，此非珍珠港耶？彼处乃希卡姆飞机场也。吾得之矣！"他表面不露声色，内心却欣喜若狂。此家饭馆名曰春潮楼，两层建筑，规模颇大，除承办筵席外，还可住宿，女侍全是日本女人。此后他便以种种借口来此饮宴，并带女侍出游，避人耳目，旨在刺探珍珠港动向。有一天他在春潮楼过夜，晨起，打开窗帘，眺望珍珠港，不免大吃一惊。原来"大舰队正在出港之中，港外则驱逐舰已展开，重巡洋舰与轻巡洋舰正在作成序列，而战舰五六艘正从港口驶出。檀香山市街还在沉睡之中。大舰队从静寂无声的奥阿夫岛悄然远去，沉没于南方地平线下"（见《回忆》）。这一偶然一瞥却给他带来宝贵的启示：原来美国舰队之出进珍珠港是在黎明和傍晚。于是，他意识到为彻底掌握珍珠港美国舰队的活动情况，以及舰型、编制、标志、只数等等，必须经常住进春潮楼，以便朝夕观测，作成精密记录。他果然这样做了，自然满载而归；同时美国情报机关也以为他沉溺酒色，不予注意，始终不加监视，从而没有暴露身份。同时美国也一直破译不出檀香山总领事馆与日本外务省之间来往密码电报，始终蒙在鼓里。

迨偷袭珍珠港事件发生后，从总领事馆内搜出密码本，当然译出全部密电报，始知总领事馆内潜伏日本特务。但终未查出是森村正所为，最后只得放他返日。日本无条件投降，盟军进驻日本，森村正（吉川猛夫）做贼心虚，怕被美军查出受审，于是改名换姓，到处流浪。他深知大城市美军多，日本警察亦多，易被追捕，乃遁入深山，寄身古刹，打扫山门、坐禅、托钵、割薪，自号碧舟居士，历访各地禅家，过着隐遁生活好几年。有一次他从京都偷着回松山市，半夜抵家，得知警察已来追查他的行踪数次，军令部以往同事多被判刑。他怕了，第二天半夜又复出走。直至一九五一年签订旧金山条约，宣布不再追究一切战犯，他才敢出头露面，回松山市居住。

以上所述，只是介绍珍珠港事件发生前的若干背景材料，还未涉及我们事前破译日本偷袭珍珠港密电报的正题上来。究竟这份密电报内容如何，是谁破译出来的？下面让我以亲与其事之身，就此二点加以说明。

首先要说明的是日本外交密电码本有多种多样，其中有的是通用于世界各地的日本使领馆，有的则专用于特定使领馆。前者如前此提到的最简单的LA码和另外一些密码本等是，后者如檀香山日本总领事馆潜伏特务森村正（吉川猛夫）与日本外务省（事实上是与军令部）之间所使用的密码本即是。至于日本驻美大使馆所用的密码本，自然也有通用与专用两种。我所破译出的日本偷袭珍珠港密电报的密码本则是该大使馆的专用本。

一九四一年春，日本政府任命野村吉三郎海军大将为特命全权大使前往美国，进行日美和平交涉。其所以特派野村大将出使，是因他过去在驻美大使馆当武官时，罗斯福任海军部副部长，利用彼此旧知关系，以期打开僵局。

一九四一年七月二十六日美国政府因看到日海陆军进驻安南（越南）、南进必不可免，认为日本政府对日美交涉根本没有诚意，故决定全面对日禁运并冻结日本在美资产，以资报复。于是日本政府又于九月六日召开御前会议，决定在十月上旬之前如日美交涉达不成协议，则决心开战。其后日美交涉日益僵化，和平业已无望，日本进一步决定除外交官外，民间人士陆续开始撤退。但为掩盖日本开战企图，日美间定期客船依然按期由横滨开航，迎接最后一批撤退侨民的龙田丸亦于十月十五日开出。这些日本意图，美国还蒙在鼓里，珍珠港方面毫无戒备。而日本早已根据森村正（吉川猛夫）所提供的珍珠港方面军事情报，决定于十二月早晨偷袭珍珠港，但却狡猾地派遣来栖特使匆匆赴华盛顿搞假谈判，用以迷惑美方。其实，这个烟幕早被我于事件发生前五天破译成功的由日本外务省致野村大使的一份密电报中予以揭破。该密电报主要内容，记得如下：

（一）立即烧毁各种密码电报本，只留普通密码本。同时烧毁一切机密文件。

（二）尽可能通知有关存款人转存于中立国家银行。

（三）帝国政府决定照御前会议采取断然措施。

……

我破译之后，深感该密电码的重要性，立即送交当时组长霍实子先生。我根据以前所译出的有关珍珠港的军事情报，对霍说日美之间也许要“东风，雨”了。霍实子先生点头称是，并提起笔加注意见：“查八·一三前夕，日本驻华大使川越曾向日本驻华各领事馆发出密电说，经我驻沪陆、海、外三方乘了出云旗舰到吴淞口开会，已经做出决定，饬令在华各领事馆立刻烧毁各种密码电报本子。这就说明日寇已经决定对我国快要发动全面战争。现在日本大东亚省（注：这是日本外务省之误）又同样密电饬令日本驻美使馆立刻烧毁各种密码本子，这就可以判明日本已经决定对美快要发动战争了。”（见《若干事》第二十七页）我在旁插话说：“日期可能就是这个星期天。”霍先生点头同意，并说：“我即当面报告毛庆祥代主任。”

当时“霍即亲拿这份刚译出的日帝密码情报飞跑送到主任办公室交给毛庆祥主任。毛阅后也马上亲自将这份密电情报送到蒋介石手里。事后毛庆祥对霍说，蒋也立刻把密电内容通知驻渝美方。可惜的是美方低估当时中国研究日本密码电报的技术，不相信国民党中国已破译日本密码电报。同时还因为日本政府事先设置的一个骗局，派来栖特使到华盛顿佯搞谈判。美国信以为真，把中国交给它的那份重要情报，不予理会，以致珍珠港遭到日寇突然袭击，美国海军舰队受到重大损失，从而揭开太平洋战争的序幕。当时日本偷袭珍珠港的消息，立刻传到华盛顿美国国会，正好来栖特使和日本驻美大使野村假痴假呆地在美国务院搞他们的骗子谈判。美国已知受骗，马上把来栖和野村赶出国务院。这两个骗子站在国会大门口，窘态毕露，狼狈不堪，面孔尴尬，被美国摄影记者摄入镜头，随即刊登于美国画报。毛庆祥曾向驻渝美方索取这份画报给霍看过。”(见《若干事》第二十七页和第二十八页)……

关于日本偷袭珍珠港事件的来龙去脉，就我们当年破译日本密电工作的角度出发，将所知的梗概综述如上。但是谁破译这份密电报，直至一九七九年才发生了混乱并见报，嗣于一九八三年三月又得更正。[46]

另据池步洲在其回忆录中记载：“直到一九八三年三月十八日上海市高级人民法院特派书记员陈培娥女士到霍实子先生住处了解我的情况时，霍先生实事求是地证实珍珠港密电报是我破译的，并亲笔写信给我告知此事。”霍实子在致池的信中写到：“……一九四〇年春军委会技术研究室成立。我任该室第一组少将组长，池任该组第四科科长，破译了许多日本的重要情报，如：日本偷袭珍珠港这一重要情报是池破译出来的……”“从霍先生这封亲笔信，可以雄辩地证明：不是别人，正是我把日本偷袭珍珠港的密电报破译出来，这是千真万确的历史事实。实际上霍先生本人不擅长研究，宜于搞研译和翻译。他又是一组之长，自有不少行政事务要他去管，故极少做破译工作，一切都是由我们军政部过来的人员及一二原检译所人员（如王瀛）去做。而且在研究、研译、翻译三者分工中，他不宜于研究，可以做些研译，更无需他去做翻译，事实上他当组长不必做实际工作，总其成而已。所以，破译日本偷袭珍珠港的密电报，是我而不是霍先生，完全符合当时的实际情况。”[47]

至此，我们可以看出，所谓侦译得获日本偷袭珍珠港的密电情报，并不是某一人一次偶然的功劳，而是中方译电人员和派入敌后的情报员共同工作的结果，在中方最高当局处得出了综合研究后的结论，并及时通报给了美方。可惜美方并未重视这些重要情报，以致吃了日本人的大亏。

军技室情报使山本五十六命归黄泉

日本海军大将、联合舰队司令长官山本五十六是“二战”时期日海军的重要指挥者，他曾提议和指挥了1941年12月偷袭珍珠港的行动，是发动太平洋战争的罪魁。袭击珍珠港成功后，他又指挥日本海军乘胜向南洋进军，侵略英、法、荷南亚属地，并企图打通欧、亚大陆海上线，与德、意两国会师。山本因此成为盟国的死敌，美国人一心要除掉他。

1942 年后，美军在西南太平洋上开始对日反攻，在密德威（Midway）、珊瑚海（Coral Sea）及瓜答尔卡拿尔（Guadalcanl）等海域作战中，给予了日本海军重大打击。面对渐趋的败局，山本五十六欲亲自前往第一线督战，阻碍美军的反攻以巩固日军在南洋的第二线，改变眼前的态势。他计划在日本海军基地拉巴乌尔（Rabaul）建立前进根据地，以便在所罗门群岛的第一线上与美军展开海空决战，便命幕僚拟订出巡计划。

日海军为最高指挥官的出巡作了周密的准备。他们确认美空军从未在此线上进行过正式轰炸，1943年4月重新改订的密码本也不会立即被破译，能保证航行安全。于是确定4月18日山本五十六带幕僚乘专机出发，并向“各队预告巡视日程”。但他们万没想到中国方面已从破译的日本外交密电中获知了这一消息并通知了美方，结果使山本五十六魂归太平洋。

池步洲在回忆录中写道：

殊不料这份预告山本五十六出巡日程的密电报竟被我们军技室轻而易举地破译出来，终于葬送这个枭雄的性命，时间是一九四三年四月十八日，他的座机是被由迦答尔卡拿尔岛美军基地起飞的美国空军所击落，消息很快传遍世界各国……据战后前述森村正（吉川猛夫）写的《回忆》，摘记其中一节如下：

四月十八日，拉巴乌尔山上的长官宿舍被南洋特有的早霞照得通红明亮，鸟声唧唧，天气极好。长官及其幕僚的大部分，分乘二机，由六架战斗机护航，上午六时起飞。飞机场前面的花笑山，和往常一样，雪白的喷烟高高地飞扬在清澄的太空里。高度保持一千五百公尺。从布耿菲尔西侧南下的长官座机，没有多久，最初的目的地巴拉勒飞机场刚刚进入视线的那一瞬间，突然受到十六架P−38战斗机的急袭。座机顺着原始森林急遽下降，要想逃出这个攻击，无奈追而不放的敌战斗机终将座机击落于原始森林之中，幕僚所乘之第二架飞机也被无情地击沉海底。翌日，搜索队好不容易到达现场，发现这位威望压倒全海军的山本长官的遗骸，手里握“月山”军刀，横倒在其原来的座位上面。

山本五十六的死讯，四月二十日传到（日本）军令部，万分震惊，深以有损日军威信，不敢立即发表。后来拖延若干时日才发表战死公报，并于六月五日举行国葬。

事后日本内部关于山本出巡日程的密电报何以被破译，推测纷纭，莫衷一是。

有的说是内部有间谍潜伏所致；有的说是因为马琴（译音）岛上以金光兵曹长率领的四十三名特别陆战队负责侦收通信谍报时，被分乘二艘潜水艇的二百二十名美海军兵全歼，掳去机密文书所致。有的说从一九四二年夏至一九四三年春这一期间内所罗门群岛上空被击落的日本飞机为数甚多，这些飞机都携带有作战密码本，被美军从飞机残骸中搜索而去。这些密码本虽经改订，但有经验的密码专家不难把四月一日的新本解读出来。总之，他们一致认为这一份密电报是由美方破译出来的。殊不知不是美国而是我们中国军委会技术研究室破译出来。但我们破译的并不是日本军令部拍发的那份密电报，而是用日本外务省最简单的，我们称之LA密码本拍发的另一份密电报。这话看似玄乎，而是事实。请看霍实子先生与李直峰先生合写的《若干事》第二十八页至第二十九页所载的一段，便知分晓。文中有不确之点，我另加括弧注明。文中说："一九四二年（注：应是一九四三年）日本联合舰队司令山本五十六，不得不亲赴南洋指挥海军作战。就用大东亚省（注：应是外务省）所留下未烧毁的普通密码电报本（LA码电报本），打了一份无线日文密码电报，说定于某月某日乘飞机赴南洋指挥作战，当被重庆军技室侦译出来。由毛庆祥报告蒋介石，即刻转知驻渝美方。美即令航空母舰飞机队（注：应是迦答尔卡拿尔岛上美军基地的空军）准时在太平洋上空侦候，把山本五十六击落海中（注：应是原始森林）而死。但日本《军阀》那部电影上讲，是美国自己破译出这份密电的。这与当时事实不符。"

我也是当年躬与其事之人，完全同意霍实子先生所写的上引一段话，事实的确如此。我一再在前文提及终抗战间我们中国没有破译过日本陆军密电码当然也包括日本海军密电码在内，这是千真万确的事实。所以，那份军令部拍发的密电报，我们没有破译出来，说的是实话；而破译出那份用日本外务省最简单的LA密码本拍发的密电报，说的也是实话。现在看来，这两份同样内容（即预告山本五十六巡视日程）的密电报可能是同时并存的。果真如此，则问题就转移到为什么日本外务省也拍发这种密电报上来。这是当时日本内部之间的秘密，我们无从说起。我们能说的是：当时山本五十六巡视日程的密电报是我们中国破译出来的，而该密电报是用日本外务省LA密码本拍发，是由中国通知美国而出动空军拦击，以致造成山本五十六在南太平洋所罗门海上巴拉勒机场附近上空的"天女散花"，如此而已。[48]

由此看来，美军击毙山本五十六是中国军委会军技室破译日密的又一重大成果。

军技室破译日本情报的重要成绩

在池步洲的回忆录中还记载着军委会军技室破译日密的其他重大成绩，概括起来有以下十余项的内容：

一、1941年4月13日，苏日两国出于各自的目的，签订了《苏日中立条约》。这件事对中国的抗战产生了严重的影响。而日本派特使松冈洋右到苏联签约的全过程，中方从破译的日本密电中均有了解。日本为了南进，必须确保解除北方压力，于是他们派特使去苏联，希望以中立条约的方式得到苏联的保证。作为交换条件，日本特使向苏联许愿："将来日苏共同开发满洲。"当时苏联正在希特勒德国的强大压力之下，为免除东西两面受敌，故而成交。苏联外长莫洛托夫在签约仪式上举杯致辞说："日苏有共同的利害关系，中苏不会成为好友。"纳粹德国闻讯，派员赴日劝阻，日方则骗德国人说"待日本占领南洋后，实力更厚，再转以北进"。其后，日本曾探知苏联计划援助中国飞机若干，就通过日本驻苏大使佐藤，以中立条约为借口，加以阻止。

这些情报的破译，使蒋介石深感苏联已不可恃，而更寄希望于美国。

二、某日，军技室破译日密得悉消息：有两艘美国船只，挂着苏联国旗，满载军火，自西海岸航往苏联，但在公海被日本军舰扣留。苏联外长莫洛托夫召见日本大使佐藤，要他放行美国船。他说："美国是苏联盟国，而且挂着苏联国旗，日苏订有中立条约，日本不得擅自扣留。"佐藤说："美国是日本的敌国，日本有权扣留它的船只。"双方争执相持不下。佐藤威吓说："日本南进已成功，兵力可以北调。"并要求晋见斯大林。莫洛托夫回答说："他是最高统帅，不能见你。伏罗希洛夫是最高苏维埃主席可以接见。"佐藤反唇相讥说："那么日本的总理大臣从此就不再接见你们驻日大使。"事后，佐藤电外务省请示，电文说："我刀已出鞘，不可能收回了，愿允许在二十四小时内下旗回国。"蒋介石看到这些译电，十分高兴，他认为日苏断交有希望了，因此焦急地等待日本外务省的回电，特命毛庆祥坐在军技室的办公室里等消息。可是两天时间过去了，还不见回电。到了第三天，军技室才侦破到日本外务省的密电，内容为："经过内阁会议，现在对苏作战，还不是时候。两条美国船，这一次姑且放行，但不保证今后不再扣留美国船。"于是蒋介石希望破灭。

三、军技室破译日本密电码中有大量有关苏德战场的战况报告，几乎每天都有好几份乃至十多份，内容真实详细，与协约国报纸所报道者几乎完全不同，其中描述德军战地实况尤详，如报告德军在冰天雪地中缺衣少食，饥寒交迫；希特勒数次亲赴前线召开军事会议，当场拔枪打死持反对意见的将领等。战争后期日本的电文中，也暴露出他们认为德军可能战败，因此日本不可轻易对苏开战。

四、1942年10月，军技室破译一份日本密电，成功地向英印空军情报部预报了日本飞机从缅甸的同古起飞，准备轰炸印度加尔加答的消息，英国空军遂在中途将其拦截围歼。英方驻华上校曾为此给军技室送来大量慰劳品。

五、日本密电中有大量的谍报信息，如我方某战区司令部所在地被侦悉，日本准备派空军去轰炸，幸而侦译得悉，及时通知而转移；重庆、西安、贵阳、桂林以及其他内地军火库及兵工厂，藏有日本间谍，企图破坏；昆明军工厂内有汉奸潜伏，密电透露日方已令其进行破坏活动等，我方据此立即采取肃奸行动，扣押可疑分子多人，阻止日方破坏计划。特别是通过情报侦译，得知军技室内部派往某地的第八工作队李某已被日本收买，遂立即将其调离岗位，并加强了内部保卫工作。

六、侦译的日本密电还挽救过国民政府要人的危机。日本谍报中曾透露孙科将于某日某时从重庆乘飞机出巡，日本方面令空军将其击落。破译电文时孙科已到机场，正要登机，获悉此情后便中止了行程。而上机的经济界人士徐新六、胡笔江却果真在空中被袭击而丧生。

七、军技室通过破译日本密电，还对中方抗战阵营内部的异动情况及时得到了解，报告最高当局妥善处理。如战争爆发后，驻济南的日本总领事曾数度去见当时山东省主席韩复榘，询问他对南京中央军进入山东的态度，韩表示决不让中央军进山东。日本总领事将此事电告日本政府，被我方破译。这为蒋介石后来处决韩复榘提供了警戒和依据。又如1938年底汪精卫逃离重庆到河内后，云南军阀龙云及川康系军阀都有代表去河内同日本人秘密谈判，其内容都被以密电报告日本政府，一一被我方破译。后来龙云获悉此事被蒋介石从破译的日本密电中侦知，故而他始终不敢再去重庆见蒋介石。

八、抗战期间美国援华空军陈纳德“飞虎队”抵抗日本进攻，颇著战功。其中他们所需的日本空军活动情报和气象情报，大量来自我方侦译的日本军用密电，这为飞虎队准确掌握日本空军活动情况，及时打击日本空军及交通线提供了保障。其成功也有赖于一次军统俘虏了日本空军通讯员大石信三后的收获，当时毛庆祥命霍实子到重庆军统局参加审讯日俘，得知日空军的密码比较简单，很快破译而得掌握全局。

九、情报破译工作为战时中国外交也提供过重要帮助。战争爆发前，国民政府进行币制改革时收回的大量白银，存于天津英租界内有几千万两。中日开战后日方一再胁迫要英国交出。其中日英双方为此事交涉的情况，我方均从日本密电中获悉，中方据此几经与英方交涉，终于使得英方拒绝日本的要求，保全了中国的财产。另外。太平洋开战后，日本方面侦察到有美航空母舰数次向东京湾附近航行，旋又他去。日方对此大为紧张，密电南洋日本各基地注意，但其通讯所用密码多是外务省最简单的LA密码本，亦被我方破译。后来才知道这是美国意图轰炸东京，曾预先通知中、苏两国，为保全航空母舰避遭日方袭击计，他们计划轰炸东京后飞机不再返回航空母舰，而是径向西飞，分别降落在中、苏两国基地。其中部分战机飞到我国衢州机场降落。但有一次国民党方面因机场主官竟然因嫖妓未归，没有及时译出重庆的指示电报，所以反致以高射炮不断发射，美机不得降落，终至缺油坠毁数架，只有两架在苏联境内安全着陆。日本要求苏方引渡，苏联拒绝。这些消息因日本驻苏大使致国内的密电，被我方译出而一一得悉。

十、有关汪伪政权的情报也在侦译工作中得悉不少。如有资料称：1943年3月，南京伪府主席汪精卫因1935年11月在南京中央党部被刺后枪弹留在背部未能取出，旧疾发炎阵痛，不得不飞往日本治疗。经日本名医小黑手术，安全地取出子弹，医生要其静养三月再行回国，但汪以自己精神甚好，决定匆忙飞回上海。适其妻陈璧君不在，汪用中文密码电报拍致广州德政北路陈璧君住所告知，陈复汪电嘱其千万不要宣布回国，必须改名换姓，秘密住入上海虹桥医院，听候陈返沪护理再行商议。这两份密电均被重庆军技室破译送给了蒋介石。蒋即命军统戴笠，派特务买通虹桥医院女护士，每于送药时，秘密掺入少量无色无味的慢性毒药，延至同年10月，汪即死在上海虹桥医院。俟日本选定陈公博继任南京伪国民政府主席后始于11月发出讣告，宣布汪精卫在日本病逝，后称迎汪柩于上海，运到南京，葬在明孝陵前梅花山上。抗战胜利蒋介石由重庆还都南京时，秘密派兵炸毁汪墓。[49]

又如1945年8月10日，日本天皇宣布无条件投降后，南京伪府行政院长周佛海因早与重庆戴笠有联系，就和伪军头目任援道密谋，欲擒拿伪府主席陈公博一伙向蒋介石赎罪。事被陈等察觉，乃请日本顾问影佐帧昭出面保护，愿出巨款秘密飞往日本乡间隐藏。影佐则于8月24日晚令日本驻沪总领事馆用LA密码本给日本大东亚省发出一份无线密电，电文大意是：南京“国民政府主席”陈公博、“国防部最高会议秘书长”岑德广、“经济部长”陈君慧、“中央军校教育长”何炳贤、“侍从室主任”周隆庠、“安徽省长”林柏生、陈公博妻李励庄、陈公博的女秘书莫国康等由军事顾问带领，从上海乘军用飞机到日本米子机场着陆，请派人妥为照料，并将陈等秘密隐藏乡间。这份日文密电当即被重庆军技室截获破译送给蒋介石。日本投降后，蒋介石即通过驻东京盟军总部，勒令日本政府照这份密电内容，将诸奸一一点名引渡回国法办。[50]

这两件事，第一件涉及汪精卫病死过程真相，特别是军统局有无居中活动，占有除奸功劳之事。目前因缺乏可靠的史料佐证，正史并无记载，仅靠台湾有关机构单方面的撰述、戴笠的自我吹嘘和其衍生出的野史文章是不充分的，只是存有此一说而已。第二件则是有事实佐证的似可相信。

另外，据1941年7月11日主管军技室工作的军事委员会委员长侍从室秘书毛庆祥向蒋介石呈报说：

“奉谕全力侦收东京与罗马通讯等因，自遵办。惟日意双方无线电声音微弱，侦收至为困难，又兼每日空袭时间停止工作，遗漏甚多，除加紧努力，并在技术方面改进外，谨将本月1日至10日侦译情形汇呈之。

一：1日至10日共侦获68份。

二：其中已攻破者计8份，以后如有重要情报当由职亲自送呈也。

谨呈委员长钧鉴。侄毛庆祥呈。7、11附呈情报8份，统计表13张。”[51]

同日又呈报7月2日军技室长春站获得发往莫斯科的情报一份，内容是：“据满方之情报，二日驻长春苏联领事向满方称：居住长春之馆员及其他汉从员等约七八十，因须回国，拟请发给出国护照等语，此一行预定于二日自从出发之一行偕返。”[52]

8月1日，呈报截获日本方面的两份情报：

一为7月13日北平日本占领军当局发出致南京、烟台、济南、青岛及东京各地驻军电，通报“帝国与苏联之关系，极为机微，随军势之发展如何，有殆致重大场面之虞（当地方面军亦作同样之规测），华北及蒙疆方面各部应注意对侨民之保护，以期万全之策（以下电报错误不明）”。

二为东京日本外务省向驻美国、加拿大及南美各重要都市使领馆发出战争准备的命令：“鉴于目下国际情势之紧迫，贵馆保管之文书，应照左列办法处理。1．普通文件应于平时最短时间内处理之，其他文件应特别将其搜集保管。2．为平时之整理兼顾非常之应变起见，应参酌日常之工作任务情形办理。文件中如有贵重者，即寄回本省，其他转手不需用者，逐渐焚毁之。3．焚毁之际，应由负责保管文书者监督执行，注意其绝对不得泄漏机密（焚毁文件之目录，寄还本省）。4．如因避难而实行移动文件时，应始终严密监视，不得稍疏虞。”[53]

很明显，这两封被破译的日方电文是极重要的，特别是第二封电文的内容，从一个侧面暴露了日本准备发动太平洋战争的计划，具有较高的战略价值，这证明军技室的破译工作是卓有成效的。

1942年1月28日，毛庆祥向蒋介石呈报：调查统计局人员陈祖舜等七十九人已脱离军技室，奉调回军统局工作，少将副主任魏大铭、第四组少将组长方砚农等所内现任干部亦申请免职。蒋介石批复同意，但指示所有机器设备暂时继续留在军技室。[54]

以上几方面的事例说明，重庆军委会军技室的密电破译工作对中国抗战有着重要的贡献。他们的工作虽与军统局、中统局不在统一机构范围内，却有着千丝万缕的密切关系，如果不弄清这段鲜为人知的历史，我们也无法对两统的密电通讯和破译工作有一个明确的了解。

抗战中的防空情报工作

抗战时期中国的防空侦察情报机构，搜集了大量的日军航空情报，为中国空军的对日作战和人民的防空提供了有效的服务，而这一切又都是在国家基本建设和基础设施十分缺乏和落后的情况下取得的，在抗日作战史上拥有特殊的地位，其卓著的成就，曾使英、美等国的情报机构对中国航空侦译工作刮目相看。

抗战时期的空防，首先开始于中国空军系统的作战需要。

“九一八”事变后，为了加强江浙沿海的防卫和保护杭州笕桥空军基地的安全，在中央航空学校教育长蒋坚忍的主持下，中国空军于笕桥空军基地设立了第一座防空总台。随后在对日作战前沿的沿海地带，迅速筹建了防空情报网站。

1937年8月14日，十八架日军飞机从台湾起飞，企图轰炸笕桥空军基地。由于温州、黑山监视哨在敌机到达前二十分钟发出了敌机空袭警报，我军驱逐机立即从杭州快速升空，隐蔽在云端上，等待敌机来临后俯冲出击。中国空军健儿一举击落敌机三架，旗开得胜，以3比0的战果，开创抗日空战史的胜利纪录。

抗战开始后，军统局在渝开设侦测总台并参与了与苏联方面合办的“技术研究室”侦听工作，在赣州、西安、重庆成立了工作队，负责对日伪及中共方面的监听侦察，由军统第四处（对外称军令部第二厅第四处）魏大铭负责。为侦测军事气象动态，1939年内他们曾逐日抄报日本华中气象总台分台天气航空气象报告一百份。

据霍实子、李直峰合著《国民党密电研究组与军技室的若干事》一文载称，《黑室》一书（Black Chamber）著者美国前海军情报署密码专家奥斯本·亚德雷不懂日语，但他却在美、英、日三国海军吨位比例谈判过程中，研究日本外务省指令密码获得成功。1939年冬，军统局成立了一个密电组，曾聘请亚德雷来重庆，卑词厚币地要他破译中共在战场上缴获的若干日本陆军密码资料，折腾了一年多，竟也无功而去。[55]直到这年内军统局俘虏日本飞行员大石信三后，经过反战教育，得到了他的合作。密电组把过去许多不明白的密电统统拿出来，搞清了其中的意义。此后，对敌机来袭情报，密电组基本都能够事先掌握情报，通报预警。

1938年底开始，日本空军对中国内地城镇进行普遍大规模的空袭，企图以此摧毁中国军民的抗日意志，迫使国民政府投降。日军采用先进的“零式”战斗机空袭重庆，并重点攻击各地中国空军基地。中国空军为了保存实力，采取了避战方针，每当敌机来袭，便提前起飞，以避免与敌先进的战斗机正面交锋。因此，避警时机的选择就显得异常重要。根据侦译工作队的侦空需要，空军情报总台迁往成都，又在湖北、湖南、四川、陕西各地飞机场附近分设秘密电台，侦察敌机行动，只要敌机一起飞，就有秘密电台发出情报报警。直到敌机飞回原起飞机场，秘密电台传来敌机降落情报，才告解除警报。

1940年至1941年，日本空军集结于山西运城基地，对重庆进行了有计划的轮番疯狂轰炸。在我地面部队防空炮火不足的情况下，及时地侦收敌机情报，准确地发出警报的侦空情报工作，对减少内地军民人员伤亡起到了重大作用。到1941年太平洋战争爆发时，中方的防空情报工作，已积累了多年的经验。

从1941年底起，日本空军主要对英、美作战，其密码的构成也发生了变化，改用加乱数密码，比较其对中国空军作战时复杂了许多，这使破译工作增加了难度。但我侦译人员由于受过亚德雷关于密码变化的训练，通过反复分析、比较，终于还是破译了日本空军的密电，及时掌握了敌情动向。1942年11月至1943年10月，第六监察区队共破译驻缅的日本空军密电三百多件，出色地完成了侦收任务，为盟军作战作出了重要的贡献，受到了英军将领的称赞。

美国援华陈纳德空军的飞虎队，曾在华取得赫赫战果，其作战成绩的取得与我方提供侦空情报的准确与及时是分不开的。由军统冉一鹤主持的昆明侦译工作队，是专门负责为第五战区与飞虎队提供航空情报的机构。为奖励中国侦译人员的功绩，美国当局曾授给冉一鹤自由勋章。

美国人罗纳德·海华斯在《中日航空大决战》一书中曾写道："这种情报的价值太大了。陈纳德知道日军飞机朝那个方向飞去，表明了它们的目的所在，因而能够以他贫弱的兵力和日军周旋个没完。虽然只是一个不足一百架飞机的小部队，但却与超过五百架数目的日军战斗。"[56]

第五节 "三面间谍"袁殊传奇

在中国近现代情报斗争史上，袁殊是一位十分奇特的人物，他在抗战前后，周旋于国共两党及日伪势力之间，以多重身份，做过三面间谍，在国民党中统、军统，日本与汪伪以及中共几方面的秘密关系中，纵横捭阖，应用自如。他加入过青帮，在表面上扮演过"汉奸"角色，暗中却又同时兼任国共两边的间谍，他先后坐过国民党、汪精卫的大牢，解放后又曾被错误关押，历经生死磨难，但究其根底，他还是一名中共党员，曾为中共的情报工作作出了重大的贡献。

袁殊，1911年出生于湖北圻春，又名学艺、军光，化名曾达斋。少年时代随母到上海谋生，在极为艰难困苦的逆境中，依靠半工半读，获得一定的文化知识。北伐战争时期，一度投身于北伐军并加入了国民党。大革命失败后，沦落在"狂飚社"当伙计。1929年留学日本，专攻新闻学，后因经济拮据，于1930年冬回国。

在日本，袁殊接触了一些进步思想，回国后他曾担任"中国左翼文化总同盟”常委，参加过上海左翼文艺活动。创办《文艺新闻》，经常发表带有“左倾”观点的作品，他还曾披露了国民党当局杀害“左联五烈士”等重大新闻。袁殊与当时上海左翼文化人冯雪峰、夏衍、楼适夷等都很熟悉，在上海文艺界具有一定的影响。

袁殊在左翼文化活动中表现出来的交际才能，很快引起了上海中共地下党组织的注意。1931年10月，经中共情报负责人潘汉年的介绍，袁殊加入了中国共产党，并参加了中共情报系统——中央特科的工作，当时他年仅二十岁。潘汉年对袁殊说：“你加入的是‘秘密’前卫组织，从事的是保卫组织的秘密工作，你要在一切人面前保守组织的秘密，万一你因保卫组织而牺牲了，那只能做一名无名英雄。”袁殊表示接受一切条件。从此，他与中共情报工作结下了不解之缘。

为了党的情报工作的需要，根据党组织的指示，袁殊停写了带有“左倾”色彩的文章，封闭了《文艺新闻》，也不再与夏衍、楼适夷等激进文化友人来往，他渐渐有意从文坛上淡出，并在社会上造成他已消极隐退的印象。

袁殊的父亲是老同盟会员，在国民党内与当时的上层社会有一定的关系，但袁殊寻机向上层渗透时，并没有依靠他父亲的关系，1932年春，他经表兄贾伯涛的牵线，利用与国民党上海特别市党部社会局局长吴醒亚的同乡关系，成为吴的门客。吴醒亚是中统特务头目，他在中统组织内成立了以“湖北帮”为主的特工组织“干社”，袁殊被任命为情报股股长。这样，袁殊成功地进入了国民党特工组织。又经吴的介绍，他成为“新声通信社”的记者，出入南京政府宣传部门，并结交了日本驻沪领事馆副领事岩井英一，成为朋友。

1931年“九一八”事变后，为了加强对日情报工作，袁殊有意识地加强了与岩井的关系。岩井英一是日本外务省在中国从事情报工作的资深特务，他和袁殊接触后，把袁殊看做“在华亲日势力”分子。袁殊伪装得宜，与他建立了情报关系，开始接受其每月两百元的津贴，成为“日本间谍”。当然，这一安排得到了中共党组织的批准。1933年，袁殊一度与中央特科失去联系，转而为共产国际远东情报局工作。1935 年，袁殊因“怪西人”事件而被国民党军统逮捕，并经叛徒指认暴露了身份，袁殊满足了他们追查并找来著名电影演员王莹（袁自述当时并不知道王是中共地下党员）及写份声明承认自己过去为中共工作，今后将“拥护蒋委员长抗日”的要求，考虑到袁殊与吴醒亚的特殊关系，同时又怕开罪岩井英一，国民党特工机关以“思想文化罪”，判袁殊两年九个月的监禁，实际上袁殊在狱中只待了八个月就被释放了。出狱后，为转变角色，党组织同意他再度赴日本留学，成为早稻田大学历史系的研究生。

1937年4月，袁殊从日本回国后又加入了青帮，拜在青帮“大”字辈人物曹幼珊的门下，成为可以和杜月笙、黄金荣平起平坐的“通”字辈师兄弟。这样一来，袁殊和中统吴醒亚、日本驻上海领事馆、帮会都有了联系，是集多种身份于一身的情报人员。袁殊巧妙地利用这种多重身份，广开情报来源，为中共中央提供了许多有价值的情报。与此同时，他当然也在有选择地为中统和日方提供情报。1937年6月，中共秘密组织负责人潘汉年以八路军上海办事处主任身份回到上海，袁殊在他领导下开展了一系列工作，取得重大收获。

全面抗战爆发后，袁殊在从事情报工作方面表现出来的特殊才能，引起了国民党军统的注意。经青红帮大佬杜月笙的介绍，戴笠亲自出马访问袁殊，希望他为军统工作。袁殊将这一情况向潘汉年作了汇报后，潘汉年认为“机会难得，不可错过”。于是，袁殊接受了戴笠的任命，再次变身成为军统上海区国际情报组的少将组长。他一人具有中统、军统、日本、青帮和中共五重身份，是中国情报史上绝无仅有的特例。

“八一三”淞沪战役期间，袁殊化装成日本学生越过战线到日军阵地侦察，他提供的重要情报使我方避免了重大的损失，上海沦陷后，袁殊奉中共与军统局之双重命令留沪工作，他以军统少将的名义，成立了秘密行动小组，专门惩办侵略者和汉奸，并得到了军统局的奖励。其中最为成功的是炸毁了日本在虹口的海军军火仓库。为此，军统给袁殊记了大功。

1937年上海沦陷后，岩井英一又回到了上海，并成立了一个日本特务机关"特别调查组"，袁殊成为其中一员。当然，这事得到了军统与中共方面的同意。

为得到军统的信任，袁殊按照军统的部署，在上海积极开展了包括搜集情报、袭击日伪军散兵、刺杀汉奸等活动。1939年初，袁殊参与制订了暗杀原中统特务、时已投靠日本并成为日伪特工总部"76号"头目李士群的计划。正当他们准备将这一计划付诸实施时，因军统上海区负责人王天木的被捕叛变而败露，袁殊也因此被李士群的特工总部逮捕。李士群过去被中统逮捕时曾受过严刑拷打，因而对"两统"恨之入骨。被捕的军统人员如不投降归顺，立即加以杀害，决不手软。袁殊被捕后处境十分危险。生死关头，他抱着一线希望，求救于已担任日本领事官的岩井英一。岩井英一果然以领事馆的名义，以袁殊是外务省系统情报人员为由，将袁殊保释出来，使其避免了一次杀身之祸。

岩井英一营救袁殊，并非不求回报。而且，从认识袁殊的第一天起，岩井英一就着力培养袁殊亲日，要拉拢袁殊为日效力。果然，当袁殊被安排往百老汇大厦后不久，岩井英一就向他提出要求，要他立即写一篇谈所谓中日关系的文章公开发表，实际上也就是要袁殊公开表态当汉奸。袁殊立即请示潘汉年。潘汉年早已料到岩井英一这一手，他指示袁殊将计就计，公开出面当"汉奸"，打入日本谍报机关。潘汉年说："我看这是个机会，也许还是难得的好机会，向敌人营垒渗透，在敌垒中建立我们的内线，需要的就是这种机会，你若真能成为汪伪政府中代表一个派别的领袖人物，不但可以起掣肘汪伪政权的作用，获得情报的机会也更多，对革命的贡献更大。当然，这对你个人来说是很委屈的，需要付出巨大代价，要承受亲朋好友的误解和公众的唾弃，清白玷污，名誉扫地。"

自参加中共情报工作以来，袁殊早已将自己的生死利益置之度外，但他确实没有想到过要背负"汉奸"的骂名。现在，有了潘汉年的明确指示，袁殊义无反顾地"按组织的意思去向水里跳"，甘愿"落水当汉奸"。他按照岩井英一的意见，经过一番思考斟酌，写了一篇《兴亚建国论》，在中日几家报纸上发表，成为由岩井英一扶植起来的“公开汉奸”。

事隔不久，岩井英一为了掣肘汪伪汉奸势力，就让袁殊出面组织一个“兴亚建国同盟”，作为一个汉奸文化团体，加入到汪伪政府中去。1939年11月，袁殊根据中共的安排，向岩井英一建议把它扩大成立为一个由岩井控制的伪组织——“兴亚建国运动本部”，得到了同意。于是，他在地处上海宝山路的“岩井公馆”挂起了“兴亚建国运动本部”的招牌，成立了“兴亚建国运动委员会”的机构，并筹备出版了《新中国报》和《兴亚》杂志。“兴亚建国运动本部”表面上是一个接受日本外务省津贴、支配的汉奸组织，实际是中共的一个新的情报据点。“兴亚会”的主任委员是原属改组派的陈孚木，经何香凝、廖承志做工作，他表示愿意为抗日而实行“特洛伊”木马计，机要员是从延安来的情报干部刘人寿，其所办的《新中国报》，经理是在桂林《救亡日报》工作的中共党员翁从六。在他们这里，不仅日本外务省每月拨给“兴亚会”的二十万军票中，有相当一部分成为中共上海地下党组织的活动经费，而且在袁殊的具体操作下，一份份重要的战略情报从敌人的心脏发送到了延安。据刘人寿等的回忆，他们从“岩井机关”获得的重要情报有：

1．1939年英法企图牺牲中国对日进行妥协的“远东慕尼黑”活动；

2．1941年6月13日潘汉年从香港签发的有关德国即将入侵苏联的报告，尽管苏方当时没有重视这份情报，但事后苏共中央曾为此向中共中央表示感谢；

3．德苏战争爆发后，日本的动向是南进而非北进，以及日美谈判的情报。这是涉及苏联能否将远东红军西调的决策，对国内的抗日动向也很有影响。1942年初，由日本外务省安排，袁殊作为“兴建运动”的代表，应邀到日本访问。日本外务省头子野春吉三郎是组织这一访问的主角。吉三郎向袁透露，当前日本的国策是准备诱降蒋介石，建立一个以日本国为主体的大东亚共荣圈，日军已确定了南进的战略部署。这一消息让袁殊为之一震。袁殊汇集和分析各方面的情报，认定南进已是日军确定不移的战略决策了。潘汉年立即将此情报报告延安。在欧战全面爆发之后，苏联始终担心腹背受敌。在有了确定日军南进的情报后，苏联这才果断决定从远东调出了几十万兵力到西线增防。

“兴亚建国运动本部”除为中共地下党掩护了一个电台外，更重要的则是出于国际反法西斯战争大局的考虑。当时在日伪与顽固派的夹攻下，隐蔽战线工作的任务更为艰巨，必须以更灵活的方式深入敌人内部。有袁殊进入日本人活动的圈子中，对获取情报也就更加有利。因延安远离情报中心上海，又急需掌握日本大本营动向及日、汪、蒋三方的微妙关系与变化，于是袁殊这个机构便成了中共的重要耳目，他将大量情报发往延安。

尽管袁殊是个“公开的汉奸”，但他毕竟是在上海滩活动，曾几度被国民党和日伪怀疑过。国民党密令它在上海的情报系统调查袁殊的真实身份。1941年2月27日，孔祥熙在上海的情报员就在一份致重庆当局的密电中报告说：袁殊虽几度“在中央机关（指国民党的军统）服务，实则为共产党工作。前年袁被捕后在日方组织伪党（指汉奸组织‘兴亚会’），亦为共党指使。现袁为共党担任工作有四（方面）。共党在沪安全问题与共党在沦陷区之交通亦由袁负责”，“共产党利用日伪报纸攻击中央（指国民党中央）皆由袁办理”。但军统方面对袁殊的真实身份一直没有弄清。

袁殊凭借“兴亚会”负责人的身份，在汪伪政权内担任过伪国民党中央委员、宣传部副部长、“宪政实施委员会”委员、江苏省教育厅厅长等职务。汪伪开始“清乡”后，袁殊先后被委任为“清乡政治工作团”团长，镇江地区清乡公署主任兼地区保安司令。

1945年初，袁殊辞去了伪教育厅长等职，仅留下一个上海市参议的名分。抗日战争胜利后，袁殊被任命为忠救军新编别动队第五纵队指挥和军统直属第三站站长，被授予中将军衔。

抗日战争胜利后，国民党政府曾拟按汉奸罪对袁殊提出起诉，但在中共党组织的安排下，1945年10月7日，袁殊由交通员秘密护送到苏北解放区，并于1946年重新履行入党手续，结束了长达十四年的敌营生活。

直到1946年初，国民党方面才知道袁殊去了解放区，于是，“抗战有功人员袁殊”立即变成了“共党汉奸”。军统对袁殊下了通缉令，并派人去苏州抄家。“双十”协定签订后，袁殊随军北撤。

时任中共华东组织部部长的曾山同志亲自找袁殊谈话，考虑到各种关系，让袁殊暂时改名，跟他姓曾。从此，“曾达斋”的名字一直用了几十年。后来，他被任命为华东局联络部第一工作委员会主任，定为旅级干部。后又调往大连，在李一氓领导下从事解放区城市建设。

1949年2月，袁殊调往北京，转到李克农领导的情报部门工作，专事日美动向的调研。1955年4月，他因潘汉年案牵连而被捕入狱。1982年又随潘汉年的平反而平反。

1987年11月26日，袁殊病逝，结束了他坎坷而传奇的一生，享年七十六岁。[57]

袁殊的一生复杂多变，他曾为国共汪日多方搞情报工作，表面上做过日伪汉奸，又与中统、军统有关系，但其中最担风险的是他长期以来为中共做地下工作，最后又决定“归队”投奔解放区。按照1954年中共中央军委对他作出的审查结论：1935年被捕时自首变节有严重政治错误，后来给中共做情报工作给予充分肯定。[58]

【注】

[1] 张文《中统20年》，载江苏省政协文史委《中统内幕》，第68页。

[2] 李约勒《难产的中央党员通讯局》，同前出处，第268页。

[3] 同上，第269页。

[4] 同上，第270页。

[5] （台）“国史馆”藏“大溪档案”：特交档—分类资料：军事种情报：第034卷。

[6] 见《连战父亲与南京的一段情缘》，载《南京晨报》2005年4月21日D14版。

[7] 邓葆光《军统领导中心局本部各时期的组织及活动情况》，全国政协文史委《文史资料选辑》第86辑，第186~188页。

[8] 陈恭澍《英雄无名》第三部《上海抗日敌后行动》，第 192~204 页。

[9] 《戴笠致顾翊群函件》、《农行总管理处上董事会呈文》，中国第二历史档案馆馆藏财政档案。

[10] 《戴笠致宋子文函》（1945 年 3 月 20 日），中国第二历史档案馆馆藏财政档案。

[11] （台）“国防部”情报局编印《戴雨农先生全集》（下），第 810 页。

[12] 同上，第 810 页。

[13] 同上，第 822 页。

[14] 同上。

[15] 范绍增口述、沈醉整理《关于杜月笙》，载全国政协文史委《文史资料选辑》第 84 辑。

[16] （台）良雄《戴笠传》（下），传记文学出版社 1985 年再版，第 309 页。

[17] 此节参考郭静洲《抗战时期最特殊的中日“假币战”》，载《金陵晚报》2007 年 9 月 25 日 A13 版。

[18] 据章微寒《戴笠与庞大的军统局组织》（载《细说中统与军统》，第 328 页）等资料综合而成。

[19] 《戴笠自述》，载申元《江山戴笠》，第 98~99 页。

[20] 《在蒋介石身边八年——侍从室高级幕僚唐纵日记》，第 421 页。

[21] （台）“国防部”情报局编印《戴雨农先生全集》（上），第 144 页。

[22] 章微寒《戴笠与庞大的军统局组织》，载《细说中统与军统》，第 329 页。

[23] 同上，第 326~327 页。

[24] 同上，第 332 页。

[25] 《抗日战争中宁死不降的七名远征军女将士》，资料来源：http://my.jlonline.com/newshtml/2007-01-23/320_1.htm.

[26] 《戴笠自述》，参见《发扬正气——民国二十九年 12 月 30 日在孙总理纪念周上的讲话》，载申元《戴笠轶事》，第 154 页。

[27] 池步洲著《一片丹心破日密——抗战回忆录之一》（未刊稿），载 www.hackchi.com/chi/people/mhyxzh004.htm. 文中说明：附注：一、本人全家侨居日本，在现阶段拙著是否宜于发表，家属意见不一，故暂缓出版。二、如有报刊或出版社有意刊登或付梓，事先必须征求本人同意。同时亦请原文照登，一字不改，文责自负。1986 年 10 月。此文系池步洲先生所写，由其侄儿池鲁生先生输入电脑。吴越附注。2000 年 2 月 14 日。

[28] 同上。

[29] 同上。

[30] 吴越《书生笔下十万兵——记破译日军偷袭珍珠港密电的池步洲先生》，载 www.hackchi.com/chi/people/mhyxzh004.htm.

[31] 池步洲《一片丹心破日密——抗战回忆录之一》（未刊稿）。

[32] 关于霍实子的历史，可参考霍实子、李直峰合著《国民党密电研究组与军技室的若干事》（未

刊稿），第 14~15 页，转引自池步洲著《一片丹心破日密——抗战回忆录之一》（未刊稿），资料来源：www.hackchi.com/chi/people/mhyxzh004.htm.

[33] 此节参考我国著名女作家，原人民文学出版社社长、总编辑韦君宜在其遗作《思痛录》中所述其夫杨述堂兄杨肆历史的有关内容。

[34] 霍实子、李直峰合著《国民党密电研究组与军技室的若干事》（未刊稿），第 3 页，转引自池步洲著《一片丹心破日密——抗战回忆录之一》（未刊稿）。

[35] 同上。

[36] 同上。

[37] 同上，第 14~15 页。

[38] 同上，第 3 页。

[39] 吴越《书生笔下十万兵——记破译日军偷袭珍珠港密电的池步洲先生》。

[40] （台）“国防部”情报局编印《戴雨农先生全集》（上），第 26 页。

[41] 池步洲《一片丹心破日密——抗战回忆录之一》（未刊稿）。

[42] 霍实子、李直峰合著《国民党密电研究组与军技室的若干事》（未刊稿），第 14~15 页，转引自池步洲著《一片丹心破日密——抗战回忆录之一》（未刊稿）。

[43] 池步洲著《一片丹心破日密——抗战回忆录之一》（未刊稿）。

[44] 霍实子、李直峰合著《国民党密电研究组与军技室的若干事》（未刊稿），第 14~15 页，转引自池步洲著《一片丹心破日密——抗战回忆录之一》（未刊稿）。

[45] 吴越《书生笔下十万兵——记破译日军偷袭珍珠港密电的池步洲先生》。

[46] 池步洲著《一片丹心破日密——抗战回忆录之一》（未刊稿）。

[47] 同上。

[48] 同上。

[49] 引自吴越《书生笔下十万兵——记破译日军偷袭珍珠港密电的池步洲先生》，又见：《一代奸雄汪精卫“病逝”内幕》，载《扬子晚报》1996 年 9 月 24 日第 11 版《扬子广角》。

[50] 以上事例均引自吴越《书生笔下十万兵——记破译日军偷袭珍珠港密电的池步洲先生》，并参考了霍实子、李直峰合著《国民党密电研究组与军技室的若干事》（未刊稿）一文。

[51] （台）“国史馆”藏档：特种情报 039（军事）《技术研究室呈蒋介石文》第 3 号（1941 年 7 月 11 日）。

[52] （台）“国史馆”藏档：特种情报 039（军事）《技外又Ⅱ 0011 号》（1941 年 7 月 11 日）。

[53] （台）“国史馆”藏档:特种情报 039（军事）《技二甲（三）号译文》（1941 年 7 月 13 日）、《技二甲（二）号译文》（1941 年 7 月 10 日）。

[54] （台）“国史馆”藏档：特种情报 039（军事）《毛庆祥呈蒋介石文》（1942 年 1 月 28 日）。

[55] 霍实子、李直峰合著《国民党密电研究组与军技室的若干事》(未刊稿)，第3页，转引自池步洲著《一片丹心破日密——抗战回忆录之一》(未刊稿)。

[56] 张秋妹《抗战时期的侦空情报战》,载《中国档案报》之《档案大观》2003年8月8日第7版。

[57] 此节参考《情报战：袁殊与敌特的精彩战斗》(载《中国国防报》2006年03月21日版)，并根据其他资料补充而成。

[58] 尹骐《袁殊谍海风雨16年》，载《炎黄春秋》2002年第12期，第59页。

第一节 军统与中统的矛盾与火并

1938年秋，在陈立夫等的建议下，蒋介石借抗战之机，大力扩充他的特务组织，形成了国民党特工组织中统局与军统局“双雄并立”的格局。这在给他的独裁统治带来最大的服务“效益”的同时，也种下了两大组织争斗的祸根。虽然这种争斗，基本上都是在效力于蒋介石前提下的争功邀宠，但其中也包含了许多的政治与经济利益的争夺。因此，在抗战后期，“两统”的斗争越来越激烈，最后导致了中统“掌门”徐恩曾的下台，并引发了蒋介石改造特务机构的决断，在客观上造成了两败俱伤的后果。

中统与军统基本工作内容的相同与工作范围的重合，在客观上造成了他们产生矛盾和争斗的根源，而两大组织负责人徐恩曾与戴笠个性的异同，也是他们矛盾发展的另一缘由。

在对付反蒋的各类势力方面，中统与军统都是通过各种特务手段来获取情报和进行破坏、逮捕、绑架、暗杀等活动，极易在工作中为邀功夺利而产生冲突。如双方同时或先后发现了同一目标，一方想放长线钓大鱼，并不急于收网，而另一方唯恐花落别家，便抢先下手，抓人报功，在客观上破坏了整个行动，结果造成双方的激烈纠纷；又如在对待顾顺章、张国焘等“有价值”的中共叛徒时，两统也互相挖墙脚，都欲将他们控制在手中为己所用，而不要为对方增光；更有甚者是双方出于经济利益的争夺，不惜撕破脸皮大打出手，直至公然杀害对方人员，还互相收集对方头面人物的“黑材料”，向蒋介石告发，欲置对手于死地，结果闹到水火不相容的地步。

在双方头目的个性上，徐恩曾与戴笠脾气极不相同。徐表面比较内敛儒雅，戴笠则为人霸道，趾高气扬，但两人又都有决不相让的习惯和压倒对方的共性。中统和军统在他们两人领导下，钩心斗角，明争暗斗的事层出不穷，最后直至闹得互相残杀对方人员，势同水火。特别是在徐恩曾被集中攻击告发而下台的过程中，戴笠的军统局起到了很大的作用。

徐恩曾与戴笠之间并非一贯交恶，他们也曾经有过合作。在戴笠的特务组织初创阶段，徐恩曾的“特工总部”曾给予其技术上的支援；1935年他们又在陈立夫任局长的包括徐恩曾“特工总部”和戴笠“特务处”在内的第一个“军统局”内合作过。即使在“两统”分立后的1940年，双方还曾合组过“国家总动员会议经济检察大队”；1946年又联合组成各省市党政军联席会议；1942年还在重庆望龙门成立过“两统”情报交换处。但这种合作更多是在形式上的，并不能掩盖徐对戴这个“后起之秀”的不服、妒忌和戴对徐的蔑视、敌对的真相。

徐恩曾与戴笠的矛盾是随着他们的合作开始而逐步产生的。

1932年4月1日，戴笠的复兴社特务处在南京鸡鹅巷53号成立，初创时期缺少电讯系统可用，戴就找徐恩曾帮忙，计划在各地建立电台网。徐答应本系统的各地电台可以为他所用，达成了协议。中统用香港、北平、天津、杭州、济南、南昌、汉口等地的分台，为特务处收发电报。这本来是一件合作的事，只因一点矛盾，竟演化成为两大组织交恶的开端。

徐恩曾将所部香港分台台长项濂，调回南京香铺营中统特务总台任报务员。项濂与戴笠是浙江大同乡（项是温州人，戴是江山人），又是黄埔六期的同学，因为香铺营离鸡鹅巷很近，项就常至戴处叙旧。那时项濂每月的薪津仅三四十元，戴笠许诺每月给他七十元，拉他为特务处工作，比较之下，这是很高的报酬，因为当时戴笠的薪津也不高，每月不足一百元，项濂当然为之心动。项濂开始偷取中统特务总台的来往电报给戴笠，继而又拉拢中统的电讯特务到军统工作。这些事很快就为中统特务总台的人员发觉，向徐恩曾密报，徐恩曾非常气愤，下决心要制裁项濂，他派行动员行刺项濂，但没有击中，以后项濂就公开投入了军统，这便是徐、戴二人矛盾之始。

第二件使戴笠与徐恩曾翻脸的事是为了争夺中共叛徒顾顺章。1931年春，中组部调查科驻汉特派员蔡孟坚，在汉口逮捕了中共中央特科负责人之一的顾顺章。当顾顺章被解到南京时，陈立夫和徐恩曾亲自上艇从轮船上把顾顺章接下来。当时徐恩曾私人秘书钱壮飞，紧急向中共中央报警，使顾顺章供出的上海中央和江苏省委机关大部分领导都安全转移，但中统也捕到了不少人，如中共中央宣传部部长罗绮园、江苏省委书记王云程等。顾顺章在上海为中统“立功”后，深得陈立夫和徐恩曾的宠信，成为特工总部手上破坏革命组织的一张“王牌”。戴笠的特务处也很垂涎顾顺章，邀他前去讲授对付中共的办法，并加以拉拢。1934年，陈立夫派顾顺章到日本去考察特工，但顾返国后就被戴笠收买，答应跳槽到特务处工作。这便引起了陈立夫和徐恩曾的震怒，决心要除掉顾顺章。次年4月，徐恩曾派干将顾建中将顾顺章杀掉。杀顾后，徐恩曾为了掩人耳目，故意散布消息，专说顾是因为组织新共产党而被纪律制裁的。戴笠吃了“哑巴亏”，当然恨死了徐恩曾。

经过这两件事，“两统”的关系进入了互相斗争的阶段。

军统和中统本来按规定各有工作范围。军统面向军事、警察、保安部门，中统多在党政、经济、文化部门。宪兵和海军本是戴笠欲染指的对象，但徐恩曾却也想渗透进去。20世纪30年代中，他借兼任宪兵司令部政治督察之机，掌握了司令部的警务处和军法处、看守所，并把这两个处的主要干部都吸收进中统组织，专门操办政治案件，以获取情报。戴笠的军统掌管军事领域后，中统本应把宪兵部门让于军统，但徐恩曾却抓住不放，一直到1949年退台前夕，中统系统都还在与宪兵部门合作。对于海军方面，虽然在抗战后期已被戴笠视之为掌中之物，但徐恩曾却利用海军司令桂永清与戴笠的矛盾，成功地在海军司令部成立中统调查室，掌握了海军情报系统，使戴无法插手现有的海军，不得不寄希望于依靠美国人来重建新的海军。

使“两统”矛盾激化而开杀戒的事，首先发生在1939年，中统局第三组长卢斌，在山东活动期间，与军统局驻鲁专员厉文礼发生矛盾，竟被厉枪杀。这场风波虽被处理，但双方从此结下了新仇恨。

1941年2月间，戴笠最喜爱的军统行动和暗杀专家赵理君在河南任军委会战时华北督导团专员时，又与中统河南省调查室主任韦孝儒，因抢夺地方缉私权而发生矛盾，赵倚仗他在军统的势力，一怒之下竟派人将韦绑架，把韦孝儒及其随行八人一起活埋在一口枯井下面。徐恩曾闻讯大怒，命令中统搜集事证，向蒋介石报告。蒋介石看无法收场，就转令戴笠调查处理。结果使军统方面无可抵赖，戴笠只好忍痛把赵理君逮捕枪毙于西安。此事使戴笠与徐的关系达到了势不两立的地步。[1]

警察系统素来是戴笠与中央警官学校教育长李士珍争夺激烈的部门，徐恩曾虽无法在警察方面有所作为，但他却暗中支持李士珍。在1943年至1944年间，戴笠草拟了一个建警计划，欲在行政院下设一个警察总监部，把全国警察统一在国民党中央的指挥之下，由他来掌握。徐恩曾知道后，一面支持李士珍另搞一个十年建警计划，一方面向陈果夫、陈立夫汇报，让二陈从中作梗。蒋介石本来已准备批准戴笠的建警计划，有意让戴当全国警察总监。当他交方案给侍从室第二处主任陈布雷、第三处主任陈果夫研究时，他们却认为警察的指挥权一直在省市县地方政府，一旦划归中央，则地方维持治安可虞。同时以军统的人任警察总监，多有不宜，不仅将在国内招致议论，且英美盟邦亦可能产生非议，贻人口实。蒋介石闻此思想动摇，再加上此时他对戴笠扩充势力已有担心，于是戴笠的计划便未能实现。

徐恩曾一贯好色贪财，他在吴兴老家本来有一个老婆，20世纪30年代在南京又霸占了一个东北籍女学生，1931年，他又迷上了一个向中统自首的中共女叛徒费侠，把她安置在国民党中央党部民训委员会任干事，并与之姘居。抗战后国民政府从南京撤退武汉，两人的关系公开化，这引起了国民党内许多人士的指责。陈立夫也指责他不该贪恋女色，但徐恩曾并未理会。到重庆后，徐恩曾把东北籍老婆安置在铜梁县西温泉汤山，费侠则安置在国府路。费侠利用徐的权力从事投机倒把敛财，给他带来了很坏的影响。

1943年间，财政部有一大卡车中国银行刚刚印好的新钞票，从湖北运到重庆，途经沙市的乡间，突遇空袭警报，又闻谣传日军顷刻即至，押车人员和司机便弃车而逃。财政部闻报后，饬知中国银行将钞票号码注销。殊不知这车钞票落在湖北中统调统室手里，因为数量庞大，当地特务不敢独吞，乃报告中统局，希望能得一笔奖金。徐恩曾接报后，想吞食这笔巨额横财，派了一名中统特务，持中统局书面证明前往押返重庆，当押运至川鄂交界的封锁线三斗坪时，被军统交通检查所查获。戴笠当即向蒋介石告发。正处于财政窘境的蒋介石，起初认为是徐恩曾私印伪钞，一怒之下曾准备把徐枪决。后来经中国银行验证，不是伪造而是注销报废的钞票，徐恩曾又推说事前不知道，暗中令押运的小特务招认是贪财起意，途中拾得。结果是军法总监部把那个押车小特务，以捣乱战时金融的罪名判处死刑了事，当了徐恩曾的替死鬼。但此事对徐的影响甚大，给蒋介石留下了极坏的印象。

一波未平，一波又起。1944年，徐恩曾用国民党中央党部的几部大卡车做走私生意，从中印公路运回一批走私西药，当运至四川广元时，又被军统查获。由于用的是中央党部的大卡车，戴笠明知是徐恩曾所为，但怕蒋介石认为他有陷害之嫌，就去找与徐恩曾水火不容的朱家骅向蒋介石密告，前后两事连在一起，蒋“龙颜大怒”，于是1945年春，蒋介石亲自下令撤去徐恩曾的本兼各职，永不叙用。就这样，1945年1月，徐恩曾结束了主持中统的生涯。

徐恩曾被撤去本兼各职后，只剩下一个工程师学会总干事的职务。1947年始由中国工程师学会选为“国大代表”，上海解放时逃香港。[2]

戴笠与徐恩曾的斗法至此以徐的下台而结束，而军统与中统的矛盾斗争并未就此结束。在这里，我们可以引用戴笠的一段讲话来结束此节：“我们除不允许生活腐化之外，更不允许同志们与人家随便冲突。这是十多年来我们的一贯作风。同志每次与人家冲突，我总是严惩自己的同志，轻责他人。古人说：‘穷则独善其身，达由兼善天下。’目前我们的力量，还不够‘兼善天下’，所以顶要紧的是健全本身。”[3]戴笠的言行是否一致，由此可见。

第二节　戴笠及其军统与国民党内各方的关系

戴笠与国民党要员阶层的关系

国民党的特务组织，与一般的国家情报机构有一根本的不同点，这就是他们是一个政党的党属情报组织，更确切地说在本质上他们是为蒋介石政治集团服务的特务组织。戴笠与他的军统局因其工作性质及其作为所决定，除了在社会上名声不佳外，在国民党内也是一个不受大多数人欢迎的对象。提起戴笠和军统局，人人多存恐惧，唯恐躲避不及，即使是一般得宠于蒋介石的派系，亦多对戴笠敬而远之，生怕惹上麻烦。当然，其中也有与戴关系密切沆瀣一气者，以及自恃权势对其不买账者。而戴笠本人，虽然个性张狂，但他平时也很注意努力与党内各派系大佬，特别是蒋介石的亲密左右搞好关系，以为自己和军统局铺垫前程创造方便。但在对付党内政敌方面，戴笠是毫不留情的。

戴笠首先要搞好关系的对象就是蒋介石的家人与亲戚。其中如对蒋的夫人宋美龄，戴笠便投入了大量的精力与财力来大加笼络，以便获得蒋的"枕边风"的支持，更求得到她的多方面的庇护。1928年6月，第十二军军长、军阀孙殿英盗掘清东陵，获得了大量的珍宝。在国内舆论大哗的强烈压力下，南京政府下令调查捕捉罪犯。据说孙殿英为了逃脱法办，把盗来珍宝中的最好的部分，通过戴笠送给国民党高层。[4]在他与中统徐恩曾的争斗中，有若干告徐的密报，就是通过宋美龄的渠道送给蒋介石的。因蒋宋的关系，戴笠对宋美龄是不敢冒犯的。20世纪30年代初，宋庆龄在上海公开坚持孙中山的路线，反对蒋介石的政策，同情中国共产党。蒋介石对这位"国母"大姨子仇恨至极而又不敢公然加害。戴笠奉命对宋庆龄严加监视，并邮寄子弹等加以恐吓。但戴笠对宋庆龄的企图引起了宋美龄的警惕，她严厉警告戴笠不许对其姐下手，否则唯他是问，戴笠这才不敢造次，宋庆龄得以安全。这件事说明了戴笠对宋美龄的敬畏，在这个问题上，即使是符合蒋介石的意图，他也不敢去做了。[5]

在与蒋介石的亲戚关系方面，戴笠与孔祥熙、宋子文的关系有所不同。孔、宋二人，身为蒋的连襟与妻舅，又前后执掌国民政府的财政大权，涉足外交，是各方都欲巴结的对象，戴笠与军统自然不能免俗。宋子文早年为蒋介石理财，他本对戴笠并无好感，但1931年7月他到上海时，在车站被反蒋的王亚樵行刺，秘书身亡。戴笠为他提供了保护，从此改善了两人的关系。宋对军统比较友善，曾给予财政上的支持。但后来宋子文因内战经费事与蒋产生了冲突，被免职远走海外。在宋子文居美期间，戴笠与其保持了比较频繁的通信联络，戴笠向宋提供他所关心的各种情报，同时托宋运用其关系为军统局在美国军政界运作办事。

在这些来往电文中，戴笠为宋子文回国出掌外交或财政大权出谋献策。如在 1942 年元旦的去电中，戴笠向宋报告了蒋介石视察外交部和人事变动的情况，并提议军统与外交部合办训练班，广招大学生，以培养外交人才，暴露出军统插手外交的野心。[6] 在这个月的戴宋通电中，戴笠还向宋报告了张学良做盲肠手术的情况、后方各大学“倒孔运动”的发展等宋子文关心事宜。[7]8月间的来电中，戴笠又报告了新疆军阀盛世才反共投蒋情况、蒋介石视察西北、外交部所办训练班进展等，并托宋在美为军统代购无线电台、手枪及别克车；9 月电文中，戴又谈到军统对美合作的“顺利进行”，以及他对美方海军代表梅乐斯中校“其人颇热诚”的良好印象；他还讲了梅乐斯在印度遇刺受伤情形；请求宋子文对美交涉，将对华情报工作统交由梅乐斯“统一指挥”，与他合作进行，要求美方充分供给他无线电器材、手枪、轻机关枪、特种手榴弹等并派爆破、技术人员来华支援军统工作；戴笠还报告说他的对英情报合作已停止，“英方无诚意合作，器材既不能作相当之供给，特务又不能公开教授，且在我国内各战区借合作名义自由活动，搜集情报，实违反合作协定，故奉委座命令中止进行。”[8] 戴笠提醒宋子文说英国特工负责人约瑟克“现在华府有所活动，此人鄙视我国与我绝无好感，乞公注意”。[9]

戴笠还指示军统人员、驻美大使馆武官萧勃对中美情报合作等事宜“应时时请示宋部长多予指示”。[10]最后连戴笠与美方签订的合作协议都是由宋子文代为首签的。[11]这些史料说明当时戴宋关系之密切。

孔祥熙接任南京政府财政部长后，对戴笠及其军统采取比较疏远和抑制的方针。特别是抗战时期的1942年3月，军统局曾在侦破孔祥熙宠信的“爱将”、中信局运输处经理林世良受贿案中，大大地得罪了“孔财神”，被孔走了亲戚后门，告到宋美龄处，于是蒋介石对戴笠先挺后贬，使他吃了大亏。因此，戴笠与孔结下了怨恨，但他拿这位“皇亲”也无可奈何。后来，在孔祥熙与法国维希傀儡政府的商人奥迪南（Audient）共做一笔经云南运河内的烟土生意时，为防止云南王龙云截获，找军统帮忙，戴笠为他负责了运输和交货，双方关系才有所改善。[12]

1942年宋子文自美归国，“戴氏时正为某权要（指孔）所扼”，[13]因过去受过戴笠的“破案”之恩，宋子文对戴与军统自然不同。后来，宋子文在香港私产广东银行的经理邓惟仁，于香港沦陷后被日本人捉去，被迫回重庆充当“和平使者”，军统人员知晓后，于宋的公馆内将邓逮捕。戴笠想卖人情给宋，极力化大事为小，而孔祥熙插手，将邓移交军法部门处死。宋子文对此极为不满。最后直到搞清楚是广东银行内部人员向孔告的密，这才与戴笠释嫌。[14]

戴笠对于蒋介石左右的亲信，一贯持拉拢态度，竭力巴结以求左右逢源。但也有“走眼”和被“忽悠”的时候。如抗战时期，蒋介石的“文胆”、考试院长戴季陶的副官，一次手持戴的名片找到兼任重庆卫戍司令部稽查处副处长的军统大员沈醉，说戴的客厅中的一个古玩瓷瓶被人偷去了，要沈快速破案。沈醉唯恐得罪戴季陶，立即派了干员去调查，结论是内部作案或副官自己捣鬼。这种案子是说不清的，沈醉与手下商量后，给了副官一笔钱，不了了之。后来，沈醉奉戴笠之命去戴季陶府上请他题字，为套近乎，他在戴面前提起古瓷瓶案，想讨好一下，但戴季陶指着桌上说：这个瓶子一直放在这里，从来没有丢过呀。即找副官来问，他支吾其词说早上不见过，中午又有了。这下，沈醉才知道可能被人“忽悠”了。但无论如何，戴笠及其军统局对蒋介石身边的人是不敢轻易得罪的。[15]

戴笠结交的蒋系亲信武将还有陈诚、胡宗南、汤恩伯等人，他们与戴的关系都十分密切。

对于陈诚与戴笠的关系，在国民党内素有“两雄不并立”之说。陈诚得宠于蒋介石，拥兵自重，傲藐于世；而戴笠亦恃蒋之威，以气自豪。两人难免发生争斗。特别是抗战以后，戴笠大力发展军统武装，在敌后拥有数万“忠义救国军”，包揽战地情报工作，陈诚对此极为不满：“军政部将取消若干游杂部队，如忠义军之类，某战区情报单位，将取代军统局。”[16]戴笠闻此，以为他二人如果火并，将两败俱伤，于是决定主动向陈诚示好。1943年底他致电驻美武官萧勃说：“辞修（陈诚）先生为现任高级将领中不要钱肯苦干者，吾人自应多多接近，余对辞修先生素甚钦仰，弟可与伯羽先生言也”。[17]他想通过陈诚亲戚谭伯羽的关系，化解矛盾。这种“曲线拍马”，说明了戴笠的苦心钻营，但的确收到了一定的效果，陈戴二人得以维护了和平相处的关系。戴笠死后，陈诚也为他说了几句好话。

戴笠与胡宗南的关系则更是非同一般。早在戴笠还在杭州流浪的时候起，他就结识了胡宗南，后来在黄埔军校，他们又在“孙文主义学会”中有了共事的经历。胡宗南为戴笠搜集情报提供帮助。戴笠得到胡对蒋介石的推荐，独立门户搞情报工作后，胡宗南已在军队中带兵，他曾为戴提供过许多的物质资助，戴笠对他十分感激。后来他们在抗日与反共作战中也曾有许许多多的合作经历，互相帮助，戴笠对有关胡的情报一概亲自过问，隐恶扬善，并在蒋介石面前互为对方捧场。戴胡之间保持了几十年的友谊和合作历史。1936年12月“西安事变”发生，是胡宗南力促戴笠前往西安“保驾”，让戴笠立下功劳。戴笠说：双十二事变，我敢于飞入虎穴，下定决心，关键在于宗南的来电。[18]1943年戴笠与胡宗南、汤恩伯在洛阳有过一次秘密的会见，三人结下了政治联盟，胡宗南为此写过一首《盟誓诗》，发誓要“危舟此时共扶持”。[19] 即使是在私生活方面，也不分彼此。胡宗南与家乡的结发妻子分手后长期独居，直到 1947 年，戴笠把自己的情人、军统女将叶霞翟介绍给他，使胡很为满意。戴笠死后，胡宗南深感悲痛，决定与叶正式结婚，作为对戴的纪念。据说 1962 年胡宗南在台湾死去后下葬时还穿着戴笠送给他的已经千疮百孔的毛衣。戴笠说过 ：“琴斋是有恩于我的。”[20] 这句话说明了他们之间的密切关系。戴胡二人在特军两界互为照顾，收到了特殊的效果。

至于对蒋介石的另一位宠将汤恩伯，戴笠则是在共同的反共行动中与汤建立了密切的关系。抗战时期，汤恩伯盘踞中原，控制后方与沦陷区的交通要道，并直接担负对付中共的任务。戴笠与他合作，对延安进行特务活动，企图进行派进去与拉出来的分化瓦解。另外，戴笠主管缉私与战时货运，他与日伪间的货物来往运输车队也得到了汤的武装保护。1942年汤恩伯策反了八路军驻洛阳的办事处长，抓捕了八十多名中共与民主人士，并移交给军统，戴笠据此扩大对中共地下组织的破坏，受到蒋介石的嘉奖。在策反汪伪军将领方面，他二人也有合作，如先后收买过汪伪军政部长鲍文樾、绥靖公署主任庞炳勋、伪新五军长孙殿英等。所以戴笠曾说：“汤长官与我配合得很妙。”[21]戴笠死后，汤恩伯还为其主持过追悼会。

除了与蒋介石的亲信将领，戴笠还因某一时的特殊需要，与孙殿英、周佛海等不同类型的军政实力人物结拜过盟兄弟。但在实际上，戴笠并不会器重他的这些“兄弟”，不过是一时利用而已，但他的手段足以使这些人对他感激涕零。1937年“七七事变”后，为了与华北宋哲元争夺地方军将领，戴笠在武汉密见“冀北民军司令”孙殿英，两人结拜。戴笠向孙夸下海口，从此蒋介石可做他的靠山，孙殿英感激得倒地而拜，口称：“这回雨农兄引我见到了新爹娘，走上了正道，从此忠心不二，要我生就生，要我死就死。”而戴笠却对他派去孙部做监视工作的文强说：“孙殿英善变多诈……派你去担任这项艰巨的任务，我才放心。”[22]

在协助蒋介石对付政敌方面，戴笠与军统也是煞费苦心地做了许多暗地里的工作，其中也就包括他们处理与各方关系的种种努力。1932年秋，国民党元老胡汉民与蒋介石因“训政时期约法”问题产生政治分歧，公开闹翻，胡汉民避居上海转赴广东。戴笠暗中在沪对其寓所作了安排，还派人沿途暗中保护监视。戴笠声称他是怕有人暗中加害于胡而“增加政府困难”，他“身为干部，当为领袖分劳，亦当为之分忧”。[23]当然，戴笠此举也是为了日后蒋胡一旦和解为蒋留下退路。如此的用心，自然深得蒋介石的赞许。但胡汉民对戴笠的组织乃至蒋介石的所有特务机关都不买账，且公开批评蒋介石重用特务，斥之为法西斯化的产物。

汪精卫派系也因政治上的原因，反对蒋介石的一切个人小组织小团体。汪精卫在抗战初起之时，曾以蒋的团结号召为武器，反制于蒋介石，当面逼迫他解散了复兴社、力行社。所以大凡国民党内在政治上不受蒋重用的人，很多都自然地向汪靠拢，其中包括了如丁默邨这样的高级特工干部，后来都叛蒋而投汪了，其中军统、中统组织对这些人的监视干涉，也是促成其叛蒋的原因之一。如军事委员会办公厅秘书处少将处长罗君强原系汪派人物，1938年，他在武汉结识了一名姓孔的交际花，与之同居，并欲与其妻离婚。到重庆后，他整天深夜不归，军统刺探罗的私生活情况报告给蒋介石，蒋令手下查办。于是，罗决定离蒋而去，经昆明、越南转香港，随即参加了汪伪政权。[24]汪精卫逃出重庆后，军统局对他的追杀，也是使他彻底与蒋介石决裂投向日本的促进剂。此后，汪精卫与戴笠和军统遂成为水火不容的敌对两派，互相拼命厮杀起来。

戴笠军统与地方派系首领的关系

如果说对于蒋介石集团内的大员们戴笠还是以拉拢为主的话，那么，他和军统对于与蒋惯存异心的各地方派系首领与军阀们则时常免不了斗争与软抗，其态度仍然以蒋介石的利益为准绳。

在与晋系阎锡山的关系方面，阎锡山把持山西地盘，一贯严禁南京政府的党政军特组织进入。戴笠告知特务处的部下，在晋活动要极其小心，“力求精简严密”，避免与阎锡山势力接触，“以免误会”。但阎锡山仍然对戴的部下毫不客气，先有军统冀察绥区李果谌所组织的游击武装被阎解散，后发展到军统西北区临汾组人员全部被阎的手下杨贞吉抓住活埋，只有组长李希纯一人逃脱。戴笠对此大怒，质问之下，阎锡山竟佯装不知，戴笠竟对此也无可奈何。[25]

在绥远，省主席傅作义对戴笠的组织也拒不合作。戴笠的“中美合作所”看中其对华北战略地位，在此设立了第四训练班。傅作义要收归他有，戴笠不干。于是该班所遇困难重重。戴笠说：这些年来，我对傅宜生帮过多次忙，想不到他对我的工作，一再破坏。[26]后来直到1945年3月，戴笠为布置战后反共准备，与梅乐斯同赴绥远陕坝视察第四训练班，与傅作义面谈多次，矛盾仍然未解决。[27]

此外，戴笠与桂系李宗仁、白崇禧以及四川军阀、西北军、东北军首领等的关系都比较紧张。这些实力派人物，虽与戴笠个人有各种的关系，如李宗仁是戴的老师辈黄埔校务委员，冯玉祥更是他的长辈人物，但他们对戴笠军统都很讨厌，常常是斗争较量，更谈不上合作与友好了。他们之间是立场与政治利益所决定的不可调和的关系。

虽然戴笠在国民党内呼风唤雨，又拉又打，但是仍然免不了“树大招风”，他的军统局不时也会遇到不怕死的对头，吃过几次明亏。除了中统局一帮人对他们不买账，时常斗法外，一些老资格的国民党人，依仗自己的历史，对戴笠及其部下的飞扬跋扈从不满到斗争，甚至刀兵相见。陈仪与军统的恶斗就是其中一个典型的例子。

戴笠与陈立夫的复杂关系

在戴笠与国民党各方的关系中，最难处理的就要算他与“CC派”首领，同时又是中统特务机构的创立者陈立夫的关系了。俗语云：同行是冤家。共同的工作性质决定了戴笠与陈立夫之间自始至终都存在着相互竞争的关系，因此他们不可能走向友好。但在两方面的关系上，陈立夫以柔克刚，而戴笠则表现出强硬态度。

当戴笠以向蒋介石告发黄埔同学中的二十余名共产党员而起家时，陈立夫已是蒋介石集团中的干将。以后陈又控制了国民党的党务系统，在党内形成了“CC 派”政治派系。戴笠的“密查组”、“特务处”成立后，因未正名，只能纳入陈立夫主管的国民党特务系统组织之下，但他一直在蒋介石的庇护下独立工作，并不听从陈立夫的指挥，因此两人一直是貌合神离。中统与军统两个特务组织，从其雏形时代开始就互相争斗，戴陈关系也相应紧张。

当戴笠的组织越来越大，手下干将也越来越多，但因特务工作的特性，这些军统骨干，很少具有相应学历与资历，依法而论，他们都无法获得将官级军衔。陈立夫以组织系统的主管，对戴笠尚且长期贬压为一少将，其手下想通过铨叙审核而得少将以上军衔，简直难上加难。但戴笠却有办法另辟途径，他每每亲自给蒋介石写报告，得蒋的特批而任命了许多中将级特务。1941年时，少将戴笠手下就有十五位中将级特务在为他效力，少将更多，仅是戴笠同乡江山籍的军统少将，就有十四位。其中除周伟龙、王蒲臣、连谋三人外，都没得到陈立夫的认可。于是，军统局就自制纯金梅花的将军服，自封自佩，陈立夫拿他也无可奈何。

戴笠军统势力恶性膨胀，渗透到军事、交通、物资、缉私等各方面，权力之大，今非昔比，陈立夫为自己利益计，也想与他缓和关系，为此他作了努力。抗战中，陈立夫曾有一次派手下左曙天到军统局重庆枣子岚垭的“漱庐”机关，找到与他交好的军统大将王蒲臣，要一份军统局科长以上官员名单，说陈立夫代表中统，要大请客，搞一次中统与军统的联欢会。王蒲臣赶紧报告给戴笠，但几次催办都无结果。最后，戴笠找来为王蒲臣送报告的王绍谦秘书，大骂一顿，说：“他陈立夫要请客，跟我姓戴的有什么相干？我没有批就是不同意嘛！他陈立夫企图掌握我们高中级人员名单，竟然要了这样的花招，我们是不会上当的。你告诉王蒲臣，让他转告左曙天：在抗战期间，我们双方的人员，要尽量避免接触。”

陈立夫的一番热心，就这样被满怀防备敌意的戴笠拒绝了。

1944 年 5 月，国民党召开五届十二中全会，以陈立夫之兄陈果夫为中央组织部长，准备召开国民党六大，蒋介石提名戴笠为中央委员候选人，但戴笠为了避免被二陈“修理”难堪，竟决定拒绝参选，理由是不求争名夺利，他把名额让给了唐纵。当然，背后的真实内幕是不能明讲的，戴笠借此机会又给自己“贴金”：“伟大，对这两个字的解释很多。对我们来说，就是‘有功让给人家，有过自己担当’。要以德报怨，推己及人。民国三十四年，中央开会（指国民党六全大会）选举中央委员，领袖蒋校长提名要我当中央委员，我坚辞不就。后来经领袖同意，我推举唐纵为中委。我为什么坚辞不就，就是因为争权夺利，不配做一个革命者。我们必须知道，一个人生存于宇宙间，最有意义的事，莫过于获得荣誉，只有荣誉，才是最高尚的。否则的话，无声无臭，不识不知，何异于禽兽？”[28]

上述二事，说明了戴笠对陈立夫的成见和防范是多么深。但陈立夫还算不记前怨，戴笠死后他送了挽联，两年后，他还为戴母送过贺寿礼。[29]

军统与陈仪的交恶

陈仪，字公洽，早年参加辛亥革命，在国民党内是老资格的党人。1927年南京政府成立后，曾担任军事委员会委员等职。1933年11月，十九路军发动反蒋的“福建事变”失败后，陈仪被委为福建省主席，接受蒋介石的使命，要尽快稳定地方。蒋介石一直很器重陈仪，而陈也因其资历，在国民党内常摆老资格，不把戴笠之类人物放在眼中。

当时军统局闽北站站长张超，深受戴笠的器重，也是军统要人毛人凤的密友。张超是福建长泰县人，身材高大，他的公开职务是福建省保安处谍报组组长，后来升为福建站副站长，成为军统局重要干部。陈仪任福建省主席后，张超自恃戴笠的权势，不把这位主席放在眼里，暗中发展自己的武装力量，自成体系。对陈仪和省当局的工作，总是唱对台戏，不仅不予配合，而且时常捣乱。这不能不引起陈仪对张超的防备和注意。

抗战开始后，陈仪公开提出：“地方官吏应与地方共存亡，弃土不守者，不论是谁，格杀勿论！”这个声明赢得了百姓的拥护。但金门县县长邝汉公然抗命，日军尚未登陆，邝汉便率先逃跑。为了严明法纪，陈仪下令将邝汉逮捕，公开枪决示众。枪决前，有人提醒陈仪说：邝汉是戴笠军统的人，按惯例，军统局的人只能由他们自己处理，其他任何机关都不能逮捕，更不宜公开枪决示众。此事是否先征求一下戴笠的意见？陈仪听了正色回答：弃土不守是滔天大罪，本主席自有处分之权，何须同戴笠商量？此事毋庸再议，枪决马上实行！邝汉被正法以后，张超对陈仪更加不满，他指使《福州日报》主编闵佛九，撰写发表了《邝案鸣冤》一文，诡称邝汉被杀系因“浙人主闽，杀人立威”所致，把矛头直指浙江籍的陈仪。陈仪看后，严令调查幕后指使者。此后陈仪与福建的军统势力关系越来越僵。

其后，张超不仅不自我收敛，反而制造新的事端，对陈仪实行报复，他指使手下特务，将陈仪的心腹、政和县县长谢荫波暗害，激起了陈仪的愤怒。军统福建站站长严灵峰见张超已无法继续在福建省立足，便将情况报告戴笠，戴下令张超办理交接手续，立即离闽赴沪，出任上海敌占区行动队长。张超接令后，认为自己可以在临走前大闹一场，给陈仪一点颜色看看，出出心中之气。于是，他指使特务到处张贴传单，揭发陈仪有“十大罪状”，特别是其中有一条说陈仪的妻子古月芬是日本人，陈仪与日本勾搭，有汉奸之嫌，号召福建人民行动起来，驱逐陈仪，实行“闽人治闽”。陈仪实在无法继续忍受，便下令福建省保安处长兼福州警察局长李进德将张超逮捕。为避免戴笠闻讯后走上层路线营救他，便采取了先发制人的手段，报请蒋介石同意后，随即将张枪决。

张超被处决前，严灵峰料到陈仪决不会轻饶张超，连忙化名金筠，向戴笠发出十万火急的密电，请求戴笠采取营救措施。当时，军统局机关已从南京迁到汉口法租界巴黎街85号。戴笠看到电报，连忙提笔给蒋介石写呈文，恳请校长电令陈仪将张超解到武汉处置。戴将呈文带在身边，亲自到武昌珞珈山蒋介石官邸晋见。蒋看罢呈文，便下令陈仪刀下留人，把张超押解武汉。不料，电令发出时，张超已被陈仪处死。

戴笠、毛人凤听到张超死讯，大怒失色，无地自容，从此发誓要进行报复。他们密商结果，准备把杀死张超的责任，全部压在李进德头上，要蒋介石同意惩办李进德，给陈仪一次打击。戴笠又一次出马，请求蒋介石电令陈仪用专机把李进德押解武汉，交军统局审问惩处，并作了相应的布置，派人等在机场，准备一俟李进德走下飞机，即予扣押。

谁知陈仪更为老谋深算，他对蒋的命令自然不得不执行，但他考虑到与戴笠斗法，首先要保护好李进德的安全，这样才不至于被动。于是，陈仪在押送李进德的专机起飞前，亲自打电话给国民党元老何应钦和张群，请何应钦准时派专车到飞机场，把李进德送到张群官邸，再请张群带李进德去见蒋介石，让李进德把张超在福建反陈仪，鼓吹“闽人治闽”的罪证，向蒋和盘托出，以争取主动。

就这样，李进德下了飞机后竟走进了何应钦派来的专车，特务们眼看着李乘上专车得意而去，只得回去据实向戴笠报告。李进德随张群进入蒋介石官邸后，向他作了汇报，并把张超在福建发展地方势力、开展反陈仪活动的标语、传单等罪证摆在蒋的面前。蒋介石当然不能允许再搞地方实力主义，他了解情况后，立即把戴笠叫来痛斥了一番。

戴笠回忆当时的情况说：“民国二十七年八月十八日，因为我们福建站的副站长张超同志，无辜被陈仪杀害，上午十二点钟的时候，我在武汉见蒋校长，我跪在领袖面前痛哭，要领袖给我们的同志做主，领袖当时不便答应，我就跪着不起来，领袖骂我下贱，没有人格。我说：‘报告校长，这个我不承认，如果今天我是为个人升官发财而跪在这里，或者是因为工作失败，为敌人所屈服，那就是下贱没有人格。今天我们有一个很好的同志，无辜被人家杀害了，我不为他诉冤，谁来为他诉冤？而今天你不替我作主，反说我下贱，没有人格，这个我不承认。’后来我写了报告辞职。八月十九日，领袖把我找去，对我说：‘你不能这样要挟革命领袖，一个担当革命工作的人，是不准随便辞职的，而且我叫你做这个事情，根本就没有打算叫谁来接替你！’我当天很感动，题写了‘秉承领袖旨意，体谅领袖苦心’十二个大字。”[30]

为安抚军统方面，蒋也下令撤销了李进德的职务，同时命令关于张超之事,以后不许再提。他还要戴笠教育部下,今后要处理好同各地方长官的关系。

事情到此，总算暂时平息。军统在此事中虽然和陈仪打成了一个平手，却并不甘心。戴在军统内部召开追悼大会，祭奠张超，并发誓要搞垮陈仪，替张超报仇。无奈直到抗战胜利后戴笠飞机失事身亡，他也没找到报复陈仪的机会。

1933年军统局戴笠、毛人凤对国民党元老陈仪为军统人员张超在福建被杀事件结下的仇恨，到了1948年终于有了报复的机会。

抗战胜利后，陈仪代表中国政府到台湾接受日本总督的投降，收复台湾回归祖国怀抱。随后陈仪出任光复后的台湾省行政长官。时隔不久，他便在其任上遭遇了“二二八”事变。事变被镇压后，蒋介石把陈仪召回南京，转任“国府顾问”。

1948年6月，国内局势剧变，陈仪又被蒋介石起用，任浙江省政府主席，再次主持稳定后方的工作。由于他的学生汤恩伯的保荐，保密局毛森以特务身份出任浙江省保安司令部第二处处长。毛森到差后便疯狂捉拿共产党嫌疑人。

1948 年 11 月，毛森率戡乱大队在浙江富阳县数日内逮捕了一百多名嫌疑犯。陈仪得知后即电令毛森回杭。毛森报告了此行的“功绩”，要求先将十余名要犯立即枪决。谁知陈仪只是将这些要犯交保安司令部军法处审讯，另外数十名要犯则交富阳父老具结领回，余下的无罪释放。毛森对此大为不满，与陈仪力争，陈仪则斥责他说：富阳父老来省控告你偏听戡乱大队的谎报，任意捕人，且罪及家属，抢劫人民的财产。接着他又下令将毛森所率的五个戡乱大队全部解散。毛森一气之下，递上辞职养病的呈文，陈当即照准，双方为此彻底闹翻。这是陈仪第二次与军统局及其后继的保密局发生斗争。

1948年冬，陈仪因对蒋介石政权的彻底失望，开始向中共方面靠拢。

淮海战役结束后，国民党统治面临崩溃。民主人士李济深在香港派代表郑文蔚，持密信来杭州找陈仪联络起义，陈仪接信后立即向谋划北平和平解放的傅作义将军询问了他与中共接洽的经过，然后写信给他的学生、手握重兵的汤恩伯，劝其起义。陈仪致汤恩伯的密信，由陈仪外甥、浙江大学教授丁铭楠代交，递交时毛森亦在场。[31]不久后的1949年2月7日，南京国民政府行政院会议根据蒋介石从溪口发去的密电，决议罢免了陈仪的浙江省政府主席职务，由蒋的嫡系军长周嵒接任。但陈仪并未因此对汤恩伯产生警觉。他于21日回到上海北四川路志安坊35号私宅。

汤恩伯将陈仪给他的策反信件交给了保密局局长毛人凤。毛人凤对此不禁喜出望外，认为报仇时机已到，立即向蒋介石告发。他专程去奉化向蒋介石报告此事，当时正处在四面楚歌中的蒋介石，对陈仪要端他的老底之举自然恨之入骨，立即电令汤恩伯抓捕陈仪。汤原来还想让毛向蒋求情，让自己来看押陈仪，养老送终，以稍稍减他内心“卖师”罪的压力。但毛人凤与陈仪有多年的仇恨，决不肯饶恕。

1949 年 2 月 23 日下午，经汤恩伯布置，由毛森率上海市警局刑事处处长郑庭显及干警三十余人，进入陈仪寓所，下令陈仪的副官交出佩枪。陈仪走下楼，毛森说 :“当前时局不宁，我奉命派人保护你。”陈仪此时才明白自己已经被学生出卖，默然颔首。陈仪被扣押后，汤恩伯派专机将他押送至衢州东门街汤恩伯公馆，毛森派陈浩泰、甘觉两组长轮流对陈仪进行日夜监护。[32]

1949年4月27日，又由汤恩伯的一名中校副官和四名军统特务，将陈仪用专机押往台湾基隆。陈仪拒绝向蒋介石悔过。1950年6月18日，他被特务枪杀在马场町刑场。陈仪遇难后，中共中央追认他为爱国将领。

第三节 “两统”在大后方的活动

在抗战期间，中统与军统局在忙于自我扩充发展和与日伪争斗的同时，也没有忘记他们的反共本行，他们在为蒋介石对付中共、各民主党派和国民党内各派政治军事力量方面，效尽犬马之劳。

军统局重庆大本营的活动

战时重庆，是中国的首都，政治军事中心所在。各种政治力量汇集于此，社会现象复杂多变，因此当然成为特务当局重点活动的地区。

军统局本部在迁渝之前，设有重庆站，后扩充为重庆特区（渝特区），区本部设在重庆老街慈居，管辖着城区和郊区几十个县的特务工作，附设万县、泸州等许多站、组。渝特区的负责人先后为姜绍谟、涂寿眉、叶翔之等人。1939年时，拥有各种情报特工人员二百八十余人，是军统局的基本地盘所在。他们的主要任务是针对重庆红岩村、曾家岩的中共代表团和《新华日报》等的防共与反共情报战。

军统局在重庆的依靠武装力量有重庆卫戍司令部稽查处、重庆市警察局侦缉大队、兵工署警卫稽查处、特务总队等，分掌社会治安、政党情报、兵工企业保卫、特务行动等，既分工又协作，维护国民党在“陪都”的统治。戴笠还集合社会上各种帮会势力，成立了一个“人民动员委员会”，搜罗了洪门、青帮、袍哥的力量，从事反共和各种情报工作，又在社会各行业阶层广泛发展了许多“运用人员”，扩张特务的情报来源。他们严密监视中共代表团和各著名民主人士的活动，采取盯梢、尾随、无线电侦听等多种手段进行侦探。特务们还以开设饭店、旅馆、舞厅等社会活动场所作掩护，布置了严密的特务网，其数量之多布置之细令人咋舌。据曾任卫戍司令部稽查处副处长的沈醉回忆，当一个被跟踪对象发现异常后，就登上一辆正要开动的公共汽车，以为“尾巴”被甩掉了，殊不知车上的售票员也是特务的“运用人员”，当他下车时，又被及时暗示其他特务继续跟踪下去。当时所谓肃奸、空袭警报、查户口、例行检查等合法的行为都被使用为特务行动的方式。特务们也经常有谋私敲诈勒索等劣行发生，市民被骚扰、殴打、错捕是常见之事，还有人被错认汉奸被冤杀。

四川各地的非蒋嫡系川军各部队也是特务们重点的监视对象。1939年8月，川军内部发生矛盾，刘光汉等七名师长于成都发出联名通电，要求撤换四川省政府主席王缵绪。军统渝特区立即布置特务“对川军新二十五师及川江航务处之动态并其内幕切实予以监视；对川军各军在渝代表及其办事处人员之活动切实侦察，尤注意潘（文华）、邓（锡侯）及刘文辉方面人员之活动；对与川局有关之张群、邓汉祥、印甲、刘航琛等，予以严密注视。”同时还布置叙永、泸州、自贡、南亢、万县各地方组织“对新十七、十八、六十三师等部队之动静、将领之言态，核心社分子之活动，加紧侦察；对刘文辉及龙云与周成虎等代表往还情形，应切实注意”。[33]监视军阀的异动已列为当时军统局的重点工作之一。

当然，在团结抗日的时代大背景下，特务们也有所顾忌，戴笠最害怕被中共和民主人士抓住把柄舆论揭露，他一再要求特务们注意掩蔽身份，谨防被揭露而陷于被动，给蒋介石造成“麻烦”。由于中共方面的防范，特务们的情报搜集也没有重要的收获，除个别地方组织曾被泄密和遭到破坏，如1939年5月中共重庆沙磁区委工作计划等文件被缴获,地下党在各高校组织网络被发现等外，[34]在整个抗战期间，国民党特务还没有公然作出威胁到国共合作大局的反共举动。

当时在陪都重庆，国民参政会是供中共和各党派人士发表意见的合法组织和场所，这是战时国民党政权在国内民主压力下根据《抗战建国纲领》有限开放政治的产物，当然也成为特务机构重点关注的对象。1939年国民参政会召开第一届第三、四次会议时，军统局特别制订了监视刺探工作计划，从中我们可以看出其活动的具体情况：

“（甲）布置：

（子）特务秘书一人，负责搜集会场情报及大会文件；

（丑）助编二人，缮写二人，并分别兼任收发事务，联络与临时参加补充会场侦察活动；

（寅）会内活动五人，分任审查会及大会之侦察与记录；

（卯）会外活动七人，三人侦察茶旅餐馆、“左”倾社团，四人化装茶役，在参政员寓所任侦察警卫工作；

（辰）流动侦察二人，与各参政员个别接触，并随时补充会内外活动；

（巳）指定主持空袭调查人员；

（午）运用警局调查股及侦缉队，展开附近茶馆酒楼之侦察活动；

（未）请局转饬渝邮检所，检抄各参政员往来函件；

（申）策动各直属通讯员，就所有路线向参政员个别活动；

（酉）加紧监视奸间嫌疑，及汪系留渝分子之活动。

（乙）策动：

（子）编发各参政员之住地、背景调查表，并调查各同志与参政员之社会关系；

（丑）按照各同志路线，指示陆梦衣侧重向第三党章伯钧等活动，韩树声向汪系之邓飞黄、范予遂及国社党之张君劢等活动，梅启丰侧重向人线之邹韬奋、第三党之刘权模等活动，赵琴鹤向联治派之褚辅成及汪系之刘衡静等活动，潘由农向共党林祖涵、陈豹隐等活动。

（丙）指导：

（子）规定一般侦察要点：（1）各参政员提案之内容。（2）各参政员在会外之言行活动。（3）各参政员对政府当局报告之态度。（4）各参政员对讨论提案之态度。（5）各参政员对政治问题如汪案、共党及抗战前途之意见。（6）敌间谍汉奸及其他反动分子之活动。（7）各“左”倾团体、民众社团、劳工组合之活动。（8）各种团体集合游行请愿之酝酿。（9）各外侨官民对该会之态度及活动。（10）地方民众对参政会之评论与观感。（11）其他有关治安及临时重大事件。

（丑）拟定侦察各参政员言行要点：（1）各参政员之姓名及所住房间号数。（2）往来人物之姓名、职业、车斩号码及谈话内容。（3）参政员外出之时间、到达地点及其事由。（4）参政员与各方通电话之内容。（5）相机窃抄参政员所携文件及往来函电。（6）参政员之私生活及一切言行活动。”[35]

这份计划所表现出的全面具体的内容，说明特务们的工作直到无孔不入的全方位地步。即使是被国民政府正式聘任的参政员也毫无自由与尊严可言，一举一动都在特务的监视之中，这说明了在蒋介石政权特务统治下中国已毫无民主人权可言。

“四川抢米案”与迫害《新华日报》

1940年四川春荒，饥民汹汹涌入城市，供粮困难。3月14日，国民党四川省党部主任黄季陆与四川行营主任贺国光合谋借机反共，宣布戒严，由军统派出的行营第三科及警察局负责人主持，借口诬陷共产党要抢米，按照事先布置好的方案，抓捕了中共四川省委负责人罗世文、车耀先、梁明轩等七人，最后致使其死在军统局的监狱中，酿成所谓的“四川抢米案”风波，轰动一时。罗世文、车耀先等人在军统局的监狱中被关多年，经历了严刑拷打，坚贞不屈，表现了共产党人的坚定立场和气节，成为“红岩”英烈的代表人物。

在国民党的统治核心重庆，特务们还有一项重要的任务就是对付在重庆的中共代表团及其《新华日报》。

国民党当初允许《新华日报》在重庆的发行也纯属无奈，在国共合作团结抗日的大旗下，并无理由禁止《新华日报》的发行，按照当局的想法,最好是《新华日报》在重庆卖不掉,发行不下去，最后自行撤走。

蒋介石由此希望军统局和中统局做些事情,阻止中共报纸的发行。可中统局没有成绩，军统局戴笠也为此而烦恼。他每次来到分管报刊发行的重庆卫戍司令部稽查处或者在召见稽查处人员时，总要询问催办捣乱《新华日报》的事，他为部下不能完成“领袖”交给的重要任务，无法为“领袖”除去这一块心病而甚为恼火。

《新华日报》在重庆不但每天发行比别的报纸早，而且还有专人递送，工作效率高。当时慑于稽查处的威风，其他报纸几乎全是向其免费赠阅的，而《新华日报》却不买账。为了了解该报的情况，稽查处内给科长以上的人都订了一份。出钱买气受，他们对《新华日报》真可谓又怕又恨。特务们只好采取卑鄙手段，经常指使一些人殴打报童抢夺报纸，总以为多少会影响报纸的发行，可往往第二天早上特务们一到办公室，第一眼看到的仍是桌上放着的《新华日报》。

稽查处长陶一珊曾有一次吩咐手下的稽查员分别去全城各要道把守，除了照常把报童殴打一气外，还把报童手上的报纸全部抢来烧掉。他满以为这一天重庆市绝对看不到《新华日报》了，结果，还没等他向戴笠报功，新印的当天《新华日报》又送来了。陶一珊垂头丧气之余不免又遭训斥。

戴笠虽然着急，但他慑于政治原因，也不敢要特务们蛮干，害怕被共产党抓住了证据，找蒋介石算账，让蒋下不了台，因此他们也不敢对中共代表团和《新华日报》做过分的事。充其量就是在暗中尾随、监视，在无人发现时搞搞破坏。所以中共代表团的负责人周恩来和董必武等人时刻告诫属下人员出门工作要万分小心，除了注意反跟踪外，还要尽量甩开尾随的特务，保护有联系的人们的安全。

当时军统掌握的重庆卫戍司令部稽查处全部人员也不过两百余人。他们既要做抗日的事又要忙于反共，一旦遇到紧急情况，偌大的一个重庆市，肯定顾不了头尾。何况当时日本还在频繁地轰炸重庆。为了增加力量，1942年间，戴笠借口为防止日本人突然派空降部队占据重庆，又组建了两百余人的侦察大队，以王会云为队长，刘耀任副队长，归属稽查处指挥，以后又增加到三百多人。军统为加强这支队伍的战斗力，给每人配备了一支新式手枪。戴笠规定侦察大队的人，必须每天派出人员轮流上市面巡查，遇到有群众集会的时候，必须全体出动，紧急应对。[36]几年内，稽查处特务除逮捕了百余名在街上看《新华日报》的读者和他们认为有共产党嫌疑的人，另加跟踪骚扰打报童等小手段外，也没有什么大的“成绩”。

因此，军统特务们在对付在重庆的中共代表团和《新华日报》方面，虽费尽心机，也没有什么大收获，更无法实现他们的目的。

中统插手蒋介石家事暗杀章亚若

抗战爆发后，中苏关系得到缓和，1937年，经斯大林批准并安排，蒋介石之子蒋经国携其苏联妻子及儿女回到中国。蒋介石为了使其子得到锻炼，不久后便安排他去江西任省保安处副处长，1939年又派往第四区任行政督察专员、保安处处长，赣县县长兼三青团江西支团部干事长。蒋经国在赣南厉行新政，做出了成绩。但也发生了一件使蒋介石极不满意的事情，这就是他在赣南主持青年工作期间，与其女秘书章亚若产生了感情，并发展到同居，还生了一对双胞胎儿子。这件事使蒋介石颇伤脑筋，他为了维护“第一家庭”的形象和蒋经国今后的前途，不得不插手干预。

章亚若是江西万安县人，生于1913年，其父为南昌城内颇有名气的职业律师。她曾结婚生子，但与其夫性格不合，回到娘家居住，她参加了蒋经国主持的“三青团江西支部训练班”工作，因此二人得识。因章亚若容貌姣好而有才气，深得蒋经国喜爱。训练班结束后，蒋经国就将她调到赣南专员公署，担任他的专职秘书。后因章亚若怀孕，蒋经国便把她送往桂林，托友人照料。1941年秋，章亚若在桂林为蒋经国生下两子，消息很快传到了重庆。

对蒋经国的这件事情，蒋介石起先并未太重视。但作为国民党要员之一的陈立夫对此却有不同看法，原因是蒋经国去赣南，是他提的建议，现在蒋经国出了问题，他觉得自己有责任和义务帮其改正。再者，陈立夫认为蒋经国系“国家元首”的儿子，蒋家人的言行对国家社会均有影响，如果这件事外泄，对蒋介石的形象也会有影响。陈立夫虽然在政治上主持特工不拘一格，但在两性关系方面却又相当保守，在国民党高官中享有操守之名。他很想帮助蒋介石解决蒋经国的问题。

章亚若生子后，为自己和孩子考虑，她想名正言顺地成为蒋家人，首先必须使她与蒋经国的关系明朗。她对蒋经国谈了自己的想法，蒋经国不敢答应。

为了使儿子免遭舆论谴责，蒋介石决定将蒋经国调回重庆。对远在桂林的章亚若，蒋介石决定交给陈立夫去处理，为免今后再闹事，想一劳永逸地解决掉她。

陈立夫领命后，立即召来中统特务大员顾建中，密谋了秘密处理章亚若的方案。计划派两名特务到桂林，用重金买通省立医院的医生或护士，利用给章打针的机会，将毒药倒入针剂中，将章毒死。

1941年11月，两名特务到达桂林。他们侦察了章亚若的所有情况，包括住地、经常去的地方、接触的人等。然后，成功地收买了该院内科一姓王的医生。

一日，章亚若的一个友人请客，请章出席。章本不愿参加，后来碍于情面，还是丢下两个小孩去了。章亚若回家后，忽然病倒，连夜被送往省立医院救治，不久即有所好转。此日晚上，王姓医生来到章的病房打针，不一会儿，章亚若感到难受，随即不省人事，经全力抢救无效去世，医院对她诊断的结果是“血中毒”。至于其中内幕，谁也无法知道了。

事后，章家的人都感到章亚若死得不正常，因怕再遭毒手，便带着章亚若的两个小孩匆忙逃走。

章亚若突然病故，蒋经国悲痛不已，他把眼睛都哭肿了，为了掩饰，他还特地叫人去买了一副墨镜戴着。陈立夫直接将此事内幕告诉了蒋经国，并且说是遵照其父的意思做的，旨在维护他的形象和前途。蒋经国得到此消息，心中十分苦痛，但也无可挽回了。

后来，蒋经国与章亚若所生的双胞胎儿子章孝严和章孝慈，因无法得到蒋经国的直接养育，在童年和青年时代跟随其外祖母生活，历尽艰难，但他们发愤读书，学有所成，都成为台湾政坛名人，并在蒋经国死后，改名归籍，成为蒋家后代。

关于章亚若之死，过去曾有多种说法。[37]主要一说是戴笠派军统特务毒死的。但到2004年，台湾保密局退役少将谷正文在接受《华声》周刊记者访问时才公开向社会说明：“蒋经国的情人章亚若，是蒋介石、陈立夫下令中统谋杀的。”他的话解开了一个封闭六十多年的历史之谜。这是一件事关蒋家和蒋经国的极重大事件，一般的常理推论，如没有类似蒋介石、陈立夫的顶级人物下令，是谁也不敢去干的。[38]谷正文的话证实，中统局奉令插手蒋介石家事，其作用非同一般。

第四节 “两统”对延安的渗透活动及其失败

军统局西北区的活动

抗战时期的西北地区是我国政治和外交的重要地区。因为中共陕甘宁边区的存在和与苏联接壤，被国民党政府所重视，1937年抗战开始后，南京政府在西安设立了“军事委员会委员长西安行营”，加强控制，戴笠的军统局也在此设立了西北区机构，任命张严佛为西北区区长，名义上对外称为“西安行营办公厅第四科”，负责该地区全面情特工作。1938年冬又随“西安行营”的撤销改属“天水行营”。1940年戴笠前往兰州视察，着力加强西北特务工作，将军统兰州站扩为西北区，先后以刘艺洲、程一鸣为区长，指挥宁夏、青海、甘肃、新疆、西藏五省区的特务工作。而将原西北区的人马改组为晋陕区，强力对付中国共产党陕甘宁边区。1944年因日军发动“一号作战”，渡黄河南犯，打乱了西北格局，戴笠又把晋陕区改为北方区。

西北区初建时设有情报与行动两个股，还有一个特务队，他们围绕中共陕甘宁边区成立了多个专门的特务组织，如在榆林的陕北站、汉中的西北特侦站和三原、宝鸡、渭南的特务站点，大肆进行情报搜集、破坏和阻拦各地青年学生前往陕北等特务活动。

在苏联首先支援中国抗日的形势下，蒋介石一方面要得到苏联的宝贵支援，另一方面他又怕苏方与中共联系，于是命令特务们对来华助战的苏联军人及交接军备的人员进行严密监视。在兰州的励志社、酒泉的贸易公司办事处、苏方人员接待处等有苏联人员驻宿的地方，军统特务都进行了严密的布防，仅在酒泉一个小地方就布置了三十二名特务。

1937年11月，由军统西北区长张严佛等建议，经“西安行营”第二厅厅长谷正鼎批准，首先在西北地区创立了由党政军警特五方面联合进行反共情报特工工作的“特种汇报”制度，由国民党陕西省党部秘书长、中统局西安负责人郭紫竣、西安市警察局长杭毅、第十六军军长兼西安警备司令董钊等各方面官员二十余人在每周日上午开会，交流情特工作经验，互通情报，并部署反共联合行动。在“特种汇报”会议上，形成了与团结抗战完全相反的浓厚反共气氛，会议上各人的发言，竟重提“攘外必先安内”的滥调，喊出了“我们真正的敌人，并不是日本人而是共产党”、“我们与日本人还可以讲和，现在虽然抗战，终究还有和解的一天，我们与共产党那就完全不同了”等极右的口号，充满了反共的气焰。1938年，西安“特种汇报”决定，对欲图前往陕北中共根据地的青年一律扣留，军统各组织与西北军政长官胡宗南通力合作，扣押了许多青年学生，一律送往胡宗南开设的“西安战干四团”管制。

戴笠与胡宗南两人有特殊的关系，他在西北的特务组织和活动从来不对胡隐瞒，并得到了胡的大力支持。胡在戴笠起家时给了他南京鸡鹅巷的房产作为特务组的地址，而戴笠也把他的“爱秘”叶霞翟介绍给曾发誓不再结婚的胡宗南为妻，胡也坦然接受了。在西北反共方面，两人更是通力合作，共同为蒋介石效劳。戴笠的军统局在胡宗南在各地的机构中都设有特务部门，胡给予同意。当特务们发现胡手下部属中有共产党嫌疑时，戴笠破例指示完全交由胡处理，不必报告军统局本部。他们联合在西安和天水设立了集中营，专门关押共产党人和进步青年，害人无数。其实，戴胡之间也有互相防范的一面，胡宗南也在自己的第一战区设有情报组织司令长官部第二处，并命令该处人员不许加入军统；而戴笠也曾指使叶霞翟监视胡宗南，在叶去美留学期间，他还要看胡与她的通信，叶拒绝之，于是戴便中断了对叶的资助并不许她回国，可当叶回来并与胡宗南会合后，戴笠立即又对她转为笑脸。[39]这说明戴笠为人狡诈虚伪的一面。

1937年10月，中共中央在西安设立了八路军西安办事处，进行团结抗战活动。伍云甫处长为对国民党上层开展工作，派黄埔一期生宣侠父长驻西安。宣侠父是浙江人，1899年出生，早年留学日本，回国后加入中共，曾入黄埔一期学习，因性格刚烈，多次顶撞蒋介石并拒绝“悔过”，被迫退学。北伐时在冯玉祥的西北军任政治部主任，1933年协助冯玉祥组织“察哈尔民众抗日同盟军”，失败后又去上海中央特科工作过，1937年9月被任命为第十八集团军高级参议。他是一个老革命党人。他到西安工作引起了戴笠的关注，指示“八路军办事处宣侠父、伍云甫在西安的活动，应严行监视。”[40]军统局西北区长张严佛奉命后，在紧邻八路军办事处之地开设了一处警察派出所，由军统人员任所长，实行全天候监视，对进出办事处人员暗中登记填表，每日上报。他们还通过西安行营内宣侠父的同乡、黄埔同学对他开展“反统战”，并刺探情报。由于特务们逐日报告宣侠父的活动，说他“以黄埔同学关系与机关、部队军官拉关系，散播共产主义思想毒素，影响所及，势将引起军官思想动摇，部队叛变”，这就引起了蒋介石的极大愤恨。蒋最怕有人在黄埔同学中策反，捅他的老窝，于是联想过去宣侠父顶撞他的历史，下令对宣进行“秘密制裁”。

“西安行营”主任蒋鼎文给军统西北区长徐一觉转达命令“将宣侠父秘密制裁具报”。军统特务们随即布置三人跟踪，寻找机会下手，戴笠又派西安别动队两名枪手来协助。中共方面发现了国民党的阴谋，立即通知宣侠父撤退。1938年7月31日，宣侠父已将行李装车，准备和驻西安的中共代表林伯渠一起回延安。下午六点，他在参加办事处一场篮球赛回来的路上，被特务们绑架到汽车上，当场勒死，并投尸一个枯井之中。徐一觉为此得到蒋鼎文发给的奖金两千元。

宣侠父的失踪引起了极大的反响。八路军办事处多次向“西安行营”控告，要求追查，中共中央也向国民党提出正式抗议。到10月间，在周恩来三次当面质问下，蒋介石见瞒不过去，只好承认说：“宣侠父是我的学生，他背叛了我，是我下命令杀掉的。”[41]他把国共两党政治斗争说成是师生间的私人恩怨，却掩盖不了特务们破坏团结抗战的罪恶。

中统延安工作小组的终结

1937年“七七”抗战全面爆发后，中共中央驻地延安成为中国的政治中心之一，也是八路军的指挥中心。当时，南京国民党与国民政府当局仍在延安城里保留了“肤施（延安的旧称）县党部”、“肤施县政府”等机构，正值国共合作阶段，中共并没有取缔他们。国民党中统与军统特务组织，为了对延安开展情报与破坏工作，便利用这些公开机构作为掩护，在延安设立秘密据点，暗中刺探中共情报，开展反共活动。延安城以其特殊地位与作用，成为两统组织急欲打入的所在。

国民党中统组织，派出特务孟知荃，化装成僧人，法号超尘，潜入延安，在宝塔山下的一座古寺内做了住持僧人，以佛教为职业掩护，开展特务工作。

孟知荃早年在南京读过佛学院，1930年加入中统，接受过射击、爆破等专业训练。几年后，他奉令潜回家乡延安，在清凉寺削发为僧。1936年间，经国民党肤施县县长、中统分子马濯江介绍，超尘到宝塔山下的一间古寺中当起了住持。红军进入延安后，超尘没有逃跑，反而奉命成立了特务小组，指挥手下进行散布谣言、搜集情报等工作，他使用暗藏的电台不定期向西安中统工作站拍发密码电报，报告中共及延安的消息。

超尘的异常活动，引起了中共边区保卫处的注意，他们向中共中央情报部门负责人李克农作了汇报，准备破获。但超尘却过高地估计了自己的隐蔽能力。他一面搞特务活动，一面与山下的数名女子保持非常关系。一次在他下山过夜时，被边区保卫处抓获。

被捕后，超尘对自己的特务行为供认不讳，数月后被处决。他手下的几个特务也被处决或判刑。

中统在延安潜伏的卧底就此终结。

“肤施县长”与“中外记者西北参观团”

抗战期间，蒋介石除派兵加强对陕甘宁边区的包围外，还设计派遣特务人员以公开身份长驻边区，从事阴谋活动。当时中统局在国民党陕西省政府和省党部的协助下，委派中统老牌特务马濯江为“肤施县长”，设县署于肤施境县内，1936年后改名为延安县，为中共中央的所在地。

马濯江，中统骨干，中共叛徒出身，抗战前与翟一清、朱秋白等十人一起被徐恩曾推荐给国民党财政部任税务督察。马濯江被派驻西安，督察陕西省税务，同时又是中统陕西省室主要干部之一，参加特务活动。

按照中统局的指示，马濯江的任务一是窥探中共的内情动向，向重庆局本部报告；二是在当地散布谣言，制造混乱，破坏团结抗战；三是在当地人员，特别是中共组织中物色对象，发展成员。

1938年10月，马濯江以县长身份率领十余随员到达延安，成立了国民党“肤施县政府”。当时中共及边区政府以团结抗战为重，未予拒绝。马便得以在公开场合活动。

马濯江到肤施前，原以为可以大干一场，结果却大出意外。首先是当地人对他们不予理睬，甚至找上门去也远而避之。尽管他们千方百计地刺探共产党内部情况，到头来却一无所获，更谈不上发展特务，布置潜伏的问题了。

1939年清明节，国民政府派出以中央大员张继为首的一批官员祭扫黄帝陵，马濯江参加了这一活动。张继任主祭，马与另一位县长为陪祭。祭扫后，在一次筵席中，马向张继表示愿意陪送张返回西安，得到张的允许。随后马便借故滞留西安数月，同年10月，陕西省政府将他的县长职务免去。

1944年春，在重庆的不少中外记者为了了解陕甘宁边区的具体情况，向国民政府提出前往边区参观采访的要求。几经踌躇之后，国民党中央秘书长吴铁城允许成立一个“中外记者西北参观团”，前往边区。吴将这一任务交给了中统，经徐恩曾与国民党中央宣传部磋商后，决定派该部秘书邓友德与中统专员杨嘉勇共同负责筹备。

经过约一个月的筹备，参观团正式组成。团员共有二十一人，其中有路透社、塔斯社、美联社等外国通讯社记者七人，余均为重庆各报和中央通讯社的记者。该团以立法院编修谢保樵为团长，邓友德为副团长，中统杨嘉勇以中央通讯社特派员名义冒充记者参加了该团。当时军统曾要求派员参加，遭到徐恩曾的拒绝。

该团于1944年夏由重庆出发，先后到过宝鸡、西安、潼关及晋西南黄河边第三战区长官阎锡山驻地等，然后渡过黄河，到达陕甘宁边区，受到八路军第三五九旅旅长王震的迎接，并将他们护送到延安。该团在延安停留了约一个月，然后经西安返回重庆。在历时两个月的行程中，该团一切活动均由谢保樵、邓友德二人领导，杨嘉勇凭借他与邓的密切关系，经常帮助谋划。

该团在西安受到国民党陕西省政府主席祝绍周、国民党陕西省党部主委谷正鼎的接见；在潼关则见到了时在胡宗南部第一军第一师第一团第一连任连长的蒋纬国。在晋西南，阎锡山接见了该团全体成员，当在谈到他的“新军”全部脱离他而投向八路军一事时，阎锡山竟泪流满面，发誓要“报仇雪恨”。

在延安，参观团全体成员先后受到中共领导人毛泽东、周恩来、朱德、林祖涵、吴玉章的接见，参观了抗大和鲁艺，还出席观看过一次盛大的文娱晚会，晚会上演出了颇具意味的《桃园结义》、《打渔杀家》等节目。

在该团出发前，中统曾了解到重庆中央通讯社社长肖同兹与毛泽东主席是同乡老友后，徐恩曾指示杨嘉勇，如见到毛泽东，可用肖的名义代为致意，并提出在延安设立中央社分社的要求。在一次观看文艺演出时，杨的座位距离毛泽东主席不远，杨便利用演出中的休息时间，向毛泽东主席转达肖的问候，毛主席说：“同兹是我的老朋友，多年不见了，他身体好吗？”杨旋即以肖的名义提出在延安建立中央社分社的要求。毛泽东回答说：“可以的，不过先要告诉他，在此地建分社是要亏本的。”杨问为什么，毛主席说：“因为我们此地没有人要看他的《中央日报》。”

该团回返重庆后，杨嘉勇把在延安的见闻和感受写成一份详细报告交给了徐恩曾，报告中的内容除上述情况外，还讲了一些他对共产党的看法。其大意为：共产党人从上到下生活简朴，平易近人，无官僚架子，平日自己吃粗粮却以白面待客。生活艰苦，但很团结，朝气蓬勃。但同时又诬蔑八路军在战场并未真正打击日军，而是敌来我去、敌去我来地打游击，扩大自己的实力。徐恩曾将杨的报告摘要抄送蒋介石和吴铁城参阅，并对杨给予了嘉奖。[42]

除此而外，中统局还曾派出女特务梅芳，利用其与八路军总部警卫员王某自幼定亲的关系，想策反他暗杀彭德怀副总司令等八路军将领，结果王某拒绝，最后被梅要挟而自尽，梅芳也被捕。

军统在延安的活动与沈之岳的冒险经历

戴笠的军统局对延安十分重视，做了许多的工作，试图打入，建立潜伏组。

1936年戴笠就让西安站站长马志超开设了一个特警训练班，专门培养打入延安的特务。由娄剑如负责，共有五六十人。训练半年后分批派入，结果第一批进入的薛志强等人因无法立足，不久后全都跑了回来。

1938年1月，军统西北区区长张严佛又通过陕西电政局局长顾德明的关系，派军统西北区无线电支台台长汪克毅去当"延安电报局局长"，要他刺探情报，发展组织。但5月底汪克毅就逃了回来。他说："一到延安，就感到难受，仿佛四面八方的眼睛都刺着我，连电报局里面的人对我也不放松，他们好像是用无言的心声在詈骂我：'你是特务，不准你乱动。'我仔细地观察，我在电报局里也被他们包围了，而他们都是共产党的人，我简直气都喘不过来。我故作镇静，而内心恐慌。再说，机子上面有固定的值班，我所要发的电报发不出去，实际上我也没有什么电报可发的。我觉得我的身份被发觉了，待在延安，动都动不得，越想越不对，因此我只好借口回来了。"[43]汪克毅的说法，基本上就是潜入延安的特务内心的真实写照，也是他们匆忙逃回的原因。

后来，戴笠又想通过贸易商人打入延安，未能得逞。1940年初，他亲自挑选学生吴正伦带二人携小型电台潜入，一进去就被捕了，他又让军统局人事处长龚先舫派两名杀手去刺杀中共领袖，又不得逞而逃回。但在军统努力下，他们仍派了一些特务伪装成进步学生、商人等混进延安，有的还进入了中央机关，甚至在边区保卫处和中共中央军委二局工作，但这些特务都不敢活动，以免"露马脚"。1940年10月，军统还派出一个联络小组去延安，总联络员叫赵秀，这些特务只向西安方面发出过十份电报。

一年后，混入陇东任教育科长的特务吴南山，因对军统局的专制不满，加上受到边区进步环境的感染，对共产党的看法已有根本转变，便主动自首，得到赦免。边区保卫处以他为线索，逐步追查下去，陆续将这伙潜伏特务逮捕。其中如特务李春茂，经过在抗大学习，早已觉得共产党的理论和实践都比国民党高明，决心脱离特务组织，自动洗手不干了。他毕业后主动要求进入白求恩国际和平医院工作，并协助投诚的祁三益等人提供特务线索。吴南山、祁三益、李春茂等人还于1946年加入了中共，成为特别党员，完成了政治立场的根本转变。在这样的大环境下，国民党特务很难进入延安，即使潜伏下来也不敢活动，最后基本上被清除干净，就连军统局的总联络员赵秀也自首了。从此，军统局在延安的三十二名潜伏人员全部被中共掌握。对这些情况，戴笠、胡宗南等人一无所知，还在不断给他们下达命令，直到1943年春，赵秀借机跑回西安，被军统西北特侦站交由戴笠亲自审问，才知大势已去。戴笠一怒之下，将西北特侦站正副站长程慕颐、林继之撤职，军统局延安及周边小组全部撤销。戴笠这次失败可谓惨重。[44]

其中，只有一个人除外，落得个全身而退，他就是军统大肆吹嘘过的沈之岳。

1938年4月，经国民党政府同意，重庆中央大学肖致平教授与刘永川教授抵达延安进行参观访问。随同两位教授访问延安的，还有一位名叫沈辉的青年，自称是肖教授的私人助手。

肖致平和刘永川原先在北平燕京大学执教，北平沦陷后，他们一同南下去了武汉，后来又到重庆中央大学任教。他们这次访问延安，提出的理由是出于对中共长期以来的同情，希望对延安增加了解。作为来到延安参观访问的国统区高级知识分子，他们被安排住在杨家岭中央招待所的窑洞里，受到了很高的礼遇。他们先后参观了陕北公学、鲁艺、抗日军政大学等学校，观看了延安留守部队的操练。他们还受到了毛泽东主席、周恩来副主席、朱德总司令、张闻天总书记等中共领导人的接见和合影留念。

在延安期间，沈辉表现得谦虚恭顺，少言寡语。他对八路军的操练观看得很认真，还与战士们一起打篮球。一个月以后，肖致平、刘永川两位教授恋恋不舍地向东道主提出告辞，而沈辉却意外地提出申请，要求留在延安参加革命。他向接待人员表示：对投奔延安早有计划，当初正是出于这一目的，他才中止了学业，主动要求给与他父亲有世交的肖教授当助手的。

沈辉的请求得到了中共方面初步批准。当时对于国统区来的爱国青年，延安方面一向是敞开双臂欢迎的，但边区保卫处也按照规定，对他进行了严格的政审。据沈辉自我介绍，他是河南息县人，在家乡读完中学，1936年考入开封师范。抗战爆发后，经肖致平教授帮助，他又考入中央大学一年级就读。在保卫处结束了对沈辉的政审后，处长周兴出于搞政保工作的强烈责任心，又请重庆我地下党组织进一步协助调查沈辉在中大的情况。在未彻底搞清楚情况之前，沈辉先被安排在边区政府教育处普教科当临时助理员，暂不列入编制。

不久，保卫处副处长王范从延长县回到延安。王范是1926年入党的老党员，曾参加过红十四军，1929年红十四军失败后，他流落到上海，参加了中央特科工作。1932年，他被捕入狱，经组织营救得以脱险，撤往延安，担任边区保卫处副处长兼侦察科长。上海地下工作时的阅历，使他具备了敏锐的观察力。

到延安后，王范又特地找沈辉"闲聊"几次，王范发现沈辉的疑点，是他自称河南人，但却有些江浙口音，对此沈辉解释说他小时曾随舅父在上海住过几年，在上海长寿路小学读书，舅父在美孚煤油公司当职员。他还说了几句上海话。王范审慎地听后，认为沈辉的解释大体上还说得通。即便如此，他们还是不能完全对沈辉放心，在得到重庆地下党组织对其调查回复之前，对他作了适当的监视。

其实这个沈辉，真名叫沈之岳，是戴笠手下的军统特务。沈之岳是浙江人，早年在杭州读中学，后在戴笠主持的浙江警官学校学习时即加入了国民党。1932 年，他经大特务叶翔之介绍，进入戴笠领导的军委会特务处。这一时期，他的主要任务是在上海的几所大学里以进步学生的面目出现，进行特务活动。沈之岳善于伪装，读过《向导》、《社会主义 ABC》等马列书刊，自学过俄语，又通晓英语，枪法也很准，是一个文武双全的特工。他曾参加过破坏光明读书社等中共外围组织的活动。抗战初期，沈之岳在上海、杭州两地还诱杀过七八名共产党员，渐渐成为戴笠组织的一员干将。他父亲与肖致平是一般朋友，并非世交。但这层关系却被利用，成为他潜入延安的契机。

沈之岳之所以冒险潜入延安，是因为他肩负着军统要他伺机谋刺毛泽东、张闻天、周恩来等中共中央领导人的绝密使命，这是国民党军统特务组织对中共活动的重要内容。他为此曾作了周密的准备，并向其上司军统陕坝工作站站长毛人凤保证：只要潜入延安，力争刺杀中共领导的行动成功。

毛人凤是戴笠安插在陕西的心腹，作为对付中共的王牌，戴笠曾计划让他亲自出马潜入延安，但毛人凤深知中共保卫部门的厉害，一直没敢拿自己的性命去冒险。这时，刚从军统西安站调陕坝站工作的沈之岳居然主动请命，真令毛人凤喜出望外。于是，经过一番策划，沈之岳进入了延安。

不久后沈之岳进入“抗大”学习，因“表现好”而升为学员区队长。他曾试图通过同学与中共首长交往，后又转任八路军留守兵团中校参谋。在延安期间，他曾将中共中央和毛泽东的一些指示转报给戴笠。

自边区保卫处收到重庆的调查回复后，也再没找沈之岳谈过话，他在延安得以平静了一段时间。但特工的经验总使他感到心中不踏实，觉得会有人在暗中监视着自己，因此他小心翼翼，不敢越雷池一步，甚至不敢走近枣园毛主席住地和杨家岭中央机关驻地，以免惹出嫌疑。

一天，沈之岳去“抗大”操场打过篮球比赛回来，在自己所住窑洞前的老榆树下发现了两块叠在一起的土块，这是他潜入延安前与毛人凤定下的接头暗号。有同行来找过他，他既高兴又惊恐，赶紧将土块踢开。随后，他又发现了一张折起的烟盒纸，上面用暗语写明，约他次日中午去甘泉县杜甫祠堂一晤。沈之岳看罢心惊肉跳，烧了纸条。他考虑再三，没敢去接头地点。此后，他中断了与这个未曾谋面的同伙的联络，因此，沈之岳侥幸逃脱了一次搜捕。

当时，延安城一小杂货店老板谢仁义被列入监视对象，原因是他以前曾在西安一训练班受过训。红军进驻延安后，他在延安开店谋生，也曾与超尘有过联系。1939年初，侦察员发现，谢老板还不定期去七里铺乡镇小学，与一个姓张的校长接头。同时，中央情报部负责人邓发和李克农也先后转告边区保卫处，军委的监视电台曾两次截获发自延安城外的可疑电波信号，密电码正在破译中；而距延安仅一百多里地的绥德县一个天主教堂附近，已测出有国民党特工的秘密电台在活动。据此分析，敌特很可能在策划一起重大破坏行动。中央要求边区保卫处密切注视敌特动向，把握好动手的时机。

保卫处在掌握了一些证据后，当机立断逮捕了谢仁义和张校长等特嫌分子，并在一名还俗僧人开枪拒捕时当场将其击毙。经过审讯，被捕者供认，他们正策划一起大规模的连环破坏行动。他们勾结延安城外三十里的一个堡塞内的地主武装，策划破坏延安通往绥德的公路，并埋地雷伏击八路军后方留守处主任肖劲光一行。特务们还计划潜往枣园、杨家岭等地，向中共中央驻地的几口水井投毒。另据已被捕的国民党延长县县长周景龙供认，他听说上级早已派了一名杀手潜入延安，计划杀害毛泽东等中共主要领导人，但此人迟迟没有动静，也不知是什么原因。周景龙还供认，米脂、绥德的保安团等延安这边得手后就发动暴动，进攻当地八路军驻军和民众抗日自卫军，并将队伍拉向绥远。

延安保卫处立即向中共中央作了汇报，并与负责党中央警卫工作的杨奇清、汪东兴碰头，加强了保护措施。结果，特务们还没来得及下手就被一网打尽。

沈之岳因主动切断了与同伙的联系而得以漏网，但是中共方面始终没有给予他更多的信任。1938年底，边区派他去江南新成立的新四军部队工作，意在使他远离延安。他到了江南后，也没有敢开展什么活动，据他自称，在“皖南事变”中，有他留下的“秘密组织”发挥过作用。[45]不久沈便返回延安，在“抗大”又潜伏了近一年。1940年3月，沈之岳从延安悄悄逃跑了。

虽然他在延安一事无成，但在军统局对延安工作毫无办法的情况下，沈这段的经历便成为他以后在军统组织里爬升的政治资本。[46]

沈之岳的这段历史，本没有什么可以炫耀之处，但军统局对中共和延安实在是无战果可言，只好对沈之岳大加吹嘘，说他“将探知中共在抗战时期之各种策略密呈中央，二十七年，沈随共首叶挺赴江南收编新编第四军，乘隙将第四军军力及其不轨阴谋向中央密陈，中央用能洞悉其情，三十年一月，第四军在皖南准备哗变，中央先得沈之情报，尽察虚实，处理称便”。[47] 这种记载，也不知其根据何在。

后来到1951年，沈之岳担任“保密局大陆闽浙工作站”站长时，又曾化装成教师潜回浙江奉化，摄得蒋家故宅不少照片，回到台北进呈蒋介石，大获蒋的欢心。之后，沈之岳在台湾情报系统中扶摇直上，当上了国民党的“安全局”的中将“局长”。[48]

沈之岳中共内部潜伏共计不到两年，就被怀疑而撤退，他是唯一自称为潜伏“有成绩”的军统特务。

1940年后，军统在西北第一、八战区成立了调查室，业务归军统局本部领导，1942年后又在西北东南成立秘密调查机构，专事策反中共人员，成效不显。在陇东三十八集团军内成立调查室，情报范围涉及张掖、西安、宁夏等地。因中共在抗战时期是合法组织，国民党在非控制区并不能公然敌对，军统的工作只能以侦察监视为主。他们在汉中设立的特别侦察组，下设丽水、陕西、安徽三个小组，并附设特侦班，物色训练人员，自称曾渗入延安及新四军活动。

为加强反共，军统局在晋绥边区总司令部设立了调查室，由军统派员主持。第三国际解散后，军统以为中共势力减弱，于是再成立西北特别联络站，1944年为统一事权，将西北、东南两站及西北特联站撤销，由军统局本部指挥对中共工作，并加强华中特工站的对新四军工作，还在豫、鄂、皖、浙分别成立了特种工作站。这些努力也没有取得什么实效。

在无法打入中共组织进行破坏的情况下，戴笠对所谓国际共产党在华势力进行了侦破。据他自己报功，1935年曾破获上海、武汉两地的“第三国际世界情报网中国支部”；1941年再破“第四国际中国共产主义同盟四川地方委员会”在重庆兵工厂的活动，由兵工署警卫稽查处调查，12月6日破案，逮捕了中共地委书记、时任四川省立高级商业学校教员的王振华和其助手、国立女子师范学校学生黎洁霜夫妇，以及周林发、白云秀、李修枚、杨寿文、张巩毅、刘治明等多名兵工厂工人，在搜获的文件中发现了所谓中共要烧毁全城米铺、银行、仓库及饭店的“春荒暴动委员会”计划。仅从这里的所谓“第三国际”“第四国际”名称来看，其情形真假难以辨实，其中不免有军统诬陷以“冒功”之嫌疑。[49]

军统晋东南站的活动

对山西太行山基地，戴笠甚为重视。1937年6月南口抗日战役进行之时，他便下令成立了军统局晋绥察区，派李果谌为区长赴太原，负责晋豫冀三省情报工作。山西沦陷后，他与第十三军军长汤恩伯商定，授予李果谌十三军游击司令名义，设司令部于太行山，联络晋豫冀三省民间武力共同作战。由于二战区对军事指挥权的异议，李果谌最后只得交出部队给冀察游击司令孙殿英及河北民军总指挥张荫梧指挥。

1941年5月，军统山西情报组被日伪破坏，捕去七十余人，组长郭秀峰及关清华、张立君等被杀。为恢复山西情报工作，戴笠再派乔家才在驻军二十七军军长范汉杰协助下，成立了军统局晋东南站。

1941年冬，乔家才自重庆携带电台，召西安、洛阳站十人共去组建晋东南站。胡宗南发表其为第二十七军军部参谋处副处长、设计委员会视察委员，以便开展工作。当时驻地国民党军的谍报组织很差，乔家才决定重建，在范汉杰支持下，从开设短训班培训各师情报员开始，又调解了当地驻军与地方“联庄会”的矛盾，同时扩充了军统在晋东南之组织。他们把重点放在破坏敌军通信上，曾在一夜内拆毁了长治、高平、晋城三县全部电话线，运回太行山，架起了二十七军军部至新五军及各县政府的电话。日伪军为此气急败坏，严责民众看守修复好的线路，并在电线杆上绑上手榴弹，杆下埋地雷以防止之。日军还以飞机空投一信给范汉杰军长，以很和缓的口气写道：“中央军不应有此行动，希望以后不要再来破坏。”

军统晋东南站在1941年6月至12月中，据称共袭敌据点三十余处，毙日军一百一十人。1942年乔家才离开晋东南，调任财政部缉私署陕西缉私处处长。

利用张国焘反共计谋破产

1938年4月，时任陕甘宁边区政府副主席的张国焘，趁前往黄帝陵祭拜之机叛逃，投向国民党。这一事件在当时的国共关系中产生了不小的影响。

张国焘叛逃，是他蓄谋已久的个人政治行为，但他后来为摆脱中共方面的规劝，引来军统特务介入其中提供帮助，性质就完全变了，从脱党变成了叛党。由此他在后来还被军统局利用于反共，做了许多设计努力，最终却一无所获。

张国焘，学生出身，早年在北方从事工运学运，是中共早期领导人之一，曾当选为中共“一大”代表。在党内的“老资格”使他有些忘乎所以，在后来的长征途中，犯下了另立“中央”分裂党的错误，给红军造成了极大的损失。中共中央对他采取挽救方针，仍让其担任陕甘宁边区政府的副主席。但他认为自己在中共已无前途，于是心生二念，欲出走另寻他途。

1938年初，当张国焘从王明的口中获悉他的亲信部下李特、黄超因托派罪被处决的消息后，精神受到极大的震动，表面虽悠然自得，暗中却在寻找逃离延安的机会。

1938年4月4日，是国共双方约定共同祭拜黄帝陵的日子。张国焘以陕甘宁边区代主席身份前往中部县，在黄帝陵前，他见到了国民党西安绥靖公署主任蒋鼎文。祭拜完毕，张国焘就带了个警卫跟着蒋鼎文的车队去了西安。4月7日，蒋鼎文奉命安排张国焘去战时首都武汉。

对于张国焘的私自出逃，中共中央开始时仍想尽量挽回事态，命令在武汉的长江局负责人周恩来亲自去做教育工作，劝他回头。4月8日晨，周恩来收到中央的电报后，立即与王明、博古、李克农等负责人商量，决定要抢在国民党之前，把张国焘接到长江局来，防止他投蒋。

周恩来把这个任务交给了李克农，要他带着机要科长童小鹏，副官邱南章、吴志坚一道去汉口火车站等待张国焘。他们一连三天都扑了空，直到11日晚上7点，邱南章才在西安来的第四趟火车最后一节车厢中，发现了张国焘。李克农上车对张国焘客气地说：王明同志和周副主席派我们来接你。张国焘显得十分恐惧，坚决不肯去长江局。李克农只好给他找一个旅馆住下，留下邱南章、吴志坚"照看"。

这天夜里，周恩来带着李克农、罗炳辉来到汉口大华饭店张国焘住的房间，他语重心长地对张国焘说了一番话，从国内形势、党的要求讲到他自己的前程，说得张国焘无言以对，低头坐在一边。谈话一直进行到深夜两点多钟。周恩来最后说：你既然到武汉来了，就歇两天再回延安吧。不过，我们还是希望你搬到八路军办事处去住。临走时，周恩来还叮嘱张国焘一定要打个电报向中央承认错误，并请示对他今后工作的指示。

12日上午，张国焘迫不得已给中共中央发了以下的电报：

"毛、洛（洛甫，即张闻天）：弟于昨日抵汉，不告而去，歉甚。希望能在汉派些工作。国焘。"

与此同时，周恩来等长江局负责人也向中共中央书记处去电介绍了张国焘的情况。

当日，中共中央书记处即给陈（绍禹，即王明）、周（恩来）、博（古、即秦邦宪）、凯（丰，即何克全）回电："为表仁至义尽，我们决定再给张国焘一电，请照转。"电文的内容为：

"国焘同志：我兄去后，甚以为念。当此民族危机，我党内部尤应团结一致，为全党全民模范，才能团结全国，挽救危亡。我兄爱党爱国，当能明察及此。政府工作重要，尚望早日归来，不胜企盼。弟毛泽东、洛甫、康生、陈云、刘少奇。"

晚上，周恩来又到大华饭店，将中央电报交给张国焘，并详细地向他介绍了当前武汉的情况，又一次与张国焘促膝谈心至深夜。周恩来苦口婆心地劝他说：当前全民抗战的热情高涨，你作为一个老党员、党的高级领导干部，可不应落在群众的后头。党中央的来电讲得很清楚，边区政府的工作在等着你，边区的人民在等着你张主席，你可不要辜负中央领导和人民群众的希望……他一再劝说张国焘先到“八办”去住，一切都可当面商量。张国焘敷衍几句，仍坚持不去“八办”。

13日，周恩来主持召开中共长江局会议，分析了张国焘的表现，认为他到武汉的目的很可能是投靠国民党，但我们还是要把他拉回来，做到仁至义尽。他们决定让张国焘自己活动一天，以观动静。按周恩来的布置，李克农和邱南章趁张外出，到大华饭店把张国焘的行李搬到了长春街八路军办事处。

就在这天中，张国焘先后找了国民党要员陈立夫、周佛海及当时已被中共中央开除党籍的陈独秀。待张回到饭店，见已无处可住，只好转去“八办”住下。

张国焘搬到办事处后，总找借口外出。他一再向周恩来提出要见蒋介石，说要向蒋报告边区政府的工作。

4月16日上午，张国焘在周恩来的陪同下去武昌蒋介石官邸与其见面，张一见蒋就卑躬屈膝地说：“兄弟在外糊涂多年。”周恩来立即针锋相对地说：“你糊涂，我可不糊涂。”接着张国焘说了些有关边区政府的事。蒋介石一看这场面，也不好多说，只哼哈了几句。从蒋介石那里出来后，周恩来严厉批评了张国焘在蒋介石面前低声下气的态度。当天下午张又找借口外出，周派吴志坚随从。张国焘在街上转到天黑，又提出要过江去。在轮渡码头，当客人走完要关铁栅门时，张突然跳上船，想摆脱吴志坚。吴志坚紧跟张国焘上了船。因张国焘坚决不肯再回去，吴只好把他安排在太平洋饭店住下来。

周恩来等从张国焘的态度和表现分析，认为他已决心叛党。17日上午，周恩来、王明、博古一同来到饭店，与张国焘作最后的谈话。周对张提出三条出路供他选择：1．改正错误，回党工作，这是我们所希望的；2．向党请假，暂时休息一个时期；3．自动声明脱党，党宣布开除他的党籍。张国焘听罢表示说：第一条不可能，可以从第二、第三条中考虑，并要求两天后再答复。

周恩来等人走后，张国焘决心已定，他按照既定方针，打电话给国民党方面军统局戴笠，要他来饭店谈话，明确表示了投向国民党的意向。

军统局闻讯，认为这是反共的“天赐良机”，立即派来两辆车和几个特务接应张国焘。他们一进门，就由两个特务抱住看守张国焘的邱南章副官，一个特务拉着张国焘匆忙上车。从此，作为中共陕甘宁边区政府副主席的张国焘，自毁历史和前程，投入了国民党军统特务的怀抱。

当天夜里，周恩来亲自起草给中共中央的电报，报告了张国焘的叛变经过。4月18日，中共中央作出决定，开除张国焘的党籍。

张国焘的到来，使戴笠与军统局喜出望外，他们专心反共多年，还没有见过中共的现职领导人被拉拢过来，而张国焘居然是自投而来，不免幻想可以利用他做许多事情，甚至于由此打开对中共工作的局面也不是没有可能。军统局因此给予张国焘很好的生活待遇和工作条件，希望他能“有所作为”，他们特别成立了一个“特种政治问题研究所”，交给“过去与共党有深切关系之来归人员”张国焘来主持，并设定了西北、东南两个特别侦察站，以分别对八路军、新四军进行特务侦察工作。[50]戴笠想利用张过去在中共内部的地位和关系，对中共进行策反和瓦解活动，对他寄以极大的希望，戴笠认为只要他肯卖一点气力，便可以大有收获。

张国焘准备办一个训练班来培养一批专门工作人员，戴笠马上在各特务训练班毕业生中挑选了一些“优秀分子”，送去给他训练；张又说准备在陕甘宁边区设立一个“策反站”，戴马上照他的计划办理，另还设立了“特种联络站”，分别派人去华北、华中、华东及川东北这些张国焘自称“有关系”的地方去搞分化中共组织的工作。[51]这一时期，军统对张要人给人，要钱给钱，到了言听计从的地步。张不仅是戴引为最得意的部属，且是戴宴客时的“最受欢迎的嘉宾”。张国焘在军统内成了一时的“红人”。

但是一年以后，张国焘的“雄图大略”，一点也没兑现，他不但不能从共产党中拉出什么人来，也无法派人打进去。戴笠想在延安设立一个“延安站”或“延安直属组”，以便向蒋介石去讨功，几经努力，终于也全部落了空。当时范汉杰任二十七军军长，驻在太行山，张国焘曾派人拿着戴笠的信件，请范帮忙派人进入八路军防区活动，结果不但毫无“成绩”，连派出去的人也没能回来。最后只在汉中成立了一特别侦察站，并在榆林成立了一个陕北站，相机再进行对延安的活动。

戴因张“成绩”不佳，渐渐便对他冷淡起来，原来交给他办的“特种政治工作人员训练班”，也在办了两期之后宣告停止。在那个班毕业的学生，因为无法按原定计划派出去，也只好改派其他工作。其所成立的一些“策反站”，因为毫无成绩，慢慢也只好撤销。张因为“表现”不佳，也由“最受欢迎的嘉宾”，变为不受重视的人物。戴有时还对张大发脾气，张国焘此后也再怕见戴。戴对张的生活待遇，也因之而渐渐下降。最初，戴拨给他一辆专用汽车；后来也取消了，张要使用汽车时，得先向总务处商量。戴手下的人是看戴的脸色行事的，所以，方便的时候给他，不方便时就不给。

尽管张国焘绞尽脑汁，但戴仍认为他不肯卖力，曾跟张在一起工作过的军统局秘书黄逸公曾说：“戴老板骂张国焘不肯卖力，实在有点冤枉。他吃饭睡觉时都在想办法，实在是因为共产党组织太严密，所以他作不出特别的成绩来。”军统、中统对于中共叛徒，都是利用与监视并举，一旦在他们失去利用价值后，待遇就下降了。[52]

此后，失宠的张国焘过上了寄人篱下的生活。直到国民党政府垮台，他孤身移居海外，最后冻死在加拿大的养老院中。

【注】

[1] 月西《蒋介石和他的特务机构》，第 390 页。

[2] 李英《徐恩曾与戴笠的“合作”与矛盾》，载文闻编《我所知道的中统》，中国文史出版社 2004 年版，第 184~188 页。

[3] 《戴笠自述》，载申元《江山戴笠》，第 98 页。

[4] 李继星主编《戴笠传》，第 266 页。

[5] 同上，第 127 页。

[6] 《戴笠致萧勃电》，《重庆来电》（1942 年 1 月 14 日）华盛顿中国大使馆，现藏于 [美] 斯坦福大学胡佛研究所档案馆，Box No：43，Folder ID：2.

[7] 同上。

[8] 《戴笠致宋子文电》。

[9] 同上。

[10] 《戴笠致萧勃电》，同注释 [6] 出处。

[11] 《戴笠致宋子文来往电》，同前出处，

[12] 夏晋熊《在孔祥熙官邸的见闻》，载《孔祥熙其人其事》。

[13] （台）良雄《戴笠传》（下），第 512 页。

[14] 同上。

[15] 李炎锠《民国官场笑林》，第 184~185 页。

[16] 同上，第 511 页。

[17] （台）“国防部”情报局编印《戴雨农先生全集》（下），第 855 页。

[18] 沈醉、文强《戴笠其人》，第 212 页。

[19] 同上。

[20] 《民国高级将领列传》第二集，解放军出版社 1988 年版，第 389 页。

[21] 沈醉、文强《戴笠其人》，第 216 页。

[22] 文强《孙殿英投敌经过》，全国政协文史委《文史资料选辑》第 64 辑，第 120 页。

[23] （台）良雄《戴笠传》（下），第 505 页。

[24] 韩文宁《自诩为一条恶狗的罗君强》，《钟山风雨》2003 年第 3 期，第 42 页。

[25] （台）良雄《戴笠传》（下），第 513~514 页。

[26] 同上，第 517 页。

[27] 同上。

[28] 《戴笠自述》，载申元《江山戴笠》，第 96~97 页。

[29] 此节参考申元《戴笠轶事》，第 77~80 页。

[30] 《戴笠自述》，参见《我们的态度与决心》，民国三十二年 8 月 30 日孙总理纪念周训词，载申元《江山戴笠》，第 99~100 页。

[31] 《浙江文史资料》第 16 辑，第 188~204 页。

[32] 毛森《陈仪被捕内幕》，载（台）《传记文学》总第 311 期。

[33] 《军统局渝特区 1939 年度工作总结报告》，中国第二历史档案馆馆藏军事委员会档案。

[34] 同上。

[35] 同上。

[36] 月西《蒋介石和他的特务机构》，第 280~282 页。

[37] 2006 年 1 月 26 日，蒋孝严还曾在台湾《中国时报》上撰文说，他母亲当年在桂林被害，是其父的部下为维护其声誉所为，而且连他们兄弟也想除掉，但他未提供可信的资料来源。

[38] 本节参考《南京晨报》2006 年 4 月 12 日 C13 版《陈立夫下令中统暗杀章亚若》，转载自《济南时报》汪幸福《政治杀手陈立夫》。

[39] 《在蒋介石身边八年——侍从室高级幕僚唐纵日记》，第 453 页。

[40] 《中共党史人物传》第 15 辑，陕西人民出版社 1984 年版，第 53 页。

[41] 同上，第 56 页。

[42] 张文《中统 20 年》，载江苏省政协文史委《中统内幕》——《江苏文史资料选辑》第 23 辑，第 87 页。

[43] 张严佛《抗战前后军统特务在西北的活动》，载全国政协文史委员会《文史资料选辑》第 64 辑，第 103 页。

[44] 本节参考江绍贞《戴笠与军统》，团结出版社 2006 年 10 月版，第 134~146 页。

[45] （台）“国防部”情报局编印《戴雨农先生全集》（上），第 209 页。

[46] 资料来源：王炳毅《惊心动魄的延安反特斗争》，载《南京晨报》2004 年 3 月 24 日 C16 版。

[47] （台）胡文彬《现代情报工作简史》待归楼丛书之五，1995 年版，第 49~50 页。

[48] 王炳毅《惊心动魄的延安反特斗争》。

[49] （台）“国防部”情报局编印《戴雨农先生全集》（下），第 813 页。

[50] 同上，第 813 页。

[51] 同上，第 813 页。

[52] 综合《文摘报》、《文史春秋》有关文章，参见陈少校著《黑网录》，第 90~91 页。

中统对中共南方地下党的大破坏｜第十章

1941年到1942年间，国民党中统局依靠叛徒对中共南方地下党组织进行了大破坏，这一过程发生在国共两党第二次合作期间，给中共方面及国共关系造成了极大损害，影响恶劣，在中共历史和国民党特务活动史上都留下了深刻的印记。从其发生的过程情形来看，它并不算是国民党老牌特务们的“成绩”，而是叛徒们犯下的罪恶，这说明内奸比敌人更具破坏性。

在这一事件过程中，中共南方工作委员会、江西省委[1]和粤北省委、广西省工委等地下党组织都遭受了不同程度的破坏。所受的损失是巨大的。但在事件中，许多共产党人面对逮捕、利诱、刑讯，坚贞不屈，为主义和信仰献身，其英雄事迹可歌可泣，令人敬仰。

中共南方工作委员会（简称“南委”）是1940年10月经中共中央决定成立的，作为南方局派出机构，下辖江西、粤北、粤南省委、广西省工委、闽南、闽西、潮海、琼崖、湘南特委等组织机关。1942年5月，南委组织部长郭潜被捕叛变，在几个中共叛徒的主持下，中统江西调统室的特务们进行了极有针对性的破坏，使南方几省的中共地下党组织受损严重，大批干部被捕，最后导致在从香港撤退回内地途中的中共高级干部、国民党元老廖仲恺之子廖承志亦因意外暴露而被捕，酿成了国共关系中的重大事件。同年12月，鉴于其工作已陷于瘫痪状态，中共南方局被迫作出了“南委领导取消，工作停止”的决定。

“一九四一年七月间，中共江西省委遭受国民党特务破坏，省委书记谢育才等被捕，种下一年后南委大破坏的根子”。“一九四二年夏天，南委由于遭受叛徒出卖，被严重破坏。”“后又破坏了粤北省委机关和中共广西省工委。”[2]在这场大灾难之中，主持、参与破坏南委及中共江西省委、粤北省委以及广西省工委的主要中共叛徒特务有以下四人：

1．冯琦，即徐锡根，早年曾任中共全国总工会党团书记，1932年春在“顾顺章事件”中被出卖，被捕后叛党，参加了中统。1934至1938年间曾任中统江西特务室、调统室主任，国民党江西省党部委员。1940年任江西省特办处主任，在此期间主持破坏了中共南委与赣、粤、桂省委。1945年8月至解放前，任国民党江西省党部委员兼书记长。1949年逃往台湾。

2．庄祖方，又名庄尚之，1933年2月在任共青团中央交通组长时，被中统上海行动区逮捕，叛变后参加中统，历任国民党江西、浙江省党部特务室股长。1933年曾参与逮捕中共镇江县委书记张英、如泰中心县委书记夏荣、共青团邳县县委书记谭福志，1935年筹划组织“浙东肃反办公室”，赴萧山县办理中共党员登记，参与屠杀永康县共产党员和革命群众多人。抗日战争期间，庄充任江西省特办处总干事、中统江西调查统计室主任、驻赣视察员、专员等职，他在特办处总干事任内，是破坏赣粤桂省委和南委的主要凶手之一。因破坏有功，受到中统局的记功嘉奖，并被提升为中统江西省调统室主任。抗战胜利后获国民党中央颁发的“胜利勋章”，升为中统局设计委员和国民党江西省党部委员。解放后被抓获，判刑改造。

3．郭潜，中共南委组织部长。1942年5月被捕叛变，随即引领特务抓捕中共粤北省委书记李大林夫妇、南方局委员廖承志、南委副书记张文彬及宣传部部长涂振农、广西省工委副书记苏曼等多人。1942年冬郭潜参加中统局，后升任专员，解放前任中统局华北区区长，1949年逃往台湾。

4．颜福华，时任中共江西省委武装部长。1941年叛变后参加中统，化名谭德。1949年逃往台湾。

第一节　江西省国民党特务组织的整合

1940年3月，江西省主席熊式辉将中统组织“江西情报总站”、军统组织“江西省调查统计室”和本省特务组织“江西省保安处第四科”合三为一，组成了“江西省特种工作委员会”，其下设立“江西省特种工作办事处”（简称“特办处”），在他的统一管辖之下，集中力量开展对付共产党的行动。这一举措，在当时中统与军统斗争加剧，两者与国民党内各实力派矛盾重重的情况下，是不容易做到的，也只有在江西才能做到。

熊式辉，江西安义县人，毕业于日本陆军大学，后投效广东革命政府，北伐战争中任独一师党代表等职，其后，得到蒋介石的信任，出任淞沪警备司令。在他主政上海期间，曾捕杀过中共的重要干部恽代英、杨殷、彭湃、罗亦农、陈乔年以及龙华二十四烈士。1931年12月，熊式辉被蒋介石委派为江西省主席，任职十年。在江西期间，他倚仗蒋的信任，对整合使用国民党特务组织、增加其作用进行了尝试，并收到了效果。

熊式辉任命中统特工冯琦、庄祖方二人为“江西省特种工作办事处”的负责人，确定了中统组织在江西的领头地位。冯琦、庄祖方原为中共地下党员，被捕后叛党，并加入了国民党中统组织，他们因过去在中共内部的工作经验，对地下党的工作方法、习惯等十分熟悉，因此具有较多的反共经验。这些中共叛徒一旦死心投靠国民党，其对中共地下组织的破坏作用比国民党特务要高出许多倍。1940年5月，国民党特务先后在赣县、吉安、泰和等地秘密逮捕了积极从事抗日宣传活动的共产党员和进步青年七十多人，制造了轰动一时的“左倾文化人案”。为了关押这些“政治犯”，经熊式辉批准，特办处在距江西省政府所在地泰和县城十五公里处的马家松山村，设立了一所秘密监狱，即马家洲集中营，成为专门关押迫害中共人士的地方。

马家洲集中营真相

马家洲集中营的场所为一栋祠堂和三栋民房，祠堂做大禁闭室，关押一般犯人，隔壁两间民房是小禁闭室和女禁闭室，分别关押重要犯人与所谓的“顽固分子”。这里戒备森严，四周筑有一丈多高的围墙，内层围有竹篱笆，外层由省警察总队派了一个分队警卫，各个禁闭室还设有看守日夜监视。集中营由特办处直接管辖，所长和工作人员都由特务担任，分设训育、管理、事务三个股，另外有医疗室和一个更生农场。集中营对外严格保密，行文使用“江力行”代号（后改用“汪书行”），通讯使用“马家洲第六号信箱”。

从1940年6月至1944年12月，马家洲集中营先后囚禁五百多人，主要是江西各地中共党组织遭破坏后被捕的共产党员、抗日爱国人士和进步青年，其中包括中共南方工委廖承志、张文彬，丰城中心县委书记吴建业，江西省省委书记谢育才，以及民主人士漆裕元、杨锡类以及其他的政治犯。1945年初，日军侵占泰和，集中营迁至吉安县富田山区，6月又搬至永丰潭头，1946年随国民党江西省级机关迁至南昌潮王洲，1949年5月南昌解放，这所集中营才被消灭。

马家洲集中营对外公开的名称是“江西省青年留训所”,其如“忠斋”、“大学”、“中学”、“服务大队”等特务机构一样，都是些掩人耳目的称呼。这些监狱对待犯人不同于普通的监狱，它们有其独特的管训方式，即从精神上对关押人员进行麻痹欺骗，肉体上进行折磨摧残，使其“自首自新”。马家洲集中营对留训人员的管训又有其独特之处，分为四个步骤：

第一，拘押管制。留训人员进入这座“新型的思想病院”时，要填写入所登记表、自白书和线索表。“绝对服从本所一切命令”，“严禁秘密结合与谈话”，“绝对禁止与外界人士接触”[3]，即使是一般家信也不允许写。第二，政治训练。规定政治训练“以阐扬三民主义、总裁言论、本党政策政纲及驳斥谬论、研究时事为本所训育中心”[4]。内容都是攻击共产党、八路军、新四军和马列主义的“理论”。第三，案情侦审。其主要目的是索取留训人员的进一步交代。特务们常以公开谈话、秘密策动和现身说法等伪善面目来启示、诱导被捕人员交代问题[5]，常用“到国民党来有前途”来解除革命志士的思想武装。利用留训人员中的变节分子的所谓“现身说法”，特别是把臭名昭著的中共叛徒叶青找来，给留训人员“洗脑”[6]，诱导被关押人士变节自首，做国民党的鹰犬。第四，结案。被关押人员一旦坦白自首后，经过特务们较长时间的考察，认为合格的就报特办处核准，取保释放，到指定的国民党地方党部报到服务，还要接受两年的监视考察。

冯琦、庄祖方等老叛徒特务精心炮制出来的这一套办法，十分阴险毒辣，他们对被捕人员进行思想欺骗、政治诱降，确实拉拢了一些意志薄弱者，但对于坚定的共产党人来说，欺骗和诱降的效果毕竟有限。于是特务们就对被关押者进行心灵和肉体上的迫害，其方式和手段主要有：

第一，人格污辱。被捕的人一进监狱就要受到种种凌辱。如搜身、剥衣、没收财物等，许多人是被蒙着眼睛走进牢房的。如特务们为了使被捕的中共南委副书记张文彬变节，就对他说“外界都认为你已经屈服了”[7]，企图使其在绝望中放弃立场。张文彬对此极度愤慨，曾以绝食表示抗议。

第二，高压手段。当欺骗宣传失败后，特务们便撕下“说服教育”的假面具，代之以关重禁闭，戴手铐脚镣，或者重刑拷打。集中营里的刑罚种类繁多，如踩杠子、灌辣椒水、吊坐飞机、夹手指头、坐老虎凳、“打雷公”、泼冷水等，如同其他的特务监狱刑讯一样地残暴。

第三，生活上的迫害。集中营生活条件非常恶劣，囚室又暗又窄又潮湿，夏无蚊帐冬无棉被，蚊虫叮咬寒气袭人，囚徒们穿的是国民党部队报废的破烂棉衣裤，不分冬夏，夏天抽去棉花做单衣，冬天填上点棉花来御寒。每人每天吃的只有几两霉烂变质的糙米饭，菜是没油没盐的黄烂菜叶，许多人被折磨得面黄肌瘦，羸弱不堪，身染疾病也得不到治疗。张文彬患有严重的肺病，不但得不到医治，就连病号饭也吃不上。由于长期的折磨和摧残，于1944年8月26日惨死狱中。

第四，秘密杀害。这是特务们最后的手段。如中共江西汀瑞县县委书记、游击队负责人刘国兴被俘后先被关押在集中营，后来被秘密押往南昌枪决。

马家洲集中营是在全国抗日的大氛围下，江西国民党当局所制造的一个毒瘤，它记录了国民党顽固派血腥镇压人民抗日救亡运动，残酷迫害共产党人及进步人士的历史事实，说明了蒋介石、熊式辉用特务蹂躏人民，不断变换手法迫害共产党人和革命者，其反共本质并没有因抗战而有根本的改变。

第二节　破坏中共江西省委

1940年冬，赣西莲花县的中统特工在江西与湖南交界处的界化陇汽车站检查旅客，偶然发现张绍祖（又名张健行，中共南昌市市委书记）行李内有革命书籍数册，随即将张及其妻许樾（中共党员）扣留，报省请示。省主席交特办处处理。特办处派人去调统室查阅登记册，发现其中有中共南昌市市委张绍祖的记载，在抗日初期国共合作的情况下，张的身份是半公开的，但仍签准将张、许解省办理。

张、许被解到泰和县后，张被关押在调统室主任马鲲住处。中统江西省特办处主任冯琦和省特办处总干事庄祖方，均为出身于中共高干的叛徒，急于为中统“建功立业”，二人决定采取狡猾的“心战”手段，三番五次地向张劝说，只要履行“自首”手续，就可以恢复自由。庄祖方对张、许二人更是关怀备至，除生活上给予优待外，还亲自出马多方劝慰。张绍祖妄想以伪供骗取释放，三日后表示了依从，写了所谓的“自白书”，但只承认是共产党，没有供出实质性情报。后来张绍祖被押解到马家洲集中营，与“左倾文化人案”众多被捕文人关押在一起。

张绍祖到留训所后，只想自己过关，竟向熟识者以履行手续骗取出狱为由进行诱劝。不久，便有文某、雷某、汤某某等一些人向留训所当局履行所谓“自首”手续，书写“脱党宣言”等。张绍祖为敌人立了大功，便于1941年1月得到了开释。在这段期间里，中统特务对于许樾的中共党员问题，一直搁置着，以后也就不再问了。

1941年的3－4月间，获释后的许樾积极帮助张寻找中共组织关系，以期恢复联系，立功赎罪。5月初，她联系上中共吉安县妇女支部书记万国英，约定到泰和去张家找张谈话。万与张原不相识，略作问答之后，即给张一个吉安的通信处地址，嘱张随时把所得敌方的情况供给党组织。万出门后，张忽感到可疑，便出门远远后随，望见万走进国民党省党部大门，在调统室门口和人讲话。张绍祖便以为万是化装的调统室的特务，不敢再瞻望究竟，想到与庄祖方对他夫妇的“交情”，便托庄转求调统室原谅。哪知道万国英并不是中统的人，张的举动为中统打开了又一扇方便之门。第二天，省调统室即日密令吉安工作组组长李刚逮捕万国英，在刑讯逼供下，万供出了党组织线索，大破坏由此开端。

万国英供出了清江县属中共樟树镇妇女中心支部书记黄某地址。经捕讯一干人等，最后不仅使中共赣江河流工作委员会和中共前方工作委员会遭到重大破坏，还使省委留在吉安的两名交通员和省委电台报务员助手肖薇也遭逮捕。省委书记谢育才的爱人、拟任省委妇女部长的王勖后也被捕。

中共江西省委机关设在吉安邻县安福的南山上，山势险峻，目标隐蔽。山间居民都是中共的基本群众。当时省委机关与驻吉安的国民党第三行政区专员李林曾有过共存的默契。1941年7月，新任中共江西省省委书记谢育才到赣，他同意把省委迁到吉安。叛徒李贡珊就凭这一情节向冯琦献计：以中共江西省委机关房屋已找好为由，诱骗谢育才等下山。果然，省委书记谢育才、报务员林云生携带收发报机先后随“交通”下山，他们都被一直带到道署坪十三号落入敌网。谢、王二人解到泰和时，先被监视在调统室，庄祖方向谢进行诱说，谢不为所动，傍晚，二人便被押送至距城二十余里的马家洲集中营监禁。

此后，特办处和调统室即派叛徒李昭贤等作引线，去遂川县良碧洲山上破坏中共赣西南特委机关。特委书记黄洛平遭捕后，在叛徒们的包围下屈从。冯琦便把他安置在特办处编审组充当助理干事，以示对叛变者的“优待”，欲使叛变人员继续为之卖力。9月，中统局人事室主任章志模准备派大学刚毕业的弟弟章志纯去江西任省调统室主任，调原省室主任张启白去重庆为中统局专员。冯琦则借口大破坏的需要，把张启白留下，担任所谓“高干会”的秘书。这期间，中统特务最关切的是如何促使谢育才尽快叛变。冯琦、庄祖方除指示马家洲集中营特务随时做诱叛活动外，还多次亲自去找谢、王谈话，但一无所得。谢育才被捕之初，冯琦曾向国民党江西省主席熊式辉夸言，不难使谢育才投降以破坏中共南方工作委员会，但需要大笔活动经费和汽车。1941年9月间，国民党中央秘书长吴铁城、中统局局长朱家骅一次批给冯琦法币五万元（价值两辆汽车），作为破坏中共南委的专门费用，并致电说："熊前主委转来冯琦同志所拟伪赣省委破获后扑灭东南各省奸伪实力刍见，甚属切要。盼兄全力主持，缜密处理。兹先汇国币伍万元以为必要费用，希即查收，如何运用，请与冯同志随时商办。关于牵涉各省之处，因时地制宜，由兄与各省径洽，事属重大，再报请中央转饬办理。统希并力以赴，以速事功为盼。特达。弟吴铁城朱家骅。秘。"[8]

在重重压力之下，狱中的谢育才、王勖，备受特务的折磨摆布。谢、王不从，庄便凶厉作色，命人夺去王勖怀中的婴儿。婴儿离开母怀后整天啼哭不食，引起了全监妇女的同声号哭，四邻都为之震惊。狱中这一示威行动，使得特务们不得不将婴儿送还其母亲。在集中营内的一次严密搜查中，谢育才藏在鞋内的一件秘密报告被特务搜去。不几天，他们又诱逼谢育才写信骗取中共江西省委军事部长颜福华下山，谢先推拒，后即爽然答应，简单写字条，可是字迹别致，签名特异。该字条交到特办处后，谢的用意被冯、庄识破。庄祖方由此心生一计，凭搜获的谢育才亲笔信，另外模仿谢的笔迹伪造了一封信，由"交通"持伪造的信上山交给颜福华。曾任红军独立团团长的颜福华，出身农民，文化水平不高，没有看出破绽，第二天率领武装人员数名到吉安，结果落入敌网，随即投敌。颜福华从敌之后，特务们告诉他谢、王的真实情况，让他前往马家洲集中营做诱叛活动。颜一见谢育才的面，即照特务的恶毒授意说："你写信叫我下山，怎么你自己还在这里？"意为谢育才已被人陷害，洗刷不清了。谢见了颜，愕然失色，但对颜的一番鬼话，却置若罔闻。

自颜福华及大部分武装人员被诱下山落网后，山上还有省委青年部长唐敬斋、秘书周国钧和少数武装人员。颜与唐、周一向有意见，特务不便叫颜出信相诱；且唐、周都是大学生，特务也不敢再用伪造谢育才亲笔函的伎俩。

中共老叛徒、调统室指导组长施竹三献计，由他伪装中共南委巡视员上山诱取唐、周二人。施竹三随“交通”上山之后，邀请二人一同下山“参加会议”。这样，唐、周二人第二天便随同所谓“南委巡视员”下山了。走在半山腰时，唐敬斋突然发现特务埋伏，即独自逃跑，才行数步，不幸遭枪击倒地。两人被押解到吉安特务机关之后，当天转解泰和。唐被秘密监管在省立医院治疗。周国钧当天“自首”，唐敬斋伤愈之后，亦被特务诱逼叛变，只因所供和周国钧一样，被解去马家洲集中营“受训”，半年后获释，派在调统室的泰和工作组专搞所谓青年学生工作，被准许在泰和境内当了中学的数理教员。

唐敬斋、周国钧下山之后，中共江西省委仅剩一名中队长和数名武装人员，不久，他们都被颜福华诱下山被捕了。

1941年夏初，中共江西省委遭破坏后，省委所属各级组织的线索亦完全落入特务手中，但由于冯琦等想要进一步破坏中共南委，为防“打草惊蛇”，江西中统调统室仅把各特委和必须速破的县委组织秘密予以破坏，其余暂置不动。到了1942年5月底，在粤南委遭到袭击后，江西中统便对中共各县委进行了大诱捕。迄1942年秋季止，江西几乎所有县委、区委、支部均被破坏，只有少数干部未落敌手，但全省组织系统已陷入瘫痪状态。据江西省调统室统计，中共江西省委以下，先后被破坏的有赣西南、赣西北、赣南三特委、一个前方工作委员会、一个赣江河流工作委员会、四十四个县委、区委、支部共两百余，被捕总人数在两千以上，其中被捕后叛变及参加特务工作的不到百人。从中我们可以看出，极少数的叛徒在破坏党组织方面却发挥出了很大的作用。

除了破获地下党外，中统还以特务手段来诱骗瓦解和消灭人民武装力量。按照他们的计划，一是派中共江西河流特别工会叛徒诱捕瓦解刘国兴部游击队武装；二是派李刚率人去赣东光邵、资贵进剿中共福建省委武装曾镜水部；三是派罗文华率队前往鄱阳、乐平、婺源瓦解中共武装杨文翰部。[9]其中因叛徒与特务的有效合作，两度有所得逞。

刘国兴原系中共瑞金县委书记兼闽赣边区游击大队大队长，在敌后开展游击。1942 年 5 月间，冯琦唆使叛徒万钧安、陶乐找到刘，诡说江西省委要与刘联系，取得信任。冯琦接着派叛徒曾志伪装成中共江西省委巡视员，深入刘部营地探察。7 月 8 日，又假称江西省委令刘去安福山上受训，并嘱其武装接受“省委派人”的领导。“迭经运用技术”，将刘带到泰和逮捕。在软硬兼施之下，刘按照特务之意，亲笔书写字条，命所属武装人员，听从曾志调遣，从而使全部人枪都落入敌特手中。9 月 8 日，特务们与国民党瑞金县长、“本局同志”马鲲所率便衣队武装“内外夹击”，将游击大队击溃。[10]

与此同时，7 月间，冯琦受国民党吉安区专员李林的请求，派行动队长李刚率领特务分子数名前往吉水县，袭击当地农民叶章本所率领的自发武装组织“逃生队”。叶部所属有二十余人，先被李刚诱骗“收编”，后又以“听候训话”为由，命全体人员列队，特务们从背后用机枪扫射，全部杀死。

这样，中共江西省委与其所属各级组织及其武装，基本上遭到了破坏。为此，中统局朱家骅、徐恩曾等欣喜异常，来电特予冯琦嘉奖，另发奖金六百元，庄祖方亦受提拔奖励。在中统的历史上，这样的所谓“成绩”还真是不多见的。

第三节　破坏中共南方工作委员会

1941年12月，中共江西省委遭彻底破坏以前，特务们就利用已缴获的省委电台与中共南委电台“恢复”了联络，但又害怕中共南委询问谢育才的近况，因而又两次故意装作电台失灵中断。

1942年2月春节过后，南委电台接到南方局电台指示：“江西台找你们，请与联系。”同时，在南委电台与其他电台通电时，江西电台突然用同样的波长插了进来，诡称由于机器损坏联系中断，现已修好，要求恢复联系。起初南委负责同志认为江西电台中断联系半年多，对之应有所警惕，于是决定：（一）考察一下是否是江西台，要它说明中断原因；（二）要江西省委将中断后的情况作详细报告；（三）南委暂不向江西省委作任何指示和通知。此后，江西叛徒即以江西省委名义，通过电台陆续发来一些“报告”。至于南委曾询问谢育才本人情况，江西台则诡称“谢育才在日寇轰炸泰和时受伤住院”和“情况不明”，等等。南委曾将此情况报告给宣传部长涂振农、组织部长郭潜等研究，他们都认为没有问题。于是，4月1日南委决定派郭潜到广东曲江传达一年工作总结和检查江西的工作，并给谢育才发了一封明文隐语的信，要他于5月中旬到曲江某接头地点与“二叔”（郭潜）见面。郭潜随后即离南委去曲江。

到1941年底，冯琦等对谢育才拒不屈服倍感焦急，对二人进行了拷打。

谢育才、王勖于1942年1月间被提到泰和城区，关在调统室电台的一个后房里，与庄祖方家只一墙之隔，特务们安排谢、王在庄祖方家搭伙，白天派叛徒罗卓明，借照顾事务为由，对谢的活动进行监视，阻止其与他人接触。在这期间，特务们不断向谢育才进攻。

新任调统室主任章志纯，想以制服谢育才立一大功，特在高干会上雄心勃勃地提出：他要亲自进行争取工作，不希望别人随便插手，免得把事情搅乱。原来这里涉及了中统特务的内部矛盾。当时，主管中统局日常工作的副局长徐恩曾嫌冯琦和熊式辉关系太密，而局长朱家骅则是熊式辉的好友，因此徐恩曾派章志纯到江西，意图使章牵掣和监视冯琦的行动。因此对于章志纯的态度骄横，冯琦也就采取忍让态度。事实上，章志纯对于所谓说服工作，毫无经验，他与谢育才交谈数次，最终失望而归，只好还让冯琦去谈，但谢育才还是沉着应付，总推说没有什么可以贡献。冯、章二人为此极为焦急，彼此猜疑，埋怨对方，甚至于在谢育才面前就相互争吵起来。

1942年4月初，特务从唐敬斋处获悉中共南委从邮局寄信给谢育才，要谢5月中旬到曲江找“二叔”（郭潜）洽谈。章志纯把南委来信交给颜福华看，要他去诱逼谢育才去曲江，颜只能答应。颜福华要谢速作去曲江的准备，好好为“国民党立功”。1942年4月30日，当夜月明如昼，谢育才、王勖趁特务不觉，狠心丢弃了自己的幼子，悄悄越室逃跑。次日一早，特务们发现后不免乱了阵脚。不久，中统局斥责庄祖方的电报也来了。电文中命令特务着力追寻二人，设法挽救这一“损失”。这使得特工们更加烦恼，特别是冯琦，他已向熊式辉夸了包破南委的海口，骗到了五万元巨款，他认为跑掉谢育才事小，转眼5月15日到期，谁去曲江“应约”诱破南委则是最大的问题。

谢育才为什么会下决心弃子逃脱呢？据现存的中共南方局史料中谢的自述所载：当敌人询问他有关南委驻地和“全福处”是人名还是地名等情况时，他想到如能出去找到中共福建平和县长乐地区的区委书记张全福，就可以找到南委报告情况。于是谢一面搪塞敌人说“全福处”是地名，在龙岩白土区；一面开始积极准备出逃。1942年5月22日谢育才与王勖历经艰险，逃到福建平和县长乐地区的下洋村，找到了区委书记兼南委电台安全保卫负责人张全福和南委机关保卫负责人刘永生，谢向他们汇报了江西省委遭破坏的情况，刘永生要他连夜写个书面报告，次日送交南委。

对于江西的中统特务，破坏中共南委之事已是箭在弦上不得不发，他们决定赶赴曲江作冒险之旅，希望有意外的收获。庄祖方从泰和选调了6个特务连同颜福华一起，于5月8日出发，12日到达曲江。他随即去了广东省调统室，调用叛徒冯达协助侦察，开始对位于风渡北路一纸铺的中共南委通讯处布置侦察守候，想从该通讯处发现破坏南委的线索。

5月14日，由颜福华出面向南委通讯处投“报到信”，以后隔日去催问一次，顺便试探情况，直到20日下午还无人答理，而特务们也没有在通讯处找到线索。于是，李刚、颜福华等人认为可能中共南委已有发觉，应当把该通讯处破了再说。但庄祖方坚持不可，认为超过约期或有别因，随嘱颜福华转移到一家旅社住下，另派两名特务住在颜的邻室，同时再发信催促。庄祖方着力说服李刚耐心等待。果然，坚持守候到5月25日，有两名中共交通员去旅社找颜福华了。当晚，庄、李、颜及冯达等人秘密商议，决定待交通员再来时，即下手逮捕。

5月27日一早，两交通员又去旅社，颜福华等便随同步行约四里，在两岸无人烟处登上一小艇，驶入江心停下，随后庄祖方派几个特务分雇两只小艇，追随而来，照预约的暗号打了招呼。

也许是特务们的运气，同日下午4时左右，叛徒孔昭新、罗卓明在曲江马路上，偶尔瞥见了他们原来的上级、曾任江西省委书记的郭潜、张绍祖（又名张健行，中共南昌市委书记）。庄祖方即命孔昭新拘捕郭潜，并把郭等二人押上汽车解到国民党七战区长官部联秘处的一间空屋内看管。与此同时，庄通知李刚会同颜福华等将艇上两名交通员也捕押到这里。

接着，特务们向郭潜进行诱降，郭起初不理。颜福华对他说："谢育才被捕叛变在先，江西省委和所属组织整个都完了，整个都'自首'了，谢育才也来到了曲江。"他还为国民党中统组织作宣传，说："早先不知道国民党内部真情，其中确有'进步的真正为三民主义奋斗'的力量，在起着核心作用，所以也就促成了抗日之举。"又说，他们并且很重用转变分子，徐锡根（冯琦）怎样有权，这班人都在冯手下，你还是到国民党来继续领导我们"抗日反帝"好了，从"民主主义"也可以走向共产主义等，都是中统特务们对被捕者"心战"的一套"理论"。庄祖方还一度介入插言，要郭不用迟疑，应该当机立断效法张国焘等走"三民主义"道路。叛徒孔昭新长于口才，又熟悉国民党的一套歪论，这时更在郭前大鼓如簧之舌，似乎为郭设想，叛变竟是一条"新生的康庄大道"，郭潜身为中共南委组织部长，听了这番谬论，革命立场居然为之摇动，乃要求见其特务负责人，说若能答应他几个条件，便愿相从。庄祖方自承可代表中统方面对郭谈话，郭潜即向庄提出："（一）准我立即回家一走，因深夜不归，我妻会惊慌；（二）家里有共党的经费九万，要求留给万元作家用；（三）准许我永远不公开露面；（四）保障我的安全和维持家庭生活。"庄祖方听了这些自私的条件，乐得满口答允，立即准备伴随郭潜返家一行。当时有联秘处秘书丁某前来阻止，认为决不能轻率地相信依从他。庄祖方坚持可以，保证有利无患，随派李刚和颜福华、孔昭新跟郭潜同行。

郭潜回家后，转而要求留下党的经费三万私用，李刚做主应允了。郭更加兴奋，对特务感恩戴德，他马上向李刚献计立即行动，扩大"战果"。李找了汽车，郭指引李刚等首先破中共南委在曲江的总交通机关，逮捕了总交通等三人，转而又引路驰往五里亭破坏粤北省委总机关，逮捕了省委书记林某（李大林）和女交通员阿李。归途中，郭在汽车上先后发现省委组织部部长和宣传部部长在路旁行走，便立即指引李刚一一逮捕，全部关押在联秘处的空屋里。

郭潜主张赶快审讯女交通员阿李，说阿李是跑始兴县电台的交通，逼她“自首”，便可以利用电台蒙骗南委书记。庄祖方、颜福华就连夜向阿李进行诱逼，可是这位未满二十岁的年轻女子，始终装作不懂话而摇头不理，如此约经一小时，特务便下毒手将她狠狠鞭打，而她还是坚不吐实，直到午夜过后，特务也倦极不支，只好暂时收场。

1942年5月22日谢育才逃抵福建平和县向党报警后，南委曾于5月24日给曲江郭潜发了密码电报，要他取消与江西的联系，迅速撤退。

5月29日晨，已被特务允许独身回家的郭潜从家出来，向庄祖方报告说，他被捕前一天，接到南委一份电报，因电码不明，没有译出来，昨夜再仔细翻查，原来是要他立即离开曲江，免遭危险等语。庄听后马上断定南委已得到了谢育才的通知，担心去大埔破坏南委机关会落空。但郭潜却说，只要赶快去，还有希望，于是庄祖方、李刚等，忙着作去大埔的准备，定于5月31日出发。他们遂把所捕获的多人移交粤省中统特务机关接管。

第四节　在偶然之中捕获廖承志

5月30日早晨，郭潜忽向庄祖方报告说，中共南方局委员、八路军驻香港办事处主任廖承志现正住在乐昌，他是因太平洋战争爆发撤回内地，途中暂在乐昌小住的，应先把他逮捕，迟了恐要走脱。庄祖方一听，喜出望外，立即将此情告知了广东省联秘处秘书丁某。丁说：“余长官早就向总裁（蒋介石）请求过，总裁指示，发现他（廖）格杀了事，如今先捕来也好。”庄祖方听了不免失望，这与他更恶毒的诱叛立功企图完全抵触，于是便不再和丁谈下去，转而复和郭潜商定，由郭潜写一字条，通知廖承志即日去桂林，谎称其任务是“疏散聚集在桂林的进步文化人”，并送给“旅费”一万元，由一个伪装的交通员去送给他，务必诱使他当天下午乘火车去桂林。因为廖住在一条狭窄的街道，汽车开不进去，只能诱出后在火车站附近绑捕，然后在曲江另换车辆将其秘密押送江西，以免为七战区司令长官部知悉抢了头功。至于伪装交通人，庄祖方让郭潜选择，郭潜对几个特务都不中意，最后庄祖方决定亲自出马充当。

当日下午，庄祖方率李刚、行动员黄鹤林、陈文卿，借乘省政府的一部小汽车，悄悄地前往百里外的乐昌县。车到乐昌已是下午4时，庄祖方命黄鹤林遥随其后，注意他所去的户宅。庄祖方进入廖的住所，见到了廖承志，送上郭潜的亲笔函，又特别提出希望他最好当天就去桂林，廖却说须过一天去。庄祖方一时无计可想，只好暂时退出。黄昏时，庄祖方又去找廖承志，隔着大门诡说钱掉了，求廖借助旅费。趁廖开门时，突由李刚、陈文卿闯入，挟之急走，并向廖说是“奉蒋委员长命来请你的”，庄祖方还和黄鹤林入其卧室，代取行囊略施搜索，然后掩门而去。

廖承志在被押解回曲江途中，方明白郭潜已投敌，面对庄祖方的巧言游说，廖报以笑声和回击，使庄未敢再饶舌。车到距城五里处停下，庄和李刚步行入城，打算雇长途汽车将廖押去江西，而不把廖押去城里，以免七战区长官部拦截。然而当庄雇车转来时，廖已不在车中，黄鹤林诉说刚才来了一群宪兵，把廖承志抢去押入江心游艇里了。庄祖方无奈，即电报中统局，要求立即取得蒋介石命令，将廖转押江西。果然，没几天余汉谋接到蒋介石电令，将廖交还中统。于是，特务们就把廖解到赣县，由赶到赣县的冯琦押解廖去泰和，被禁闭于马家洲集中营的独间暗室。江西调统室向中统局报告了他们的上述“成绩”。[11]

廖承志被捕后，惊动了国共两党高层，中共驻重庆代表团立即与国民党方面进行交涉，要其放人。周恩来、董必武还写信给与廖家有世交且当时比较同情中共方面的立法院长孙科，希望他利用自己的影响出面干涉此事。信中说：

“哲生院长勋鉴：久未承教，仰企为劳。比闻勋名福履与日俱增，慰符私颂。敬启者：廖仲恺先生之嗣君承志自港难后返国，道经曲江，本拟来渝，因妻分娩，故奉母暂留曲江小住。不意日前与同伴十余一同被捕，初羁押于余幄奇司令长官部，后又他移。闻讯之余，莫名骇异。承志虽隶籍中共，其平日拥护政府，拥护抗战，拥护“三民主义”，与我辈毫无二致。犯何嫌疑竟罹不测之祸？窃所未解。伏念公与仲凯先生旧交素笃，对其遗族爱护逾恒，今承志及其同伴在缧绁之中，谅邀格外关切。恩来等彷徨不知所措，用是不揣冒昧，特恳鼎力救援。倘蒙俯允设法营救，俾忠烈之裔重获自由，无辜之人得天日，则殁存均感大德于无暨矣。专泐。敬启　崇安。周恩来、董必武[印]谨启　六月二十七日[12]”

孙科接信后，于6月30日致电蒋介石，转呈周、董的来电，并未提出自己的意见，而是请蒋介石处理，但并无回音。

廖母何香凝女士，当时亦正在香港撤退内地途中，惊闻噩耗，又急又气，思前想后，只能再求助于孙科，她当即致电，以党国元老的资格要孙出面，把廖承志从特务手中救出。电文如后：

“重庆。立法院孙院长哲生先生勋鉴：香港陷敌，香凝逃命间关抵韶，征尘甫卸，忽闻小儿廖承志在乐昌县境被我江西、广东两省党部委员邀同赴赣，经分电询之曹主席浩森、蒋专员经国，承示小儿尚留在泰和江西省党部。窃念小儿意志稍歧，叠经告诫，今之被羁谅亦政见问题，初非触犯国宪。香凝随先夫廖仲恺先生参加国民革命，数十年如一日，今虽一存一亡，而香凝效命党国之志节，当为我公及世人所共见。仅此一儿，香凝虽有愧于滂，而小儿亦深惧无以慰龙舒君于九泉。况大敌当前，我政府正以团结为号召，对于小儿当必能宽其既往也。除先电蒋委员长，请饬粤赣党部将小儿送粤桂两省当局察看，俾就近指导，香凝亦便于探问外，我公高瞻遐思，特此陈乞，并祈察鉴。示复曲江互励社。何香凝。午元。”[13]

7月23日，孙科致电中统的后台吴铁城，转达何香凝的来电，仍未提出处理意见："铁城吾兄勋鉴：顷接廖夫人何香凝女士代电，以其子承志在乐昌县境被我江西、广东两省党部委员邀同赴赣，现尚羁于泰和，恳宽其既往，饬粤赣党部将其送回粤桂两省当局察看，俾得就近指导云云，用将原代电送上，即希查核为荷。顺颂 勋祺。孙科敬启。七月二十三日。"[14]

只因原先有了蒋介石"发现他格杀了事"的表态，孙科、吴铁城明知蒋介石对廖承志的态度，并不愿或不能过问。就这样，廖承志被中统特务关押了三年多，直到抗战胜利后的1946年1月，国共两党举行和平谈判时，在中共的一再要求与坚持下，蒋介石才无可奈何地同意释放了决不低头的廖承志。此乃后话。

第五节 破坏中共南委及广西工委

1942年5月31日早晨，江西中统特办处总干事庄祖方带着中共叛徒郭潜、颜福华和特务李刚等一行九人，乘中国银行的大卡车由曲江前往大埔。他们先找了国民党闽粤赣三省边区绥靖司令香翰屏，请求协助，香派其政治部主任林鸿翥（即林雁峰）随带武装人员六名同往。

6月6日早晨，庄、郭等特务各自搭乘小汽轮去大埔县高陂镇，傍晚到达。正将上岸的时候，郭潜又一次意外地"走运"，他看到了中共南委宣传部部长涂振农和交通员阿香正在登上去揭阳的拖船，乃即通知庄祖方，命李刚率二行动员赶上该拖船将涂和阿香逮捕。随即郭潜又带李、颜等人奔往一照相馆楼上破坏南委总交通机关，逮捕了总交通林某和同在该楼上的高陂中学的几个学生。

庄祖方已和林鸿翥、冯达等在木船上向涂振农、阿香一度施行诱逼，涂振农默然不理，十二三岁的阿香遭到了林鸿翥的痛打。

郭潜等在照相馆楼上守株待兔，看见一老妇人前来，他便迎上前去，在其所携篮内搜得一信，是中共南委书记张文彬笔迹，问她从何处来，老人不应，郭潜即猛击其颊，继以痛殴，终究取得了交信人地点。于是郭直奔一旅馆找见了张文彬，上前抓住张臂拖拉到旅社门口。张文彬大声呼救，喊“我们要抗日，这些人是汉奸”，庄祖方立即指挥特务们拉张直上三楼，将张监禁在一大房间内。抓到张文彬后，庄祖方又转去木船看涂振农，知道涂振农曾趁冯达不备，跳入江中逃跑，被陈文卿追回。庄祖方把涂振农和张文彬押在一室。阿香则被郭潜带入别室。

当夜9时，庄、林随带的两名武装人员，以及郭潜、阿香连同所借六名武装人员共十七人分为两路化装出发。一路由郭潜任向导，李刚负责率颜福华等共十二人去乡村住家搜捕中共南委书记方方；另一路由庄祖方和林鸿翥负责，胁迫阿香充当向导，连同杨元篠、罗卓明共五人，去大埔角大街上南委所设的商店搜索。

天色微明时，庄等先到达目的地，强逼阿香敲门叫唤，一店员把门打开，便予逮捕。随后，罗卓明等登楼又搜获一店员，即把他反绑监押在一角。这时忽闻远处枪声（方方住处距该店约一里），庄祖方即着杨、罗前往接应。顷刻间，见李刚赤脚向街上奔来，其他人后随，大批群众追着他们大喊“捉土匪”跟随而来。庄祖方吓得独自逃往街后一厕所里伪装大便；林鸿翥立即上楼，用粤语大声叫喊“我们是香总司令派来的，乡长！保长！叫大家不要惊慌”，群众乃渐渐散去。

林鸿翥想用电话调队伍，但当地和附近都没有电话，找乡长、保长又都不见面，庄祖方惊慌失措，坚决主张放弃一切，立即返回高陂。庄在国民党乡公所，找到一个职员，把已捕的两店员交其看管，限乡公所即日解往国民党高陂区署；又强令一个乡公所干事充当向导，伴随庄祖方等十余人于6月7日下午5时，气喘吁吁地循着原路赶回了高陂。

经过三天三夜提心吊胆的赶路到达松口镇。庄祖方等登上了岸，惊魂始定。经过一宿，回到兴宁的时候，庄祖方引着郭潜去拜见国民党闽粤赣三省边区绥靖总司令香翰屏，同时把总交通员林某和阿香移交该绥靖总司令部接收。南委总交通员林某被交出以前，庄祖方等特务曾恶施刑讯，林某坚如金石，庄祖方怒予毒打，并残酷地令用针刺指甲。林虽遍体鳞伤，但始终不稍屈服，表现共产党人的铮铮铁骨。特务们终无可奈何。当时日军已开始窜犯赣江，泰和布置疏散，冯琦电催庄祖方速返。6月16日他们押着张文彬、涂振农二人离开曲江，18日返抵江西泰和。当夜，张、涂二人被关入马家洲集中营。[15]江西省调统室再次向中统局报告了他们的业绩。[16]

随即国民党江西省党部主任委员梁栋也向重庆报告了特务们的“成绩”：“吴秘书长铁城、朱部长骝先鉴：关于破获奸伪南委事，迭经先后电陈在案。兹据调统室续报，本室派赴粤方工作人员庄尚之同志等十余人，押同伪南委副书记张文彬、宣传部长涂正农，既业已自首之伪组织部长郭潜夫妇，于巧晚抵泰，正在进行说服工作中，特电察核。江西省党部主任委员梁栋（六月廿三日）。”[17]

1942年6月底，冯琦接到中统局电报，要他带郭潜去桂林帮助破坏中共广西省工委，并在桂林与中统局副局长徐恩曾会见。冯琦不愿去，指定庄祖方前去并代会徐恩曾。庄祖方带颜福华和特务陈文卿、刘群以及郭潜共五人离开泰和，于7月初到达桂林。他们根据中统局交来的中共广西省工委的线索，首先去排查在逸仙中学当教员的广西省工委副书记苏曼，探明苏正在学校后，庄祖方等决定先密捕苏曼及省工委妇女部部长等人。当天下午，牛伯勇带领四名特务，直入逸仙中学苏的家中，将苏曼夫妇和来串门的一男子及省工委妇女部长一起逮捕，关押到公共食堂楼上，立即分别进行诱逼，苏等三人置之不理，特务便以乱棍殴打，仍无结果。第二天晚间，他们又密捕了工委的女交通，庄祖方和陈文卿二人把她监押在一山洞里，整夜诱逼，得到了广西省工委书记钱兴的住址。梁马上带人前往密捕，但钱兴夫妇已闻警逃走。

这天徐恩曾到达桂林，下午6时庄祖方应约往晤，接受其指示。

7月上旬一天，郭潜和陈文卿在街上忽见广西省工委彭某匆匆行走。郭即派陈立即跟踪上去，少顷，见彭进入一大宅院未出，陈归来告郭、庄。当晚，庄祖方令陈文卿将彭捕获。在郭潜诱说下，彭供出钱兴夫妻越墙逃出后，在他的住处躲了一夜，今晨已送他两人乘火车去曲江。

与此同时，特务对苏曼等三人酷刑逼迫，并用狡猾手段加以离间，使三人彼此猜疑，最后，三人虚假填写了“自首登记表”，来换取暂时出狱。但他们没有向敌人透漏党的任何秘密。三人回校后，一起作了自我反省。为了保护党的秘密，并向组织上表示清白，在派人向党组织报讯后，当夜均悬梁自尽于一室。第二日校方发现这一惨情，公开报验，随即轰动全城。

至此，中统特务对中共南委及赣粤桂闽等省地下组织的大破坏活动慢慢平息下来，但其已给中共在南方的组织活动造成了十分严重的后果，其中尤以江西省的损失为大。而国民党方面，却视之为一空前的胜利，中统特务们弹冠相庆，蒋介石接见了徐恩曾，给予大大的表扬和巨额的奖金。“关于江西省党部破获奸伪南方工作委员会一案，奉批发给奖金伍千元，汇由该部酌给破奸出力人员，等因，自应遵办。唯此项费用应由机密费项下拨付，拟请移送财委会签发。”[18]

第六节　历史的教训

回顾这段历史，我们可以发现，江西中统组织在中共叛徒冯琦、庄祖方的主持下最罪恶的作为，莫过于对被捕革命者种种诱叛诈骗手段。据解放后庄祖方在监狱里交代称，其间阴谋诡计不胜尽述。他将中统对付被捕者的阴毒手段归为六点：（一）绝灭其营救希望；（二）打乱其坚拒意念；（三）谣惑其是非观念；（四）促动其自私欲望；（五）诱逼其罪恶作为；（六）进而使其彻底叛变。他们的作为就是先诱叛，不成则把水搅浑，设套让你钻，等给组织造成了损失后，使被捕者说不清而不得不就范。然后按上面的六原则，一个个地顺藤摸瓜，逐个击破。而其中更重要的一点是这些诡计的策划者与执行者，都是中共的叛徒，他们有的原来还是中共的干部，对中共的组织、理论与行动都很熟悉，有知己知彼之利，懂得许多国民党的特工书本上学不到的东西，比之出身国民党的特务要“高明”数倍。另外还有一点就是，纵观事件经过，偶然性的因素也占很大的比例，即特务们所谓的“好运气”，如一开始抓到中共南昌市市委书记张绍祖，以及后来捕获中共南委组织部长郭潜、宣传部部长涂振农和交通阿香、中共粤北省委组织部长和宣传部部长等，都是叛徒特务们在路上搜索时偶然发现的，虽说叛徒们认识他们是先决条件，但无论如何，这里存在有机遇和偶然性的因素。

从另一方面来看，在这一系列的事件中，中共叛徒助纣为虐的作用相当可观。虽然照前面的统计，在两千以上的被捕总人数中，投敌参加特务工作的总计也只有百人左右，但这不足二十分之一的叛徒所起的破坏作用却是巨大的，其中如郭潜等身居要职的叛徒则具备了破坏整个局势的力量，因为他们的投敌，中统特务的破坏性大大扩张和深入了。为什么这些人会叛变呢？究其原因，庄祖方认为，除了中统的阴谋诡计外，还有被捕者本身与其他方面的若干缘由。如一、有些被捕者本身缺乏气节修养，对革命认识不够，信心不坚。二、当革命低潮的时候，中共党内存在分歧现象，下层群众情绪低落，组织流动频繁，某些领导有官僚习气，不顾下级困难乱指挥，歧视异己，对被捕人员漠然不问，对出狱的人借口“慎重”，轻置不理或轻疑不贞，等等。三、有些人原来就存在极大的品质问题，如郭潜等人，一经被捕即自告奋勇地要做反革命的急先锋。再加上他们身居党内要职，叛变后既助特务行动又担任诱劝角色。叛徒日渐增多，造成“已成潮流”的假象。这些观点，出自当事人的总结，自然会有一定的道理。

针对抗战期间国民党特务对中共组织和党员的迫害，延安《共产党人》期刊在此前后连续发表了由刘少奇、陈云等中共领导人撰写的有关文章和一些社论，对国民党制造反共摩擦、迫害共产党人的倒行逆施进行了尖锐的揭露与抨击，同时具体分析和研究了对付国民党特务的方法，并对国统区的中共地下组织的斗争原则，需要改进的工作方法、注意事项等，作出了具体指示。

在1940年5月出版的《共产党人》第九卷上，发表了德生所著《略谈对付敌人的逮捕和审讯》一文，该文写道：

“在我们党还没有取得完全公开合法地位并且巩固了这种地位的地区，一般的说，共产党员遭受逮捕、监禁、绑架和杀害的可能性，是随时存在着的。尤其在目前日本帝国主义与反共投降分子所统治的区域，这种可能性更大。因此研究和学习对付敌人逮捕审讯的经验、教训和方法，应当看作每个秘密工作者的经常任务之一。……就最近一、二年一个省党员被逮的教训来说，被逮的数十个党员中，除极少数被奸细出卖外，大多为各原因造成政治面目暴露而受逮捕的。

对付逮捕破坏的方法，除肃清内奸外，最主要而且最有效的方法还是在事前多作些预防工作。基本内容是：严格的遵守秘密工作原则：（1）不要在身边及卧室放文件、宣传品；（2）不要与公开的共产党员及边区、共产党军队、边区任何人公开通信；（3）不在日记、笔记及党的文件、宣传品上写自己及同志的名址；（4）不要让非工作必须的同志认识自己，习悉自己的一切情况；（5）不开人多的秘密会议；（6）一切日常生活习惯、衣、住、言行须社会化、群众化；（7）一切接头、开会、找人、走路、住房，随时须准备口供、准备盘查；（8）遇有和自己发生关系之党员被捕或机关破坏时，应立即上报，采取对策；（9）不要在生人、特务面前听了左的话句，就表示自己真实情感，暴露政治面目；（10）常去机关地方规定好‘报警’的方法。

被捕时要注意：（1）一瞬间要争取或造成适当机会脱逃（证据要销毁，不要直接回机关，注意敌人‘故纵’）；（2）不能逃时要让周围邻居知道自己已被逮，以便组织上营救，同时抱定牺牲决心，接受考验。

被捕后中心问题是对付审讯，对‘威吓、利诱和欺骗’方法是‘沉着、机智和坚决’。要反对张皇失措、恐惧与动摇。

（1）要准备口供

一般不承认自己是共产党员，不承认参加团体与活动，在有了人证物证无法隐蔽时，才可承认。不要以为‘统一战线’承认即可释放。口供承认简单为好，秘密审讯时拒绝其他一切口供，要争辩，在公审时要揭发敌人罪恶，学季米特洛夫，声明本党主张宣传，以不泄密、暴露组织，不表悔过为原则，‘暂时’屈服以减少对方‘敌意’是实际错误的、可耻的背叛。

（2）要承受严刑拷打

过去许多经验证明，愈能忍受和经得起拷打则易容易使敌拷打政策失败，反之，愈害怕拷打，则敌人抓住弱点拷打得越厉害，还要问出你委实不知道的东西，否则是‘不怕打则可能不挨打或少挨打，愈怕打则愈会挨打，打得可能更厉害’。共产党员只要真正忠实于党的事业，真正抱定为共产主义牺牲的决心，那么任何拷打都是可以经得起‘吃得消’的。

（3）要能不怕软化利诱

敌人利用父母、爱人和子女的关系，利用金钱、地位和美人的方法，利用被捕者各种各样虚荣心，及一切可利用的弱点，进行各种方式之转化，要经得起。

（4）要会不中欺诈诡计

如‘咱们不谈党的事，只交换点政治问题的意见’，‘我们早已知道了’、‘某人已供出你……’，‘你只要证明一下某人供出的是事实，不是要你供什么……’，‘你不承认共产党员就当汉奸办，你看要哪个名字？’‘只要你承认加入共产党是错就可释放你……’，‘只要你在悔过书上签个字，我们绝不发表，一定为你守秘密’，‘填表是为了应付上级，你办这手续并无损失，出去还不是可以继续革命’，‘领导你的人已经自首了，你何必作痴子……’，‘反正已经对外宣布你自首了，共产党绝不会信任你了’等等，以及用奸细伪装犯人，伪装探监等等套口供，必须坚持原则，不作任何证明、口供、自首（不论任何形式与名义）。”

这篇文章最后写道：“在监牢如同在战场……经历被捕与审讯是共产党员的试金石。”[19]这说明对付国民党特务的反共活动问题已经引起中共高层的重视，成为当时国内政治与国共关系中的一个大问题。

1941－1942年间，在中统特务的肆虐下，中共江西党组织受到前所未有的严重挫折，南委机关、粤北省委和广西省工委都受到了不同程度的破坏，其后果是非常严重的：

1．它严重破坏了共产党的组织。据统计，从1940年春至1942年夏，中共组织被破坏的有南委，三个省委（江西、广东、广西），两个市委，四个特委，三个中心县委，三四十个县委，近百个区委，三四百个支部。其中数江西省委被破坏得最为厉害。国民党顽固派把江西作为打击共产党的重点，因为江西的党组织在红军长征后遭到严重摧残，抗日初期才慢慢恢复和发展，党的组织比较薄弱和混乱，加上江西又远离共产党领导的抗日根据地，因此在熊式辉、冯琦等反共头目的统领下，江西特务统治的罪恶行径达到最高峰，江西及其周边的地下党组织、共产党员和进步人士遭到严重摧残，江西党组织到1948年才得以重建。

2．它严重损害了江西的国共合作，削弱了抗日力量，影响了抗日事业的发展。在抗日战争中后期，国民党顽固派不断掀起反共高潮，制造摩擦事件，损害抗日民族统一战线。在国统区的江西，特工活动非常猖獗，经熊式辉的整合，国特机关形成了以中共叛徒为中心的一股破坏力量，大肆逮捕共产党员和进步人士，使江西国共合作的局面遭到彻底破坏。在江西中期的抗战中，除上高会战得到中共地下党组织的大力帮助获得胜利外，其余战役都打得不好，这与江西中共和民主力量的削弱有很大关系。

3．马家洲集中营里大多数被关押的中共党员，都进行了大义凛然的斗争，精神可嘉。但是对省级党的领导来说，不能不说留下了惨痛的教训。1940年至1943年左右，江西地下党组织之所以惨遭国民党的破坏，主要原因在于：（1）党的省级领导对新的形势缺乏深刻的认识，以致国民党特务得遂其谋。如南方工委组织部长郭潜，对当时全省党组织的情况心中无数，且革命意志薄弱，被捕后，还没进集中营就叛变了，并出卖了廖承志、张文彬，犯下了罪恶。（2）国共合作后，江西各地在建党时，就混入了部分思想不纯的人，这些人是投革命之机，在国共合作之初，两党相安无事，他们还能混下去，遇到挫折，就经不起考验，成为叛徒。如省委驻吉安交通站负责人李盘森、黄耀亮，省委军事部长颜福华，南方工委宣传部长涂振农等就是这样的败类，他们的出卖，使许多共产党人遭受不幸，说明了用人问题的重要性。

由于中共中央和南方局及时地制定了正确的应变方针和善后措施，这些地方幸存的党组织与共产党员，顶着腥风血雨转入更加隐蔽、更加顽强的斗争，避免了再受破坏，稳妥地渡过了难关，保存并逐步发展了党的力量。

虽然有一些不坚定分子发生了背叛，更有郭潜、颜福华等极少数败类变节投敌，但大多数被捕的共产党人在狡猾凶残的特务叛徒面前，坚持斗争，百折不挠。廖承志在被捕后一身正气，威武不屈；南委副书记张文彬铁骨铮铮，大义凛然，在狱中长期坚持对敌斗争，受尽折磨，为党的事业献出了宝贵生命。江西省省委书记谢育才及其妻王勖，有勇有谋，关键时刻舍弃亲生儿子，双双越狱向党报警；广西省工委副书记苏曼等三人，面对刑讯，坚贞不屈，为了保护党的秘密，集体自缢牺牲；粤北省委女交通员阿李、南委总交通林某等，都为维护革命利益，保守组织机密，受尽酷刑，以至英勇献身。吴建业烈士在马家洲集中营里受到酷刑后，写下了激昂的诗篇：“皮肉给他吧，骨头是我的！就是骨头碎了，也会有强烈的一声爆响！”“上前去啊，同志们，跨过我们的死尸，请不要忘记，当明天你们凯旋归来，在我的坟上，你可以采摘一朵鲜花，请插在你的枪口上，把它带给世界劳动的人们，因为这是我的唯一的遗嘱。”[20] 还有许许多多无名英烈，他们所表现的革命气概、牺牲精神和可歌可泣的英雄事迹，才是中国共产党人的典型代表。在他们面前，那些叛徒特务们的种种嘴脸劣迹是多么的龌龊与渺小。[21]

国民党特务组织在江西等地的反共“成绩”并未能影响到国共斗争的大局，更没能阻止中国革命的进程。

【注】

[1] 这里说的中共江西省委是于 1938 年 8 月在南昌正式成立的，1941 年 12 月省委机关被破坏，

省委成员全部被捕。1942 年 6 月江西中共地下党组织解散。

[2] 引自中央文献研究室编《周恩来传》，第 509、511、512 页。

[3] 《江西青年留训所监规》、《江西省青年留训所训育计划纲要》，江西省档案馆馆藏档案。

[4] 同上。

[5] 《王勛 1984 年回忆材料》，江西省泰和县党史办资料。

[6] 《周君实 1984 年回忆材料》，江西省泰和县党史办资料。

[7] 《泰和县志》，第 926、925 页。

[8] （台）国民党中央党史馆藏档，特 9~4382 号。

[9] 《梁栋致吴铁城、朱家骅、徐恩曾密电》（1942 年 4 月 8 日），（台）国民党中央党史馆藏档，特 9~21 号。

[10] 《剿灭闽赣边境奸伪武装刘国兴匪部续报》，（台）国民党中央党史馆藏档，特 9~21 号。

[11] 国民党中央党史馆藏档，特 9~21．8 号。

[12] 《周恩来董必武致孙科函》（1942 年 6 月 27 日），（台）国民党中央党史馆藏档，特 9~21．8 号。

[13] 《何香凝致孙科函》（1942 年 7 月 13 日），（台）国民党中央党史馆藏档，特 9~21．8 号。

[14] 《孙科致吴铁城密电》（1942 年 7 月 23 日）（台）国民党中央党史馆藏档，特 9~21．8 号。

[15] 涂振农叛变，致使中共广东省委遭受很大的损失，妇女部长贺怡等一批干部被捕。解放后，涂到江西省公安厅自首，因罪恶极大，1951 年 4 月在北京被公审枪决。摘自《中国档案报——档案大观》，2003 年 8 月 15 日，第 2 版。

[16] （台）国民党中央党史馆藏档，特 9~21．8 号。

[17] 《梁栋致吴铁城、朱家骅密电》（1942 年 6 月 23 日），（台）国民党中央党史馆藏档，特 9~21.7 号。

[18] （台）《中统局会计处签呈》（1942 年 12 月 2 日），（台）国民党中央党史馆藏档，特 9~21，第 5211 号。

[20] 《江西英烈》第一辑，吴建业，第 283、276 页。

[19] 德生《略谈对付敌人的逮捕和审讯》，载《共产党人》（第九卷），1940 年版。

[21] 本节资料还参考了《南委事件——国民党中统对中共地下组织的最成功的行动》等资料。见 http://bbs.tiexue.net/postz-2416934-1.html.

第一节　抗战初期的中苏情报合作

1937年卢沟桥事变爆发后，中国全面抗战开始。当时在国际上，中国是被侵略的一方，处于受人同情的地位。但列强各国的正义和同情表示只不过是出于道义性的立场，而出于各自利益的需要则是眼前更现实的考虑。美英各国对日本侵华仅限于口头的谴责，对中国反侵略的正义斗争没有提供任何实质性的支援。种种行为，令中国极其失望。在这种情况下，为了进行抗日战争，团结一切可以团结的力量，寻求外援，中国国民政府只好改弦易辙，与已经绝交的苏联再次携手，合作抗日。

1937年8月21日，中苏签订了《互不侵犯条约》，向全世界宣示了共同反对日本侵略的紧密关系，苏方还表示“中国对日战争如到生死关头，苏俄必定出兵，决不坐视。”[1]他们派出了军事顾问与航空志愿队来华参战，同时还慷慨地向中国提供财政贷款，表现出了“为朋友两肋插刀”的仗义。

过去史学界在叙述这段历史时，曾十分详细地描述了中苏两国在抗日军事、外交及财政方面的合作，但对其在特工情报方面的合作则因资料之缺，无从记述，甚或根本闻所未闻。但据有关档案资料之载，中苏双方当时的抗日合作关系，远比目前我们所知所想的要密切。特别是在情报合作方面，双方的工作卓有成效。后来只不过是因为日本南下野心的迅速暴露与英美的觉醒，中国与西方的合作得以很快建立与加强。由于政治意识形态分歧和苏联侧重欧洲西防德国战略的缘故，中苏未能继续在此领域发展关系，国民党政府转而与英美进行情报合作，中苏的这段秘密关系也就无疾而终了。但无论如何，抗战时期中苏情报合作的历史是中国抗战史与中苏关系史上的一个重要的组成部分，值得我们关注与研究。

1937年8月中苏结盟之后，出于共同对日的战争之需，作为军事合作的组成部分，中苏双方也开始探讨在特种情报领域内的合作。

1938年5月，经中苏双方有关部门协商，达成了共同侦探日本军事情报的合作意向，并决定成立一个联合工作机构。中方由国民政府军事委员会、苏方由其国家安全局出面，进行了具体的商谈。中方军委会派其外事组主任周明、苏方派苏方瓦西列夫为各自的代表，签订了《中苏情报合作经费负担议定书》，为这项合作确立了基础。

1938年7月14日，由蒋介石签署命令，任命军事委员会办公厅主任贺耀组为兼任所长，以国民政府军令部第二厅第三处处长郑介民及苏方的瓦西列夫为副所长，正式成立中苏情报合作机构——“技术研究所”，并迅即在中国各地设立组织，开展了对日情报搜集与处理工作。[2]从此，中方对苏合作即由军事委员会调查统计局（军统）负责。

1938年7月15日，中苏“技术研究所”于秘密状态下悄然成立，所址设于汉口市特四区台儿庄路86号。在成立之初，内部设立四科，各由中方人员主持，苏方人员协助工作。

第一科：主管情报人员的训练与情报网的布置，科长为军统干员江雄风，副科长为科佛多洛夫；第二科：主办所获情报材料的汇总整理、审核及报告，科长为郑冰如，副科长为友里也夫；第三科（后并入第一科）：主管电信及通信技术，科长为苏明，副科长为奥斯博夫；第四科：负责所内总务、经理及管理，科长为黄昌度。[3]

8月11日，中方改派国防部第二厅厅长徐培根代替贺耀组为所长。在这一阶段内，中苏“技术研究所”的工作包括了以下几个方面：

第一，布置在武汉、上海、北平、天津、济南、青岛、宁夏及香港、爪哇地区的情报网系统。具体安排如下：

1．天津组：1938年8月6日派出组长倪中立、副组长滕勉组建。工作地区为平津及东四省。其任务是：

（1）监视经天津日本海军陆战队的运输情况，调查其运往内地的军火武器数量与去向。（2）监视日军在伪满洲国的备战情形。（3）对日本在华北地区建立的经济设施进行调查。（4）对日军在华北的军事部署进行侦察。（5）对日军的作战计划及兵力部署实行侦察。（6）侦察日军的组成及其装备之变化。（7）侦察日本经天津的入口贸易。（8）建立在平津及东北地区的联络关系。

2．北平组：1938年8月4日派出组长居仁组建。工作范围为北平、石家庄、晋、察、绥。其任务是：

（1）监视日本经北平运往晋、察、绥之军队及其武器。（2）侦察华北、伪满地区内日本设立的各种经济设施。（3）侦察日本与伪满军队的备战情形。（4）侦察日军在华北的军事部署和兵力数量。（5）调查日本建立伪组织的政治阴谋。

联络办法：有关情报经天津港送交天津组拍发。经费预算每月六百三十元。

3．山东组：1938年9月27日派出组长李庆霖在济南、副组长王志超在青岛组建。工作地区为济南、青岛、烟台、威海卫。其任务是：

（1）侦察敌经青岛之海陆军运输情况。（2）侦察敌在渤海沿岸之海军实力。（3）侦察青岛码头建设状况。（4）监视日本在青岛的出入口贸易。（5）监视敌在津浦、胶济铁路的军运情况。（6）侦探敌对山东之战略计划。

联络办法为在济南设立无线电台一座，负责济、青两地有关情报的拍发。经费预算每月八百九十元。

4．宁夏组：1938年8月5日派出组长刘英在宁夏组建。工作地区为甘肃、宁夏、青海、绥远。情报员分布在宁夏、五原、包头、百灵庙、阿拉善旗。其任务是：

（1）侦察敌对内蒙之军事部署。（2）侦察敌对内蒙各盟旗的政治阴谋。（3）侦察敌对内蒙、西北的军事进攻计划。（4）调查伪蒙军实力与其组织情况。

为便利联络在银川设立无线电台一座，经费预算每月一千零二十五元。

5．上海组：1938年7月18日派出组长吴润荪组建。派员在沪杭、沪宁两铁路沿线布点。工作地区为上海、京沪、沪杭铁路沿线。其任务是：

（1）侦察敌经上海之陆海运输。（2）侦察敌在华中海陆军实力及其布置与作战计划。（3）调查敌经沪向内地的军火武器运输。（4）侦察敌在华中地区的政治阴谋。（5）侦察日本驻军的组织、编制及其装备。（6）调查日本经上海的入口贸易情况。（7）建立该地组织与汉口的联络关系。

为便利联络在上海设立无线电台一座，经费预算每月九百六十五元。

6．汉口组：1938年10月16日派出组长谷兆芬、副组长郑达善在汉口组建。派员在武汉三镇、平汉、粤汉两条铁路沿线及长江航线各轮上布点。工作地区为武汉三镇、平汉、粤汉铁路线及长江上中下游。其任务是：

（1）侦察日军在华中的兵力布置及其军事进攻计划。（2）侦察敌在武汉部署的空军实力。（3）调查敌在武汉存储的军火数量。（4）侦察敌在两江及平汉、粤汉路的水、陆军运输状况。（5）监视敌在华中地区的政治阴谋。

为便利联络在武汉设立无线电台一座，经费预算每月一千九百二十元。

7．香港组：1938年11月3日派出组长廖淑伦、副组长郑庭荣在香港组建。工作地区与人员分布为香港、澳门，广九铁路沿线。其任务是：

（1）侦察敌在华南地区的军运情况。（2）侦察华南敌海、陆、空三军实力及其部署情况。（3）调查日军在华南的军事行动计划。（4）侦探在香港的国际间谍活动及其相互间的关系。（5）调查日本由欧美各国输入的军火数量。（6）了解英国的对日态度动向。（7）建立本所与平、津、沪、汉、青、济、爪哇各站点之联络线。

为便利联络在港设立无线电台一座，经费预算每月一千五百五十元。

8．爪哇组：1938年10月20日派出组长饶楚白赴爪哇活动，工作范围面向南洋、日本。其任务是：

（1）调查日本在南洋的商业势力。（2）侦探日军对南洋的侵略计划。（3）了解日本在南洋的发展政策。（4）在日本内地建立情报网。

本组所得情报送往香港，由无线电台发回，经费预算每月一百七十五美元。[4]

在1938年内，虽然组织成立为时尚短，但中苏“技术研究所”的工作已取得了显著的成绩。各地组织不断向汉口发来所获取的敌方情报，并向中苏双方政治军事机关与最高当局提供了不少经过分析研究和判断的情报成果，为开展对日政治军事与外交斗争，提供了有力的支持与辅助。据报告，到该年底，该所共获取敌伪情报一百四十八件，经筛选后呈报上级的有九十件，其中来自苏方提供的有二十七件，占百分之十八点三；来源于上海组的二十件，占百分之十三点五；天津组的二十一件，占百分之十四点二；汉口组的十八件，占百分之使二点二；香港组的十件，占百分之六点七；宁夏组的五十二件，占百分之三十五点一。从上述统计情况来看，宁夏组的工作成绩比较突出，而直接来自苏方的情报也占有较大的比率。从这一点上来看，中方在中苏情报合作中是主要的受益者。在中国对日抗战的初期阶段，战争局势瞬息万变，知己知彼的情报需求十分迫切，尽管由于具体的资料欠缺，我们无从详细了解上述所获情报的内容及其价值，但可以推测的是，在当时中国官方的中统、军统特务机构刚刚由对内型向对外型发展而尚未取得实质进展的情形下，这些由“对外合作”而得来的情报，对中国的抗战事业将会起到多么重要的作用。

另外，据已有的档案文件显示，中苏“技术研究所”内的有关部门在研究密写、照相和编制密码及破译工作方面也都取得了不少成果。从这些成绩来看，该所在建立与加强中苏情报合作，密切双边关系，引进苏方的间谍技术，加快中国情报工作的发展以及推进抗战事业方面，都是有着显著收获的。[5]

1938年底，中国的抗日战争进入了战略相持阶段。在抗日战争正面战场与敌后战场上，中国军队仍在顽强地抵抗日本的侵略。战争形势比较前期抗战时的丧师失地，已进入了相对稳定的阶段。而此时英美西方列强对日本之侵华，仍采短视而不计后果的“中立”态度。1939年4月间发生的“日英天津事件”，充分说明了英美的对日立场尚未发生根本的变化。在这次事件中，英国为对日妥协，竟不顾中英关系，违背正义和良知，将在天津英租界进行抗日活动的中国人捕交日方，并撤退了在天津的英驻军，表现出了极其软弱的姿态。[6]在这种情况下，中国只能继续联合苏联抗日，中苏“技术研究所”的工作因而得以延续与深入发展。

在上一年度工作取得较大成绩的基础上，1938年底，中苏“技术研究所”又拟订了该所的《1939年度工作计划》。这份计划十分详尽而具体，从中我们可对该年度内中苏情报合作的发展方向、活动内容及预期结果知其大要。

1939年中，该所的工作主要表现在以下几个方面：

一、进一步发展与加强各地原有组织。其具体内容是：

1. 扩充情报员队伍。其工作地域分工如下：

①天津组负责东北各市；②北平组负责张家口、承德、石家庄；③山东组负责烟台、徐州等地；④上海组负责杭州、南京、芜湖，并新设立南京组；⑤汉口组负责九江、岳阳、信阳；⑥香港组负责广州、澳门等地；⑦宁夏组负责五原、百灵庙、绥远；⑧爪哇组负责日本、台湾。

2. 增派前往敌占区各地的流动情报员。

3. 发展对敌反间工作，按照“有孔即入，无微不钻”的原则，计划深入日军内部发展组织。

4. 充实后方与敌占区之间及各地小组间的交通力量。

5. 加强内部组织管理运作的领导工作。

6. 改善所内行政机构，提高办事效率。

二、增设各地情报网站。

1. 该年度内在南京、广州、徐州、郑州、西安、太原、沈阳、哈尔滨、宜昌、长沙、南昌、日本、朝鲜、台湾、马公岛增设分组。

2. 在各战区普遍设立群众性情报网，其工作区域划分及分工是：

第一区负责四战区全部地区，组长在东莞；第二区负责三战区全部地区，组长在上海；第三区负责五战区全部地区，组长在汉口；第四区负责一战区全部地区，组长在郑州；第五区负责二战区全部地区，组长在太原；第六区负责山东全省及苏北地区，组长在济南；第七区负责河北及察哈尔省地区，组长在北平；第八区负责九战区全部地区，组长在九江。

根据上一年度的工作情况，中苏“技术研究所”准备利用这一情报网，进一步扩充其工作范围与工作领域，主要是将情报搜集工作向细致化方向发展，要求其内容更加充实、完全，以便能更直接地为抗日军事斗争服务。除对日工作外，他们也更加重视对日本在沦陷区各地扶植的伪政权及其主要汉奸人物的侦探与策反工作，并注意到反间手段的运用，这说明研究所的工作从内容到水平都要跃上一个新的台阶。

按照工作计划，1939年中苏“技术研究所”各地已有及新设站点，将以搜集侦探以下几方面的情报为其主要工作目标：

（1）敌军部队的调动转移，其各部队的组成、作战任务与目的；

（2）敌军屯兵部署与数目、各部队主官姓名、武器装备之数目种类，敌兵情绪之变化；

（3）外来敌军开入战区内各部队的运输方法、日期、地点、成分、组成与数量；

（4）各交通要点敌军部署情况、军需武器存量，尤其对敌方各要害地点以及守备兵力较少地点者更要注明；

（5）各地敌兵工厂、化工厂生产品种数量及工厂员工人数、厂区警卫情况、产品运往何处等情报，以供我方采取破坏手段之用；

（6）敌方军械库、粮库等设施地点情况，以及有何可资采取行动之机会条件；

（7）各地敌军兵器种类、驻地、数目、警卫等情况；

（8）各地敌空军驻地飞机场之数目、地点及其警卫情况；

（9）有关日军化学兵部队的情报；

（10）各地伪组织成分、主要及知名参加人员的住址状况，以及可以利用的与日本人关系、与日伪特工组织关系，等等；

（11）尚未加入伪政府的已投敌汉奸人员状况；

（12）敌伪特工状况，其组织、人员、驻地、长官及相互间联络方法，等等；

（13）注重反间问题的利用，探听敌对我方的政治军事阴谋；

（14）刺探日军对南昌、长沙的再攻计划及对我部署在沦陷区内的游击队的肃清计划，以便有针对性地开展应对工作；

（15）设法混入敌方间谍与反间谍组织，开展工作；

（16）争取与策反伪政府官员。

三、扩充本所通讯联络网。其具体任务是：

1．完成十五个分台的建设，总台增加两部发报机；2．增加通讯联络工作人员；3．改进机器设备和技术指导；4．加强检查各地区的通讯联络工作。

四、继续开展特工技术之研究，内容为：

1．研究改进密写方法和药水书写方法；

2．在照相方面，研究革新与提高行动人员和固定文件的照相技术；

3．在苏联专家指导下，熟悉仿制技术，尤其是有关钥匙、护照、图章、敌伪通行证的制作，等等；

4．进一步进行密码技术的研究创新工作，用以翻译敌方密码和创编自用新密码。

这份工作计划在最后的“结论”中写道：

“本所自成立以来，因战事变化关系，一再迁移，对外交通费时，工作一时未能按预计开展，各外勤单位虽无良好的成绩，但经（民国）二十七年的工作，已有相当基础，今后当不断推进。”[7]

进入1939年后，日本的南进趋势愈加明显。2月间，日军占领中国海南岛，蒋介石称之为太平洋上的“九一八”事变。[8]9月1日，德国进攻波兰，欧洲战争打响，英美各国已知战争在所难免，在日本明确无误的南进攻势面前，不得不转变立场，真正开始疏远日本，积极加强战备，同时出于与苏联同样的目的，伸手援华，与中国开展了政治、军事、经济的全面合作。此后，中苏“技术研究所”的工作随着中美、中英关系的逐步加强，受中国外交大局的左右和苏联国内加强西防德国法西斯入侵的需要而产生了变化，其政治重要性、战略地位都开始下降。

直到1941年6月苏德战争及12月太平洋战争爆发，中美英苏为共同对付德日意法西斯轴心国开始结成同盟，世界两大阵营完全形成。英美被迫对日开战，与中国开始了更大规模的情报合作，而苏联则倾全力对付德国，随着日本北上犯苏威胁的减缓，中苏“技术研究所”的历史使命至此也就趋于结束。这个记载了一段中苏共同抗日历史的“技术研究所”何时才告最后结束，因史料阙如，便不得而知其详了。

总的来看，抗战初期的中苏情报合作只是中国此期寻求外联开展全面抗战的一个组成部分，是中苏两国关系史上隐蔽而重要的一方面。在抗战开始阶段，其规模与作用比较突出，也取得了不少的成果，其作用与历史意义主要体现在以下几点：

（一）有力地推进了中苏的抗日合作，密切了双边关系；

（二）初步建立了对日情报搜集网，促进了中方在对日情报作战领域内的力量增长与技术手段的改良进步，开启了中国对外抗日情报合作的先河；

（三）在政治军事上均具有实际的重要辅助作用，有效地保障了中国对日作战的政治军事情报供给，并在客观上鼓舞了中国的抗战决心。

但另一方面，我们纵观中苏“技术研究所”在中国抗战时期对外合作史上的地位与其历史作用，比较后来中英、中美在此领域内的合作关系及其成绩，其局限性也是显而易见的。

首先是双方的此种合作历史为时较短，其次是其成果仅仅局限于情报搜集与处理，并无更多的训练、对敌破坏与骚扰攻击等行为，合作内容并不全面，更不深入，无法与后来的“中美特种技术合作所”等相比。其中的根本原因就在于中苏间的这种合作，受双边政治关系影响极大。由于受政治立场及意识形态不同的影响，中苏两国此时已不可能恢复过去北伐时期那种亲密无间的合作关系，虽然在大敌当前情况下，双方能够不计前嫌地再度联合，但在双方的心底，依然是旧隙未合，彼此之间都有提防，都更加注重根据各自的现实需要，在合作中获取眼前的实际利益。另外，苏联方面除与国民党政府的情报合作外，他们还在中国上海、北平、哈尔滨等地另建有许多独立的情报网点，与中国共产党也有情报合作往来。对于这一点，国民政府当局十分清楚。因此，当英美受日本威胁准备与中国联合之后，蒋介石及其政府很快就决定转向英美，在军事及情报各方面选择对英美全面合作，而逐步冷淡了苏联。与此同时，在全球范围内，由于德国攻苏和日本南下，苏联集中国力抗击德国入侵，防日抗日的需求减缓，于是，中苏双方的情报合作关系到此也就只能转向下坡了。

由于原始档案资料的缺少，我们目前似无从了解更多的有关中苏“技术研究所”的详细活动情况，但无论如何，抗战初期的中苏情报合作，作为一段有意义有价值的历史，应当为后人所记录。

第二节　中统与英国情报组织合作的开始

提起国民党特务组织的对外关系，人们自然首先想到的是戴笠的军统组织与美国的特务合作，然而很少有人想到或根本就不知道国民党中统、军统组织与英国情报特务机构之间在抗战时期也有许多的合作关系。这段隐秘的历史在半个多世纪以后才随着时间的流逝慢慢浮出表面，但迄至今天，因台湾有关主管单位档案资料的继续封闭，人们仍不能得其全貌，只能从英方和其他外围资料中获取其中的一鳞半爪。[9]

1939到1944年间，国民党中统局、军统局与英国情报机构在共同抗日的前提下进行了范围广泛的合作。这一合作是由英方首先提出来的，其目的是为了保卫英国在远东的殖民地利益。

当时的英国已经显示出一个衰落帝国的迹象，因忙于应付欧洲与纳粹德国的战争，国力不及，无法顾及远东地区。当对日本的步步进逼一再妥协而仍求安不得之后，最终走上了开战之路。然而，英军在远东兵力不足，即使是在香港和新加坡这样的要害地区，也没有什么整建制的陆军，只能依靠少量的海军与来自马来、印度等地的殖民地雇佣军，这样的军队，士兵素质并不高，即使有英国的将领来指挥，战斗力也上不去，何况英国的将领们一般都有本领不大脾气不小的毛病，对亚洲人充满种族优越感，看不起中日等国及印缅等所属殖民地。故开战后，首先对日本军轻视，对中国傲慢。一旦打了败仗，又惊慌失措，急急向中国求助，想用中国的力量来保卫其殖民地。这样，才有了中英的军事战略合作。

在情报特工方面，英国的动机也很简单，其企图是通过与国民党特务组织的合作，运用中方的人力资源，加以培训和武装，练出一支可供英方用以保卫香港、缅甸、马来等英属殖民地的别动队，以弥补英军在远东的不足。

早在太平洋战争爆发前，英国鉴于日本有可能向南洋攻击，出于保卫香港安全的直接目的，就准备借用中国的力量来帮助其保卫香港。这个任务交给了英国特工部门，成立了一个专门的机构SOE（Special Operation Executive特别行动部），负责与中方的特工组织合作，并在重庆派驻了代表，任务是由英国出资并配给装备，训练出一支中国别动队，用于对日开展骚扰，牵制作战，并在敌后开展破坏、游击和情报战。

当太平洋战争爆发，日本陆海军在太平洋和东南亚地区一路势如破竹，在很短的时间里占领了这一地区大部后，英国为抵御日军，急需有关日军在各占领地区的兵力、装备、部署等情报，遂命令其驻重庆大使卡尔同国民党中央党部秘书长吴铁城进行密商。

蒋介石接到英国的请求后，思考再三，把这个任务交给了中统，作为SOE与RII（中方调查统计局的缩写）的合作项目。徐恩曾一直企图把中统的势力发展到南洋各地，见英国情报机关主动找上门来，自然喜出望外，立刻委任顾建中就合作具体事项同英方进行谈判。

这一项目后来因日本发动太平洋战争，英国连续丢掉香港、新加坡等军事要地而失去了价值。此后，中英特工情报合作转为在华南及马来亚、印度地区训练中国海员与侨民的联合抗日行动，中英的情报合作则转向更广泛的对日情报作战。

1942年夏，在重庆川东师范中统局本部，中统代表顾建中同英国情报机关的代表就两国情报机关合作事宜进行了几轮谈判。

双方商定：由英方负责经费，中统负责征募和培训东南亚地区的华侨，让他们潜入马来亚、缅甸等地区进行情报活动，并将情报提供给英国情报机关。由于双方互有所求，谈判很快便达成协议。

1942年底，中统局为进一步扩大在南洋地区的组织活动，又举办了一期海外工作人员训练班。地址位于重庆复兴关不远的歇台子。班主任为陈宗周。1942年12月14日，国民党中执会秘书长吴铁城应邀前往“训话”，17日开始正式上课。[10]该班“参加受训学员共三十四名，其中曾侨居马来亚者十二名，缅甸者□名，暹罗者□名，越南者□名，其余□名为海军学校毕业，□名为本局电台报务员。均系列本党优秀党员，经考察忠实可靠者。训练期间暂定三个月，结业后考核成绩，分别派赴马来亚、缅甸、印度等地工作。”[11]

中统局为该班制定了一份训练大纲，其主要内容是：

训练目的：培养本局海外工作干部人才，充实本局海外业务力量以促进本局海外业务之发展。

训练要旨：（甲）加强受训人员对本党主义、总裁言论及有关政治问题之认识，以提高其政治觉悟之水平，与确立其坚定之政治信仰。

（乙）培养受训人员之组织精神，及提高其对特工之认识，以确立其坚定之组织观念与效忠特工之热忱。

（丙）教练受训人员以特工之必需理论与技能，并养成其秘密严肃之习惯，以确立其基本之特工修养与应具之基本态度。

训练方法：（甲）究之方式，故除课程之讲授外，并侧重集体讨论与业务演习，以养成学员自动研究注重实际之精神。

（乙）政治训练工作、训练与精神教育、生活教育并重，故于训练期中施以军事管理，以养成学员重秩序、守纪律、守秘密及简单、朴素、迅速、确实之习惯。

（丙）实施小组责任制，于训练期中凡问题之研究、生活之管理、业务之演习等，均以小组为实施之单位，务期符合“小组决定一切问题、一切问题通过小组”之原则，而培养受训学员之设计、创造、自动、自治、服从、负责之精神。

组织：本班之组织，以能适当执行本班之任务，所需职员以调用本局现任人员兼任为原则……

学员：名额暂定五十名。

成分：选拔华侨之优秀青年并具备下列诸条件者：（一）曾受本党之政治的或工作的教育，其信仰正确；（二）身体强健品格纯洁，无不良嗜好；（三）熟悉海外情形，对于海外工作具有高度热情与坚决意志；（四）愿意并可能参加本局战时海外工作；（五）愿以特工为终身事业并服从调遣。

来源：由本局同志负责介绍并经本班正副主任谈话考核后，呈请本局副局长批准（选拔学员采取绝对秘密方式）。

训练期限：每期暂定为三个月，遇必要时可缩短或延长之。

训练时间之支配：分集中训练与分组实习两期：（甲）集训期间两个月；（乙）实习期间一个月。

训练项目：（一）讲授课程；（二）讨论问题；（三）业务实习；（四）小组讨论；（五）读书指导；（六）精神讲话；（七）个别谈话。

考核：[略]。

结业后之工作：训练期满后经考试完毕，由本局按照其成绩及能力并视工作需要派遣工作。但成绩不佳者不予派遣工作，得留班继续训练。

经费：本班所需经费由本局核发，其预算另造呈核。[12]

据“海外工作人员训练班学员简历”所提供的资料显示，在收录的叶水源等三十四人中，有女学员七名，平均年龄为二十六岁，以广东与福建省籍人员为主，他们来自军委会战干团、中训团、中央军校和交通、电讯等特殊部门，绝大多数有在南洋各地居留的经历，对南洋各国情况熟悉。其中原为中统局职员两人、“本局调查员”四人，说明了大多数的“海外工作者”原来并不是中统特工。[13]这批受训学员后来便成为中统局在南洋活动的骨干力量。

根据目前掌握的资料来看，中英在特工情报领域内的合作基本上包括以下几方面的内容。

第三节 中统助英训练中国留印海员

太平洋战争爆发后，日军占领了香港及南洋的新加坡、马来亚、缅甸等地，英国轮船公司经营的远东南洋航线先后停航，华籍海员五六千人被迫滞留在加尔各答，生活极为困难，而英方又无力负责安排，提出由中方来帮助其训练或遣散，并在需要时为英美提供海上服务，英方同意为此支付部分经费。

面对这样庞大的一支力量，中统认为应当很好地加以利用，在组训的同时，可为中统培训出一支较强的海外部队，以实现其向外拓展势力的计划。因此决定派员前往印度，组建"中国留印海员战时工作队"。

1942年6月9日，国民党中执会秘书长、中统的后台"大老板"吴铁城对局内派赴印度工作的人员训话时，强调了此次任务的目的与要求。他说：

"各位同志此次奉派前往印度，对于我国滞留在印度的海员，加以组织与训练，这在党是极重要的工作……这一次组训海员的目的，在使其协助英国、印度抗战……目前我国与英国及印度，痛痒相关，利害相共……中英印三大民族，亦彼此均负有协同努力之重大任务……诸位同志于工作之余，应同时从事国民外交工作……除自己努力外，尚可策动当地我国侨胞去做。"

"各位之工作任务，本人昨晚已面陈总裁，为其目的有三：一、严格实施党的组训，使各海员能确实担任与同盟国并肩作战之使命……故诸位当倾全力以赴，务求各海员今后于服役英印政府时，能表现出极优异与英勇之劳绩……二、着重技术训练与纪律习惯，使各海员能于战后能担任接管轴心国船舶之工作……三、此次组训为将来普遍组训海员之基础，而为今后发展我国航业之张本……抗战发生后，党部与政府对海员工作亦未能充分加以运用。战后我国必须发展航业，航业发展端赖海员，故诸位之组训工作如有成效，使此二千余海员能成为中国海军干部，在本党领导下，有严密组织，良好纪律，则将来谋我国航业之发展，自能收事半功倍之效。”[14]吴的这番话，道出了这次海员组训的远近目的，原来中统对未来中国海军之重建也抱有染指的野心。

1942年10月22日，“中国留印海员战时工作队”在印度加尔各答托力根营地举行了正式成立典礼，蒋介石与吴铁城均发来了贺电。中统局派出的工作队总队长王天雄主持了典礼，中英双方的代表及千余队员参加，会后发表了《中国留印海员战时工作队成立宣言》，当晚还举行了餐会。[15]

工作队成立后，即对海员们进行了党训化的“教育管理”，为期半年。而后进入正式的工作阶段。为加强内部控制，经国民党中央海外部批准，中统在工作队里建立了党的直属分部，后扩大为总支部，下辖五个分部，最多时有国民党员五百余人。党部的工作目的是“在组训过程中能使海员同志们的生活方面，得以改造，思想方面能受本党主义之熏陶涵育”。[16]

根据资料显示，工作队平时的主要活动内容是思想教育、航海训练、提供英美盟国的航海服务、联络服务中国驻印远征军、驻地社会救济、自给生产、体育娱乐等。如1943年12月上半月的工作统计即包括以下十项内容：

1．举办干部年终考绩；是“为襄助管训特挑选优秀队员予以特别训练，用为干部”。

2．举办征文竞赛；

3．提倡踢毽运动；

4．垦辟菜地；

5．培植营房风景；

6．制纪念章；“本队为资永久纪念特制，离队队员及队员购佩者甚多”。

7．结束对驻地印度灾民施饭；据称“施饭共计三月，据印人估计共值一万五千盾，故活人命当在六百以上，甚得一般印人好感”。

8．慰劳中国远征军战车队；邀请驻巴力克浦部队“聚餐并举行同乐会”。

9．出版壁报周刊；“《海风》壁报出至六十期、《海风周刊》已出44、45两期”。

10．统计人数。“全队人数截至本月上半月止为四百七十七名，较上月底减少十三人”。[17]

工作队出版《海风》壁报、周刊，用于宣传与鼓动，介绍世界反法西斯战争状况，起到了较好的效果。[18]

此外，工作队还派出了部分人员赴英参加海上战时运输服务，主要内容是“担任船坞的消防、军需的运输、参加前方机器工厂、飞机工厂、军需工厂等工作”，“依过去一年多的表现，成绩斐然，使友邦各界人士获有深刻的认识和一致的赞赏”。[19]

实际上，中统局揽下这一桩工作的结果是帮助英国人解决了华籍海员的处理安置问题，至于这个工作队是否培养出了适合中统需要的专业人员，其效果倒也不是太明显。最后，中统方面通过对这批留印华籍海员实行军事管制训练及分化瓦解，让海员们或另谋出路，或回归祖国，使聚集在加尔各答的数千名华籍海员逐渐解散。

工作队的任务结束以后，中统向英方申请经费补偿，英方十分吝啬，双方为薪水、办公费、服装费补助等事发生了多次争执。临回国时，海员队中又有人私购印度禁止出口的黄金，在飞机上被英方查获，双方又进行了不愉快的交涉。无论如何，查考中国留印海员战时工作队的历史，其积极作用还是大于其弊端的。

第四节　中英合作建立缅甸情报网

在1942年夏的中英谈判中，双方同意合作组成中统缅甸情报区，其主要任务有两项：

1．搜集有关日军的一切军事、政治和经济情报等，协助盟军在缅抗日作战；

2．调查旅缅华侨和当地人民反英、反日的活动。

所有这些情报，均须抄送英方一份，情报区的活动也随时向英方通报。

作为交换条件，英方每月向情报区提供七万卢比的活动经费，并一次性地为情报区装备所需通讯器材和部分轻武器。

中统与英国SOE一经达成协议，便立刻投入了紧张的筹备工作。具体承办筹建缅甸情报区工作的是中统局本部的侨务小组。

1942年底，组建工作在重庆正式完成，为掩人耳目，所组成的缅甸情报区，其公开掩护机关的对外称呼是“中国国民党驻缅甸总支部”。

缅甸情报区的成员，主要来自侨务小组在重庆和昆明等地招募的东南亚地区华侨青年，最初额数未招满，后来又不得不扩招一些闽、粤籍的青年加入。这些人被招来以后，中统在重庆开设了一个专门的特训班，对他们进行了短时间的特务技能训练。12月，该班结业后，除少数学员被派往马来亚等地工作外，其余人员连同电台人员一起，组成了中统缅甸情报区。

由于招募和培训工作比较急促简单，这些被派去缅甸工作的情报人员一般素质较低，他们缺乏熟练的特工技术和应有的保密习惯，工作成绩不佳。

中统缅甸情报区由李竹瞻担任区长，陈蔚如任副区长。

李竹瞻，是广东梅县人，曾在缅甸首都仰光的中华基督教会中从事教职多年，是一名牧师，过去从未搞过特务工作。20世纪30年代，吴铁城在任国民党中央海外部部长时，曾到仰光等地视察党务，李竹瞻当时为吴组织过盛大欢迎会，吴对他颇有好感。中统筹建缅甸区时，李竹瞻居留重庆，并表示过要在政治上谋求发展的意向，吴铁城便将其介绍给徐恩曾，并称李能力强，又熟悉缅甸情况，还有一定的社会基础，极力保举他担任区长。

对吴铁城推荐的人，徐恩曾当然不敢抗拒。但他认为，派一个外行去领导缅甸区，肯定不合适，这样一来，会使缅甸区先天不足。于是，他派出陈蔚如为副职，并向他面授机宜，让他把情报区的主要工作实际全抓起来。

徐恩曾又同李竹瞻谈话，鼓励李把情报区的对外联络工作做好，暗示李其他工作不用多管。李竹瞻口是心非地表示同意。

1943年初，中统缅甸情报区全部人员携电讯器材，乘一架运输专机，由重庆出发抵达昆明。

在昆明，李竹瞻与驻昆明的英国领事馆取得联系，按协议领取了经费和有关器材。

与此同时，为了充实潜入人员，陈蔚如找到中统云南调统室主任查宗藩，向他提出，要求他代选人员充实缅甸情报区，条件是：入选人必须是中统人员，必须是曾去过缅甸的云南华侨，或者是懂得缅语、熟悉缅甸情况的人。

查宗藩于是把李品伟介绍给陈蔚如。

李品伟，云南保山县人，参加中统已有年余，早先曾在缅甸腊戍开设照相馆，经营多年，日军占领缅甸时才回到云南，对缅甸情况极为熟悉。

陈蔚如了解了李品伟的情况后，十分满意，当即向局本部汇报，将李品伟留下，命他以“中央党部战时边地视察员”的公开身份去缅甸景栋分区开展工作，以利于情报区的日后活动。

情报区人员在昆明停留了一个多星期，等经费、器材和人员问题基本解决后，开始潜入缅甸。路线是预先定好的，全体人员决定编成两队，从昆明分道出发，大致安排是：

第一队先行，由陈蔚如带队，从下关方向经滇缅公路进入缅甸的澎弄；另一队随后，由李竹瞻领队，从昆朔经滇越铁路进入缅甸的景栋地区。

双方商定，陈蔚如带人先到下关后，应着手布置好办公地点和筹办好潜入缅甸境内的一切准备工作，等待李竹瞻率队前来下关会合。

1943年1月中旬，陈蔚如率情报区部分人员包乘了两辆大卡车到达下关，在文言昌宫设立了办公处和宿舍。

同时，还在迤小井巷18号架起了无线电台，对外通信地址为“云南下关邮政信箱48号”，名称代号为“灵光”。

电台人员的工作比较紧张，他们一方面架设总台，争取尽早同重庆、昆明通报；同时，还要对从昆明英领事馆领来的两只手摇收发报机进行改装。

因为这是英国人的处理品，使用时会发出很大的噪声，极易暴露。

根据事先的商定，缅甸情报区下设六个分区，分别为：

1．仰光分区。主任蔡英，电台台长李发柱；

2．曼德勒分区。主任初光荣；

3．景栋分区。主任王一定，电台台长张润；

4．腊戍分区。主任张云，电台台长杨耀辉；

5．八莫分区。主任杨安，电台台长程志安；

6．密支那分区。主任未定，电台台长留总台工作。

陈蔚如这时发现，由于事前没做细致的调查研究工作，情报区人员配备存在很大问题，因为整个缅甸区的各分区，除仰光、曼德勒两个分区讲缅语或英语外，其他四个分区都讲泰语，而入缅人员基本都是讲缅语的，在泰语地区毫无立足之地。

由于经费掌握在李竹瞻手中，陈蔚如处理完这些工作后，便只有等李竹瞻率队赶来。可是，这一等居然就是大半年，李竹瞻还在昆明没有动身。

情急之下，陈蔚如多次催促其速来，谁知这位李牧师总是推说派往景栋方面的人员尚未出发，须等他们一齐才能去到下关，实际上，李竹瞻所以滞留昆明不肯动身，是因为他把活动经费挪用去搞投机买卖了。

在下关的人员对李产生了严重的抱怨情绪。陈蔚如把情况向中统局本部作了汇报，徐恩曾也非常不满，电令李竹瞻率队速往，可李对此置若罔闻，一直在昆明踟蹰不前。

由于李竹瞻迟迟不来，陈蔚如等也无法筹办潜入缅境所需的物资，所以，在下关的半年多时间里，所谓的情报区实际上根本无事可做。

英国方面对此非常不满，认为情报区徒有其名，拿了钱、拿了物却不干实事。为了对内对外有个交代，陈蔚如煞费了一番苦心。

李品伟对滇南地区和缅甸境内的情况比较熟悉，从他那里，陈蔚如了解到：当时日军在缅甸地区的军事力量十分薄弱，侵入缅甸的日军除在沿海重要港口和滇缅公路设有重要据点外，其他地区不过是利用一些缅奸来维持秩序，漏洞很多。另外，在滇缅边境腾冲和龙陵间的山区，有一些僻静的山间小路，在这条线路上常有一些做马帮生意的汉人往来，他们熟悉当地的地理人情。陈蔚如认为，如能得到这些马帮的帮助，对缅甸区的潜伏和侦察都将大有好处。于是，他决定利用这段时间，在马帮里发展关系。通过云南调统室的关系，陈蔚如结识了一位姓杨的腾冲籍地主，这位杨某同马帮在生意上往来颇多。他经常从马帮手中购进棉纱、五金、药品等紧俏商品，转手倒卖给昆明来的商贩，从中牟利，因此他和马帮的关系很密切。

通过杨的介绍，陈蔚如同马帮中的一些人套上了关系，常常邀他们在一起闲谈，从中了解一些缅甸境内的情况，然后，再来一番加工后，除发送中统局本部一份外，再给昆明英领事馆一份，聊以塞责而已。

1943年8月间，李竹瞻终于到了下关。

对李竹瞻滞留昆明，陈蔚如等人都非常不满，特别是听说李用活动经费经商，更是气愤。李竹瞻到了下关后，闭口不谈工作之事，反给每个人都发了一本《新约全书》，要求他们按时到教堂听讲。陈蔚如为此同他大吵一场，两人矛盾趋于尖锐。正副区长无法合作，情报区的工作也就可想而知了。

1943年10月，为挤走陈蔚如，李竹瞻向吴铁城密报，罗列陈的几大罪状。包括有：吸食鸦片烟；动用公款做生意；常聚众赌博；不抓工作；目无上级；调戏少数民族女子，等等。吴铁城把信交给了徐恩曾，让他查办。陈蔚如是徐的心腹，他当然不肯查办。而且，徐恩曾也认为这些所谓的罪状，实际是李竹瞻恶人先告状。但是，吴铁城是他的靠山，他可不愿为了一个手下去开罪吴。于是，便派中统侨务小组的负责人朱凌云由重庆去下关，名曰调查，实则是做陈蔚如的工作，把他调离缅甸区。

陈蔚如得知李竹瞻密告自己的事情后，恼羞成怒，他一面据理驳斥，为自己申辩，一面又向朱凌云揭发李竹瞻以活动经费经商的事实。在朱凌云开导下，陈蔚如同意回重庆，于当月离开了下关。

陈蔚如走后，朱凌云接替了陈的位子，担任副区长。时隔不久，李、朱之间冲突又起。李竹瞻用同样的手法又告了朱凌云黑状。

对李竹瞻这样再三地胡闹，徐恩曾此刻也看不下去了。他把李竹瞻由下关召来，狠狠地批了一通。因为不想让吴铁城太过不去，训斥之后，并未撤李的职。[20]

除了筹建缅甸区的工作而外，中统组织还和英方先后进行了两次较大规模的合作行动。

第五节　中英在马来亚的地下组织及其活动

中英特工情报合作中比较成功的例子是双方在马来亚日占区的工作。此事的源起是中统受英方之邀，为他们培训和选送派往南洋日占区的情报工作人员。

我们仅以其中一名华侨特务的经历为例，便可从一个侧面了解中英培训和派送南洋情报员在马来亚的活动情况。

陈崇智，祖籍广东潮州，1916年生于新加坡，后回国读书。1942年他在重庆国立美专读书时加入中统培训。在印受训时化名林成，入马来亚后化名陈天成。根据他自己的叙述：“1943年1月至7月在印度受特务训练。1943年8月至1944年3月26日在霹雳工作。1944年3月26日至1945年8月26日在日军拘禁中。”[21]

“从事特务工作原因：

第二次世界大战爆发时，余在重庆升学，因闻日军入马后，居民惨遭蹂躏，乃决放弃学业，应中央政府之征募参加赴印受特务训练。同批由渝来印之同学有：主持人林谋盛（又名陈春林）、吴明才（吴在新）、陈狄夫（胡迪夫）、韩礼文（谭显炎）、陈石夫（余天送）、穆清（译音）、李俊（梁允明）、黄河、郑景邦（郑亿云）。

受训期间：

我等由渝飞（加尔各答）后，即受（英军）Goodfellow少校之接待，翌日乃乘火车赴本那（POONA），抵步后即乘军用卡车赴SUNGARI山受训，教官有Davies上尉，Broome上尉及其他多人。

1943年5月，第一批工作人员吴明才，韩礼文，李亚青（李汉光）、亚英（龙朝英）及亚彪（注：谭云彪，后经回锡遣送回国）在Davies上尉领率下，离哥伦坡出发。

第二批人员石夫、李俊及余在Broome上尉领率之下，携带无线电机于1943年6月离丁堪马利军港出发，安抵马来亚后，即与Davies上尉取得联络，Davies以内地布置未周，乃全体返印。

至1943年7月，全体乃再在Davies上尉领率之下，离哥伦坡出发，于同年8月3日，即与马来亚方面来接之帆船接触，翌日即在PANGKOR附近之SCULLY山附近登陆。

在马活动情形：

我等分两部（外务部及内务部）工作，内务部由Davies上尉主持，外务部人员计有：临时主持人兼财政吴明才，驻怡保；财政帮办兼内务部及外务部交通林成（即余），驻LUMUT；海上交通李亚青，驻LUMUT；陆上交通亚英，驻怡保；支部陈石夫，驻TAPAH；在SCULLY山之粮食运输负责人陈庆青夫妇（译音）；怡保代表麦基（译音）。

区长陈春林于1943年12月由印入马后，总部乃于1944年3月在怡保设立，当时任务为：一、与抗日军联络；二、接应人员及物品入内地；三、设立无线电台；四、维持海上交通。

吾方与游击队之联络，由吴明才负责，游击队起初对本组织极为怀疑，而吴亦几因致生命危险，后获游击队信任后，始告成功。

接应人员及搬运用具入内地之工作，由Davies亲率韩礼文、李俊及亚英会同游击队员，深入森林进行，成绩极佳。

无线电交通，因初时携入之无线电机不适应用，致延至林谋盛带入较小电机后，勉强始告设立。

海上交通，实为本组织之命脉，其任务在以帆船接应潜艇运入用品、钱币及金饰。后李亚青与DAVIES上尉发生误会，阿英乃奉命协助李亚青工作。最后，出海工作乃由阿英一人负责。

由1943年5月起，各项工作均能依照原定计划圆满进行。至1944年3月，区长陈春林乃告余谓第一步工作业已圆满完成，而第二步工作，即组织与宣传，即将开展。

然当时我方因经济短缺，只能于霹雳活动。外来之船，又数度不获接触，致未能运来钱币，以资应用。及至我方决定扩展工作范围后，区长乃派吴明才赴新加坡晤苏汉水、王丙丁、柯子平等筹募款项，俾能派遣代表赴他地工作。”[22]

1944年3月间，陈崇智等受同事连累相继被日军逮捕，组织几乎全被破坏。陈在新加坡的兄长也被日军抓去，其母去探望时竟被日军殴打致死，留下嫂、侄无法维持生计。陈崇智等先被拘于日军特务局，备受拷打，后又多次转移关押地点，不给饭食，饱受虐待，区长陈春林死在狱中，陈崇智等后在马来TAPAH监狱中两次说服当地警察看守，准备毒死日官越狱，被发现而未果。直至1945年8月日本战败投降，28日，他们出狱。随即在9月3日英军登陆后得到帮助，飞往新加坡。最后面见负责人Gile Davies中校。[23]

到1945年抗战胜利前后，国民党与其中统局对于在马来亚区的工作仍然十分重视，其目的则是为了战后在此地树立影响增强势力。

在1945年10月30日所收吴铁城致蒋介石的一份报告中，吴写道：“窃职前为建立南洋沦陷区党务机构起见，曾与何总长、海外部及两调统局商洽，拟定南洋沦陷区工作纲领一种，呈请钧座于三十二年6月30日侍秘第18265号代电批准在案。马来亚方面，适英国经济作战部派人要求我国协助，爰依遵该纲领第五项之规定，交由中统局派新加坡华侨林谋盛同志与英方洽办，由英供给器材交通，我方供给人员，经过特殊训练，后派入沦陷区工作，俾能充分利用盟方优越之物质以建立我在该地之党务基础，所有经过详情，亦经先后报告在案，关于选派工作人员，均妥慎考核，除具备秘密工作之条件外，尤着重于党的意识与组训经验，本年 5 月间，在粤桂方面物色之人员，

（乘坐英军服务团交通车辆到昆明搭乘英国军用飞机），因时间仓促，各方联系未能照顾，致航空检查站方面略有误会，该批人员经中统局调回重庆，予以训练，并经职面加甄核。现阅时既久，马来亚方面需人孔殷，渴盼该批人员速即飞印，并恳续行物色以应需要，等情。查马来亚反攻迫在眉睫，需人堪甚殷切，拟请钧座俯赐允准，以赴时机，如何之处，敬乞鉴核示遵。谨呈总裁蒋。职吴ＯＯ谨呈。”随电附呈中统赴印参加马来亚工作人员名单一份，计有梁操政、马天驹等二十五人。[24]这说明，尽管中英在合作中有些矛盾，但中方在总体上对中英在马来亚的合作对于保持与增加国民党对南洋地区的影响，还是很在意并付之以积极努力的。

第六节　军统在东南亚地区的活动

抗战八年间，国民党军统局得到了急剧的扩张与发展，其势力不仅活动在国内各地，而且远达海外，特别是在与美国海军特务机构合作后，军统局大力加强了在国外的工作。除派出军统大将萧勃以中国驻美大使馆武官身份在美组建情报站，担任对美联络与搜集情报工作，影响美国对华政策外，还出于同样的目的在巴黎与伦敦设立了情报站。但这期间，其在境外活动的重点仍然是与中国相邻近的东南亚地区。特别是在太平洋战争爆发后英国人已不能立足的缅甸、泰国、马来亚、新加坡和尚在法国控制下的越南等地，为了给美国提供日军情报与军事配合的需要，军统的活动达到了一个新的高峰。

1939 年初，军统局于第二处内增设国际科，先后以谢贻征、汪暄、岑士麟为科长，专门负责海外组织与人事及处理军统局国际合作事宜，并在各地华侨与第三国人士中发展组织。当时军统在东南亚国家设立网站的地方有：印度的新德里，缅甸的仰光、腊戍，泰国的曼谷，越南的海防、西贡，马来亚的吉隆坡、槟榔屿等，此外还有新加坡的星洲特别组，菲律宾与荷印等小组。

日军侵占南洋各岛屿后，各地华侨青年纷纷回国参加抗日。军统局为了开展对南洋的工作，有意拉拢这些青年，于1942年在重庆建立了南洋工作人员训练班。通知各地军统组织收罗培训对象，送来培训。由军统海外区与人事处合办，罗杰为主任。这个训练班只办了一期，学员毕业后，分往新、马、缅、菲和印尼等地工作，在各地建立特工情报机构，开展工作。1943年中美合作所成立后，改归该所管理。[25]

以下分别叙述军统在南洋各地的基本组织与活动情况。

一、越南

1939年1月，军统派方炳西赴河内组建情报站，分别在海防、西贡、谅山、芒街、东兴、顺化建立了情报组和电台。他们以“国民党中央机关驻越工作团”的名义组建了工作队，先后以军统的邢森洲、王业鸿为团长，调军统别动队一、二两大队进驻桂越边境的龙州，以为保障。

1941年，日军侵入越南后，大批越南民族革命人士退入中国，其中有“越南革命同盟会”阮海运和“越南民主同盟”胡志明等各派力量以及许多华侨青年，共计在广西龙州、田东集聚了五百余人，越方要求军统收留。军统越南办事处也在邢森洲的率领下撤回国，军统局与第四战区共同在田东开设了“越南战地工作干部训练班”，吸收越方人员及华侨青年培训，后迁往柳州。该班由第四战区司令长官张发奎兼任班主任，军统派出桂林办事处处长杨继荣为副，主持工作，另委邓匡元为政训组组长。一年后的1942年3月，戴笠抵达柳州，主持了该班的毕业典礼。按照开办宗旨，大部分的学员都被派回越南各抵抗组织从事抗日情报工作，并与军统保持联系。华侨青年则分归邢森洲与四战区政工队和别动军分配工作。这一训练班为军统赴越工作培养了一批干部。[26]

当时的越南尚在法国总督府统治下，而总督府名义上归降德的法国“维希”政权领导。为与法方加强联系，军统局还通过外交关系，与“自由法国”戴高乐将军的政府取得了联系，由戴高乐派代表祁业鸿来到重庆与戴笠会见。经过会谈，“自由法国”的代表答应说服法越总督府掩护军统在越南的抗日工作。

“中美合作所”成立后，在美方的协助下，军统对越工作有了进一步的发展。“自由法国”在北非的军事领袖吉罗德将军，派海军军官劳勃·梅利亚中校（Roberl Meymier）带领二十余人于 1943 年 8 月来华，与中美所合作，准备在越开展抗日活动，对日禁运橡胶，破坏码头等，响应盟军的反攻。

9 月 6 日中美合作所会议决定：在南宁设立情报总站，下辖中越边境的七个分站，与法方联系共同抗日；同时派人随梅利亚中校 10 日内重返越南，组成“法越工作小组”。次月，梅利亚中校与中美合作所“法越工作小组”人员回越，他们的工作取得了不小的收获，得到了许多有关日军动态的情况，及时报告给了重庆并转告给美方，对美军在太平洋的作战发挥了重要的参考作用。直到 1944 年 5 月，梅利亚调往北非工作为止，其后该小组改归法方指挥。[27]

二、缅甸

1939年1月，军统成立缅甸组，以郭寿华为组长。戴笠亲率张我佛等人赴仰光建站，同时设立电台四座，以曾图南为站长；下设腊戍组，由潘其武负责。缅甸陷敌后，军统又在缅境内的卑缪、东吁、曼德里、八莫、拜子、眉曲、班弄、干崖、密支腊、畹町等地建立了电台组织，以干崖为前方联络站据点，班弄为下游基地，建立缅北游动组，设联络机关于芒街，进一步完善了地下情报网。[28]1941年底，军统局又派出陈式锐出任缅甸站站长，领导军统组织在缅的工作。仰光组组长则由柯鸿图接任。[29]

柯鸿图是福建安溪人，其父亲原在仰光开商号，在当地有些社会基础。柯鸿图在安溪县，经林泗水介绍参加了国民党复兴社秘密组织，并曾给当地复兴社负责人、安溪国民兵团团长陈宗棠义务做情报工作。后来陈宗棠介绍他参加军统局息峰训练班第三期受训，编入华侨区队。这个华侨区队的学员均由来自缅甸、越南、泰国、马来西亚的华侨子弟所组成，其目的就是为了训练派遣回去工作的特务人员。

1941 年 11 月柯鸿图受训毕业，与其同学王汉英、苏国宝一起被派往仰光工作。他们经贵阳、昆明，沿滇缅公路抵达缅北的腊戍，12 月底到达仰光。柯鸿图奉命担任仰光组组长。面对日军逼近，他们赶紧着手布置沦陷后的工作。

缅甸站站长陈式锐接管在仰光的四部秘密电台，柯鸿图负责其中第一台和第三台的工作。

第一台潜伏地点选择在仰光北郊六英里的甘马育镇，台长程济，以制造肥皂为掩护。

第三台选址在仰光东郊淡汶区，台长姚遴秀，由组员曹清泉和他的家庭来掩护，平时种菜养鸡养鸭，完全是农家式的布置，隐蔽性强。

仰光沦陷后，在缅的军统各工作站点如何获得经费接济，是一个最重要而又很困难的问题，必须有妥善的安排。柯鸿图想方设法在侨胞刘金梓处争取到负责补给的承诺。当时刘金梓的哥哥刘梧桐在重庆做生意，缅甸所需要的经费，由军统局按月付给他哥哥，再由他支付。这样一来，沦陷后缅甸站的财政问题便得以解决了。

为了交通联系便利，柯鸿图在日军入城四十八小时内疏散令下达后，偕柯伏算和刘庆云到距离仰光三十英里的毛备建立前哨站，再赴距仰光七十里的奥隆坡及一百二十里的敏蚋镇，建立了一所交通站。

柯鸿图和刘庆云的家住在毛备西南的瑞丽支，位于仰光河东岸。华侨富商陈天星也住在这里，他是当地经营客货运输业务的大商人，有客货车二十多辆，车队经常往来毛备、仰光之间。柯鸿图利用这一有利条件传递消息，对抗日情报工作提供了极大的方便。当时从仰光和毛备来瑞丽支躲避战乱的华侨有一百多人，使这个地方一下子热闹起来。

日本人占据缅甸后，利用缅甸人多年受英国人压榨所产生的仇恨心理，以帮助缅甸独立为号召，进行欺骗宣传。缅甸人信以为真，因此在开始阶段欢迎日军，气氛相当狂热。部分当地人也想趁乱抢掠瑞丽支华侨，发一笔横财。形势非常严峻。柯鸿图面对如此复杂的情况，组织当地华侨自卫，以武力来阻止土人的抢劫。

为了搞到情报，他还设法和日本人接近，以便达到目的。

1942年3月7日，日军攻占仰光，指挥缅甸军的日本军官帽颇椒到达瑞丽支，他立即征用了陈天星的小轿车和几辆客货车。柯鸿图借机和帽颇椒笔谈，发现尚能彼此沟通。帽颇椒要请他担任翻译，同往仰光。柯鸿图由此想到，如果借帽颇椒的关系，弄到一张通行证，以后往来仰光会有很大的便利。于是他便向帽颇椒试探。没有想到，这个日军官毫不迟疑，立刻用一条白布，写上“使用人”三字，盖上图章，作为柯鸿图的通行臂章。这个意外的收获，使柯鸿图通行无阻，活动方便。

仰光沦陷不到一个月后的4月1日清晨，日军截断仰光所有的交通，大举逮捕华侨，一共抓捕了四百多人。经过讯问后，拘留了七八十人，囚禁四十多天，最后五人被残杀，二十多人被逐放。日军随后又强令他们组织“华侨联合会”，借以控制华侨。大家推举白拆章为会长，谭锦裳为副会长，李云川为秘书。白拆章等三人都是地下组织人员，为日军成立华侨联合会，可借之掩护并推展工作，所以决定顺水推舟成立起来。这对仰光组来说，也提供了活动的便利。柯鸿图要他们三个人成立一个反间小组，和担任日军翻译的台湾人周旋，既可以保护华侨，又可以获得不少重要情报。

日本人开列出多项任务，要他们赶快去办。其中包括：一、组织警卫队，负责维持仰光的治安。二、设立医务所，负责医疗市民的疾病。三、组织清道夫，清理仰光市的垃圾。四、组织调解会，调解市民间的纠纷。五、设立学校，收容儿童和少年。六、成立报社，为日军宣传（后来成立了“正谊报社”）。七、组织各属支会、分会（先后组织了四十多处）。

此时英国人预先布置的秘密机构，因缅甸人告密，早被日本宪兵破坏，无一幸存。英国人所需要的情报，也得仰仗军统了。

日本侵占仰光半年以后，发觉仰光附近有秘密电台在活动，开始派出测探车辆，到处侦察，对甘马育镇尤其注意。军统站第一台受到极大的威胁，不敢大意，立刻停止通报，将电台迁往他处，暂避风头。

而在第三台附近，也发现有日军侦察活动，迫不得已也停止通报，将电台迁往距仰光七十英里的奥降镇。台长姚遴秀为失去对国内的联络，非常着急，时常设法呼叫。在失去联络四个月后的一天晚上，忽然听到重庆总台的呼号，他赶紧依照规定呼叫，使仰光第三台恢复了与总台的通报联系。后来在侨胞刘金梓的帮助下，该台撤回仰光另觅地址恢复了工作，直到抗战胜利。军统总部对此曾颁令嘉奖。

军统仰光组的工作人员，除组长柯鸿图外，尚有林永和、程济、姚遴秀、白坼章、谭锦裳、李云川、陈中才、林笔峰、钟祺镇、谢桂芳、王汉英、柯伏算、刘庆云、顾明申、吴南嵩、谢维明、郑丕远、曹清泉等二十多人。而当地华侨中协助工作出力较多的，有刘金梓、林春科、陈天星等。

仰光组的组员陈中才出生于当地，并未回过国，但就学于当地华侨中学，对祖国充满热爱，参加地下工作后每天都与柯鸿图联络。只是其时间和地点时常变动，并不固定。不久，陈中才被日本宪兵队逮捕，连续三天每隔三四小时便受刑一次，被折磨得死去活来。但他咬紧牙关，没有招供其他人员。受刑三天，已经是奄奄一息，日本宪兵队见毫无所获，将他送往永盛监牢，关了一个多月。病危之后，才准华侨联合会保外就医。因受刑过重伤及内脏，经过手术和几个月的治疗修养，才算痊愈。像这样的华侨子弟，并不了解军统组织的性质和其在国内的行径，单凭抗日救国的一腔热忱，投入地下情报工作，甚至将生死置之度外，其精神自属可嘉。

1943年雨季结束后，日军在东南亚战场上败象已露，缅甸战场的制空权已经移转到盟军手中。为躲避盟军的轰炸，日军将仰光市内的军用物资仓库移到郊区树林内，借以隐蔽。日军在潞加水池北面树林内，建筑了几十座仓库，每座五十英尺宽，一百英尺长，用以储藏机炮、弹药、汽油、军用品及粮食等军用物资。1944年雨季开始后，当地华侨界照例向潞加水池投标捉鱼，柯鸿图以一万一千盾得标。当七、八两月雨水最多的时候，他住在水池旁边，监督捉鱼，便借机和驻守仓库的日军大尉交结成为朋友。柯鸿图经常送鱼给大尉，请他保护捉鱼。军用仓库就在水池的东岸，柯鸿图观望得非常清楚，摸清了情况。他画出详图，报告给了重庆。11月冬季开始，盟军派出百余架B29轰炸机，飞临仰光市郊仓库上空作地毯式轰炸，把所有仓库全部炸毁。这是很成功的一次轰炸，给予敌人巨大的打击。

1943年10月，中国赴缅远征军一师自印度攻入缅北，被日军围困于胡康河谷，供给线断绝，依赖美军空投生存。军统属下的缅北游击队，报告联络，积极扰敌，为我军反击解围立下了汗马功劳。

1943年12月初，缅北流动组电台台长王辉武、组员陈漳明，化装成当地土人去敌营侦察，他们发现日军在野人山狭河地带布兵，并在丛林中发现有日军新式坦克营，即密报戴笠转告给盟军。当月15日美军出动轰炸机三十六架空袭，王辉武及其岳丈苏互迪头人，在日坦克营附近施放烟火，指示轰炸目标，结果日军坦克及火药库皆被炸毁，伤亡八百余人，损失惨重。而苏互迪则不幸被日军捕杀。

1944年3月，盟军反攻缅甸，我远征军三十六师在八莫伊洛瓦底江受阻，军统情报组得知江底有暗道，可供潜行过江，于是联络步兵一团长林冠雄，挑士兵一百人，经十天准备训练，于5月22日半夜，在上游我军炮击和美空军轰炸掩护下，自下游夜渡过江。拂晓袭敌，终使三十八师全部顺利渡河，保证了反攻战役的进行。

1944年，日本征用大批广东台山籍木工去泰缅边界的幕尔鸣深山服劳役，工人们均一去不回。军统小组发现这种异常后，派组员曹某伪装汉奸前往调查，不幸患上疟疾，回仰光后病死。小组再派木工十人混入民工队伍，指示他们事成后向泰境逃，到曼谷找周秀兰情报站联络。又派张我佛会同开药铺的侨民蓝就西购买了大批奎宁，溶药粉于裤带上，前往山中探险。结果十人去仅二人得归，终于探得消息，得悉日军利用英俘、中缅泰工人建设铁路及桂河大桥，企图打通泰、缅陆上交通，营救在南洋被困的日军。情报员将桂河大桥附近的有关地形情况画出图纸转呈重庆报给了美军，对此地进行了成功轰炸，彻底摧毁了日军的战略企图。[30]

1944年4月间，日海军五千吨以上运输舰五艘，满载弹药和军用品，停在仰光通往端低运河口的亚弄水面。仰光组布置在猢狲角卖香烟的人员看到后，立刻报告上级。次日中午，盟军三十架B29轰炸机飞来轰炸，炸沉两艘，重伤一艘。在这次攻击中，盟机被击落一架，机上八人，三人死亡，五人跳伞后被俘。因为敌运输舰大放烟幕，混乱了轰炸目标，致使投弹偏差，不仅未将敌舰全部炸沉，反使仰光被炸，死伤平民四十多人。

1945年元月间，根据仰光组的报告，盟军又派出B29轰炸机两百多架，分成八队，轰炸以实验中学为目标，长一英里，宽半英里的日军驻仰光司令部，连续轰炸三小时，日军死伤五百多人，其中有中将级军官被炸死。4月30日，日军自动撤离仰光，5月2日美军空降部队降于民加拉洞飞机场。英国舰队也于5月4日驶入仰光港，正式宣布仰光光复。[31]

仰光沦陷三年一个月又二十六天，其间仰光组一直在坚持工作，这主要是靠当地的华侨本一腔热血，抗日救国所致。不仅是在缅甸，在整个东南亚地区，各站点的情报与地下武装斗争都得到了当地华侨与人民的大力参与和支持，这是因为他们的活动在这特定的时间和地域，代表了祖国反抗日本侵略的正义力量。

三、泰国

抗战开始后不久的1939年5月，军统局便在曼谷建立了情报网，派卓献书为驻泰国军事专员，组织“泰国挺进队”，并在缅泰交界处发展抗日游击队。卓献书抵达曼谷后，还与泰皇族拉上了关系，对他们鼓动的带有排华性质的“大泰运动”实行劝阻，以保护在泰华侨的正常生活。

太平洋战争爆发后，日本武力占领泰国，控制其政权。此时泰国内部发生了抗日的“自由泰国运动”，其副领袖塞古安一行来华，与军统协商合作，达成了协议，军统答应为其下属五个单位配备电台等设备，派回国内进行情报工作。

当时泰国驻美武官卡宫春中校亦建立了一个抗日小组织。戴笠按盟方的要求，命令萧勃在美与卡宫春接洽，洽谈在泰国组织反日暴动以牵制日军事宜，最后决定以卡宫春为负责人，挑选泰国留美学生三十人来华接受特训，随后进入泰国活动。这一计划得到了中方军事领导人及美军驻华指挥官史迪威的批准。

1943年9月6日，戴笠、郑介民、潘其武与中美合作所美方代表梅乐斯等人会商，决定：

1．同时支持塞古安与卡宫春两组织抗日，以卡宫春为主，分头进行，相互呼应。

2．卡宫春一派以回国建立组织制造暴乱为目的，中方派卓献书帮助，卡派人员分为五组，每组有华侨二至三人参加，负责引导组员进入泰境，另在普洱开设训练班，强化训练“泰国挺进队”，每期二百至五百人，培训两个月，一年内共计划完成四至六个突击营的训建工作，而后加入卡宫春的抗日组织。

3．塞古安一派以柬埔寨为基地，进行对日军策反及协助盟军登陆工作，派邢森洲辅助其指挥，逐步扩充加强其原五个小组的力量。

4．由卓献书、邢森洲二人负责塞、卡两派间的联络工作。

5．通知在渝之泰国代表阿伦亲王，说明中美已声明尊重泰国自主权，并请其转告泰政府，以打消泰人的疑虑。

12月后，卡宫春一派改由美战略局驻华代表卡福林接手指挥，下令其人数限额不许超过三十人，工作内容亦仅限于情报搜集，不能训练部队，于是所谓的“普洱进军”军事行动计划只能宣告停止。

12月26日，中美双方再度与卡宫春一派就合作问题进行了协商，决定组成“泰国工作组”，派卓献书等即日起行，前往普洱建立电台站。后卡宫春赴美，该计划亦告停止。与此同时，塞古安之弟开辛则率下属各抗日小组，进入泰、柬境内活动，以策应盟军反攻。而军统局所属的游击队也开至缅北山区，策应我军远征军反攻缅甸。

四、菲律宾、新加坡、马来亚

1940年，军统局组建菲律宾情报组，鉴于此地情况复杂，即作了复式布置。他们征召菲律宾华侨回国进行特种训练，返菲后组成了游击队。

日军攻占菲律宾后，游击队成为菲律宾抗日义勇军的领导力量，协助美军抵抗日本。军统在菲地下组织则组成“血干团”，从事破坏交通、刺杀日人与菲奸的工作。日军占领马尼拉后，美军守将麦克阿瑟率部撤离巴丹半岛，马市仍留有军统王之和及张某两个行动组，保持与美军的秘密通讯，提供情报，准备配合美军的反攻作战。

在星（新加坡）与马（马来亚）方面，军统在准备渗入之前，已侦知苏联情报组织已在马来亚渗透有年，戴笠为了保持他的组织的纯粹性，拒绝了岑士麟利用当地华侨领袖陈嘉庚势力的建议，决定另起炉灶，自设组织系统。

1939年11月，军统建立星洲组，由曾广勋负责，后改设为站，由岑家焯负责。不久后又设立槟榔屿组，以刘戈青为组长。开展全面的情报搜集活动。此外，军统还另设有星洲特别组、荷印组与吉隆坡组，其势力由此深入新、马、菲地区。

五、印度

抗战开始后，位于中国西部的印度次大陆，其战略地位与价值得以凸显。军统局为配合战时军事与外交的需要，开始重视印度工作。当时印度仍在英国控制之下，对印情报工作还涉及中英关系，内容复杂而敏感。

1941 年 4 月《苏日中立条约》达成后，戴笠怕邻近苏联的印度西北巴基斯坦形势不稳，特别向外交部推荐陈质平为驻加尔各答总领事，并介绍在局内国际科工作的董宗山任使馆秘书，联络印北各土著，做好争取工作。并准备在加尔各答组训一批海员，以备中印交通被切断后从海路继续对华补给。军统还训练了一批通印、缅文的伞兵，计划必要时空降到敌后开展工作。[32]

1942年12月，在修建抗战时期著名的“中印公路”时，军统局趁机向印度渗入，戴笠亲自前往印度布置情报网络，并指示：“本局在印度之工作，东起孟加拉湾，西迄阿拉伯海，都应当密派人员建立组织，对整个局势发生瞰制作用，期能对欧亚两大轴心国在中东之会师，预为防制。”因此，特派军统要员陈质平赴印度加尔各答建立了工作站，并在全印境内广设据点，派员“协助”外交部印度专员公署工作，一时间，军统地下情报网遍及阿萨姆小村与新旧德里大市，远及锡兰及马达加斯加。

六、香港

这一时期，戴笠的军统组织也尝试过在东南亚地区与英国的特工组织开展情报合作。1941年，军统局奉命对英情报合作，在香港成立了中英交换情报组，在海南、虎门等处设立电台，担任情报交换工作。1942年，军统局还派遣人员赴英接受训练，毕业后派赴马来亚及泰国、越南等地工作，另又在昆明、贵阳、衡阳、淳安等地设立运输机构，从事物资器材等件之输送。后因此项合作成绩欠佳，军统方面指责“英人缺乏热诚”，加上中美情报合作的开展，中英合作遂告停止。[33]

抗战时期是国民党特务组织活动最盛的时期，此期又以军统组织的发展与活动范围的扩大为标志。在国内，他们将势力伸展到警察、交通、缉私、走私贸易各领域；在全球，他们把触角和网络伸向欧美和东南亚地区。客观地说，军统组织在抗战时期犯下过许多反共反人民和镇压民主的暴行，但也进行过抗日和打击日伪的行动。而他们在东南亚各地的势力扩张，在特定的历史条件和环境下，其主要任务是为了抗击日本在南洋地区的侵略，为盟国的对日军事服务，同时也将国民党的影响扩张到东南亚各地。在全民族抗日救国的神圣战争中，军事斗争的需要使特务情报工作有了冠冕堂皇的理由。当时东南亚各地的抗日党派、华侨青年和各界人士纷纷投入抗日游击与情报工作，他们毁家纾难，不怕坐牢、酷刑折磨，甚至不惜冒生命危险，参加地下斗争，所表现出的勇气与民族气节令人感动。他们的基本动机都是为了抗日救国，并不是为了反共，如胡志明领导的越共组织中，也有人受过军统的培训。[34]况且他们对军统在国内的种种劣迹并不十分了解，虽然他们名义上是归军统组织，但这些抗日志士爱国华侨的工作表现和行为与国民党特务组织的本质是有根本区别的。他们所做的完全是抗日的工作，在中国抗战的历史上应当写上他们的事迹。

第七节　中美英情报合作会议

1943年，美国海军情报机关与军统开始中美特工合作，引起了英国方面带有妒忌情绪的关注，他们结合在东南亚军事行动的需要，再次表示希望与中方加强情报系统的合作关系。

1944年6月，东南亚英军最高指挥官蒙巴顿勋爵给中方发来邀请函，指定邀请军令部第二厅厅长郑介民赴印度出席中英情报合作会议，并要郑前往他的司令部一行，与他会谈合作事宜。总参谋长何应钦接信后，立即呈文向蒋介石请示，并通知了郑介民。6月10日，郑介民给何应钦呈文，分析了英方此行的原因和意图。郑介民写道：

“蒙巴顿将军请职赴印之意图判断约为四项：

（一）蒙巴顿之印度洋登陆战于雨季后十一月左右料将发动，此时美方亦将于菲律宾发动登陆战。此次缅北之战蒙巴顿比史迪威已相形见绌，若将来登陆战再失败，则不但影响英在远东之威望，而蒙巴顿个人之前途亦将完毕，乃谋利用反间欺骗敌人，使攻击易于成功。而需要与我方密切合作。

（二）德失败后，英必增强对日攻击力量，英军官传统观念重视情报，彼或认为对日情报有彼此将布置研究判断均坦白检讨，俾彻底明了敌情，于将来反攻时易将敌人击溃。因此需要情报负责人当面研讨。

（三）英方或认为中美情报关系密切，（如中美合作所等）而中英情报关系尚欠完备，且美方在印、缅人员又气焰甚高，英方乃谋与我方商讨合作以资平衡。

（四）若从最坏方面判断：（甲）我方在印人员人数既重，品质自然复杂，行动欠妥之资料英方必收集不少，乃借交换情报手段供给我方；（乙）英方统治殖民作风一贯，化整为零，以甲制乙，现南洋倭寇既教土人反英与革命，则英方必谋用华侨以制土人。职在南洋华侨中情形熟悉，交游颇广，或彼于此方面拟加以利用。职对此事毫无意见，谨遵命行之。”[35]

7月13日，蒋介石批复何应钦呈文，批准郑介民带领军令部二厅第一处上校科长王武和剑桥大学毕业的国防研究院少将研究员唐君铂前往印度参加中英情报合作会议，并会见蒙巴顿将军。[36]表明了他对中英情报合作的赞同态度。

1945年1月24日，中、英、美三方特工部门曾在重庆盟军总司令部召开过一次特工情报首脑“秘密准军事行动”联席会议，军事委员会负责对外关系的钱大钧、朱世明与军统局的戴笠、郑介民以及美国魏德曼、杜诺万，英国的格里姆斯戴尔、泰乐等有关远东地区情报特务工作的军官出席，会议商讨了三方在共同对日情报作战中的协调与配合问题，明确了合作中的原则。以下是有关这次会议的记录：[37]

秘密准军事行动会议记录

时间：1945年1月24日上午10点　　　　APO字879号

第一次秘密会议

地点：中国战区美军司令部

出席者：

中方

戴笠将军（General Tai Li）

朱世明将军（General Chu Shih-ming）

钱大钧将军（General Chien Ta-chun）

郑介民将军（General Cheng Kai-ming）

陆军上校邢如卜绍（音译）（Colonel Sin Ju Pu Hsiao）

英方

格里姆斯戴尔将军（General Grimsdale）

陆军准将泰乐（Brigadier Taylor）

陆军上校吉尔·戴维斯（Colonel Gill Davis）

美方

魏德曼将军（General Wedemeyer）

杜诺万将军（General Donovan）

格劳斯将军（General Gross）

海军准将梅乐斯（Commodore Miles）

陆军上校泰勒（Colonel Taylor）

陆军上校迪克（Colonel Dickey）

陆军上校赫普勒（Colonel Heppner）

陆军少尉上校伯德（Lt. Col. Bird）

陆军少尉上校阿格纽（安献今）（Lt. Col. Agnew）

陆军少尉麦哲民（Lt. McGiven）

陆军少尉恩格（Lt. Eng）

陆军少尉杨格（Lt. Young）

波义耳先生（Mr. Boyle）

中士麦克伊尔韦（Sgt. McIlwee）

魏德曼将军（General Wedemeyer）宣布会议开始，他指出召开此次会议的目的，在于制订蒋介石总司令关于在中国战区（包括中国及法属印度尼西亚）内部协调秘密准军事行动的计划。

魏德曼将军接着说：“当我三个月前刚抵达的时候，我发现这儿完全缺乏协调。而这种协调是为了美、中、英秘密行动或秘密机构的工作。我的本意并不是为了试图干涉你们的工作或者使我着手调查的这个战区的授权行动陷于徒劳，而是为了带来有效的合作和确保只有授权行动才能在本战区内施行。……在调查过程中，我发现某些机构的权限一直相当模糊。”……

“首先，这儿现存的任何组织以及过去签订的关于秘密的或准军事行动的任何协议都将受到尊重，并将继续保持下去。……总司令非常尊重这些协议，而不论协议是由政府中的何人签订的。但是，改变那些协议的情况可能会发生，我们必须有这样清楚的意识。”……

魏德曼将军进一步指出：“从今天起，美方或英方，就秘密或准军事行动组织所提的任何有关人事和物资方面的扩充和增加要求，都必须向中国情报机构负责人郑介民将军提出。总司令规定，其他任何人都无权以他的名义发布准许令。从中国政府任何其他机构提出的关于这些行动的特权请求都是无效的。只有郑介民将军及D.M.I.才能被授权发布准许令，他将在与担任总司令总参谋长职务的我磋商后，以总司令的名义发布。我和郑介民将军非常明白总司令关于在中国战区实施秘密的准军事行动的政策。现在我就这一政策阐述如下：

为了在我们力所能及的范围内，原则上坚持这些多样的秘密准军事的活动，并且开始为对付共同敌人日本而开展的一致行动，申请的项目将给予优先考虑。

绅士们，我不喜欢说如果你们不这样做我就将亲自出马，我不喜欢以这样的方式说话，但是我感到道理上应是如此，并且蒋总司令也会赞成我的。

我觉得应该提出如下警告：除了前面我作出的在原则上尽力支持你们的行动以及力谋反抗共同敌人日本的两点声明外，其他还有两点需要强调：第一，如果你们的行动人员及其行动超出了被授权目的以外，他们就将被从中国战区驱逐出去，这就是说，如果他们被用于抗击日本以外的目的，就犯规了。第二点，绅士们，在有关军事行动、情报行动方面，我们的司令部——我的及郑介民将军的司令部，需要情况报告。绝对禁止有擅自的秘密行动或未经郑介民将军及我本人同意过的军事行动。换句话说，我们不需要在某些还没有完全熟悉的缓冲地带（isolated area）开展游击活动，即使这些缓冲地带可能尚未被日本正规军占领。

我再次要求你们，在这两点原则基础上来开展合作，即你们不能允许自己的机构（agencies）卷入国民政府与共产党的政治斗争，你们必须恪守你们在这个领域的最基本的职能——向我们报告你们获得的情报。这在过去一直没有完全做到。

在进行秘密行动之前，例如，袭击某一座桥梁，或者破坏交通线和敌人重要军事设施的行动前，都要通过我们的批准，通过郑介民将军和我本人（的同意）。如果你们这样做，你们将获得对于你们行动的许可，你们将会对战争作出切实的贡献。上帝知道，在过去的日子里，我们一直在无目的地行动。简而言之，这就是说，在没有充分了解情况之前，和在没有经我本人及郑介民将军协调之前，任何秘密组织都不得采取行动。

对此可能会有一些认识上的混乱，你们可能觉得郑介民将军和我本人之间存在着权限分别。我可以向你们保证：情况不是这样的。蒋总司令的愿望是盟军特工组织所有行动都要在他的领导之下，而且他希望我告诉郑介民将军有关这些行动的一切情况。如果你们中的任何人请求我允许额外的供应和设备补给以及增加人手，我必须在同意之前通知郑介民将军，反之亦然。如果你们向郑介民将军申请在某个地区采取行动，或补给某种设备，他也会与我商量。如果我们存在意见分歧，将由总司令裁决。这样，我们只有在双方达成一致意见后才能发布准许命令。

……

在未来的三个月内尚没有确定的行动计划，或许没有。我们正在筹划某项军事行动，因而目前还不能确切地告诉你们要如何配合。我们正在试图制订总体计划，确定付诸实施的时间及地点……一旦有了确定计划，我们将召集你们，指示我们打算如何做。我们将要求你们就你们所能作出的贡献提出建议。……我将要求在中国战区活动的每个秘密组织的负责人，在每周不迟于星期二向我提交一份行动报告，说明你们完成了什么，在哪里，什么人参与，动用了什么设备。那将能让我把你们的努力引导到更为有利的目标。你可能已经偏离方向了，如果我们知道你们正在做什么，我们至少可以进行有效的协调，以争取那个时刻到来，那个能将我们的努力整合到一个完善的中国战区整体计划中的局面。

绅士们，还有一条警告。我要求你们不得向任何个人，例如某省省长，或中国的军阀及特殊的政治团体，提供任何帮助或者物资支持。我警告你们，如这样做了对你们及你们的组织都是很危险的。你们决不能卷入中国的政治和地方事务。我在会议开始时就已经强调，蒋总司令希望你们的行动只能用以对付共同的敌人——日本。最后，我向你们保证，我将以个人和集体的力量来帮助你们完成使命。……

秘密行动只是我们众多职责中的一个。陆军少尉上校阿格纽（Lt. Col. Agnew）请起立，陆军少尉上校阿格纽将负责指挥秘密行动并为我协调它们。

我想有一份各组织负责人的名单，以便我能知道谁在负责中国战区的那个组织。我还想知道我可以在哪里找到这些负责人。我们从这里左边开始逐个问答。”

魏德曼将军：OSS的负责人——陆军上校赫普勒（Colonel Heppner），万一我们无法联系上你，你有代表吗？

陆军上校赫普勒：我的副官是威利斯·伯德上校（Colonel Willis Bird）。

魏德曼将军：你们两位军官将负责在中国战区的所有OSS行动，是吗？

陆军上校赫普勒：是的，阁下。

魏德曼将军：下一个是ISLD。

XXXX：我是代表。我驻扎在加尔各答（Calcutta）。

魏德曼将军：你有一个我能在这儿联系的代表吗？

XXXX：……

魏德曼将军：你将参加什么行动？

XXXX：特别行动部（SOE）和ISLD。麦根齐先生（Mr. C.H. Mac Kenzie）[38]不得不回到康提（Kandy）[39]。他不可能一直待在中国战区。

魏德曼将军：他现在何处？

XXXX：他在康提，斯里兰卡。我在加尔各答。

魏德曼将军：他的通讯地址？

XXXX：祈福楼83号总联络处（General Liaison Office, 83 Chieve Building）。麦根齐先生将被任命为整个中国战区的指挥官。他大约一周后会被任命。

魏德曼将军：你能否写一封信给我和郑将军，或者通过格里姆斯戴尔将军（General Grimsdale），告知将要在中国战区负责特别行动部的指挥官的个人姓名？

XXXX：好的，阁下。我们大约一周内不能给您答复。在此期间，陆军上校吉尔·戴维斯（Colonel Gill Davis）将负责。

魏德曼将军：那么，他将是代理人?

XXXX：是的。

魏德曼将军：我们如何联络到他?

XXXX：通过英国使馆陆军武官。

魏德曼将军：下一个是中国海军部队（Navy Group China）。

海军准将梅乐斯（Commodore Miles）：将军，我考虑由戴笠担任我们军事行动的负责人，我本人担任副官。

魏德曼将军：是指中国海军部队?

海军准将梅乐斯：是的，阁下。海军部队不会参与任何秘密或准军事的行动。

魏德曼将军：（转向记录员）请你记录下来。

海军准将梅乐斯：至少我不明白你说这些话的含义是什么。我们认为我们不会参与，因为我们是纯粹的军队。

魏德曼将军：那也包括情报吗?

海军准将梅乐斯：是的，阁下。我们所进行的各种行动都是直接的军事行动。

魏德曼将军：所有的那些行动都是在戴笠的领导下，而且戴笠是头，你是副手?

海军准将梅乐斯：是的，阁下。我在你的司令部中有一名联络官。

魏德曼将军：而且我们可以在峡谷（Valley）找到你。

海军准将梅乐斯：是的，阁下。

魏德曼将军：你在该组织中没有任何秘密行动?

海军准将梅乐斯：我希望你能给个定义。

魏德曼将军：好吧，我的定义是包括游击行动，不在正规军序列内的单位组织，例如派出完成特殊使命的小部队，诸如破坏和反破坏行动。

海军准将梅乐斯：我们是在做那些事，但是在戴笠将军的领导下。

魏德曼将军：美国的人员及设备现正用于那些任务吗?

海军准将梅乐斯：是的，阁下。是由总司令直接下达的命令。

魏德曼将军：好的，绅士们，我们现在开始讨论：

我已经告诉你们，我正在努力改善环境，以便在中国战区更为有效地开展行动。我希望你们能够体会到，我在尽我的所能帮助你们，我们都想力所能及地用任何方式来帮助你们。你们都知道，由于供应线的限制，现在我们还是瘸脚，但条件将逐渐得到改善，我们将乐于在人员及设备的调度方面帮助你们。有什么疑问吗?

郑将军：不知我是否理解清楚了，所有之前成立的不为我所知的那些组织都必须马上跟我联系，告知我他们组织的人员组成、设备及所有相关信息？而且不知我是否进一步理解正确了，今后所有扩充及增加人手和设备的请求都要向我提出?

魏德曼将军：我非常高兴郑将军询问这个问题。我已经要求所有在中国战区的秘密组织，至少是为我所知的所有组织，所有的负责官员，美国的和英国的，给我一份他们在中国战区的活动一览表，标明人员、设备和在这儿的任务权限。我将会把一览表提供给你。目前正在翻译成中文。如果有任何其他未报告给我的组织，我将向总司令提议，将他们驱逐出中国战区，除非他们是被授权在这儿，而且不是由于他们自身的原因而疏于报告的。

这是我的目的，绅士们，我把牌都放到桌面上，把我所知的中国战区的所有秘密组织的一览表交给总司令，我打算准确地向他解释这些组织将会做些什么。我们不能在军事方面采取其他任何方式。在政治方面我不想做任何事。在听取海军准将梅乐斯的意见之前,到会的中国代表还有什么要说的吗?

海军准将梅乐斯：我想要说的是，我意识到——可能比在中国战区的其他任何人都更清楚地意识到，你在协调这些事方面的任务是很艰巨的。正如你所指出的那样，这儿缺少协调，而且我想应该立刻进行协调组织。我相信你表述清楚了这个问题，而且解决的方法也很合理，我将竭尽我的所能进行协调、合作和做其他所能做的事情。

魏德曼将军：我非常赞赏你的观点。我想告诉你及所有在场的人，对于在这儿发现的情况，我的心中没有任何抱怨——我相信那不是我的错。我知道在座的没有人想要指责它。以前没法协调你们的工作，是因为没有人在这儿指挥你们。我可以完全负责地对你们说，我将给予你们信心和保守你们的秘密。我的参谋部的人也会遵循这个方针。这是一项艰巨的任务，但是如果你们愿意合作的话，那就是我希望的全部。当我犯错误的时候，你们也可以直接来找我、训斥我。我想帮助你们。我说到做到。还有人要提问吗?

魏德曼将军：当然，下周必须提交你们认为满意的报告给我。

我非常抱歉让在座的各位待在这儿两至三天时间，尤其是英国军官，但是我不得不这样做。我们要尽快地将这些资料收集到一起。这些资料昨天下午已呈送给总司令了。我们也不可能再早些来召开这次会议。我非常感谢你们的耐心。我要求你们不能让部下中有任何的欺骗行为发生，我要求你们负责。我想过去有时会发生那些事，务必使他们意识到，他们在这儿是为了做一件事情，那就是对日本采取行动并将日本人从这个国家中尽快地赶出去。我们所有在这儿的人都负有这个使命。非常感谢你们。[40]

从以上的会议记录来看，我们可以明确以下几点：第一，在魏德曼来华召开情报特工整合工作会议之前，中、英、美三方在华的情特工作是互不联系各自为战的，甚至于连三方的联络代表都要魏德曼亲自来一一加以落实。第二，魏德曼规定将盟方中国战区情特工作指挥权收归中美指挥官共有，是借抬举郑介民之机，既给了中方面子，又捞到了实惠；第三，在这次会议上，中方代表处于低调位置，郑介民甚至不相信魏德曼对他的抬举，反复询问他是否真的具有指挥权，而平时骄横跋扈的戴笠在诸多洋人面前竟然未见一言，还是他的好友梅乐斯在向魏德曼竭力推举他，而魏也未加可否。

这种情况说明了盟方情报特工工作缺乏集中有力领导的分散状况，从会上气氛来看，也预示着在未来这种情况好像也不大可能得到明显的改观。

第八节 “SOE”在中国

当然，中国与英方的情报特工合作远不止限于上述几件事情，所谓SOE的在华工作是包括了多方面和几次较大的行动在内的。关于这一点，我们可以参考由英人路易斯·阿瑟顿所写的下面这份英文报告，探知其中的部分内容：

SOE在远东的行动[41]

SOE[42]在中国的角色仅限在情报搜集工作，它的发展基地立足在重庆与昆明，这使之不便在中国的日占区从事有组织的破坏活动。SOE的最大成绩是多种来源的情报资料和在有关地区的行动指导，其中既有涉及有关中国日占区和日本本土经济、军事和政治情况，也有被邮检人员截获的部分通信情报。

这里是有关SOE与中国秘密情报组织IIR与IIS合作的几个文件，这两个组织都曾向在伦敦的SIS提供过一些情报，同时提供一些早期抗日组织的新报告，其中包括1942年中国方面要求英方同意遣散中英合作别动队的报告。[43]

SOE 直接策划了在 1944 年对香港的日海军工厂发起的一场令人鼓舞的攻击行动，代号为 NON CHALANT，这次行动暗中破坏了日本人的造船能力，而后他们为香港船坞工人提供了撤离路线，通过贵州由陆路去印度，不幸的是，SOE 没有充分意识到在一个已成为战区的地方人员行动之困难，在贵州，他们在集结一批掉队工人时遭到了失败，最后这场行动在 1945 年 3 月被迫中止了。[44]

有关SOE代号为“忘却”的行动的第一个计划是在1943年提出的，在这一计划中，英方反对在香港地区的军事行动中对华南中国共产党抗日武装的人员渗透，但这一立场却遭到美国人出于包庇国民党利益的坚决反对，这是来自英国殖民地的一项缺少保密措施的计划，直到1944年，魏德曼将军和其在华的指挥官都从根本上反对这项行动，但SOE相信在这场美国人演出的反派戏中，真实的原因是出自政治方面的异议。

SOE大多数的记录来自中国传教团搜集的情报资料和其他重要事件发生地情报员及印度和Ceylon（锡兰）司令部搜集的通讯、消息与书面计划。这些档案包括不同版本的各种报告、在英国及其他国家被邮电检查人员窃取的有价值的信件复本、来自商人与专业人员的信件、叛逃者的日记及来自其他情报代理组织的正式报告——包括军事情报、军事和经济战资料等，许多情报来源于BAAG人员——在澳门与香港的代理人，以及在此区域内的外交代表与官员为了掩护在中国海岸进行军事行动而开展的活动。也包括中国官员与美国在华外交人员的会谈记录，既有OSS内容，也有伦敦外交部对中方一般的政府通信。另外，SOE也搜集有关共产党在华力量与组织的情报。SOE的在华工作与中国的情报机构紧密相关，主要通过两个合作者IIS和RII，对RII，我们知道它是一个研究调查机构和资源调查团体，原本是一个国际关系协会，但在事实上是一个向蒋介石直接负责的秘密组织，与其代理人工作在日本、上海和其他日本占领地区。

新加坡失守以后，SOE人员被派往中国研究从事破坏工作的可能，他们与两个中方组织达成了合作协议，希望在指导中国秘密军事行动方面能有一份发言权，1943年1月，两个佚名的SOE官员之间曾有一份备忘录，说明：“我们在中国没有军事行动，但我们通过RII和SOE关系之线索来寻求对中国人的行动施加影响。”[45]

中国人的指挥官是一名MOI的官员王芃生（Wong Ping Shen）将军，作为他的副手，一名SOE的代表Finalay Andrew以顾问的身份出现。在开展了代号为“自责”的行动后，英方财政等部门恢复了对SOE的技术帮助与经费供应的支持。SOE收到了详细的情况报告，在整个战争期间中英合作得以继续，但这一组织最终于1945年6月结束了活动。

SOE也与IIS国际情报组织合作，这就是中国的情报组织在日本、朝鲜与满洲的内线。一名SOE的顾问兼任了军事情报机关的指挥，其机关设在重庆英国大使馆，在恢复技术与财务供应之后，SOE通过中国伙伴得到新的情报并通过外交渠道送给了SIS及在伦敦的总部。[46]

一些来自IIR的类似报告，主要是有关日本的军事行动和发展计划。双方努力的成果是在战争结束前夕维持与发展了这种合作。IIS也要求SOE向他们通报从事破坏颠覆行动的情况。[47]无论如何，中英双方在采取破坏性行为之前基本化解了矛盾，这应归功于这项合作的实现。

中国也是在“自责”行动中起作用的国家，“自责”是一名橡胶商人Walter Fletcher在Mickleham组织的一项较大的行动，利用一项橡胶走私作掩护开展的一次新行动，它包括在货币交易方面的投机、日用奢侈品走私（如手表、珍珠与钻石）在黑市上销售等。此项行动的文件包括说明和“自责”行动资金（1944—1945年）的支付，受惠者包括SOE、SIS、BAAG、SEAC，英国大使馆、MOI、Reuters Center、红十字会与帮助法国抵抗力量从印支中部地区撤向中国。[48]这项行动并未造成有利于英国利益的中国黑市暴涨。资金是在这一地区开展上述几项行动的目的与保证，实际上“自责”行动募集资金的使用也是英国作为一项战后在华恢复商业基础的设计，它是一项由于美国的竞争给英国过去在华优势造成损失的补偿。[49]

SOE也搜集从多种渠道得来的有关中国历史和经济类的情报，把它作为一种“工具书”来参考。调查涉及所有的方面：中国的政治、经济、社会和历史发展，同时提供一些实际的指导，其中一些是东方礼节指导，其余的是有关中国社会人物的传记参考。[50]

1942年，SOE也曾与BAAG合作，安排其合作者从日占区出逃。根据SOE代表Uajor Teesdale的报告，各类请求发动军事攻击的报告也是SOE在华文件的重要内容。[51]1944年，SOE曾试图加强其在华军事行动以拓展中英抵抗运动的新局面，但正如SOE的许多扩张游击队的计划一样，它因美国的反对而被阻止了。[52]

说明：

IIS：国际情报服务——中国情报组织（中统）、SOE的合作者，所获情报发送给在伦敦的SIS。

IIR：（RII）国际问题研究所——从事从中国日占区搜集情报、SOE提供技术与经费的中国合作者。

有关SOE与中方王芃生主持的“国际问题研究所”及中统、军统的合作以及他们在远东抗日活动的历史，远不止上述所及，在共同抗日的事业中，起到了一定的作用。但这些活动具有两大特征，一是凸显为英方自己的利益服务的特色；二是活动规模相对较小，这是与英国当时的国力相适应的。因此，它远没有后来美国与军统合作的规模与影响大，正因如此，这段历史也就没有受到后人的重视与探究。

在同英方的这些合作中，因客观条件的限制，成绩有限。中统方面虽尽了努力，徐恩曾也花费了不少心血，但最后却落了个吃力不讨好，英方吝啬之余还对中统颇有怨言，这些怨言通过不同途径传到蒋介石耳里，使徐恩曾在蒋的心目中地位不升反降。

【注】

[1] 郭廷以《近代中国史纲》（下），香港中文大学出版社 1980 年版，第 691 页。

[2] （台）“国史馆”藏档：特种情报 039（军事）《本会特种情报——民国二十七年度工作报告》。

[3] 同上。

[4] 同上。

[5] 同上。

[6] 黄美真等主编《中华民国史事件人物录》，第 318 页。

[7] （台）“国史馆”藏档：特种情报 039（军事）《1939 年的工作计划》。

[8] 刘庭华《中国抗日战争与第二次世界大战系年要录统计荟萃 1931—1945》，海军出版社 1988 版，第 237 页。

[9] 所幸的是，英国国家档案馆（PRO）按照五十年的期限规定，从 1996 年起开放了对华特工合作的有关档案资料，并提供查阅，使这段历史中的许多内容能够大白于天下，但因缺少中方的资料印证，研究国民党特工组织的对英合作史仍缺乏互为佐证的史料。

[10] 《张步云致吴铁城函》（1944 年 1 月 6 日），（台）国民党中央党史馆藏档，特 009~13。

[11] 《徐恩曾致吴铁城函》(1943 年 12 月 25 日),(台)国民党中央党史馆藏档，特 009~13。

[12] 《中国国民党中央调查统计局海外工作人员训练班计划大纲》,(台)国民党中央党史馆藏档，特 009~13。

[13] 《中国国民党中央调查统计局海外工作人员训练班学员简历》,(台)国民党中央党史馆藏档，特 009~13。

[14] 吴铁城《对赴印工作同志训辞》,(台)国民党中央党史会藏档，特 030~38。

[15] 《海员工作队成立盛况》,(台)国民党中央党史馆藏档，特 030~38。

[16] 陌生《本队党部筹备概况》，载《海风》第 43 期,(台)国民党中央党史会藏档，特 013~1。

[17] 《中国留印海员战时工作队工作报告(12 月上半月)》,(台)国民党中央党史馆藏档，特 13~13、1~4。

[18] 《海风》周刊第 42、43、55 等期,(台)国民党中央党史馆藏档，特 013~1。

[19] 李文祺《留印海员战时工作队透视》，载《海风》第 42 期,(台)国民党中央党史馆藏档，特 013~1。

[20] 张光勳主编、徐飞编著《狼与狈——中统军统行动档案》，第 264~271 页。

[21] 庄惠泉《报告第 43 号》(民国三十四年 10 月 5 日)附《陈崇智报告书》,(台)国民党中央党史馆藏档，特 030~355。

[22] 同上。

[23] 《陈崇智报告书》,(台)国民党中央党史馆藏档，特 030–355。

[24] 《吴铁城致蒋介石报告》(1945 年 10 月 30 日收到),(台)国民党中央党史会藏档，特 030~356(2)。

[25] 黄康永口述、匡垣整理《国民党军统组织消长始末(七)》,载上海《档案与史学》2002 年第 2 期，第 63 页。

[26] 同上。

[27] (台)“国防部”情报局编印《戴雨农先生全集》(下)，第 260 页。

[28] 同上。

[29] 乔家才《中外文库之四十七——为历史作证》,(台)中外文库出版社 1985 年增订再版，第 103~104 页。

[30] (台)“国防部”情报局编印《戴雨农先生全集》(下)，第 264 页。

[31] 本节资料出自乔家才《中外文库之四十七——为历史作证》，第 103~113 页。

[32] (台)“国防部”情报局编印《戴雨农先生全集》(下)，第 266 页。

[33] (台)“国防部”情报局编印《国防部情报局史要汇编》第一辑(上),1962 年版(内部发行)，第 46 页。

[34] 黄康永口述、匡垣整理《国民党军统组织消长始末（七）》，第63页。

[35] 《郑介民致何应钦函》（1944年6月10日），中国第二历史档案馆馆藏军事委员会档案。

[36] 《蒋介石致军令部令》（1944年6月10日），中国第二历史档案馆馆藏军事委员会档案。

[37] 英国国家档案馆藏档（Public Record Office — PRO）：HS1/323。

[38] 英国远东秘密工作负责人。

[39] 斯里兰卡中部城市，为佛教圣地。

[40] P.R.O 藏档，档号:HS 1/323。该件由蒋耘翻译、马振犊校对，载《民国档案》2007年第四期。

[41] P.R.O：HS 1/164，由马振犊翻译。

[42] SOE（Special Operations Executive）：英国在华特别行动执行部。

[43] P.R.O：HS 1/164。

[44] 同上，HS 1/134。

[45] 同上，HS 1/159。

[46] 同上，HS 1/159。

[47] 同上，HS 1/159。

[48] 同上，HS 1/135。

[49] 同上，HS 1/154。

[50] 同上，HS 1/149。

[51] 同上，HS 1/134，HS 1/138。

[52] 同上，HS 1/180。

第十二章 | 军统的对美合作——中美合作所

在国民党情报特工机构对外合作的历史上，曾经有过其对苏、对英等国的合作经历，然而它们都不太成功。唯一比较成功的例子，就是国民党军统组织在抗战后期与美国海军情报机关的合作，这种合作关系不仅有双边的正式协定，而且有组织有内容，更有明显的成果。作为其组织形式与成果的明确标志——“中美特种技术合作所”于1943年7月1日在重庆磁器口钟家山正式成立。

对中华人民共和国成立后出生的几代青年来说，“中美合作所”是一个充满了恐怖与血腥意味的名词，因为它与牢房、镣铐、酷刑审讯与屠杀紧紧相联系。看过革命历史小说《红岩》的人们都知道，在重庆市郊的歌乐山白公馆以及渣滓洞等国民党军统特务的秘密监狱内，在国共内战后期，新中国成立前后，被捕的中共地下党员们与国民党特务在这里开展了又一场惊心动魄的斗争，革命烈士们经历了国民党特务美制刑具的残酷迫害，在血雨腥风中表现出了对共产主义事业的忠贞。最后的结果是国民党特务们无法征服这些已经身陷囹圄的政治对手，在解放军抵达前的几小时，对他们施行了大屠杀。革命烈士们以自己的忠诚顽强与牺牲树立了被称之为“红岩精神”的光辉形象，一代代地传扬下去。而在这当中，因为这几处地址曾在抗战时期为“中美合作所”所用，再加上军统特务与美国的合作史，美国人自然要被认为是作恶者的后台老板，连带列入了受谴责批判的行列。因此，在普通中国人的心目中，“中美合作所”自然成了一个集残忍、恐怖与屠杀于一体的特务机构，反动势力的代名词，以至于使人闻名而立生恐怖憎恶感。

实际上，对于这个问题，从历史的真实出发，我们应当将“中美合作所”与国民党特务的白公馆、渣滓洞等秘密监狱有所区别。首先，我们应当谴责国民党特务组织在抗战以后，利用美国方面给予的设备、技术与训练，投入反共内战，迫害中共人士及爱国民主人士的行为，并且认为，美国方面也应对其培训与供给国民党特务这些刑事侦察与刑讯装备用于迫害政治对手负有他们的责任。但是，我们也应看到，美国人与国民党特务合作成立的“中美合作所”，其主要目的并不是用来进行反共的，而是用来抗日的，美国人员也没有直接参加军统特务对中共人士的迫害。当国民党特务将白公馆等地作为反共牢狱时，美国人早已全部撤退回国，“中美合作所”也已经正式结束了。

第一节　军统对美合作的起因

国民党特务组织与美国的合作起源于戴笠的对外联络扩充势力需要和美国方面对军统情报搜集成绩的兴趣。

军统局成立后，在电讯处内设有一个技术室，负责对敌方的电报破译工作。武汉战役开始后，日军用对重庆大轰炸的方式向蒋介石施压。1940年对重庆实施“疲劳轰炸”，造成了中方的极大损失。军统局电讯处搜获到一名日本飞行员提供的日本飞机联络暗号，技术室因此破译出当时日机的联系密码，及时转告了驻重庆的盟国使团。这些空袭情报确实很准确，引起了美国军事情报部门的重视，他们希望获取一些军统密码破译技术的资料，而军统局则更希望美国能将其负责密电码翻译的“黑室”机构技术及其设备引到重庆来，于是双方有了合作的基础。[1]

在太平洋战争爆发前，军统特务又通过截获与破译日本海军的电文，及其在汪伪组织内部的内线，得悉日本海军在太平洋地区将有大的行动。

1941年秋的一天，重庆国民党军统局机要室经济秘书邓葆光到档案室里查阅情报，无意中发现了一本“日本外交密电本”，引起了他的兴趣。早年他曾研究过密电码，并得到过电讯专家温毓庆博士的指导。他用两天时间破译了这本密电本，发现密电本上有一条消息：日本政府与苏联政府在哈尔滨举行了一次秘密的商务谈判，苏联要求日本方面供应橡胶二十万吨。日本则要求苏联方面相应提供八十万立方米木材作为交换。双方经过月余商谈，已达成协议，并正式签字，文中还有“北方可以放心”等字样。邓葆光精明而细心，他考虑到苏联供应日本木材并不奇怪，因为苏联远东西伯利亚有大片的原始森林，储量很多，但日本位于东北亚，根本没有橡胶资源，它怎能大量供应苏联橡胶呢？如此多的橡胶，只有盛产地东南亚诸国有可能供出。此刻深深卷入侵华战争的日本根本缺乏巨金来购买，分析起来日本只有出兵侵占南亚再加掠夺的可能了。不久，邓葆光又得到一条情报：日本海军主力舰队出现在新加坡东面的南中国海，这一定是日本海军南下备战的信号。于是，邓葆光忙把这些情况报告给戴笠，请求紧急处置。

那么，日本外交密电本又是如何被军统获得的呢？原来这是国民党军委会“技术研究室”的功劳。“技术研究室”主任是蒋介石的内侄、“侍从室”机要主任毛庆祥，副主任是有“电讯专家”之称的军统电讯处长魏大铭。他们专门从事日本外交、军事密电的破译工作。

在日本统帅部发动太平洋战争之前，南京中央路上的日军华中派遣军司令部内有个曾留学日本庆应大学、名叫韩诗荃的译员突然失踪了。这一事件起先并未引起日军头目的关注，因为内部传说韩诗荃是因与汪伪政权的陆军副总监李择一之子李康生争夺夫子庙吴宫大酒店一名交际花而遭殴打，愤而离职的，可能已去了上海。这场风月情场中的普通事件，在日军总部发现丢失了一本绝密级的“日本帝国外交密电本”后立即变得严重起来。特高科长荒木贞佑大佐和宪兵司令小野章少将都介入了调查。他们开始倾向于认为韩诗荃不大可能是重庆军统的情报人员，因为这两三年来，在南京潜伏的军统人员因内部不团结，又迭遭捕杀，基本上已终止活动。他们分析韩诗荃可能是苏北中共新四军方面的情报人员，于是下令悬重赏追捕韩诗荃。

经过研究分析，日方认为即便那密电本确已落入重庆方面或中共方面之手，情况也不太严重。因为那电码本编制得相当复杂，不易被破译。但实际上日本方面的这番判断彻底错了。

韩诗荃是一个在日军内部潜伏很深的中国情报人员，胆大机智而充满爱国之情。早在1931年“九一八”事变发生之前，他就在沈阳以亲日学生的面目开展对日情报活动，出生入死，冒险犯难，窃取过关东军的若干情报，秘密提供给张学良的东北保安司令部情报处。1932年，他又混入日本华北驻屯军总部担任译员，渐渐取得信任。“八一三”淞沪战争打响之后，韩诗荃已调到以日酋松井石根为总司令的华中派遣军总部任译员，常与日军高级将领打交道。由于他与军统总部一直保持单线联系，几年来并未暴露身份，且颇受日方信任。他确与李康生为一美女发生过争斗，对方扬言要通过其干爹、汪伪特工头子丁默邨来收拾他，于是，为避祸，他便弄到那本日本帝国外交密电本后离开南京，逃往重庆，并将密电本交给了魏大铭。

谁知魏大铭此刻正为一女子而与戴笠交恶，戴笠找借口将他关押了一个月，后经多人说情才允放出，这令魏大铭倍感羞愤却又不敢硬行对抗，情绪消沉的他无心电讯情报业务，那日本密电码本他看也没有看就交给了军统电讯处一名特务，叫他研究研究。可是这名特务对情报分析不熟悉，只略翻翻，就将这密电本扔进档案室，不再过问了。邓葆光的精细敏锐与丰富的国际政治经济知识使他看中了这一情报，并判定它极其重要。

当时，军统与美英等国情报部门订立有交换日本军事情报的密约，戴笠重视邓葆光的分析。因他与英国情报部门素来不睦，就设法转告了美国海军参谋部。该部经分析后认为此情报甚为重要，立即派出情报部副处长梅乐斯上校来重庆与邓葆光核对，进一步征求他的看法。[2]邓断言：日军南下已迫在眉睫，美英所属的太平洋诸岛可能首当其冲。此时，由军统局派往汪伪政权内做卧底的唐生明，又传来情报，他从醉酒的日军高官处得到了日军将在南洋有大动作的消息，再次证明了太平洋局势的危险。

于是，根据综合判断，戴笠认为情况紧急，他通过中国驻美使馆助理武官、军统特务萧勃通知美国方面做好应付准备。美方开始很轻视中方的警告，甚至怀疑中方情报的真实性，海军方面得此情报后，正欲采取有效对策，但已来不及了。1941年12月7日，日本海空军突然袭击珍珠港，使美国的太平洋舰队遭受了惨重损失。以后几个月内，三十万日军竟席卷东南亚，英美军队一溃千里，日军侵略气焰极为嚣张。[3]

“珍珠港事变”发生后，美国人如梦初醒，回过头来感到中方的情报有极大之价值，他们认为对日密码破译工作皆是军统所为，于是，中国军统组织与戴笠的名字开始被美国人重视，再加上美国海军因对日作战之需，急于了解中国沿海地带的水文气象情况，并大量搜集日本海军情报。这样一来，在中国寻找情报合作的伙伴便提上了美国海军情报当局的议事日程。

戴笠自建立他的情报系统之后，出于扩大势力的考虑，早就希望把触角伸向国外，但前几次都没轮到机会，为试探同美国开展合作，他曾一再指示军统美国站站长萧勃，与美国海军方面进行接触。1941年12月珍珠港事件发生后，美国将领对中国军方的无线电侦译技术感到吃惊，急欲了解底细，命令其驻重庆大使馆武官迪帕斯上校就地访问军统局，结果十分满意，双方一拍即合，迅速走到了一起。

对于这次与美方的合作，戴笠回顾说：“中日战争是世界战争的一部分，民国二十九年7月8日，我出席重庆纪念周讲演时，就提出‘以不变应万变’的原则。我们工作方面有三件事，就是情报、行动和电讯，一切工作以增进这三件事的效能为目标，个人方面都要合乎这个工作要求。……总看国际情势，现代的战争，完全是智的斗争，力的角逐。斗力还是其次，斗智几乎到了登峰造极的地步。情报工作就要求迅速精细，如果失去时间性，情报就毫无用处，稍不留心，我们就要上人家的当。现在可以说，整个反法西斯战争的胜利，已经操在同盟国手上，我们是何等的幸运！要知道国与国之间，根本没有感情可言，完全是利害。如苏德两国，前次签订互不侵犯协定就是如此。苏联塔斯社民国三十年6月21日辟谣，说什么苏德感情融洽，不料6月22日，两国就以兵戎相见了。[4]……在现代战争中，并不单纯是军事方面的战争，以特务斗争的力量来制敌机先，是一个重要的手段。……再说日本以迅雷不及掩耳的手段，在太平洋上突然袭击珍珠港美国海军基地，使美国受到很大损失，这种损失，原在我们的意料之中。我们看到美国国民的生活方式，就知道这一战争发生后，美国最初一定要吃亏。美国招考海军，他们号召的辞令是说：‘凡是不愿花路费而欲做海上遨游者，请到海军里边来！’这是什么话？所以说美国要吃亏，并不是什么预言家才能说这样的话，而是凭我们的常识，就可以觉察到了。日本对美国出其不意，攻其无备，我们从感情从道义上对美国表示同情。[5]……现在我们中美合作所成立了，我和美国人接触的机会很多。民国三十五年2月，我们派往美国去留学的本局的中心干部一批，我已批定他们每人学习的科目，我希望对美国好的地方要拼命学习，对美国坏的地方，千万不要沾染。留学生每人每月务必给我一封信，报告在美国的学习情形。”[6]

这说明戴笠的对美合作指导思想也是想利用其有利而避其不利，在中美合作所的工作中，他始终贯彻了这一原则。这就是要美国的武器、装备与资金技术，不要他们的干涉与控制。

第二节　中美合作所的成立

1942 年 4 月，美国海军参谋部情报署奉海军军令部长金氏上将（Admiral Ernest J. King）命令，派出海军中校梅乐斯（Mary Miles）带领一个代表团，由萧勃陪同，5 月 3 日抵达重庆。梅乐斯是一名海军军官，曾在美军太平洋舰队任过舰长，并非纯特工出身，但这时为了海军作战的需要，开始涉足情报特工工作。他来华的目的是为了在中国东南沿海地带筹建海军水文气象站，供给美方有关的作战情报需要。这是美方与军统合作的最初目的。

梅乐斯抵达重庆后的第一餐由戴笠主请，宴席中没有任何家禽，梅听说中国人喜欢吃鸡鸭，便问戴笠何故没有。戴笠回答说：你不是不喜欢吃家禽吗？梅乐斯听之吃惊，他知道了戴笠搜集情报的厉害本领。[7]

此时，中国东南形势紧张，日军即将发动浙赣战役，戴笠为了加强他的浙赣闽特务布置，限制共产党新四军的发展，与梅乐斯匆匆谈判后，就率领军统局一支巡行队伍去了闽北浦城。次日，梅乐斯为进行实地考察也赶到了浦城，与戴笠又进行了密谈。随后，戴笠亲自陪伴梅乐斯及其部下技术军官到闽东海岸进行了气象、水文观测。在此次旅行中，由于戴笠的精心布置，军统基层单位的活动给梅乐斯留下了深刻的印象。当他要求戴笠向他提供沿海各地有关水文气象、日军水雷布置的情报后，几天内各地乃至台湾及越南、缅甸、泰国、菲律宾各情报站复电纷至沓来，令他吃惊。他称赞戴笠“精明干练”，“无一般中国官场傲慢神态”，与之相处“令人忘倦”，从此便积极与戴笠开展了有关合作的谈判。

本来，按照美方的情报，戴笠只不过是一个刺客式的人，且与他有关的“蓝衣社”也是和纳粹“盖世太保”相类似的组织。所以，美海军金上将有意要戴笠送梅乐斯去他指定的任何地点以考验戴笠及其组织的活动能力。但梅乐斯此行已被戴笠拉拢成功。6月9日，戴笠与梅乐斯在浦城被十一架日本飞机有针对性地轰炸，梅受了轻伤。在二人避居郊外田间时，戴笠向梅乐斯提出了为他装备五万军队的计划，梅乐斯当即表示同意，他要戴提出具体的要求物资清单，即转给了金上将。

在陆续的谈判中，戴笠向梅乐斯提出了他起草的、经与宋子文磋商并报蒋介石批准的中美特工全面合作草案，[8] 其基本内容是：

1．中美两国为共同对日作战加速击败日本之需，建立双方的情报交换关系，内容为共同合作，探测中国大陆气象情报和训练游击部队，以协助美军在中国沿海登陆作战。

2．为达此目的，双方决定共同成立一合作机构，定名为“中美特种技术合作所”（简称为“中美合作所”），所址设在重庆。该所设正副主任各一人，主任由中方派任，副主任由美方派任。合作期限从协定签字之日起，到战争结束之日止。

3．在情报交换方面，确定双方交换日本海陆空军情报及有关作战资料。中方向美方提供中国大陆气象情报。军统局负责将所获情报逐日报送中美站，译成英文后，用密码由国际电台拍发美国。为收集中国大陆各地气象资料，在沿海及各重要地点建立气象台网，气象台设立地点应距离各战区司令长官部附近二十至三十公里处。器材由美方供给，观测人员由中国派充。

4．在作战与训练方面，为加强对日游击和爆破，破坏交通、矿山、仓库等，由美方提供武器、弹药、爆破器材和技术训练，以军统组织的别动军等武装为基干，换发美国装备，（先定更换五万人的装备）挺进日军后方打游击，援助美军在中国沿海登陆。美国派遣教官随同行动，共同作战。

5．在人员训练方面，决定在重庆等地设立中美训练班，抽调军统武装的军官与有文化基础的士兵接受训练。开设军事情报班、气象情报班等，经训练后，派往日军占领区和战略要点，收集日军情报，供中美对日作战参考。

6．为瓦解日军士气，对敌进行心理作战，并加强中方部队的政治训练，中美双方互相提供对日宣传作战资料。

7．在运输通信补给方面：中美合作所美方人员食宿由中国负责，服装薪饷由美国自负，所需武器弹药、运输、通信等一切器材物资均由美方供应。双方人员的旅费，由双方自行负责。办公和特别费，由中美双方协商分摊。从美国至昆明的运输，由美方负责；从昆明至中国各战区运输，由中方负责。在昆明、贵阳、西安、衡阳，设立专门的转运站与仓库，负责储存和运输人员物资。

8．为加强中国抗战力量，巩固后方治安，双方交换治安情报，在搜捕国际间谍、匪盗方面开展协作，由美方协助中方开办特种警察训练班，其器材设备等，均由美国提供。

9．为中国恢复建设之需要，在抗战结束后，由美国协助中国训练必要的技术人才。将中美合作所的军统有功人员送去美国留学。[9]

梅乐斯把这份合作草案向美国海军作了报告，于1942年秋得到了美方的批准。美军方为了表达对即将成立的中美合作所在级别上的认可，同时也是为了表彰梅乐斯中校的“功绩”，破格晋升他为美国海军准将。于是，梅乐斯就在重庆缫丝厂住地树起了美国海军准将的旗子。

戴笠回重庆后，立即令毛人凤在重庆神仙洞设立了“中美合作筹备处”，以潘其武为主任，郭斌、谢力公、易炜、程浚分任总务、情报、行动、电讯科长，并草拟了“中美特种技术合作草案”及“中美合作所组织大纲”。9月初，中美合作所美方第一批专家七人抵渝，月底，梅乐斯从印度回到中国，双方达成了具体的“合作纲要”。戴笠将重庆钟家山、杨家山一带拟作为中美合作办公场所，派陶一珊筹办“特种技术人员训练班”，调训通讯人员二十五人，加授爆破、侦译课程。蒋介石指示：“中美特种技术合作，需要一个双方同意的书面协定。”[10]

1943年4月15日，“中美特种技术合作协定”在美国华盛顿签字。7月1日在重庆磁器口杨家山缫丝厂军统局郊外办事处礼堂，举行了“中美特种技术合作所”（Sino-American Special Technical Cooperative Organization）（简称中美合作所SACO）的正式成立仪式。

参加仪式的中美双方主持人为：美方罗斯福总统的私人代表、美国《生活》杂志社负责人鲁斯，美国海军部情报署代表梅乐斯准将；中方本拟由外交部长宋子文代表蒋介石出席，但临时改由外交部常务次长胡世泽代表，军统局副局长戴笠少将出席。参加仪式的其他美方人员为：中美合作所美方参谋长贝乐利、主任秘书史密斯以及军事作战、情报、电讯、侦译、行动、气象、心理作战、经济、编译、总务等十几个小组的美方副组长；中方则为军统局要员，中美合作所中方参谋长李崇诗、主任秘书潘其武以及十几个小组的中方组长。军统局戴笠之下的三要员郑介民、唐纵、毛人凤及局本部八个处的处长都出席。签字仪式完毕后，鲁斯与胡世泽先后讲话，互相对合作进行了肯定。

第三节　中美合作所的组织

中美合作所成立后，在组织系统上归双方最高统帅部直属，其领导层人员构成如下：

主任：戴笠（中），副主任：梅乐斯（美）。1943年7月，美国陆军方面改派魏今生为代表。

参谋长：郑介民、李崇诗（中），贝乐利（美）。

主任秘书：潘其武（中），史密斯（美）。

下设总办公室，以主任秘书为幕僚长。

其下属内部组织分为十五个工作组，分别是：

1．人事组：组长吴廷洛、陈康，主管中美合作所内中方人员，向军统局请示工作。当时中美合作所中方人员均由军统局人事处派出。美方负责人为吉兹（James Googe）少校。

2．情报组：组长陆遂初，后调任研究分析组组长，继任谢力公。由美方派詹姆斯（Floyd James）少校任副组长。该组为中美合作所的核心之一，全组中、美成员有四十余人。任务是将军统提供的各类情报分类编辑后送交美方。起先所提供的情报不能满足美方的需要，为此梅乐斯曾向戴笠提交备忘录要求改进。后来军统使用各地汉奸在沦陷区频繁活动，扩大了情报网，所获日伪情报增多，受到了美方的欢迎。美国陆军方面有鉴于此，也于1944年秋，派陆军参谋部战略情报局局长杜诺万来重庆，与军统局加强合作。当时中美合作所内的美方只不过是美国海军情报系统的一个分支，杜氏要梅氏将情报供给中国战区参谋长魏德迈。梅不答应，被逼回美国“养病”，从此美国陆军战略情报局也参加了中美合作所情报组工作。美方情报机构相争中国这块“肥肉”，军统由此受惠，他们又得到了美方提供的为期一年的高级特务训练二十个名额；增拨十轮卡车由五百辆加至两千辆等优惠条件。

3．作战组：组长余乐醒，副组长易炜。美方派来副组长李斯德·布鲁奇曼（Lester G.Bruggeman）少校和参谋安素上尉。下设高参四人。此组任务是指挥军统的武装部队和爆破总队，但实际上他们只听命于军统局指挥，尽量向美方索取武器弹药。

4．气象组：组长由气象总台台长程浚兼任，副组长是美国海军的贝乐利中校。在此之前，国民党军方几乎没有一点气象设施与资料积累。中美合作所成立后，美方帮助军统在重庆缫丝厂后山建筑了第一座气象总台，材料全部由美国运来，随即在成都、兰州、（宁夏）五原、息烽、（福建）建瓯、贵阳、西安、（江西）修水、上海、北平、福州、广州等地都建立了气象台，所获气象资料，按时向气象组报告，再由中美合作所电台发向华盛顿。建立各地气象台，是中美合作所内美国投入最大的项目之一，仅次于提供军械、军需。该组还为军统培训了一大批气象技术人员。

5．侦译组：组长倪耐冰、林国人，副组长由美方约克·霍尔威克（Jack S.Holtwick）中校担任。该组专事电讯侦察和破译研究，担负双方交流有关技术经验的工作。

6．会计组：组长刘君实，副组长周浩良。该组负责经管中美合作所中方负担的经费开支及中方人员的薪饷发放。

7．特警组：组长乐干，副组长由美方庄士顿（蒋士顿）（Charles S.Johnston）担任。

8．通信组：组长程浚。该组设有一个电讯总台，是中美合作所的通信中枢。在梅乐斯的争取下，后期美国驻重庆大使赫利尔也开始运用此台设备同罗斯福总统进行联络。蒋介石与罗斯福之间重要的电报往来，也使用这个电讯总台，美国陆军战略情报局来电和美军驻延安的“迪克西使团”发给华盛顿的重要报告，也是通过这座电台收发的，这就给了军统局侦悉这些电报内容的绝好机会。戴笠因此获悉延安中共方面对中美合作所美方人员的好恶倾向，梅乐斯则几乎能立即得到美方驻华人员给国内各类报告的副本。他们曾两次得以阻挠了美方与中国共产党间改善关系的努力。

9．秘密行动组：由美方道（Arden Dow）少校负责。中方负责人先后有谢力公、周知声、王一心、焦金堂。该组是中美合作所的一个重要的组织，由美陆军和美海军联合支持，背景比较复杂。中美合作所本身并没有什么外勤行动机构，只是依靠军统局所属的共约九十多个行动组织来开展活动。中美合作所对他们实行训练，不断补给武器、装备等物资，负责在日占区搞破坏交通、爆炸仓库、伏击日军、刺杀伪酋等活动，梅乐斯则将此列为中美合作所成绩，向华盛顿汇报，这便将中美合作所与军统的活动紧密地联系在了一起，使他们后来无法逃脱作为军统镇压国内民主帮凶的指责。

10．研究分析组：组长陆遂初，副组长温斯上尉。由美国陆军、海军合作支持。该组专事搜集沦陷区的敌方物资仓库等情报，以此估测日军作战能力。这些情报均由军统提供。

11．心理战争组：组长谢力公、王一心，继任吴利君。副组长温姆斯（Wiems）上尉。该组由美国海军、陆军合作支持。为开展对日心理宣传，中美合作所聘任了一些当时的著名作家、画家及文艺界人士为专员，通过向敌占区空投他们的作品或宣传播音，意图动摇深受军国主义思想毒害的日本官兵的军心。该组设有福州前进工作站、上海组、长沙组。1944年又成立了流动宣传大队。

12．供应组：组长侯桢祥。负责中美合作所的住房建设。在中美合作所成立之初，就在杨家山背后的钟家山兴建办公和住宿楼房群。1945年，又在钟家山对面一小山头，为梅乐斯造了一座精美的小别墅，称为“梅园”。由于中美合作所逐渐扩大，又加入了美方陆军，先后派来有两千多人，仅居住在中美合作所范围内就达一千多人，在缫丝厂—小歌乐山范围内造了四五百幢房屋，杨公桥后山的大礼堂比重庆的国府大礼堂还要大，能容纳四千人。1944年，留学德国专学市政建设的厦门警察局长沈觐康来到重庆，被戴笠聘为中美合作所建筑工程处长，更是大兴土木。工程由上海陆根记营造厂承包。工程一直延续到抗战胜利尚没有结束。

13．医务组：组长张祖芬（张约翰），由军政部军医署长林可胜介绍而来，是留学美国的著名眼科医师。后来他发现此处是特务机关，便不辞而走。继任组长为军统局医务所所长戴夏民。美方副组长为泰勒（Gordon Tayloe George Bowman）中校。该组设有一个医务所，由美国海军主办，以眼科著称，都是美国医师、美国药械，只供中美合作所美方人员诊治。

14．会计组：组长周浩良。

15．总务组：组长郭斌。后因美方人员不满意，接连更换了杨隆祜、罗杰两个组长。美方副组长为鲍民（George Bowman）中校。该组负责中美合作所美方人员的住宿、膳食，以及各招待所的服务工作。为改善美方人员居住条件，军统局又新建了两个招待所，在缫丝厂内强占了大院住宅，重新装修。美方看中白驹的别墅（即白公馆）后，戴笠就将该处监狱并入渣滓洞监狱，将白公馆装饰一新，供他们使用。该组又在重庆各中西菜馆物色了一批厨师和西点师，平时四处采购肉荤蔬菜水果，以尽量满足美方人员的要求。

16．编译组：主任刘镇芳，副主任潘景翔。该室主要工作是为美方提供翻译人员。为此军统局专门在外语训练班内附设了一个译训班，挑选一批外事、外语班各期毕业学员，再进行短期专门训练后，派充中美合作所做翻译。各地中美训练班人员以及配有美方人员单位的翻译员，都是由编译室选派的。刘镇芳负责美国海军方面，亲自充当戴笠和梅乐斯的翻译，颇得戴笠器重。美国陆军代表魏今生则由潘景翔充当翻译。

此外中美合作所所属机构还有非正式编制的交通运输组，组长由财政部战时货运管理局运输处处长黄荣华兼任，负责主持和安排内外货物运输工作。当时美国供给的武器、弹药、装备以及美特所需生活用品都是由海运到印度再转运到中国的昆明。该组担负这项紧张的转运工作，经常动用大型卡车两千多辆跑运输，业务量惊人。美国物资一部分运到贵阳、衡山存放，以便转运东南地区；一部分运至泸州，以便转运西北地区；大部分直运到重庆。担任运输工作的机构是汽车总队，总队长许建业，副总队长张秉午。中美合作所由美国供给了十轮大卡车两千余辆、中小型吉普车两百辆。这些汽车除极小一部分配给各地军统组织使用外，大部分留在重庆，为此中美合作所成立了一个汽车总队，调配、管理这些汽车。总队下分三个大队和一个修理所。重庆两个大队，贵阳一个大队，分驻昆明和衡山，东南地区和西北地区各驻一个中队。汽车队除为中美合作所、军统局运输物资外，还向外秘密招揽生意牟利。

另外中美合作所还有四一医院、临时看守所、海军物资供应部、警卫队等组织。[11] 高峰时，在中美合作所内外的工作人员总数达六千三百五十九人。

当时双方确定的工作任务是：1．搜集交换军事、气象情报，支援美军在太平洋的作战，压制敌军；2．策应美军在我国东南沿海的登陆反攻行动，3．开展对敌占区的破坏和心理作战，骚扰、牵制敌人，强化我方的攻势。4．作育人材，培植新生力量。

到1943年11月7日，戴笠给蒋介石写了一份报告。说明美方已向中美合作所派来包括法国军官在内的教官、工作人员共二百一十六人，各种设备器材四百九十五吨，在印度待运者五百八十四吨，以后每月运来一百五十吨。[12]

第四节　中美合作所开办的各种训练班

中美合作所成立后，为了尽快地推广工作，急需培养出适合需要的各类专业人才，因此先后举办了几十个训练班，其规模大小兼备，训练内容既有综合类又有专业类。美方为此投入了大量的经费与精力，而军统局方面则给予了全力的配合，决定将自办的息烽训练班、东南训练班中止，并入中美训练班。军统方面认为这是贯彻中美合作所的创办宗旨，利用美国的先进技术、训练手段和全套的装备，培训出一批急需的特务武装和特种政治警察的绝好良机，并且也是扩充军统势力向顶峰发展的关键。梅乐斯等美方人员则深谙戴笠的这种意图，在训练军统的特种人员与扩充武装方面全力以赴。

在中美合作所举办的各类训练班中，主要有以下几个部分：

（一）重庆特种技术警察训练班

简称重庆中美特警班。

1942年底，戴笠向梅乐斯提出了新的要求，要美国人帮他训练“刑事警察”人员。这本来是戴笠为了在抗战胜利后独霸警政权的一项准备，戴笠在1943年11月7日给蒋介石报告说：“我国对战时间谍及普通刑事犯罪之侦察技术亟需改进，经与梅乐斯商……已于本年9月在渝成立一特警班，挑选高中以上程度，对化学有基础，过去曾受特警训练之工作人员四十八人入班受训……预定一年毕业，以建立吾国特种警察之基础。”梅乐斯一开始认为这超越了双方的合作范围，但经戴笠的再三说明要求，他改变了态度，认为“授以类似美国联邦调查局学校的教育，是一种对中国非常合理的服务”。于是，自1943年5月开始，美国联邦调查局应邀派詹森（C．S．Johnston）中校率助手密尼根（J．A．Meneschin）等五人携一批警用器材抵渝，开始了“特种警察”培训工作。

1943年9月开办，时间一年。曾编入中美合作所特训班序列，编号为第九班。戴笠自兼班主任，梅乐斯兼副班主任，另派任乐干（第一期）、刘人奎（第二期）同为副班主任，负责实际班务工作。主持训练课程的为美方总教官怀特，其主任翻译官为周炎错，配有美特教官约五十人。这些教官都是中美合作所从美国联邦调查局特工处、禁毒处招募来的，担任全部技术课程的教学，设备与教材也全部从美国购来，据说可抵一个州警察局的配备，其中包括有测谎器和美国警犬。

该班设有教育长、大队长、教务组长、政训组长、总务组长。教务长宋秀豪，大队长张国良、李翰廷（第一期）、杨元森（第二期）。

对于该班训练课程的安排，梅乐斯认为，过去军统的那套训练与技术已经落后了，必须按照美国方式进行重新训练。第一期招收学员八百名，都是军统局人事处从各训练班里挑选出来的，身体强壮，文化水平较高。分为刑事警察和保安警察两个系分训，除“三民主义”、“领袖言行”、“情报编审”等军统必修课程由中国教官讲授外，其他技术课程均由美国教官讲授。

刑警系的技术课程有侦察、审讯、指纹、毒物、痕迹、罪犯心理、化装、拘捕、刑具使用、警犬使用等。美方教官更重视实习，如卡宾枪、汤姆生手枪射击每天都在专门靶场进行实弹训练；汽车、摩托车的驾驶，也是实习的重要课程。警犬训练，除训练它的嗅觉外，还要训练警犬对人的进攻。为了“科学化”训练军统特务，美国还搞来了一整套刑事实验器材，其中有一台美国最新发明的测谎器，实现了全部电动化操纵。受审人坐在特制的椅子上，胸部与臂部都绷上特制的电线，电源打开后，审问者向受审者问话，根据受审者答话，便可知他说的是真话还是谎话。因为机器上的仪表会显示出受审人的心理和生理变化，来断定被审者的回答是否诚实。据说戴笠对测谎器并不感兴趣，还是相信军统那套刑讯逼供。另外还有一种强光审讯器，是用极度的强光长时间照射受审者，使其精神上受到极大刺激，对自己失去控制而胡言乱语，审讯者就找出其中问题，步步追问下去。这些所谓“现代科学仪器”，与封建时代的酷刑刑具本质上完全一样，是极不人道的精神虐待和肉体残害。戴笠对小巧而强烈的电刑用具、轻便而牢靠的手铐十分欣赏，在战后就使用在共产党人革命者身上。

1944年秋后，美方给军统提供了五百四匹军马，中美合作所便在训练班开设了骑术课，训练保安警察系学员用马队、皮鞭等种种手段，冲击镇压示威群众。这一套手法后来在镇压反内战的学生运动中都使上了。

第一期训练班预先训练了军统人员四十人，完成任务后，其中十一人分发在军统局控制下的各地警察局和稽查处担任了刑事警察工作，其余留班助教。以后又增补专家三十一人，带大批化学药品及仪器，在杨家山建房扩充训练班，从兰州特训班选择人员一百一十六名，息烽班选一百四十八人，东峰班选一百三十三人，加上重庆、西安选员一百二十八人，共五百二十五人，编成一个大队七个中队十四个区队，于 1944 年 1 月 8 日开训。前三个月学习刑事警察基础知识，第四个月开始专业调查、摄影、无线电等课程，并与军统重庆卫戍司令部稽查处电讯监察科合作，在班内架电台，进行侦察市内敌谍电台实习，以收学用结合之效。该班学员毕业时，日本已经投降，所有学员分发宁、沪、平、津、汉、青、广各大城市强化控制当地警察局刑警大队。

第二期训练班于1945年4月开班，招收学员一千二百名，都是从军统各训练班及各单位里挑选出来的精干特务。副班主任仍由重庆训练班总队长刘人奎担任，教育长李汉元，大队长李翰廷，秘书沈骥，美方总教官祥生，主任翻译周炎錩。仍分刑警、保警两个系分训，训练内容与第一期同。1945年8月，日本投降，二次大战结束，按双边合同，中美合作所停止工作。但是梅乐斯认为，这期特警班是战时开始的，于是按计划训练至结束。

1946年4月，重庆特警班二期学员毕业。此时戴笠已死去，军统内部各巨头争夺权力战正酣，内部局面混乱，而中美合作所已告结束，梅乐斯也因内部争斗而患上精神疲劳症，由美方医护人员送回国。因此这期学员的工作分配被搁置起来。及至军统局改成保密局和分部分为内政部警察总署后，毛人凤才命令刘人奎率全部毕业学员到南京，予以分配。大部分派到各地警察局、稽查处，部分分配在内政部警察总署，建立刑事实验室和刑事警察总队。刘人奎则任刑事实验室主任兼刑警总队队长，由唐振文任副总队长。

蒋介石对戴笠培养刑事警察之举很重视，1945年3月3日，他亲临中美合作所检阅，参观了骑巡队、摩托车队与警犬队、各种射击术的表演。他对中美特种技术合作的成绩，表示满意，尤其对特警班大加赞许，[13]对其中审讯人犯的器材与技术等极感兴趣。戴笠为能在蒋介石面前“露脸”受到赏识而高兴异常，当日宴请了中美合作所人员。

重庆中美特警班的建立，以及后来其人员所进行的反共和残酷迫害民主进步人士的行为，使中美合作所背上了长久的骂名。虽然它只是中美合作所十几个训练班之一，但其从事的所谓“特种警察”工作，因其不是为了抗日，而是为了对内镇压，故违背了中美合作所建立的初衷。

抗战结束后，国内政治斗争激烈化，“特警”因此受到蒋介石的重视，作用得到尽量的“发挥”。在军统局乃至其改组成保密局后的主要工作中，军统特务转向反共反人民的活动，对内镇压成为他们的主业，特别是在国民党退台前夕，在西南的疯狂屠杀迫害中，中美合作所第九班的“刑事警察”人员、技术和器材，包括各类用于拷问审讯的刑具等，曾被军统特务们娴熟运用，犯下了无数罪恶。这是“中美合作”的意外结果，在这一点上，梅乐斯和美方有其应负的责任。

（二）中美特种技术气象工作人员训练班

早在1943年中美合作所开办合同签订之前，由于美方的急切需要，中美双方便于1942年冬先行成立了气象班，由军统电讯处调配一部分报务人员和电讯训练班学员进行训练，每期约三十人，专门训练气象测量技术，为美国海军提供中国东南沿海地带及各地气象动态情报，先后办了四期，毕业学员一百五十一人。除留在中美合作所气象总台工作者外，其余部分发往各地气象台任职。蒋介石在戴笠1943年11月7日给他的关于中美合作所工作报告上批示："此气象台不能令外人主持，只可请其协助，此为余批示之意。"

（三）中美特种技术助教工作人员训练班

中美合作所为开设特种技术训练班准备助教及外语翻译人才，以之作为所内美国教官的助手，于1943年春在重庆缫丝厂原址上举办了助教工作人员训练班，共四期，毕业一百四十六人。该班完全由美方负责，梅乐斯自兼班主任，故又称"梅乐斯训练班"，以此来突出该班学员完全的美式化训练。学员由军统局人事处从军统各训练班中择优选拔，毕业后由梅乐斯分配到各地中美特种技术训练班去当助教。

（四）中美特种技术训练班

中美特种技术训练班是中美合作所培训学员的重点，目的是直接训练军统所辖的各类部队武装，为实现辅助美军登陆作战及打击日军的目标服务。但在实际上却成为军统自我扩张势力的捷径。戴笠与梅乐斯对之十分重视，投入了许多的精力，寄予了很高的期望，也收到了实际的成效。

1．第一班——雄村班

该班1943年3月设于忠义救国军总部所在地安徽歙县雄村，故简称为"雄村班"。以整顿训练忠救军力量为主要任务。班主任戴笠兼（以下诸班均同，从略），副班主任为忠救军参谋长郭履洲，后改娄剑如。教育长汪浩然、余万选，教务组长：吴未生、马鹏飞，有美教官贝乐利等十余人。

班里有美特教官三十多人及翻译。该班实行轮次训练，在各地中美特训班中时间最长，直到抗战结束，共办了九期。调训学员为军统辖下散布苏浙太湖一带的忠义救国军及其各纵队官兵等，共计一万五千八百八十五人。每期受训时间三个月左右。训练结束后，由中美合作所发给全部美国造武器，如卡宾枪、汤姆生手提机枪、曲尺左轮手枪以及火箭炮等。1945年国民党接管东南地区时，抢先进入上海、杭州的忠义救国军，就是经该班训练过的军统武装。

2．第二班——洪江班

1943年6月中旬在湖南南岳衡山成立，次年因日寇进逼湘北，该班迁移到湘西洪江，故简称“洪江班”。由别动军副司令、华中前线指挥陶一珊及罗毅兼副班主任。教育长郭宗尧、徐秋滨，教务组长陈砥澜，另有美教官巴特拉等人。学员为调训粤汉、湘桂铁道沿线军委会别动军第一、二及第四纵队何际元部及九战区长官部游击总队盛瑜部，还有军统招收的湘西纵队陈士虎部湘西土匪。训练结束后，由中美合作所发给美国造各种武器弹药重新装备，其中包括了经过磁性水雷部署训练的“水上破坏队”。后来发生了意外，陈士虎匪性不改想发动兵变，杀掉陶一珊。陶逃到重庆向戴笠报告，戴则命陶将陈士虎秘密制裁，陶一珊依计而行，吞并了陈士虎部。何际元、盛瑜部受训后，仍驻原地待命。

3．第三班——临汝班

1943年10月成立于河南临汝县风穴寺，故简称“临汝班”。文强、周灵祥、杨蔚先后任副主任，教育长金树云、张树勋，教务组长萧骥、常惠卿，有美特教官四十多人，分批调训军委会别动军第五、六两个纵队廖宗泽、岳烛远、杨蔚部及平汉、同浦、陇海等线铁道破坏队与鄂、豫、皖等省行动队。第一期毕业后，学员分别留班任教、去军统局行动队工作和回归原部队。第三期开始，先后迁址陕西商县、西安牛东，计办班五期，培训了三千四百余人。作为西北训练反共武装特务的基地，此地是蒋介石反共重点战略地区，戴笠、梅乐斯均前往该班视察，对之颇为重视。日本投降后，由杨蔚率第五期学员进驻徐州，改编为交警总队。

4．第四班——陕坝班

1944年成立，设址在绥远省陕坝天主教堂里，故简称“陕坝班”。原计划调训冀、晋、绥各省的行动队、平绥线铁道破坏队等武装，组织西北游击基地，但因人员分散，地域广阔，交通不便，组织困难，于是改训军统局五原办事处察哈尔站人员和第八战区骑兵部队。由绥远蒙古骑兵师师长高荣及军统的乔家才兼任副班主任，教育长饶铁珊、刘人奎，教务组长林春云，调训该师官兵等，共举办了四期，总计培训了六百七十余人。结束后同样由中美合作所配发美式武器装备。由于在工作中高荣与美方总教官意见相左，相持不让，以致美总教官罢课。1945年1月，戴笠、梅乐斯从重庆乘专机到陕坝视察，部署在察哈尔北建立气象站和在西北开展游击事宜，并将高荣撤换，由乔家才继任，美方总教官也调回重庆换人，并由同机前往的重庆训练班总队长刘人奎任教育长，将原任教育长饶铁珊撤下，调任军统新疆站站长。同时办理了陕坝班第四期毕业学员的分配工作，其中十几名学员，交给军统局华北区，派遣到北平、天津等地工作，其余人员，组建别动军大青山别动支队，以该班大队长程启样为支队长，中美合作所拨给武器弹药，并派遣美特教官六人、军医一人，携带电台一座，随队向中国共产党领导的抗日武装根据地大青山进发，企图与共产党抢夺地盘。戴、梅在陕坝视察时，曾同八战区长官司令部副司令傅作义协商，由傅挑选出一个团，交陕坝中美班，继续开办第二期训练。此期毕业后，仍由中美合作所装备美式武器。

5．第五班——南宁班

此班原拟设于云南普洱，由美国战略局派人训练中方赴泰国秘密工作人员，但因日军发动“一号作战”，桂、柳沦陷。为急应战争之需，中美合作所决定紧急调训桂越边境的别动军第三纵队，在南宁进行短期集训，以陶一珊为代主任，第三纵队司令徐光英为副主任，于1944年9月10日开班训练，10月1日即匆匆结束，学员九百三十九人，组成第三支队，开赴南宁敌后作战。

1944年5月，梅乐斯与戴笠为执行美军联合参谋本部的命令，在中国东南沿海地区加强部署以策应美军登陆，再次前往广东福建沿海，设立第六、七、八、十三训练班，组织武装，准备策应美军作战。

6．第六班——漳州班

该班设于福建漳州，先后由陈达元、雷镇中担任副班主任，参谋长张卓峰，教务组长何孝德，美国人摩理士少校、哈柏林中校等人担任教官。负责调训军统局闽南各行动队和特务武装。第一期1944年9月11日开始，12月12

日结束；共训练一千一百〇二人，编为第一、第二两个教导营，布防漳洲沿海；10月20日后开办第二、第三期，计一千〇三十五人，毕业后编为第三、第四教导营，布防漳泉、海澄一带。所有人员均由中美合作所重配装备，另组爆破、通讯、海上突击队，深入敌后。

7. 第七班——建瓯班

第七班设在福建建瓯东峰，为军统局东南训练班改办，由东南训练班副主任林超担任副班主任，教务组长曹凤鸣。调训当地的忠义救国军和军统行动纵队。第一期培训军统人员一百〇五人，外加由伪军张逸舟部新改编的军委会运输统制局巡察大队四百四十七人，1944年8月7日开班，学时两星期，结束后编为第五教导营，第二期培训军统浙、闽、赣、皖各站九百五十四人，结束后编为第六、七教导营，各由中美合作所发给新的武器装备，回原驻地布防。此班还为中美合作所训练无线电工作人员以满足通信联络之需，共三期培训了学员七十五人，毕业后分派各地站点担任报务工作。

8. 第八班——瑞安班

该班开始设于浙江青田，后迁浙东瑞安县玉壶。由赵世端、郭履洲先后任副班主任，娄剑如为教育长，负实际责任。教务组长陶凤威，副组长吴未生，总教官夏国枝。调训忠义救国军浦东特种行动总队。第一期培训了五百三十三人，1944年8月25日开训，12月底结束，编为第九教导营，由中美合作所发给武器重配装备，并成立忠义救国军温台地区指挥部负责指导；第二期又培训四百五十九人，1945年元旦开训，结束后编为第十教导营；第三、四期分别各培训了四百余人，结束后编为第十一营和特务营，亦归忠救军温台地区指挥部指挥。

9. 第九班——即重庆特种技术警察训练班

10. 第十班——息烽班

贵州息烽原有军统局举办的息烽训练班一所，1944年10月由于战局需要，中美合作所决定在息烽再开训练班，军统局让出原班址成立了中美特训班第十班，该班副主任先后由邓匡元、何峨芳担任，教务组长陆遂初。调军委会别动军徐光英纵队、汤恩伯部的两个团受训，于1945年2月开始，先后两期训练了两千〇七十一人，由中美合作所重新换装，编成两个教导营，开赴敌后作战。

11．第十一班——临泉班

此班由一战区司令长官汤恩伯建议举办，因戴笠与汤的密友关系，故班主任由汤恩伯兼任，班址在安徽临泉。副主任为周麟祥，刘紫剑教育长负实际责任，政训组长钱孟起。调训苏鲁战区汤部的游击部队和周麟祥任总队长的苏鲁豫皖军统行动总队、津浦胶济两路的破坏大队。实际上与中美班第三班密切合作，为其一个分部。1945 年 7 月成立，第一期培训了山东各地游击部队九百二十五人，编为六个中队，未及毕业，日本投降，改编为两个教导营，进驻徐州。另一部分学生军七十七人前往上海，加入军统局第七期特训班。

12．第十二班——港口班

设在浙江淳安港口，原属三战区中英合作举办，后划归中美合作所主办。副主任张宝琛、毛森。

13．第十三班——梅县班

此班本为设于南宁的第五班第二期，因战况变化与别动军驻地改变，迁往广东梅县，列为第十三班。调训广东别动军与粤汉铁道南部行动队共一千两百〇七人，以汤毅生为副主任，训练结束后编为两个教导营。

（五）中美东安医务人员训练班

各地相继建立中美特训班后，配备了武装特务部队，但医务人员十分缺少，急需补充。为此军统局公开招收约两百名男女青年，在湖南东安设立了一所医务人员训练班，由美方与军统医官共同担任训练工作。此班由国民政府军政部军医署署长林可胜筹办，傅荣任副主任，全部教材和医疗用材均由中美合作所提供。共举办了两年，训练期一年有余。结束后由中美合作所配发医药器材，分配到中美合作的各支特务部队充当军医。

（六）北平、上海中美特种警察训练班

抗战胜利后，军统出于反共内战的需要，在东北和东南各地保留了一批有反共“经验”的汉奸特务和日伪警官，要求美方以中美合作所名义，在北平、上海各设立一个中美特种警察训练班，对这些人员进行进一步的训练。美方同意留下美特教官，并答应供给此两训练班所需的器材。1946年3月，成立北平中美特警班，共培训七百五十三人。先后由戴公仪、楼兆元任副班主任，班址设在西安门光明殿。首批学员有八百多人，开始训练后不久，戴笠即死亡，由郑介民接任，他忙于整顿秩序的内争，顾不上此事，于是便草草完成训练分配了事。上海中美特警班由赵志熹任副班主任，也因戴笠之暴死中途停止筹备而告结束。[14]

除了有正式记载而外，据当事人回忆，还有一些特别的训练班没有列入序列，如：

（七）修水行动干训班与桂林（贵阳）秘密行动班

修水行动干训班设于江西修水县三十三集团军王陵基总部附近，故称“修水班”。由军统修水行动总队总队长唐新兼副班主任，调军委会别动军杨遇春纵队及军统修水行动总队和军统爆破队受训，主要内容是讲授在敌后进行破坏袭扰的作战方法，培养游击战干部。共举办四期，受训一千一百人，至抗战胜利时该班尚未结束。

桂林（贵阳）秘密行动班是为了培训情报特工作战人员而设，调训军统各单位的秘密行动人员，教授美式特务工作技术与方法，先后举办过三期，开始于桂林，后因战局影响迁往贵阳，毕业生三十八人，大部分回归原单位工作。

附：中美合作所举办的各类训练班列表[15]

地点	班别
四川重庆	电训班、侦译班、外语班 情报班、气象班、管理班、 特种警察训练班（中美第九班）
安徽歙县	中美第一班

贵州镇远	中美第二班
陕西西安	中美第三班
绥远陕坝	中美第四班
广西南宁	中美第五班
福建华安	中美第六班
福建建瓯	中美第七班
浙江瑞安	中美第八班
贵州息烽	中美第十班
安徽临泉	中美第十一班
浙江淳安港口	中美第十二班
广东梅县	中美第十三班
湖南东安	医务班
江西修水	行动干训班
贵州贵阳	秘密行动班
北平上海	特种警察训练班

从1943年至1945年8月，中美合作所各训练班，共训练单位二十二个，完成训练之作战部队四万九千一百八十人，各种干部一千三百二十人，毕业学员五万〇五百人，除别动军、忠义救国军分别归还建制外，余三万三千六百〇四人编成为六十四个教导营，[16] 军统局的武装力量因此大为加强。

第五节　中美合作所的活动

中美合作所成立之初，其设计的基本任务是为了满足美国方面在太平洋上与日本进行海空作战的气象情报需要。当时日本已占据了从中国东北到南洋新加坡地区的广大地域，对西南太平洋地区受西伯利亚高压和热带海洋气团交互作用的四季气象特点及其变化掌握无余，而美国方面则无法侦测到有关的情况，妨碍了海空军的行动，因此只能求助于中国。

1942年10月，美军气象专家考诸拉（Ray · Kotrla）上尉来到重庆，准备在中国各地建立气象侦测网，戴笠指派军统局电讯主管魏大铭负责此项工作，并邀请了中央研究院的气象专家加入，计划逐步在国民政府控制下的东南沿海地区及西北各地择点推广。是年底，美国又派海军气象专家贝乐利中校前来专司此责，着手训练人员，完成后编组分赴各预定地点开展工作。

从1943年2月开始，军统局抽调报务人员一百五十一名，先后分四期接受了美方的气象观测训练，结束后成立了二十三个工作队，分赴中方控制地区的一二三等共一百一十六个气象站工作。其中包括气象总站一座，分站三十六座；另外，戴笠还在沦陷区的上海、广州、天津等地及海外的仰光、香港、马尼拉各重要地区的军统组织电台处配置了小型测候机，收集当地的气象情报，发回重庆总站，同时并与国内有关军事、航空、气象部门建立了经常性的气象情报交换关系。经过军统的尽心竭力工作，美方对军统的合作深表满意。[17]一个遍布东亚地区的气象情报网得以迅速地建成，并发挥了有效的作用。

除了气象侦察与情报收集外，中美合作所主要还在以下几个方面开展了工作：

第一，搜集与交换有关的军事情报，以利中美两国军队共同开展对日本的军事作战，适时策动准备接应美军在中国沿海地带登陆，反攻日军；

第二，为达成军事目的，开展对敌军的心理战与袭扰战，破坏和扰乱敌人，增强对敌优势；

第三，为此需要较大规模地开展训练工作，培训“特种技术人员”与敌后情报人员，组建专门武装并配发新型美式装备；

第四，后期又扩大培训范围，涉及特种刑事警察训练，同时更新有关装备。

第五，为策应美军在东南沿海作战，在沿海地带各战略要地及台湾、海南、泰、越等地进行部署，开展侦察与破坏工作。

为达成上述目的，中美合作所建立了广泛的外围组织。在情报搜集方面，在各地区建立了指挥站八所，联络站组五个，工作组五十四个，电讯侦测总台一座，分台六座；为开展敌后行动，划分出四个行动区，七个工作站，二十七个工作组；为实施“心理战”，设立“前进工作站”四个，工作组十三个，“神秘广播电台”一座；同时在重庆与各地之间架设秘密通讯网，设通信总台两座，支台十座，分四十九座。另外还分别在东南沿海地带及沦陷区各地部署了铁道破坏队、别动军、“忠义救国军”、“泰国挺进军”等武装部队，在中美合作所指挥下执行任务。[18]

为了完成第一、第二项任务的需要，中美合作所将军统局所属的武装部队别动军、忠义救国军、铁道破坏队等也加以训练，重新装备后改编成正规陆军编制的四个纵队，以及南京、淞沪、浙东、浦东、澄锡虞等五个行动总队，在敌后开展行动。1943年5月，由马志超、阮清源分别出任忠义救国军正副总指挥，郭墨涛为参谋长，统一指挥。以李穰、汪浩然、文德、鲍步超分别担任第一至第四纵队纵队长。在训练过程中“以新的军事技术为主，约占百分之七十五，由美籍教官讲教授，其他一般军事基本学识典范令与政治教育为辅，约占百分之二十五，由我国教官讲教授。……训练的期限，为争取时间，采速成的方式，按各部队的差异而确立时间的多少。最少两个月，最多四个月”，[19]如前述之各类培训班即是如此。

1944 年 4–6 月间，为适应豫湘桂战役的需要，中美合作所组建了第一至第四个行动区，分别在广东、长江沿岸的湘赣边区、安徽的屯溪和西安开展活动，组建了通讯网，进行宣传（心战）工作，并为美方搜集了大量的敌伪资料。与此同时，在戴笠的要求下，美方开始为军统培训特警人员，这是“戴先生对战后中国社会治安维护的深谋远虑，但此种苦心并不为人所了解，即美国的若干官员，也有提出非议的。如非梅乐斯副主任基于互信互敬的合作友谊，极力支持此一措施，则无由实现”。[20] 这段表白充分说明了中美合作所训练“特警”的目的不仅是为了抗日，也是在为反共内战作准备。

为了达成中美合作所策应美国海军作战的基本任务，在梅乐斯的要求下，中美合作所还把触角伸向了在日本占领下的泰国、越南及中南半岛。在泰国，他们派人联络倾向抗日的卡宫春、塞古安等“自由泰国运动”领袖，为其训练装备人员，并派军统得力干员赴泰，进行游击与情报活动；在越南，中美合作所从北非联系到抗日的“自由法国”军队，派劳勃·梅利亚中校来华，组织训练人员，准备进入越南做抗日情报与抵抗工作，但为时不久，便因法方内部的复杂关系，草草结束了使命。

总计在中美合作所存在的几年内，其在抗日军事上取得的成果如下：

1. 在气象情报搜集方面，自1944年4月到战争结束，共获得气象情报八万四千三百六十六件，自1944年10月到1945年2月，中美合作所还为美军轰炸台湾与空袭日本本土提供了气象服务；

2. 在地面情报搜集方面，自1944年到战争结束，共向美方提供了四千一百三十九件情报，美方交换回报者一千七百五十八件；

3. 在敌方电讯破译方面，自1944年9月到次年8月，共向美方提供了十一万五百三十七件破译情报并破译日方密码多种；美海军据此对日本舰船发动攻击，击沉其二十五艘以上，另在雷伊泰海空战、帛琉登陆战等战役中得到了中美合作所的情报帮助。最后，在1945年1月7日美军大举空袭日军澎湖、琉球海空军基地，击沉敌舰船八十三艘、炸毁敌机二百一十架，给日军最后毁灭性打击的作战中，也得到了中美合作所的情报帮助，为此，美国总统罗斯福曾专电蒋介石致谢。

4. 与美国在华第十四航空队合作，在越南、海南及台湾各地沿海地带布雷，有效地阻碍了日军的运输，并炸沉日舰船二十四只。

5. 中美合作所的情报搜集系统在1945年前后美海军扫荡南海诸岛、菲律宾及歼灭厦门日海军等的战役中，提供了及时准确的情报。

6. 在豫湘桂战役中，中美合作所的各类敌后武装在战区各省进行了多次牵制性破坏与袭扰作战，如炸毁了焦作煤矿、黄河新铁桥、钱塘江大桥，破坏了浙赣铁路等，还进行了一些广播、宣传作战和对日军战俘的心理战。

7. 抗战结束前夕，中美合作所加强运输与通讯，并出动所属各部队配合正规军，在“收复失地”与抢先“受降”中，为国民党当局立下了“汗马功劳”。

在上述这些战绩中，既有中方人员的努力，也有美方人员直接参与。其中不可忽视的因素之一，就是中美合作所得到了美方大量的先进武器与设备的资助，这才能够达成以前不可能实现的目标。在这当中，军统组织的活动能力与武装战斗力得到了提高也是事实。

在中美合作所存在的三年中，由于戴笠的刻意组织与策划，国民党军统组织与美方来华人员建立了密切的关系，军统为梅乐斯等人提供了优越的生活与工作条件，戴笠不惜屈尊去迎合梅乐斯的各种需要，为美方人员提供了甚至包括女眷陪美员饮酒跳舞作乐等“全方位”的服务。[21]如此，他与梅乐斯及其他美员“合作愉快”，充分达到了使军统对外发展与对内挟洋膨胀势力的目的。

这一时期，在无线电讯与情报交换方面，军统局与美方也进行了有效的合作，有一说认为：军统提供的日本密码使美军破译了日方情报，最终击毙了日海军联合舰队司令官山本五十六大将。

据有关文章称：1943年4月1日，日本海军启用新的军用密码，附加乱码，增加了破译难度。中国军统组织依据多年来侦译日军密码的经验，向美军送去了及时破译的日本海军最新秘密信息。有了中国方面的帮助，美军的困难迎刃而解。在夏威夷情报中心，来自海军陆战队的外语专家阿尔瓦·拉斯韦尔中校将一份截获的日本海军密电译成为日文明码，从中得到其中一份极重要的内容，侦知日本联合舰队司令官山本五十六大将将于4月18日早晨6时乘坐一架中型轰炸机，由六架战斗机护航，离开南太平洋岛国巴布亚新几内亚的拉包尔，于8时抵达巴拉尔岛进行视察，并安排作战方案。情报总部立即向海军部长诺克斯上校报告了这份重要消息，并转报给太平洋舰队司令官尼米兹上将。这两位将军都很兴奋，决定抓住此时机对指挥了“珍珠港事件”的山本五十六下手。经过美国空军的周密计划，4月18日晨，美军米切尔少校率十六架闪电式战斗机设伏，经过短暂的激战，由兰斐尔上尉将山本五十六大将的座机击落，日本海军的一代中坚命丧太平洋，对日军造成了空前的打击。在这当中，中方的情报密码帮助发挥了作用。[22]

上面这种说法与本书第八章第四节“对日情报密码破译工作”之“军技室情报使山本五十六命归黄泉”一段内容的记载，有若干出入，且为前节内容作者所否认，现将两种说法皆存于此，供参考。从已掌握的史料综合分析，我们可以看出：军委会军技室的破译日本外务省LA密码得知山本五十六行踪说法似有一定根据；而从池步洲的回忆录中可以看出，军统局当时并没有在破译日本军事密码技术方面走在最前列，故也有一种说法说是美国人自己搞到了日本军用密码破译了这份情报的。有关军统帮助美国人破译密码的说法比较笼统，不如池步洲的说明详细而可信。

除了抗日合作外，戴笠与梅乐斯还在共同反共的问题上有着默契与一致。

戴笠的反共是不言而喻的，而梅乐斯则也是一个坚定的反共派分子，他声称“憎恨所有的共产党人”，表示“在中国消灭共产党本人乐于出力”。为了达到这一目的，同时紧密地联合军统组织加强美海军的在华影响，梅乐斯不惜阻碍和破坏美国陆军在华的其他计划，即使在受到美国军方战略情报局和美国陆军方面坚决反对的情况下，他仍不顾一切地要在反共方面帮助戴笠做些事情。

1942年底梅乐斯同意中美合作所举办一所警察训练班，为戴笠训练特种警察与军事情报人员。当重庆“中美特警班”开办后，梅乐斯给美国海军部上校梅策尔写信说，“在今天上午开设了一所新的学校，传授用科学的方法进行刑事侦察的技术，对于继续把这所学校办下去的重要性，我怎么说也不能算估计过高。它含有种种无法书面充分表达的复杂的政治意义。在目前战争时期和战后的形势发展中，它在中美两国都有可能发挥十分广阔的作用”,但它“所包含的情况异常复杂，使我多少有点心惊胆战，但我相信我们会从中得到很大的好处”。[23]

正是由于这一想法，梅乐斯在助蒋反共方面自行做了不少的工作。他甚至于1945年8月22日亲自出马，在重庆造时场松林坡公馆召开记者招待会，宣扬中美合作所的成绩，以抗衡美国报刊上对中共抗日成绩的宣传报道。美国海军部为此也发出了有关“中美合作所”抗日经过新闻稿。这份稿件称：1944年以后，中美合作所抗日的战绩是平均每月毙伤日军两千人，而敌我伤亡比率是三比一。同时，中美合作所人员还“救获美国飞行人员三十人，轰炸机航行人员四十六人，随军记者一人”。[24]

梅乐斯在这次会议上还针对社会上的传言，为戴笠作了公开的辩护。

他说：“关于外间所传戴将军的谣言，我听到的最多。但我……对他最为了解，外间传说戴将军是走私专家，这不仅是肤浅的看法，同时也是误解……外间又谣传戴将军吸食鸦片，并且贩毒，此种无稽之言，本不值一提……还有人谣传戴将军自己建有一集中营，将其政治上的敌人擅行禁锢，且常施以苦刑。不错，是有一个类似集中营的处所，设在贵州的息烽。我想在战时，任何国家，为暂时拘留危害国家安全的敌人或间谍，或者政治上的战俘都设有类似的组织。……设在息烽的组织，我本人虽未亲往参观，但中美合作所的美方人员，曾有多人前往查看过，知道详情……被看管的人……一般生活都很舒适。”[25]很明显，梅乐斯与戴笠在这方面的观点是完全一致的，为了争取舆论，梅乐斯还通过美国海军宣传机构，发出了一篇题为《中美合作所抗日经过》的新闻稿，加以鼓吹。

中美合作所开张后，梅乐斯在华的活动引起了美国陆军方面的关注。盟军中国战区参谋长史迪威将军认为中美合作所是故意绕过他而直接受命于华盛顿，对此深感厌恶。但他无权管辖梅乐斯，只好用推迟美国海军援助物资运输的办法来表示不满。而梅乐斯却企图削除史氏权力，让美最高当局将这位正直的陆军中将调走，使自己可以放手与蒋介石合作。但梅氏的活动并没有成功。

1943年7月，美国战略情报局局长杜诺万通知海军方面，他要派一支战情局的正规分队来华取代梅乐斯代表团，这个意见遭到了美国海军的坚决反对。杜诺万并不退缩，他亲自乘飞机来到重庆，要求梅乐斯从属于美国战情局的领导，戴笠与梅乐斯均不答应。后来史迪威因与蒋介石闹翻，被美总统勒令回国，由魏德迈继任其职。魏德迈对戴笠决无好感，他曾公开地说：

"戴某声名狼藉，是个恶人。"[26]他在美国参谋长联席会议上作出决定，修改有关中美合作所的协议，使其接受中国战区司令部的领导，同时维持梅乐斯的独特地位。于是，一个美国陆军的调查团开进了中美合作所。

1944年秋，美国战略情报局局长杜诺万再次来到重庆，与戴笠签订了中美合作所第二份合同，扩大了双方合作的内容。这一次补充合同的签订，使中美合作所的性质有了若干的改变，强化了它在抗日之外的对内镇压的功能。其主要内容是：由美方协助军统训练特种警察人员，并供应各种所需的教材和器材，如测谎侦察器等现代化刑具、警犬、毒物等，美方复选派有关教官五十人，来华传授特种警察技术。与此同时，美方继续协助军统在各地训练和装备特务武装部队，由原定五万数额扩大到二十万人，供给运输器械十轮卡车由五百辆扩充到两千辆、中小吉普车由五十辆增至两百辆；加拨军马五百匹；医药器材增加到可供一千张病床之用。此外美方还答应为军统培养高级特务二十名，去美国受训一年，由美方负责他们在美的全部费用。1945年美国第七舰队司令柯克上将到中美合作所视察时，又主动提出将送美受训的高级特务增加至四十名。1945年抗战结束后，军统局人事处在毛人凤主持下，选出了四十名特务，经戴笠、梅乐斯批准，分两批赴美受训。他们中有：鲍志鸿、郑锡麟、毛万里、郑鹤影、刘镇芳、潘景翔、吴利君、陆遂初、林金苏、焦金堂、黄加持、俞实、尚望、董益三、倪耐冰、乔家才、史泓、高鼎伊、王孔安、谢力公、刘芳雄、汪祖华等人。这些在抗战结束后的合作，已完全没有了抗日的意义，沦为美国支持蒋介石政权维护独裁统治和进行反共内战的实际行动。[27]

但是，我们也应看到，在抗战时期，梅乐斯的助蒋反共思想并不能代表当时美国政府的实际立场，而更多地是他个人的行为。从罗斯福总统开始，美国当局现实的对华战略是希望中国能运用一切力量拖住日本，以有利于美国完成其先欧后亚的全球战略部署。为此，他们并不希望国共两党反目，而是要求蒋介石不可自乱家门。正因如此，美国军方并不支持梅乐斯的态度，对他与戴笠关系火热也不以为然。这才有了美国陆军对中美合作所的干涉与介入。后来，梅乐斯在内外矛盾压力之下思想紧张过度，患了精神衰弱症，最后严重到轻度的神经症，以致不能继续工作。蒋介石为了安慰表彰他，决定给他颁发勋章，当奖章送到时，梅乐斯已被美方隔离监护，于是这枚勋章是隔着监窗送到梅乐斯手中的。不久后，他就被监送回国，结束了他在中国的历史活动，其下场并不荣耀。戴笠死后，梅乐斯要求来华参加吊唁，亦被阻止。经蒋介石的再三努力，才得以来华祭奠。这说明，梅乐斯在美方并不得宠。尽管美国政府最后也走上了助蒋反共之途，其原因出自多方面，但梅乐斯过早表明的反共态度在当时与美政府的立场是存在差异的。

总之，在中美合作所的历史上，记载了以戴笠与梅乐斯为代表的中美双方在情报特工领域内的合作史实。这是中国的情报特工组织第一次比较成功的对外合作，其开始的出发点是为了配合美军的抗日，但其主要的成绩却体现在培训人员、更换装备与对美方提供各种情报上，真正直接服务于抗日战场者则为其次，这从军统的各类武装对日作战的程度与战绩与其所得到的训练与装备水平不成比例中，也可得到证明。而其更大程度上的作用，则表现为后来发挥在国民党政府的反共内战上。在这当中，最大的受益者是戴笠与军统组织，对美合作使军统在数量上急速扩张，在装备质量上更是上了一个层次，由此，戴笠个人在国民党及其政府内的势力也大大地膨胀，并从此伸手向警察、海军各领域，[28]盛气凌人不可一世，终于引发了党政同僚的反感和最高当权者的警觉，最后造成了蒋介石对他的防备与限制。梅乐斯的情况也极为相似，他因中美合作所的成绩而快速升迁，又因专横抗令不准别人染指中美合作所而开罪于美国陆军及华府，最后只落得押送回国继遭冷落的命运。

这真是“福兮祸所伏”，“成也萧何败也萧何”。

第六节　中美合作所的结束

1945年8月，日本宣布无条件投降。戴笠与中美合作所立即投入了抢夺胜利果实的争斗。因军统局在长江三角洲及东南地区的潜伏力量和“忠义救国军”等武装部队的优势，他们成为国民党抢夺沦陷区各大城市的“先锋队”。据台湾作者有关文章的描述：

“当时，国军的主力部队大都驻在丘陵地带，距离交通干线和各大城市较远；加以我国地区的广阔，受降接收，无论在时间和交通上，都有缓不济急的现象。为挽救中华民族因胜利的迅速来到而产生的新危机，戴先生的军统局，以及中美合作所所编训的游击队，最迫切的任务是：1. 尽可能策动数十万伪军效忠中央政府，不让他们被共匪诱惑，结成‘联合阵线’而确保东南半壁，迎接政府还都。2. 尽可能保卫上海、南京、杭州的安全，不遭受任何破坏与毁灭，以稳定陷区的经济和人心。3. 尽可能在国军未到达之先，进至华东各大都市的外围，维护当地的治安秩序，静待国军受降代表的来临，防止共匪的乘虚窃据。[29]

首先，对于伪军的策动反正，军统局早有准备，于是戴先生在淳安，急电军统局的主任秘书毛人凤，迅即就军统局已经策动联络的伪军一百廿七部中实力较强的九十七部，七十四万人，呈奉军委会核准，先给予先遣军或支队的番号名义，赋予维持当地秩序和阻止共军滋扰的任务；并派掌握伪府财政、军事大权的周佛海为上海行动总指挥，负责维持地方治安，防制奸宄，稳定金融的责任。联合杜月笙和上海地方的士绅，发动影响地方人士为保护上海不被破坏毁灭而尽心尽力。

随即，会商梅乐斯，运用中美合作所所指挥的各游击部队和中美班新编装的教导营，（中美合作所为准备接应美军登陆反攻所设的特别训练班，召训闽省青年及沿海游击部队，并予以新式装备，编成教导营）以及各行动破坏队，挺进京、沪、杭郊区，控制局势，维护交通，防堵共军的轨外行动；并相机进入城市，维持治安秩序，当于八月廿日训令上海同志：

‘凡本局工作同志，应格外明大义，识大体，不可与人争功夺权，不可与各方形成对立，应先求局面之安定与治安之维持，一切听命中央。万不可于此时逼人太甚，拒人于千里之外，而误国家大计也。’

此种任务，非常艰巨，但戴先生未雨绸缪的充分准备和临机应变的迅捷行动，以及中美合作所的密切配合，在东南地区着着制先，才击破了共匪抢先劫收沪杭的阴谋，而掌握了东南方面的局势，保持安定的社会秩序。”[30]

从这段记述来看，戴笠与军统局中美合作所在抗战胜利后在反共及为蒋介石抢占宁沪杭地区方面做了马前卒。但这也就是“中美合作所”最后的活动高潮了。

按中美合作所的合同，抗战结束中美合作所即应结束活动。这年冬天，美方代理副主任贝乐利与军统局主任秘书潘其武，根据戴笠与梅乐斯指示（梅此时被陆军排挤，遣送回国，戴笠则赴东南视察），签订了中美合作所的第三次合同，其主要内容是履行第一次合同的规定，办理中美合作所结束事宜。

这份《中美特种技术合作结束协定》中规定：

“中华民国国民政府及美利坚合众国政府认为，中美特种技术合作协定对于获取对日作战胜利有重要之贡献，并认为该协定预定之任务现已完成，应予废止。缔约国政府承认该协定对于中美双方均曾有所裨益，并承认在该协定之规定下，有若干未尽之义务尚待履行。

第一条

《中美特种技术合作协定》自本结束协定生效之日起，应即认为经缔约国政府双方同意正式废止。

第二条

本条第一、第二两节所列举者为根据中美特种技术合作协定尚待履行之义务。所有为履行未尽义务应需之物资及供应品详见本条附录甲之清单。

该项物资及供应品，应由美国政府免费供给中国政府，所有未列入清单以及将来需要之物资，可按价购方式由美国政府依缔约国政府间现行物资转让办法，供给中国政府。

第一节　电讯

为求设立一健全之通讯机构，俾得迅妥收发气象情报起见，美国应：（一）将附录甲上所列之电讯器材移交与上海华方之指定人员；（二）指派美员负责襄助并指导附录甲所列各主要站之建立，其美员人数不得超过二十四人，工作时间不得超过一九四六年七月一日。但如因接收自美运华之物资，发生不可避免之耽搁致逾限期时，中国政府得向驻华美国海军最高当局请求酌予延长，美方在可能范围内应予照办。

本节各项物资，由上海至附录甲所列各分站所在地之运输事宜，应由中国政府负责，并应由中国政府准备建台时必需之工作人员。

中国政府应供给地点、房屋、场地及建立第二条附录甲所列各台所需之各种公用设备，并应负担办公及维持之费用。

第二节　气象

为求利用根据《中美特种技术合作协定》而任用之华方人员，以及根据该协定所获得之气象器材，或由其他方面所获得之气象器材，以维持一健全之气象机构起见，美国应：（一）指派美员十五人以下，就关于建立及维持一健全之气象机构及国际气象广播等各项技术及管理事宜，备华方咨询。其工作期间不得超过一九四六年七月一日。但如在此期限之后发生技术上之困难，中国政府得向驻华美国海军最高当局请求协助，美方应在可能范围内照办。（二）指派教官五名以下训练华方气象人员。受训人员不得超过一百五十人，训练期间不得超过一九四六年七月一日。但如该项训练有增加之必要时，中国政府得向驻华美国海军最高当局请求协助，美方应在可能范围内照办。

中国政府应供给地点、房屋、场地及各种公用设备，并应负担办公及维持之费用。

第三条　教育奖金

《中美特种技术合作协定》第十七条所规定之事项，经由缔约国政府双方同意另行结束。

第四条

中国政府应将根据本协定第二条所设立之气象业务，自一九四六年七月一日起之五年内，供给美国政府之用。在五年之期未满时得进行协商期满后该项业务之继续事宜。

第五条

本协定经中华民国国民政府主席及美利坚合众国大总统授权双方代表签字后立即生效。

第六条

本协定缮中英文各二份，中文英文有同等之效力，中美双方各执中英文一份。”[31]

协议书签订后，美方人员开始陆续回国，中美合作所所有文件，美方均带走一份。美方人员的物资，全部移交给军统局；美方运华物资已经启运的，仍继续运华交军统，未启运的则停运。所有美方出资兴建的房屋、家具、装备等均无偿交军统使用，美方不再保留所有权和使用权，等等。

虽然形式上中美合作所趋于结束，但在实际上中美合作所的后续工作仍在一段时间内延续着。

抗战一结束，美方动用千辆十轮大卡车赶运军统武装部队，星夜驰东南，前往京沪杭各大城市，阻止共产党部队的接收。这些车队司机大多是南洋华侨青年，本来回国是为了抗日，战争结束后，他们归心似箭，不愿开车。军统除对他们威胁利诱外，又由中美合作所动员美籍司机开车以确保完成任务。

中美特警训练班第一期结束后，为及时将这些经过“美式训练”的军统刑事警察、保安警察送到刚接收的平津京沪等大城市去为蒋政权抢守地盘，梅乐斯向美国海军部要来了四架四引擎运输机实行空运，又将特训班的全部教材和刑事实验室的全部设备赠送给军统局。虽在中美合作所第三次合同中已写明“未启运的物资即中止供给”，但美军还是额外地从冲绳运来了三千吨各种美式武器到秦皇岛，准备交给军统。此时因戴笠已死于飞机失事，军统内部混乱内争，交接工作难以落实，最后这批武器被蒋介石拨给了开赴东北打内战的新六军廖耀湘部。

美方在第二次合同中答应提供军统一千张床位的医疗设备，此时已集中运抵上海，移交给“中美医院”使用。这所医院原为德国人所办，名“宝隆医院”，胜利后作为敌产接收，戴笠为拍美国主子马屁，更为奉承“校长和夫人”，便取蒋中正的“中”，宋美龄的“美”而命名之为“中美医院”，他非常得意地说：“这一方面是纪念中美合作，另一方面也是为了表示对校长与夫人的尊敬。”待戴笠死后，更名同济大学附属医院。[32]

1945年9月21日，梅乐斯回重庆安排好美海军部金凯特上将会见蒋介石事宜后，就因病中止了工作，准备回国。蒋介石为了他在华的“功绩”，特命颁发大绥云麾勋章一座，并派毛人凤代表他送达并致颂词，在他回国时，戴笠前往为他送行。[33]

回国后，梅乐斯在他个人生涯的逆境途中，仍然与国民党当局保持了友好的往来关系。他曾专程来华为戴笠扫墓，受到了蒋介石的礼遇。回国后，他把在中国举办中美合作所的经历写成了一本回忆录，名为《另一种战争——中美合作所的故事》。在他去世后几经周折才得以出版。自然，梅乐斯在书中对中美合作所及戴笠给予了带有个人感情色彩的较高的评价，并把他在中国的经历视为他人生的重要阶段。因此，梅乐斯成为美国坚定的亲蒋派代表人物。

1946年7月，中美合作所全部结束。[34]

第七节　对中美合作所的历史评价

总结本章，我们可以认为，中美合作所的历史到此也就告一段落了。至于它所供给的物资与培训的人员后来在客观上被国民党政府用来进行反共内战的延续性影响，则是一种历史的事实，不可否认。但同时我们也应判定，在中美合作所结束后，原地址上发生的一系列的残暴的反共事件，其罪魁是国民党军统组织，而不是中美合作所，因为此时中美合作所业已不存在了，中美合作所的美方人员也已撤退回国。关于这一事实，目前国内外的历史学者也开始关注和研究，并指出在国内一些宣传作品中对中美合作所“迫害中共地下党与进步人士”的指责，需要进一步地细化深入研究，搞清历史的真相，修正其中的不实。[35]最新的一种观点认为：

“一、中美合作所是一个抗日机构而非反共机构；帮助中国、共同对日作战是中美合作所成立的出发点；……中美合作所的设备、技术在抗战胜利后被用于国共内战，既非中美合作所成立的初衷，也非1946年即撤销了的中美合作所本身所能控制，至少与其并无任何直接关系，不应由此而否定中美合作所本身。……

二、中美合作所的工作内容不仅是搜集军事情报，还包括相当规模的敌后游击战争，尤其是第二种突击、袭击的游击作战形式，已经超出了情报工作的范畴。

对中美合作所更准确的定位应是一个跨国军事合作机构，而非仅是一个跨国军事情报合作机构。……中美合作所本应是中美关系史上的一个亮点，不幸却误变为一个污点。”[36]

1949年新中国诞生以后几十年来，由于政治斗争的原因，对于中美合作所的历史，在海峡两岸有着完全相反的两种评价。大陆方面出于反对美国支持蒋介石反共的立场，引中美合作所的特种警察训练与军统迫害反蒋人士事例为证，在政治宣传上，对中美合作所采取全面否定激烈批判的态度，并将中美合作所遗址作为美蒋罪恶的场所向公众展示，对人民进行革命传统教育。而在台湾，国民党当局为了加强对美关系，刻意宣扬中美合作所抗日的成绩与“中美友谊”，甚至不惜血本，每年都邀请当年中美合作所美方人员及其家属访台，形成了鲜明的对比，其中某些现象甚至延续至今。

随着时代的发展，遵从历史唯物主义与实事求是的原则，我们相信，有关中美合作所功过的历史研究，将逐步地趋于客观。对于其抗日的内容应视之为中美反法西斯战争合作历史的一部分，而对于美方训练国民党特种警察特务从事审讯拷打等反人道行为被用于反共和迫害民众的历史事实，也应予明确指出其责任。

无论如何，在国民党特务组织的历史上，中美合作所的历史都是其中不可缺少的一个重要的组成部分，它对于国民党特务组织的发展及其国际化，有着决定性的作用。

【注】

[1] 黄康永口述、匡垣整理《国民党军统组织消长始末》(八~九)，载《档案与史学》2002年第2~3期。

[2] 王炳毅《一条经济谈判情报与珍珠港事变》，载《南京晨报》2003年10月23日D11版。

[3] 对于军统是否曾破译日本发动太平洋战争的密码情报，现在也有曾在军委会技研室工作过的张令澳持否定态度。详见徐福生主编《目击20世纪丛书——无形战线》，第141~146页。另外据当时在军事委员会技术研究室从事密码破译工作的池步洲先生回忆，他曾从日本外交系统密电中破译出日本即将发动太平洋战争的情报，他同时否认军统有破译日本军用密码的本领。详见本书第八章第三节第九段。

[4] 据报道，6月22日上午，德军对苏军发动闪电袭击后不到十小时，苏军有九百架飞机被毁于机场（参见《人物》1988年1月第93页）。——原书注释。

[5] 《戴笠自述》，参见《改进工作适应大时代》，民国三十年12月14日出席孙总理纪念周讲话，载申元《江山戴笠》，第101页。

[6] 《戴笠自述》,参见《对第一批赴美受训学员的训词》,民国三十五年 2 月,载申元《江山戴笠》,第 101 页。

[7] 转引自 [美] 杜彬斯（Charles G.Dobbins）《戴笠将军与中美合作所》载 [美]Colliers 杂志。

[8] （台）“国防部” 情报局编印《戴雨农先生全集》（上），1979 年 10 月版。

[9] （台）“国防部” 情报局编印《中美合作所志》，1970 年版，第 19~30 页。

[10] （台）“国防部” 情报局编印《戴雨农先生全集》（上）。

[11] 根据（台）“国防部” 情报局编印《戴雨农先生全集》（上），第 163~167 页，《中美合作所志》，第 37~38 页，以及档案资料等统计而成。

[12] （台）“国史馆” 藏大溪档案：军事档：特种情报 036 号。

[13] （台）“国防部” 情报局编印《戴雨农先生全集》（下），第 920 页。

[14] （台）“国防部” 情报局编印《中美合作所志》，第 79 页。

[15] 根据《中美合作所志》及《国民党军统组织消长始末》等资料核定。

[16] （台）“国防部” 情报局编印《戴雨农先生全集》（下），第 978 页。

[17] （台）“国防部” 情报局编印《中美合作所志》，第 39~43 页。

[18] （台）“国防部” 情报局编印《戴雨农先生全集》（上），第 163 页。

[19] 同上，第 164 页。

[20] （台）“国防部” 情报局编印《中美合作所志》，第 69 页。

[21] 详见沈醉等人的回忆录及全国政协文史委《文史资料选辑》第 22、32 等辑上文强等有关中美合作所的文章。

[22] 王炳毅《军统破译密电码山本五十六殒命》，载《南京晨报》2003 年 10 月 23 日 D11 版。本节所述内容与本书第八章第四节“对日情报密码破译工作”之“军技室情报使山本五十六命归黄泉”一段之记载，有若干出入，两种说法皆存于此。

[23] 转引自厉华《中美合作所集中营史实研究与保护利用》，重庆出版社 2001 年 版，第 54 页。

[24] （台）“国防部” 情报局编印《戴雨农先生全集》（上）。

[25] 厉华《中美合作所集中营史实研究与保护利用》，第 56 页。

[26] （台）“国防部” 情报局编印《戴雨农先生全集》（下），第 250 页。

[27] 黄康永口述、匡垣整理《国民党军统组织消长始末》（八），载《档案与史学》2002 年第 2 期。

[28] 抗战胜利后，中美合作所的武装如各支忠救军、教导营、别动军等共改编为十八支交通警察总队和一个直属大队，计六万四千四百〇二人，归交通部所属，但仍由军统指挥，奔赴各地抢占地盘。戴笠还想控制美方移交的舰艇，自兼任海军司令。见（台）国防部情报局编印《戴雨农先生全集》、《中美合作所志》等书及沈醉等人的回忆录《戴笠其人》、《军统内幕》中的有关记载。

[29] （台）费云雯《戴雨农与中美合作所》,《中外杂志》第13卷第2期，第30页。

[30] 同上，第30~31页。

[31] 中国第二历史档案馆藏国民政府档案《中美特种技术合作结束协定》。

[32] 黄康永口述、匡垣整理《国民党军统组织消长始末》(八),载《档案与史学》2002年第2期。

[33] （台）"国防部"情报局编印《戴雨农先生全集》(上)，第260页。

[34] 同上。

[35] 详见耿法《中美合作所的历史真相》，载南京《日报》2002年8月27日及[美]沈愚《史实与评说——中美合作所的功罪之争》，载《民国档案》2002年第3期。

[36] 洪小夏《抗日战争时期中美合作所论析》，载《抗日战争研究》2007年第3期，第85~87页。

抗战胜利前夕军统组织的活动 | 第十三章

第一节　配合“豫湘桂战役”作战

1943年秋，日军拟订了“虎（一）号作战计划”，准备于次年一月发动打通平汉铁路线的战役，从华北到武汉，再向南打通粤汉铁路线，以接济在中南半岛上受困的日军。这场战役因其地理特性，被中方称为“豫湘桂战役”。

战役开始前，军统局对敌企图已有觉察，为阻挠敌军计划，他们对焦作煤矿及郑州邙山黄河新铁路大桥进行了破坏。焦作煤矿为陇海线火车燃煤的主要来源，军统为破坏日军军运，屡次欲对此下手，因防范甚严而未成，最后决定以中美所新技术来强制破坏，由河南站统一指挥别动军第五纵队、第一大队、平汉路破坏队执行，另又向第一路军借调挺进十三纵队的四个大队及保安大队实行掩护作战。

1944年1月12日午夜，行动人员冒雪开始行动，此役毙敌两百余，击伤五十余人，炸毁了主要的煤矿井，迫使焦作煤矿停止了生产。

郑州邙山黄河新铁路大桥为平汉路黄河唯一大桥，长四华里，两岸有双层铁丝网保护。日军筑碉堡于桥南北及河中间沙洲上，并各驻一队兵力保护，在桥东不远处还有日军的大据点。

1月21日晚12时，军统平汉路破坏队在别动军三百余人掩护下发动强袭，炸毁五十桥孔（共一百一十九孔），余孔均塌，大桥中断。敌紧急调兵抢修，至3月25日才修好，为此延迟到4月28日才发动“一号作战”攻势，比原计划整整推迟了三个月。

1944年5月，据线报，敌将集中兵力十万攻击湖南。6月，军统湖南站长金远询侦知日军在捞刀河、黄土岭一带的确切部署计划，当即报告给了驻军前敌总指挥关麟征，中方集中兵力于长沙外围设伏，最后得以击退敌军。但张德能部仍于6月18日失守长沙，使日军直趋衡阳。当时军统在衡阳城内藏有两百余吨弹药器材，正准备运往东南建阳、华安，以供美军登陆后使用。

戴笠闻后十分着急，他从三战区顾祝同处赶往衡阳，指挥部下抢运。他们以大卡车一百辆，分两批将物资抢运到赣州，在第二次抢运中遭到了敌机的轰炸，但未受大的损失。

5月21日，军统小组为阻止日本的军运，炸毁了钱塘江大桥第七孔，十月间又再次下令“忠救军”第二纵队第六团周勇副团长带兵对大桥实行再破坏，周率领张光及美国组员，经过两个月的侦察、策划，于12月8日派出二十人小分队携带炸药一千两百磅，从右岸乘小艇秘密上桥，次日凌晨炸毁了两个桥孔，顺利实现了目的。[1]

6月22日至8月8日，中日军队开展了“衡阳之战”，我守城部队第十军官兵奋勇作战，两次击退日军的总攻，曾使日军大本营一再增兵。当时军统别动队第二纵队杨遇春部曾在衡阳市郊配合作战。8月6日，守军弹尽粮绝，援军不至，被日军攻入城内。第十军军长方先觉自杀不成“力竭被俘”。此役我第十军伤亡一万五千人，日军伤亡四万八千人。蒋介石鉴于“豫湘桂战役”中国民党军一败涂地，无功可述，为面子关系，要把衡阳之战树为正面典型，于是下令戴笠不惜任何代价救出方先觉，戴笠命令金远询转饬衡阳组长黄荣杰负责执行。

方先觉投降后，被日军关在衡阳罗家湾“天主堂”内，因身患痢疾，行动不便，日方监视较松。加上他佯作同意出席日伪把第十军改编为“先和军”的仪式，出任伪军长，使日本人放松了警惕。11月18日，在一个雷雨交加之夜，军统小组找到衡阳县长，翻墙进入教堂，将其从暗道救出，他们在游击队接应下摆脱了追兵，翻越山岭到达游击区。方先觉到达重庆后，蒋介石为其颁发了“青天白日勋章”，誉之为“中国军人之模范”，还任命他为青年军第二百〇七师师长。[2]

1944年9月，为阻止日军第十三军向江西南部进兵，军统忠救军组成三百余人的突袭队，在浙赣铁路沿线实行大破坏，毁坏铁路五处，消灭日军哨所两个；10月又炸毁铁轨二十处、桥梁两座；11月，忠救军“劫煞组”在诸暨附近袭击日军仓库，烧毁汽油、柴油十万加仑、弹药六百箱。这些行动打乱了日军的供给线，有效地骚扰和牵制了日军进攻的步伐。[3]

湘桂战役结束后，日军继攻桂、柳，形势紧急。军统奉令继续牵制敌人，以待新六军及汤恩伯部援军抵达。

桂林是广西重镇，美空军第十四航空队基地设于此地。中美合作所曾派一组空战情报官在此协助陈纳德的飞虎队对敌作战，以无线电指示轰炸目标，发挥了很大的作用。他们曾在一天七小时内连续指挥八批三十二架次的空中攻击，毙敌千名。9月下旬，天降大雨，飞机不能出动，日军乘机进攻。10月10日占桂林，11日占柳州，22日占南宁，中国守军来不及调遣，无力抵挡。戴笠下令在南宁的中美合作所第五班主任陶一珊率受训部队中美人员及别动军三纵队徐光英指挥部移驻百色，并在城郊敌后牵制作战，敌攻百色时被截断后路，次日敌军被迫后退。12月8日，日军在战线过长供给不上的情况下，又被军统引导第十四航空队炸毁了位于宝庆的日军用品仓库，其前锋部队到达贵州独山后，弹药、冬衣都补给不上，被迫开始撤退，陪都重庆因此转危为安。日军的后退，主要是战略上战线过长兵力不足所致，军统武装的袭扰是小规模的，并不能对改变战局起决定性的影响。

在"豫湘桂战役"期间，军统的武装参加了多次敌后牵制作战，并在营救方先觉的行动中扮演了主要的角色。但他们的行动并没有改变国民党军在整个战场上的被动败退局面。

第二节　迎接美军登陆中国沿海地区的准备

1944年3月中旬，华盛顿美军参谋本部通知重庆中美合作所副主任梅乐斯，为最后击垮日本，美军计划于12月间在中国沿海登陆，要求中美合作所将厦门至上海一线的沿海突出地带详查拍照，以供选择登陆地点，并要求了解各登陆地点通往内陆的交通情况和中美合作所所辖各部队间的协同作战能力。梅乐斯因此有了第二次出访东南之行。

在美方的要求下，军统局加强了从吴淞口到汕头一线的情报网布置，准备着重运用沿海游击队和已掌握的伪军，要求在10月底前完成详查任务。

在衡阳，戴笠与梅乐斯召开工作会议，决定派人在江西修水建立组织，阻挠日军长江航运，破坏其仓储。5月，戴、梅二人抵达福建建瓯东峰，接见了海上游击队张逸舟及张为邦两部的代表。张为邦部当时有两千人的武装及一万八千万群众作基础，总部在上海崇明岛，控制了上海到温州的海岸；张逸舟部则有四千人的实力，总部设在福建马祖岛，控制福州到温州一带。他们曾营救过美军飞行员及军统敌后人员百人以上，于是答应与军统合作。张为邦部改编为“浦东特别破坏军”，归属“忠救军”指挥。张逸舟则曾在被美潜艇击沉日本油轮上捞起两千桶汽油，送给了中美所。戴笠则答应给他们重新训练装备，交代任务配合反攻。

6月，戴、梅到达建阳，视察了在歙县雄村中美第一班训练的“忠救军”。中美所人事室主任龚仙舫、编译室主任刘镇芳陪同二人勘察了建阳—南平—福州一带的沿岸地形。当时日军的“一号作战”攻势已达长沙，戴笠与三战区司令顾祝同等商量了战局。梅乐斯则继续完成沿海调查。

6月17日，梅乐斯改穿中装，扮成一名传教士，在完成闽南沿海侦察照相任务后，于7月1日抵达漳州，戴笠让他先行返渝，自己继续召见军统各地负责人，并决定在华安筹设中美第六训练班。

为弥补部下武力分散的缺陷，戴笠决定设中美合作所前进指挥所于建阳，作为联合指挥部，以所参谋长李崇诗兼指挥所主任，美方由贝乐利协助，统一指挥军统各部队。

当时“忠救军”浙江前进指挥所设于潜山元铺，总指挥为马志超，指挥三个纵队，在苏浙皖赣活动，控制浙赣铁路北及京沪、沪杭，杭甬路区段，下设三个地区指挥部：

1．温台前进指挥所，设于瑞安玉壶，由“忠救军”参谋长郭履洲指挥，在浙东沿海及浦东、崇明作战；

2．淞沪前进指挥所，设于浙江分水合村，由“忠救军”前副总阮清源指挥，在淞沪地区活动；

3．鄞杭区前进指挥所，设于浙江桐庐，以“忠救军”三纵队鲍步超为指挥，在杭州湾、富春江一带活动。

另外还开设了厦汕指挥站：设于福建华安，由中美所第六班闽籍青年与第十三班教导营广东梅县学员组成，以陈达元为站长，在闽南广东一带活动。

华中华南别动军主力，由华中指挥部调遣，设在湖南芷江，以别动军副司令陶一珊为总指挥。下辖第二、五、十班，别动军第一、二、三、四、七、十各纵队，五、六纵队各一部，在粤、浙、鄂、桂地区活动。第一纵队负责广九路、粤汉路南段，第三纵队负责广西南部、西江下游，第二、四两纵队部署于粤汉路岳阳到衡阳一带，株萍路沿线，七纵队布置于湘桂东段，十纵队布置于桂柳，五、六纵队一部布置于陇海路中段平汉线上，湘北支队徐荣庭部布置于长沙以北，湖北纵队游击在鄂南。

至此，军统局与中美合作所的武装按照美军的战略需要完成了反攻前的准备工作。

第三节 利用伪“黄洲国军”反共

1944年日军占领豫西后，曾计划以陕州日特机关“河南公馆”机关长小坪一郎为主持人，在东京直接指挥下，再扶植一个西北伪政权，与汪伪及伪华北政务委员会并立。初冬时，戴笠到西安与胡宗南一起商讨对策，命令一路军长官部调查室主任文强找关系渗入“河南公馆”侦察，探明公馆内有一百人左右，其中日本三十人，韩国五人，其余为华人，包括公馆秘书及陕州县长张显声等都在其内参与此事。

1945年1月，小坪一郎宣布成立“黄洲建国党”，组成“黄洲建国军”，出版《黄洲建国报》。其“黄洲建国党”有中央委员十一人，除“黄洲建国军”司令秦润普与副司令王文斌占二席外，余九人皆为日人。1945年春，日军拟攻西安，调“黄洲建国军”助战，小坪许诺秦部如攻占西安，即正式扶其上台。但秦润普时已暗中联络军统，准备反正投降。

日本方面察觉到秦部的异动，但又一时无力解决“黄洲建国军”，便从山西调来一个师团，驻黄河北岸平陆县，威胁秦部并逐步削其实力。5月初，“黄洲建国军”驻扎在中共第十八集团军陈赓部和日军之中间地带，戴笠认为秦部如打日军，徒耗实力，如打共军，日必旁观。于是命其攻击八路军，双方大战了一个月。秦润普部入洛阳后，文强传达戴令：一、“黄洲建国党”必须解散；二、《黄洲建国报》立即停刊；三、“黄洲建国军”不要反正，等待时机反共。日本派特务专家来豫西，开出秦部“反日干部”名单，正欲铲除时，日本已宣布投降。伪“黄洲建国军”奉重庆军委会令改编为“陕州先遣军”，投入了反共内战。

第四节　抗战胜利前夕的作战

1945年3月7日，戴笠、梅乐斯和乔家才飞往绥远陕坝视察工作，目的是要在抗战即将结束之时，加强北方的反共部署并为战后防苏作好准备。

对于军统局在西北的工作，戴笠出于战后对付中共和苏联的考虑，一直有所企图。1943年10月20日，他曾与饶铁珊讨论过这个问题。饶铁珊建议在察绥阴山地区组建一支核心机动部队，集中外蒙反苏人士及被苏联排斥的人，随军还乡，开展反苏活动，并注意运用国际力量，争取使苏联停止对外蒙的干涉政策，使中国国防第一线向北推至恰克图。于是戴笠决定在绥西陕坝东北十里的大顺成，建立中美合作所第四训练班，计划以绥远大青山游击队刘效贤、鄂友三四个纵队为基础，调冀晋绥各处行动队及平绥路破坏队，吸收蒙古各旗青年，建西北基地，从事“抚蒙防俄”的工作。并建气象站于陕坝天主堂，以饶铁珊为第四训练班教育长，高荣为副主任。

因路途遥远交通不便，这一计划被阻。后改为征召第八路军骑兵队及军统五原办事处、察哈尔站人员，计划分成六期进行训练，最后编成一支别动军纵队，训练了两期。当时，第八路军副司令傅作义电蒋报告，说军统第四训练班办得不好，美方不满意。实际上的意图是要求由他来接办，以便一统管理权限。蒋批给戴笠处理，于是就有了此次戴、梅的陕坝之行。

戴笠抵达后，即去见傅作义，向他面交了蒋介石的手书及五百万元法币，下午便回到大顺成，他宣布乔家才接替高荣任第四训练班副主任，饶铁珊则调往军统局新疆站（站长胡国振）任副站长，专门从事于“防俄”情报工作。戴笠用这种换汤不换药的手段，应付了傅作义的发难，保住了军统的势力范围。

当晚戴笠在“塞上新舍”饭店宴请了当地官吏。

乔家才选拔景振泰为训练班学员队大队长，对未毕业的一、二期学员施以补充训练，更换装备，编成“平绥破坏队”，并派美国顾问四人去鄂友三的游击队帮助训练。到抗战胜利时，又组成了“绥远独立支队”，共有兵力五百人。

日军为保证对其南洋驻军的补给，在大船海运被美海军封锁的情况下，只能依靠小船在沿海进行“蚂蚁运输”。1944年9月9日，日军派十三军梨冈支队攻占温州，10月4日派混成六十二旅团攻占福州，加强了对中美所破坏力量的防备，试图以局部优势来改变局面。

戴笠下令中美合作所参谋长李崇诗加强戒备，梅乐斯联络美军支援，中美合作所第七班副主任林超与史华兹（Swartz）上校奉命准备反攻福州机场，第七班还派出周坚、张疆两个大队共八十余人，配合国民党军陈孔达部第八十师李良荣反攻福州，于1945年5月18日发动战役攻占之。此役中美合作所第七班战死八十六人。

1945年7月初，驻金门及厦门日军德本先信旅团三千人调往广东汕头，厦门日本特工“铁公馆”拟出其行军路线，而主持者林顶立即为军统局闽南站厦鼓组组长，他将此计划报告了站长陈达元、副站长王兆畿，转报了戴笠，于是中美合作所厦汕指挥站派出第六班会同国民党军七十五师迎击之，阻止其窜犯漳州。七十五师刚从龙岩赶赴此地，兵力分散，只能派一营兵力到南靖监视敌人，而中美合作所第六班则以四个教导营为主力，由陈达元、雷镇钟指挥，以闽南站行动组及突击队作为预备队，准备投入战斗。7月2日，日军由海澄登陆，陈部两次拦击，日军只得又退下海，抢船而走，中美合作所继以空袭轰炸，日军死伤七百五十余人。

在面临最后决战的时刻，日军统帅部确定了以本土—琉球—台湾—菲律宾为国防生命线，制定“捷号作战指导纲要”的方案，准备改变战术，待美军飞机舰艇登陆时，由海面战机攻击其舰，陆上战机攻其运兵船，以作困兽之斗。实施计划的关键在事前要隐蔽好日军的飞机。但此“纲要”被军统侦知转告美方，美方遂于登陆前派出大批轰炸机在菲明达罗岛、达维达维岛、吕宋、台湾等地先将日战机炸毁，保证了登陆之役的成功。[4]

这时在南方，特别是在宁沪杭政治要地，军统局也全面加强了战胜日本和准备反共的工作。

抗战胜利后，蒋介石派其嫡系汤恩伯率四个美械装备军，自广西空运至上海实行占领并接受汉奸日伪资产。汤恩伯的第三方面军第二处处长便是军统局大将毛森。与此同时，戴笠在上海杜美路设立了军统局驻沪办事处，任命毛森为军统局东南特区区长。

毛森代表军统局处理汉奸问题，成为军统在上海的要人之一。1945年8月14日至9月10日，毛森在上海代表军统局接收了汪伪特务组织76号特工总部的全部人员和财产，以及李士群的衡山路公馆、李士群妻舅的立泰银行，为戴笠军统与汪伪政权的特工争战历史作了最后的清算。

1946年2月，汤恩伯的第三方面军改称为第一绥靖区司令部，毛森兼任绥靖区司令部二处处长，率刘宏德、黄炳炎迁到无锡司令部办公。军统局上海东南特区由副区长季仲鹏暂时负责。并将上海站改为苏南站，在南通设苏北站，苏北站下设南通组、如皋组和靖江组，把矛头直指在苏北地区活动的中共新四军。

1946年9月，毛森出任第一绥靖区司令部无锡指挥所参谋长，负责绥靖区司令部管辖范围内的剿共工作。1947年5月12日，毛森获得情报，中共江苏省十地委长江部队长赵万和秘密到达上海沪东横浜桥，毛森即赶往上海予以逮捕，又在上海市长乐路逮捕了十地委书记金柯夫妇，十地委城工部长杨斌夫妇，以及《大美晚报》排字工人中共党员张玉书。[5]

1945年7月11日，军统局东南特区苏南站站长金石给区长毛森提交工作报告一份，其中说明了当时他们在国共日伪四方势力交织下的苏南地区错综复杂的工作环境与状况：

“四月份开始工作以来迄今已逾三月，其间由于敌人之搜索、匪军之骚扰以及经济之牵制，电台之未能通报，工作进行程序不无迟缓之感，惟工作之基础业已奠定，此后设能解除各项困难云……钧座指示下加倍努力，必能有所成就。慈谨将三月来工作经过报告如下：

甲、特工部分

一、站本部原设滆湖地区，嗣因该处交通不便，匪军遍地，遂于五月中旬迁移流动于武进北乡以及江阴、昆界一带，六月初，匪军渡江南来，职站武力未能应付，乃与忠救军章晓光部第一大队徐文玉取得联络。七月初徐为匪军袭击被俘，所部虽未溃散，而职站在生存上已感觉严重威胁，工作上受相当影响矣。

二、苏州地区原拟设立情报组，嗣因该地为敌人之重要兵站、伪方之省会所在，殊有加强工作之必要。乃经扩充为苏州分站，派冯松涛任分站长（曾任局本部直属苏州站书记），于五月底在吴县郭巷□组织成立，与当地人民取得良好联络，并有自卫枪械十余支。现城区情报网业已布置完竣，附近吴江、常熟各县情报组织已在逐渐开展，至行动工作，限于人员器材，未能立即开始。

三、上海情报组于五月底成立，派郭树森为代理组长，经费核定为伪币三百万元。工作进行未久，物价暴涨，经费仅敷工作人员生活费及必需办公支出，事业费无着。经职站追加预算伪币二百万元，然物价涨势未戢，开展仍感困难。现已发展者有苏联及瑞士领事馆关系各一人、中共情报关系二人、直属情报员一人。

四、常州地区因站本部距离最近不设组，现发展直属情报员七人，一部分在敌伪方面工作者。

五、镇江地区工作，因限于经费，仅先设置通讯员一人，成绩未□良好，正计划改进中。

乙、军事部分

一、伪武进县特务大队蒋鼎生部，于四月初即为职站收编。该部士兵三百人左右，驻防武进南乡河塘桥一带。现遵钧座前令暂仍留驻原地，与敌宪兵队取得联络，搜捕匪军，一面在城区掩护职站工作人员出入。该部人员名单及枪械清册拟由电台呈报。该部于七月初已改编为伪县保安队。

二、伪第二师补充营周刚部，士兵五百人左右，现驻宜兴和桥。经职站策反成熟，暂留原地待命。

三、在站本部流动地区附近有另星杂色游击部队及伪保安或警察队等十余单位，每部分自十余人至三十余人不等，现已分别调查其实况，拟于职站武力充实后，分别改编或剿除。

丙、其他

一、前呈报之敌方组织谋略部队事件，现形式上已有变更，改为属于敌宪兵队之直属特务谋略工作。京沪线方面由敌华中宪兵队主持，对外绝对秘密，对内称为“特别工作”，在苏州、无锡、江阴、宜兴、武进等地秘密设立小组，三月改并，拟在屯溪、场口、建瓯等地设立通讯组，其工作任务为情报行动宣传谋略，亦即搜集我方及共匪情报，拘捕我或匪方工作人员，把握陷区民众，煽动抗战区人心以及挑拨离间我方与匪共关系，捏造口实，促成我与匪方火并等工作。按月经费为黄金四十两。该组工作主持人之一葛天民，系职站所遣派者，其详细情况及运用方式，拟另行电报及请示。

综上而论，职站情报工作，除镇江外大体上均已布置完成。行动方面仅开始准备工作；军事策反限于本身力量及威信，成就较少；打入敌伪工作，除上述之敌方‘特别工作’外，其他成就亦多。至运用方式，尚待研讨。兹除派员面呈职站目前所遭遇之困难及请示急需解决之问题外，仰祈钧座对职站过去三月之工作加以检讨，并祈对今后工作之重心予以指示，俾便遵循。谨呈区长毛。职金石呈。七月十一日。”[6]

从这份报告来看，军统在苏南基层组织的工作活跃，但遇到了一些困难，主要表现为三个方面的问题：一是“敌人之搜索”，即日伪军的抓捕；二是“匪军之骚扰”，即与中共军队的摩擦斗争；三是“经济之牵制”，即缺钱。其中除第三点经费问题是“永恒的需求理由”而又因战争末期“物价暴涨”而加剧外，第二方面与中共的关系问题，是军统死心塌地执行蒋介石的反共方针而造成的。从文中我们也可以看出，军统在对付敌伪情报特工战方面作了一些努力，但其反共之心始终不改，军统与日伪都在企图挑动对方与中共发生冲突，坐收渔人之利。在抗战胜利前夕，国民党利用日伪反共的意图更加强烈。而这一切，都是出自蒋介石国民党的政治立场与战略计划。

【注】

[1] （台）“国防部”情报局编印《戴雨农先生全集》（下），第919页。

[2] 金宝山《抗日名将方先觉》，载《钟山风雨》2007年第四期，第32~33页。

[3] （台）“国史馆”编行张霈芝《戴笠与抗战》，1949年版，第401页。

[4] （台）“国防部”情报局编印《戴雨农先生全集》（下），第877~878页。

[5] 《江山县军统将军小传》，载申元《江山戴笠》，第142~143页。

[6] 《军统局东南特区苏南站给毛森的报告》，中国第二历史档案馆馆藏军事委员会档案。

第一节　物极必反

抗日战争期间，中统与军统“借抗战之机坐大”，两个特务组织都发展到了历史上的巅峰状态。虽然他们在对日伪作战中做了一些事情，但更多的是随着两大特务组织的膨胀，国民党特务政治也达到了前所未有的程度，国统区内政治黑暗，特务肆行，引来了社会各阶层的极端不满。就连在国民党内，反对特务组织活动的呼声也日益增加。有人公开提出“戴笠的反共色彩太浓厚了，为了促进今后的国共和平协商，他应当退出政坛”。[1]蒋介石原本是要利用特务来加强其统治，而且他也日益离不开他的特务组织，但是他却不能允许特务们肆意妄为来搞乱他的统治，特别对于戴笠与徐恩曾等人野心膨胀的夺权妄为之举，他更不能容忍。于是，在中统与军统行为过分不端而引发内部斗争时，他也采取了一些压制的措施，以使特务的活动限制在对他有利无害的范围内。

蒋介石下令不准中统抓人

1943年10月，蒋介石给中统局局长徐恩曾下过一条手令，大意是：捕人之事，应由有权机关办理，中统局是党务机关，不得捕人。乍看起来，蒋介石这条手令像是要遏制特务的活动，但其中的原因却是国民党政权内部斗争的产物。

1942年后，中统局局长徐恩曾出于扩大权力的欲望，积极谋求攫取翁文灏的国民党政府经济部长职位，其所用手段之一是找寻经济部内的“软处”，如贪污案件以及进步人士的活动等。一旦发现即采取行动，以削弱蒋介石对翁文灏的信任，而遂其一箭双雕的企图。1943年秋，徐闻密报，经济部某职员有共产党嫌疑，便认为是一个机会，即下令其所属的重庆区区长陈庆斋逮捕此人，陈又交给该区行动科科长张文农去执行。张奉令后，随即率领行动员二人到经济部，以友人来访为名诱骗此人来到会客室，强迫其随往中统重庆区区部受审。

该职员发觉势头不对，立即逃回其办公室，张等尾随追捕，引起大多数人员的愤怒。张见众怒难犯，无奈回区报告，准备另用其他方法执行。徐恩曾得知后，大骂陈、张无能，不会办事。

事件发生后，翁文灏十分恼怒，认为徐恩曾不应该未通过他便来捕人，作为经济部长，他有责任保障部内人员的安全，加上当时徐露骨进行夺取经济部长职位的活动，翁文灏便乘机向蒋介石告了中统一状。

由于翁文灏拥有经济专家的地位，蒋介石还要用他来为自己工作，为了安慰敷衍翁文灏，再加上蒋也认为中统用这种公开蛮干的手段抓人，对国民党的统治不利，于是他便对徐恩曾下了“不得捕人”的手令。接着又召见了徐，将徐恩曾大骂一顿，并命令将重庆区长及执行人员撤职扣押查办。

后来，中统局另派局秘书张国栋兼任重庆区长，张赴任时，徐恩曾一再吩咐，他的主要任务是整饬内部，提高工作效率，提高行动技术，不要打击下属的工作积极性。徐非常能体会蒋介石的“苦心”，当时还特别关照张：“总裁这一手令，是责备教育我们的行动技术太差，过于鲁莽，要求我们提高技术，用更巧妙的隐蔽方法进行活动，而不是根本不许我们再干捕人的事。”

此后，直至全国大陆解放，中统特务在南京、上海、重庆、武汉等地，无时不在对共产党、进步人士进行监视、逮捕、迫害。有些重大行动案，如1947年逮捕上海中共地下党人卢志英，在狱中将其酷刑折磨致死，破坏上海富通印刷公司案，逮捕共产党员和进步人士将近三百人等，中统局都曾向蒋介石请示报告过。蒋介石也从未提起过那一手令的事，可见蒋介石的“不得捕人”的手令，实际只是掩人耳目的表面文章。[2]

国共重庆谈判，军统被迫保护中共领袖

抗战胜利后的1945年8月，蒋介石采纳部下的建议，摆出希望和平的姿态，连电延安，邀请中共领袖毛泽东访问重庆，进行国共和谈。他本以为毛

泽东不敢来，也没作会谈的准备，但毛泽东为向全国人民体现中共争取国内和平的诚意，揭穿国民党嫁内战之祸于中共的伎俩，毅然冒险前来见蒋，于8月28日飞抵重庆。这使得蒋介石乱了手脚，匆忙着手布置有关国共会谈的一切事宜。

蒋介石此刻最担心的问题之一是毛泽东在渝期间安全上出问题，使他无法对国人及国际舆论交待，于是便给戴笠及军统下了死命令，要他们全力保护毛泽东的安全，以防万一。这样一来，在整个重庆谈判期间，国民党的特务在被迫做着保护他们最大的政治对手的事情，戴笠心中不免有“五味俱全”之感。

毛泽东到重庆期间，军统局派了许多特务跟着他，但不仅是为了盯梢，而是也要保卫毛泽东。因为蒋介石有令，如毛泽东一旦有危险，责任全在军统，平时专门保卫蒋的军统特务队也不得不暗中保卫起毛泽东来，原来当做最大的敌人，一旦见面却变成了保卫对象，这让许多特务甚为不解，感到别扭。[3]当时他们同蒋介石一样陷入了自作自受的困境中，被中共高明的“将军”之举搞得狼狈不堪。

抗战胜利后国内各界清除特务政治的呼声

抗战胜利后，随着国共重庆和谈的开始，国内和平露出了一线曙光，人们向往和平、民主、安宁的生活，对国民党统治下的种种暴政表示了极端的不满与反对。当时在国统区掀起了一次针对国民党特务组织和特务政治的反对浪潮，社会舆论界发表了大量的文章，抨击“两统”的种种恶劣行径，要求当局撤销特务机构，停止迫害人民的特务活动。中国共产党和各民主党派全力支持人民的正义要求，就连国民党内的左派力量和对“两统”反感的人士，也加入了这一行列。

1945年8月16日，中共第十八集团军总司令朱德给蒋介石发出电报，提出了立即废止一党专政，成立民主联合政府，罢免贪官污吏和一切反动分子，惩办汉奸，取消特务机关的要求。这些主张，代表了各界民众的心愿，立即得到了全国舆论的赞同和拥护。特别是其中“取消特务机关”的要求，是对国民党多年以来实行特务暴政的明确反对和抗议，这给蒋介石以巨大的压力。

当时的情况是，不仅中共、各民主党派、各界人士和全国舆论对国民党重用特务表示反对，国民党内许多派系也都对特务组织不满，除党内左派人士一贯反对外，蒋的一些亲信出于不同的目的，也很想借机削弱之，首当其冲的对象就是戴笠与军统局。这些人的原意并不是要取消特务组织，而是对戴笠飞扬跋扈的作为不能容忍，想看他倒霉运的笑话来解气。其中，掌握军队大权的陈诚很想把军统掌握的武装和人员吞并，充实和扩大他自己的军事特务系统；而CC派首领陈立夫，更是想趁机把军统搞垮，反过来扩大和加强中统；其他如过去力行社的头目邓文仪、康泽、贺衷寒等人，自以为都搞过特工，都不服于戴笠的发达，想夺取军统的统治权。对于这些情况，戴笠当然心知肚明，他知道这些年得罪了国民党内不少实权派，对他们联手对付自己的可能以及蒋介石是否能抗得住来自党内外的这些压力，的确心中无底。8月14日他曾对黄天迈说：“本局工作今后比抗战时期更为艰苦，委员长外，都将主张取消特务，也许改头换面委曲求全而不可得，如本局不存在，必成共产党的天下，岂止本局之不幸，实国家之不幸。”[4]

面对来自党内外的强大的压力，蒋介石为了安定其统治基础，表现出民主的姿态，不得不考虑对“两统”的活动进行适当约束，而戴笠与徐恩曾的政治野心和势力扩张，也开始引起了蒋介石的警觉，他也要防止身边的宠臣成为尾大不掉的累赘。于是，“两统”的政治前途开始渐渐暗淡下来。

第二节　“接收”与“肃奸”中的丑行

抗战胜利后的“抢收”与“劫收”

1945年夏，中国人民经过八年的艰苦抗战，即将迎来最后的胜利。国民党特务组织根据蒋介石的命令，立即转入了胜利后的“抢收”与“劫收”工作，充当了“急先锋”。

在军统方面，戴笠眼看胜利将至，为贯彻执行蒋介石的命令，为国民党抢占沦陷区的地盘，他给各地军统组织下达任务：1．运用伪军防共，迎接国民党还都；2．抢先进入华东、华中各大城市接收。

1945年7月，戴笠同梅乐斯前往浙江淳安，与上海大亨杜月笙见面，商量抢占上海办法。8月，他在乐平视察忠义救国军时遭到日军的追击，仓皇逃往昌化河桥镇。当晚，戴笠又遭到日本刺客的袭击，惊吓一场。9日，他去浙西行署杨家湾，时“忠救军”三纵队鲍步超部正与来犯之日军二千余人激战九小时。当天传来了日本投降的消息，戴笠深夜致电忠义救国军调查室主任刘方雄，要他立即去沪，向日军总部参谋长今井武夫及驻华日军总司令冈村宁次，传达戴笠的意见，责成其与重庆合作。次日，戴笠与梅乐斯又赶往淳安，电令毛人凤，给予各地策反伪军共七十四万余人，各予先遣军及其支队番号名义，任命汪伪政权第二号人物周佛海为先遣军总指挥，负责沦陷区各地安全与接收，并派三名骨干特务随杜月笙于8月29日回上海布置一切，防止上海被中共占领。

1945年8月14日，周佛海的地下电台传来重庆任命他为“京沪行动总指挥”的命令，这“使佛海一时陷于极度的兴奋”，“当局手段高明，竟使佛海束手待毙而不悟”。而军统派在周左右的程克祥与彭寿则被命为“京沪行动总指挥部”正副秘书长，后又委任为军统局调查汉奸财产的专员，主持他们的“劫收盛典”。而当时继汪精卫成为伪政权第一号大员的陈公博，也与军统局有了联系，他在后期任伪上海市长时，手下的伪“经济局长”就是郑介民派来的军统特务徐天深，陈也在家中架设了直通戴笠的电台，汪精卫死后，陈公博继任伪府“主席”，事先已向重庆报告，当日就曾得到了同意的复电。[5]但戴笠对汉奸的使用是暂时性的，目的是稳定局势以待他的队伍的到来。

戴笠下令“中美所”各部队挺进宁沪杭，维护城市秩序。他说：“忠救军之责任，在于光复上海与南京时，必先进入京沪；否则忠救军无前途，军统局亦必失色而受累。”[6]因此，“中美所”参谋长李崇诗奉戴笠命于8月10日赶往淳安，与其及梅乐斯共商进军计划。决定：

1．派忠义救国军温台指挥官郭履洲，率领所部及上海行动总队和中美所第八班的第三个教导营集中浙江的海门，从海道北上浦东，进驻崇明，扼守上海前门，防堵苏北渡江南下的共军。

2．派忠义救国军淞沪区指挥官阮清源，率领所部，由太湖沿岸挺进吴淞一带郊区，防堵共军向上海郊区的渗入，以固上海之侧背。

3．派军统局京沪行动总队，并配忠义救国军之一部，挺进至南京近郊，监视中共之活动，并维护京沪铁路交通，防止共军破坏。

4．派忠义救国军鄞杭区指挥官鲍步超，率部推进至杭州近郊设防。

5．派“中美所”第七班副主任林超，率该班各教导营，经淳安推进至沪杭线，相机支援上海。

6．派忠义救国军第一和第二纵队，仍遵照第三战区长官部的命令，防守天目山区，监视浙西残留共军活动，并相机支援杭州。

7．派以娄剑如为指挥官的“中美所”第一班教导营编成的“中美所”直属第一支队，由李崇诗率领，挺进富阳与杭州之间的郊区。

8．派忠义救国军第三纵队，向富阳和杭州挺进，作为中美所直属第一支队的后继兵力。

9．派杭州行动总队，负责维护杭州铁路交通，防止共军破坏。

戴笠给“忠救军”下达的任务是：

1．淞沪指挥部的部队，加第一纵队第一团警戒沪郊浦东。

2．忠救军第一纵队（欠一团）、第二纵队，按三战区的命令，防守天目山，监视浙西中共部队。

3．忠救军第三纵队，进驻富阳与杭州，作为中美合作所直属第一支队后备力量。

4．“京沪行动总队”负责保护京沪铁路。

5．“沪杭行动总队”负责保护沪杭铁路。

在华中方面，戴笠下令军统“浙鄂赣边区”唐新以军委会特派员名义，率该区行动总队及中美合作所第二期训练班学生，由修水进入武汉，以别动军二纵队驻汉口市郊担任警戒，等待接收。在福建方面，派中美所第六训练班副主任陈达元，率领该班各教导营，推进至漳厦地区。在山东方面，令“中美班”第三班副主任杨蔚为“华中先遣队司令”，率所部教导营先去徐州，与伪军联络。预定俟接管部队到达，即空运转往济南一带。在绥远方面，派景震泰率中美合作所第四班各教导营，协防包头。

8月18日，军委会批准了戴笠的上述计划。

在抗战结束之前几周，国共两党收复城市和沿海地区的斗争就已经日趋激烈，忠义救国军在戴笠的指挥下，尽可能地向沪宁杭地区移动，随时准备接收各大中城市。

但美国派驻中国战区参谋长魏德迈唯恐中美合作所美方人员公开卷入中国内战，曾命令梅乐斯不准中美合作所内任何美国人参加对共产党地区的军事行动。[7]魏德迈的这个立场与美国政府的态度是一致的，但梅乐斯并未听从命令，仍然全力投入了战斗。8月12日，他给中美合作所的美方人员下电令说：“中美合作所的美方人员……应同他们指定的中国部队指挥官一起出发，全副武装并携带完备的无线电器材。不要把秘密泄露给你们的任何外界朋友。尽快把所有可用的武器和弹药交给‘忠义救国军’……并继续提供后勤支援。”8月16日，在日本投降后，梅乐斯又下达了中美合作所美方人员应帮助戴笠的命令。美方人员不仅从陆地帮助戴笠，还武装了一队帆船，从海上抢占港口城市。[8]

戴笠为阻挡中共军队在各地受降的行动，甚至不惜与日本战犯相勾结。8月10日他在昌化打电话给部将刘方雄，命他即刻准备前往南京，与侵华日军总司令冈村宁次交涉。戴对刘说：“利用你和今井武夫的关系，当面告诉冈村宁次，他如让共产党侵入京沪杭三地，我国将视他为罪大恶极的第一号战犯。反之，如他能将京沪杭地区保持得完完整整，移交中央军接收，不但他的战犯问题由我戴某人完全负责，我政府必将优予厚遇，不使他稍受委屈。”并强调说，“此事关系极为重要，我大军远离京沪，而陈毅、刘伯承两部重兵，则密迩京沪。倘冈村不计及战犯后果，不负责任，则共匪欲谋京沪，如探囊取物，只有利用你和今井的关系，才能使冈村对代表我讲的话，深信不疑”。并嘱咐，“讲话的态度要严肃诚恳，语气要坚决肯定”。[9]8 月 15 日，日本正式宣布投降的当晚，戴笠从淳安电话通知刘立即动身不得迟误，其急切心情溢于言表。25 日刘方雄在南京面见冈村宁次，转达戴笠的意见，冈村听罢，对可以不把他当战犯的优待十分意外，一时竟不敢相信。随即满口答应，命令在华日军不准将防区、武器交给中共。他后来果真被国民党委任为“遣俘联络官”，未遭任何惩罚。最后，被国民党政府宣判无罪返国。这真是一件历史丑闻。

在军统唆使策动下，淮阴伪军潘干丞、宁波伪军谢文达两部与中共军队作战，被歼；泌阳李端章、东莞陈孝强、豫北李英各部伪军也与中共军队作战，而不“听话”的伪军将领，驻雷州的符永茂、东江的李潮等人则被国民党军所杀，许昌的李雨霖被活埋，广州的招桂章、顺德的李辅群被扣押，他们的这些下场都对军统利用伪军产生了负面影响，以致有大批伪军后来向共产党军队投降。但从总体上来看，军统对伪军的拉拢与利用，在当时对国民党的“抢收”是有较大的作用的。

9月1日，戴笠飞赴上海，于杜美路70号杜月笙住所成立军统局东南办事处，助手有李崇诗、王新衡、龚仙舫、尚望、何龙庆、陈祖康，“双十节”当天戴笠在此举行了大型庆祝酒会。

接收之后，军统局还在中央信托局内设立了一个由邓宝光负责的“逆产（处理）组”，欲全面控制接收罚没敌伪财产事宜，不让别人染指。军统还任命汪伪社会部特派员、杜月笙的亲信陆京士为“工人忠义救国军”总指挥，协助抢收财产。而中统局则由化名“刘青白”的三人小组在亚尔培路设立了上海站，由嵇希宗主持，也急于插手接收工作，[10]因此与军统发生了较激烈的冲突。

仅以袁殊的《新中国报》为例，在日本投降的8月15日晚上，便被中统接收，次日，上海市副市长吴绍澍又派人来接收，要改为《正义报》出版，第三天，驻军方面何民魂又派人来要改为《革新日报》，八天后，第三战区顾祝同又要改为《前线日报》，国民党中宣部所属《文汇报》奉其东南专员冯有真之命再来接收，最后，只有被几家瓜分了事。[11]军统局方面为了与中统抢占房产，曾正式行文给"军事委员会委员长公署代表"蒋伯诚，指斥他方"无权干预"军统的接收。[12]由此可见当时争斗的激烈程度。

除了"抢收"之外，"两统"又利用其在沦陷区的人员地域之便，在战后"劫收"工作中"先捞一把"。

国民党政府在战后对敌伪财产的接收工作中，无法控制各地的贪污勒索，以致各方"接收大员"横行无忌，为图私利，中饱私囊而置国法于不顾，不仅接收敌伪财产，收受汉奸贿赂，而且无限扩大范围，霸占人民资财，闹得鸡犬不宁，民怨沸腾，这在整个沦陷区已成为极普遍的现象。其中，中统与军统人员因其"近水楼台"之便，又拥有无限的权力，更可恐吓诈骗，贪污勒索之事举不胜举。除了军统华北办事处长马汉三利用接收贪污中饱，最后东窗事发等例子外，在军统局内当时借接收而大发横财者数不胜数，整个风气已是一团糟糕，而上海、北平、天津等大都市都是"重灾区"。

国民党特务组织在抗战胜利后的接收中，利用他们先入为主之便，充当了急先锋的角色。仅以上海为例：军统在上海劫收了敌伪及市民的多少财产，现已无法精确统计，但他们的贪腐行为在社会上已经造成了恶劣的影响，当时上海民间将进入城市的"忠义救国军"、"别动军"军统武装嘘称为"穿山甲"。当时阮清源、郭履洲等忠救军各纵队、毛森总队等如饿虎入市，将汪伪76号特工总部的全部财产，以及各大小汉奸的私产席卷一空，然后又扩大到各相关工厂企业、洋楼、银行、医院，无所不要，甚至为达攫取目的不惜敲诈绑票勒索，其中他们最看重汽车、洋房和金银珠宝古物。上海人惊呼"强盗坏来了"。[13]

这种状况当然已被当局所了解。8月30日，中国战区陆军总司令部副参谋长兼南京前进指挥所主任冷欣，在报告京沪接收工作致陆军总司令何应钦的电文中说："南京秩序，已渐安定；惟仍大多数机构（特工分子）自立名义，强收房屋及机关，已设法查禁。"9月1日，芷江陆军总部电复："据戴笠电称：'忠义救国军阮清源，系去年12月，业经委座核准其所部八千人开抵上海近郊大漕河，已转饬静待本部命令，方能开入市内；又据报各方面在沪人员，多有轨外行动，请转电严令制止，等语。'查该忠义救国军非指定之受降部队，应转饬不可进入上海区；并对我各方面工作人员严令约束，特电遵照！"冷欣收电后直接去电戴笠："近以日寇投降，我国军大部尚未开入陷区之前……抑且各杂色部队以及地方痞棍，亦皆闻风而起，甚有假借名义强占民居，妄缴枪械，绑架勒索，无所不为！以致京沪一带城市，内外秩序，顿遭破坏，造成极度恐慌现象，舆论沸腾，闾里骚然！若不迅予遏制，后患殊堪忧虑。兹拟恳请我兄遴派能以统率多方面之人员，克日前来镇慑，借资维持地方秩序。"戴笠无奈之中，只好将被控最多的阮清源关押起来。

特务武装的"劫收"进而引起了蒋介石、宋子文等人的出面干预，说明其所作所为已实在过分。在蒋介石的命令下，戴笠无奈交出了一大批赃物。

其后，在军统局总务处长沈醉清点总数时，尚保留有汪伪特工总部的全部财产、敌产东方渔业公司及四十艘机动渔轮、一家大型锯木厂、一家三合板厂、日本东方经济研究所及其附属的东方图书馆等全部财产、日本海军在江湾新建的俱乐部全部财产，还有十多个仓库的物资与大量的建筑材料。这些企业后来都归军统局所有，以其利润为军统局提供经费开支。

戴笠到沪不久的中秋节那天，请一些经过"策反"的汉奸头目及军统上海各单位组长以上人员到杜美路宴会，赴宴的五百余人，几乎每人都乘坐自备小汽车前往，汽车停满了附近四条马路。戴笠看到这种场面，也大吃一惊。他为避免引起外界的议论，宣布命令，今后集会除少数负责人外，其他人所乘汽车一律不准停放在办事处附近。

军统干部们抢夺的洋房也为数不少。程克祥、彭寿一伙抢占了余庆路公寓、淮海路花园洋房两座及江苏路、五原路、长乐路等处的十数处高级住房；毛森将在法租界贝当路的公馆变成了自己的私产；“忠救军”第四大队长和副大队长占据了孙耀东愚园路和淮海路的花园洋房；阮清源则由上海市伪经济局的一名科长为他弄到了华山路600弄的一座洋房。这些无识之徒，只顾抢收，许多珍贵物品和资料竟毁于他们手中。新亚药厂是一家有相当规模的制药厂，其图书馆收藏的一批珍贵药书和制药方面的国外资料，竟被他们在劫收中销毁。

下级胡作非为的根源在上面。戴笠本人在其中也是趁机中饱私囊。据军统局总务处长沈醉回忆说，戴笠“在接收到的财物中，他看中了什么新奇有趣的东西和古代文物字画，只要他用手指一下，便立刻为他所有。汉奸搜括购进的各种进口奢侈日用品，都被他成批地接收过来”。[14]他还曾因收受贿赂而私自放走日本战犯。1945年12月他到北平时，经军统华北特别通讯站北平情报组组长曲福乐从中拉线，与日本战犯远藤见面。远藤“把他在北平的两处房产（一处在翠花胡同×号，一处在弓弦胡同9号）全部送与戴笠，并特送一个鹿皮小袋，内装钻石数百粒，大的有五克拉。戴把此袋终日带在身边”。[15]远藤为日本黑龙会头目，他得到戴笠指令天津军统组织对他“予以照顾，不得留难”的关照后，于1946年2月下旬从塘沽乘轮顺利脱逃。据唐纵日记记载：“雨农兄在时有黄金千余条（或两），美钞十余万元，此事曾告经国、宏涛，钱财均存张衮甫处。”[16]这些资财的来历，也不用细加追究就可明白了。

军统局在劫收中冲锋在前，中统方面也不逊色，因其内控尚不如军统严密，情况更为严重。以下例证可供窥其一斑。

抗战胜利后，青岛市浮山区参议员、中统区负责人谈明华，派其手下调查员罗震寰及王某二人前往青岛市清平路 3 号及 5 号日商亚细亚物产公司找到经理丸田，他们出示中统局工作证后，用勃郎宁手枪顶着丸田的头，说他是经济战犯，要立即逮捕，经王某居间翻译“说情”，逼他交出公司的资产来换取平安。结果日人交出伪钞五千四百万（价值四百九十一点八两黄金），及大米一千〇七十包、海参十六麻袋、鱼干五麻袋半。电话叫车行派大卡车运走，并继续扣留丸田勒索。第二天，又来拿走金饰品六两、钻戒两只、金表一只，连茶具都搜去中饱私囊了。但他们还不满足，一周内又逼丸田交出一大批杂粮和海产，仍由车行派大卡车统统运走。最后勒令丸田迁出，霸占公司房产，从日人居留民团拉来木器家具，几天后，属于中统谈明华名下的“光复舞厅”便在清平路 3 号及 5 号开张了。内以日妓伴舞，华人为女侍，进行卖淫活动，不久被警察局查封。谈明华为此亲往市警察局见局长，说“光复舞厅”是青岛市中统局工作掩护机构，要他立即解禁，否则向中央控告。但警察局不以为然，仍维持原判，舞厅被迫关门。几天后再开，但这样一来，因舞客们都知道了“光复舞厅”的内幕，谁也不敢再越雷池一步。谈明华大怒，扬言要打垮警察局以报其仇。他派人手持其名片和中统局工作证，甚至于佩枪，四处去找各行业同业工会及金店、银号、商家，强行推销“光复舞厅”的舞票，闹得满城风雨。市民控告到警备司令部，为顾及中统局脸面，警备司令部命令其于“禁舞期间”停业。

谈明华敲诈丸田顺利得手，即故伎重演，令苏锡九、于惠舟、王某三人以同样手法继续敲诈日商冈岛美竹伪钞两千万元。在拿到支票后，谈明华一行亲往日正金银行取款，行方以被中央信托局查封为由拒付，谈明华当场令苏锡九闹事，在行内连开数枪，恫吓行方，得逞而去。此外，他还抢劫了青岛日阳商会、村上染工部、光正窑厂等日商企业的资产，包括洗衣机、熨衣机乃至肥皂、砖头等都被他“没收”去了。

谈明华的恶行激起了青岛市民的愤怒，他们收集罪证把他告到市党部，举报书写道：像谈明华这类人，“青岛的党□全坏在你们这帮党混子手里，应当将此类混子驱逐出境……你还是浮山区的参议员，你有这样的贪污劣迹怎样代表民意？你不要想做国（大）代（表），不久我们还要罢免你的参议员。倘若市参议会有你这样的参议员就是全市民之羞，如果再做了国代，更是全国之羞！特此宣告各界注意及之！”[17]

谈明华敲诈贪污事例是国民党下层特务借抗战胜利之机横行敛财的典型例证，这样的事在当时是极普遍的现象，它已成为国民党政权走向没落的标志现象之一，这是国民党当局也不否认的事实。

军统的战后“肃奸”工作

战后接收工作近于尾声时，迫于国内外的压力，蒋介石开始将失去利用价值的汉奸逐步捕交司法机关审判。而抓捕汉奸的工作因事关重大，又涉及重重内幕，蒋介石决定仍将其交由戴笠的军统来进行，这才能放心。

为此，戴笠在军统局内成立了“肃清汉奸案件处理委员会”，以叶翔之为主任委员（后沈维翰继任），并在各地成立了二十五个“肃奸分会”作为其执行机构，遍布各大省会及徐州、开封、安庆等地，甚至包括了由中国负责受降的越南等地。

当时上海的肃奸负责人是军统局上海区长兼上海市政府调查室主任王新衡。戴笠又派出高级督察代表他赴沪进行监察督导，由军统局编印了《汉奸调查专册》，准备进行追捕。

但戴笠为了利用这些汉奸，迟迟不采取行动，一些人所共知的大汉奸，除周佛海、任援道等一批伪军头目已由蒋介石、戴笠分别委派官职，公开加以包庇外，其他许多头面人物不仅继续逍遥法外，且气焰嚣张。在蒋介石放任的情况下，伪国民政府主席陈公博公然带着妻子、亲信、秘书等逃往日本。原维新政府头目、汪伪立法院长梁鸿志，历任伪南京市长、江苏省主席等职的大汉奸高冠吾等多人也隐名埋姓藏匿起来。在全国舆论压力下，戴笠于9月下旬才开始行动，拘捕大汉奸。

1945年9月26日凌晨，南京军统人员逮捕了伪实业部长梅思平、伪教育部长李圣五、伪海军部长凌霄、伪军委员会总参谋长胡毓坤、伪最高法院院长张韬、伪宣传部长赵叔雍、伪建设部长傅式说、伪司法行政部长吴颂皋、伪立法院长温宗尧、伪清乡事务局长汪曼云、伪湖北省长杨揆一、伪国府委员项致庄等多人。27日，“京沪行动总指挥部”正副秘书长程克祥与彭寿在上海南市火车站附近烟贩拘留所成立了关押中小汉奸的看守所，“一般人犯，俯首就押”，少数逃走，“更有人找上门去自报曾在汪伪中任职，因名单中查无，竟遭拒之”。[18]由此可见，所谓“肃奸”，在当时已成变了味的政治闹剧。

因蒋介石预定于12月11日要到北平视察，而北平的汉奸们还在逍遥法外。戴笠怕“肃奸”未行而出意外，急忙于12月初赶到北平，他决定采用诱捕的手段，以伪华北政务委员会经济总署督办汪时璟的名义发出宴请，于12月5日在兵马司1号汪公馆请王克敏、王荫泰、王揖唐、曹汝霖等华北巨奸集中赴宴，正当酒酣耳热之际，戴笠突然光临，宣布“入席诸位被捕，生活上已奉命做好安排，希望安心守法，听候国法之审理”。[19]随即分别押送至炮局胡同监狱。接着在北平全城开展搜捕，至8日，先后逮捕了五十二人。与此同时，在天津也逮捕了数十人。16日，派少将参议周济用美国军用飞机将立了“功”的汪时璟连同逃到北平的蒙奸德王（德穆楚克栋鲁普）、李守信护送到重庆。对褚民谊、陈璧君等汉奸头目，也是采用诱捕的办法，先由戴笠以蒋介石的名义，致电褚民谊，请他陪同陈璧君赴重庆，“共商广东善后事宜”，随后派军统局广州站负责人郑鹤影将褚、陈诱骗至广州市郊软禁，11月初，以蒋介石接见为名，将他们骗往南京逮捕。

据戴笠声称，到10月中旬，各地捕获的汉奸罪嫌疑分子，已达四千人，所有通过政府通缉有案，与检举调查属实者，“已全部落网”。

对于身为汪伪政权的第一号汉奸的伪国民政府主席陈公博，蒋介石出于历史的旧怨，对他穷追不舍。虽然陈公博使出金蝉脱壳之计，明里散布其已自杀消息，暗中潜逃日本躲藏，但蒋介石以他对陈的了解，没有上当。他命令军统四处侦探，终于破译了陈公博自日发回的有关财产处理的密电，得到其逃日之确证，向驻日美军进行了交涉，最后将其从日本追回，交付审判，因对他新仇旧恨并报，宣布处死。

对汪伪第二号汉奸周佛海，因其早已与军统勾结，胜利后协助国民党“守土有功”，且有交出税警团、上海保安部队及伪十二军（十二个团）等武装，并交出巨额资财等的“优良”表现，被蒋介石令军统保护起来。9月下旬肃奸开始时，戴笠便“劝告”周佛海电呈蒋介石“请准辞职”，把军队、警察权及伪中央储备银行的家当统统交与戴笠接收，计有伪“中储行”库存黄金五十万两千三百一十两、白银七百六十三万九千四百四十五两、银币三十二万元、美钞五百五十万美元、日钞九百二十三万日元、日本公债二十亿日元以及大量股票与不动产等等，肥了军统。30日，戴笠亲自陪同周佛海、罗君强、丁默邨、杨惺华及伪中储银行总务处长马骥良等巨奸，由上海乘飞机到重庆，将周等幽禁于白公馆，供给优裕的生活。直到最后抵抗不住社会舆论的压力，才被迫付诸审判。周佛海在法庭上辩称他早已向渝方输诚，并要求军统局作证，但法院方面以他是汪伪首要以及在太平洋开战后才反正，有投机之嫌疑，又未办正式自首手续，仍判处其死刑。军统局在此关键时刻呈请蒋介石出面干预，并说明如坚持处罚，则周的家人威胁要公布蒋介石当年给他的亲笔赦免信，暴露蒋周之间的秘密。后经蒋介石侍从室主任、周的好友陈布雷的安排，在军统局毛人凤陪同下，周佛海之妻见到了蒋介石，她跪下求情，蒋介石对她说：“这几年，对东南的沦陷地带还亏了佛海，我是明白的。起来，安心回去罢，让他在里面安心休息个一、二年，我一定会让他再归来的。”周妻听此如蒙大赦，向蒋叩了三个响头而去。[20]于是，周佛海得到了蒋介石亲自下令的特赦救命书，继续在狱中享受优待，直到病死。1946年3月，戴笠撞机暴死后，周佛海明白自己失去了保护伞，不禁发出“惊心旧友成新鬼，彻耳呼声变怨声”的叹息。

由于蒋介石集团在抗战期间与敌伪方面有各种形式的秘密勾结联系，胜利之后如何处理这些汉奸，特别是像陈公博、周佛海、丁默邨等知名大汉奸，就成为他们最棘手的问题了。本来戴笠是想以“循政治途径解决”的方式来给他们中的一些人寻解脱，他说：“汉奸问题复杂……故汉奸问题之解决，政治尤重于法律。”[21]他在到上海看守所视察时，曾对在押的汉奸唐寿民等表示：“抗战已经胜利，政府不为已甚。有些案子，将会不经法律程序，而以政治手段来解决。”这就是说，对某些汉奸的处理，将不以事实、法律为根据，而是以蒋介石集团的利益为定夺。故国民政府在1946年11月公布的《处理汉奸案件条例》中就规定“曾为协助抗战工作或有利于人民之行为证据确凿者，得减轻其刑”。但这些只是就对蒋介石、戴笠“有用”者而言的，他们并不想也不可能包庇全部汉奸。对于那些无后台或蒋、戴仇恨的汉奸，由于戴笠的亲自出马部署，并采取翻脸不认账的态度，总计军统局在所谓肃奸中，除陈公博、陈璧君等巨奸外，在上海还逮捕了各类汉奸三百二十一名，在北平抓获二百六十九名，在全国共肃奸四千六百九十二人（一说为五千四百五十五人）[22]。其中移交司法审判四千二百九十一名，移送军法机关三百三十四名，交航委会处理二十四名，在押病故经法院检验备案四十三名。有资料说当时审判汉奸的原则是“只问职位，无关罪状”，量刑标准是：除南北汉奸政权首恶梁鸿志、王揖唐、陈公博死刑外，伪省长级原则上亦处死刑，部长级为无期徒刑，次长级为七至十年有期徒刑，局长级为三至五年，其余被诉人均处两年半徒刑，“以示薄惩”。[23]

当时所谓的地下军统人员与被捕汉奸们真是真假难辨，有一个笑话说：在南京宁海路21号军统局看守所（原“76号”南京特工站），1945年11月开始收押汉奸，首任所长徐文祺，原是汪伪时期伪行政院秘书长周隆庠的“庶务科长”，号称“地下人员”，他与大小汉奸都很熟悉，当陈璧君、诸民谊等押来时，徐去视察，有奸囚见到他时，竟招呼说：“老徐，怎么你倒先进来了？”一时问得他面红耳赤，有些忸怩、尴尬地回答：“我们不谈这些……”[24]

军统局还在各地总计查封汉奸“逆产”一千四百五十六户，发财无算，其中难免有许多的公报私仇、巧取豪夺和误抓乱判等情发生。在这段时间里，如平民被军统指为汉奸就意味着最恐怖的家破人亡。

第三节　中共领袖专机坠落之谜

1945年5月5日至21日，中国国民党第六次全国代表大会在重庆召开。面对国内外局势的变化，大会将动员国民党全党力量发动反共反人民的内战作为中心议题之一。在18日的大会上，蒋介石明确指出：“今天的中心工作，在于消灭共产党！日本是我们国外的敌人，中共是我们国内的敌人！只有消灭中共，才能完成我们的任务。”[25]因这一改变，戴笠的反共意识此时也占了上风，他认为：“抗战并未真的已经胜利，因为对付共产党比打日军更困难十倍百倍，所以不能说是已经胜利。就所负责任来说，只能说旧的告一段落，新的更困难，刚刚才开始。”[26]在此浓厚的反共气氛之下，国民党特务组织把工作重点全部转移到了反共活动上来。

1946年4月8日，结束了“皖南事变”后被监禁生活的原新四军军长叶挺将军，奉命由重庆飞赴延安，但途中飞机撞山坠毁。过去一直说飞机失事是天气原因所致，时隔半个世纪后，叶挺将军的长子叶正大向外界说出了他所知道的飞机失事内幕。

叶挺将军当时乘坐的是一架美国空军C－47型运输机，同机的还有其他中共领导人王若飞、秦邦宪、邓发等中共中央领导同志，以及叶挺夫人李秀文、女儿叶扬眉、最小儿子阿九和保姆。飞机于4月8日上午8时45分飞离重庆，按预定时间飞到西安机场，休息加油后继续向延安飞去。这期间，飞行员曾与延安美军电台联络过一次。但前来接机的人们在延安机场等了很久，也迟迟看不到飞机的影子。直到天都黑了，人们才得到消息，这架飞机已在下午2时左右撞上山西境内的黑茶山，机上人员全部遇难。

1952年夏，留学苏联的叶正大利用暑假时间回国参观学习。一天中午，周恩来总理接他到家吃中午饭。在吃饭的时候，周总理动情地说：“你父亲座机失事，过去只是说在浓雾中撞上了山，今天我可以告诉你，当时肯定是有人做了手脚。只有国民党的特务才能干出这种事，否则无法解释。因为飞机是一直正常飞行的，那时延安只下了点小雨。C－47型飞机可以飞越驼峰，性能是好的，飞行员是美国飞虎队队员，技术也是好的。为什么在快到延安的时候突然电讯中断，迷失方向？出事后，从飞机的残骸中发现一份迷航的报告，证实迷航是确实的。为什么会迷航？就是因为有人在仪表上做了手脚，使仪表突然失灵。”

周恩来还说："当时我们还没有确切的证据，不好明说是国民党特务干的，你没有真凭实据，去和国民党交涉，那将会给当时反对内战、争取和平的谈判斗争带来不利的影响。所以当时新华社发布飞机失事消息时，是这么说的：飞机'想系'在浓雾中撞山失事。'想系'两个字就是个伏笔。"

周恩来还告诉叶正大："那次飞机失事后，为了防止国民党继续破坏，我向国民党政府和军调处提出一个要求，以后凡是我党中央委员和高级将领坐你们的飞机，一定要有一位国民党的将军陪同。他们答应了这个要求。"

叶正大说："周恩来总理以他敏锐的政治嗅觉，嗅出国民党特务做了手脚的阴谋。参加清理失事现场的基层公安干部讲了四条失事情况，分析后说失事原因是不解之谜。那么今天就让我们来破解这个谜吧！（一）飞机是从重庆出发到西安稍事加油后北飞延安，直到距延安三十公里甘泉地区，一切飞行和地面无线电联系正常，隆隆的飞机声延安机场都可以听见了。正在准备着陆之前，国民党做了手脚的措施起作用了，使飞机不飞向延安，而竟飞到东北方向，甚至飞到黄河以东黑茶山。（二）当时，延安在下小雨，黑茶山是山上下雪，山下下雨。就是说黑茶山的天气比延安的天气更不好。黑茶山只有两千多公尺高度，而飞机是'撞在黑茶山侧峰巨石上……才爆炸和起火的……如果飞机再飞高一些，也不会撞在巨石上了'。飞机可以飞六千多公尺高，而飞机在两千多公尺撞山，显然，经过国民党特务做了手脚后，飞机的高度表失灵了。（三）在遗物中有一份有关迷失方向的电报稿。这就是说飞机承认已迷航，地面指挥也知道了飞机已迷航向。根据以上三个事实可以作出下面的分析：国民党特务在西安飞机稍停加油时用简单的定时破坏装置装到飞机的磁罗盘和压力高度表线路上，当飞机飞向延安到达甘泉地区后磁罗盘和高度表同时失灵，致飞机迷失了航向和高度。一般来说，飞行员在自己随身的文件夹中，是应该带有标示着飞行任务航线的地图的。按照地图飞过黄河那么大的目标，是可以看见或者感觉得出来的。当时下面天气不好，是一片云雾，地图上肯定有山的标高，高度表又失灵了，你发了迷航电报，下面可能是一片山地，你为什么不飞高点？这里可能有飞行员和地面指挥的错误，但主要原因还是国民党特务在西安安装了定时破坏装置，把磁罗盘和高度表破坏了。飞机的航向和高度系统是飞机的三角神经，是非常容易破坏的。而且当时的C-47型飞机和现代的飞机不同，没有无线电全罗盘和无线电高度表，更没有卫星定位系统和飞行数据记录系统（就是普通说的黑匣子，出了事故后可以分析事故的原因的记录仪器）。和现代我们中国的客机比较，C-47是很原始的。因此，用简单的方法就可以使飞机失灵。”

叶正大回忆了上述历史后表示了他的愤怒：“在飞机上做了手脚的国民党特务如果当时是三四十岁的话，现在也应该是八九十岁了，在世界上也所剩无几了！但是我今天还得再说一句：‘我痛恨你们，国民党狗特务！’”[27]

如今，事情的真相已经揭晓，一切都如周恩来所述。后来隐居台湾多年的军统特务杜吉堂在临死之前，终于良心发现，鼓起勇气道明了事件的真相。

当时中共领导人的这次飞行被军统安插在空军中的调度科科长王平虎探知了，王便电话通知了南京。军统局闻讯立即决定由中美合作所特工队队长杜吉堂负责进行破坏暗杀行动。杜吉堂知道这次暗杀行动的对象都是中共高级领导干部，因此十分慎重。他找到其下属有关特务商议，要求做得干净利索，不能留下任何把柄。有内行特务出主意说可以破坏飞机的飞行仪表，使飞机迷航，最后自然会坠落。这个计划立即被批准实行。

他们查到担任这次飞行任务的C-47运输机的飞行记录和档案材料，杜吉堂派特务杨耀武伪装成机修人员，在王平虎安排下，参加了飞机飞行前的安全检查，在检修过程中，杨耀武在飞机的高度表和磁罗表反面放上了磁铁。

4月8日上午，载有博古、叶挺等中共重要人物的飞机从重庆起飞，首飞西安加油。这架飞机是由有着3000小时飞行经验的美国飞虎队飞行员驾驶的，起初，他只是觉察到飞机有些异样。西安加油再飞后，已接近延安。然而，此时天空忽然刮起了大风并下起了冰雹，严重影响到飞机的正常飞行。 在飞机上下颠簸时，杨耀武暗放磁铁的破坏作用加倍了，飞机导航系统首先失去了作用，使飞行转向了东北方向，飞到了黄河以东的黑茶山。

当时黑茶山地区雪雨交加，能见度很低。由于飞行高度表上磁铁的破坏作用，一般正常飞行高度在6000米以上的C-47运输机最后竟撞上了高度才2000多米的黑茶山。就这样，一场蓄意制造的“空难”实现了军统特务对中共一批重要干部罪恶的暗杀阴谋。[28]

第四节　军统与中国原子弹研制计划

1945年8月6日及8日，美国用刚刚研制好的原子弹轰击了日本广岛、长崎两个城市，给日本帝国主义造成了巨大的威慑。从此，原子弹成为二战结束后举世瞩目的“新式武器”。日本投降尚不满两个月，重庆国民政府驻瑞典大使何凤山，从斯德哥尔摩给蒋介石发来密电，报告了苏联也在研制原子弹的消息：“据瑞典新闻社称：莫斯科科学院物理研究所，自一九三四年，在卡普甲教授督导之下，已完成分离原子之试验。据苏联发言人称，用苏联制造爆炸性原子之方法，制造原子弹，其成本较美国所制者为廉。”十天后，军事委员会军令部第二厅厅长郑介民也呈来一份《情报辑要》，报告军统局驻伊朗德黑兰的情报官黄于安密电，声称：“据伊朗参谋本部密息，德国流亡科学家在喀尔巴阡山，造成新原子弹，较美国者简单，力大，成本亦低，英苏两方正力图罗致，确否待证。”

这两通电报叙述内容，当时只是属于一般的情况汇报，并未引起蒋介石的关注。但是不久之后桂系领袖李宗仁的提议，却使蒋介石开始真正动心，积极计划着手研制原子弹的大事了。而在这当中，军统局发挥了一定的作用。

1946年1月间，军委会北平行营主任李宗仁，得到了一项极为秘密的情报，指出：日本在侵华战争期间，曾由陆军省秘密派遣了一支技术队伍，到中国张家口地区采掘放射性原料准备用来开发原子武器。日本投降后，这个工作小组有三十余人被中共军队逮捕，其余全都隐姓埋名藏匿在北平。李宗仁于是下令寻觅这些躲藏在北平的日本原子弹研究者，并希望这些日本专家能协助中国研发原子弹，与美、苏两国一争。

1946年2月1日，李宗仁密电重庆蒋介石，报告："渝委员长蒋：9965密。据报，敌'华北交通会社'日人西田称：（一）日陆军省曾派来我国张家口地区技术人员七十余，端事采取原子原料，于日军投降后，有三十余人投入奸党，其余人员均散居北平。如我政府愿予留用，西田决能招集彼辈在中国研究，并将原子能设计成功报告，尽量使其早日成功，否则均不愿予以发表。（二）该项技术人员曾在张家口取得一部原子弹原料，空运回国，对察绥各地矿产，探查甚详，两地原子铀之出产，仅百灵庙一处，年产铀可达六吨。（三）在日本投降前，日本已装有五部机器，开始研究原子弹，后以美国发现，致将该项机器全部破坏。但此项技术人员，均在日本内地，并详悉其姓名住址等情，关于是项研究工作，我国尚无人主持，似应由中央指派专家商讨研究，如何之处，谨电呈核。"

李宗仁的来电给了蒋介石极大的启发，即可以利用日本的原子专家来为中国研制原子弹。但蒋介石转念一想，也存有许多的疑虑。第一，日本的原子技术是明显落后于美国的；第二，研制原子弹的科技，应该掌握在中国人自己手里，而不应该依赖日本人。因此，最重要的还是要培植中国的原子专家；再者，蒋介石的性格是多疑的，他和桂系及李之间，一直存在矛盾，他一贯对李宗仁不敢轻信。

由于蒋介石不放心李宗仁，转而私下交付给军统局戴笠一项任务：查明抗战时期日本在中国境内研制原子弹的详细经过。

不久后，戴笠接连呈报给蒋介石几份密电和报告，由国民政府军务局上校参谋陈廷缜转呈给蒋介石，证实了李宗仁密电的内容。

戴笠的调查进一步证实，日本早在战前，就由东京大学和大阪帝国大学，以学术研究为名义，自美国进口了一部原子分解器，专供一名叫西野的原子物理学家研制原子弹之用，并在东京设置了"理化研究院"，配备了专用研究室。日本战败之后，美军占领日本，这部原子分解器和西野研制原子弹的初步成果，全部被盟军统帅麦克阿瑟下令抛入海中，一切均已化为乌有。

戴笠向蒋介石报告，假如李宗仁之前提及的西田正是西野本人的话，应该赶紧派人把他控制起来，以免他落入其他国家手中。据戴笠查证，西野的实验室已提炼铀元素二十二磅，如果能把他争取到手，这二十二磅的精炼铀就能掌握在中国人手中，要进一步开展原子弹的研究，显然要事半功倍得多了。

戴笠还建议，希望仿照美国最初研制原子弹的成例，成立一个“顾问委员会”，由专事制造武器枪炮的兵工署来督导有关研制的工作。

既然仅百灵庙一地蕴藏的铀矿一年就可以挖掘六吨，原材料供给不成问题，而专业人才又有日本留在中国的原子专家，天时、地利、人和的条件均已初步具备，这激发了蒋介石对制造原子弹的浓厚兴趣。他在看过报告全文之后，批示“如拟”加以批准。

虽然蒋介石对李宗仁的报告未予理睬，而是派军统接手了有关的调查工作，但李出于军人的本能，对原子弹研究及原子弹在战略和战术上的重要价值仍持着高度兴趣。在给蒋介石发出密电后不久，李宗仁又发去第二封密电，报告了西田草拟的全新研究计划。当时按程序这些电文交由军政部核办，军政部长陈诚因战后接收及军队调动事务繁多，无暇顾及这没影的原子弹计划。

1946年6月1日，第十一战区司令部参谋长兼北平前进指挥所主任吕文贞电呈蒋介石，称战区司令部秘密留置了一个名为石原茂光的日本人，据称是日本研究原子弹专家之一。他在接受审讯时交代，日本方面已在中国采集了将近五公斤的铀原料，这批铀原料储存在日华北驻屯军的军备库中，第十一战区目前正在秘密追查这批铀原料的下落。石原茂光还声称，以储存在中国的现有材料，即足够试造出“酸化铁原子弹”，这种原子弹的威力估计为铀原子弹的四分之一，破坏范围可达六十四平方公里。吕文贞在电文中最后向蒋介石献计：“查原子弹为国防潜力所关至巨，除已照实验计划准备各项材料外，拟请指定地点准予秘密试验，俾获成果，以资利用。”

7月24日，军政部长陈诚综合各方面信息，给蒋介石上了一份比较完整的报告：

“1．日人西田已返国，未能晤及其所拟计划。可注意之部分，仅为日人调查我国北部铀矿之结果，所拟‘提炼’及‘化学’部分俱无具体计划。该日人既已离华，其调查结果现亦无法取得。

2．日侨石原茂光等所拟之计划及图样等，多属谬误，显未受物理与化学基本训练，无考虑之价值。

3．拟定办法俟吕参谋长与北大郑教授洽复后再行呈核。”

其结论是关于日本人在华研制原子弹“确有此事，但是查无实据”。

此时，蒋介石对研制原子弹一事，已把注意力从寻求日本专家转移到由国人自行研制的途径上来了。他根据陈诚报告中提到的北大教授吴大猷、郑华炽等有关专家的线索，准备任命他们来组织班底研制原子弹。负责执行此一计划的，便是后来成为蒋介石儿女亲家的兵工署副署长俞大维。俞大维向蒋保荐了当时还在西南联合大学任物理系教授的吴大猷，并建议由吴担任研制原子弹计划的首席专家。

蒋介石随即在重庆召见了吴大猷，他向吴表示，已下令拨给经费十万元法币，开始这项秘密的研制计划，并且指示兵工署腾出一间大礼堂，供作原子弹研究室之用。吴大猷听完蒋介石的意图后说，发展原子弹，钱不是主要的，最重要的是人才，有了专门人才，才能克服研制工作中的困难。蒋介石当即向吴大猷承诺，有关人才的罗致，请吴大猷选拔组织，并可以拨用美国退还的庚子赔款，作为奖助人才赴美国深造的经费。于是，在吴大猷带领下，包括杨振宁、李政道、朱光亚在内的这批物理学的年轻学子，踏上了留学美国的旅途，只是蒋介石万万想不到，三四年后，国民党即从大陆全面溃败，撤退台湾。而学成回国的朱光亚等人在毛泽东的号召下，于1964年10月为新中国研制成功了第一枚原子弹。

蒋介石召见过了吴大猷以后，吩咐俞大维要继续延聘人才，积极展开原子弹研发工作。除了吴大猷教授之外，其时担任西南联合大学物理系主任的郑华炽，知名化学家曾昭抡（曾氏为曾国藩曾孙），西南联大教授、数学家华罗庚等，因此都成为兵工署研发原子弹的核心专家。1946 年 6 月，一个以研制原子弹为核心任务的“原子能研究委员会”正式成立,它是在“军事委员会”改组为国防部之后，成立的第一个国防科技研究单位。但因事涉机密，这个单位始终只是处在秘密运作状态下，其核心人物包括俞大维、曾昭抡等十一人。他们按照计划，与早先成立的“国防科学委员会”密切配合，着手开展了原子弹的研发工作。

然而，国内局势的发展，并不遂蒋介石之意。随着国共两军辽沈决战的开始，国民党政府军费渐呈捉襟见肘之势。除在美国深造的学者仍然供给有限的经费而外，“原子能研究委员会”因无钱，只能维持着一个空架子，研制原子弹的单位不仅不能再发展，且还有逐步缩减的打算。

1947年4月21日，国防部长白崇禧呈送了一份《要件演示文稿》给蒋介石，“请设立原子物理研究所”。该文称：“本部对于原子能研究问题，曾报奉钧座批准成立原子能研究委员会，聘请俞大维、曾昭抡等十一人为委员，因无的款，仅能做策动及建议诸工作。关于实施研究方面，前军政部已派吴大猷、曾昭抡、华罗庚等三教授，赴美国考察原子物理研究。顷据该员等拟呈国立物理科学所设备计划及预算，应需开办费约一百四十余万美元，第一年补充设备费一百万美元，共为二百四十余万美元，至建筑所需之国币数字尚不在内。”这份呈文发出后，有如石沉大海没有下文。一个多月后，由蒋介石兼任院长的行政院，终于把这份公文递送到国民政府主席蒋介石的办公室。蒋在这份公文上批示：“目前国库支应浩繁，外汇亦须节用，所请设立原子物理研究所一案，似应缓办。”这意味着本来计划大张旗鼓的“原子物理研究所”，最后终因内战军费支出过于庞大而被迫中止，国民党政府在大陆时期的原子弹研制工作，即如昙花一现而结束了。后来到蒋介石二度准备研制原子弹，已是在他退踞台湾四五年后的事。[29]

戴笠和军统局在蒋介石政府准备研制原子弹一事上，充当了某种的角色，他们的作用，还是在搜集有关日本的情报方面，从中我们可以看出蒋介石对军统局的信任重用和他们的工作。

第五节 国民党特务组织在基层的活动——以江苏省泰兴县、六合县为例

从纵的方面来看，国民党特务组织有影响的大活动主要集中在总部一级的行动，但在其组织发展的高峰期，中统与军统都在各地组建了省市乃至县一级的机构。当然，这些下级组织，活动的能量比较总部要少些。在国民党统治区和国民党与中共、日伪的混杂区，国特组织分支机构因工作之需，发展得比较普遍，如抗战时期的江苏省苏中地区和战后的江苏省境内，因历史上属于国民党势力的直辖地，党政势力较强，中统与军统基层组织设立较多，活动频繁，可为研究国特组织在基层的活动提供较多的资料。

抗战期间，江苏苏中泰州、泰兴与靖江地区，是国共两党和日伪势力的"拉锯"地区，三方斗争形势异常复杂。客观形势给国特组织在这一地区的活动创造了有利的条件。

抗日战争胜利后，为了加强对江苏的控制，配合国民党军在江苏地区的军事行动，南京政府加强了中统、军统这两大特务系统在这一地区的活动。内战进入中期以后，江苏北部人民解放军已转入局部反攻阶段，国民党在江苏的统治已出现崩溃的征兆。在这种情况下，中统、军统为作最后的挣扎，在江苏的活动更加猖獗。

中统方面仍以国民党各级党部为其活动基地。1945年11月在镇江重建了江苏省调查统计室，属中统局直接领导，代号"苏重光"，由季璞任主任，下设秘书室、电台和组训、侦行、情报、总务四科，并负责管辖各行政区室。1946年5月季璞免职，改由俞嘉庸以"中统局驻苏特派员"的名义设立办事处，实际主持江苏省调查统计室的工作。其时，组织代名为"吴建亚"、"张乃成"，情报代名为"苏公信"。下设第一（组训）、第二（党派）、第三（党政）、第四（总务）科及秘书室、电台；原各行政区室撤

销，改置督导员，于南通、泰州、淮阴三地增设战地临时工作团第一、二、三团，并以江苏省建国通讯社和江苏省靡励学社为其外围组织；镇江慧民典当行为其控制机构。在工作方式上以“特种汇报”（“党政军联席会议”）的形式来组织。1947年4月，俞嘉庸调浙江任职，遂由江苏省主席王懋功侄婿戴天强任省室主任，对内并恢复旧名“中统江苏省调查统计室”，组织代名为“祝永年”、“裘胜安”，内部机构设置仍维持原状，各行政区室予以恢复。原战地临时工作团第一、第二团，随着国民党军对苏中南部地区占领和控制的加强，已于上年底撤销，第三团则仍予保留。10月间，国民党中统局在党内外反对特务统治的呼声压力下，被迫改组为“中央党员通讯局”，中统江苏省调查统计室亦改名“江苏省党员通讯组”。以后，为进一步蒙骗舆论，中统江苏省室还以“转业”为名，将一批省室人员安排到江苏省政府统计处，增设第三科，以利用公开的政府机构来掩护其特务活动。上述组织名称的变动，均为掩人耳目，其实际的工作性质与内容并无变化，中统江苏省室对内仍继续存在，其机构设置亦未改变。这一时期，中统还增设了“江苏省生产建设学会”为其外围组织，增加了无锡永义粮行、常州永仁粮行为其控制机构。1948年7月，戴天强去职；8月，由周汝唐接任江苏省室主任，其内外部机构设置，大体同前；组织代名“裴志清”、“顾怀仁”。1949年初，全省江北地区已全部解放，中国人民解放军即将渡江南进，中统江苏省调查统计室先后随国民党江苏省政府撤驻苏州、上海，再撤至台湾，其在大陆的活动，遂告结束。

江苏省中统特务组织，自抗战胜利至江苏全境解放，在江苏地区，进行了大量的反共活动。归纳起来，主要有以下三项：

第一，搜集情报，进行策反，破坏中共地下党组织及其活动。1946年初，在青浦县将苏北解放区合作社的一艘运送物资船只查获，没收手摇发电机十三部及药品一批，扣押运送物资者多人。全面内战爆发后，又于8月在苏北建立战地临时工作团第一、二、三团，开展特务活动，侦察中共秘密组织，配合军事“清剿”。该三个团均配有电台，分别领导所属各县工作；到处以“联合商行”的名义，组织所谓“策反委员会”。俞嘉庸在任职期内，到处建立搜集情报的据点，派特情人员打入中共和民盟内部，仅南通地区就建立了十一个特情据点。1947年春，趁中共江都地下县长去瓜州、镇江工作之机，将其逮捕；同年秋冬，又在镇江将解放区合德镇赴江南采购物资的船只截获，逮捕其押运货物人员。1949年1月，省调查统计室在无锡召集沪宁沿线各县及江阴、宜兴、溧阳等县室主要负责人开“行动”会议，布置在京沪沿线地区进行大逮捕，作垂死之斗。

第二，采用各种手段，破坏国统区群众的爱国民主运动。1946年6月23日，当上海人民和平请愿团所乘列车途经镇江时，中统江苏省室主任俞嘉庸受中统局指示，率特务分子及苏北逃亡地主、恶霸数百人，以“难民”名义，阻挠请愿；中统江苏省省会实验区室的特务，将赴京请愿的民主人士拉下火车，要请愿代表看看所谓“共产党赶出来的难民”，并提出要“向共产党去请愿和平”。此外，省调查统计室还通过控制学校校长、指使有特务身份的教师恐吓学生等手段，破坏了镇江中学、东南职中和江苏医学院等校的罢课斗争。

第三，在失败前夕，布置应变，企图长期潜伏。1948年10月18日至21日，由省调查统计室主任周汝唐在镇江召集长江两岸各县室及松江区室、海防区室的负责人举行“应变”会议，宣布江苏省中统已进入“应变”阶段，批示各级组织“积极、秘密地发展新的组织关系”，撤销外围组织，遴选“灰色同志”做潜伏对象，立即转入隐蔽活动。1949年3月，周汝唐在无锡再次召集沪宁沿线各县及上海办事处所属各县县室负责人开会，继续部署预伏工作，强调潜伏重点应在工作，要求各县室立即在工厂内积极开展活动。

在泰兴，中统局于1945年10月至1946年4月派出首任调查专员张炎前往工作，因其“在工作期间贪污被揭发去职，第二任调查专员即由省方派季玉光来负责”。[30]1947年2月13日又派出朱柳生为泰兴县调统室第三任调查专员，开展工作。到1948年6月间的年余时间内，共召开了十四次工作讨论会，组建了东南工作站及城区工作组、行动队等组织。主要的工作为刺探中共情报、监视破坏学运、工运等。具体内容是："1．敌伪匪分子调查（前曾印发表格及潜伏我方机关人员调查）；2．各地区匪活动调查统计（番号、人数量、一定的流窜）；3．我方社会调查（歌谣等）；4．收集材料（我、匪）；5．我方军事情报；6．经济情报；7．地方动态；8．党务调查。"[31]从当时留存的档案记录来看，中统基层组织的活动能量有限，工作成果不多，组织人员成分复杂，有许多是从苏北逃出的难民中招募的，还有当地的社会流民，故每次会议中，都要讨论严肃组织纪律加强工作管理的问题。部分基层特务，以生活费无着落，要求中统发钱而后做事，以免家中妻儿挨饿。所以每每会议结束时，专员都要被逼答应给各小组发钱以维持。尽管如此，朱柳生依然指出组织内的"一般通病"是："1．只求无过，亦不求有功；2．马虎下去，反正不拿津贴（拿不到钱）；3．虽有工作热忱而不肯实践；4．不可能为职业着想。"他希望下属们："对工作应：1．不是等待而是主动的做；2．工作的代价问题是需要事先多考虑的。"

在1948年2月21日的各组工作会议上，基层组织内的种种问题暴露无遗，各组负责人提出下列问题："1．针对组织同志所犯错误应否有计划地彻底整风；2．破坏组织之言行应彻底反省以求更生；3．遵守组织秘密之表现不够；4．吸收发展同志之素质问题应有所标准；5．应当针对现实，对自己同志是否多注意整风；6．上级同志对新参加同志应否加以教育和接近；7．拿出具体对策应付三区恶劣环境；8．上层应正确掌握下层的政策；9．上级仍然要顾及下级同志现实利益"，要求回答。

朱柳生说："关于泰兴的时局以及我同志的工作态度，则我认为：1．对内部的政治形势是不必过分兴奋及悲观的；2．个别的同志公开工作地位与组织工作，是否能努力的控制与发展下去；3．不能切实的做到民主集中的建制；4．领导者的处置是否法能及私、以身作则的问题；5．组织内部不能有个别同志私人的利害打算而致有碍工作。"他要求："1．认清我们的组织是泰兴的广义集团；2．会议制度是否采取民主与集中制；3．整风问题，应对哪些同志整风；4．如何展开对同志作一个中心思想的号召。"这次会议决议召集高干会议，进行整风，对“个人行为不检者”、“违反组织工作利益者”给予开除等处分。[32]由此可见中统基层组织的确问题多多。

在军统方面，抗战时期军统局江苏站的公开名称为“江苏省政府调查统计室”，随江苏省政府设于安徽省太和县，主任张寿谦，在沦陷各县分设小组；苏北地区各组统由余化东领导。

抗战胜利后，军统江苏省站由皖境迁至镇江，主任曹秦予。在抗战胜利前后，苏南地区有军统局东南特区苏南站之组织，以黄毅斋为站长，范植元副之；1945年12月后改组，由季仲鹏主持该站全盘业务。省站先后设于武进、苏州、无锡，内设情报股、侦行股、总务股及电台；其外勤单位有无锡、苏州、镇江三分站，上海特组及武宜、昆太、丹阳、常州、常熟五组，并在苏南十六县设立联络参谋；掩护名义先后为“军委会忠义救国军苏南行动总队”、“陆军第三方面军无锡情报搜集所”和“无锡城防部情报组”。

1946年10月，军统局被迫改组为国防部保密局。保密局接管江苏站后，将其组织一分为二，即苏南站和苏北站。苏南站设于无锡，由季仲鹏负责公开单位、朱崇文负责秘密单位；其本部设书记、情报、总务、肃奸、工厂警卫等部分，外勤设无锡、苏州、上海、镇江、常州各组，在江南二十八个县市设有联络参谋。12月，苏南站改称苏南分组，负责人朱崇文；1947年3月，改由富英负责。苏北站设于扬州，负责人为朱剑农，公开名称为陆军第二十五军高级参议室，外围机构为“中国新社会事业建设协会苏北分会”，重点负责江都、泰州、高邮、仪征等地的情报工作；1947年春，朱因案去职，苏北站名义撤销，另由卞晓春组织苏北行动组。

1947年5月，保密局江苏站重新成立，站长毛森，站址设上海；12月，江苏站改组，由蒋剑民任站长，站部由沪迁南通，其业务重心在于协助第一绥靖区司令部布置苏北解放区的据点的工作，下辖淮安、高邮、南通、苏州、泰州、宝应、扬州各小组。苏南地区先为富英主管之苏南分组，设无锡；自1948年1月起，改称苏南分站，站长魏光清，站部设苏州，内部设情报编审、军需会计两部分，外勤设无锡、苏州两组，各县分设通讯员、应用员。苏北方面，1947年秋，卞晓春因案去职，原苏北行动组缩小为扬州组，又称三人小组，由姜涌代理组长。

1948年2月，军统局江苏站撤销，原江苏站被划分为苏南、苏北、国际三直属甲种站。苏南地区，由原江苏站秘书曹正元任苏南站站长，副站长顾盼，站部设无锡，以“首都卫戍司令部无锡指挥所情报室”的名义为掩护；内部设情报、特研、侦防、工运、电台、总务等部，外勤有镇江、丹阳、溧阳、江阴、沪郊五组，并于部分县市设直属员、义务交通员。自10月起，苏南站站长改由李修凯担任，顾盼仍副，以“京沪杭卫戍总部谍报第五组”和“江苏省保安司令部视导室无锡组”为掩护番号。苏北地区于1948年2、3月间重新恢复苏北站建制，陈铁珍为站长，副站长王其永，下设淮安、扬州、宝应、泰州、高邮、南通、淮阴、启东、六合、东台十组。1949年1月苏北全面解放，陈铁珍率苏北站逃到镇江。

1949年4月23日，在人民解放军已渡江南进、挥戈苏南的情况下，保密局决定将苏南、苏北两站撤并为江苏站，由张达任站长，李修凯副之。但因李修凯不愿就任副职，经疏通关系，保密局乃恢复苏南站建制，仍由李任站长，以第一绥靖区警察总队为掩护。苏南站于5月间迁往南汇县周浦镇，继撤崇明，再移舟山定海，最后覆灭。

此外，活动于江苏北部徐海地区的“军统”特务组织，还有保密局徐海站。该站在1946年至1947年间，站长项□光，化名徐建成；副站长王祥；督察员曾翰。1947年8月至1948年4月，站长王祥，化名仍使用徐建成；副站长王立中；督察李尚贤。1948年4月直至江苏全境解放时，站长为陈楚之，化名彭城潜；副站长王祥；督察李尚贤。站部除正副站长外，设督察、人事、“心战”专员、会计、警卫、军情、台长等职，分置运河、临沂、永城、临城、海州、金乡、徐州七组。

此期江苏的军统特务组织，其主要活动为：

1．搜集情报。搜集对象包括中共、各民主党派、国民党内各派系、青年党与民社党、苏联及各社会主义国家以及英美等国。军统苏南站，长期使用“无锡火车站10号信箱”代号，秘密汇集各项情报。

2．进行“心战”。按月由保密局确定下月“心战”的纲领和内容，分城市、乡村两部分实施，通常采用“中国共产党非常委员会中央局”、“民主同盟革新委员会”、“中国反共同志会”、“苏北知识青年联谊会”等名义，编造各项谣言，加以散布。

3．策反活动。利用中共叛徒，对中共秘密组织进行分化破坏。中共华中第十地委书记金柯，即在被捕叛变后担任“军统”苏南站的特研组长，他对苏南中共地下组织的破坏很大。

4．侦察防暴。凡触犯所谓《危害民国紧急治罪条例》和《戡乱时期紧急治罪条例》的政治集团和个人均作为侦察对象。国民党立法委员许闻天所组织的“孙文主义革命大同盟江苏支盟”即曾被江苏军统组织侦破，被逮捕者达十人。

5．潜伏应变。解放前夕在江苏全境部署潜伏，苏南站布置苏州、无锡、丹阳、宜溧、浦东五个潜伏组；苏北站布置扬州、泰州、南通、兴化、东台五个潜伏组；两站还制定了将各“清剿”区警察和保安队集中于太湖、宜溧、浦东三地区，整编为“地下武装”的计划。[33]

以上是“两统”组织在江苏地区战后基本活动面上的概况，就点上的情况而论，我们也可以作出个案的分析。比较典型的可以南京市郊的六合县为例。

在南京外围六合县及附近地区，自1940年5月，“忠义救国军南京行动总队”被新四军歼灭后，军统局为在南京外围重建组织，任命原行动总队督察徐殿庭为“忠义救国军金陵行动总队”代理队长，同时派遣原行动总队西路指挥刘广到军统南京准备区与区长尚震生合谋东山再起事宜。

尚震生通过青帮关系与汪伪国民政府警卫旅旅长刘夷接上了头，在汪伪政权第三号大汉奸、早已搭上军统靠山的周佛海庇护下，新编成了“和平救国军独立第七旅”，驻南京八卦洲。这支部队虽是空架子，但仍以刘夷为旅长，尚震生为上校参谋长，他们具体从事在南京城内外、六合地区的各路情报搜集工作。后因尚震生谋刺汪精卫计划失败，被汪伪派往第七旅的密探侦察到通重庆的内幕，1941年秋尚、刘二人同时被捕。11月，军统又任命江苏特务处电台主任王培璧为江浦工作组组长，负责南京附近地区几县的情报工作。到1943年3月，国民党江苏省主席韩德勤发动反共作战被新四军歼灭，江苏省政府解体。军统在江浦的组织也随之瓦解，直到1944年才得以重组。

这年10月，“忠义救国军”总指挥马志超委任原南京行动总队督察室主任袁灿为江北政治特派专员，袁又任命徐子玲为军统六合情报站长，具体工作由副站长杨志斌负责。主要任务是对付共产党新四军，他们在地方搜集了一些中共基层组织人员与活动的情报。抗战胜利前夕，他们又奉军统命令，专门对威胁南京的新四军二师开展情报搜集工作。8月9日，军统局给六合军事联络站发来电令，告诫他们新四军二师“罗炳辉部正向六合县城方面移动，大有窜犯两浦、觊觎南京之可能。特命你站对共军活动务必严加侦察，并将其动向随时电呈”。[34]六合情报站又开始搜集有关新二师人员装备武器的情况。

1945年2月，“忠救军”总指挥部下令撤销江北政治特派专员公署，六合情报站也解散了。杨正明等人归第十战区苏北挺进军杨浦区司令部指挥。3月间，成立了“六合军事联络站”，杨为站长，手下有特务十余名，向日伪政权和新四军双方面开展情报搜集工作。

8月10日，日本发出乞降照会，11日，国民党第七战区李品仙部奉令进军两浦抢占地盘。20日，新四军二师罗炳辉部抢先攻占六合县城，军统组织撤往浦镇和南京城内。10月5日，军统江苏省站六合调查组在葛塘成立，组长王培璧，副组长杨正明，下设有情报、文书、总务和行动四个股。工作重点是针对中共淮南军区独立旅和六合支队进行情报活动，并检查邮件来获取情报。1946年1月3日，国民党军五十八旅重占六合，军统六合调查组随之入城。以后，他们发展了二十多名特务，多次抓捕新四军采购人员，并跟踪监视中共军队与地方干部情况。8月，王培璧调走，杨正明升为军统江苏站中校直属通讯员，负责六合特务工作。徐子玲与杨志斌则受任组织军统外围“江苏抗战蒙难同志会六合分会”的活动。[35]他们派出特务，深入六合北部山区侦察新四军便衣活动，破坏中共地下组织，同时还负责监视当地国民党军政人员，半年内就逮捕了十七名“嫌疑犯”送往南京首都卫戍司令部军法处。

1946年12月在北平发生的美军强奸北大女生沈崇事件，激发了全国范围内的反美学潮。为防止学运蔓延，是月末，军统局在江苏增设了苏北站，以朱剑农为站长，直接领导扬州、六合、高邮、宝应、兴化、泰州的军统活动。在六合，原“忠义救国军南京行动总队”情报组长王方强出任苏北站六合组组长，辖下十余人，以军统外围组织“新中国社会事业建设协会”京苏分会六合县区会的名义，公开设立机构，发展“协会”在各乡的组织，招募特务情报员。在全县建立情报网，监视中共军事活动，破坏其地下组织，并侦察社会各方面的动态。他们与国民党六合驻军二六八团二营及县警保系统进行了密切合作。

为了改变招募特务困难的局面，六合组利用民众反国民党拉夫抓兵的情绪，报军统局批准后，提出“只要参加新建会就可不被抓壮丁”，于是，在一个月左右时间内，其会员就由二百余猛增到三千余，在各乡建立了二百三十多个小组。当然，这种小组成员的拼凑是极勉强的，工作效果可想而知。但六合的“新建会”组织因其成效，竟受到了“新建会京苏分会”的表扬。1947年3月17日，“新建会”六合县区会成立大会及戴笠的追悼会同时举行。会后，各大小分会长、组长广收门徒或“义子”，借机捞取钱财，如第二特别区分会长金曼燕在马集一次就收“义子”五十多人，收银元三百块，金戒十余个，外加豆油二百四十斤。[36]其贪婪程度可想而知。

在六合，军统的活动也受到了中统的干扰和争抢，国民党的两大特务组织从中央争到基层，闹得乌烟瘴气。

1946年1月新四军撤退国民党军重占六合后，中统局南京实验区就趁机插足进来，以协同国民党县党部办理中共人员自首为由，派陆永江为中统六合县调查室专员，对外以“六合县农村工作研究会”为名进行特务活动。他们把工作重点放在原六合县抗日民主政府所在地竹镇，在该地发展特务，追踪未撤走的中共党员干部与参加过“青抗会”、“农抗会”、“妇抗会”的人员，强迫一些人办理“自首”手续，并利用之进行反共宣传。

陆永江在县城很少露面，但却频繁活动于马集、东王、八百等各乡镇，开展搜集情报与发展特务工作。他的活动，引起了六合军统人员的不满，欲予排斥。次年1月，陆永江逮捕了一名原农会会员吕祥明，勒索吕家交款赎人。吕妻通过关系找到军统六合组组长王方强，王就以吕是军统情报员为由，伙同首都卫戍司令部稽查处六合通讯组组长黄振中等人，找到陆永江，缴了他的枪，并痛打一顿。此后，中统人员在六合脸面扫地，一部分人投了军统小组。这种“两统”冲突的最后结果，多数都是以中统的失败而告结束，他们毕竟不如军统人员那样敢于蛮干。5月间，蒋介石因恐怕军统的尾大不掉而下令撤销了“新建会”组织，六合区会也随之撤销，但各地区分会大小头目仍以军统苏北站六合组外围人员身份继续活动。[37]

1946年9月，郑介民以国防部第二厅的名义，派出他的亲信黄柳生为“六二”调查小组组长，来六合主管军事情报，配合国民党二十六军“剿共”。10月间，他们根据线报，在盱眙对新四军盱嘉支队发动攻击，俘虏了十多人，关押在六合县城内，“六二”调查小组对他们进行了刑讯。黄柳生因反共有功，官升上校。后因他与手下特务合贩鸦片一事露馅，被其同事、亲毛人凤的黄烈标告密，黄柳生不服，不久之后终于借他与驻军的矛盾，将黄烈标排挤出六合。这件事，反映出军统内部郑介民与毛人凤的争斗一直深入到了基层。

1947年5月，军统苏北站撤销，六合组也随之解体，组长王方强调任首都卫戍司令部稽查处城南稽查所哨长，六合的情报工作，由书记杨正明负责。7月，因周边盱眙、来安等县陆续解放，当地一些地主、区乡保长纷纷逃来六合，军统局本部为利用这些人反共，指令在国民党二十五军“人民服务队”任正副队长的军统分子王某与张某，组织六十余名逃亡地主等成立“盱眙流亡同乡会”、“盱（眙）嘉（山）来（安）流亡同乡联络处”以及武装还乡自卫队，收集共方情报，捕杀农村干部，骚扰解放区。到次年6月，这批“还乡自卫队”在安徽天长被解放军消灭。

1948年10月，淮海战役开始，保密局局长毛人凤预料苏北将失守，为准备后事，他命令在六合布置特务潜伏，由上海市警察局长、军统老特务毛森负责。毛森派出冯力生为京沪杭警备总部第二处江北潜伏组组长，吉崇周为书记，带组员四人等由上海来六合潜伏。他们纠集附近地区土豪还乡团武装，编成了一支京沪杭警备总部第二处“洪泽湖突击总队”，共三百余人。1949年1月，淮海战役结束，国民党军大败，解放军南下挺进两浦。冯力生率“洪泽湖突击总队”配合国民党二十八军，派出三十余人的搜索队，在葛塘小王庄发现了解放军的活动，冯力生令第一大队出动围剿，结果遭到了伏击，死伤五十多人。月底，解放军四面围困，国民党六合县政府逃往南京，江北潜伏组却在当地“防谍除奸”，疯狂捕杀城乡民众，两个月内搜捕了七十多人，并公然在马路边一次就枪杀了七名被捕者，暴尸示众。4月21日，毛森召见冯力生、吉崇周等人，说明江北潜伏组多数人因在“洪泽湖突击总队”暴露了身份，不能再潜伏留用，当即下达三点指令，撤销“洪泽湖突击总队”番号，枪支交二十八军，人员乘火车去沪。留下骆静波为京沪杭警备总部第二处江北特别小组组长，负责江北潜伏工作。

骆静波于是来到南京下关一鸡鸭行落脚，以商人身份往来于江南江北六合、盱眙、来安、天长等地，与情报员联络。在上海解放的前一天，1949年5月26日，毛森给骆静波发来最后的指示，令江北特别小组从下关移往六合，建立网络，注意吸收中共基层干部和家属，以利隐蔽。骆静波选择六合东门冶浦桥，开了间猪行为掩护，装成猪贩，四处奔波活动。1950年10月，毛森在香港给骆静波发来指令，要他“注意隐蔽，迅速作好应变准备，以策安全”。[38]但骆静波并不在意，以为他以金钱构筑的网能够保护他，最后在醉梦中被人民公安发现逮捕，江北特别小组最终灭亡。[39]

江苏地区的中统、军统特务组织，是国民党在江苏统治的两只政治鹰犬。在整个解放战争期间，它们把矛头直指中共地下党组织、各民主党派和人民的反内战爱国民主运动，在配合国民党军对江苏解放区的进攻和阻挠江苏人民获得彻底解放方面，起了极其恶劣的作用。

第六节　蒋介石对“两统”的不满

戴笠的野心

在国民党内部，蒋介石一向是以善于玩弄政治权术而著称的，在他登上权力巅峰后，防止别人对其地位的觊觎和对其权力的威胁，就是其时刻不忘的事情，而他的防备对象不仅仅限于他的政治对手如桂系、汪精卫等，甚至也包括了他所最宠信的“CC”、陈诚乃至军统的戴笠。

戴笠的军统局在抗战中不断“坐大”，到抗战末期，其势力正如日中天，全局上下共计有五万余人，遍布全国各地及海外重要据点，掌握了军队、特工，插手交通、警察、税务、缉私、海关邮检、外交，还企望控制海军。有人、有枪、有钱。无论你是国民党内哪一帮派，要想平安度日，不向军统示好是不行的。虽然戴笠在蒋介石面前形式上仍然是一如既往地俯首帖耳，卑躬屈膝，甚至表现出奴性，但蒋介石已逐渐感到他绵里藏针的威胁。他既要依靠军统做事，但却不能不防军统与戴笠坐大到他难以控制的地步，再加上抗战胜利后国内外反对国民党特务统治的呼声高涨，蒋介石为求其统治的稳定，不得不开始考虑约束军统的办法。

当时在美国方面乃至国民党内部都有人主张取消军统，理由是其“反共色彩太浓厚了，为促进今后（国共两党）和平协商，（军统）应当退出政坛”。[40]蒋介石在内心虽然舍不得，但他却从中得到了启发，决定对军统与中统实行改组政策。他以为这是一个变其名保其实而又能约束之的好办法。

戴笠尚不知蒋介石的心思，他还在一心想扩大组织势力，甚至于萌发了依靠军统班底组建以他自己为中心的政治团体乃至政党的想法。他指示部下，以“明了趋势，把握可能”为“八字行动方针”。甚至于在1944年夏，他下令给贵州息烽集中营主任周养浩，要他把由自己亲自圈定的一些政治犯中他们认为博学多才的人组织起来，拨款九万，搞了一个“各种问题研究会”，分为政治、经济、军事、教育四个小组，要他们对“开展本团体（指军统）政治工作方案”、“全国经济检查队工作方案”、“全国学制改革方案”等进行研究，这明显已超出了特务工作的范围，暴露了戴笠的政治野心。[41]为此，戴笠还在干部的使用和培养上预先作了准备，他把手下的得力干将都派出去，在国防部二厅、警察、稽查、税务等多个涉足的公开行业内兼任要职，一方面为特务工作打掩护，同时作为他的触角，并为未来的兼并掌握作好干部人事的准备。军统大将陈恭澍说：“军统局大部分干部出任公开职务，都是戴雨农先生有计划的安排，平津如此，其他地区亦大致相同。很显然，掌握全国的情治单位，是他的一个初步目标，那么他的下一个目标又何在呢？对于这个问题，大家都可以凭自己的了解与观察，任意去猜，笔者也不断地听说过：‘戴笠不死，如何如何’，那么究竟如何？想是不会再有答案了。[42]”陈恭澍认为没有答案，其实从历史的经过来看，戴笠的企图和努力方向还是有迹可寻的。

根据当时的需要与可能，他计划中的首选目标是海军与警察，靠山就是美国海军。

抗战胜利后，美国海军仍希望与中方继续合作，成立一新机构，“从事若干对中美两国共同安全有所裨益的业务，金上将曾准备帮助中国建立新海军”，指令梅乐斯继续进行为海军提供的气象服务。梅乐斯认为“我们现在面临着最大的因素，是俄国。在战后，我们将比其他任何地方更需要从此一战区取得情报资料，军统局是最能供给我们所需一切情报资料的机构，我希望用我们的顾问性质的建议和通讯设备，来交换他们的情报服务，并且已和戴将军取得口头协议”。[43]当时在美国有人坚决主张“战后的在华情报组织，绝不可与戴某的组织发生任何关联”。美国国务院及陆军部决议的处理原则是，除部分气象、通讯及情报工作外，中美所的其他各项工作必须尽早办理结束。

在新的合作协议谈判上，美方为了促进国共和谈，因戴笠的坚决反共立场而决定“必须将他排除”，[44]如此双方就很难取得一致了。

但对于中国海军的战后重建工作，美国海军十分积极，想借机插手。他们希望把军统和中美合作所掌握的近十万武装，改造成中国重建海军的基础，而这次重建海军的工作要由戴笠来负责。戴笠因此自然做上了当海军司令的美梦，指令军统局将“忠救军”、别动队改编为海军陆战队，由美海军方面呈报杜鲁门总统批准。但美海军所拟出的《战后海军助华方案》于1945年9月5日提交国会后，却受到坚决反对而未通过。[45]

戴笠与美方合谋重建海军一事和他在政治上的蠢蠢欲动，大大地开罪了蒋介石，他感到戴笠已有失控的可能，因此必须有所动作，于是开始谋划改组军统局。

戴笠见插手海军受阻，于是转向谋取控制警察。戴笠早年就在杭州兼任过浙江警官学校政治特派员，其后又策动组织过“警察协进会”，参与改组中央警官学校，自认为与警界关系密切，多年来他陆续派遣军统人员进入警察系统，又以为在警察界有了一定的势力。戴笠夺取警权的野心受到了中央警官学校教育长李士珍依靠陈立夫“CC派”等势力的坚决抵制，其“掌警”企图最终破灭。戴笠转而又对应蒋介石的要求，提出军统局武装的改组方案，欲将自己所掌握的“忠救军”、别动队以及中美合作所训练班等武装统一改编为交通部“交通警察总局”交警总队，于1946年3月1日正式成立，并受他控制，总算是没白费心机。

抗战结束后，尽管戴笠与军统的势力达到了高峰，但由于国内外和党内外的众多人反对，他们同时也面临着重重困难，正如他们自己描述的那样：“抗战胜利了，戴先生的受谤程度也达到了高峰。”在此关头，更加危险的是蒋介石亦因戴笠的“坐大”而感到了不安。于是，靠山的动摇使戴笠真正面临到了一场空前未有的“物极必反”的危机。

中统的内斗与徐恩曾下台

中统局于1938年正式成立后，由于这种特殊的体制，中统局挂名局长朱家骅与实际的头目徐恩曾之间的关系变得微妙复杂。朱家骅兼任中统局长达七年，虽然自己不直接过问局务，但他却通过在局内安插亲信，与徐恩曾争夺权力，演绎了一场内部权力斗争。在这种情况下，徐恩曾要想整合中统局的力量，确实也是一件困难的事。

按照“中统局组织条例”，中统局的经费主要来源于中央党部秘书处，而该处则由朱家骅亲自掌握。对于这位手握财务大权的顶头上司，徐恩曾在开始阶段竭尽恭维之能事，除了饬令各组、处呈送《每日情报》、《专报》给朱家骅和秘书处各一份外，还经常亲自到中央党部请朱到局里来主持局务会议、纪念周等，有时还请其作报告，以示谦顺和尊崇。而且他还经常陪同朱在局长室象征性地办公和到各处巡察，向其汇报局内重大事情和一般工作情况，空闲时还一同在操场上打网球，饮茶小叙，以融洽关系。

1939年以后，中统特务活动内容和范围不断扩展和延伸，组织机构和人员迅速增加，所需经费也不断增加。徐恩曾常常为经费不足而大伤脑筋，为了能从朱家骅的秘书处多搞点钱，满足日益增长的经费需求，徐恩曾经常用多种形式向朱家骅提出增拨经费的要求,朱家骅也借机提出介绍和推荐人员来中统局任职的条件，徐恩曾被迫一一允准。朱家骅趁此之机，首先向徐推荐了亲信李光灼担任中统局会计室主任，接着又介绍刘次萧担任中统局专员。按照中统局组织条例，局内设有秘书一职，其职责是襄助局长综理局务，地位仅次于副局长。因此当局秘书濮孟九被蒋介石侍从室调走时，朱家骅又推荐刘次萧专员转任秘书。

刘次萧任秘书后，朱又介绍亲信胡祥麟任局专员；1940年中统局统计处成立时，朱再推荐他在中央大学时的同事郑尧拌任处长；特种经济调查处（简称特经处）成立时，朱再推荐陈介生任处长。而这些人又分别安插了一大批人员在局基层任职。到1940年底，朱家骅在中统局内的势力已成气候，徐恩曾痛感如此下去将难以控制局面了。

徐恩曾在表面上对朱家骅介绍和推荐的人一一安排，暗地里却将自己的亲信安插在他们周围，加以监视制约。他将姜文锦安排在统计处任副处长，霍志征以局专员名义参加特经处领导工作，使郑尧拌和陈介生的举动都在视线之中，局会计室的出纳科长亦是徐的外甥，掌握所有费用的支出，而会计室人员又都是徐恩曾的亲信，李光灼这个主任除向朱家骅要钱外，并不敢左右中统局的经费开支。

特经处成立时，因局本部房屋有限，需要另觅办公地点，处长陈介生依仗着朱家骅撑腰和借远离局本部之便，经常不按照徐恩曾的指示办事，对此，徐则采取忍让态度，装作视而不见，算是给朱一点面子。

1941年3月，国民党五届八中全会召开，吴铁城出任中央党部秘书长，朱家骅转任中央组织部长，按照中统局组织条例，中央党部秘书长是中统局的当然局长，应由吴铁城兼任，然朱家骅对此兼职却很留恋，不肯辞职，并继续介绍人员到中统局任职。这时朱对中统局经费的审批已不能过问，徐恩曾也就不再对朱持谦恭态度了。对于朱继续介绍人员来局，开始时只是不再予理会，不久便反守为攻，将朱在局内已安插的亲信一个个地驱逐出去。

被徐驱逐的第一个目标是在局内扮演重要角色的秘书刘次萧。刘原在教育界任职，对于特务工作本是外行，他在开始任职时就感到力不从心。朱转任后，刘时时处处受到刁难，无奈之际，只好申请调离。对于敢于违令的特经处长陈介生，徐恩曾除在会议上不断予以严厉申斥外，还传出口信，要派行动队员捉拿，并依组织条例处置。陈料性命有虞，被迫弃职到朱家骅处寻求保护。这样一来，徐与朱之间的矛盾迅速激化。最后，徐恩曾顾及朱家骅在党内仍是一方大员，为了缓和矛盾，不使双方关系彻底崩溃，徐便放下架子，主动与朱家骅协商，改派双方都能接受的李超英任特经处处长，朱也就顺阶而下，同意言和。其后，双方关系有了一段相对稳定的时期。

1942年朱家骅到西北视察，回来以后到中统局本部作了一场有关西北畜牧业问题的报告，其内容与中统业务毫不相干，特务们在台下一个个听得莫名其妙，后来才知道，朱是为了将视察费用在中统局报销才来此演讲的。1943年，朱家骅到江西视察，顺道为关押在中统马家洲集中营的廖承志送去了其母何香凝捎带的一封信、一幅画和衣物，再捎回廖的一封信和一幅画，回来以后也报销了部分费用。对徐恩曾来说，朱家骅花点钱不成问题，只是不能插手中统局事务。

但是，朱家骅不断保持与中统局的关系仍然是想染指中统。

1943年，国民党陕西省党部书记长郭紫峻，因与西北王胡宗南的关系有隙，在陕西不能立足，陈果夫便将其介绍到中统局任局秘书。郭为人泼辣，又有野心，他之所以愿来中统局，是想有朝一日取代徐恩曾。1944年初，徐恩曾保荐顾建中任副局长，郭紫峻知道升职无望，在万般无奈之际，便想利用徐恩曾与朱家骅之间的矛盾，他秘密奔走于朱家骅之门，将中统局内情添油加醋向朱汇报，逐步取得了朱的信任。郭紫峻的投靠，迎合了朱的需要，为了能够让郭成为自己在中统局的代理人，朱家骅在晋见蒋介石时，便报告徐恩曾在中统局工作不得力，致整个特务工作毫无起色，而郭紫峻又如何有才干，并保荐郭担任副局长。当蒋介石召见郭紫峻的时候，郭大告御状，说中统局内部管理混乱，纪律松弛，效率低下，都是因为徐领导无方，等等。当时蒋介石还没有下决心撤掉徐恩曾，于是便采取惯用的相互牵制手法，任命郭紫峻为副局长。1944年下半年，任命发表后，徐恩曾如梦方醒，知道了其中的内幕。徐、朱二人矛盾迅速升温，且达到高潮。

郭紫峻升任副局长后，依仗着朱家骅的撑腰，一改以往对徐恭顺的态度。1945年1月初，郭与徐在局长室里爆发了一场激烈的争吵，他要徐自动向蒋辞职，由他来过渡一段时间，言毕拂袖而去。徐气得一时语塞，脸色由青转白，大骂郭无耻，想篡夺自己的江山，并表示决不服输。

同年1月底，蒋介石由于不满徐恩曾的表现，加上军统戴笠等从中捣鬼，亲笔手令撤去徐恩曾本兼各职，朱家骅、郭紫峻对此弹冠相庆，满以为中统局大权已落入手中。不料陈果夫、陈立夫已密向蒋介石推荐叶秀峰继任。消息传来，朱、郭二人懊丧不已，大有“早知今日何必为他人做嫁衣”之慨。

叶秀峰原是国民党第五届中委、国民党中央组织部调查科第五任科主任、“CC系”核心人物之一。他当看到中统局内已被朱家骅、徐恩曾搞乱，唯恐难以控制局面，遂向二陈表示有条件地履新，要求中统局的一切由他做主。陈果夫、陈立夫表示全力支持。

叶秀峰上任后，以二陈为后台，对朱家骅的插手采取强硬态度，将副局长郭紫峻排挤出实力圈，闲挂起来，再将朱的亲信李光灼一脚踢出中统局。因朱家骅此时失去了蒋介石的青睐，已转任教育部长，自感无趣再兼任中统局长，向蒋介石申请辞去兼职。蒋允之，旋即改任叶秀峰为代局长。

中统局内部上层的较量至此也告一段落。但这种争斗在客观上已给中统局内部工作造成了很多负面影响，正如一份中统内部报告所分析的那样，长期以来中统局内部现状是：

“（1）组织庞大、意见不一、事权不专，责任无分轻重、功过不知谁属，加之副局长三人，形成一国三公，不惟下对上之请示莫知所措，抑亦是非之根源。

（2）组织已无纪律，贪赃枉法随之，借事贪财、营私舞弊，时有发现，各地调室常被检举，即其明证，加之赏罚无节，功过不分。

（3）遍观局内与省市人员，其属正当大学出身者，实无几人，专门人才，更不必说，宵小者乘机活跃，贤者隐退。

（4）经费困难，工作松懈，电讯阻塞，各地方又多尾大不掉，指挥自难灵活。

（5）惰性形成，真有价值情报十不得一。”

这份报告最后又提出了以下几条改变现状的办法：

“（1）严密组织，确立健全机构。

（2）统一事权，确定中心领导人物，收指挥灵活之效。

（3）汰冗员，用人惟才，务使任人得法。

（4）综复名实，赏功罚过。

（5）增加省市经费，慎选省市负责人员，务期令必行，行必果。

（6）严饬交通部门增加电台经费，优待电务人员，使积极工作。”[46]

但实际上在当时的客观条件下，所谓改进工作也并不是那么容易办到的。

第七节　国共内战中“两统”的活动

抗战结束后，国民党把全部的注意力转向了对内政治军事斗争，企图通过武力来消灭中国共产党。在军事反共的同时，其特务机构的工作重点转向为反共战略服务，除了在军事情报领域的反共活动外，在国统区镇压民主运动实行白色恐怖，便成为他们的重要活动内容。

当时在国统区，中国共产党领导的进步学生运动成为反内战争生存要民主的重要力量。因此，国民党特务组织把对付学运作为他们的主要工作。国民党特务组织与政府教育部在侦察搜集学运情报方面开展了合作。

1948 年 6 月，“中央党政军干部联席会议”第六十九次会议决议，责成教育部搜集进步学生“言论行动之罪证”，提交行政院会议，决定处置办法。6 月 10 日，教育部发出致中央党政军干部联席会议秘书处代电一件，文曰：“中央党政军干部联席会议秘书处公鉴：特密。接准联教字第六八九六号代电，略以各重要城市之学校中潜伏共匪分子，经详密调查，据报名单者有南京、重庆、成都、天津、北平、武汉、广州等七单位。经第六十九次中干会决议，嘱由本部搜集奸匪学生言论行动之罪证，提出行政院会议决定处置办法。等由，准此。查有关学校供给之学运情报，本部虽经常处理运用，至奸匪学生之言行罪证，则少有收集。贵处为研讨奸匪对策之主持联络机构，关于是项奸匪学生之罪证，谅必多有搜存。拟请尽量检赐，以便提出行政院会议为荷。教育厅。印。”

这份电文上还有教育部官员的附批：“此事应否密向各校设法？又武大方面似曾有反动标语等件送部。经已归档并应一查汇集办理。”

6月26日，由军统改组的保密局因又应中干会秘书处之请致电教育部，转送他们收集的有关进步学生资料，文曰：“教育部朱部长赐鉴：兹准中央党政军联席会议秘书处（37）巳罘导代电，嘱将奸匪学生言论行动之罪证检送贵部，以便决定处置办法等由，自应照办。惟查奸匪散寄宣传品多用化名，侦察较难，除饬注意侦察搜集外，相应检附奸匪宣传品一部，列表送请参核示复为荷。保密局巳寝。”[47]这样，国民党特务组织与政府教育当局在镇压学运方面，开始了联合行动。从上述电文中我们也可以看出，教育部在这方面的姿态是比较消极的，他们似乎在采取推诿的方式。

除了镇压学运，特务们还强化了他们在社会各方面的触角，以收集更多的情报。抗战胜利后，军统局在上海设立了“东方经济研究所”，在北平成立了“北方经济建设协会”，开展有关经济调查方面的活动。1947年2月后，将“北方经济建设协会”归属于“东方经济研究所”辖下，并将该所的“中国经济研究社”在全国各地大城市的分社调整补充增设，几乎遍及各省会，所属电台就有十二座，形成了经济情报的刺探网络。[48]

另外，军统局还自办新闻传媒机构，如南京的大同新闻社，上海的大陆通讯社，开封的国光新闻社、正义日报，杭州的民声三日刊、经纬通讯社，西安的新日报，汉口的汉潮通讯社，长沙的光明通讯社，广州的文化通讯社及在柳州、洛阳、贵阳、徐州各市的通讯社、报社，等等，甚至连河南信阳、新乡等小城市都有军统的宣传单位。[49]由此可见军统局的庞大和伸手之长。他们运用这些机构，大造舆论，影响导向，同时刺探社会各方情报，进行特务活动。

当时，中统与军统在各地的组织联合军警，针对国统区各界的反内战争民主运动，进行了广泛的镇压，制造了一系列的惨案。

“一二·一”昆明惨案

1945年10月，蒋介石撕毁《双十协定》，调集大军八十万人，悍然进攻华北、东北中共解放区，遭到国内各界的激烈反对。当年11月19日，重庆各界代表组织反内战联合会，号召全国人民起来反对内战。11月25日，昆明各大中学校学生六千余人，在西南联大举行大会，响应重庆各界的和平号召。12月1日，各校实行罢课，并上街宣传。当时国民党“CC系”安排在云南省的民政厅厅长李宗黄、省党部委员陇体要等，会同中统云南省调统室，策动昆明警备司令部，派军警特务冲进学校，血腥镇压罢课师生，当场杀死教师于再，学生潘琰、李鲁连、张华昌等四人，重伤二十余人，制造了著名的“一二·一昆明惨案”。当时中统总部接连不断地得到云南省调统室十万火急的电报，呈述昆明事件情况，总部除立即以快邮代电方式呈报蒋介石外，随即连续电复，饬该室密切配合军警当局，注意防范事态进一步扩大。

“一二·一昆明惨案”的发生，激化了当时国统区的局势，中统特务等的暴力行动，实际上给当局帮了倒忙。

“二九”惨案（劝工大楼事件）

抗战胜利后，上海民族工商业者见美国商品倾销国内，我国民族工商业濒临绝境，心急如焚，急谋对策。上海永安、先施、大新、新新、国货五大公司，于1947年春领头发起“爱用国货，抵制美货”运动，于2月9日在南京路劝工大楼召开动员大会。中统上海特派员季源溥、工作委员会主任陈庆斋等，事先得到情报，遂在上海市市长吴国桢家开会，与上海市社会局局长吴开先等密商，派遣了大批特务，手持铁尺、铁棒等进会场捣乱，将永安公司职员梁仁达毒打致死，受伤者达四五十人。光天化日之下，在上海最繁华地区发生这种惨案，实属骇人听闻。这件惨案也暴露出中统组织的疯狂。

镇压“二·二八台湾人民起义”案

1947年2月28日，台北民众因国民党烟酒专卖局缉私人员殴打女烟贩，并打死市民一人，举行罢市游行请愿，并向台湾行政长官陈仪提出惩凶、赔偿、取消专卖局等要求，当局出动警察镇压，枪杀三人，打伤三人。于是全省爆发了大规模的反独裁武装起义。2月29日凌晨，中统局接到台湾调查统计室十万火急电报，报告台湾起义情况。以后每天接到急电两次，每次电文长达两三千字。当时中统用快邮代电急报蒋介石，中统头目叶秀峰建议火速加派劲旅三个师开赴台湾，镇压人民起义。自2月29日到3月13日将近半个月的时间内，中统总部接到台湾方面急电达十余次，按惯例，此类情报应归中统第二处处理，但当时总局机要股认为是社会动乱事件，需要紧急处理，故由第三处审核办理。后来，国民党当局在台湾全省范围内，对起义民众进行了野蛮的镇压，估计被杀害的群众达三万人之多。

《文萃》案

《文萃》周刊于1946年春在上海发行，当时它是在中国共产党的领导下，以民间刊物的面貌出现的进步刊物，以政论性文章为主，矛头直指国民党的腐败统治，在国统区很有影响，因此受到了中统的“关注”。国民党中枢机构早令中统侦察《文萃》，一直未有结果。

1947年7月，承印《文萃》周刊的友益印刷厂，被中统行动队队长赵伯谦、队员苏麟阁发现，报告给上海特派员季源溥、工作委员会主任陈庆斋。该厂经理骆何民，职员陈子涛、吴承德，厂内女佣韩月娟等被捕。

1947年春，坐阵在南京瞻园办公的叶秀峰，在看上海一家大报的广告栏时，看见一则寻人广告，该广告排印出醒目的字体“招寻银老太太”，叶以其职业的敏感，认为此中定有文章，令私人秘书蒋子桥将剪报寄沪，饬上海办事处侦查具报。季源溥在20世纪30年代即任上海侦缉队队长，他分析这则广告是个找关系的暗号，于是便在同一报纸上登了一则广告，内容为“白发娘望儿归”，下边署名“银老太太”，地址写“上海亚尔培路2号”（即中统上海办事处地址），并派处内特工卢志英守候。卢志英是由中统总局国际组副组长张彼得介绍到沪处工作的，但季并不知卢志英实为打入中统上海办事处的共产党员。陈庆斋和苏麟阁在一次秘密监视中，发觉卢志英放走了要他守捕的人，形迹可疑，遂密将卢扣押，经审讯，卢供出了他的身份，但没有交代组织关系。后陈庆斋等布置大批特务，沿马路书摊旁边侦查追踪，终于先逮捕了《文萃》发行员四人，后又跟踪逮捕了骆何民、陈子涛等，在审讯中，证实上述广告确系骆何民寻找组织关系的暗号。后来，《文萃》周刊被停止印行。骆、陈、卢三人经中统多次严讯，转解南京，羁押于南京宪兵司令部看守所，1948年12月27日晚均被秘密杀害。

“五·二〇”血案

1947年5月20日，南京、上海、杭州地区十六个大专院校的学生代表，到南京组成请愿团，向当局提出挽救教育危机的五项要求，其中最主要的是“要吃饭，要和平，要自由”，并举行示威游行，遭到了国民党军警的野蛮镇压，殴伤和被捕学生百余人，造成震惊全国的“五·二〇惨案”。在此次事件中，中统令南京实验区选派大批特务，参加了对爱国学生的镇压行动。

于子三惨案

1947年10月29日，浙江大学学生自治会主席于子三，被浙江省保安处人员杀害于狱中。事先，国民党浙江省党部主任委员、CC上层骨干分子罗霞天曾令浙江省调查统计室侦查浙江大学学生自治会，认定于子三为中共党员，受中共浙江省地方党之领导，从事地下活动，所以令由浙江省保安处下此毒手。30日，浙大师生两千余人，悲愤集会，为烈士致哀。“于子三惨案”发生后，引起蒋管区学生争民主、反迫害运动的新高潮。各大都市学生举行罢课游行，曾使当局惊慌失措。

申九惨案

1948年1月31日，上海申新第九棉纺织厂七千多工人，为求改善待遇，举行罢工。中统上海办事处会同上海市社会局，向上海市市长吴国桢建议，于2月2日出动大批军警镇压，该厂工人进行英勇自卫。军警冲进厂内，打死职工三人，打伤五百余人，逮捕一百九十余人，事后当局还压迫厂方开除工人八百余名。上海许多工厂的工人，纷纷成立“申九惨案后援会”，开展了大规模的抗议暴力的活动。最后，上海市长吴国桢受此压力，不得不释放部分被捕工人，并恢复了一部分被开除工人的工作。[50]

捣毁重庆《新华日报》案

1946年2月22日，国民党借口出兵东北的苏联红军将日本遗留在东北的工业设备搬运回苏，借中央通讯社发出的“张莘夫在东北被苏联杀害”的消息，由中统、军统、三青团等联合国民党重庆市党部，组织中央大学、重庆大学、复旦大学中被收买欺骗的一部分学生，并选派中统重庆实验区和市社会服务队的一些特务和流氓，从沙坪坝游行到重庆市中心区，沿途呼喊反苏反共口号，并捣毁了中共所办的新华书店、《新华日报》社和中国民主同盟的机关报《民主报》社。新华书店内很多进步书籍被暴徒们掷在街头，遍地狼藉，任人践踏，一时闹得重庆街头乌烟瘴气。

对此，重庆《新华日报》和《民主报》都刊登了中共代表团周恩来的谈话，指出排外不等于爱国，要大家头脑冷静，谈话揭露了国民党当局的阴谋，制止了国民党特务暴行的扩大。[51]

【注】

[1] （台）“国防部”情报局编行《戴雨农先生全集》（下）。

[2] 潘家钊等编撰《蒋介石特工密档及其他》，第 240~241 页。

[3] 此节内容参考月西著《蒋介石和他的特务机构》，第 205 页。

[4] 黄天迈《戴笠的生活片断》，载（台）《中外杂志》第 42 卷第 6 期。

[5] 朱子家（金雄白）《汪政权的开场与收场》第二册，第 74、181 页。

[6] 古僧编著《戴笠将军与抗日战争》，（台）华新出版社 1976 年初版，第 268 页，转引自洪小夏《关于上海敌后抗战的几个问题》，载《军事与历史研究》2006 年第 1 期。

[7] 《魏德曼致梅乐斯函》（1945 年 8 月 1 日），转引自 [美] 迈克尔·沙勒《美国十字军在中国》，商务印书馆 1982 年版，第 246 页。

[8] 《梅乐斯致中美所各单位函》（1945 年 8 月 16 日），同前出处，第 246 页。

[9] 乔家才《胜利前后的奇事奇闻》，载（台）《中外杂志》第 28 卷第 4 期。

[10] 朱子家（金雄白）《汪政权的开场与收场》第三册，第 126 页。

[11] 同上，第 129 页。

[12] 同上，第 127 页。

[13] 颜公平《抗战胜利后国民党对沦陷区的“劫收”风潮》，载《文史月刊》。

[14] 沈醉《我所知道的戴笠》，载全国政协文史委《文史资料选辑》第 22 辑，第 198 页。

[15] 王子晨等《军统特务头子戴笠来天津的活动情况》，载《天津文史资料选辑》第 26 辑。

[16] 《在蒋介石身边八年——侍从室高级幕僚唐纵日记》，第 608 页。张衮甫即张冠夫，戴笠的表妹夫，军统局第五处处长。

[17] 《青岛市民控诉中统局特务罪行》，中国第二历史档案馆馆藏国民政府监察院档案，又见《民国档案》2008 年第 1 期。

[18] 朱子家（金雄白）《汪政权的开场与收场》第三册，第 129 页。

[19] 文强《日本投降后戴笠来平情况琐记》，载全国政协文史委《文史资料选辑》第 16 辑。

[20] 朱子家（金雄白）《汪政权的开场与收场》第四册，第 109 页。

[21] （台）良雄著《戴笠传》（下），第 492 页。

[22] 朱子家（金雄白）《汪政权的开场与收场》第三册，第 129 页。

[23] 同上，第四册，第 129 页。

[24] 同上，第 130 页。

[25] 《中国国民党第六次全国代表大会纪要》，中国第二历史档案馆馆藏国民党中执会档案。

[26] 乔家才《铁血精忠传》，（台）中外图书出版社 1978 年版，第 466 页。

[27] 叶正大《听周恩来伯伯讲述父亲叶挺空难之谜》，发表于“千龙网”，2004 年 5 月 13 日。

[28] 仲朱《解密“四八”空难：王若飞、博古、叶挺等 17 人遇难之谜》(1–5) 2012 年 03 月 16 日。资料来源：中国共产党新闻网。《世纪风采》授权中国共产党新闻网独家发布。

[29] 本节内容资料来源：特约记者唐人发自台北《蒋介石曾令秘密研制原子弹——密电往事》。网址 http://www.sina.com.cn 2007 年 9 月 21 日 15:36，转自《南方人物周刊》。又见《蒋介石在大陆秘制原子弹内幕》，载《参考消息》2007 年 10 月 23 日第 9 版。

[30] 泰兴市史志档案办公室藏档《中统局室关于反共宣传等文电》，档号 101–2–12。

[31] 泰兴市史志档案办公室藏档《泰兴县调统室第二次干部会议记录》（1947 年 6 月 2 日），档号 101–2–25。

[32] 泰兴市史志档案办公室藏档《一二三五七八区组工作讨论会议记录》（1948 年 2 月 21 日），档号 101–2–25。

[33] 《江苏“军统”组织、活动情况》，上海社会问题研究会编印：《伪国防部保密局苏南站概况调查》（1949 年 10 月），江苏省保存内部档案资料《保密局本部及苏北站组织概况、系统表》、《保密局苏南站演变经过》等。均载江苏省社科院《江苏史纲》近代卷，沈嘉荣主编，江苏古籍 1998 年版。

[34] 杨正明《军统特务在六合的活动》，载南京市六合县政协文史资料研究委员会 1984 年编印《六合文史资料》第 2 辑。

[35] 同上，第 3 辑。

[36] 同上。

[37] 同上。

[38] 同上。

[39] 同上。

[40] （台）“国防部”情报局编行《戴雨农先生全集》（下），第 260 页。

[41] 陈少校《黑网录》，第 181~183 页。

[42] 陈恭澍《英雄无名》第五部《平津地区绥靖戡乱》，第 19 页。

[43] （台）“国防部”情报局编行《戴雨农先生全集》（上）。

[44] 同上。

[45] 同上。

[46] 《朱学贤致朱家骅函》（1937 年 12 月 21 日），（台）国民党中央党史馆藏档，E 党—33—33。

[47] 《国民党特务密令搜集中共学生言行研究对策》，中国第二历史档案馆馆藏国民政府教育部档案。

[48] （台）《国防部情报局史要汇编》（一）（上），1962 年版（内部发行），第 158 页。

[49] 同上。

[50] 赵毓麟《中统我见我闻》，载江苏省政协文史委编《中统内幕》——《江苏文史资料选辑》第 23 辑，江苏古籍出版社 1987 年版，第 237 页。

[51] 同上，第 233 页。

1949年前后，国民党蒋介石政权为内外局势所困，在中国共产党领导的人民解放军打击下，进入了崩溃前的最后阶段。新年伊始，蒋介石使出金蝉脱壳之计，下野引退，把残局留给桂系李宗仁集团，自己躲入幕后，但实际上却依然以国民党总裁的身份，控制着各要害部门与军事大权，作东山再起的准备。

在这场激烈的风云变幻过程中，南京政府内各部门、各派系乃至各级党政大员们，根据内外情况的变化，都作出了相应的应变措施，力图在党内蒋介石与李宗仁等各反对派的斗争中顺势维持下去，并在与中共的决斗中为国民党保住最大的利益。

除了内战第一线的军队系统而外，此时最为紧张的就要算是国民党及其政府的特工部门了。

当时的特务机构表面上虽仍然是原中统与军统系统的“双峰并立”，但自抗战后期起，蒋介石从主客观情况的快速变化中，日益感觉到了来自军统与中统两大特工组织势力膨胀的威胁，再加上此刻他正想以“民主”的虚名来巩固统治，在党内外反对派抨击特务政治的压力之下，他决定动手整饬特务机构，在削弱的基础上保留之，使之以变化了的组织形式来继续为自己服务。

蒋介石此刻的计划是在万般无奈之中，想利用一切可以利用的力量使其在全中国的统治能够苟延下去。虽然他心里明白大势已去，但仍不甘心于彻底的失败。于是，他抱定能混则混的思想，首先要保住南方的半壁江山，同时做好全面撤退台湾的各项准备工作。他的政治、军事、经济一切措施都围绕这一战略部署来进行。对于特务组织，他的希望是发挥其最大的功能，实施确保退台、肃清西南、镇压反叛与彻底反共的任务。

而对国民党的两大特务组织来说，虽已逐渐走向下坡路，但因改组甫毕，当权者出于对蒋效忠急于立功的心理，更因在国共内战中因其一贯坚决反共罪不可赦决无退路，只有“一条道走到黑”，仍决定不论前途不计后果地跟蒋介石走到底。1949年后，在整体局面处于日益被动之时，对于国民党特务组织来说也是到了生死攸关的关键时刻，两大特务系统表现出了各自的应变策略，最后导致了双方基本相同而又有所不同的结局。

第一节 蒋介石决定改组特务组织

1945年8月，日本投降，中国人民抗日战争终于取得了最后胜利。

面对形势发展，蒋介石要利用抗战胜利的机会，重建其在全国的统治。为此，在国内外的压力之下，他同意召开政治协商会议，摆出民主的姿态以争取舆论收买人心。在中共与民主党派一致的强烈要求下，加上国民党内反对的呼声，他不得不考虑采取适当措施，压缩特务组织的活动。而这时，美国方面也认为国民党特务的活动对国共和平谈判不利，要蒋控制，更因蒋介石自己对中统的混乱与腐败、对军统戴笠的政治野心已有不满，多种因素的结合，使蒋介石在政治协商会议上作出了包括取消特务机关在内的“四项诺言”。

但是，真的要蒋介石抛弃特务是不大可能的。对国民党蒋介石集团而言，使用特务已经像是吸毒者对于毒品的依赖一般，一日不可或缺了。

1945年底，蒋介石下达手令，指定由张道藩、余井塘、叶秀峰、唐纵、郑介民、戴笠、李士珍七人组成小组，负责设计特务组织的改革方案。他们秉承蒋的旨意，采取换汤不换药的方法，要把中统与军统分别换名改组，既要保留住两大特务组织的实体，又要堵住反对者之口。蒋介石同意这一原则。

由于军事的特殊需要，军统局的改革方案是由军委会转归国防部辖下，改组成立国防部保密局，对外宣称负责军事保密工作，这在大面上也说得过去，不会遭到强烈反对。而当时的国防部长是桂系的白崇禧，他有职无权，实际上军事大权控制在参谋总长陈诚手中，他是蒋介石的亲信，一切仍听蒋指挥。军统的结局便如此决定了。而中统的处理则比较难办，原因在于党内派系的内斗和对党务机构的争夺。中统局自己的意见原是想改组成类似美国联邦调查局的机构，归入国家司法系统，但这一方案受到国民党元老、司法院长居正的坚决反对，他不要这个特务组织。于是陈立夫与内政部长张厉生商量，要在行政院内政部里增设一个调查局来容纳中统。张厉生是陈立夫“CC派”的人物，自然同意，但在立法院讨论时，这一方案却受到反对“CC派”的立法委员群起攻之，没有办成。直到国民党政府逃到广州后的1949年，才最后实现。中统局改组陷入困境，陈立夫与中统一帮人最后决定将中统局仍保留在国民党中央系统，以免受到政府立法部门的制约，他们议定新机构的名称为“中央党员通讯局”，归于国民党中央执行委员会辖下，其规模缩小到原来的五分之二或二分之一。这一过程，几经商量，反复研究，历时一年多，才最后报蒋介石批准。

军统局改组为保密局后，因其过去势力太大，涉足国防情报、警察、电讯、交通等各行业部门，又不免面临再一次的权力瓜分。本来保密局各省站与国防部二厅在各省下辖各处是平行单位，按军统的理解和规定，“秘密控制公开”，二处是公开机关，应受量秘密机关控制。但到了1946年春季以后，因国内政治环境的变化，蒋介石不得不对特务情报组织的职权与分工进行划定，明令情特机关区分成四块：

（一）军事情报机关及电讯侦察，划归国防部二厅；

（二）特务武装改为交警部队，划归交通警察总局；

（三）各地警察局划归警察总署；

（四）保密局转入地下活动，专门对付中共与各民主党派。

同时蒋介石要求：保密局各省站不准以公开身份对外，不做行动工作，各省站行动组织一律取消，所有行动人员，除保留少数外，一律送军官总队转业退役。经郑介民、唐纵、毛人凤与交警总局局长吉章简四人商定具体处理办法，蒋介石立即给予批准。

这在实际上是削弱了军统特务的权力与势力。

第二节 中统改组为党通局

1947年秋，“中央党员通讯局”正式成立，中统历史进入走向衰退的新阶段。其所制定的组织条例如下：

中央执行委员会党员通讯局组织条例

第一条　本局根据中央执行委员会组织大纲第六条之规定组织之。

第二条　本局掌理党员通讯之指导研究及其相关业务。

第三条　本局设局长一人管理本局一切事宜，副局长二人襄理之。

第四条　本局设主任秘书一人，秘书三人，承局长、副局长之命办理日常事务。

第五条　本局设下列各处室：

一、指导处：掌理党员通讯之指导事宜；

二、研究处：掌理党员通讯之研究事宜；

三、交通处：掌理通讯交通之建立与管理事宜；

四、秘书室：掌理机要文书、印信、译电、总务等事宜；

五、人事室：掌理工作人员之考核登记与训练事宜；

六、会计室：掌理一切会计事宜；

七、督察室：掌理工作人员之督导与考察事宜。

第六条　本局各处设处长一人、副处长一人，各室设主任一人，承局长、副局长之命，掌管各该处室事宜。必要时各室得设副主任一人，襄理室务。

第七条　本局各处室分科办理。各科各设科长一人、总干事、干事助理、干事佐理员各若干人，办理各该科事宜。

第八条　本局设设计委员、专门委员、编审督察专员各若干人，分别办理设计编纂督察及交办事宜。

第九条　本局为训练通讯技术人才起见，得举办各种训练班。

第十条　本局得于边远地区设督导区及督导若干人，分区督导通讯业务及代表本局办理对外联络事宜，其办法另定之。

第十一条　本局于各省市党部设置通讯组（各特别党部设置通讯员），办理通讯业务，由本局直接指挥并受省党部主任委员之指导，其组织另定之。

第十二条　本局得于重要地区设直属通讯处，其组织另定之。

第十三条　各省市党部通讯组，设组长一人及各级工作人员若干人（各特别党部设主任通讯员一人、通讯员若干人）。

第十四条　各县之党员通讯业务由各省市党部通讯组委派工作人员办理之。

第十五条　本局办事细则另定之。

第十六条　本条例由中央执行委员会议决施行。[1]

中统局改组而成的中央党员通讯局，在遭遇了1945年1月间徐恩曾被蒋介石手令免职的沉重打击后，在继任者叶秀峰的统治下，已呈现江河日下的态势。由于“人与事相联”，“徐先生倒霉，机关经费缩减”，[2]原中统局所控制下的盐、税等可赖为挹注的部门被剥离出去，所有特别补助费停发，连正常经费拨款也大打折扣，内部机构被迫缩减，外勤工作基本停滞，中统似已完全失去往日的威风。

为了重振士气，叶秀峰借改组之机，主持了对局内工作的全面检讨，拟出了一份“工作改进意见”，其主要内容如后：

本局工作改进意见

甲、关于机构方面者

本局现有机构未臻紧凑，各部配合，亦欠灵活，故效能亦鲜。症结所在：一为机构庞什，骈枝多于实务；二为分工尚欠合理，职责不专；三为若干单位有人无事，或有事无人，不能发挥实效；四为中心业务部门过受编制拘束，拓展迟缓；五为临时会组设置太多，会商耗时，计划多于执行。改进意见如下：

一、似可裁并之单位

（一）训委会机构庞大，内容空洞，人力缺乏，成绩甚少，如能力予充实，似即可并入四处……；（二）研究室经常工作闲散，所有工作意见，因缺少实际业务之了解，与实务单位每多出入，若不能有所更张，不若依照性质，分别并入各处……；（三）资料室原分党派、敌伪、党政三部，各归主管科直辖，嗣为统一管理，特合并单独成立，然两年以来，所有资料均未能及时整理，需要时实法调用，形同虚设，此种脱节现象，亟须立加改进……；（四）特经处业务在外颇多毁誉，今敌寇投降，该处业务亦无继续必要，似可即予撤销……

二、应予充实之单位

（一）秘二科……；（二）秘三科……；（三）交通处电讯科管理松懈，效率甚低，各地电讯人员，缺乏政治训练，以技术人员自居，不受拘束，自成系统，不听各地调统室指挥，常有怠工情事影响工作匪浅，应即拟订整个计划，训练新人改善待遇，淘汰怠顽，力使充实。运输科工作有名无实，亦需即加调整；（四）密电组过去分设两处，力量不能集中，应予合并……

三、临时委员会及小组希能减少。

本局过去组设各种问题临时委员会及小组甚多，开会频繁，事权不专，影响各部门主管业务之推进，不如加强处科之责职，尚有成效，会及该项组设非必要者似可予以减少。

四、省室机构之调整

（一）现行之督导区制度，不仅未能发挥积极作用，抑且影响省室工作情绪，增加人事纷争，牵制甚多，似应予以取消……；（二）提高各省室之地位……；（三）对予省室之权限，似应予以扩大……；（四）……省室机构中似有增设交通科之必要……；（五）各省政府增设统计处，由各省党部调统室主任兼任一案，中央业经通令实施，本局应即积极进行，争取成立，……；（六）由本局成立视察团之组织，团长以高级同志交任，团员选拔熟悉各种业务人员担任，予以较大之权力，出发各地视察，就地解决各种实际问题……；（七）目前各省室缺乏下层基础，工作多属蹈空……在党调合作之原则下，各县党部委员或书记长至少应由各省室推荐派充，或由省党部指定担任调查工作。

乙、关于人事方面者

本局人才缺乏，基本干部健全者尤少，人员配备调动不够灵活机动，命令之执行，亦未能贯彻，同志之精神，不能蓬发，此种严重现象之形成，一由人事制度迄未能完全确立，取才进士犹未配合实际工作之需要；二为现有及外派同志之管理及训练，不够严格积极，未来干部之培植尤少通盘计划；三为本局负特殊任务而无特殊之待遇及保障，所有各级同志之待遇有时反较一般党务工作同志为低，而未来出路如何，亦未见有适切之部署……具体意见如下：

（一）建立适合本局特殊性质之单行人事制度，给予工作同志生活及未来出路以保障；（二）嗣后录用新进同志，必须经过严密外围关系及一定之训练，取才之标准须品德才干兼重；（三）同志之待遇应较一般机关为高……（四）内外同志待遇一致，机会均等，并实现内外互调办法；（五）提高训练内容，改进训练方法……（六）规定工作同志之最低服务年限，期满后按其成绩予以较优之介绍外派机会……使其新陈代谢，干部源之补充不绝；（七）现有工作人员应立即进行严格之检查，淘汰各部门冗员及不堪造就之人员；（八）外派同志必须视有工作上之必要及规定服务之年限届满后为之……然后指定其任务，严密联系、管理；（九）纪律之执行必须严格、经常、平等，始能辅佐命令之贯彻；（十）随时注意同志之意见……务求组织之利益与各同志之利益密切联系；（十一）考绩及升迁，必须公开……

（十二）解决人事问题应规定一定之程序及手续，避免徇情偏私，作私人路线之活动；（十三）为保障同志生活，似可规定退休养老金、储金、人寿保险、调差家属补助、按期给予休息或旅行假期等办法；（十四）人事登记工作，目前尚未达理想境地，似应积极改进，向办理有成绩之机关多加观摩借鉴，俾便于检查考核，扩大其用途。[3]

从这份自我检讨文件来看，当时中统组织内部确实问题与矛盾多多，不仅工作不能上升，甚至于连维持运转也成了问题，难怪叶秀峰着急。但他的改进之策，似乎也不太实际，原则要求多，具体措施仍未落实，要想以“似可”、“似应”之对策方法来处理中统内部的积弊，也难。后来的事实证明，这次检讨只是暴露了中统内部的众多弊端，而于解决问题上并未见显著之效。

中统局在鼎盛时期，局本部有六处、六室、五会、一区：即党派调查处、党政调查处、特种经济调查处、统计处、总务处、交通管理处，秘书室、人事室、会计室、督察室、研究室、译电室，违纪审查委员会、侨务工作委员会、训练委员会、设计考核委员会、事业管理委员会和重庆实验区。下属有六十八个调查统计室，遍及全国各地各阶层。改组后的党通局虽然还有一定的机构编制，但业已缩减，多余的通过化整为零，把中统局的机构整建制划到别的单位，继续开展工作，这样可以在表面上缩小规模。

缩减后的党通局主要通过三个“外延单位”来开展工作。这三个“外延单位”是：

1．国民政府主计处统计局第六、七科。主计处统计局原本就是“CC派”控制的机构，局长吴大钧是陈立夫的亲戚和留美同学，“CC派”骨干分子，原曾任中统前身党务调查科第三任主任。第六、七科专为中统而设，由王宗梧、张义城分任科长，两人及手下四十余人都是中统特务集体转业，还特设一名副局长级简任视察，以中统第三处王秀春处长出任。该两科名义上是进行“行政效率”和“施政成绩”的统计，但实际上仍然是进行“党政情报”的搜集工作，其下辖机构为各省市统计处内专设的一科，其基本系统工作职能都没有变化。甚至于该两科人员的办公地点都留在中统局本部党政调查处，只派一人去主计处上班，担任联络工作。到1949年底，全国有七个省市政府的统计长是由中统特务担任。在中统内部称之为“主计系统”。主计处1948年后改隶行政院，“主计系统”最后随行政院逃往广州、重庆，在成都瓦解。

2．内政部人口局第四处。内政部长张厉生也是“CC派”人物，他专设此处交由中统掌握，由张国栋（张文）任人口局帮办兼第四处长，负责工作。下辖三科，周汝唐、刘国刚、李道生分任科长，共二十九名原中统“人事登记处”的特务组成，公开业务是研究人口政策，搜集人口资料与协办兵役，实际工作是仿照美国联邦调查局的职能，进行被监视政治对象的个人特征、家庭、活动情况登记，称为“党派人事登记”，提供最高当局参考，为政治斗争服务。该处没有下设机构。1949年夏，内政部与社会部合并，人口局并入户政司，第四处改为科，科长李道生率员随内政部逃到重庆后瓦解。

3．经济部特种经济调查处。1947年秋成立，由中统局统计处处长郑尧锡转任该处处长。下设四科一资料室，其中二科归经济部长、青年党党魁陈启天所属，与中统无关。余第一、三、四科人员及科长陈伯中、郑铸、余宗瑜全部由原中统局统计处下属四科人员转任，再加补充共三十人组成。公开任务是调查非法经济活动，取缔黑市、走私与囤积居奇，实际是对中共解放区的封锁、禁运、拦截物资与经济破坏，在经济重镇上海设有办事处，在天津、武汉、广州、兰州、济南、重庆、开封等地设有调查站。他们在工作中除了对付中共外，也做了许多敲诈勒索商民之事。最后该处随经济部撤往广州，郑尧锡、陈伯中、郑铸等人逃往香港，余部到重庆后瓦解。[4]

上述党通局的“外延单位”，虽然编制经费是分由各名誉上的隶属单位供给，但他们从来都是原来的人干原来的事，没有任何变化，只不过原来的职能转为隐蔽工作而已。这些外派特务都有双重身份，工资由各单位汇给党通局发放，而党通局又给他们额外的待遇。

党通局为应付局面的改变，还设立了内部的督察室，由王保身任主任，专门秘密监视内外特务的行为言论，制裁不忠者，成为“特务中的特务”。

中统在最后的时刻仍然坚持一贯的反共宗旨，在对内镇压各地人民民主力量的反内战反独裁及反美运动方面，充当打手与急先锋的角色。

自1945年初出掌中统以后，叶秀峰在中统局内把主要精力放在清洗徐恩曾的势力和培养自己的班底上，他领导下的中统与党通局并无特殊的建树，两三年内只策划发动过重庆“较场口事件”、“南京下关事件”及昆明“一二·一惨案”[5]等针对学生与民主人士反内战运动的暴力镇压，且其后果都是搬起石头砸了自己的脚，搞得当局十分被动，自然也得不到蒋介石的赏识。

重庆“较场口事件”

抗战即将胜利，蒋介石为在战后的国内政治斗争中争取主动，派遣张治中偕同美国特使赫尔利飞往延安，迎接毛泽东来重庆直接会谈，经过四十三天商谈，达成了国共两党《双十协定》。国民党迫于全国舆论及美国的压力，同意举行全国性的政治协商会议。

政协会议原定1945年11月20日举行，但因前方爆发战事，一直延至翌年元月10日始在重庆国民政府大礼堂举行。出席会议的代表除国共两党外，还有民主同盟、青年党和社会各方代表等。

在国民党内，极右翼势力对与中共的和谈始终抱着反对的态度。中统、军统都伺机对政协会议进行破坏，他们希望看到会议失败。叶秀峰曾亲口对其高级骨干说：“即使达成协议也要加以破坏，不能（让它）得以实施。”

在整个会议期间，中统内部一直十分紧张，处于高度运作状态。叶秀峰饬令局本部高级特务全部出动，所属重庆区亦加紧活动，探听中共、民主同盟等内部情报，并第三处负责将所获情报逐日汇编成册，送呈蒋介石核阅。

开会期间，重庆各界人民组成政治协商会议各界协进会，每晚在沧白堂集会，邀请政协代表报告会议进展情况。中统联合军统与三青团，不断派遣特务对会议进行骚扰，谩骂、殴打会场主持人和到会群众，并追踪、侮辱去那里讲演的政协代表。

1946年1月31日,政协会议在最后通过和平民主统一的政治纲领后闭幕。为庆祝会议成功，并对当局施加压力，保证会议决议的实施，重庆各界二十多个民主团体发起，准备在较场口广场举行“庆祝政治协商会议成功大会”。叶秀峰在得知这一消息后，当即向二陈禀报，并提出对大会应予破坏，以防其影响波及全国各地的建议。在征得二陈同意后，叶便与国民党重庆市党部主任委员方治密商，决定指派中统重庆区区长田纯玉率领一批特务会同该市党部领导的所谓社会小组青红帮分子混入会场，执行破坏大会的任务。

庆祝政治协商会议成功大会2月10日上午在较场口举行。这天清晨，一大批特务、打手、地痞流氓约两百人，集中在中统局本部信谊堂，进行了具体的安排布置，随即分别前往较场口，混入大会会场。大会开始不久，由刘野樵首先发难，他以“农会会长”名义，闯上主席台，抢夺扩音器，自称大会主席，制造混乱，随后混在会场的特务一拥而上，大打出手，打伤大会主席郭沫若及群众多人，致使大会被迫中止，造成了轰动一时、举国为之哗然的“较场口事件”。

事后，郭沫若先生经医院检查，左额及左胸壁受伤，他随即向重庆地方法院控诉刘野樵等人殴打伤害罪。而刘野樵也伪装被打受伤，向法院提出控诉。重庆法院认为双方既是原告又是被告，应并案处理。同年3月15日，重庆地方法院开庭审理。庭长龚某按例问一番，最后判定双方同为原告和被告，且都是社会知名人士，建议双方采取政治途径调解。随即宣布退庭。于是，令世人震惊的“较场口事件”就这样不了而了。[6]

国民党特务的这些活动，虽给政协会议制造了麻烦，但其并不能阻止国内民主运动的发展。

南京“下关事件”

1946年6月23日，上海市民十余万人举行反内战群众大会，并推选出以马叙伦为团长，阎宝航、胡厥文、胡子婴、雷洁琼等十人为团员的代表团，前往南京向国民党政府请愿，要求停止内战。

当天上午，上海有五万群众赴车站送行。中统上海特派员季源溥急电局本部报告。当晚，代表团到达南京下关火车站时，遭到当局事先准备好的一群特务、流氓、打手的包围，这群特务初则喊叫围攻，继则大打出手，殴伤包括代表团团长马叙伦在内的代表团成员多人，造成骇人听闻、震惊全国的南京“下关事件”。事后，中统南京实验区负责人田纯玉等还恬不知耻地吹嘘其“功绩”。

“下关事件”是由中统局预谋安排的。

1946年春的一天，中统局局长叶秀峰率同部属张文到陈立夫家，当谈及苏北解放区的地主、富农们有很多已逃到下关、浦口和镇江一带时，陈立夫说：共产党挑动利用那些无知无识的农民为非作歹，杀人放火，这些人才不得不被迫逃出。我们要反其道而行之，共产党所要反对的，我们就要给予支持，帮助他们返回家园，也只有这样，我们才能有人，有力量，这叫做“以组织对组织”。于是，中统便开始策划，准备行动。

1946年4月的一天，叶秀峰把所其属津浦铁路调查统计室主任陈叔平叫到瞻园局本部局长办公室，指使陈叔平让那些从苏北逃到下关、浦口一带的所谓难民和当地的地痞流氓，利用各种手段，如结拜金兰，成立同乡会等，进行联系和组织，并供给活动所需的费用。

陈叔平是江苏盐城人，抗日战争前，其兄陈中柱任中统津浦铁路特务室主任时，陈叔平已在该室当干事。抗日期间撤往重庆，继续在中统任职，得到叶秀峰信任，所以在日本投降后，便派他担任津浦铁路调查统计室主任。论地区，下关属于中统南京区的活动范围，但因当时南京区区长田纯玉刚从重庆调来，对于地方情形不熟悉，所以叶秀峰把这一任务交给了陈。陈叔平接受这一任务后，便在下关、浦口一带，指挥其所率领的大小喽啰，按照叶秀峰的命令进行活动。该室的工作人员几乎全是苏北人，其中不少人原是参加汪伪特务组织的地痞流氓，日本投降后投入中统，便成了中统的地下工作人员。在活动中，他们统一口径说家乡之所以不得安宁，是由于共产党“煽动蛊惑，武装割据”，为了恢复祖业，打回老家，就必须协助政府戡平“内乱”。他们利用同乡、同学、同宗、同帮（青红帮）等关系，结拜金兰，组织同乡会，等等。把事前有联系的地痞流氓和一些由苏北逃来的地主富农分子编为若干个组，由该室的科长和几个青红帮头目率领。对这些喽啰，各发给活动费若干，最少的每名发给光洋两块。事件前夕，各组齐集车站附近，陈叔平也到场指挥。

在事件发生前十多天，中统局得到所属上海特派员季源溥的报告，上海各界人士将要举行一次声势浩大的示威游行，并拟推选出一个“上海各界要求和平民主运动请愿代表团”，前来南京向国民党政府请愿等情况。叶秀峰当即向国民党中央秘书长吴铁城汇报，吴指示要设法阻止代表团来京，以免制造麻烦，为共产党所利用。叶复电季源溥，要季严密监视，并设法进行分化破坏活动，同时又把陈叔平叫来，当面吩咐加紧活动，作好对付上海代表团来到的准备。并说，万一代表团来到南京，也决不能任其入城，要设法迫令其返回上海。接着又向中统江苏省调查统计室（该室设在当时江苏省会镇江）主任季璞进行布置：如果该代表团来南京路过镇江时，要设法阻拦，迫其折回上海，不让继续前进。

在“下关事件”发生前约十天，叶秀峰召开了一次所谓“丙种会报”。出席这次会报的有中统局叶秀峰、军统局毛人凤、中统南京区区长田纯玉、军统南京站站长黄逸公和宪兵司令部、首都警察厅等单位代表。当讨论到上海各界将要组织代表团来南京请愿问题时，在座的人都知道这个代表团成员是一些知名的学者名流，不好对付，有所顾忌，不敢明确表态。叶秀峰由于事前已经有所安排布置，并得到国民党中央秘书长、乙种会报主持人吴铁城的指示，便拍着胸脯说：“我有办法。”于是大家便顺水推舟地说：那就由老兄负责，我们从旁协助好了。会后叶秀峰便将陈叔平召来，并指派第二处科长黄九成会同陈叔平加紧策划布置。接着又电召季源溥和派驻上海的专门委员陈庆斋来南京面授机宜，同时又通知镇江的季璞准备行动。

6月23日那天，上海各界市民大会如期举行，并推选出了以马叙伦先生为团长的“请愿代表团”。中统一面在上海站采取扣车头、不许发车等卑劣手段干扰，一面由国民党上海市市长吴国桢出面，进行“劝阻”，结果都没有成功。当代表团所乘列车经镇江时，季璞事先准备在车站的一批所谓“苏北难民”，等车一停站，就蜂拥上去，企图把代表团成员拉下车来。他们说：我们是从苏北来的，在家乡遭到共产党迫害，弄得流离失所，无家可归，你们要求和平，停止内战，就是不让我们回去。这些论调遭到了代表团员们的有力驳斥，车上的旅客也纷纷起来支持代表团。他们捣乱了一阵，阴谋未能得逞。

车到南京，聚集在南京下关车站的一群国民党特务和一批所谓“苏北难民”，在陈叔平的亲自指挥下，等代表团成员一下车，就一拥而上，把代表团成员拥至候车室，重重包围起来，叫嚷大骂，不让出站，要他们回上海去。但代表团不畏强暴，坚决要进城。那些特务见无计可施，乃凶相毕露，大打出手，对代表团成员拳打脚踢，还用铁棒铁器袭击。结果团长马叙伦和好几个团员被打伤。顿时车站人声鼎沸，秩序大乱，前后经历五个多小时。当时在场维持秩序的宪兵警察，初则袖手旁观，若无其事，继则隐匿无踪，不知去向。中共驻南京首席代表周恩来闻讯后，非常气愤，于深夜两点钟，带着慰劳品亲到医院向受伤的代表进行慰问。

除代表团成员负伤外，在此次事件中还有两名记者被打伤。陈叔平在局长室向叶秀峰汇报此一情况时，叶予以口头表扬，并说：“这些记者也不是好东西，打了就打了，没啥关系。”

事件发生后，沪、宁各报纷纷报道，并撰文指责，全国哗然。中共代表团也向国民党当局提出严重抗议，要求彻查事件真相，惩办凶手，保障民权。事情闹大后，政府当局大为恐慌，国民党中央秘书长吴铁城和组织部部长陈立夫都埋怨叶秀峰等计划不周，不应打伤人，把事情闹大了。叶做贼心虚，于是想出“拘捕凶手”的办法。陈叔平物色了两个“替罪羊”，一个是陈叔平的堂弟，另一个是青帮门徒，年龄都在三十岁上下。此二人到宪兵司令部伪装自首，自称是“苏北难民”，是下关事件打人凶手，自称是出于一时的气愤，背后并没有人策划指使。当时宪兵司令部警务处长卫持平、副处长欧阳向与中统的关系一向密切，且事前陈叔平向他们打过招呼，当即把自称“凶手”的两个人收押。但叶秀峰仍不放心，深恐有新闻记者去采访，露出马脚，于是派张文去宪兵司令部查看这两个人伪装得像不像，如装得不像，就给他们指点一下。当张文到宪兵司令部说明来意后，警务处第四科（即政治科）科长周剑心就安排他在一间小会客室里会见两个特务。张先伪称是新闻记者来向他们采访新闻的，照例问问他们的姓名，哪里人，干什么职业，为什么打人等等，最后才说明了真实身份，并指点他们态度上要理直气壮，思想上要冷静沉着，还授予谈话要包括如下内容：

（1）叙述家乡农民造反，霸占田地，抗租抗税，甚至打人杀人，许多人被迫背井离乡，四出逃亡，生活无着，还有些人被活活打死的凄惨情况，这些都是共产党煽动蛊惑造成的结果。

（2）一家几口逃来南京，投靠亲友，借债度日，贫病交加。

（3）听说上海的什么和平请愿代表团要来南京向政府请愿，要求和平，实际上就是阻碍戡乱，不让我们返回家园，这完全是替共产党说话。我们内心感到非常气愤。那天晚上，我们饭后无事，在车站附近散步，与一些同乡亲友闲聊，得知这个代表团到了南京，于是前往向他们提出质问：为什么只许那些受共产党鼓动的人霸占别人财产田地，打人杀人，无法无天，而不让政府派兵戡乱，维持地方治安，保护人民生命财产？你们要求和平，实际是助长内乱，替共产党说话，做共产党的应声虫。他们说什么要求和平，反对戡乱建国，是全国人民的一致愿望。我们听了非常气愤，因而才动起手来，致使几位代表受了伤。我们光明磊落，问心无愧，好汉做事好汉当，不愿连累别人，因而才向政府自首。

最后张还鼓励他们一番，说：你们这场辛苦，局长是知道的，将来会有你们的好处。

大约两个月之后，风头过去了，他们被放出来，并得到些赏钱。“下关事件”就这样结束了。[7]

第三节 党通局再改为内政部调查局

1947年10月至1949年5月，自中统改组为党通局后到再次改组的一年八个月时间内，在叶秀峰领导下，党通局继续从事反共与镇压民主的活动，但比较中统猖狂的时代，其势已渐衰。

1948年进行了“八二〇大逮捕”，在天津，由区长郭乾辉指挥，按照国民党特工“联席汇报”的安排，逮捕了南开大学十余位进步学生；在四川，由党通局负责人先大启指使逮捕了三十余人，1949年又抓了十多人，并在逃跑前夕在成都十二桥进行了屠杀。[8]这些罪行虽然暴虐，但总体来看，其活动规模和作用逐渐萎缩，内部人心涣散，难以再为蒋介石立下“大功”。

为了改变局面，叶秀峰在党通局内召开了一系列会议，对中统的业务工作进行回顾与检讨，试图重振士气。

1948年春，党通局召开了“京畿附近各单位行动工作会议”，6月间，又召开了一次“京畿附近各单位审讯工作检讨会”。在这些会议上，叶秀峰主持制定了《审理工作改进方案》、《行宪后之人犯逮捕问题》和对中共被捕人员的《自首自新分子之管训运用问题》等一系列办法文件，他还亲自到会作了长篇演讲，从审讯工作入手，论及其党通局内部存在的种种问题，表示了严重的不满意。这篇讲话内容摘要如下：

局长于审讯工作会议训词

三十七年六月廿日上午

上次我们开过行动工作会议，关于审讯工作问题我很久就觉得也应该有一个讨论，尤其最近感觉得这个讨论的切要。

行动和审讯工作，是互为表里的。行动的判断到行动的执行，假使不能周到审讯，便会受很大影响。假使审讯工作没有在轨道上或者合理的状况下进行，行动的成果也能因此损减。当然我们并不是说过去所有行动都十分周到，即使自己认为周到，以后还是可以发现许多问题和不满足的地方，均须依赖审讯工作来补救。……旁近中央的几个单位如此，离开远的问题更多。为求今后对审讯的改进，这次的会议很重要。……

我们对审讯工作，不要自以为是，对俘虏，对囚犯，甚至以为可以为所欲为，毫不经意。须知我们对付敌人行动以前是斗智，审讯时候依然还是斗智，斗头脑，绝不可看得很轻。尤其是开始的时候，对捉到的对象，不仅不可轻视，且必须较行动更细心的研究，然后审讯的效果可以增加。

我们虽说把一个共匪捉到了，但这仅是形式上的逮捕，审讯的时候更重要的就是要发挥精神上的逮捕作用，……以精神来控制审讯的对象，然后才真正能有所收获。比如，我们方法里头，也有布置在九百支光灯光之下，来审讯对象，但这还仅是一个形式，我想我们如果能发挥精神作用，当比这形式的方法还强，可以使他没有隐藏的地方，把话老实说出来。所以在开始审讯时候，首先要有饱满的精神，以精神的表现来控制对象，这是审讯当中必须注意的起点。

……既然拿审讯当着做文章，我想就容易发生问题，有时可用做文章的方法，引到他那路上去，甚或你有时主观，有时客观，使对象无法捉摸，这样就往往可束缚住对方的精神，所以由做文章作比喻，审讯也应该等于舞文弄墨一样。

……受有训练的共党分子，一定非常镇静，而且他老早想到你会问些甚么，这种情形之下，我们就要打破他的镇静，要问他所想象不到的话，这样才会有所效果。……我们对审问一个对象，一定要造成一个状况，就是给他认为你比他强，否则很可能他会玩弄你的。……再比如捉到一个和尚，我们不妨和他谈些佛教，捉到一个基督徒，不妨和他谈些耶稣基督的道理，这也等于前面的案例一样，可使他一方面感觉你可怕，一方面感觉你和他有相同之点，而减低他反抗的情绪，这样情形之下，有时他不讲的话，也会讲的。真正做审讯工作，人必须有充分的常识，有了充分的常识，在审讯当中，才能够主动。……这技巧配合的问题我们又不能不注意。

从前我参加过一次审讯，也可说是一个失败的事实，就是审讯某女共党，这大家或曾知道。本来这件审讯，已经过好多同志问了，都没结果，经过我的试讯，也没结果，甚至问到后来，他（她）根本一句话不答复，以不讲话为他（她）最后手段。根据这事，我们或者可说，当时不是一个普通问话的环境，问话的方法恐怕也不是很完美的。……所以在任何行动之下，最好要能够拿到物证，我们最近许多破获案，能够得到物证的很少，而人家破获案子，往往都有物证，和许多重要文件，这很值得我们检讨的。人家能，我们为什么不能？我们对自己应有一个鞭策。……

现在还有一个缺点，要和大家说的，我认为上海许多同志，勇气有余，仔细和机密总嫌不够，……而他们审讯工作，可说也受这影响。……

我们在工作上有相当历史地位的，审讯工作不可不特别经意，如果审讯工作做不好，我们才真是低能，因为对象已经抓在我们手里，如果还弄不清楚，自己实在说不过去。人家都勉励我们对审讯有办法，我认为我们还十二分不够，尤其技巧的运用，是不可底（称）心的，更不能够满意。……

我的批评，希望大家不要以为太神经过敏，其实我平常所想，往往还超过于此。今天我一些批评，或者大家会有许多答复，当我希望大家不可说因为环境条件不够，所以才不行。……最近这个环境下，我们更要十二分小心。本局改隶司法行政部的案子，已经提出去了，将来我们取得正式身份之后，法律上地位将不同，而许多技巧上的问题，也会不同的。所以在这个时期大家对于侦察检察审问方式和许多审问的规章，都不妨看看，并对将来转列政府机关以后一些应该注意之点，不妨提出交换意见。

至于人犯管理、待遇等等问题，我们也有许多不够，上海情形或者好些，至于江苏监狱，有“龙头”也没一定，我们不可不注意，因为这往往直接与审讯会发生影响。……尤其对象是政治犯，则更要十二分注意，这方面不注意，也可能影响到审讯的结果。……总之，要以痛苦逼迫使他降伏，决不是本事，必须以技巧理论使他降伏，才算高明。

再者，利用管理来帮助审讯的地方也有，如故意让他不隔离，或者放一个人到里面去，也是一个办法。有时在管理上，可利用神秘性，比如天天将犯人换一个地方监禁，这也是一个办法。此外我们要注意的通讯问题，这问题不可以大意。记得上次还发生过一个问题，我们寄押的人关在甚么地方，他家里都知道的，这我认为太开明了，因为我们还不是合法机关，因为这问题往往很可能引起不少的麻烦。让犯人通讯，可能对我们的审讯有妨碍，……

审讯失败，有时可能是行动的失败，当然也有是审讯的失败，所以审讯以后的记录应该做最后的研究，……必须时时这样探讨，作为今后的教训，使得到进步。

我们不求进步，人家就会进步，人家进步，也可说是我们的失败。比如共党以前做潜伏工作，他都准备好一套，以防万一被捕后作答复的，可见共党处处非常周到，我认为我们也应该从各方面都注意，……也准备好一套，配合他的答复，怎样去对付。

保守秘密，也要提提。……近来常有这些情形，人家来对我说，某人已无问题，某人还有问题。我没法，只好回答连我都不知道。从这事实来看，可见我们有时还会把事情泄露出去，希望大家也要注意的。[9]

叶秀峰的这篇讲话，字里行间暴露出他对党通局工作的许多不满和试图纠正的意图，他想继承和发挥中统过去的“优势特点”，继续对中共人员开展“攻心战”，他指出的种种不满之处，也就是中统走向衰落过程中的各种表象所在。

在这次会议上，为了改变工作面貌，党通局通过了几个文件，其中以下面的《审理工作改进方案》为工作改进的中心：

审理工作改进方案

本方案分确立审理制度与改进审讯技术两部分。兹依据审讯检讨结论，制订本方案如后：

甲、审理制度

一、原则

（1）情报与执行分开，情报人员不得参加行动。

（2）案件执行后，由主管业务部门作初期侦讯，以求扩大效果。侦讯告一段落后，即交由审理小组或审理委员会审理。

（3）审理人员由各单位选派富有审讯经验同志一至三人，成立审理小组或审理委员会负责办理，报局核备。

（4）审理人员得向侦查执行人员索取材料，侦查与执行人员可参加陪审，提供意见。

二、权责

（1）审理人员负责审理局本部交办及主管负责人交审之案件。

（2）审理人员接受案件后应即时审理，并将每案进程至少每周一次报告主管同志查核，在每一案件审讯终结应签注处理意见，送由负责人核定。

（3）单位负责人如认案情有审讯不实或签意见不当时，得提示原则再交复审。

（4）审理人员对结案必须签署方得报局。

（5）各单位对案件审讯终结，除报告案情外，并须附处理意见，报由局本部核定后方得结案与处理。

（6）各单位设立之看守所，应指定专人管理，由行动人员负责监督。

乙、审讯技术原则

一、审讯目的在发现线索，找寻关系，扩大破坏，肃清反动组织。

二、以说服方式为审讯之最高政策，争取自首自新人员在转变后之工作作用。

三、审理案件应注意案情，搜集事证，尤须注意案件真伪，明辨是非。

四、针对被讯人身份，采用不同方法。

五、审理案件必须手续完善，处理时要合法、合情、合理。

六、审讯经验与总结，应上下交换，互为学习。

七、审理人员应加强党派业务之训练。

丙、处理原则

一、证据确实感化无效之共党案件移送特种刑庭办理。

二、已自首自新而又为共党活动者，送国防部或自办感化机构感化。

三、自首自新有工作表现而有能力者可予起用。

四、无工作作用者，办统建手续加以管训。[10]

虽然上述“审讯制度原则”中加入了一些冠冕堂皇的字样，但党通局生怕特务们迷惑不解，在处理中共被捕人员时手软，于是补充了赤裸裸的“处理原则”，即镇压加诱降的规定，其中所谓“移送特种刑庭办理”，按照一般的惯例就是杀害；而“办统建手续加以管训”则是无期限的关押了。

尽管党通局力图振作，但两统的命运的确是与蒋介石国民党的命运紧密联系在一起的，在国民党政权江河日下之际，中统与军统也必然随之趋于末路，再多的“原则”、“方案”也不能挽救其失败的结局。

1949年3—4月，中国人民解放军以摧枯拉朽之势席卷全国，蒋家王朝已穷途末路，但蒋介石仍紧抓特务不放，按照既往政策，对中央党员通讯局再次进行了改组与调整。具体方案是将其再次降格，从“党”归“政”，划归行政院内政部所辖，改称为内政部调查局。由于叶秀峰是国民党中央执行委员，属特任级官员，不能屈就内政部调查局简任级的局长，因此改由原“中统局”上海区调统室主任、党通局副局长季源溥为内调局局长，以内政部派出张益民为副局长。但中央党员通讯局的名称仍保留了一段时间。

1949年5月内政部调查局在广州正式开张，中统组织从此更趋末路。而叶秀峰则因无法安排，仍挂名为“党通局局长”闲置。

内政部调查局人事安排表（1949年5月-1949年12月）

局 本 部

局　长　季源溥　　副局长　王保身　张益民

秘书室主任秘书　万大鋐

第一处（辅导）处长　张庆恩　朱凌云　　副处长　邹春生

第二处（总务、文书）处长　陈庆斋　　副处长　朱韵涛

第三处（电讯交通）处长　袁　更（1949.5任）　副处长　苏恕诚

第四处（研究）处长　徐　政　　副处长　黄九成

人事室主任　李裕德　万大镛

会计室主任　王大光　　副主任　何启明

密电室主任　武子明　　统计室主任　原　汾

督察室主任督察　朱　瀚　孟宪海　马绍伯

专门委员室专门委员　陈国英　齐耀荣　朱元懋

外勤组织

重庆办事处主任　徐　政　张益民

云贵办事处主任　陈庆斋

海南岛办事处主任　杜　衡　副主任　王进之

台湾办事处主任　张庆恩

留京办事处主任　苏麟阁（1949.1.26任-4.23免）

贵州调查处处长　刘苏屏　　云南调查处处长　李宏泽

重庆调查处处长　王难三　　四川调查处处长　先大启

西昌调查处处长　甘青山　　西康调查处副处长　王安文　邵　平

广西调查处处长　郭文田　　广东调查处处长　刘华藜

江西调查处处长　马　鲲　　湖南调查处处长　田纯玉

湖北调查处处长　杜伯埙　孙守藩　周文化

台湾调查处处长　郭乾辉

香港调查处处长　俞嘉庸　副处长　王大光

浙江调查处处长　黄华年（1949-1950.5在职）[11]

从这份组织系统人员名单来看，中统的队伍自然是今非昔比“凤凰变鸡”了。

在最后的几个月中，内调局的下层组织处于收缩与应付状况中，其比较主要的几个工作点状况如下：

在上海，成立于1948年2月，由党通局控制的“经济部特种经济调查处”驻上海办事处，在参与了1948年底的“八一九限价”和金圆券的强制发行工作后，于1949年4月开始进行撤退广州的工作，但大多数人员并未去广州，眼看国民党政权气息奄奄，便各自四散逃命去了。这年秋天，中统干将刘恭在上海与“CC派”洪兰友私下交谈时说：“趋炎附势，人之常情；看样子，如果共产党说不杀人的话，我们‘中统’的朋友，十九会输诚自请，望门投正！”

在南京局本部，就连由叶秀峰一手提拔起来的中统特务杨博清，当年曾冒险潜入延安抗大卖命搜集情报的人，也因大势已去而退出组织，前往南洋求生去了。中统前局长朱家骅，在离开南京之前，在其赤壁路七号寓所见到中统的旧人时，也说：“他们（中共）的工作做得好，老百姓都跟他们了。这些事实我们都知道。我看老头子（蒋）也明明知道一些，他就是不肯认输。戴先生（戴季陶）和他谈过，谈了也无益。我们这些人都上了年纪，不中用了，钻牛角尖钻到底算了。”那时候，蒋介石在大陆还保有半壁江山，但中统内部上下左右都觉得局势已无可挽回，失败的情绪弥漫全局。[12]其新任留京办事处主任苏麟阁也拿不出什么像样的潜伏计划安排，在南京解放前夕携款逃往上海。

在西南，原党通局云南组改称为内调局云南调查处，由孙秉礼接替原党通组长查宗藩任处长，后由李宏泽代之。查宗藩改任内调局专员。他很不服气，有关组织情况与工作线索概不移交，为此原党通局西南区办事处主任、新任内调局云贵办事处主任陈庆斋特地来到昆明进行协调，他带来了大把的银元与金条，允诺给部下发放一部分“应变费”和发报机等器材，但另一方面，他却在暗中烧掉文件，作逃走的准备，结果发报机来了，“应其变”却被陈扣下了。12月1日，陈庆斋、孙秉礼与李品伟等在昆明孙宅开会，决定了内调局在西南的应变措施，认为在中央军的威胁之下，昆明卢汉暂时不会乱动，国共两军将在昆明有一场决战，内调局应向滇西撤退，在下关扩大组织“滇西区”，并派原“第四区公路党通组贵阳区主任”康茂生为“昆明潜伏组组长”，带着电台和一两个“从未暴露身份”的组员在昆明埋伏下来，以等待“第三次世界大战爆发”的时机到来。[13]

与此同时，内调局在最后困守的西南也做出了一些疯狂的“业绩”：

内政部调查局所属西南各调查处，按照局发布的应变计划，对已查获的共产党分子和嫌疑分子，进行了清查，各调查处根据所辖地区的具体情况，进行了破坏活动。

四川调查处在成都破坏了民革的地下组织，民革川西军事负责人李宗煌等十三人被捕，川调处将他们移送特种会报处理，后来李宗煌死于重庆渣滓洞监狱，其余被捕者则被害于成都十二桥。

贵州调查处于1949年8—9月间破坏了一个中共地下党组织，逮捕革命人士二十余人，这些人均被杀害。

重庆调查处1949年10月在江苏同乡会逮捕了共产党员、医生高明，诬为重庆“九二火灾”的纵火犯，移送重庆警备司令部公开枪决；又在新都招待所逮捕嫌疑商人武纪申，抄收其财物；还逮捕了记者钟奇、中学教师杨君璋、中共地下党员朱楷和孙浮生等。钟奇后被害于渣滓洞。渝调处万县分处主任兼会报秘书陈沼汉也在万县逮捕了数十名“共产党嫌疑”，送往川陕鄂边区绥靖公署关押，后该署从万县撤逃至大竹时，在押人员悉遭杀害。[14]

此外，各地内调局特务组织还根据蒋介石的指示，将原先逮捕收押的共产党人、进步人士及革命群众，进行“紧急处理”，被害人数过千。

季源溥出任内调局局长后，上台伊始，便亲赴台湾建立局本部，派张益民由广州到重庆，筹建在大西南的内调局指挥中心；派朱凌云到香港，筹办潜伏特务训练班并指挥华南地区的特务活动；甚至派人前往东南亚进行海外活动，预备将来。[15]蒋介石为了给他们打气，慷慨地一次拨给内调局十万银元，想让他们“重振雄风”。

但人民解放军以迅雷不及掩耳之势，横扫江浙，进军闽南，逼向广东，于10月14日抵达广州，季源溥的新组织还没有真正形成队伍，即四散逃亡了。党通局、内调局的特务们，知道大势已去，除一部分由王保身带往台湾外，其余随政府其他部门一起，提前于9月初乘飞机逃到了重庆。

季源溥一到重庆，便向蒋介石和内政部长李汉魂再次申请应变经费，结果碰了钉子。季又找到四川省主席王陵基，要求王拨给他十个边远县，让特务刘介鲁等十人专门出任县长，号称要“建成游击根据地，以与共产党周旋”。十人名单送王陵基后，还没有来得及批准，这些县就已经被解放或临近解放了，因此计划只好作罢。

季源溥见大势已去，决定逃台，他下令由副局长张益民负责，自己飞往台湾。张益民见此，也不愿殉葬，在解放军尚未进逼重庆时，他考虑经昆明外逃这条路线比较稳当，于是，一面布置特务在昆明搞潜伏，一面命令特务协助铁路公路部门，保证维持滇越、滇缅交通线的畅通，并和滇越边境金平县的土司建立联系，除加强已有的滇西区室外，在滇南、滇东再分划各建一个区调查室。但是到11月间张益民准备经昆明逃跑时，实行大迂回的人民解放军已经切断了他们的去路。此时，除了坐飞机，再也没有别的办法可以逃走。11月23日重庆解放，特务们逃到成都以后，张益民便丢弃手下，借侍从室的关系，乘飞机逃往香港。

正副局长逃走后，时任内调局西南区区长的徐政，心里十分恐慌，特别是他收听解放区电台的广播，得知中共已经把他列入战犯名单，就更是坐立不安，决定无论如何也要逃到台湾去。正巧中统创始人陈立夫来到成都，徐政连忙跑去见陈央求，陈立夫安慰道：尽可放心，只要能拖到第三次世界大战爆发，党国即可复兴。徐对此回答心里彻底失望，他再提出去台湾的要求，陈立夫要他去找总裁侍从室主任谷正纲。徐政一再恳求，谷就是不让步，绝望中徐竟当场跪在谷的面前，声泪俱下地哭求，最后才被允诺。徐政逃走以后，剩下内调局本部的一批特务不知所措，一次次地向台湾发出求救的电报，度日如年地等了一周，季源溥才来电给了逃台的几十个飞机座位。这么多特务都吵着要去，你争我夺，谁也不让步。不得已，开会商议达成三条协议：一、依照局本部意见，必须飞台的先飞，眷属、儿女概不照顾；二、科长以上的重要业务人员其次；三、其余位子抽签决定。去不了的每人发一两黄金，自谋生路。特务们烧毁了所有公物，然后驱车到新津机场。当时，各机关也都想逃到台湾，互不相让，争得不可开交时，也只好采取抽签的办法。结果，内调局抽的是第十三批飞机，运气不佳。到12月中旬第八批飞机飞来时，新津附近发现了解放军，国民党的空军站仓皇撤退，机场也被破坏，第十三批飞机永远不会再来了。特务们此时已是上天无路，入地无门，不得不钻进农民的草垛里避寒。他们架起发报机一遍又一遍地向台湾呼救，结果连回电也没有了。留下的一百多个内调局特务，把剩下的六七十两黄金予以平分，每人拿了五钱，各自逃命去了。当然，在后来的“镇反”、“肃反”等运动中，可以想见，他们中的大多数人是难逃惩罚的。

这就是中统特务的最后下场。

第四节 戴笠之死与军统改组为保密局

戴笠的应变准备

1946年1月17日，在政治协商会议召开期间，蒋介石召见戴笠，他明确对戴说明，“今后政府将要改组，各党各派均将参加，军统局需要取消，要他（戴）自己研究一办法，他（戴）不负责，而他（戴）能实际控制这机关”。次日，戴笠便召集唐纵、赵龙文、毛人凤、潘其武、李肖白等在他家里策划，结果，“大家商量在内政部成立警察署，他（戴笠）任内政部次长，由他保一署长，或在行政院成立警察总监部，他任副监”。[16]由于国民党老牌警察官僚李士珍也“欲做警务署长，而欲瓦解军统局，并拒绝军统局并入警务署”，[17]造成了他与戴笠的矛盾局面。

对于夺取全国警察的领导权，戴笠多年来梦寐以求。1932年，他兼任了杭州浙江警官学校政治特派员，踏入了警界。1936年，他策动组织了“警察协进会”（后改称“中国警察学会”），提出方案，将杭州浙江警官学校与北平警官高等学校合并改组为中央警官学校，以蒋介石任名誉校长，戴任校务委员会主任委员。其后多年来，他陆续派遣军统人员进入各省市警察系统，充任局长、分局长、稽查处长、侦缉队长等，运用警察力量辅助特务活动，在警察界有了一定的势力。抗战爆发后，戴笠曾又一次提出“要在这一时机统一全国的警察”，由复兴社特务处来完成，但因军统局的成立而未顾上，现在又到了一个历史的转折关头，戴笠再次想旧梦重圆了。

对于戴笠夺取警权的野心，中央警官学校教育长李士珍倚仗他在警界的老资格和陈立夫“CC派”及陈诚的支持，进行了坚决的抵制。李士珍曾创立和领导了“中国警察学术研究会”和“中央警校同学会”，在警察界也有众多手下，具有很强的实力。

最后，在警察总署宣布成立时，蒋介石采取了折中的办法，让军统局唐纵当了署长，但没有将军统组织并入其中。而唐纵“因为我与他（戴）的作风配合不起来”，早就想离开军统和戴笠，所以在他掌握警察系统后，戴笠的“掌警”之梦实际上也就破灭了。

面对来势汹汹的攻势，戴笠思考再三，觉得这一劫很难再躲过去，他决定以退为进，采取“化整为零”的策略，以保住实力为根本，达成将组织“合法化”而免今后再遇麻烦的目的。

1945年12月下旬，他在北平巡视期间，在什锦花园原吴佩孚的公馆里，召集龚仙舫、马汉三、文强等军统大将开会，明白地说：“世界上哪个朝代、哪个国家没有特务机关，人家越喊要取消便越显得重要。但是军统局这个名称有些臭了，组织也太庞大了，经费确也筹措不易，所以要化整为零，以合法化来堵人言可畏的口。凡事要为领袖分忧着想，我跟他三十年，是深知此道的。”[18]

他的具体做法是：

“第一，准备改组后的国防部二厅谍参系统和对外使馆的武官系统，要合法化地全部控制起来，这个任务要介民先生去完成。第二，是将内政部警政司扩大为全国性的警察总署，是合法化安置人员最多的一条出路，然后才能全部控制警察方面的行政、人事、教育。对李士珍派，能容就容，不能容就去。第三，是与张嘉璈部长早已说定，要求在交通部成立一个交通警察总署来统驭全国铁路、公路的警务机构系统，并将本局的所有武装部队改编为交通警察部队。”[19]

按照戴笠的打算，军统局的几个实力部分要实行名义上的转移和精减，军队中的谍参系统，因郑介民将出任改组后的国防部第二厅中将副厅长，可保继续掌握在军统手里。由于争取到何应钦的支持，在陆军总司令部添设了一个外事处，由戴笠推荐军统人员李汉元任处长，罗杰、王固磐、杨隆祜、谢力公、郭寿华等一批军统骨干分别担任各个战区长官司令部外事处处长。这样，军统在军队中的势力不仅没有削弱，反而扩大了。

对于军统辖下的“忠义救国军”、别动军等将近五万的特务武装，军政部长陈诚极力主张将其改编遣散，彻底解决。戴笠对此极为愤慨，甚至表示“愿与一搏”。但因抗战的结束，这些武装既不能继续保持战时的名义和编制，也不可能由军统局继续供给和管辖，戴笠便呈请蒋介石在交通部内成立交通警察总局，11月7日经蒋批准，戴笠派吉章简为总局长，马志超、徐志道为副总局长，将“忠义救国军”、别动军以及另一支交通巡察部队（九个步兵团，队长吉章简，人数七万一千）、“中美班”六十四个教导营共改编为十八个交警总队，共计有官兵六万四千四百二十人，多余的被遣散。于1946年1月报军委会批准，派郭履洲、张国梁等人分任总队长。[20]

交通警察总局于1946年3月1日正式成立，首先的任务就是协助国民党军开进东北接收，负责保护铁路、公路、航空、矿山等处的治安，与中共武装作战。

这样一来，这批特务武装名义上划归交通部主管，而实际上仍然掌握在戴笠及军统局手里，唐纵评述戴笠此举为“乃雨农在政治斗争上又一成功也。彼能了解委员长之心理与迎合委员长之需要，故能逆转环境，转败为胜。”[21]

1946 年 3 月 9 日，戴笠为“肃奸”事再赴北平。当时他已从多方的情况判断中，感觉到了来自蒋介石的压力，对军统局和自己的前途有所失望。10 日，他在怀仁堂主持“总理纪念周”，发表了一次充满气愤心情的演讲。他说：

“今天，中华民国三十五年3月10日上午8时，我在北平怀仁堂举行总理纪念周的时候，发表以下公开讲话：

各位同志：

我这次来北平，本来预备一个星期就走，可是来到以后，发现有许多重要事情要处理，如今已经两个星期，还不能离开。我们团体有×万×千人，在工作上有共同信守的原则，效忠国家，效忠领袖，坚定革命信念，确认革命立场，达到共同目的。这便是共同纲领。我个人承领袖耳提面命，担当抗建的重任，我自己所负的责任不容许我马虎，我们调查统计局的工作，是整个革命工作的重要一环，最近中央开六届二中全会，十几天来所表现的情况，未出我预料之外，表面看来对象是中苏问题、物资问题，另一方面，有极少数人是对调查统计局的问题，但我相信也有大部分人在支持调统局的问题，以为调统局抗战有功，无可毁灭。看来是毁誉参半的。今天我明白告诉各位同志：我们不怕外间以一时的不谅解言论，取消与否也无所谓。有人叫要打倒我们，（所谓特务）我不知道什么叫打倒，什么叫取消，我只怕我们的同志不进步，官僚腐化。如果这样，人家不打，自己也会倒的。所以我时刻所想的，是如何对得起先烈，如何保持光荣历史，决没有想到别人如何打倒我。我个人无政治主张，一切唯有秉承委员长的旨意，埋头去做，国家才有出路，个人才有前途。

华北必须掌握几个城市，如北平、天津、济南、保定、石家庄、沧州。北平办事处，负平津督导全责，各单位应尊重系统，每个人都有其本身的责任，才能推进工作，才能进步。”[22]

“我们同志，不是几万人，几十万人，而是几百几千万人，……完成革命任务……要看我们有无牺牲决心，此种牺牲决心，不仅在捐躯效死，还要淡泊名利，功成不居。现在抗战虽胜利，而国家内部仍未安定，……我们责任之艰巨，更十倍于往时，如果有人以抗战胜利，革命就算已经成功，就可以停止革命，这种人，如非愚昧，便是不了解国内外之情势，不明白革命道理。

在重庆未出发前，（系二中全会前）有人告诉我，说某些人士，主张'取消军统局'，要我留意，叫我设法转圜。我便以一笑置之。每次全会都有人反对我们，照理我要在中央有所说明，但是每次（开）全会（时），我即离开中央，因为功过毁誉,为有识者所共见，不用我人多所解说，看看这次全会如何。去年领袖叫我当中委，我坚辞不就，就是因为争权利不配做革命者。

及至一年以后，领袖告诉我，仍有人来攻击我。直到西安事变发生，有一位同志来问我：你负特务责任，委员长为何受此危险？必须向你清算。此是第二次（受质问）。现在共产党因为要找本党的缺点,也因为我们对党忠实,当着抗战胜利的时候,要打倒我们(所谓特务)。此种情形与当年是一样的……今天我告诉大家，本团体有不可磨灭的成绩，也有不可毁灭的基础。[23]

军统局十几年来，以铁与血，苦斗不息，功过如何？社会公正人士，自有评鉴。吾人不须解释。我要告诉大家的是，真正的革命者，必不计较权利名位，没有军统局，我们亦要革命，决不放弃责任！”[24]

戴笠的这番讲话，其赌气申冤之情，溢于言表。12日，他又对郑介民表示“我可能不再干下去”，并煞有介事地将军统局死亡特工遗属的抚恤问题托由郑来处理。

戴笠两次到北平，除处理平津地区的一些汉奸案件外，主要是为发动全面内战作准备，他要积极部署军统局在内战中的活动，用实际行动来让蒋介石改变主意。

当时戴笠对东北地区特别关注。他在日本投降前夕致毛人凤的电文中，就曾要求赶紧筹划军统局在东北接收和建立特务武装的问题。1945年底戴笠到北平时，成立了军统东北办事处，派文强为主任，陈旭东为副主任。他对文强、陈旭东布置任务时说："收复东北这块新天地，本来是一件大喜事，恼火的是控制在苏联之手，要从虎口里夺肥肉，预料是一件难事，熊天翼（东北行营主任熊式辉）先生天真可笑，他想以政治外交手段把东北接收过来，事实上等于做梦，杜光亭（东北保安司令杜聿明）老大哥有胆识，硬打出来，势如破竹，锦州底定，证明政治外交没有武力做后盾，老毛子什么也不会买账的。"他一再叮嘱："一定要精研熟读与苏俄签订的十年友好条约，全力协助光亭大哥顺利地接收东北。"[25]

戴笠在平期间，还部署了调"忠义救国军"北上、用接收的日伪海军小炮艇组建海上交通警察队、筹办北平特警班等几项具体事宜，并接待了美国海军柯克上将。

当时戴笠的野心也的确很大，除染指警察、陆军外，他最大的计划还在依靠美国海军部的力量，重建中国海军并掌握之。这一计划是经戴笠与中美合作所副主任梅乐斯策划，由梅乐斯在美国海军上层人士中活动后而产生的，他们建议战后延续并深化合作关系。美国海军部门出于自身的利益需要，"且恐英国先与中国合作，将来推动影响中国的势力"，便向杜鲁门总统呈送了《备忘录》，建议协助中国建立战后海军。

美方建议由蒋介石亲自主持，由美国协助中国重建海军，并派戴笠出任海军司令或海军总署署长。俟战争结束后，即将中美合作训练的军统游击武装改编为海军陆战队，重新装备，俟中美双方签订新的合作协定后，将以若干舰只与设备无条件赠与中国。但这一计划受到了美国国务卿马歇尔及陆军上层人士的坚决反对，中国战区参谋长魏德迈就表示说："我要尽其全力，阻止美国与戴笠及其所属机构发生任何联系。"[26]

1946年3月上旬，戴笠特邀驻青岛的美国海军第七舰队司令柯克上将到北平游玩。柯克表示他很愿帮助戴笠中国重建海军，他还邀请戴笠访问美国，使戴非常高兴，当即表示待请示蒋介石后可奉准成行。他以为有美国人的支持最后一定成功，他甚至对马汉三、文强等人说："准备推荐李崇诗为海军陆战队司令，兵员由本局武装部队中抽拔，或在其他的方面抽调。”[27]但后来美国总统向国会正式提出“战后海军助华法案”时，国会仅允许以少量驱逐舰协助中国复员，而合作建军法案则遭到了否决。

正当戴笠在北平活动之际，毛人凤发来蒋介石命他回渝参加一个会议的电报，在这份电文后面并有毛人凤化名“以炎”的一段附言：“重庆宣（铁吾）、李（士珍）、黄（珍吾）在捣鬼，谨防端锅，请亲自呈复。”[28]这一消息引起戴笠的高度警惕。长期以来，李士珍、宣铁吾、黄珍吾等都与戴笠争权夺利，彼此交恶。戴笠意识到这一次会议上与对手相斗，结果非同小可，军统局和他自己的前途到了关键时刻。他按捺不住内心的恐慌和愤懑，急召文强为他代拟一份复蒋介石电，嘱其将曹丕逼曹植写的《七步诗》之意写入电文，借以试探蒋介石的态度。文强担心这样做会引起蒋的反感，戴笠愤愤地说：“李士珍与我斗了近二十年，以往无隙可乘，这次端锅是他落井下石的鬼主意，宣铁吾如果被他利用，两年前抢过我财政部缉私总署长的兼职，难道就不能抢我的军统局长一职？”他坚决表示：“决不能使李的诡计得逞，难道我白活了一辈子，容许其插手？如被这个阴阳怪气的东西吃掉，死也不会瞑目。”最后草拟了如下的电文发出：“重庆以炎兄亲译。校座钧鉴：电谕敬悉。本当遵谕返渝，因平津宁沪巨案尚待清理，本月中旬始能面聆教诲，敬乞示遵。生云天在望，惟命是从。讵料煮豆燃萁，相煎何急。生效忠钧座，敢云无一念之私。不得已而晋忠言，冒死陈词，伏乞明察，生戴笠。”[29]

毛人凤接电后也因担心语句刺激而没有立即转呈蒋介石。戴笠收不到复电，心急如焚，他预感到前景不妙，在与黄天迈共进早餐时，伤感地对他说：“看情势军统局面临改组或撤销命运，我如不能去美国与美海军洽商今后合作，真要去西北垦荒了。”[30]他又向黄天迈透露自己的估计说：“未来趋势，军统局必须改组。有四个可能方面：（一）紧缩为专管军事情报单位；（二）成立如美国中央情报局及联邦调查局两个单位；（三）成立警察总署，本局同志整编为正规警政人员；（四）与美海军部合作，成立海军部。委员长仍需要我们，究竟实施哪一个方案，尚须考虑政治环境，由委员长亲自核定。”

戴笠见蒋介石尚不复电而许诺中旬到渝的时限已到，不能继续再等待了，他便计划于3月15日乘北平航空委员会为他准备的一架C－47型222号专机，经天津、济南、青岛飞上海，于18日赶到重庆。他离平之前，一再告诫在平的军统人员说：“抗战胜利了，大家不要以为天下太平，国家没有事了。我是不怕共产党的，可是你们不是他们的对手，要是你们不留意，将来头给人家割去还不知道，所以对付共产党要特别留心。”[31]

戴笠之死及其内幕

戴笠于1946年3月15日由北平飞天津、济南，16日转往青岛。当晚，在其龙口路36号临时行馆又会见了美海军第七舰队司令柯克上将，又会见梁若节，任命其为军统局青岛办事处主任、青岛站长。

17日11时，戴笠乘航委会222专机飞沪，当天天气不好，但戴笠急于在18日赶回重庆向蒋介石报告，摸清蒋对处理军统局问题的底细，并于19日参加重要会议，因此不顾一切地起飞了。

“戴氏究因何要公，须于十八日赶回重庆？传说不一。一说党内若干人士，力主裁撤军统局，并另有一个七人小组，在幕后策动。另一说是有一二特殊有力人物，在抗战胜利不久，即要求蒋公疏远戴氏，准其出国考察。并传戴氏早已预料有‘鸟尽弓藏’之一日，从三十二年起，便在补习英文，准备必要时，赴国外定居。他要于十八日返渝，是因有一重要会议即将举行，他打算为军统局存废事，作最后之努力。揣测之言，无从证实。不过，当时在重庆，有人合谋排斥戴氏，毫无疑问。”[32]由此看来，戴笠之所以要冒险赶回，实在是此次见蒋与军统局的前途切切相关。

17日下午，上海、南京上空乌云密布，雷电交加，戴笠专机无法降落，与地面联系另降机场，不得已准备改飞徐州降落，但在南京附近江宁县板桥镇上空，飞机意外撞上岱山而坠毁，机上人员全部死亡。国民党的一代“特工之王”就此结束了他的生命。

从最新披露的资料中得知，戴笠之死并非是简单的坠机事件，而是与谋杀有关。在戴笠死后，戴笠的儿子也多次上书要求追查元凶。这件事的原委可以追溯到戴笠在北平的活动。

军统局的高级干部马汉三，时任北平肃奸委员会主任兼北平民政局长。马汉三上任后，开始时曾雷厉风行，将各路汉奸一一抓捕，闹得北平官商界人人自危。但马汉三并不廉洁，曾有一被捕的巨商以十八尊金罗汉买通马汉三，便得以无罪释放。戴笠虽不在北平，对马的所为却早已耳闻。

戴笠到北平后，在翻阅马汉三上交的汉奸名单时，却不见居住在此的著名汉奸金璧辉的名字，不由得大怒，在他追问之下，马汉三吓得大汗淋漓。其中确有隐情。

金璧辉就是抗战时期著名的日本间谍川岛芳子，在战争前后，她对中国犯下了滔天罪行。她出身清皇室，幼年被过继给日本浪人川岛浪速，在养父的培养下长大后当了日本特务。她仇恨中国的共和政府，战前来华从事谍报工作，曾以色相勾搭上多名南京政府的高官，盗取了许多情报，直接为日本侵华服务。战争中，她还组织了傀儡军队，协助日军作战。她以百变与残暴而闻名，在战争中犯下过许多的罪恶。战争末期，她居住在北平，未及逃回日本。为逃避被捕，川岛芳子用许多书画古玩贿赂马汉三，于是逍遥法外。其中有一把宝剑，是1928年军阀孙殿英盗窃东陵时，在乾隆皇帝的棺木中得到的。据说此剑价值连城，当年孙殿英曾托马汉三转送给蒋介石，马汉三见“剑”起私心，私下吞为己有。“七七事变”后，北平沦陷，马汉三在平津做地下情报工作，被日军逮捕，马汉三献“剑”给日军司令福田隆吉，得以释放出狱。福田又将剑转赠与其有特殊关系的川岛芳子。

马汉三此番失而复得宝剑，答应将川岛芳子以遣返日本人之名送回日本。

戴笠亲自审问了川岛芳子，将马汉三所受贿物查得一清二楚，于是下令马汉三把一切赃物上交国库，不然以贪污罪处死。

马汉三将一切赃物交出，那把宝剑也交给了戴笠，换得暂时免于责罚。但他以其在军统的经历，知道戴笠变化多端，深恐日后生变，为避免这次足以威胁到他生命的不测之祸，决定先下手为强。当夜，他与机要秘书刘玉珠商量了对策，准备谋害戴笠。这一点，对于在军统局一手遮天的戴笠来说，是万万没想到的。

1946年3月16日，戴笠从北平飞抵青岛，准备再晤美军司令柯克上将，马汉三特意将刘玉珠安排在他身边，使戴笠的行动尽在掌握中。需要说明的是，这个刘玉珠是军统北平站的一个男特务，并不是坊间野史中仅凭“机要秘书”、“玉珠”之名就推演出的“如花似玉”的女特工。戴笠决定3月17日飞回南京，刘玉珠在戴笠没登机之前，对飞机做了一番“检查”，暗里偷安了定时炸弹，预定在中午12点半飞机降落时爆炸，以制造假象。但戴笠恐柯克上将等他，提前一小时上了飞机，最后因南京、上海均下大雨不能降落，飞机多飞行一小时后撞山爆炸。[33]

关于戴笠之死背后是否存在这场阴谋活动，目前还存在争论，申元在其《戴笠轶事》之《评〈戴笠坠机之谜〉》一文中，指出了1988年最先报道这场阴谋内幕的香港《广角镜》周刊第十期中所载《友人X君自日本来访揭开戴笠坠机之谜》文中若干错误，其中比较明确的理由是指出军统华北办事处长马汉三及其主任秘书刘玉珠在1946年2月被戴笠宣布撤销职务，因此无法制造阴谋云。[34]由于现藏台湾的国民党特务机构历史档案迟迟不开放，有关戴笠、毛人凤前后处理马汉三等人的原始材料无法看到，仅凭互相对立的两种坊间记载，我们尚不能遽下定论，但根据此事的前后经过和发生的因果关系来看，不能完全排除阴谋之说。

1946年3月17日，国民党特务魁首戴笠命丧黄泉。

戴笠死后，军统局立即陷入了群龙无首的状态。此时虽然毛人凤已得到了蒋介石的宠信，实际主持局务，但他自知资历上拼不过郑介民和唐纵，于是便承袭了戴笠的一套“以退为进”的手腕，想以退而求其实。他经过一番仔细思考，认为郑介民比唐纵好对付，于是便在蒋介石面前挺郑，说郑在局内受欢迎，力推他继承局长之位。蒋介石果然听从了他的建议，任命郑介民为军统局代理局长，后来又以国防部二厅厅长兼任了军统改组后的保密局局长，唐纵则被调出专任警察总署署长，离开了军统组织。而郑介民当时主要任务是任国共与美国三方军事调停处执行部国民党方面的代表，在北平工作，根本无暇顾及军统局的事。于是，自戴笠死后，军统局及其后来保密局的大权便当然是由毛人凤来实际掌握了。

据说，戴笠死后，马汉三将川岛芳子从牢中用人顶替放出，将一个假川岛芳子杀死在狱中，并违反规定，枪毙时打在脸部，使照片无法辨认，顶替的死者叫刘凤玲，其家属后来已供认。证明这些事案中有诈。

马汉三一案是军统局历史上最大的内部丑闻。毛人凤上台后，明知其中有鬼，却不便公开查办，但他对此犯上作乱之罪行决忍不下这口气，必定要制裁。他秘密商请郑介民去北平，要从种种线索追查下去。马汉三对郑大加贿赂，又送别墅又送古玩，毛人凤暗中都知道。

1947年军统“四一”大会期间，马汉三来南京随人到毛人凤副局长“雍园”家中去作客，他带去一大皮包的珍珠送给毛，毛人凤虽当面抹不开面子收下了，但却很不高兴，事后便将原物托中国航空公司北平分公司经理王云荪退还给马汉三。毛人凤不是一个廉洁的人，他的“衙门口退财”之举，一是比较对郑介民的贿赂，这包珍珠不足挂齿，他嫌马汉三太小瞧他，不识相；二是因马汉三早晚要受处理，此刻收他的贿当然不明智。[35]

后来，据军统局青岛站站长梁若节交代，刘玉珠在戴笠上飞机之前曾与他一起研究过爆炸的时间，梁若节当时是马汉三的部下，得了好处，也参与了这件事。在多方证据压力之下，马汉三最后不得不承认了暗杀戴笠的行为。1948年9月，马汉三、刘玉珠在北平被军统局扣押，随即以“贪污”罪名秘密枪毙。[36]

关于这一点，我们在军统大特务陈恭澍的系列回忆录中，可得到一点旁证。碍于事件的极端秘密性，事隔几十年后，尽管陈恭澍在书中依然含糊其辞，但却不能不明白地写到其间发生了一件不能明说的大事。

“刘玉珠因何被扣押，……概括地说，这要比私相授受枪支事严重得多！这位长官明白宣示，他对于多数人可以从宽处理，不过有少数人牵涉到

‘贪’案件，则非办不可，这件事情就这样决定了。……这样说吧，这是一件近乎‘派系之争’、‘借题发挥’、‘打击对手’、‘挟嫌报复’、‘杀鸡儆猴’的弄权事件！当时看看，可惊；事后想想，可怕；论其卑鄙手段，可耻。全案的主角，也就是这部书里第一章提到过、住在煤渣胡同的那位马（汉三）先生。他的罪名是‘贪污’，究竟贪图了什么不法之财，大家都不知道……同案的，就是刘玉珠了，为什么会把他们拴在一起，我还真的说不上来，不过，刘玉珠竟做了‘陪葬者’倒是事实。”[37]不管陈恭澍知不知道真实内幕，上述论证映出了“马汉三暗杀戴笠全案”的影子，这是无疑的，否则陈恭澍何以连用三个“可”字来形容他的“惊”“怕”“耻”！

戴笠死后，军统局一时陷入慌乱之中，在毛人凤的主持下，军统局为戴笠操办了后事，从此进入了后戴笠时代的衰落期之中。

1947年6月12日，国民党政府在南京为戴笠举行了公祭，蒋介石亲自出席，宣读祭文。他对戴笠的防范与不满早已随戴而去，剩下的就是对戴笠为他鞍前马后卖命的追念。其后，军统局每年一度的“四一”大会也自1947年起改为3月17日举行。

戴笠死后，美国国内视之为中国和平民主绊脚石的人不禁庆幸，而美国海军军令部则欲派巡洋舰“哥伦布号”司令官梅乐斯来华致祭，被国务卿马歇尔阻止。马歇尔认为：如果对戴某，或其他的继任者给以任何帮助，或任何安慰，都会危害到他正在着手促成国共之间的微妙谈判，因为戴某是中国最有名的反共人物。因此，“为了表示美国的中立态度，不准有任何的代表，代表美国去参加戴某的告别葬礼”。[38]马歇尔不想因对戴笠的评价而影响他对国共内战的调停。

因此，美国海军部拟颁戴笠的奖章也终未发出。直到一年后，梅乐斯才得以来到南京给戴笠扫墓。1967年10月，他所著的《另一种战争》回忆录在美出版，在书中，梅乐斯为戴笠大鸣不平。

在马歇尔等的坚持下，“中美合作所”于1946年7月正式结束。

戴笠死了，蒋介石对他的防备自然消除。但蒋改组军统局已是势在必行之事。除戴笠外，军统局内也无人能够与蒋抗衡或用任何手段来促使他改变决定。威风一时的军统局终于走到了历史的尽头。

戴笠的一生，是为蒋介石的独裁统治鞍前马后效尽犬马之劳的一生，干了许许多多的坏事，在情报特工领域他依仗蒋介石给予的特权，横行无忌。但他面对来自国内外各方面的批评指责，却要给自己辩白粉饰。1945 年 3 月 3 日，蒋介石在重庆检阅中美合作所九个直属单位及特警班，对戴笠大加赞许。戴在陪同蒋宴请中美人员时说："余主张民主主义，不欲对美国朋友有所隐讳，亦不愿美国朋友因相信别人对军统局及余个人之诬蔑而受骗，余非希姆莱，亦非盖达（盖世太保），而是服从蒋委员长、尊重国家法制与三民主义民主法治精神之戴笠。"[39] 在他死后多年，台湾"国防部"情报局还在其编行的《戴雨农先生全集》中说："戴笠领导军统局的工作和世界上其他国家的情报工作，有其不同的地方，更不借恐怖霸道的做法去压制他人，也不凭金钱利禄去诱致他人，而是以合乎'王道'的手段，运用机智，达成工作任务。"[40] 看了这段文字，如联想起白公馆、渣滓洞的七十二种刑罚，射向杨杏佛、史量才的子弹，刺向小萝卜头的匕首以及军统历史上数不清的暴虐行为，读者们又能说什么呢？可以相信人们心中已经有了明确的是非判断。

军统势力的苟延努力

戴笠死后，军统局的继任局长人选问题马上摆上了日程。当时能够考虑的人选有三人，就是军统局主任秘书郑介民、帮办唐纵和代理主任秘书毛人凤。

从郑、唐二人的资历和地位来看，他们不仅是军统局的元老，且都是蒋介石的亲信，与戴笠表面关系甚好。1945年5月，当国民党召开第六次全国代表大会时，蒋介石本意欲让戴笠当中央委员，戴却主动推荐郑介民、唐纵为候选人，结果郑当选为中央执行委员，唐当选为候补中央执行委员。而毛人凤的资历和地位都不如郑、唐，他虽早年进入黄埔军校潮州分校（军校第二期）学习，但因中途奔丧回里，中止了在黄埔的学业。但他却在此行中巧遇同学戴笠并介绍他去投考了黄埔，由此开始了戴的发迹历史，所以戴笠对毛人凤一直心怀感激。毛人凤后来在地方衙门担任股长、科长谋生。1934年，戴笠经多方打听后得知他的下落，立即叫到身边担任秘书等职，并步步重用，最后直到军统局代理主任秘书，因郑、唐二人平时在军令部和侍从室另有公务，在戴笠外出时，由毛人凤实际掌握处理全局事务，并向蒋介石汇报工作，给蒋留下了深刻印象，同时也在局内培养了他自己的班底，成为军统局实际领导人之一。

毛人凤是个善于心计的人，多年来也跟戴笠学到了不少东西，他一直跟在戴笠身后做具体工作，并没有太大野心，但自戴笠摔死后，他有想法了。依他的估计，蒋介石会在郑、唐二人中选一继任局长，暂时轮不到自己。但郑平时在北平公务缠身，不能分暇兼顾军统局，而唐的为人做事比较认真，且事必躬亲。比较之下，郑当局长，自己做主的权力还可保留，唐来则麻烦。于是1946年3月20日晚，毛人凤经召集心腹商量，正式向蒋介石提出由郑介民继任局长，理由是军统局主要干部们与郑关系好，对唐比较疏远。

3月23日，蒋介石决定由郑介民继任军统局局长，以唐纵、毛人凤为副局长，因郑不在南京，暂由唐纵代理局长一职。

3月25日，郑介民召集唐纵、毛人凤、副主任秘书张严佛等商议“军统局今后工作之转变问题”，决定“将部分军事部分可以公开者归并于军令部第二厅；其他方面可以公开者归并于内政部警察署，其中秘密部分缩小为一精干之秘密组织，军统局撤销”。[41] 会后，蒋介石召见了郑、唐、毛三人，在听取他们的意见后，“当即裁可，唯秘密组织之名称与系统另议”。[42]

关于新改组成秘密组织的名称问题，毛人凤与唐纵商量，向蒋建议改为“国防警察局”，但被蒋否决。但蒋一转念又决定将军统仍归属于新成立的国防部，毛人凤又建议称为“国防部调查统计局”，蒋介石再次表示“调查统计”的招牌在社会上的名声太坏，不能沿用。6月15日，蒋介石函示郑介民，就军统局今后的名称、编制、职责作出以下决定：

“（一）该局撤销后可以情报厅保密局的名义组织秘密核心机构，今后之中心工作为对共产党之情报与斗争，其他关于政治、经济、社团各类情报及检举贪污不法等工作，则由该核心机构与各有关机关商酌办理；（二）该局原有之无线电讯业务，可交由国防部情报厅办理；特种化学研究及一般行动工作，可交由内政部警察总署担任，气象工作另案核示；（三）希即根据上列原则分别归并，并裁缩核心机构之内外勤人员数额，以节经费。”[43]

同时蒋介石确定新组织名称定为“国防部保密局”，以比较隐讳的意义使其更加神秘。6月7日，蒋介石对军统局干部训话时说，“特务工作要做无名英雄，不求名利，不求闻达，不好虚荣，而要绝对秘密”，并说“组织问题在共产党看来就是神秘问题，对于神秘必须特别研究与运用”。[44]

关于改组后的军统编制问题，当时，军统局人数除忠义救国军、别动军等武装已拨归交通警察总局外，仍有近五万人，其中有两万多属于军统局的在册编制人员，另两万多人则分别编制在一些公开单位。随着一些战时机关的撤销，安插在这些机关的军统人员也都回到军统，其经费开支就日益紧张了。1946年5月，郑介民与唐纵、毛人凤商量后，决定打破戴笠所定下的“只准进，不准出”的规定，对内外勤人员实行择优裁汰。其办法一是准许任何人请长假自谋工作，二是将一部分人员送往军官总队转业，或给予遣散。这一办法得到蒋介石的同意，并获准动用一部分没收汉奸的财物作为遣散费。按照汰弱留强的原则，经过整编，属于军统局二万六千人中，裁去近两万人，保留余七千人。留下来的一是抗战前参加组织的“核心分子”，二是由军统各训练班培训出来的基本人员，三是从组织中挑选出来的“反共意志坚决”，而又有专长的人员。

按照蒋介石“今后之中心工作为对共产党之情报与斗争”的指示，郑介民在6月上旬军统各部门负责人会议上，特别强调说：“今后军统的工作重点是和共产党作斗争，不是人多人少的问题，而且必须有精明强干的人才能担得起这项任务，所以宁可少些，但要精干一些，目标越小越好。”

新成立的国防部各厅局于1946年7月1日均已开张，而保密局因上述原因直到是年10月1日才正式出笼，由郑介民担任局长，毛人凤任副局长。局本部的机构设置，大体上沿用了军统的一套体制，内设局长办公室，情报、行动、人事、电讯、司法、经理、总务等七个处，以及督察室、总稽核室、预算室。除这些处室外，还有机要组、特种政治问题研究组、特种技术研究组。其外勤单位在各省市设站，按省市的大小及所处地位的重要性分为甲、乙、丙三类，分别配备人员和设备。保密局在国外还设有韩国、西贡、新加坡、曼谷、开罗、卡拉奇、菲律宾等多个站点。

这种换汤不换药的改组无法解决军统内部固有的问题。保密局成立后不到半年，局长郑介民与副局长毛人凤之间又展开了一轮新的权力恶斗。“郑介民先生倾向于‘特工正规化’、‘人事制度化’，但求自由发展，不想天下一把抓，所以在步调上比较保守……毛人凤先生则颇有意于继承戴先生之衣钵乃至发扬光大，岂奈内外在条件上都嫌不够，戴先生所有的毛先生只得两三分而已。至此‘军统精神’萎缩了，不见了。”[45]两强相斗的结果，最终毛人凤取胜，于1947年12月出任保密局局长，郑介民则专任为参加国共双方与美国人组成的监督调停内战的“军事调处执行部”“三人小组”内国民党的代表，基本退出了保密局。

毛人凤上台后，首先对保密局人员作了较大的裁减。一部分人随郑介民去了国防部第二厅，一部分人进入警界。军统特务集团的黄金时代已经结束，各大员也随部下改编分散。毛人凤虽然在军统内有一定的影响力，但其声望远远不如戴笠，控制力下降。沈醉等一批戴笠时代的军统骨干力量，不少人受到毛人凤的防备与排挤，外放任职，离开了局本部，不免心灰意冷。[46]但军统毕竟有其班底和影响，一时不可能消除，在失去“戴老板”后，他们或更有“团结起来”的欲望，在国内政治许多方面，他们仍然以一个集团势力的声音来说话，并与许多军统外调各部门人员互相帮助，意图维护过去的优势。

1947年6月间，国民党政府为使其统治“合法化”，并有利于对其他党派的镇压，继“制宪国大”后又筹备召开“行宪国大”。在国民党决定采用“以党派分赃”的“国大代表”名额分配方式框架下，各地区各机关“国大代表”竞选过程中，原军统局分散于各系统的一班人都行动起来，行文来往，公开互相串联，控制选票，以确保自己人当选。

8月11日，军统大将王兆槐发出一份代电，以强力姿态转发局本部指示，布置军统系人员参选“国大代表”及“立法委员”事宜，代电写道：

“内外勤各单位主官览：顷准王新衡、刘方雄两兄艳午耐沪代电开：兹奉上级……电开：并转徐为彬、陶一珊、张师、王兆槐、谢灏龄诸兄钧鉴：大选投票日期及选举进行程序政府业经公布，本局各地竞选同志应积极进行。关于江苏省竞选人员，现经核定准由王新衡等八人进行，兹特检附名单一份，并将援助办法及应行注意事项指示如次：一、表列竞选人员应由兄处公秘单位转饬各竞选所在地之同志，利用各种关系尽力予以援助，活动选票，并不得支持其他方面候选人；二、应设法派员参加各竞选地区选举事务所，及党团所组之竞选指导委员会，或运用该两机构之员人（人员），借以控制；三、参加竞选之本人应积极活动，为期提名候选确实计，各竞选人员应自行觅取五百（国大代表）或三千名（立法委员）以上选举人之签署，向各竞选地区之选举事务所登记；四、各竞选人尤其有公职而参加竞选之同志，应再详为考虑，如自度力量不及他人而当选之希望甚少者，应不必参加；五、在选举所在地有公职之同志应于七月二十日以前辞去其职务；六、每县竞选国大代表之人员本局同志只能参加一人，不得有两人以上同时进行；七、各竞选人员在竞选中不准暴露本局秘密，又，秘密同志不准暴露身份。以上各项希即查照妥慎办理为要。等因，附江苏省本局同志竞选名单一份。奉此。查本市本局候选人为王新衡（立委）、徐为彬（国大代表），请烦遵令指示并请转饬所属同志一体协助为荷。……希即尽力给予支持，并饬所属一体协助为要。”[47]

随后开具的“江苏省本局同志竞选名单”为：

姓名	竞选地区	种类
王新衡	上海	立委

任西屏	江苏	立委
徐为彬	南京	国大
徐业道	南京	立委
周伟龙	海门	国大
徐志道	常熟	国大
庄心田	松江	国大

由原军统局外派的“京沪区铁路管理局警务处”等单位都接到了类似的通知文件，并特别强调只准按规定选军统的候选人，决不许选其他任何党派团体的候选人。[48]由此看来，军统局虽已改编结束，但其政治势力依然在发挥着延续的作用。

郑介民离局后，并没有放弃他对特务组织的领导。他针对当时因军统中统裁员以及收编伪军过多而淘汰出来的军官大量聚集苦无出路的情况，向蒋介石提出了一个细心设计的分析和建议，因正中蒋的下怀，很快得到了他的批准，并亲自参与制订了一份《励志计划》。这份计划的出发点，是运用这些待业军人，举办“励志班”进行全面的反共培训，而后组成“戡乱救国”的“绥靖总队”以及各个分队，派赴各战区，执行“绥靖”、“情报”、“行动”、“突击”四大任务，也就是带有特务性质的“别动队”，以配合各地区国民党正规军，与中共的解放军及地方人民武装作战。据“绥靖总队”总队长刘培初在其回忆录中说：“郑介民对我说：‘领袖感到剿匪工作的艰难，想起了江西剿匪初期别动队的工作，要在国防部成立一个直辖的绥靖总队，……现在已决定在中央训练团成立一个励志训练班，由我来主持，全部学员则由你率领，训练完毕后，一律为绥靖总队队员。’”[49]这样，包括当时被以汉奸罪判刑刚坐牢不久即被有意释放的原军统大将陈恭澍在内的一大批闲散军官，就被列入进来，成为“励志班”的学员，而后组成“绥靖总队”，开赴一线投入了反共内战。这支部队虽是国防部所辖，但它与军统有千丝万缕的联系，其工作性质，与军统的武装十分相似，严格地说，它却是列入国防部编制的部队，只因人员大多来自军统以及工作任务的相似，他们与军统有着密切的关系。

第五节 保密局的内斗与挣扎

自1946年7月1日，军统局改组为国防部保密局，开始由郑介民出面主持工作，他身兼保密局局长及国防部二厅厅长，按公秘单位划分，明确规定各地军事情报机构和谍报参谋，一律划归国防部二厅领导，因此，保密局不能过问各地二厅下属单位人员的工作，厅、局之间也不存在什么矛盾和人事问题。到1948年春，郑介民被毛人凤搞垮，毛人凤升任了保密局局长，国防部侯腾升任了第二厅厅长，他们便为发展自己的特务势力，互相争咬起来。

侯腾是国防部第二厅的老牌特务，郑介民的得力助手，与军统组织无关系，属于国民党军事体系内的“陆大派”。他毕业于美国参谋学院谍报系，不但有美国特务机关的背景，而且曾任国民党派驻美国的首席武官，与美国军事顾问团和美国驻华武官有直接联系。美军顾问团在国防部第二厅派驻有上校顾问克雷斯特等人，实行直接控制。1948年，侯腾曾与美国驻华武官苏乐准将去新疆，对苏联的电台进行特务侦听。侯腾与蒋介石又是师生关系，每周都要到蒋介石的官邸参加会议。侯腾对军统分子插进国防部二厅持反感态度，上台以后，便在二厅内大力排斥军统分子，将各地军政长官公署和绥署二处处长大都更换为其陆军大学的同学，情报学校也不准军统分子插足。他这些做法，引起了保密局的极度不满。毛人凤曾向部下发牢骚说：“郑先生怎样搞的，在第二厅用一个侯腾，将我们的同志都排斥了。郑先生简直把戴先生的事业都败光呀！”[50]于是厅、局之间的关系形同水火。经过一番激烈较量后，毛人凤终于排挤掉郑介民，当上了保密局的代理局长，这就强化了他在局内的统治地位。

1947年12月5日，毛人凤在不断地诋毁郑介民之后，终于将其排挤出局，名正言顺地扶正为保密局局长。他因下属各省站无力无权，公秘单位不能配合，遂致力于整顿工作，调整了各省站的人事和职权，派出军统中资望高的老特务充任各省站站长，同时达到清洗更换局本部中层干部的目的。如在西南方面，派沈醉为云南站站长；余万进为贵州站站长；颜齐为重庆站站长，吕世琨为副站长；吕尚功为成都站站长，陈子骏为副站长；蓝世立为康定站站长。并令各省站站长，用保密局的名义对外活动，恢复各省站逮人的特权，以加大对革命者的镇压力度。

面对国民党在国共内战中渐显的败局，毛人凤带领保密局开始了应变的谋划和最后的挣扎。

对北方中共地下党及民主人士的迫害

毛人凤上台后，为了不辜负蒋介石的栽培，他指挥保密局的特务们竭尽全力进行反共活动以配合国民党的全面内战。在最初的两三年中，他也干出过一些“成绩”，例如，1946年在上海曾破获过中共苏北解放区设立的一个贸易点，截获了一只小火轮，并捕杀了在江海关工作的中共地下党员张渊等十余人。[51]更为明显的是中共北平地下电台被破获事件。

1947年，为有效地对付中共在各地地下电台的活动，国民党特务组织动员各地的特务稽查处将其电台和社会上公开的民用无线电台一律加以登记和注册，然后计划用无线电侦察台侦测没有登记过的电台呼号，确定位置后进行捕获。

抗日战争胜利后，美国利用战争剩余物资，供给蒋介石大批飞机大炮，被其用于发动内战，美国同时也帮助军统训练了一批掌握雷达技术的特务，约二十余人，有丁尔滨、黄又合、林郁民、赵容德等。早在抗日战争时期，美特就利用中美合作所的关系，在兰州、陕坝等地设有电台，布置了雷达网。日本投降后，这些电台本应撤销，但军统建议签订《中美气象合作协定》，由美方在兰州、陕坝、上海和广州四处以“气象测候站”为名设立电台，布置雷达网。美方又供给军统一批无线电侦察台的设备，使军统在北平、上海、南京、广州、汉口、重庆、西安等地建立了无线电侦察台。他们在各地军事机构内设立电检科，主要工作为一方面指挥侦察台收抄当地秘密电台所收发的电码，提供特技室研译，作为情报的来源；另一方面测探秘密电台的位置，寻找破坏中共地下组织的线索。

时任北平行营电检科科长赵容德，毕业于军统杭州特训班电讯系，历任军统电讯处人事股长、科长，曾接受美国顾问的雷达训练。他通过所掌握的侦察台，对北平市内进行了拉网搜索，结果发现在北平鼓楼锣鼓巷方向有秘密电台，经他利用线交错办法多次测定位置后，便通知北平警察局刑警队，派出探员爬墙而入，在夜间潜入所怀疑的各屋进行观察，最后认定了确切地点。赵容德报告保密局北平站站长黄天迈，黄就派特务化装秘密监视侦察；同时又利用警察局以调查户籍为掩护到该住宅视察，结果查明该住宅主人是北平市府地政局科长袁永熙，其妻陈琏，是蒋介石侍从室第二处主任陈布雷的女儿。因为陈布雷的特殊地位，黄天迈将此情况报告给了保密局，同时仍对该宅严密监视，盯梢来往人等，注意与袁永熙有联系的人。

保密局局长郑介民在得到黄天迈报告的当晚，与局办公室少将专员王业鸿谈起此事。王对郑分析说："陈琏是陈布雷女儿，秘密电台能利用陈琏为掩护，即利用上陈布雷的社会关系为掩护，那指挥这个电台的机构和人员当然是相当重要的了。从这个秘密电台，可以找到很重要的其他线索和重要人物，这事非常重要。倘若你和毛人凤（副局长）不能去，最好派一得力精干的人到北平指挥破获此案，最适当的人选是第二处（即行动处）处长叶翔之。"他建议郑介民派叶翔之到北平处理此案，并授权他先斩后奏，以免来往电报请示耽误时机。郑介民、毛人凤接受了王业鸿的建议，决定派叶翔之到北平任总指挥，会同北平站共同办案。

叶翔之早年是由其大舅子大特务李崇诗的介绍而进入军统局工作的，后来因与手下科员张某闹出桃色纠纷而被戴笠不点名地在全局大会上大骂一顿，张某也被调去做收发工作，叶从此沉默数年。其后，他得到处长王新衡的赏识，并靠拢了毛人凤，才逐步发迹。1942年升任军统局二处副处长兼中共科科长，在反共方面花了大力气。他与中统局的徐复观，成为军事委员会参谋总长何应钦的反共问题助手，在何处设立了参谋总长办公室，专任反共问题研究，叶为秘书长，徐为副职，以何应钦的名义指挥各地行营、战区、各省市政府进行反共联合行动。叶翔之由此成为国民党内有名的中共问题专家，并为创立中统、军统、三青团等组织反共的“特种工作会报”制度出谋划策。保密局成立后曾任中共处处长。去台湾后他又通过王新衡与蒋经国挂上关系，在毛人凤死后接任过保密局局长职务。[52]

7月下旬，叶翔之到北平后，就召集军统北平各单位负责人，如保密局北平站前站长、北平市政府民政局局长马汉三，北平警察局副局长白世维，北平特警班副主任楼兆元，北平警备司令部稽查处处长倪超凡，北平行营第二处处长张家铨，保密局北平站站长黄天迈，督察王甫臣以及北平警察局刑警队队长李连夫等人，还有当时派在北平处理日伪汉奸案的保密局法官毛惕园、河北省会保定警察局局长杨清植等，共同开会研讨破案的具体办法；并集合上述人员组织了一个临时行动委员会，指挥逮捕与审讯工作。

行动首先从围堵陈琏住宅开始。当特务们进入陈琏家时，地下电台正在通讯，收发报机、电码本等俱在，报务员亦无法隐藏。当即搜走电台、密码本和来往电稿、各种宣传品等，报务员李政宣、孟良玉和译电员张厚佩、李育萍被捕，连累到中共北平地下党骨干、时任北平市地政局代局长的董剑平，北平贝满女中田仲英、北大学生李恭贻等人都被捕了。陈琏夫妇以及家人也同时被逮捕。

特务们从搜到的密件、密本及原监视发现的关系人和报务员、女工供词中查出一些线索，得悉国民党保定绥靖公署第一处处长谢士炎、副处长丁行、军法处长王某和绥署设计委员余心清都与此案有关。叶翔之乃命倪超凡、张西平等将谢士炎、余心清以及绥署第一处其他四个涉案的参谋一起逮捕。在他们逮捕谢士炎的过程中，得知谢士炎与沈阳防守司令部新闻处代处长王书鼐、东北行辕新闻处专员李年等有联系，叶翔之又派楼兆元到沈阳指挥东北行辕督察处处长陈仙洲、保密局沈阳站站长褚大光将中共党员王书鼐夫妇、李年、巩天民等人逮捕，解往北平。在破坏东北地下党时又由电台资料获得中共西安地下组织的线索，叶翔之随即率领张西平飞西安，指挥保密局西安站站长侯定邦，将中共西安地下交通站奇园茶社破坏，逮捕奇园茶社经理梅永和，同时又逮捕了西安地下党负责人之一赵耀斌及其家属，以及胡宗南部机要科科长等十多人。从赵耀斌处得到共产党在兰州方面的地下工作负责人尹家明的住址，叶翔之派侯定邦到兰州将尹家明及其家属逮捕。同时，叶翔之还得悉胡宗南部参谋处长及胡所办的"西北通讯社"负责人都是中共人员，但在叶翔之采取行动之前皆已逃避。胡宗南唯恐在蒋介石面前丢脸，因此坚决要求叶翔之不要将这事扩大。因胡宗南与戴笠是结拜兄弟，军统特务一向对胡尊重，此事也就到此为止了。

这次由于保密局北平侦察台侦明中共秘密电台地点，从而破坏北平地下党，而牵累到保定、沈阳、西安、兰州等地的革命组织，总共被保密局逮捕的中共和民主人士约一百余人。其中，共产党员有梅永和、赵耀斌、尹家明、王书蘋、陈琏等，民主党派人士有谢士炎、余心清、巩天民、丁行等人。

保密局将这次被捕的人员，凡是认为重要者都解往南京，其余则囚禁在北平和西安的军统监狱里。最后，除陈琏于 1947 年冬解南京由郑介民向蒋介石请准交由陈布雷"管教"外，梅永和、谢士炎等被杀害。赵耀斌、尹家明因其原有少将、上校军衔，于 1948 年解南京后充保密局设计委员会设计委员，加以监控。其余人员则由保密局司法处处长李希成分别处以徒刑或释放。[53]

这一案件的发生与进展，一方面使蒋介石对保密局的工作成绩感到欣慰，另一方面却使他越来越不安，他无法理解这么多的中共人员是怎么进入国民党的军政要害部门的。他下令给予叶翔之和北平行营电讯科长赵容德一万元奖金和四等宝鼎勋章，以资奖励；同时命令各地军政部门彻底严查中共地下党，宁可错杀也不可漏网。[54]因为蒋介石由此意识到一种巨大的威胁正在逼近，这就是国民党政权的机体正变得千疮百孔。

与中共党员打入国民党政权形式上相反而实际上作用相同的是，国民党内的一大批左派人士和反对内战的有识之士，纷纷采取多种形式向中共靠拢，他们运用自己的力量，在所在区域内开展和平运动，或直接弃暗投明，倒戈反蒋，投入人民阵营。在北平，就有时任市长的何思源从事和平运动的例子。

何思源，早年留学美欧，1926年回国后参加国民党，长期在山东省担任党政职务。1946年10月调任北平市市长，因其出于一个知识分子的良知，他不赞同蒋介石的内战方针，配合“剿共”不力，1948年6月被蒋介石撤职。又因为他在北平时曾与中共方面有联系，意在促成北平的和平解放，更为触怒了蒋介石，他特别痛恨一些国民党高级干部投向中共，以为杀掉一个像何思源这样在党内有地位的人物，可以对别的动摇者起到警告和恐吓的作用。于是在这年冬天，蒋介石下令保密局毛人凤派人去北平暗杀何思源。

毛人凤奉命后，便找主持行动工作的第二处处长叶翔之、特种技术研究组组长刘绍复、云南省站站长沈醉一起作了研究。他们本来计划在何思源出门时，在他住宅附近枪杀他，后来又认为那样做凶手逃脱不易，于是改为把定时炸弹放在何的住宅房顶，企图把他炸死。

方案决定后，毛人凤令叶翔之亲自率领四名特务，乘飞机赶往北平，并通知当时北平站的特务，协助进行。特务们趁夜色掩护悄悄爬上何宅房顶，因算错了位置，并没把炸弹放在主卧室顶上，结果没有炸到何思源，却炸死了他十二岁的女儿。这一凶案，当时在北平造成了很大的轰动。

蒋介石接报后，异常生气，把毛人凤叫去责骂了一顿。毛人凤回来后就埋怨叶翔之，责怪他不必为了凶手的安全而不采取在途中狙击的办法，实属误事。毛人凤认为，如能杀掉何思源，保密局死几个人是值得的。

于是，面对国民党上层的众叛亲离，蒋介石通过特务手段“杀鸡吓猴”的伎俩也破产了。

对民盟组织的迫害

1946年，国民党当局一面与共产党举行和平谈判，一面调集军队大举围攻中共中原解放区。与此同时，国民党特务在国统区绑架、逮捕、暗杀学生、工人和爱国民主人士，大肆镇压人民反内战运动，摧残爱国民主势力。

当时，国民党把民主同盟视为仅次于共产党的重点打击对象，蒋介石曾多次作过指示要镇压民盟的活动。侍从室情报组组长、军统局帮办唐纵在其1946年2月6日的日记中写道："主席官邸会报，决定……民主同盟为共产党作鹰犬，应予膺惩。"同年6月5日，唐纵记道："上午情指（最高情报会议）主席指示对民盟不必姑息，……应施打击。"中统与军统根据蒋介石的指示，对民盟屡下毒手，最典型的便是多次迫害民盟主席张澜先生。[55]

1946年6月，张澜和民盟秘书长范朴斋准备从成都赶赴上海，主持民主同盟中央全体委员会议。成都市警察局局长徐中齐，在国民党四川省党部主任委员黄季陆指使下，对张澜等的上海之行进行阻挠。徐首先通过成都航空检查所所长、军统分子田志伟，对张、范两人登记购买去上海飞机票两次拖延不办，最后勉强批准时，又赶速通知徐中齐设法阻挠。

徐中齐接田志伟的通知后，立即约来中统四川调查室秘书邵平、军统成都站站长陈子骏、四川省会警察局督察长许乾刚、川康绥署稽查处处长刘崇朴到省特委会开会，研讨阻止办法。当时国民党四川省党部授意，借口张澜曾任川汉铁路公司董事，而该公司的董事长蒲伯英、熊小岩等都与贪污路款事件有关，就凭空诬指张澜参与其事，策划组织"索债团"与张纠缠。与会者都认为此计甚妙，并决定由陈子骏和刘崇朴二人负责执行。

陈子骏、刘崇朴会商后，共同派出军统便衣特务四十余人，冒充"川汉铁路索债团"代表，每人手执"川汉铁路索债团"小旗一面，上写着"要张澜把川汉铁路的账目交清，把吞没的赃款全部退还，不做到誓不罢休"等字样。特务们先到成都北门外凤凰山飞机场伺候，等张、范两人到达飞机场时，就拉住张澜滋闹不休，最后硬将张、范二人从飞机上拖下来，鼓噪着要他们把账目算清才能离开成都。张、范已清楚知道这是特务们搞的鬼蜮伎俩，有理也无法说清，就声言："我们不去了，有账慢慢算吧！"飞机起飞后，特务们见目的已达到，"账"也不再算了，就偃旗息鼓地作鸟兽散了。张澜因此只好专电委托由章伯钧代他主持了民盟会议。

1946年7月11日和15日，著名民主人士李公朴、闻一多在昆明先后被云南警备总司令部特务暗杀，中国民主同盟主席张澜等发起在成都召开追悼会时，遭国民党特务破坏，张澜被殴伤。

李公朴、闻一多是西南联合大学两位知名教授，1945年任中国民主同盟中央委员、云南省支部负责人。李、闻等教授经常在联大刊物上发表文章，或在各种集会上对国民党进行严正尖锐的批评，因此引起当局的仇恨。云南警备总司令霍揆彰想“杀一儆百”，在得到蒋介石“权宜从事”的许可后，便布置了刺杀行动。

1946年7月11日，李公朴参加联大学生召开的“反饥饿、反内战、反迫害大会”后，在翠湖公园附近遭特务暗杀。李公朴被暗害后，他的同事闻一多教授在悼念会上怒斥特务的卑鄙行为，引起特务们的仇恨。7月15日，闻一多偕其子闻立鹤在昆明《民生周刊》社外面，突被预伏的特务开枪射击，闻一多当场身亡，闻立鹤受了重伤。李公朴、闻一多两教授的被刺，完全是当局有计划进行的肆无忌惮的政治暗杀。

李公朴、闻一多被杀害的噩耗传到全国各地之后，进步人士和大众对于这一罪恶行径，莫不悲愤填膺。各地相继举行了各种追悼会。经主席张澜和盟员张志和、范朴斋等发起，8月18日，民盟在成都顺城街蓉光电影院为两位教授举行了隆重的追悼会。

国民党西南长官公署二处处长、军统特务徐远举此时正在成都。徐中齐立即找徐远举请示，他准备“给张澜替点神光（给他点难看）”。随即他又约刘崇朴、许乾刚在总府街冠生园吃早点，席间徐中齐指示大家要使李、闻追悼会开不成，同时还要给张澜一点厉害。徐远举并叫徐中齐同代理省主席的李伯申秘书长商量一下。

徐中齐找到李伯申讲了计划。李伯申怕出乱子，便两面“降温”，他通知民盟方面，请他们开会的时候讲话不要太刺激，同时又向徐中齐表示，希望特务不要闹出事情。徐中齐当然不听李伯申的意见，布置由四川省特委会发函通知邵平、刘崇朴、陈子骏、宪兵第二团团长杨家书、重庆行辕二处驻蓉谍报第五组组长唐友德、许乾刚到特委会开会，商讨破坏李、闻追悼会的具体办法。

特务们认为最好要使会场场地出问题，大会自然就开不成。徐中齐主张头一天晚上，将蓉光电影院大门口泼满大粪，使其臭气熏天，无法前去开会。可又考虑这样做对蓉光电影院影响太大，而影院还有侧门可以进出，这个办法不一定成功，于是决定改而采用在会场捣乱的办法，使大会无法开下去。

徐中齐等商定，由中统川调室发动“大中社”袍哥冒充群众，混入会场，由宪兵、警察派武装和便衣特务在会场内外作掩护。徐还提议对张澜逼演一出“割须弃袍”的好戏，让他难堪。办法是由四川特委会的外勤特务用挖空的西瓜，装上大粪，等张澜走出会场时，投到他身上，同时上去用剪刀剪去他的长胡子。由于当时市场上买不到西瓜，决定改用红墨水、豆瓣酱、稀泥等代做投掷物。

8月18日追悼会开始后，成都民主人士到会很多，李伯申也出席了大会。上午10时，追悼会仪式刚开始，混进会场的特务就在场内狂呼乱叫，高喊“拥护共产党”、“打倒国民党”的口号，混乱视听，制造骚乱，闹得大会无法进行。参加大会的民主人士纷纷退出会场。张澜立即宣布停止开会，步出会场，走到蓉光电影院门口广场时，预伏在附近的特务就用红墨水、豆瓣酱、稀泥等物，向他身上投掷，还用玻璃瓶打伤张的头部，张的衣服也被弄得很脏。李伯申看到张澜受伤，抢上前搀扶他上了自己的包车。特务们看到李伯申扶着张澜，才没敢上前去剪他的胡子。

事后，徐中齐恬不知耻地夸耀说：“那次用胡豆瓣打张澜等人，并不是要打死打痛他们，而是侮辱他们。豆瓣酱的颜色是红的，溅污在他们身上，和‘斗伴’谐音，四川土语，帮手的意思，红色指共产党，合起来就是打‘红色斗伴’，是说他们是共产党的帮手的意思。”

不日，四川省主席张群在重庆得知了张澜被殴的消息，对徐中齐很不满意，认为他太不听话，不该对张澜进行侮辱。当即打电话给四川省政府主任秘书孟广澎，代表他去慰问了张澜，并答应惩办凶手。后由张群报请蒋介石，将公开出面大打出手的徐中齐撤职，另换了一个没有露面的凶手刘崇朴接替成都市警察局长。此后特务们对张澜的侦查和监视，不得不改变方式，采用了明松暗紧的办法。

破获荣德生被绑架案

1946年4月26日，上海《新闻报》、《大公报》、《文汇报》、《申报》等各大报纸，于同日发表了一则惊人的消息：中国当时最大的民族资本家——上海申新纱厂总经理荣德生先生，竟在光天化日之下，被两位持有市警察局红色派司者绑架，并向其家属索价五十万美元赎人。《新闻报》称这一绑架案为“上海十年来最引起社会人士注意的案件”。

当时持有上海淞沪警备司令汤恩伯签发的红色派司——逮捕证者，只有为上海市警察局和淞沪警备司令部工作的特务人员，红色派司上所印说明中有一条规定：持证人在所辖范围内逮捕人犯时，当地军警得派员协助。故持红色硬卡者享有特权，可以在上海为所欲为。

荣案发生时，军统干将毛森正坐镇无锡。南京政府闻讯，因顾及政治脸面，严令上海市政府迅速处理。上海市政府限令市警察局和淞沪警备司令部七天内破案。而荣德生先生的家属，考虑到荣氏的生命安全，采取了不与当局合作的态度，想以私下的谈判花钱赎人。七天后，破案毫无进展。上海市警察局长宣铁吾无奈，请求钱大钧市长批准他辞职。

当时任上海淞沪警备司令部二处处长的军统大特务陶一珊为此事急得团团转，求助于毛森。毛率亲信黄炳炎自无锡及时赶到上海，介入破案工作。他们分析的结果，认为军队系统人员作案可能性较大，遂以侦察原第三方面军二处驻沪人员行踪为突破口，最后竟获得了成功。据1946年8月4日《前线日报》报道：荣德生绑架案告破。8月3日下午淞沪警备司令部举行记者招待会称:第一绥靖区司令部毛森处长破获此案,情报准确。捕获主犯王绍寅，首建奇功。后合力二十余日，共捕获全部主犯十四人，从犯一人。毛森处长捕获其中七人，淞沪警备司令部稽查处捕获其中五人，上海市警察局捕获其中三人。

荣德生绑架案侦破后，主犯全部被枪决，蒋介石闻报大喜。荣德生先生亦亲自登门向毛森酬谢。毛森一时头面有光，蒋介石在南京亲自接见毛森之后，任命他为总统府军务局专员兼第五科科长，分管军法，直接受侍从室主任俞济时领导。这次立功为日后毛森出任上海警察局局长铺平了道路。[56]

刺杀李宗仁阴谋未遂

1948年4月，桂系领袖李宗仁违背蒋介石的旨意，参加南京政府实行“宪政”后的第一次总统竞选。经过复杂的斗争，竟然抗住了蒋介石的压力与阻挠当选副总统，这便引起了蒋的极端不满。由于历史上蒋介石与桂系的长期的矛盾，蒋介石甚至准备不惜代价，要动用特务手段杀掉李宗仁。

1948年11月，国民党国防部保密局云南站站长沈醉，接到局长毛人凤的一份紧急电报，要求他把云南省站的职务交给副站长皮绍晋代理，立刻赶赴南京，接受任务。沈醉不敢延误，立即从昆明坐飞机经上海抵达南京，保密局总务处长成希超把他送到位于玄武门保密局外宾招待所“诚庐”休息。“诚庐”招待所是保密局开设的，专门给国民党中统局、宪兵司令部、国防部二厅等特务机关首脑开会所用。

沈醉到达南京的当天下午，毛人凤就亲到“诚庐”招待所见他，布置了由蒋介石亲自指定的刺杀李宗仁的工作。

毛人凤说原来打算让保密局行动处处长叶翔之来主持此事，后来蒋介石了解到叶翔之是文人出身，并且一向主持内勤工作，便决定调有经验的沈醉来担任这一项任务。

沈醉是湖南湘潭人，十八岁就参加了戴笠的复兴社特务处，参加过许多次暗杀等行动，表现“出色”，因特别“能干”，二十八岁时就晋升为少将军衔，深得戴笠的赏识。后长期担任军统局总务处长，与戴笠等头目很熟悉，在局内一直以“年纪小资格老”而著称。毛人凤上台后，他被排挤到云南出任国防部驻云南区专员兼保密局云南站站长，但蒋介石对他的行动本领还是留有印象，故特召他来听令杀李。

当天下午，毛人凤和沈醉来到总统府见蒋。蒋介石向沈醉询问了云南站的工作，并问及沈醉的家人，接着问他知不知道这次到南京的新任务。沈醉回答说，毛局长已经告诉了我。蒋介石语重心长地说：这次叫你来主持这项工作是关系到整个大局的问题，之所以采取这个办法，是为了好使内部统一团结起来一致对外。他要沈从速布置，以便到时能够绝对保证完成使命。

在毛人凤的安排下，保密局长办公室主任潘其武和叶翔之与沈醉等四人组成了一个“特别行动组”。

这项行动的内容分为两部分，一是防止李宗仁离开南京，二是进行暗杀。鉴于李宗仁为桂系首脑，为防止李被刺后发生意外，他们同时研究了对其他几个桂系首领采取同样手段的措施。暗杀行动由沈醉与叶翔之负责实施。

会后，毛人凤又通知保密局经理处和人事处，在人员器材等方面必须尽量满足特别行动组的需要。

一个星期后，“特别行动组”便作了以下的具体部署：暗杀李宗仁的工作由沈醉主持，毛人凤选派了秦景川、王汉文两人做他的助手。秦景川是军统看守所中有名的杀手，沉着干练，枪法准确。王汉文则是东北惯匪出身，枪法异常准确，能以手枪射落空中飞鸟。

当时李宗仁住在南京鼓楼傅厚岗。为了侦察李宗仁的行动，行动组在其住所附近的马路转弯处摆了一个旧书摊子，由军统临澧特训班毕业的特务吴德厚装扮小贩，用以掩护侦察，并在决定行动时隐藏特务人员。

为了防止李宗仁突然离开南京，特别行动组还分别派人在南京光华门外飞机场附近街上开设了一家小杂货店随时监视。他们决定，如果发现李宗仁到机场，就立刻报告毛人凤，准备通知空军，用战斗机在空中将李宗仁的座机击毁。为了防止李宗仁乘火车走，便在江南铁路车站附近买了一所小房子，派人监视其行动。此外，在汤山通杭州的公路上，他们也派了两个人开设了一家小饭馆，担任监视任务。毛人凤还给特别行动组配备了两部速度最快的小车，以便在李宗仁坐火车或是汽车离开南京时，可以追随之进行狙击。由此可见，保密局对暗杀李宗仁的工作给予了高度的重视。

另外，在桂系大将白崇禧住宅的对面，他们也派人开了一家小酒馆，利用白崇禧的卫士经常来饮酒聊天的机会，对白崇禧的行动实行监视。

淮海战役后，国民党军队主力丧失殆尽。为了获得喘息时间，蒋介石被迫与中共和谈。此时，只有李宗仁的桂系还拥有一部分武力。为了防止李宗仁趁机进行“逼宫”，暗杀行动提上了日程，特别行动组进入了高度戒备状态。

毛人凤几乎天天叮嘱特别行动组的负责人沈醉，要做好一切准备，以便一接到蒋介石命令时就动手。沈醉和秦景川、王汉文每人都准备好了两支手枪，弹头内都已注入最猛烈的毒药，只要射中目标身上任何地方，都可以引起血液中毒而死亡，根本无法救治。在吴德厚开设的旧书摊上也准备了一支手提机枪和几颗炸弹，作为掩护和加强行动的准备。

毛人凤还担心李宗仁届时不出门，他又让沈醉在李宗仁的住宅附近进行勘察，并作了突袭的布置。

虽然万事俱备，但蒋介石还是迟迟没有下达行动的命令。这一方面是由于在淮海战役中其军队主力丧失殆尽，不得不依靠桂系军队来保卫长江中游；另一方面也因国民党军的一败再败，引起了美国朝野的极度不满，为此，蒋介石准备以“退休”为名，让李宗仁上台来为他“顶缸”，应付过关。由于国内外的形势的变化，蒋介石最后不得不放弃了暗杀李宗仁的计划。

1949年1月20日，毛人凤通知沈醉，立即结束特别行动组的工作，把所有担任监视工作的人员交保密局人事处另行安置，沈醉则带着秦景川、王汉文、吴德厚重新返回了昆明。

据史料记载，1949年9月，毛人凤在昆明再次见到沈醉时，曾一再提起刺杀李宗仁的事。毛人凤说，蒋介石时常后悔当时没有果断下令把李宗仁刺杀，以至于李宗仁后来敢和他分庭抗礼。[57]

刺杀杨杰与龙云

杨杰将军早在抗战时期就对蒋政权失去了信心，暗中倾向中共。1949 年上半年，他在重庆秘密从事领导民革组织的工作，准备策划川、康、滇的国民党军队将领起义。他的行动引起了保密局西南特区的注意，报告了已逃往台湾的蒋介石。蒋闻讯立即授意毛人凤，对杨杰进行监视，密切监控其行动。

此时杨杰已抵达昆明。“李闻惨案”[58]之后，昆明一片白色恐怖。杨杰的友人、云南省参议会议长马崇禄劝他从速离开险境。杨杰也作了些准备，派人去香港与中共方面联系，得到中共中央的正式邀请，准备从昆明去香港，而后赴北京参加中国人民政治协商会议。但杨杰认为蒋介石的特务还不敢杀他，未能即行，只是增加了两名贴身警卫。

实际上保密局云南站站长沈醉在1949年夏秋月余时间内就曾接到毛人凤局长的三次密电，命令他暗杀杨杰、缪云台等二十余名民主人士。但沈醉因卢汉对这些人都比较亲近，如杀了他们，可能会更加激怒握有滇省军政大权的卢汉，如他翻脸，西南局势将完全失控。所以总是推托，迟迟不敢动手。

7月下旬，杨杰为加快起义进程，从昆明秘密给四川地方军队刘文辉部下的一个团长写了封亲笔信，令秘书送去。不料，这封密信落到保密局西南特区特务组长李瑞峰的手中，李把它转交给了区长徐远举。徐如获至宝，当晚发报给毛人凤，随即转报蒋介石。蒋阅后深感不安，批示毛人凤迅速将杨扣押起来，听候发落。就在特务们要动手之时，杨却离滇而去。这时，云南省主席卢汉宣布，接收国民党中央在昆明的机关，限令国民党特务从速离开云南。这一举动使云南处于半独立的状态。蒋介石对此十分惊惶，亲自由台湾乘专机经广州到达重庆，欲着手解决云南问题。

在蒋介石看来，卢汉的举动完全受云南王龙云的影响，事实也的确如此，龙云作为云南省地方实力派的领袖，对蒋一直存有戒意，他这时已逃避居住在香港。经过权衡利弊后，决定弃暗投明，策划起义，密召驻昆明的亲信秘书蒋唯生（化名刘蔚）来香港寓所，共商起义事宜。商定之后，蒋唯生临别时带上了龙云的几封密信乘飞机返回云南。

谁知李瑞峰一直在对蒋唯生进行监视，派人跟踪，并设下了埋伏，蒋唯生一返滇就落入了特务的魔掌。李得到龙云的密信后，密报给保密局云南特区负责人郭旭。郭旭请示毛人凤，毛人凤马上电报蒋介石，蒋介石如临大敌，即令毛人凤在香港暗杀龙云。

毛人凤按照“御旨”，命令台湾保密局办公室副主任兼第二处处长叶翔之带领六名特务于9月上旬奔赴香港行动。为保万无一失，毛人凤又派人来云南与郭旭密商暗杀方案，他们认为可以利用蒋唯生怕死又贪财的特点，收买他行刺龙云。这个方案报经毛人凤审批同意后，郭旭即提审蒋唯生，先以死相威胁，再许以重金，答应先付一半，事成之后全部付清。蒋唯生答应下来，收了定金。随后郭旭带上蒋唯生来到香港办事处副处长袁寄滨家中，商量暗杀具体办法，他们决定用一种慢性毒药，趁龙云不备时放入他的茶杯中加害。然而龙云在此时警惕性甚高，特别对饮食非常注意，不许外人接近。蒋唯生慑于龙云的威望，一时不敢下手。叶翔之见状，决定相机亲自闯入龙家，进行枪杀。

9月8日，蒋介石手令驻昆明特务拘捕杨杰，就地枪决。次日，毛人凤派保密局西南特区区长徐远举率领大队特务乘专机来昆明，准备立即处死杨杰。

这时杨杰已提高了警惕。这天上午由他的侄女婿朱健飞（时为空军上校参谋）开车将他送到巫家坝飞机场，悄悄地登上了飞往香港的班机。特务在杨杰家扑了个空，而且人竟不知去向，徐远举急得大骂沈醉及云南站特务不负责任。随后，徐远举查实杨杰已去香港，立即派出一组特务尾随而去，与奉毛人凤之令已到达香港的广州站特务组接上头。商定由广州特务采取行动。

就在这时，毛人凤得知杨杰已到香港的准确消息后，密报了蒋介石。蒋明示说：先杀“羊”，再宰“龙”。毛人凤受令，于9月17日由昆明致电叶翔之，要他原地待令，自己马上赶到香港。叶翔之接电报，找到郭旭说，电报中未讲清杨杰的详细住址，要郭旭与在港的披着民主人士外衣的特务分子卢广声联系，郭旭遵令，通过卢，他们终于找到了杨杰的下落。

9月18日晚上，卢广声密告叶翔之说，杨杰住湾仔轩尼诗道302号四楼同乡李焜家中，并说杨杰住下来之后，大门常关，闭门谢客，一般人不易入内。叶翔之经过一番考虑后，决定“引蛇出洞”，他仿照杨杰的好友贺耀组的字迹，以贺的名义写了一封短信，约杨到外面吃饭，商讨秘事。

次日下午4时，郭旭带上特务神枪手韩世昌，手持叶翔之的假信，去会杨杰。当郭旭等人求见时，杨杰毫无疑心，欣然应允。就在他打开信之际，韩世昌掏出无声手枪，一枪将杨杰击倒在桌边，并割断杨府的电话线，夺门而去。次日郭旭等人离开香港。

杨杰遗体后来由友人贺耀祖等买棺入殓，暂存东华义庄年余。1950年10月16日，由其次子杨兆虎从昆明至香港料理善后，旅港云南同乡会举行了公祭。

1950年10月，直接参与谋杀杨杰的七名特务被大陆公安部门抓获，受到惩办。1982年，中国民政部追认杨杰为革命烈士。[59]

杨杰被杀之后，在港台地区引起了极大的震动，一时舆论哗然。蒋介石怕引起更大的波澜，危及其统治，只好暂时停止了刺杀龙云的计划，龙云也因此而保全了性命，其后，他便公开与国民党蒋介石决裂，投向了人民阵营。[60]

毛人凤的无奈

1947年3月，国民党在全国战场上对中共的“全面进攻”宣告失败，随即改为“重点进攻”，其中最重要的就是胡宗南奉命率部进占中共中央所在地陕甘宁边区，胡部被毛泽东的“蘑菇战术”牵着绕了个大圈，最后还是因中共机关从战略全局出发主动退出延安城，胡宗南部才占领了延安。

消息传来，国民党统治集团一片雀跃，以为彻底消灭共产党的日子已不遥远了。保密局为了配合国民党军的行动，加强搜集情报，协助胡宗南部，寻找毛泽东、中共中央的去向，特地在延安设立了稽查处，临训班出身的崔毓斌当上了保密局驻延安稽查处处长。

对此唯一还有一点清醒的人是蒋介石。他在大肆“庆祝胜利”的同时，知道西北的形势并不乐观，现在胡宗南只是占领了一座空城，只要共产党解放军的有生力量不除，找不到毛泽东与中共中央的下落，自己肯定无法安宁。他多次指示毛人凤，不管花费多大的人力物力，都要找到毛泽东、中共中央的所在地。

在那一段日子里，蒋介石几乎每天都要问毛人凤是否有新情报，可崔毓斌的稽查处除了在延安附近抓了几个根本走不动的老弱病残外，再也得不到任何线索。毛人凤对此十分焦急，他知道这一次如让中共领导人逃脱了，日后可能再也不会有这么一个历史机会，而且如再找不到毛泽东，蒋介石怪罪下来，他也担当不起。毛只好每天电令陕西省站，一再要其加强延安组的工作，全力寻找毛泽东与中共中央机关的踪迹。

胡宗南也打电报给毛人凤，要他加紧寻找情报，好让他出兵解决。毛人凤因此寝食不安，急火攻心。他以特急电报训斥陕西站，说情报工作配合不了军事行动，“太辜负领袖的期望了”云云。其实当时的毛泽东和中共中央机关，就在离延安不远的一条山沟里，并未走远。保密局在陕北延安一带，毫无工作基础，动探不得。自以为“道法遍天下”的保密局终究对中共首脑机关无可奈何。直到1949年10月，毛人凤还在为此事遗憾万分，他自认为保密局跟共产党斗，终究是失败的。[61]

毛人凤是个很迷信的人，他把一切失败的原因归结为运气风水的不好。戴笠死后，军统局总务处长沈醉把戴遗留的几辆好车分别奉送给郑介民、毛人凤、唐纵使用，毛坚决不坐；而且他上台后，也拒绝迁入军统局新大楼最好的一间办公室，因为那是戴笠准备用的。他的办公室主任潘其武很懂其心，经常在各地找有名的星相家来给毛看相，听算命的讲他命中缺火，毛便起笔名为“以炎”，这一点倒是学了戴笠的习惯。对于“党国”的失败，毛人凤更有其独特的见解，他认为是国民党政府的国旗有问题，因为旗帜上“满地红”包围了“青天白日”，预示着国民党被共产党围攻。所以在退到西南后，他们还正式向蒋介石建议要把国旗改为国民党党旗中间加一点红，表示要反包围之意。这真是一个荒谬的笑柄。[62]

轰炸中共首脑机关的阴谋

1947年间，保密局保定站站长曹亚夫领导的阜平小组曾设法策反了接近中共华北军区的两名对方工作人员，差点儿酿成刺杀中共领袖的大事。阜平小组组长是刘其昌，刘从志是书记兼收发。刘进昌为组员。孟建德、刘从文均是被这个小组拉下水的中共方面工作人员，他们同是河北省阜平县王快镇人。

当时刘从文在中共解放军华北军区司令部伙房当司务长，经常外出采购物品，接触的人较多。一天，他在街上结识了商人王宝生，两人谈得很投机。不久，刘从文外出时又结识了了同乡同村的刘其昌。刘从文并不知道他们都是军统特务，更没有意识到这是他走向深渊的开始。

渐渐地，刘从文从交往中感觉到王、刘二人身份特殊，但在那比较艰苦的环境中，他也离不开他们给他的物质上的好处。虽然受到他们的引诱，但还没有打算跟他们去干什么特务工作，而这些国民党特务似乎也没有立即将刘从文拉入他们圈内的意思，只是想利用他这个平时能够接触到军区领导的司务长，探取一些有关情报。

刘其昌利用赶集上庙会的机会，或装作到村外的菜园地里买菜来与刘从文联络。他又令王宝生给了刘从文五百万边币，让刘先用着。刘从文没有拒绝，把钱收下了。王宝生问他一些情况，他当然尽其所知告诉了他，诸如军区司令部在什么地方，中共中央局在哪里，最近几天军区首长到石门开会去了，过四五天才回来等这些情况，在刘从文眼里不是什么秘密，但在国民党特务那里，却是很有价值的情报。几天之后，我华北军区所在地烟堡、石门一带，遭到敌机的轰炸，房屋损坏一百多间。看着呼啸的飞机前来有目标地轰炸，刘从文心中直打鼓。他弄不清楚此事是否和自己有关。他想起曾经同刘其昌等人说过军区司令部的驻地，也知道他们是那边的人，但他只侥幸地希望自己的行踪不被人觉察。

上碑庙会上，人群密密麻麻，摊位摆满了街。刘从文装作买东西，来这里同刘其昌见面。在一个临街饭店里，刘其昌请他吃饭，同时交给他十二匹白粗布，说:“这是给你的。”刘从文犹豫了一下，还是收下了。刘其昌说:“只要照我说的做，不会亏待了你。”接着，刘其昌取出一个包，交给刘从文:“把这里面的东西放到毛泽东、聂荣臻的锅里……给你两个月的时间，用什么办法都行。如果完不成，就到保定去找我。”刘其昌说完就走了。

刘从文呆住了。后来他交代说：看到这些东西，我好害怕，叫我谋害人民领袖，我不敢……

于是，刘从文生病了。头晕肚痛，不思饮食，卧床不起。白天似睡非睡，到了夜晚经常惊叫起来。最后他终于心惊胆战地把毒药扔到了村外，把手枪藏了起来，心里还是不踏实，总是担心会被人发觉。他的心病越来越重，一直病了一个多月。他一直念叨：再也不能跟他们联系了，再也不能跟他们干了。可是过了一段时间，没有见到什么动静，他的胆子又大起来，认为只要搞得秘密，不会被人发觉。因而，当刘其昌派刘从文的堂兄刘从志来找他联系时，刘从文又对他说了不少军区司令部的情况，甚至让刘从志住在部队，吃在部队，还送他点大米、白面之类的东西。不管刘从文承认与否，此时他已经成了地地道道的内奸分子、一名叛徒和特务。

1948年4月中旬，中共中央主席毛泽东与中央机关来到华北军区司令部所在地河北阜平城南庄。当时毛泽东和中共中央的行踪，正是国民党特务组织全力寻求的情报。

刘从文得到这个消息，即告诉了国民党方面。与此同时，在华北军区司令部大丰烟厂担任副总经理孟建德，也是被国民党特务拉下水的内奸，他从另外的渠道也得到了这一消息。

孟建德有个妹妹也在军区工作，妹夫是个中共干部。孟在随便交谈中从其妹处得到了中央机关和毛泽东来到阜平城南庄的消息，并得知“就住聂司令原来住的那个小院”。

孟建德从她家出来，就到保定向特务报告了。孟建德事后从保定给妹妹带来了一笔“报酬”：法币两千万元，外加美式金笔一支，口琴一个。当他再次来到妹妹家的时候，终于没敢将这些东西拿出来。他怕妹妹和妹夫不再给他透露消息。

5月初，毛泽东住所遭到了国民党飞机的轰炸，所幸躲避及时，无人伤亡。但这在历史上还是第一次被国民党方面掌握了中共首脑机构的行踪。华北军区聂荣臻司令认为其中一定有名堂，下令严密调查。

不久后，解放区公安机关从截获的国民党保密局保定站致南京总部的电报中，找到了线索。这份电报写道：

“职组组员刘从志担任华北方面工作，刘从文任‘匪’中央局、毛‘匪’行踪工作，二人均由刘文星担任交通员。孟建德奉华北令调天津工作，已派王志诚（王荣）潜伏津地，与刘进昌联系。职组组员刘从文参加工作年余以来，该员对工作尚努力，每次情报颇有价值，职拟按中尉待遇正式任用。”

这份截获电报是11月1日转到华北军区的。军区政治部军法处经过几天的紧张工作，取得了确凿的证据，11月6日下午，解放军华北军区保卫部人员来到司令部伙房，逮捕了司务长刘从文。三天之后，前来和刘从文联系的刘从志也被捕，连同被我地方公安部门捕获的刘其昌、孟建德，这个潜伏在中共中央核心附近的国民党特务组织被摧毁。

事后，华区政治部军法处多次研究，拿出了处理方案。经司令员聂荣臻、政治委员薄一波等批准，华北军区政治部军法处于1950年9月28日正式作出判决：孟建德、刘从文身为人民解放军干部，竟投敌叛变，充当内奸，……实属罪大恶极，判处死刑，立即枪决。刘其昌、刘从志押送河北省人民法院法办。孟建德的妹妹也因泄密受到了严厉的处分。[63]

第六节 保密局的应变准备

1948年内，保密局的应变策略只是以派遣特务进入解放区建立组织为主，结果屡遭失败。1948年后，因蒋管区大中城市陆续被解放，他们便采取预先布置潜伏组的办法，试图在那些地方继续特务活动。为此，保密局加紧培养训练一批所谓“全能情报员”，在南京成立了一个“全能训练班”，由电讯处处长杨振裔主持训练。这个班的成员，都是受过无线电收发报技术训练的特务人员，入班后，再加以搜集情报的训练，其后即派到前方城市居住下来，先找好掩护的职业，他们不与原来保密局的站和组织发生横的联系，而是直接由保密局所辖潜伏布置组领导。

在特潜工作中，保密局还采取了双层布置的办法，在各大中城市吸收了一批新的人员。担任这项工作的新特务，首先要求有一个正当的职业，最好是医生、会计师、工程师之类的白领人员，既要与特务有一点关系，又没有被人发觉，才被认为容易掩蔽开展工作。

当时，保密局准备在每一个大城市都成立一至两个这样的潜伏组，组长一般由没有暴露身份的原“军统”分子担任。每组设一至二部电台。潜伏特务的工薪以黄金计算，比一般特务要高，如组长兼报务员，每月连房租津贴可得黄金二两左右。在快解放的地区，一次性可领半年到一年的经费。潜伏组的责任是搜集情报。至于造谣与破坏工作，则准备另派人员去进行。这些人不配电台，与潜伏组也不发生横的关系，以防被捕时发生牵累。

潜伏组的人员，在地方没解放之前，只做准备工作，不做正式活动。在解放以后，主要任务是搜集情报。保密局奉蒋介石的命令，要求他们最好能混入共产党里面去，所以这些潜伏特务，平时言论都表现得很进步积极，借此迷惑他人，以便活动。

潜伏组所用的电台，一般是两瓦半的美制特工机，这种机器体积不大，可装在写字桌抽屉的后半部，也可装在收音机、留声机、桌灯里边。潜伏组建立时，一次性配发半年到一年用量的电池。因为当时国民党人都有一个幻想，认为不出一年，那些城市都可以在美国的直接帮助之下，次第收复，所以只作一年的预算。其中的大部分负责特务，虽然对这种看法并无信心，但为了鼓动部下的信心，也只好照样吹嘘，连蒋介石自己，也一再鼓吹第三次世界大战就要发生，并说只要大战一发生，就可以把共产党消灭。

1949年4月后，保密局在西南地区开始潜伏布置。他们原以为西南短期内不会丢失，因此也不大着急应变。到解放军渡江以后，情势变化得很快，他们才紧张起来，派出潜伏布置组第二科科长任鸿传匆匆赶到重庆，由他兼任西南特区潜伏布置专员，指导各省站协助布置。任鸿传与重庆站站长李修凯在重庆及川东等地完成布置后，于七月间再到昆明，建立了一个潜伏组和一个独立潜伏台，潜伏组由两个医生担任，特别开设了一家私人诊所为掩护，并发给了经费。任鸿传在昆明办事后，又赶到贵阳布置。

到了9月间，毛人凤因为华北、华东、华中的一些潜伏组在解放后就陆续被破获，感到西南地区潜伏组的布置亦不够理想。为了加强西南地区的布置及企图进一步重建在解放区的组织，又在重庆“中美合作所”原址成立了一个“全能情报员训练班”。这个班由毛人凤自兼主任，王蒲臣为副，准备训练几百名潜伏特务派往各地。但开始训练不久，解放军已向西南进军，直至重庆解放前还没有训练好，便退往成都，结果在途中损失过半，抵蓉后估计再没有时间从容训练了，就把剩余人员编入交通警察第一旅何龙庆部，准备去打游击。[64]

保密局在进行潜伏布置的同时，还专门作了在大城市进行破坏暗杀的准备，他们把一些手枪、爆炸品等装备器材，预先存放在可靠而又易于取出的地方，避免存于特务家中而被搜出作罪证。例如，在上海，一批武器和爆炸品就是用寄存灵柩的办法，把东西放在棺材内送到墓地存放，一般是将棺材搁在条凳上，特务夜间去取用时，只要用预先装置的机关从棺材下面打开就行。那种阴森的地方本来很少人去，何况又在黑夜，更不容易为人发觉。存放一年半载甚至更久一些，也不会出问题。另外有一种办法，则是把东西藏在小棺材内，埋在近郊坟墓地区，竖上墓碑标记，需用时在夜间去取。用这种办法可以存放得更久。

1949年初，各地特务纷纷南逃，不少人还想逃往台湾。毛人凤看到这种情况，便向蒋介石请示保密局的应变办法，蒋介石的答复是，除了少数大特务有必要的准许去台湾之外，其余均须留下来，“与共党斗争到底”。

毛人凤根据这个指示，于3月间在重庆召开保密局会议，西南、西北及广西、湖南等省的负责人均奉命参加。他在会上提出一个方案，要特务们返回自己的家乡，在地方上设法立足生根。试图以此来安置和处理拥挤在后方城市待命的特工，想把他们抛弃。

如果这个办法行得通，保密局就可以丢掉一些包袱，蒋介石对此也赞同。而这对大批的下层特务来说，是连逃命的机会也给堵死了。

毛人凤在宣布这个办法时，要求那些参加“还乡运动”的人，在自己的家乡坚持一两年，他要他们相信，蒋介石不久便可以在美国帮助下卷土重来，只要特务们能忍受一个短时期，将来便可得到重用。毛人凤还指示他们，回到解放地区后，可以坦白向共产党交代自己过去的历史，不必隐瞒身份，但不准交代组织，特别是不准检举其他特务和揭发别人罪行。如果不遵守这些规定，不但将来要处分，甚至当时便要派人进行纪律制裁。他又指示，凡向共产党自首和交代了历史的人，要进一步取得对方的信任。如果能够在人民政府机关得到工作，保密局自然会派人去联系；在没有联系以前，可以相机行事，对有把握可以做得到的破坏活动，一定要主动进行，成功后逃到后方或台湾，可以受到特别奖励。对一些回到还没有解放的地区去的人，规定他们要先设法立足，进一步设法掌握地方团队武力，有把握时可以参加打游击，不然，等到解放军接近时，也可以表面上参加起义，以便混入解放军部队去。

这些办法似乎想得很周到，要求也很严格，但是也自相矛盾，很难实施。因为从蒋介石到毛人凤本人，平日都大肆渲染共产党的“残酷”，现在却又要那些人回到那样的环境里去，还叫他们坦白交代，主动自首，又怎能说得通？因此，特务们表面虽不敢反对，但实际上又不愿遵命，毛人凤的办法尽管已提了出来，愿意真的“还乡”者却寥寥无几。

在3月会议上，毛人凤还打算利用特务在社会上的关系，成立一个公开的政治团体，在后方进行反共活动。但很多人鉴于以往的教训，认为不会有什么成效，因此没有作具体的决定。毛人凤在会议上，还要各省站负责人分别迅速拟出“应变计划”来，在计划中，包括撤退前在各地的大破坏、大逮捕、大屠杀及打游击等几方面。毛人凤对于在西南地区打游击颇有信心。他认为共产党是靠打游击出身的，而“军统”特务们也懂得这一套，比蒋介石的正规部队更能对付解放军，依靠他们在大陆上保留住几个据点，应该没有问题。当时，保密局在四川可掌握的部队计有何龙庆交通警察第一旅的两个总队，贵州站站长陈世贤和余万选的一个总队，在云南方面也有一部分交通警察，兵力约一个总队，加上西南地区十多个兵工厂的警卫部队，以及能够掌握的一些公开和秘密武装，总数可凑成万余人。毛人凤还向四川省主席王陵基介绍罗国熙去泸州专区当专员，并派了几个特务去当县长，准备把这些地方作为保密局武装的游击根据地。

毛人凤所设计的游击计划，并没有落实，在解放军进军西南后，贵州的陈世贤、余万选早就溜跑。四川的何龙庆交警旅，在成都被解决。只有从云南逃出来的一个交警总队，被特务田动云拉到他家乡筠连县和川滇边界，台湾方面将称之鼓吹为“大陆上的台湾”，并授予田动云“西南军政长官”的空衔，希望他能坚持下去。但这批特务武装，不到三个月便被肃清，田动云被活捉，“大陆上的台湾”亦宣告“陆沉”了。[65]

在部署潜伏武装的同时，遵照蒋介石的命令，保密局开始了在大陆最后的西南据点的大破坏与大屠杀。

在西南的大屠杀与大破坏

1948年至1949年国民党在大陆的最后时刻，保密局的特务们有组织有计划地在各地开始大屠杀与大破坏，作最后的垂死挣扎。

1948年秋，保密局在浙江的负责人毛森，利用邮电检查，发现了浙江中共地下党衢州支部副书记林维雁的线索，这次发现，完全是因为林在与其妹妹的通信中连续书写反蒋内容，过于疏忽所致。但毛森在逮捕林时，意外地同时抓获了衢州支部书记江文焕，特务们大喜。但后来，林、江等人在狱中受尽酷刑而决不招供，使特务们无计可施。最后，在1949年4月间，毛森等人将他们二人及相关被捕者，加上另被捕获的中共皖南武工队长程某、从上海投奔皖南解放区的民盟盟员杨欣渡以及胡乱抓来的浙江大学进步学生六人等，共计十四人，全部杀害于衢州城郊。[66]像这样的罪行，当时保密局特务犯下了多少，真是无法一一统计。

贵州息烽监狱设在离息烽县城六公里的阳朗坝公路边。此地对外名为“国民政府军事委员会息烽行辕”，原为一专门囚禁中共人士的看守所。1937 年

11 月扩大为息烽监狱。至 1946 年撤销，先后关押共产党人、进步人士及其他人员一千两百多人，被杀害折磨至死者达六百多人。著名民主人士马寅初、中共四川省委领导罗世文、车耀先等人都在这里遭到过长期的关押和折磨。

息烽监狱成立之初，负责人何子正是一个残忍而又无能的虐待狂，大批被囚者都因经受不住这个“酷吏”的残酷迫害而相继死亡。戴笠虽暴戾成性，但他不能不考虑政治犯大批死亡的严重后果。经过多次磋商，最后决定让周养浩接替何子正出长息烽监狱，借以改变局面。

周养浩是戴笠、毛人凤的同乡，1933 年从上海法学院毕业后经戴介绍加入特务处，其后干了十六年的特务工作。他举止文雅而心狠手辣，是军统内有名的“书生杀手”，后来曾直接指挥过残杀杨虎城将军一家的罪恶行动。在息烽监狱出任主任，是他“出名”的开始。

周养浩携夫人毛超群及孩子走马上任，来到这个荒凉的魔窟，一股恶臭血腥迎面扑来，毛超群当即昏倒在地。周养浩上任后使出全身解数，用了“怀柔”政策，以挽救息烽监狱的死亡危机，经过戴笠批准，着手进行以下几项工作：第一是允许去除政治犯的镣铐；第二是实行白天牢房不锁门，让犯人自由活动；第三是把“牢房”一律改称为所谓“书斋”，每斋设斋长一人，同时撤销便衣特务“内卫”，减轻在监犯人的精神压力；第四是适当改善犯人伙食，开展体育活动。

周养浩的这些招数，在戴笠第二次视察息烽时，获得了赞赏，戴称赞“周养浩精明强悍，为何子正所望尘莫及”。从此，周养浩得到了戴笠的进一步器重。

周养浩还把息烽监狱称做“大学”，竭力渲染所谓新型的大学色彩，又集书建立“养正图书馆”，要最早被监押的中共地下党员王子中和车耀先做图书管理员，负责给难友借书。接着又“邀请”中共四川省委负责人罗世文出来“工作”，但为罗世文坚决拒绝。罗世文回复说：“我是共产主义者，我不能改变我的信仰，你们说息烽监狱是一座‘大学’，而且是‘三民主义大学’，这一点我还没有研究，所以谢谢你的美意。”在军统局内部“通共案”中被捕的共产党人张露萍亦被关进息烽监狱，她曾利用周养浩的“改良”机会，写了一篇题为“她是犯了罪吗？”、署名樊仁（犯人谐音）的文章在息烽监狱机关报——《养正报》上发表，该报由被押的杨虎城将军的秘书宋绮云主编。张文写的就是她自己的经历，内容慷慨激昂，宣扬了革命精神。

周养浩在息烽监狱的“改良”完全是一种手段，目的是要软化被囚的共产党员，绝不是对他们仁慈。后来张露萍和罗世文、车耀先、王子中等均被周养浩杀害。而周养浩却因此而受到戴笠、蒋介石的赞赏，擢升为“少将”，领受了“忠勤勋章”。

在周养浩的经营下，息烽变成了特务机关后方的大本营。军统局在息烽除设有监狱外，还有特训班、仓库、特务第二团、特务队底寨电讯总台，以及电机制造所等。1940年戴笠亲自到息烽作了布置，并调派江山县长陈国桢当息烽县县长，归周养浩指挥。

抗战胜利后，息烽监狱因其反共恶名在外，受到社会关注与抨击，被迫停办。1946年7月，周养浩转任为贵阳市政府视察室主任兼贵州省保安司令部情报处少将处长，成为贵州省政府主席杨森的得力干将。解放战争后期，蒋介石调杨森任重庆市市长，兼重庆卫戍总司令，周养浩受杨森倚重，随任重庆卫戍总司令部保防处少将处长。

1948年3月，因保密局重庆站渝组组长李克昌和他布置在文城出版社伪装进步面目的“红旗特务”的侦探，通过《挺进报》案件，特务们破获了重庆中共地下党组织，逮捕了市委副书记刘国定，他随即叛变，导致中共重庆市委委员许建业、中共重庆沙磁区委书记刘国鋕、中共下川东地委委员江竹筠、《挺进报》中共特支委员陈然等一大批中共地下党干部被捕。

保密局在重庆对中共地下党的破坏，在当局内一时造成了轰动。南京保密局和国防部都认为这是国共内战以来在蒋管区大城市对中共地下党最大的破坏。保密局局长毛人凤、国防部二厅厅长侯腾、西南长官公署长官朱绍良，纷纷向蒋介石报功，分别给徐远举、周养浩等“破案有功人员”请赏。

徐远举，黄埔七期毕业生，湖北大冶人，1932年参加国民党特务组织，

1935年出任“护送班禅专使行署”少校参谋，随后在西藏做情报工作。1945年被戴笠调任为军统局三处副处长，1946年1月到华北为军统局北方区区长，是年7月又为重庆绥靖公署二处处长。他亲自指挥了对《挺进报》案件的破获，逮捕了中共地下党员一百三十余人，后来绝大多数被杀害。徐也因此获得了四等“云麾勋章”。当局除发给奖金、奖章外，还为徐远举升职升权。

保密局对重庆站的“立功”给予了重奖，并扩充成立了西南特区。任命徐远举为保密局西南特区少将区长，周养浩为西南长官公署侦防处处长和保密局西南特区少将副区长，统一领导军统系统在西南的公秘单位。同时在西南长官公署成立了侦防处，全面加强反共特务工作。

按规定，对特务们的行动，当地军事长官是不能过问的。为防国防部第二厅来“抢功”，毛人凤又派保密局行动处处长叶翔之到重庆主持工作，接着他又亲自到四川来视察工作，布置给“西南特区”四大任务：

（一）加强组织，统一领导，整顿军统在西南的公秘单位，改变各自为政的散漫状态；（二）继续扩大破坏中共地下党组织；（三）执行经济管制任务，稳定西南地区的经济，使金圆券能顺利行使；（四）在西南进行潜伏布置和应变堆备，对各省站作必要的调整。

毛人凤特别对徐远举说：“我们的同志地位都爬高了，不愿做领袖的耳目了，各人找了一个老板。北平的马汉三靠着李宗仁，湖南的杨继荣靠着程潜，东北的文强靠着杜聿明，上海的陶一珊靠着宣铁吾。有人在领袖面前密告你靠‘政学系’，我特别为你解释，希望你能效忠领袖和团体。”[67]毛人凤说这番话的用意，在于拉拢徐远举以为他卖命，同时也暴露出当时保密局面临的复杂形势和行将崩溃的状态。

中共四川地下党组织遭部分破坏后，国防部第二厅厅长侯腾以国防部名义给徐远举等人颁发奖章、奖金，并让其妻朱和珍借到重庆省亲之机，向特务们表示关切。

此后，国防部二厅加强了在西南的侦防工作。根据美国上校顾问克雷斯特的建议，仿照美国反情报队的组织，开始在各地组织“反情报队”，并举办反情报训练班，招收上尉至上校级的国民党军官一百八十余人，分两班训练，由克雷斯特上校和雷根少校亲自讲授，每班训练四个星期，完毕后编成九个反情报队，分派到重庆、上海、南京、西安、武汉、北平、广州、青岛、昆明等地，进行配合内战的反共破坏活动。[68]

在毛人凤的命令下，叶翔之与周养浩、徐远举等保密局西南大特务头目们对重庆《挺进报》一案中的中共地下党被捕者进行了软硬兼施的劝诱威逼和严刑拷问，并与中共重庆地下党组织展开了破坏与反破坏的较量，最后在共产党人的不屈立场面前，军统特务们败下阵来。在重庆解放前夕，刘国铁、江竹筠、许建业等全部被国民党特务杀害。特务们甚至把烈士遗体丢入镪水池，来毁灭罪证，其残暴手段令人发指。后来，这一事件的经过被地下党幸存者写成纪实文学作品《红岩》，流传于世。共产党人的光辉形象教育了许多代中国青年。

1949 年 11 月，蒋介石在毛人凤的陪同下乘飞机到重庆，部署国民党在大陆最后的挣扎行动。保密局西南特区区长徐远举等动员了重庆党政机关的职员以及大部分特务到机场去迎接。此时的蒋介石已如惊弓之鸟，害怕他的行动被解放军发觉拦击。专机降落后，舱门刚一打开，蒋介石已站在那里向两边张望了。他看到保密局的大批便衣特务已经布置在机场周围，这才从容地走下飞机。

蒋介石召集在重庆的保密局头目徐远举、周养浩、郭旭等开会，他说：大西南是党国在大陆反共复兴的重要基地，你们要千方百计守住这一基地．要做到这一点，就决不能心慈手软。蒋介石对特务们杀掉杨虎城、杨杰等人表示很高兴，希望他们再接再厉，把那些在押的共产党分子迅速杀掉，并指示对于那些关押在渣滓洞和白公馆的违纪军统人员，案件明显轻微的予以释放，其他的一起枪决。蒋接着说：保密局在上海撤退前的工作做得很好，抓了有嫌疑的人犯三千多人。撤退上海时，杀掉了一千三百多人。在重庆也应该同在上海一样，凡属有嫌疑的人即予以逮捕，凡是应该枪毙的立即枪毙。我上十月来重庆时，即指示你们杀掉一批共产党，结果只杀了江竹筠、陈然等三十二人，太少了！要舍得下手，不杀不足以立威，不足以挽救党国。蒋还神色严厉地说道：广州撤退时，卫戍总司令李及兰对广州的建筑和空军的物资，破坏不彻底，不仅一些重要的建筑设施没有炸掉，而且连空军的三千多吨物资也来不及处理，被共军夺去了。这样的事情不能再出现。对于重庆，必须有坚守到底的思想准备，但是万一守不住，也必须采取一些相应的措施，重要的物资，能运走的运走，不能运走的就地销毁，同时，把发电厂、邮电局、桥梁等统统炸掉，让共产党没有好日子过。毛人凤表示：总裁训示非常英明，明天就召集专门会议研究处理这些问题。

1949年9月，广州解放前夕，特务们曾制订了“全面破坏广州”的计划，准备将在广州的重要工厂和大桥统统炸毁。由于解放军进军神速，加上工人组织护厂队护厂，特务们的阴谋没有得逞，仅仅炸掉了海珠大桥。因此，毛人凤吸取广州破坏失败的教训，决定提早做好破坏重庆的工作。

次日，毛人凤在他的住所嘉陵新村6号召开秘密会议，参加会议的有保密局西南特区区长徐远举，兵工署稽查处处长廖宗，重庆卫戍总司令部保防处处长周养浩，交通警察总局局长马志超，重庆警察局副局长李济中、第五区公路工程局警卫稽查组组长陈粟冬，保密局总务处处长成希超、经理处处长兼重庆办事处处长郭旭等。会议决定在白公馆集中营、渣滓洞集中营和新世界集中营对在押犯实行大屠杀。同时，又对重庆实行大破坏行动作了布置，决定成立重庆破坏办事处，由重庆卫戍总司令杨森担任总指挥，以兵工署稽查处处长廖宗泽兼破坏办事处处长，负责领导部署执行。办事处下设参谋、技术和运输三个组，由徐远举拟具破坏计划，郭旭拟具破坏经费预算。保密局在重庆的公开单位，要尽力协助破坏工作的进行，给予工作和交通运输的便利。各兵工厂破坏程度，以一年不能恢复生产为原则。各兵工厂稽查组组长须带同西南长官公署技术总队队员分赴各厂先行调查，预算所需炸药和雷管器材，预计使用黄色炸药二百一十至三百吨，所需炸药及运输汽车，由国防部第四厅和兵工署器材总库拨发，破坏掩护部队主要由交通警察总局所属第一、第二两个交警总队担任，各兵工厂的警卫大队予以协助，破坏工作以重庆卫戍总司令部的名义对外，动手时机听候国防部命令执行。破坏对象包括第十、第二十、第二十一、第二十五、第三十、第三十一兵工厂、大渡口钢铁厂、长寿水电厂、大淡沟电力厂、军械总库、小龙坝广播电台以及白市驿、九龙坡和珊瑚坝飞机场，共计有十七个单位。会后，各部即分头着手准备工作。

11月25日，白公馆看守所所长陆景清和看守长杨进兴奉命对白公馆关押的人员实行大屠杀。在这个看守所内关押的政治犯，都已囚禁了多年，有的达十年以上。陆景清、杨进兴把决定予以枪杀的三十七人集中在一间房子里，用机关枪扫射，对个别没有射死的再用手枪补杀。在这次大屠杀中被杀害的七十多人，除大部分是共产党员外，还有著名的爱国将领黄显声将军、留学德国归来的同济大学校长、进步人士周均时博士和因迷路走入魔窟、被军统关押了数年的李仲达等四名重庆国立第六中学的学生，甚至包括了狱中刚刚断乳的孩子，特务们采取了最为野蛮的残杀手段，甚至乱刀分尸。

26日，重庆卫戍总司令部保防处处长周养浩率领特务，对新世界看守所关押的人犯实行了大屠杀。这个看守所，表面上隶属于重庆卫戍总司令部，实际上由保密局领导。蒋介石来重庆后，亲自核准将当年被捕关押在这里的三十余位革命志士予以枪决。周养浩指挥特务将所内两百多人（其中除中共党员外还包括有国民党内的所谓“叛变”及违纪分子）押赴中美合作所旧址内的松林坡枪杀后，即在附近挖了一个大坑，将他们草草掩埋。

27日，杀红了眼的特务们又对渣滓洞集中营实行了大屠杀。西南长官公署第二处行动总队副总队长钟铸人奉徐远举的命令，会同渣滓洞看守所所长李磊、看守长徐贵林，率领大批特务将一百余名共产党员和进步人士共三百多人，主要是1948−1949年间在四川被保密局西南特区和西南长官公署第二处逮捕的中共与民革、民盟人员，集中在一间大房子里，将铁门锁上，先用机关枪疯狂扫射，然后用汽油将房子焚烧灭迹。许多没有被打死的人被活活烧死，惨叫之声不绝于耳。钟铸人在干完这一血腥的勾当之后说：“在战场上和敌人打仗，因为怕被敌人打死，开机关枪时越打越起劲，在渣滓洞用机枪扫射人犯，看到他们手无寸铁，乱窜惨叫，心里实在有些难过，但是上面有命令，只好昧着良心扫射。这个玩意真不好干啊！我们这样杀人，如果共产党捉了我们，对我们还会饶恕吗？共产党快打到重庆来了，我是非走不可的。”这段话暴露了这帮特务的内心已经充满了绝望与恐慌。

特务们连续三天在重庆实行大屠杀，蒋介石却意犹未尽，仍不满足。29日，蒋介石又召集陆海空军将领和特务头子开会，出席会议的有参谋总长顾祝同、次长萧毅肃、空军总司令王叔铭以及杨森、钱大钧、晏玉琮、毛人凤、蒋经国和俞济时等。蒋介石命令各地的特务机关加强镇压，同时因人民解放军进展神速，重庆难保，乃决定撤出重庆时，对重庆的要害部门进行大破坏，他命令毛人凤派特务将綦江公路大桥破坏，以阻止人民解放军直达重庆。会后，毛人凤于当日下午2时从山洞打电话给破坏办事处处长廖宗泽，通知他下达破坏命令。下午6时，破坏命令到达各厂，即开始点火爆炸。瞬时，爆炸声隆隆不绝，许多来不及撤走的工人也被炸得粉身碎骨。技术总队副总队长胡凌影率技术特务二十余人，乘大卡车前往綦江，会同蒋军第二军陈克非部，将綦江九孔大桥破坏。当时，人民解放军先头部队已逼近桥头，击毙了两名特务，胡凌影和手下仓皇逃走。当晚，蒋介石也狼狈地由山洞逃往白市驿机场，从那里乘机飞往成都。行前，毛人凤奉命将沿线公路涵洞和在机场待修的四架飞机予以彻底破坏，然后偕马志超、徐远举、成希超、周养浩和郭旭等大特务，乘机逃往成都。毛人凤的飞机起飞后，胡凌影又率特务将白市驿、九龙坡等机场炸毁。[69]

在这场空前的暴行中，保密局比之内调局，犯下了更严重的罪行。仅其在重庆一个地区的屠杀破坏罪行便足以让人触目惊心。

在西南地区的其他城市，保密局也开始作最后的挣扎。在成都，毛人凤通知四川省主席王陵基，将四川“特种会报”所逮捕到的中共党员与进步人士十余人，枪杀在成都十二桥；在昆明，他又下令对保密局关押的四百多人大开杀戒，结果被云南省主席卢汉阻止。[70]在疯狂屠杀同时，丧心病狂的特务们又奉蒋介石的旨意实施了破坏计划，他们的口号是：“我们决不可以让共产党完整地接收任何一座城市！”

11月29日，蒋介石到达成都，刚刚在重庆执行完破坏任务的毛人凤接踵赶到，欲对成都再进行破坏。12月2日，特务们首先炸毁了内江大桥。毛人凤指令周讯予全权负责，对整个成都进行彻底破坏，自己却悄悄逃离了成都。周讯予担心自己会像当年酆悌一样，成为别人的替罪羊，迟迟未敢下手。就在犹豫之间，解放军已直抵成都。周讯予最终未敢轻举妄动。这座历史文化名城终于被保存了下来。[71]

1949年12月初，在人民解放军的炮声中，徐远举、周养浩等保密局西南特务头目从重庆逃至昆明，准备逃往台湾。因云南省主席兼司令官卢汉将军宣布起义，飞机被扣留，徐远举、周养浩等都被作为战犯逮捕。而保密局云南站站长沈醉因在起义书上签字，发表广播讲话，并下达了要下属缴械集中命令，协助卢汉逮捕了多数特务，在解放后几经周折，最后得到了“起义将领”的待遇。

保密局特务们最后的疯狂并不能挽救国民党反动派失败的命运。

第七节　真假保密局的最后闹剧

在此前后，保密局内部也发生了一场内讧闹剧。

进入1949年后，国民党的反共内战遭到了惨重失败。在刚刚结束的辽沈、淮海、平津三大战役中，蒋介石多年来积蓄的内战本钱输得精光。此时，以李宗仁为首的桂系早就等待着这个机会，把自己保存下来的部队向南京移动，以武力抢夺总统宝位，上演了第三次“逼宫”的一幕。蒋介石于无可奈何之际，被迫第三次宣布下野，李宗仁当上了南京政府的代总统。

1949年1月，下野的蒋介石回到了自己家乡奉化，住进了“丰镐房”，但他却仍暗中左右着整个形势的发展。在这里，蒋介石以国民党总裁的身份每天接见一批又一批前来请示报告的各类大员，依然发布着他的指示。对于特务系统，则更是毫不放松，除了对外，他还要依靠他们对付党内的对手。

作为国民党内最大的地方势力，桂系一直是蒋介石所要打击和排挤的对象。这就注定了军统中统在历史上便与桂系仇隙颇深。在国民党内历次斗争中，桂系也一贯把蒋的特务系统当做攻击的对象。军统改组为保密局后，毛人凤出任局长，为改变戴笠时期树敌过多的路线，他曾一度有意与桂系三巨头李宗仁、白崇禧、黄绍竑等缓和关系，但桂系并不领情，所以保密局与桂系的关系仍处于紧张状态。桂系掌握大权后，毛人凤忧心保密局的日子以后不会好过。而使他更为担心的是，由保密局不久前策划的暗杀李宗仁的阴谋万一曝了光，恐怕就连他的性命也难以保住。

在奉化溪口，蒋介石指示毛人凤辞去保密局局长的职务，让李宗仁接管保密局，以同桂系交好的副局长徐志道去同李宗仁、白崇禧打交道，但组织不能丢。他要毛人凤亲自去上海布置，给李宗仁、白崇禧“留个门面”。毛人凤对此心领神会。

在正式宣布辞职之前，毛人凤首先通过亲信对保密局各地方组织发布命令，在任何情况下，保密局人员只能服从他的命令。接着，他召来了副局长徐志道和福建站站长林超，向他们通告自己准备辞职的消息，并决定由他们分别接任正副局长。他交给徐志道一份事先准备好的名单，说明是保密局应李宗仁提出的局本部南迁广州的要求赴广州之人员名册。

徐志道突遭升迁，正在琢磨其中的内涵，看了这份名单后便恍然大悟，原来，那份名单上所列的九十二个人员，全是局内的一般文职人员，并无一个外勤人员和组织，是用来装点门面糊弄李宗仁的。不仅如此，即使对这个假保密局，毛人凤也还保留了一手。为牵制徐、林二人，他委任自己的亲信涂寿眉担任新的局本部主任秘书，下面只设业务、总务两个处。总务处长由徐志道的亲戚钮殿臣担任，业务处则由毛人凤的旧将黄逸公出掌。一切仍在毛的控制之中。

设置好假保密局的伪装，毛人凤又着手处理真保密局的善后工作。他首先命令亲信、局长办公室主任潘其武将重要档案和文件封存好，派专人送往台湾。同时，着手将保密局本部大部人员及机构分批由南京撤往上海，并在上海成立一个办事处，以此名义继续指挥各地保密局外勤组织的活动。上海办事处实际上成为真正的保密局指挥中枢。等到上海办事处布置完成，毛人凤才正式向李宗仁辞职，并由徐志道接任局长。

为防止李宗仁追查保密局档案资料的下落，毛人凤又一手策划了焚烧南京洪公祠1号局本部大楼的计划，这座抗战胜利后新建的保密局大楼便在一场烈火中化为灰烬，同时保密局所有的档案就此“失踪”。

李代总统得到的只是新局长徐志道交来的他所辖下的保密局名册。

辞职后毛人凤便赶赴上海，为了避人耳目，他把手下原来的八大处机构全部降格为组。

蒋介石又向他发来指示：如李宗仁以势相迫，强令解散上海办事处，则可酌情缩小编制，并更名为“中国革命青年同志会”，使之成为一个短小精悍的团体，继续进行活动。

毛氏保密局和徐氏保密局，一真一假，本来是蒋介石要的一个手腕，孰料却由此引发了一场真假保密局大战。

徐志道也非安于听令之人。当他得到局长的名衔后，认为既是名正言顺，又有桂系依靠，不妨与毛人凤斗一斗，或可真正取而代之。

此时，虽然徐志道的保密局只是个空架子，不执行任何秘密任务，但由于它是正宗，同国民党国防部的日常交道和领取经费等工作，都由其负责，故有财权和方便的活动余地。在开始阶段，徐志道不得不听命于毛人凤，将所领到的经费基本汇到上海办事处，供毛使用。可当徐氏保密局随国防部南下广州后，他便凭借手中掌握的保密局印信，领取经费后不再交给毛人凤，而是自己截留下来，用于成立自己的外勤组织，同毛记保密局相抗衡。

徐志道计划首先派人潜往广西十万大山一带，收编那里的地方土匪武装，作为自己的外勤人员，然后分派到各地。同时，又以广州为中心，向其他地方派出人员，组建自己的情报小组，作为情报搜集来源。徐志道假戏真做，准备大干一番事业了。

要挤掉毛人凤，徐志道首先要办的事是建立一套自己的班子。涂寿眉、黄逸公都是毛人凤的亲信，但徐经过观察研究，拉拢了被毛冷落的业务处长黄逸公，二人结成了“反毛同盟”。在徐志道建立自己的外勤组织时，毛人凤曾电示黄逸公从中作梗，而黄却拒不服从命令。

为了维持上海办事处的运作，毛人凤决定依靠自身力量筹措经费。他指示手下干将邓葆光、刘文雄一起组织套汇走私机关，从事黑市交易赚钱自用。与此同时，他又主动派人去徐志道处说合，试图说服徐志道回头。

1949年3月，毛人凤的亲信、重庆兵工署稽查处处长廖宗泽赶到广州。廖宗泽同徐志道颇有私交，此行是奉毛人凤之命前来做说客。徐志道对此产生了犹豫。考虑到不可能一下子达成目的，也想给自己留条后路。但他又不想向毛人凤全面让步，故最后勉强同意，将他所领经费交给毛人凤小半部分，自己截留大半。

毛人凤同徐志道的这场争斗，最终以徐志道的妥协而告结束。

不久，国防部被迫由广州迁重庆，徐志道带着他那个假保密局亦随同去了重庆，而那些初建和正在组建的外勤组织就只好丢弃不管了。

这期间，国防部一再裁减人员，徐志道无力招架。到1949年11月，当徐的保密局逃到成都时，就只剩下徐志道、黄逸公等几个人了。

在这种情况下，黄逸公又重新向毛人凤示好，企图随保密局本部一同撤往台湾。毛人凤痛恨黄逸公背叛自己，命令其继续留在大陆工作，而这无异于送死。后来，黄逸公被迫逃往西昌。

在成都解放前夕，徐志道当完了最后几天光杆局长，即逃往台湾，两周后转任“国防部参议”，不久被令退出现役。而此时，毛记保密局早已在台湾“复业”了。[72]

内政部调查局的崩溃和毛人凤保密局在台湾“复业”，标志着国民党特务组织的全面退出大陆。在中国现代史和国民党历史上的中统与军统两大特务组织，就此结束了他们在中国大陆活动的历史。

【注】

[1] 《中央执行委员会党员通讯局组织条例》,中国第二历史档案馆馆藏国民党中执会档案,载《民国档案》2008年第1期。

[2] 杨者圣《特工老板徐恩曾》,上海人民出版社1997年12月版,第433页。

[3] 《本局工作改进意见》,中国第二历史档案馆馆藏国民党中执会档案。

[4] 此处参考:李约勒《难产的中央党员通讯局》,载《中统内幕》,第262~265页,及张国栋(张文)《中统局始末记》,载徐恩曾等著《细说中统军统》,第110~113页。

[5] 1945年11月下旬起,昆明学界举行了大规模反美与反内战游行示威活动。12月1日上午,昆明中统特务与警察当局联合对学运进行了镇压,特务警察冲进西南联大、云南大学、师范学校等单位,对罢课学生投掷手榴弹,炸死四人重伤二十余人,造成震惊中外的惨案。

[6] 张文《中统20年》,载《江苏文史资料选辑》第23辑,《中统内幕》,第98页。

[7] 同上,第105~110页。

[8] 李约勒《难产的中央党员通讯局》,载《江苏文史资料选辑》第23辑《中统内幕》,第269页。

[9] 《局长于审讯工作会议训词》(1948年6月20日),载中国第二历史档案馆馆藏国民党中执会档案。

[10] 《审理工作改进方案》,载中国第二历史档案馆馆藏国民党中执会档案。

[11] 参见刘寿林、万仁元等编《民国职官年表》,中华书局1995年版。

[12] 陈少校《黑网录》,第298页。

[13] 李品伟《中统在昆明地区活动的片段回忆》,载《中统特工秘录——江苏文史资料第45辑》,江苏文史资料编辑部1991年出版发行,第209页。

[14] 刘介鲁《昙花一现的内政部调查局》,载《江苏文史资料选辑》第23辑,《中统内幕》,第270页。

[15] 中国第二历史档案馆馆藏国民党中执会档案《党通局组织条例及中统局之"工作改进意见"》。

[16] 《在蒋介石身边八年——侍从室高级幕僚唐纵日记》,第580页。

[17] 同上,第602页。

[18] 沈醉、文强《戴笠其人》,第243页。

[19] 同上,第244页。

[20] (台)"国防部"情报局编印《戴雨农先生全集》(上)。

[21] 《在蒋介石身边八年——侍从室高级幕僚唐纵日记》,第550页。

[22] 《戴笠自述》,载申元《戴笠轶事》,第162~163页。

[23] 戴笠《牺牲的决心》,1946年3月10日北平怀仁堂孙总理纪念周演讲。载(台)"国防部"

情报局编印《戴雨农先生全集》(下)，第 619 页。

[24] (台)良雄著《戴笠传》(下)，第 542~543 页。

[25] 沈醉、文强《戴笠其人》，第 245 页。

[26] (台)良雄著《戴笠传》(下)，第 408 页。

[27] 沈醉、文强《戴笠其人》，第 244 页。

[28] 同上，第 252 页。

[29] 同上，第 253~254 页。

[30] 所谓“西北垦荒”之说，源于戴笠过去在重庆一次高级干部聚餐会上讲的玩笑话。当时二处处长王新衡问他：“委员长百年后我们的出路如何？”戴笠回答说：“你们真傻！敌人及共产党一天不消灭，国家仍需要我们。中央有宋(子文)先生支持我们。万一在中央无事可做，胡(宗南)先生会支援我们前往西北拓边垦荒。”载黄天迈《戴笠的生活片断》，(台)《中外杂志》第 42 卷第 6 期。

[31] 王浦臣《得天独厚的戴雨农》，载(台)《戴笠传记资料》(五)。

[32] (台)良雄《戴笠传》(下册)，第 546 页。

[33] 《戴笠死于谋杀》，载《南京晨报》2004 年 6 月 1 日 C15 版。

[34] 申元《评〈戴笠坠机之谜〉》，载《戴笠轶事》，第 193~196 页。

[35] 李炎锠《民国官场笑林》，第 199 页。

[36] 《戴笠死于谋杀》，载《南京晨报》2004 年 6 月 1 日 C15 版。

[37] 陈恭澍《英雄无名》第五部《平津地区绥靖戡乱》，第 143~144 页。

[38] 费云雯《戴雨农与中美合作所》，第 30 页。

[39] (台)“国防部”情报局编印《戴雨农先生全集》(下)，第 920 页。

[40] (台)“国防部”情报局编印《戴雨农先生全集》(上)，第 264 页。

[41] 《在蒋介石身边八年——侍从室高级幕僚唐纵日记》，第 602 页。

[42] 同上，第 603 页。

[43] 同上，第 689 页。

[44] 同上，第 622 页。

[45] 陈恭澍《英雄无名》第五部《平津地区绥靖戡乱》，第 19 页。

[46] 具体情况可参见沈醉回忆录等书籍。

[47] 《军统局布置国大竞选卷》，中国第二历史档案馆馆藏国民党中执会档案。

[48] 同上。

[49] (台)刘培初《浮生掠影集》，正中书局 1968 年版。

[50] 徐远举《我的罪行实录》，载公安部档案馆编《血手染红岩——徐远举罪行实录》，群众出版

社 1992 年版，第 35 页。

[51] 月西《蒋介石和他的特务机构》，第 358 页。

[52] 邓葆光《军统领导中心局本部各时期的组织及活动情况》，全国政协文史委《文史资料选辑》第 86 辑，第 187 页。

[53] 本文根据保密局办公室少将专员王业鸿 1963 年所写材料整理。此节载于潘家钊等编撰《蒋介石特工密档及其他》，第 83~86 页。

[54] 月西《蒋介石和他的特务机构》，第 358~359 页。

[55] 本文根据徐远举、刘崇朴、唐纵，以及国民政府成都市警察局长徐中齐和秘书李中孚所写材料综合整理。此节载于潘家钊等编撰《蒋介石特工密档及其他》，第 72~76 页。

[56] 此节参考《戴笠自述》，载申元《江山戴笠》，第 143 页。

[57] 纪红建《蒋介石曾预谋暗杀李宗仁》，载《档案大观》2004 年 4 月 30 日第一版。

[58] 指 1946 年 7 月 11 日在昆明发生的由云南警备总司令霍揆彰根据蒋介石“权宜从事”的指令，派遣特务刺杀西南联大教授、民主人士李公朴、闻一多的事件。这件事是云南地方军警当局所为。

[59] 王炳毅《杨杰将军：从亲蒋到反蒋》，载《南京晨报》2004 年 3 月 8 日 C10 版。

[60] 柯云《国民党保密局杀“羊”放“龙”的内幕——采访原中统特务组长俊德记录》，载江苏省政协《钟山风雨》2004 年第二期，第 52 页。

[61] 月西《蒋介石和他的特务机构》，第 390 页。

[62] 李炎锠《民国官场笑林》，第 199、207 页。

[63] 此节参考董保存《江青借“城南庄事件”攻击聂荣臻》，载《南京晨报》2005 年 4 月 26 日 D4 版。

[64] （台）编辑小组编《风云丛书 130——国民党军统内幕》，海外出版社版，第 248~251 页。

[65] 陈少校《黑网录》，第 234 页。

[66] 陈达《1949 年衢州大血案纪实》，载《国民党特工秘档丛书——我所知道的政治暗杀秘闻》，中国文史出版社 2004 年版，第 257~274 页。

[67] 徐远举《我的罪行实录》，载公安部档案馆编《血手染红岩——徐远举罪行实录》，第 36~37 页。

[68] 同上，第 38 页。

[69] 此节参考袁南生著《民国特工演义》一书中所载的有出处的史料，湖南出版社 1993 年版，第 289~292 页。

[70] （台）编辑小组编《风云丛书 130——国民党军统内幕》，第 243~244 页。

[71] 徐飞编著《狼与狈——中统军统行动档案》，第 411 页。

[72] （台）编辑小组编《风云丛书 130——国民党军统内幕》，第 252~254 页。

结　语

“捣鬼有术，也有效，然而有限。”
——对国民党特务组织活动的历史评价

“捣鬼有术，也有效，然而有限，所以以此成大事者，古来无有。”

总结国民党在大陆统治时期的特务组织活动史，我们可以发现，用鲁迅先生的上述名言来概括，是最精辟不过的了。蒋介石运用中统、军统两大特务组织作为国民党的统治工具，来维持和强化自己的统治，虽然“有术”也“有效”，但其最终却逃脱不了“有限”的结局，挂名“革命”的“秘密工作”，最终因其逆历史潮流而动的本质，不仅不能挽救蒋介石国民党的历史性失败，其自身也随着国民党统治的崩溃而趋于灭亡了。虽然逃台之后，国民党特务组织得以变革和延续，但从历史阶段上来划分，国民党特务机构肆行于全中国的历史是彻底地结束了，中统与军统的时代已被历史所埋葬。

国民党特务组织的发展活动史与其领导者个人特点息息相关，“两统”组织的首领戴笠、徐恩曾之辈，在具有效忠蒋介石国民党独裁统治的政治观念的同时，更有其为人行事的异于常人之处，甚至可以说他们对于特务工作具备某些“天分”，例如，戴笠灵敏的嗅觉，不仅体现在他对蒋介石心理的揣摩，对行动对象的分析研究上，而且表现在他对军统组织内部的控制手段之上。徐恩曾也是如此。作为国民党两大特务组织的主要领导人，他们的思想、才干，对军统与中统的历史，曾发挥过巨大的影响，产生过主导全局的作用。国民党特务组织的起家与发展壮大，在很大程度上取决于他们的领导作用。但另一方面，他们的个人品德与作风，都存有重大问题，使人无法称道。在其权力不能受到约束的情况下，干出了许多令人发指的事，以致最后如中统首领徐恩曾因腐败而被迫去职；戴笠的个人生活也是劣迹斑斑，成为后人指斥的内容。但回顾“两统”的历史，我们可以说，国民党这两大特工组织的发展活动史与其领导人的个性与工作能力的施展有密切的关系，甚至可以说，在很大的程度上，没有戴笠就没有军统的扩张与影响，没有陈立夫与徐恩曾，中统的历史也就要改写。这一史实，已经过历史的验证。当徐恩曾下台、戴笠暴死之后，中统与军统随着组织的改组，就彻底失去了昔日的“威风”，走上了不可挽回的下坡路。

纵观国民党特务组织活动的历史，基本上就是一部充满了暴虐、屠杀与血腥的历史。“两统”在民国历史上所起的作用，就是服务于国民党蒋介石的独裁统治，其主要功能就是对内镇压政治对手的反抗，压制人民群众的正义呼声，所用的手段，可以说是集中外古今暴虐残酷于一体，而这一切又是在堂而皇之的“革命”工作的旗号下进行的。表面的严格，目标、口号的堂皇与其实际行为的卑劣与残酷，在这两大特务组织内竟很自然地合为一体，在外人看来很难理解，后人也会感到真是不能想象。但这就是“两统”的历史。

客观地分析，“两统”中有许多人在加入特务组织之前，也许还是热心于救国的单纯青年，特别是在抗战前后，许多青年学生被国特组织以抗战名义举办的各种训练班蒙骗入伙，一旦进入后便不得脱身，沦为独裁统治的鹰犬，而他们中的一部分人在戴笠等人的欺骗蛊惑下，还以为是在从事救国工作，甚至以国民党内新兴力量自居，要形成极富“战斗力”与“生气勃勃”的团体，这也就是被戴笠引以为自豪的“团体特征”。但其实质，仍然是蒋氏使用的武装统治工具，而且是性质反动、作风恶劣、手段残忍的特殊团体，代表了国民党统治最黑暗的部分，其历史定位是不容改变的。

在这里，有一点需要加以研究与辨析的是，如何看待国民党特务组织在抗战期间对日伪的斗争与其抗日工作。这一问题是不能回避的。

过去，国共两党出于对国民党特工组织持有的根本对立的看法，在对其抗日工作及其成绩问题上，台湾国民党史书对此大书特书，并以之来为“国特”组织洗刷历史上的丑恶，掩盖其本质；而大陆方面则在宣传中重点揭露国特组织在镇压国内民主与人民革命方面犯下的许多罪恶，以此教育人民认清蒋介石政权的“反动本质”，对其有关抗日的活动，基本不提，或指斥为蒋介石与汪精卫的政治斗争。作客观的历史研究，我们不能无视有关历史的存在，但我们必须从大历史的角度，用历史唯物主义与实事求是的观念来对之加以分析和研究，以求对此有一个客观公正的说明与评价。

我们应该看到，国民党“两统”组织在抗战期间对日伪开展了斗争，并与英美苏等国合作，在情报与特工领域对敌人进行了作战，也取得过一定成绩，这是历史事实。在沦陷区诛杀日伪分子并刺探敌方情报，当他们的行动员面对面击毙日本侵略者和助纣为虐的汉奸头目时，代表的是抗日阵营反抗侵略的正义力量。他们的这些工作是在中国抗日民族统一战线的旗帜下、在国共两党合作救国的大背景下开展的，但同时也是直接服务于蒋政权的一个方面。“两统”组织也正是在这种大的历史背景下，得到了迅速的发展与扩充壮大，其本质仍是为国民党政权服务；虽然他们的抗日工作在客观上同时也在是为中国的抗战事业服务，但这并不能改变其本质的属性，“两统”不是单纯的抗日救亡的团体，而是国民党统治的工具。这一点，从抗战期间“两统”在抗日的同时也从未停止过镇压国内民主与人民革命的累累罪行中，即可得到明确的证明。

无数事实说明，“两统”是以“安内”（即反共反人民）为主业的，抗日“攘外”只是他们的阶段性任务，而非根本目标。而且，从戴笠、徐恩曾等两统领导人的一贯言行来看，他们反共和镇压民主的立场是坚定而顽固不变的，同时，他们与汪伪有着千丝万缕的联系。他们与日伪的厮杀根本上是为了维护蒋政权。而且在反共的政治立场上，两者之间还有着共同的基础，因此他们对多数汉奸都施以拉拢怀柔的手段，尽一切可能加以招降和利用，以“合流”而有利其反共的准备。因此，对“两统”的历史和他们的作为，应作出符合实际的结论。

对于国民党的中统与军统两大特务组织，从性质、作用和历史实际全盘分析来看，他们是效忠蒋介石政权的特务武装，其所作所为践踏法制、荼毒青年、迫害人民，对中国的民主化进程和社会进步起到了阻挠破坏作用。他们在近代中国历史上总的作用是负面的。但我们也应看到，那些为抗日而死的“两统”在编人员，特别是那些怀着单纯救国热情投身抗战事业的无辜青年，只要他们没有对人民犯下罪行，其为反抗日本侵略而献身救国的行为就是应当受到肯定的。

对国民党特务活动历史进行研究，我们可以发现，“国特”组织及其罪行，是导致国民党政权不得人心的基本原因之一，而且是其中很重要的一方面因素。综合地分析，国民党在统治政权内部大力发展特工组织，对人民实行恐怖暴政，就如同给一个垂死的人注射强心针与兴奋剂，尽管可收到一时的挽救之效，但下药越重，便越从根本上摧毁了生命的根基，病者也就死得越快，这已经为历史事实所证明。

“捣鬼有术,也有效,然而有限”,捣鬼太多,就不仅仅是“有限”的问题了，最后连捣鬼者自己也将被埋葬，扫入历史的坟墓。

国民党运用特务手段来维护自己的统治，无异于饮鸩止渴。

后 记

童年时代，我居住在南京城南的一条古老巷子里，青砖石路，老井青藤，构成了儿时深刻的记忆。但我还清楚地记得，每天早晨与下午，在上学放学的路上，总能看见一个穿着整洁而破旧的中山装的老头，在默默低头清扫街道，他从巷口扫到街尾，既不四下顾盼，也不与人招呼，仿佛就是一个天生的哑巴。孩子们追着他哄闹，他也不大理睬。听大人们说，他叫梅 ××，过去是个国民党“中统特务”,还是个“文书”之类,现在接受群众“监督改造”。于是，在我们一帮孩子们的心中，对他产生了巨大的恐惧感——“国民党特务”在那时就等同于一个凶神恶魔。但眼前的现象在我心中也引发了一点疑问：一个老实整洁的老头和一个凶恶的“国民党特务”，在形象上怎么也无法重叠到一起。后来，学校组织我们多次观看电影《在烈火中永生》，我从银幕上认识了徐鹏飞等国民党军统特务凶恶的反面形象，当他们用酷刑拷打江姐，以及在杀害许云峰前被老许痛斥得狼狈不堪时，我又在想，这帮特务为什么要做尽坏事而死不改悔？此后，这些疑问一直在我心中存留了二十多年：什么是“国民党特务”？这些“特务”究竟是怎样的一伙人？

“国民党特务”这一称谓，在“文革”结束以前的中国大陆，就是集反动、毒辣、凶残、恐怖于一体的专有名词，也是在“文革”中导致许多人及其家庭沦入万劫不复之地的最简单明了的罪名，当时连不少国家领导人也被诬陷为“国特”而被“打翻在地再踏上一万只脚”。宣传机器的大力鼓吹使人们得出一个强烈的印象，提起“国特”，首先想到的是军统与中统，墨镜、黑衣、礼帽加驳壳枪，成了中统特务的标准装束，而皮靴、美式军装与左轮手枪，则是军统特务的专指形象，在当时“无产阶级专政”的历史背景下，对这伙双手沾满共产党人与人民群众鲜血的最反动的人实行了严厉的制裁与打击。当然，在“文革”中也因此而造成了许多冤假错案。

无论如何，时过半个世纪，当一切都回归到理性的时代，对于国民党特务组织及其活动的历史，也应有一个基于历史唯物主义观点与实事求是原则的分析与总结，虽然因出版业的繁荣，坊间有关国民党特务的史述或文学类作品出版了很多，但其中比较认真严肃而全面科学的学术论述则几乎未见一二。

随着民国历史作为一门科学蓬勃地开展，20世纪90年代，在杨天石先生带领下，在中国社科院精品工程“中国国民党史”项目开展之际，我有机会针对这一课题开展了历时十余年的资料搜集与研究工作，在平时繁忙的工作之余，经历了无数次荧屏前熬夜的努力，现在初成这本小著，在九州出版社大力支持下付梓，得以求教于学界各位专家与广大读者，希望大家就书中所存各种史实漏误以及论述中的偏颇之处，给予指正。

这本书稿在写作过程中经历了多次的修改补充，因有关档案阙如，大量口述史料与野史混杂，难辨其真伪，我只能依据两岸出版品及海内外能够见到的资料，进行多方对比鉴别，力图求其真相，对其中有明显差异及存疑之处，如实写出，以待今后更多更全面的原始档案之佐证。虽然在这本书稿中，我已经尽可能地引用了两岸及海外能够查找到的档案和第一手资料——相信这也是本书与其他同类书籍相比较的一个明显特点——但因特务工作的隐秘性和档案记录的保密，许多史实因资料的不全，或将成为永远的历史之谜。但无论如何，这并不是我们放弃或回避这一课题研究的理由。作为民国史与国民党史研究重要的一方面，特务史的研究，也应该并可以在尽可能的基础上开展，以期努力恢复历史的真面目，还原其中的历史真相。民国特务组织及其活动，应当而且需要列入研究范围，这样才能够完善民国历史的研究，存史资政，警示后人。

对于国民党特务史研究而言，最难的大概就是有关国民党特务机构和人员从事抗日活动的评价问题了。根据历史唯物主义的观点和实事求是的原则，从大历史的角度来看，我们对于中统与军统组织性质的根本否定，是不能改变的，因为国民党特务组织对现代中国社会进步的阻碍和反作用，是明确的事实。但历史现象也是十分复杂的，在国民党投入抗战的大背景下，“两统”组织也参加了对日伪的作战，其中有不少人员为抗战卫国而牺牲了，他们为了国家民族牺牲是死得其所的。

2005年8月，中共中央总书记胡锦涛在纪念中国人民抗日战争暨世界反法西斯战争胜利60周年大会上的讲话中说：“在波澜壮阔的全民族抗战中，全体中华儿女万众一心、众志成城，各党派、各民族、各阶级、各阶层、各团体同仇敌忾，共赴国难。长城内外，大江南北，到处燃起抗日的烽火。中国国民党和中国共产党领导的抗日军队，分别担负着正面战场和敌后战场的作战任务，形成了共同抗击日本侵略者的战略态势。……在中华民族反抗外来侵略的历史上，从来没有像抗日战争这样，民族觉醒如此深刻，动员程度如此广泛，战斗意志如此顽强。军队与老百姓相结合，武装斗争与非武装斗争相结合，前方斗争与后方斗争相结合，公开斗争与隐蔽斗争相结合，……使猖獗一时的日本侵略者陷入了人民战争的汪洋大海之中。战争锻炼了伟大的人民，人民赢得了伟大的胜利。”10月，中国国民党主席马英九在台北国民党中央党史馆召开的“纪念抗战胜利暨台湾光复60周年学术讨论会”上的讲话中表示，他赞成中共中央胡总书记这篇讲话中国共合作赢得抗战胜利的观点。在这当中，那些浴血奋战在隐蔽斗争战线上的国共两党的特工情报人员是理应列入抗日战士行列的，他们把鲜血和生命贡献给了民族的独立和解放事业，应当得到肯定和纪念。牺牲在对日伪斗争中的国民党情报特工人员，与那些为反共内战而亡和为独裁者卖命的人是有基本区别的。

因为特务史料的难觅和缺乏，在本书中，有不少地方引据了一些相关史实当事人的回忆和某些学者对事件经过状态的论述，其中一些内容因原文没能注明出处，以致无法进行进一步的研究和核对佐证。但为尽可能地完整史实，对此我采取了注明来源引据保留原文的方法，以求在尊重作者的前提下追求著述内容的全面与完整。例如，本书第八章第四节中，引用了互联网络上所广泛转载的池步洲先生所著《一片丹心破日密——抗战回忆录之一》书中的一些内容，池先生曾说明如要出版他的书须征得他的同意，但本书中只引用了其中片段，并不是整个章节，而且池老先生业已过世，现已无法再征求他的意见。我把池先生的叙述当做史料来引证，以说明和纪念他在抗战时期破译日本密码史上的巨大贡献，池老先生若地下有知，想必对此是不会有异议的。特此说明。

在本书写作过程中，我得到了国内外学界同行师友的关注与帮助，两岸民国史界多位同仁为我提供了宝贵的资料支援，本馆多位同事与我的学生们也给予了不少实际帮助。在本书出版之际，特别对曾提供过帮助和关心的各位谨致深谢之意。虽然没有一一列出他们的姓名，但深信所有为本书之写作提供过帮助的朋友和同行们，可以明了和接受我的诚挚的谢意！

我深知，囿于该课题之特征，这本书稿是无法穷尽国民党特务史之根源和其全部内涵的，甚至在某些问题上还不免有挂一漏万或错误之处，但我希望它能成为一个开端，引起更多的学者对此课题的关注和研究，从而在一个重要方面填补民国史研究的一个空白，并由此揭开历史上许多的未解之谜。

让我们由此摘下这批民国史上的神秘人物遮目的墨镜，细细地看清楚他们的真实面目，他们到底是些什么样的人。看过这本书后，相信读者们会得出比较客观的看法与结论。

作者

2007年8月20日于成都

本书主要参考资料

一、档案资料：

1. 中国第二历史档案馆馆藏：国民政府、行政院、国民党中央执行委员会、军事委员会系统、汪伪政权、伪维新政府、伪临时政府等全宗档案。
2. 台湾中央研究院近代史所档案馆藏：朱家骅档案等。
3. 台湾“国史馆”藏：大溪档案等。
4. 台湾国民党中央党史馆藏：特档——特种情报等。
5. 美国斯坦福大学胡佛研究所档案馆藏：宋子文个人档案、蒋介石日记档案等。
6. 英国国家档案馆藏：英国在华特别行动执行部档案。
7. 江西省档案馆馆藏档案。
8. 江西省泰和县党史办所藏档案。
9. 江苏省泰兴市、泰州市等史志档案办公室所藏档案。
10. 杭州市档案馆馆藏档案。
11. 浙江江山市档案馆馆藏档案。

二、著作书目：

1. 中国第二历史档案馆编《蒋介石年谱初稿》，中国档案出版社 1992 年版。
2. 胡汉民《论所谓法西斯蒂》，中兴学会 1935 年版，中国第二历史档案馆藏书。
3. 田桐《革命闲话》，中国第二历史档案馆藏书。
4. 蒋介石《先妣王太夫人事略》，中国第二历史档案馆藏书。
5. 汪荣祖、李敖《蒋介石评传》，（上、下）青海人民出版社 1999 年版。
6. 李敖《蒋介石其人》，人民文学出版社 1994 年版。
7. 江南《蒋经国传》，中国友谊出版公司 1993 年版。
8.（台）《蒋主席名著全集》，复兴出版社 1947 年版。
9.（台）古屋奎二《蒋总统秘录》，“中央”日报社，1974 年 10 月起译印（全译本）。

10.（台）秦瘦鸥《蒋介石先生全集——蒋介石先生传》，中国第二历史档案馆藏书。
11.（台）董显光《蒋总统传》,（上、中、下）中华文化出版事业委员会 1952 年版。
12.（台）“国防部”史政局 1969 年编印,《德国驻华顾问团工作纪要》。
13.（台）徐恩曾等《细说中统军统》，传记文学出版社，1992 年初版。
14.（台）干国勋《蓝衣社、复兴社、力行社》，传记文学出版社 1984 年版。
15.（台）陈恭澍《英雄无名》第一部《北国锄奸》，传记文学出版社 1981 年版。
16.（台）陈恭澍《英雄无名》第二部《河内汪案始末》，传记文学出版社 1983 年版。
17.（台）陈恭澍《英雄无名》第三部《上海抗日敌后行动》，传记文学出版社 1984 年版。
18.（台）陈恭澍《英雄无名》第四部《抗战后期反间活动》，传记文学出版社 1986 年版。
19.（台）陈恭澍《英雄无名》第五部《平津地区绥靖戡乱》，传记文学出版社 1988 年版。
20.（台）“国防部”情报局编印《戴雨农先生全集》（上、下），1979 年初版。
21.（台）《成败之鉴——陈立夫回忆录》，正中书局 1994 年版。
22.（台）良雄《戴笠传》，传记文学出版社 1985 年再版。
23.（台）乔家才《中外文库之四十七——为历史作证》，中外文库出版社 1985 年增订再版。
24.（台）“国防部”情报局编印《中美合作所志》，1970 年初版。
25.（台）“国防部”情报局编印《忠义救国军志》，1970 年版，
26.（台）编辑小组编《风云丛书 130——国民党军统内幕》，海外出版社版。
27.（台）胡文彬《现代情报工作简史》“待归楼丛书”之五，1995 年版。
28.（台）“国防部”情报局编《“国防部”情报局史要汇编》第 1~3 辑（内部发行），1962 年版。
29.（台）刘培初《浮生掠影集》，正中书局 1968 年版。
30.（港）张文等《特工总部——中统》，中原出版社 1988 年版。
31.（港）郑义《中共情报首长》，夏非尔国际出版公司 1999 年版。
32.（港）朱子家（金雄白）《汪政权的开场与收场》第 1~4 册，春秋杂志社 1959 年版。
33.（港）郭廷以《近代中国史纲》，香港中文大学出版社 1980 年版。
34. [美]魏斐德《间谍王——戴笠与中国特工》，团结出版社 2004 年版。
35. [美]柯伟林《蒋介石政府与纳粹德国》，中国青年出版社 1994 年版。
36. [美]易劳逸《1927–1937 年国民党统治下的中国：流产的革命》，中国青年出版社 1992 年版。
37. [英]迪克・威尔逊《周恩来传》，中共中央党校出版社 1989 年版。
38. [日]今井武夫《今井武夫回忆录》，中国文史出版社 1987 年版。
39. [日]晴气庆胤《沪西“七十六号”特工内幕》，上海译文出版社 1985 年版。
40. [日]《日中战争》,《现代史资料》第 8 册，东京 1964 年版。
41. 刘振华《远东大阴谋》，江西人民出版社 1998 年版。

42. 申元《戴笠轶事》，香港天马图书有限公司 2003 年版。

43. 申元《江山戴笠》，中国文史出版社 1991 年版。

44. 李继星《戴笠传》，敦煌文艺出版社 1993 年版。

45. 沈美娟《孽海枭雄——戴笠新传》，北京十月文艺出版社 1992 年版。

46. 沈醉自述、沈美娟整理《我的特务生涯》，北京十月文艺出版社 1997 年版。

47. 沈醉、文强《戴笠其人》，文史资料出版社 1980 年版。

48. 陈红民《胡汉民评传》，广东人民出版社 1989 年版。

49. 杨者圣《特工老板徐恩曾》，上海人民出版社 1997 年版。

50. 陈少校《黑网录》(内部发行)，群众出版社 1979 年版。

51. 经盛鸿《民国暗杀要案》，江苏古籍出版社 1989 年版。

52.《在蒋介石身边八年——侍从室高级幕僚唐纵日记》，群众出版社 1991 年版。

53. 潘家钊等《蒋介石特工密档及其他》，群众出版社 1993 年版。

54. 萧宇《日本特务在中国》，团结出版社 1995 年版。

55. 费正等《抗战时期的伪政权》，河南人民出版社 1993 年版。

56. 张光勤、徐飞《狼与狈——中统军统行动档案》，河北人民出版社 1998 版。

57. 江绍贞《戴笠与军统》，团结出版社 2006 年版。

58. 孙郁、黄乔生《国难声中》，河南大学出版社 2004 年版。

59. 徐福生主编《目击 20 世纪丛书—无形战线》，上海古籍出版社 2004 年版。

60. 池步洲《一片丹心破日密——抗战回忆录之一》(网络未刊稿)。

61. 文闻《我所知道的中统》，中国文史出版社 2004 年版。

62.《民国高级将领列传》(多卷本)，第二集，解放军出版社 1988 年版。

63. 厉华《中美合作所集中营史实研究与保护利用》，重庆出版社 2001 年版。

64. 沈嘉荣主编《江苏史纲》(近代卷)，江苏古籍出版社 1998 年版。

65. 公安部档案馆编注《血手染红岩——徐远举罪行实录》，群众出版社 1992 年版。

66. 尹骐《潘汉年传》，中国人民公安大学出版社，1996 年版。

67. 开诚《李克农》，中国友谊出版公司，1996 年版。

68. 中共党史人物研究会编《中共党史人物传》(多卷本)，陕西人民出版社 1984 年版。

69. 王建华《红色恐怖的铁拳——中共中央特科纪实》，人民中国出版社 1993 年版。

70. 曹英《红色档案——中共早期领导人活动纪实》，改革出版社 1999 年版。

71. 岳先、秦少智《虎穴龙潭》，群众出版社 2003 年版。

72.《国民党特工秘档丛书——我所知道的政治暗杀秘闻》，中国文史出版社 2004 年版。

73. 蔡德金《周佛海日记》(上、下)，中国社会科学出版社 1986 年版。

74. 周化人《上海的改造》，中华日报社 1943 年版。

75. 江苏省政协文史委编:《中统内幕》,《江苏文史资料选辑》第23辑,江苏古籍出版社1987年第1版。

76. 王培根《歧路英雄——王亚樵》，安徽文艺出版社 1998 年版。

77. 韩厉观等《华克之传奇》，江苏人民出版社 1991 年版。

78. 顾雪雍《奇才奇闻奇案——恽逸群传》，上海人民出版社 1996 年版。

79. 熊向晖《我的情报外交生涯》，中共党史出版社 1999 年版。

80. 全国政协文史委《文史资料选辑》各分辑，中国文史资料出版社版。

81.《中统特工秘录》,《江苏文史资料》第 45 辑，江苏文史资料编辑部 1991 年出版发行。

82. 各地政协文史资料研究委员会编《浙江文史资料》、《天津文史资料选辑》、《六合文史资料》、《江山市文史资料》等所刊文章、回忆录。

三、报刊资料

《三民主义周刊》、《中央党务月刊》、《前途》、《行健月刊》、《社会新闻》、重庆《大公报》、上海《中华日报》、《密勒氏评论报》；

《现代亚洲研究》、《参考消息》、《民国档案》、《纵横》、《文史月刊》、《史学月刊》、《档案与史学》、《上海文史》、《纵横》、《钟山风雨》；

《中国档案报》、《南京晨报》、《档案大观》、《金陵晚报》、《中国国防报》、《南京日报》；

台版《中外杂志》、《传记文学》、《海风》等。